DERICK HOWELL

ANGST HEILEN

Das große 5 in 1 Komplettset

ÄNGSTE EFFEKTIV BESIEGEN
POSITIV DENKEN
PANIK STOPPEN
SOZIALE ÄNGSTE ÜBERWINDEN
STRESS ABBAUEN - RESILIENZ AUFBAUEN

© **Copyright 2020 - Alle Rechte vorbehalten.**

Der in diesem Buch enthaltene Inhalt darf ohne direkte schriftliche Genehmigung des Autors oder Herausgebers nicht reproduziert, vervielfältigt oder übertragen werden.

Unter keinen Umständen wird dem Verlag oder Autor die Schuld oder rechtliche Verantwortung für Schäden, Wiedergutmachung oder finanziellen Verlust aufgrund der in diesem Buch enthaltenen Informationen direkt oder indirekt übertragen.

Rechtliche Hinweise:

Dieses Buch ist urheberrechtlich geschützt und nur für den persönlichen Gebrauch bestimmt. Ohne die Zustimmung des Autors oder Herausgebers darf der Leser keinen Inhalt dieses Buches ändern, verbreiten, verkaufen, verwenden, zitieren oder umschreiben.

Haftungsausschluss:

Bitte beachten Sie, dass die in diesem Dokument enthaltenen Informationen nur zu Bildungs- und Unterhaltungszwecken dienen. Es wurden alle Anstrengungen unternommen, um genaue, aktuelle, zuverlässige und vollständige Informationen zu liefern. Es werden keine Garantien jeglicher Art erklärt oder impliziert.

Die Leser erkennen an, dass der Autor keine rechtlichen, finanziellen, medizinischen oder professionellen Ratschläge erteilt. Durch das Lesen dieses Dokuments stimmt der Leser zu, dass der Autor unter keinen Umständen für direkte oder indirekte Verluste verantwortlich ist, die durch die Verwendung der in diesem Dokument enthaltenen Informationen entstehen, einschließlich, aber nicht beschränkt auf Fehler, Auslassungen oder Ungenauigkeiten.

BONUSHEFT

Mit dem Kauf dieses Buches haben Sie ein kostenloses Bonusheft erworben.

In diesem Bonusheft „14 Tage Achtsamkeit" erhalten Sie bewährte Achtsamkeitstechniken, die Sie in Ihrem Alltag problemlos anwenden können, um mehr im gegenwärtigen Moment zu leben. Sie können damit täglich mehr Ruhe und Frieden in Ihr Leben bringen.

Alle Informationen darüber, wie Sie sich schnell dieses Gratis-Bonusheft sichern können, finden Sie am <u>Ende dieses Buches</u>.

Beachten Sie, dass dieses Heft nur für eine begrenzte Zeit kostenlos zum Download zur Verfügung steht.

BÜCHER

ÄNGSTE EFFEKTIV BESIEGEN 7

AB SOFORT POSITIV DENKEN 125

PANIK STOPPEN 255

SOZIALE ÄNGSTE ÜBERWINDEN 385

STRESS ABBAUEN - RESILIENZ AUFBAUEN 511

BONUSHEFT 643

ÄNGSTE EFFEKTIV BESIEGEN

42 wirksame Techniken zur Bewältigung von Angstzuständen. So finden Sie endlich Ihren inneren Frieden

DERICK HOWELL

INHALTSVERZEICHNIS

Einführung 11

Kapitel 1: Alles was Sie über Angst wissen sollten 13

Kapitel 2: Wie man die Gegenwart genießen kann, indem man Achtsamkeit einsetzt und somit Angstzustände verringert......... 27

Kapitel 3: Was tun, wenn die Angst eintritt? 33

Kapitel 4: Was tun, wenn Spannung, Stress und Angst herrschen?.. 41

Kapitel 5: Übermäßige Sorgen und übermäßiges Nachdenken überwinden 47

Kapitel 6: Wie man Nervosität und Angst in Aufregung verwandeln kann 53

Kapitel 7: Erstellen Sie Ihre persönliche Liste von freudigen Aktivitäten 67

Kapitel 8: Natürliche Heilmittel gegen Angstzustände 85

Kapitel 9: Wie man meditiert und Frieden findet.......................99

Kapitel 10: Tipps, wenn Sie eine Therapie in Anspruch nehmen möchten..109

Fazit 119

Verweise..121

EINFÜHRUNG

Psychologische und psychische Gesundheitsprobleme betreffen viele Menschen in der heutigen Gesellschaft. In diesem Buch werden wir uns vor allem auf Angststörungen konzentrieren. Die Forschung zeigt, dass Angststörungen in der Bevölkerung inzwischen weit verbreitet sind. Sogar Sie könnten betroffen sein!

In diesem Buch lernen wir über Angststörungen, die Symptome verschiedener Angststörungen und einige Möglichkeiten, wirksam gegen die Angst in Ihrem Leben vorzugehen.

Die Angst an sich ist nicht schlecht. Manchmal kann Angst Leben retten, da sie unser Bewusstsein für die potenziellen Gefahren, unsere Sicherheit oder unseren Komfort im Leben erhöht. Sie ist ein evolutionäres Merkmal, das uns vor Gefahren schützen soll. Normalerweise funktioniert sie wie ein natürliches persönliches Alarmsystem, das uns motiviert, bedrohliche oder gefährliche Situationen zu vermeiden. Wenn Sie zum Beispiel ängstlich sind und die Energie auf positive Weise nutzen, haben Sie vielleicht einen zusätzlichen Adrenalinschub, um einen schwierigen Projekttermin einzuhalten. In normalen Fällen wie diesem soll die Angst eine vorübergehende Motivation sein, doch manchmal kann sie ihre normale Funktion überschreiten und Sie an unangenehme Orte führen.

Wenn die Angst überhandnimmt und wir nicht in der Lage sind, unseren erhöhten Geisteszustand zu kontrollieren, kann die Angst den Geist mit negativen Gedanken und Sorgen überfluten. Dies führt dazu, dass der Körper übermäßige Mengen an Stresshormonen freisetzt. Aufgrund des erhöhten Stresspegels können Sie nervös, überwältigt oder sogar körperlich krank werden.

Wenn dies geschieht, sind Sie möglicherweise verwirrt darüber, was mit Ihrem Körper und Ihrem Geist geschieht. Seien Sie versichert, Sie sind nicht alleine damit! Viele Menschen leiden unter Angstzuständen und wir helfen Ihnen, zu erfahren, wie Sie sich unter Angstzuständen fühlen und was Sie tun können, um die Auswirkungen der Angst auf Ihr Leben zu minimieren.

Dieses Buch wird dazu beitragen, die Fakten über Angst zu klären und Ihnen nützliche Hilfsmittel geben, die Ihnen helfen, mit Angstzuständen umzugehen. Wenn Sie an extremen Angstzuständen leiden und über die Auswirkungen von Angst auf Ihre Gesundheit besorgt sind, sollten Sie in Erwägung ziehen, einen Arzt zu konsultieren, anstatt sich auf Selbstdiagnose und Selbstbehandlung zu verlassen.

KAPITEL 1:

Alles was Sie über Angst wissen sollten

Stress ist ein natürlicher Bestandteil des Lebens, aber manchmal kann es sein, dass unser Körper Stress nicht gut verkraften kann. Manchmal kann Stress zu Angst werden. Angst kann eine hilfreiche, natürliche Reaktion auf Stress sein. Sie kann als ein Gefühl der Furcht oder der extremen Besorgnis klassifiziert werden. Vielleicht haben Sie Angst vor dem, was jetzt oder in der Zukunft passieren wird. Als Kind hatten Sie vielleicht Angst vor dem ersten Schultag. Als Elternteil sind Sie vielleicht besorgt über den ersten Schultag Ihres Kindes und darüber, wie es ohne Sie zurechtkommen wird. Wenn Sie zu einem Vorstellungsgespräch gehen, sind Sie vielleicht gestresst und besorgt über Ihr Auftreten. In den meisten Fällen werden die Menschen aus verschiedenen erklärbaren Gründen nervös. Diese Angst ist normal und natürlich, und die meisten Menschen können sie gut genug kontrollieren, um zu Hause, am Arbeitsplatz und in der Gesellschaft erfolgreich zu funktionieren. Manche Menschen erleben jedoch extreme Angstzustände und haben Schwierigkeiten, damit umzugehen. Solche Gefühle können Ihr Leben drastisch beeinträchtigen und darauf hinweisen, dass Sie eine Angststörung haben.

Was ist Angst?

Angststörungen werden von der amerikanischen Psychiatric Association (APA/Parekh, 2017) als eine der häufigsten Arten von emotionalen Störungen klassifiziert. Angst betrifft sowohl Kinder als auch Erwachsene und hat keine rassischen oder geschlechtsspezifischen Grenzen.

Wie wir bereits feststellen konnten, haben Menschen manchmal Angst vor Dingen, die geschehen sind, gerade passieren oder geschehen werden. Es ist normal, sich zu wundern und sich Sorgen zu machen. Es ist natürlich, dass man sich Sorgen macht, wenn man in ein neues Zuhause umzieht, eine Prüfung ablegt oder ein Vorstellungsgespräch für eine neue Arbeitsstelle hat. Ein solcher Stress und eine solche Angst können unangenehm sein, aber die meisten Menschen können damit umgehen. Vielleicht motiviert es sie sogar, härter zu arbeiten. Normale Ängste kommen und verschwinden wieder und beeinträchtigen das Leben nicht sehr stark.

Menschen mit Angststörungen hingegen können in ihrem Leben von Angst und Sorgen überwältigt werden. Die Intensität der Gefühle kann sie emotional, psychisch und körperlich schwächen. Wenn Angst und ein Zustand ständiger Verzweiflung auf Sie einwirken, sind Sie möglicherweise nicht in der Lage, ein normales und gesundes Leben zu führen. Die Angst kann Ihr Leben so stark beeinträchtigen, dass Sie nicht in der Lage sind, Veranstaltungen und Aktivitäten mit Ihrer Familie, Ihren Freunden oder Kollegen zu genießen. Manche Menschen sind nicht in der Lage, an Veranstaltungen teilzunehmen, einzukaufen, die Straße zu überqueren, mit dem Aufzug zu fahren oder sogar ihre Wohnung zu verlassen. Angst kann eine Reihe von lähmenden Symptomen, wie Panik, Schwitzen, Herzklopfen und Krankheit, hervorrufen.

Wenn Sie jedoch lernen, diese Gefühle zu kontrollieren und zu bewältigen, können Sie die Angst überwinden und ein erfülltes und normales Leben führen.

Wenn Sie unter Angst leiden, ist es wichtig zu wissen, welche Art von Angststörung Ihr Leben beeinflusst. Dieses Wissen wird Ihnen helfen, Ihre Symptome und Auslöser zu identifizieren und zu verstehen, was Sie tun müssen, um diese zu bewältigen.

Sind nicht alle Angststörungen gleich?

Es gibt eine Vielzahl unterschiedlicher Angststörungen und diese sind nicht alle gleich, auch wenn sie ähnlich erscheinen. Sie alle machen einen Menschen unfähig, mit den normalen Dingen zurechtzukommen, die das Leben für uns bereithält. Diese Störungen haben einzigartige Eigenschaften. Eine Angstreaktion kann durch etwas Bestimmtes ausgelöst werden oder ein permanenter zugrundeliegender Faktor im Leben eines Menschen sein. Je nach Art der Angststörung kann die Auswirkung auf das Leben einer Person von einem geringfügigen andauernden Problem bis hin zu einer völligen Funktionsunfähigkeit reichen. Der Schweregrad der Störung ist von Person zu Person unterschiedlich. Je nach Schweregrad der Symptome kann die Angst einen gravierenden Einfluss auf das Leben des Betroffenen und seiner Umgebung, insbesondere seiner Angehörigen, haben. Es gibt viele Angststörungen, die kategorisiert und beschrieben worden sind. Einige der häufigsten werden im Folgenden erläutert.

Generalisierte Angststörung

Menschen mit einer generalisierten Angststörung erleben übermäßige Angst und machen sich ständig Sorgen über viele Dinge, einschließlich ihrer Gesundheit, ihrer täglichen Aktivitäten und Routinen, ihrer sozialen und beruflichen Interaktionen und der Umstände, die unerwartet auftreten können. Wenn Sie eine generalisierte Angststörung haben, werden Sie von Ihren Freunden und Ihrer Familie wahrscheinlich als „Sorgenkind" betrachtet. Sie gehen wahrscheinlich die bevorstehenden Ereignisse in Ihrem Kopf noch einmal durch und versuchen, all die Dinge herauszufinden, die schiefgehen könnten. Vielleicht sind Sie wegen allem nervös und haben Schlafprobleme, weil Ihnen Ihr Verstand mit all den Sorgen, die Sie haben, keine Ruhe gibt. Sie sind vielleicht angespannt und gereizt und fühlen sich ständig zerbrechlich, während Sie versuchen, den Alltag zu bewältigen.

Soziale Angststörung

Dies ist ein Zustand, in dem sich Menschen dann übermäßig viele Sorgen machen, wenn sie sich in sozialen Situationen befinden. Sie fürchten sich vielleicht davor, mit Fremden oder der Familie zu interagieren, weil sie Angst haben, beurteilt zu werden, „das Falsche zu sagen" oder unangemessen gekleidet zu sein. Vielleicht haben sie Furcht vor Peinlichkeiten. Menschen mit sozialen Ängsten neigen dazu, Situationen, wie Partys, Versammlungen und andere Veranstaltungen, bei denen sie mit Menschen umgehen müssen, zu vermeiden. Solche Menschen neigen dazu, unter einer selbst auferlegten Isolation zu leiden. Dies wird auch als *soziale Phobie* bezeichnet, bei der man von den Erwartungen in einer sozialen Situation überfordert ist. Sie denken vielleicht ständig daran, sich lächerlich zu machen oder ähnliches. Manchmal kann sich diese Form von Angst als Furcht davor manifestieren, von zu Hause oder von unseren Freunden und unserer Familie getrennt zu sein, aber meistens ist sie mit der Angst vor dem Umgang mit anderen verbunden.

Panikstörung

Menschen mit einer Panikstörung neigen dazu, unter Episoden intensiver Angst und Betroffenheit zu leiden, die in der Regel ganz plötzlich auf sie zukommen. Diese Episoden werden als „Panikattacken" bezeichnet. Eine Panikattacke kann unerwartet auftreten und durch einen Gegenstand oder eine Situation ausgelöst werden, die eine Person fürchtet. Dabei handelt es sich um eine Störung, bei der Ihr Körper die Kontrolle übernimmt und Sie eine körperliche Reaktion als Folge des Stresses erleben. Unter anderem können Sie beginnen zu hyperventilieren, Herzklopfen oder Brustschmerzen empfinden, körperlich krank werden, hysterisch weinen, Hitze- und Kältewallungen haben oder einen echten Schrecken erleben. Panikattacken lösen in uns die sogenannte „Erstarren, Kämpfen oder Fliehen"-Reaktion aus. Es kann sein, dass Sie bis zu dem Moment, bevor es passiert, mit einer Situation zurechtkommen, dann aber von einer lähmenden Panikattacke niedergeschlagen werden, die Sie daran hindert, weiterhin angemessen zu reagieren. Eine Person, die häufig Panikattacken hat, lebt vielleicht in der Angst, Ereignisse zu planen oder neue Dinge auszuprobieren. Sie befürchten, dass sie in letzter Minute oder irgendwann, z. B. während einer Veranstaltung, eine Panikattacke erleiden könnten.

Posttraumatische Belastungsstörung (PTBS)

PTBS ist eine Angststörung, an der viele Menschen leiden. Manche denken, dass PTBS nur Militärangehörige betrifft, die eine Schlacht erlebt haben. In Wirklichkeit ist es jedoch eine Störung, die jeden betreffen kann, der ein prägendes traumatisches Ereignis erlebt hat. Nicht jeder, der ein traumatisches Ereignis erlebt hat, leidet an PTBS, aber PTBS ist immer eine Folge der Erfahrung bedeutender negativer Ereignisse.

Obwohl folgende Aufzählung keineswegs vollständig ist, finden Sie hier einige Beispiele von Ereignissen, die zu einer PTBS führen können. PTBS kann vorkommen, wenn Sie im Krieg gewesen sind, körperlich und/oder sexuell missbraucht wurden, einen Unfall erlitten haben, ein Kind verloren haben, emotional oder körperlich missbraucht wurden oder etwas Schreckliches gesehen haben.

PTBS kann eine Vielzahl von Schwierigkeiten für diejenigen verursachen, die daran leiden. Es gibt ein Muster wiederkehrender invasiver Gedanken. Diese Gedanken sind in der Regel eine Wiederholung des gesamten oder eines Teils des traumatischen Ereignisses. Diese Gedanken können dann auftreten, wenn Sie es am wenigsten erwarten und sie können die ganze Welt für Sie zum Stillstand bringen. Es kann auch sein, dass Sie unter Angst und/oder Depressionen leiden, schwer schlafen können, übervorsichtig sind und durch Situationen oder Geräusche leicht in einen Zustand der Angst, Panik oder Bedrängnis, Unentschlossenheit oder in einen fast katatonischen Zustand geraten oder nicht in der Lage sind, Ihre Wohnung zu verlassen. Möglicherweise sind Sie nicht in der Lage, bei der Arbeit, zu Hause oder in der Gemeinschaft zu interagieren, weil Sie nicht mit den Stressfaktoren, denen Sie ausgesetzt sind, umgehen können. Sie sind vielleicht so sehr blockiert, dass Sie bestimmte Orte nicht aufsuchen oder bestimmte Dinge nicht tun können, weil diese Sie zu sehr an das vergangene Trauma erinnern.

Auch wenn Sie genau „wissen" oder es von anderen gesagt bekommen, dass Ihre Reaktion auf Ihre aktuelle Situation in keinem Verhältnis dazu steht, sind Sie unfähig, Ihre Reaktion zu kontrollieren.

Spezifische Phobie

Spezifische Phobien wurzeln in einer intensiven Angst vor bestimmten Dingen, Situationen oder Orten. Eine Phobie zu haben, ist mehr als nur Angst vor etwas zu haben. Eine Phobie ist wie eine Angst, die so extrem ist, dass man nicht in der Lage ist, sich selbst davon zu überzeugen, die

Angst zu überwinden. Andere Menschen versuchen vielleicht, Sie davon zu überzeugen, dass „es nichts gibt, wovor man sich fürchten muss", aber offensichtlich empfinden diese Menschen nicht die gleiche Panik und Angst, die Sie, angesichts der Sache, des Ortes oder der Situation, überkommt. Dabei ist es unerheblich, ob eine tatsächliche Gefahr davon ausgeht oder nicht. Höhenangst, Flugangst, Aufzüge, Schlangen oder Hunde sind Beispiele für eine allgemein verbreitete Phobie. (In diesem Zusammenhang sprechen wir nicht über spezifische soziale Phobien wie Homophobie, Fremdenfeindlichkeit oder andere Ängste hinsichtlich Personen, die sich von anderen Menschen unterscheiden.)

Krankheits-Angst-Störung

Dies ist ein Zustand, in welchem eine Person ständig in der Angst lebt, krank zu werden oder bereits krank zu sein. Immer dann, wenn sie eine geringfügige Veränderung in ihrer wahrgenommenen Gesundheit feststellt, kann sie sich davon überzeugen, dass es sich um die Erscheinungsform einer schweren Krankheit handelt. Dies kann zu anderen Verhaltensweisen führen, wie z. B. zu einer Besessenheit mit Gedanken an den Tod durch Krankheit, häufige Selbstuntersuchung und Selbstreflexion über den Zustand des Körpers, wie sich der Körper anfühlt und wie er funktioniert. Zudem kann es auch zu Selbstdiagnosen und -behandlungen und/oder ungewöhnlich häufigen Besuchen beim Arzt oder in der Notaufnahme führen. Dieser Glaube an die Krankheit bleibt meist auch dann bestehen, wenn ein Arzt die Person untersucht und speziell bestätigt, dass sie nicht krank ist. Diese Störung wird auch als *Hypochondrie* bezeichnet.

Haben Sie Symptome von Angstzuständen?

Obwohl es viele Arten von Angststörungen gibt, haben Sie vielleicht einige Ähnlichkeiten zwischen diesen festgestellt. Jede Person erlebt Angst auf ihre eigene persönliche Art und Weise. Es gibt jedoch einige Symptome und Reaktionen, die bei den Betroffenen besonders häufig auftreten. Diese Gefühle können kontrollierbar sein oder Ihr tägliches

Leben stören und Sie in Ihrer Fähigkeit beeinträchtigen, sich zu erfreuen.

Je nach Störung, die Sie haben und je nachdem, in welchem Ausmaß Sie diese betrifft, können Sie eine Vielzahl emotionaler und körperlicher Symptome und Reaktionen erleben. Es kann sein, dass Sie emotional nicht in der Lage sind, mit einem bevorstehenden Ereignis umzugehen. Sie können von Selbstzweifeln geplagt sein, sich außer Kontrolle fühlen, anfangen zu weinen oder ängstlich oder gar panisch sein. Körperlich können Sie Reaktionen haben, die von Schmetterlingen im Bauch bis hin zu Herzrasen, Hitzewallungen, Kältegefühl und sogar Erbrechen reichen. Sie könnten sogar eine vollständige Trennung zwischen Körper und Geist verspüren.

Einige häufige Symptome allgemeiner Angstzustände sind:

- Schwierigkeiten beim Einschlafen, weil man nicht aufhören kann nachzudenken
- Unruhe und das Gefühl, dass immer etwas passieren wird
- Ein Gefühl des Schreckens oder der Besorgnis über die Gegenwart oder die Zukunft
- Schwierigkeiten, sich zu freuen aufgrund von Gefühlen der Sorge und Angst
- Erhöhte Herzfrequenz und Herzrasen, das plötzlich auftritt, wenn man an etwas denkt oder versucht, etwas zu tun
- Konzentrationsschwierigkeiten, weil zu viele Gedanken durch den Kopf rasen
- Schnelles Atmen oder Hyperventilieren, wenn man mit einem Gedanken oder einer Situation konfrontiert wird

Wie bereits angedeutet, können einige oder alle diese Symptome in unterschiedlicher Intensität auftreten. Es gibt viel extremere Symptome der Angst, einschließlich Panikattacken, Alpträume und beunruhigende aufdringliche Gedanken, die Sie nicht kontrollieren können. Es kann sein, dass Sie völlig unfähig sind, an bestimmte Orte zu gehen oder bestimmte Dinge zu tun, weil Sie nicht in der Lage sind, die extremen Symptome zu kontrollieren. Manche Menschen können sogar in einen dissoziativen Zustand geraten, in welchem sie sich ihrer Handlungen nicht bewusst sind.

Hatten Sie schon einmal einen Angstanfall?

Sind Sie schon einmal mit einer Situation konfrontiert worden, die dazu geführt hat, dass Sie sich völlig von Gefühlen, wie Angst, Panik oder Verzweiflung, überwältigt fühlten? Hat sich dieses Gefühl mit der Zeit aufgebaut oder ist es von einer leichten Sorge zu einem fast panikartigen Zustand übergegangen? Wenn Sie die Fragen mit „Ja!" beantworten können, dann hatten Sie vielleicht eine Angstattacke.

Der äußere Ausdruck einer Angstattacke kann von Person zu Person sehr unterschiedlich sein und auch die Gefühle, Symptome und Verhaltensweisen desjenigen, der die Attacke hat, können sich unterscheiden. Die Symptome der Angst können bei jedem Menschen unterschiedlich auftreten. Die Symptome können sich auch im Laufe der Zeit ändern, wenn die Störung fortschreitet, sich zurückbildet oder die Situation verschiedene Stadien der Auflösung erreicht.

Häufige Symptome sind ähnlich wie bei der allgemeinen Angst, aber eine Angstattacke kann auch spezifische Symptome umfassen, wie folgende:

- Sorge und Besorgnis über bevorstehende Situationen

- Unruhe und andauerndes Bestreben, alles zu erledigen

- Besessenheit vom Nachdenken über den möglichen Ausgang aller Ereignisse

- Kurzatmigkeit und Hyperventilation beim Nachdenken über die bevorstehenden Aufgaben

- Sich schwindelig, unausgeglichen oder überwältigt fühlen, was bis hin zu emotionaler Ermüdung führen kann

- Hitzewallungen mit Schweißausbrüchen oder kaltem Schüttelfrost (oder mit beidem)

- Mundtrockenheit oder andere körperliche Beschwerden, wie Kopfschmerzen oder Magenerkrankungen

- Angst vor Menschen, Orten oder dem Ausgang von Situationen

- Verzweiflung oder Überempfindlichkeit gegenüber dem, was geschieht oder geschehen könnte

Sind Angstzustände und Panikattacken dasselbe?

Angst- und Panikattacken haben zwar einige gemeinsame Symptome, aber sie sind nicht dasselbe. Der Unterschied ist am leichtesten zu verstehen, wenn man die Zeit betrachtet, die diese zur Entwicklung benötigen.

Eine Angstattacke entwickelt sich progressiv und wird in der Regel durch ein bevorstehendes Ereignis oder eine sich entwickelnde Situation mit ungewissem Ausgang ausgelöst. Bei vielen Menschen kann eine Angstattacke von einer leichten Besorgnis zu besonders akuten, nicht kontrollierbaren Reaktionen übergehen. Diese Reaktionen können so heftig sein, dass die Person, trotz ihres ursprünglichen Anscheines von Ruhe oder Kompetenz, nicht in der Lage ist, mit dem Ereignis umzugehen.

Im Vergleich dazu ist eine Panikattacke eine direkte, akute und plötzliche Reaktion auf eine Situation, einen Gedanken oder ein Ereignis. Sie baut sich nicht im Laufe der Zeit zu einem Panikzustand auf, sondern der Panikzustand überfällt die Person ganz plötzlich. Eine Panikattacke ist eine körperliche Reaktion auf einen emotionalen Zustand extremer Verzweiflung über die aktuelle oder kurz bevorstehende Situation. Zum Beispiel sind Sie vielleicht schon angezogen und bereit, hinauszugehen und freuen sich auf etwas, und dann werden Sie plötzlich von Krankheitsgefühlen überwältigt, Sie beginnen zu hyperventilieren oder zu weinen, während Sie sich auf die Abreise vorbereiten. Vielleicht verstehen Sie nicht, wovor Sie sich fürchten, aber Sie sind nicht in der Lage, sich vorwärts zu bewegen, weil sich plötzlich körperlich lähmende Panik manifestiert.

Was verursacht Angst?

Es gibt viele Theorien darüber, was Angststörungen verursacht. Einige sind nachsichtiger als andere, wenn es darum geht, die Schuld für die Störung auf die Person zu schieben, die die Störung hat. Forscher haben verschiedene Ursachen und Behandlungen thematisiert, aber niemand ist sich ganz sicher, warum manche Menschen leiden und andere nicht.

Im Falle einer posttraumatischen Belastungsstörung können die meisten Menschen verstehen, dass ein schwer traumatisierendes Ereignis eine Angststörung verursachen kann. Sie verstehen, dass ein extremes Trauma dauerhafte Auswirkungen auf die Psyche hat und dass sich diese Auswirkungen in Symptomen und Verhaltensweisen manifestieren können, die schwer zu bewältigen sind.

Wenn die Ursache-Wirkungs-Kausalität nicht so offensichtlich ist, kann es schwierig sein, zu erklären oder gar zu verstehen, warum wir diese Symptome und Verhaltensweisen haben. Die Ärzte sind immer noch dabei, die psychische Gesundheit umfassend zu verstehen und es werden weiterhin Studien durchgeführt. Es gibt viele Theorien, aber es besteht allgemein Einigkeit darüber, dass eine Kombination verschiedener Faktoren die Wahrscheinlichkeit einer Person beeinflussen kann, eine Angststörung zu entwickeln. Einige Faktoren sind genetisch bedingt und umfassen die Chemie im Gehirn oder vererbte Krankheiten. Es ist auch bekannt, dass Hirnverletzungen das Gehirn so schädigen können, dass es nicht mehr in der Lage ist, Stress in einer überschaubaren Weise zu verarbeiten. Einige Verhaltensweisen werden durch Umweltfaktoren verursacht, wie z. B. das Leben an einem gefährlichen Ort. Andere sind eine direkte Folge von Erfahrungen, die negative Folgen für uns hatten. Die Forscher wissen, dass es einige Bereiche im Gehirn gibt, die für die Kontrolle der Angst verantwortlich sind und dass die Person infolgedessen Angststörungen entwickeln kann, wenn diese Bereiche betroffen sind.

Im Allgemeinen ist man sich einig, dass Angst eine Reaktion auf Stressfaktoren in unserem Leben ist. Stress spielt hier eine bedeutende Rolle.

Angst und Stress

Stress und Angst haben einen direkten Zusammenhang. Stress entsteht in der Regel durch die Anforderungen des Gehirnes an eine Situation. Wenn es die Situation bewertet, wird eine Entscheidung getroffen, entweder mit der Situation einverstanden zu oder „gestresst" zu sein. Wenn man sich über etwas Sorgen macht und sich dies zu Stress entwickelt, kann Angst die weitere Folge davon sein. Stress wird durch eine Situation verursacht, in der Sie sich unwohl oder besorgt fühlen. Wenn der Verstand nicht in der Lage ist, den Stress auf gesunde Weise aufzulösen, kann sich daraus Angst entwickeln. Diese Angst ist ein ernstzunehmender Ausdruck des emotionalen und physischen Zustandes von extremem Stress.

Angst und Stress haben viele gleiche emotionale und körperliche Symptome. Aber diejenigen, die Angst haben, können den Stress nicht auflösen und nicht aufhören sich Sorgen zu machen. Manche Menschen können mit Stressfaktoren umgehen, andere wiederum haben Angststörungen, bei denen sie unfähig sind, mit Stress umzugehen, was sich wiederum auf ihre emotionale und körperliche Gesundheit auswirkt.

Stress und Angst können schlimm sein, aber sie können auch unseren Körper und unseren Geist aktivieren, um härter arbeiten zu können und um uns das Adrenalin zu geben, das wir brauchen, um „es durchzustehen", „es durchzuziehen" oder „es zu schaffen". Zudem können sie auch dafür sorgen, dass Sie sich der Gefahren um Sie herum bewusst werden und Vorsichtsmaßnahmen treffen. Wenn Stress und Angst jedoch in einer Weise andauern, die Ihre Freude an den Aktivitäten Ihres Lebens beeinträchtigt, haben Sie möglicherweise eine Angststörung entwickelt.

Wie wird Angst diagnostiziert?

Viele Menschen wissen, dass sie Angst haben, sind sich aber unsicher, ob sie tatsächlich an einer Angststörung leiden. Es gibt keinen Test zur Diagnose von Angststörungen. Stattdessen erfordert die Diagnose einer Angststörung in der Regel eine langwierige Untersuchung durch eine psychiatrische Fachkraft.

Evaluationen psychischer Gesundheit werden durch Gespräche, Fragen, Antworten und die Verwendung von psychologischen Fragebögen durchgeführt. Die Verwendung eines Fragebogens ermöglicht es dem psychiatrischen Fachpersonal, Ihre Symptome auf einer standardisierten Skala zu bewerten. Die Fragen werden verwendet, um Depressionen, Wut, Manie, Angst, wiederkehrende Gedanken usw. zu bewerten, um dann den Patienten auf der Grundlage seiner Antworten zu klassifizieren.

Einige Ärzte empfehlen oder führen auch körperliche Untersuchungen durch, einschließlich Urin- und Bluttests, um gesundheitliche Grunderkrankungen auszuschließen, die zu Ihren Symptomen beitragen könnten.

Angst in Kombination mit anderen Störungen

Manchmal gibt es komplexere Fälle der psychischen Problematik. Es kommt recht häufig vor, dass eine Angststörung in Kombination mit anderen Erkrankungen, wie z. B. mit Depressionen, auftritt.

Depression

Wenn Sie eine Angststörung haben, können Sie auch an einer Depression leiden. Sowohl Angst als auch Depression beeinflussen die Fähigkeit des Geistes und des Körpers, Freude zu empfinden. Die Symptome einer Depression können sich verschlimmern, wenn sie durch die Symptome einer Angststörung ausgelöst werden. Eine Person kann depressiv sein, weil sie ihre Angst nicht kontrollieren kann und das Gefühl hat, in der Gesellschaft nicht zu funktionieren. Eine Person kann ängstlich sein, weil sie aufgrund ihrer Depression Angst davor hat, mit anderen zu interagieren, die sie wegen ihres Zustandes beurteilen könnten. Sowohl bei Depressionen als auch bei Angstzuständen kann eine Beeinträchtigung der eigenen Funktionsfähigkeit professionelle Hilfe erfordern, um diese richtig behandeln zu können.

Zusammenfassung des Kapitels

In diesem Kapitel haben wir gelernt, dass Stress und Angst natürliche Reaktionen des Körpers sind, wenn wir mit einer herausfordernden Situation konfrontiert werden. Das Nervensystem besitzt eine natürliche, evolutionäre Reaktion auf potenzielle Gefahren, die als „Erstarren, Kämpfen oder Fliehen" bezeichnet wird. Diese wird ausgelöst, wenn der Körper Adrenalin und das bekannte Stresshormon Cortisol freisetzt. Angst ist eine natürliche Reaktion des Körpers auf Stress. Wenn die Reaktion auf den Stressfaktor jedoch zu extrem wird, kann dies auf das Vorhandensein einer Angststörung hinweisen.

Wir haben auch erfahren, wie man Angststörungen erkennt, wie verschiedene Angststörungen definiert werden und welche Ähnlichkeiten bzw. Unterschiede sie aufweisen. Vielleicht haben Sie sich gefragt, ob Sie unter einer Angststörung leiden und wenn ja, welche Symptome Sie haben. Obwohl jeder Mensch Angst im Kontext seiner eigenen Erfahrung erlebt, gibt es viele Ähnlichkeiten in den allgemeinen Symptomen, die von den Betroffenen von Angststörungen erlebt werden. Die Reaktionen können emotional und/oder körperlich sein und reichen von schneller Atmung oder Hyperventilation, erhöhter Herzfrequenz (einschließlich Herzklopfen), Hitze- und Kältewallungen, die oft von Schwitzen begleitet werden, über invasive Gedanken, die nicht beiseitegelegt werden können, bis hin zu ständiger Sorge oder Angst und Schlafschwierigkeiten aufgrund von rasenden Gedanken. Sie können sogar andere körperliche Symptome, wie Krankheit, Katatonie, Ausschläge, Weinen oder hysterische Panik, verspüren.

Angststörungen sind noch nicht vollständig erforscht, aber die Wissenschaft der psychischen Gesundheit entwickelt sich stets weiter. In einigen Fällen gibt es leicht zu erklärende Lebenserfahrungen, die zu einer Angststörung führen können. In anderen Fällen gibt es scheinbar keine

Erklärung dafür, warum manche Menschen betroffen sind und andere nicht. Eine verlässliche Diagnose einer bestimmten Angststörung erfordert die Zusammenarbeit mit einer psychiatrischen Fachkraft. Wenn Sie eine psychische Erkrankung haben, die sich negativ auf Ihr Leben auswirkt, sollten Sie sich an eine Fachkraft wenden, die Ihre Diagnose und Behandlung kontrollieren kann.

Wenn Sie nun mit einem allgemeinen Verständnis von Angststörungen vertraut und sich nicht sicher sind, ob Sie jetzt professionelle Hilfe in Anspruch nehmen sollten, können die folgenden Informationen und Hilfsmittel bei der Bewältigung der Angst in Ihrem Leben von großem Nutzen sein.

In den folgenden Kapiteln lernen Sie eine Vielzahl verschiedener Techniken kennen, die Sie im Umgang mit Angst einsetzen können.

KAPITEL 2:

Wie man die Gegenwart genießen kann, indem man Achtsamkeit einsetzt und somit Angstzustände verringert

Es ist bewiesen, dass das Üben von Achtsamkeit dazu beitragen kann, die Symptome von Angst zu verringern. In diesem Kapitel erfahren Sie, wie Achtsamkeit definiert wird, wie die Angst vom menschlichen Bewusstsein beeinflusst wird, wie sich die Theorie und die Praxis der Achtsamkeit entwickelt haben und wie Sie sie nutzen können, um mit der Angst in Ihrem Leben umzugehen.

Was ist Achtsamkeit?

Die Praxis der modernen Achtsamkeit hat ihre Wurzeln in alten buddhistischen Traditionen. Achtsamkeit erfordert, dass ein Individuum im Augenblick präsent ist und die Gedanken beiseitelegt, die den Geist von der Erreichung des angestrebten Zieles ablenken.

Achtsamkeit ist ein Zustand des nicht wertenden Bewusstseins über uns selbst und andere. Lassen Sie uns dieses sehr wichtige Konzept einmal genauer ansehen.

Achtsamkeit basiert auf Akzeptanz und Bewusstsein seiner selbst. Entwickeln Sie ein Bewusstsein für Ihre inneren Erfahrungen, Gedanken, Überzeugungen und Prozesse. Dieses Bewusstsein und diese Überlegung müssen ohne Beurteilung erfolgen. Je nachdem, was Sie in Ihrem Leben erlebt haben, werden Sie unterschiedliche Dinge berücksichtigen.

Die Rolle des menschlichen Bewusstseins

Sie fragen sich vielleicht, wie Achtsamkeit funktioniert? Um Achtsamkeit wirklich zu verstehen, müssen wir die Theorien über den Zustand des menschlichen Bewusstseins berücksichtigen. Es bedarf eines genauen Verständnisses des Bewusstseinszustandes, um zu verstehen, wie Achtsamkeit zu einer besseren allgemeinen psychischen Gesundheit beiträgt, insbesondere bei der Behandlung von Angststörungen.

Die „Bereiche des menschlichen Bewusstseins" werden diskutiert, thematisiert und beurteilt, seitdem sich Menschen fragen, was sie dazu bringt, so zu denken und zu handeln, wie sie es tun. Die aktuellen Überlegungen zu den Bereichen des Bewusstseins (Henriques, 2015) umfassen drei Hauptgebiete:

Experimenteller Bereich: Dieser Teil wird manchmal als Theater des Bewusstseins bezeichnet. Er wird durch unseren Zustand des Schlafes oder des Wachseins aktiviert und deaktiviert. Dieser Bereich basiert auf persönlichen Erfahrungen. Es ist der Bereich, der die Fakten dessen bewertet, was zu diesem Zeitpunkt tatsächlich geschieht oder in Betracht gezogen wird.

Privates Selbst: Dies ist der Teil Ihres Bewusstseins, der wie eine fortlaufende Erzählung berichtet, was mit Ihnen geschieht. Es bewertet die Situation durch die Betrachtung Ihrer persönlichen Erfahrung oder Weltanschauung.

Person: Dies ist die Seite von Ihnen, die Sie anderen zeigen. Ihre Person ist das, was Sie anderen bewusst zeigen und wie Sie sich mit Worten und Taten ausdrücken.

Das Bewusstsein kann zusätzliche Filter haben, die es ihm erlauben, die jeweilige Situation in unterschiedlichem Maße zu berücksichtigen. Zum Beispiel wird jeder Bereich des Bewusstseins von der Fähigkeit des Gehirns beeinflusst, einige Dinge zu ignorieren und sich auf andere zu konzentrieren. Wir können dies absichtlich oder unabsichtlich tun. Wir können eine Tatsache gegenüber einer anderen hervorheben oder ein mögliches Ergebnis gegenüber einem anderen. Wir können zwanghaft über ein mögliches Ergebnis nachdenken, obwohl andere Ergebnisse genauso wahrscheinlich sind. In ähnlicher Weise können wir bestimmte Dinge absichtlich ignorieren oder unterdrücken, um „darüber hinwegzukommen". Diese Filter schirmen den Verstand vom Gesamtbild ab. Einige Filter sollen das private Selbst vor der öffentlichen Person schützen. Zum Beispiel fühlen Sie sich vielleicht nicht wohl, wenn Sie alleine sind, sodass Sie sich an einem öffentlichen Ort auf Ihr Handy konzentrieren, anstatt mit anderen in Ihrer Umgebung zu interagieren oder einfach nur friedlich zu beobachten und zu erfahren, wo Sie sich in diesem Moment befinden. Ebenso sagen Sie den Leuten vielleicht, dass es Ihnen gut geht, obwohl Sie in Wahrheit sehr nervös sind und sich auf etwas vorbereiten, das bald passieren wird. Auf diese Weise versucht das menschliche Bewusstsein, uns vor den Dingen zu schützen, die uns Angst machen.

Die Bereiche des menschlichen Bewusstseins neigen also dazu, uns zu schützen. Wenn das Unterbewusstsein sich eines Traumas bewusst ist, kann es uns schützen, indem es Filter in Form von Blockaden in unseren Erinnerungen aufbaut, damit wir nicht regelmäßig mit unseren negativen Erfahrungen konfrontiert werden. Wenn Sie (bewusst oder unbewusst) traumatische Erinnerungen gewaltsam blockieren oder wenn Sie nicht wissen, wie Sie sich in Ihrem Leben fühlen, kann Ihr System instabil und durch Angst und Stress negativ beeinflusst werden. Aufgrund der Unbeständigkeit sind Sie möglicherweise nicht in der Lage, mit den Dingen in Ihrer Umgebung umzugehen, die diese Erinnerungen oder Gefühle auslösen. Diese Auslöser können Ereignisse, Orte oder Menschen sein, die Sie an ein Trauma erinnern.

Ihre persönliche Geschichte mit Achtsamkeit kontrollieren

Möglicherweise befinden Sie sich in einem Zustand ständiger Selbstbewertung und Selbstbeurteilung. Menschen mit Angststörungen tun das oft. Jetzt, wo Sie die Rolle des menschlichen Bewusstseins verstehen, welches uns diktiert, wie wir über die Welt um uns herum und unseren Platz in ihr denken, stellen Sie sich vor, wie all das ohne Selbstbeurteilung wäre! Das ist es, was die Achtsamkeit Ihnen ermöglicht.

Wenn wir uns einem vollen Spektrum von Gedanken über unsere Realität aussetzen, sodass die Gedanken nicht durch Verleugnung, Selbstkritik und Selbstbeurteilung gefiltert werden, haben wir ein besseres Verständnis von uns selbst und von anderen, was der Realität am nächsten kommt. Dieses Verständnis kann uns helfen, auf bestimmte Dinge in einer Weise zu reagieren, die nicht durch unsere negativen Überzeugungen über uns selbst oder durch die Situationen beeinflusst wird, in denen wir uns befinden oder die wir vorhersehen. Deshalb ist Achtsamkeit im Umgang mit Angst so hilfreich.

Die Kraft der Achtsamkeit

Achtsamkeitstechniken wurden verwendet, um eine Vielzahl von Angststörungen zu behandeln, darunter allgemeine Angststörungen und posttraumatische Belastungsstörungen sowie verwandte Erkrankungen, wie Depressionen und Zwangsstörungen.

Bereits 1979 wurden Programme wie *„Auf Achtsamkeit basierende Stressreduktion"* an der medizinischen Fakultät der Universität von Massachusetts eingerichtet, um das Studium und die Praxis der Achtsamkeit zu verfolgen. Der Schöpfer dieses Programmes, Jon Kabat-Zinn, baute auf seinen Studien des Zen-Buddhismus und des Yoga auf, um ein Konzept über Achtsamkeit zu entwickeln, das auch anderen gelehrt werden konnte. Er schrieb das Buch *„Full Catastrophe Living"*, in dem er das Bewusstsein von Augenblick zu Augenblick und die Berücksichtigung von Dingen betonte, die wir normalerweise ignorieren oder verwerfen würden (Wiki, 2020; Henriques, 2015). Dieses Konzept wurde von vielen medizinischen Zentren und psychiatrischen Fachleuten übernommen, um Patienten bei der Bewältigung von Angstzuständen und anderen Erkrankungen zu unterstützen.

Der Grund, warum buddhistische Lehrmethoden oft als Grundlage für das Verständnis von Achtsamkeit verwendet werden, liegt in dem tiefen Glauben an das unvermeidliche Leiden des Lebens. Wenn das Leiden unausweichlich ist, dann gibt es keine Notwendigkeit, dem zu entfliehen. Es muss nur Teil des Gesamtbildes unseres Lebens werden. Der Versuch, negative Gedanken zu vermeiden, schafft ein Ungleichgewicht in uns, das zu negativen Folgen führt. Wenn wir uns der Gesamtheit des Lebens und des Gleichgewichtes von Gut und Böse bewusst sind, können wir mit den Dingen, die uns verunsichern, leichter umgehen, da wir uns ihrer bewusst sind, ohne uns selbst zu beurteilen.

Im Jahr 2012 erhielt Achtsamkeit weitere öffentliche Anerkennung, als Tim Ryan „*A Mindful Nation*" veröffentlichte und folglich ein großes Stipendium für den Unterricht von Achtsamkeit in Schulen erhielt. Andere namhafte Spezialisten, darunter Richard Davidson, ein versierter Neurowissenschaftler, sowie die „Interpersonal Neurobiology Community" nutzten Achtsamkeit, um psychodynamische Perspektiven und Emotionen sowie Optimierungsmöglichkeiten der Funktion des Gehirnes besser zu verstehen (Henriques, 2015).

Achtsamkeit wird oft mit Meditation verbunden. Diese alte Form ermöglicht vollkommenes Bewusstsein und Frieden durch die Praxis des Stillsitzens, der Reinigung des Geistes und des Erreichens eines Zustandes der vollständigen Einheit mit dem Universum. Wir werden in Kapitel 9 weiter auf die Meditation eingehen.

Zusammenfassung des Kapitels

In diesem Kapitel haben Sie etwas über Achtsamkeit gelernt und auch darüber, wie das menschliche Bewusstsein arbeitet, um unsere Gedanken, Reaktionen und Verhaltensweisen in der Welt um uns herum zu filtern.

Achtsamkeit basiert darauf, sich seiner selbst und seiner Erfahrungen bewusst zu werden und diese ohne Beurteilung zu betrachten. Sie kann weiter ausgebaut werden, um ein Verständnis und eine Akzeptanz für die Situationen zu erlangen, in denen Sie sich befinden oder die Sie bald erleben werden. Wenn Sie sich bewusst sind und sich auf das konzentrieren, was Sie in diesem Moment tun müssen, können Sie nicht darüber nachdenken, was später passieren könnte. Wenn Sie sich in Achtsamkeit üben, können Sie Angstzuständen entgegenwirken, weil Sie nur das in Betracht ziehen oder tun, was im gegenwärtigen Moment getan werden muss.

Wenn Sie Angst in irgendeiner Form erleben, können Sie mit Achtsamkeit große Erfolge erzielen. Vielleicht haben Sie Angst vor der Zukunft und davor, was in Ihrem Leben passieren könnte. Überlegen Sie sich, wie Achtsamkeit genutzt werden kann, um sich auf das zu konzentrieren, was Sie in diesem Augenblick tun müssen. Achtsamkeit bedeutet, dass Sie den Besonderheiten Ihres täglichen Lebens und all den Dingen Aufmerksamkeit schenken, die Sie normalerweise schnell erledigen oder für selbstverständlich halten. Wenn Sie sich auf Ihre Gegenwart konzentrieren, ist Ihr Geist nicht mehr in der Lage, sich darüber Gedanken zu machen, was Sie beunruhigt.

Achtsamkeit kann während Ihrer täglichen Beschäftigungen bewusst geübt werden. Sie kann auch durch Meditation praktiziert werden. Diese zwingt Sie dazu, mit allem aufzuhören und sich Zeit zu nehmen, um präsent zu sein und sich der Gesamtheit der Existenz bewusst zu werden, anstatt unseres kleinen Anteils daran.

Im nächsten Kapitel werden Sie erfahren, was passiert und was zu tun ist, wenn die Angst eintritt.

KAPITEL 3:

Was tun, wenn die Angst eintritt?

Angst und Panik sind reale Reaktionen, die echte Menschen auf die Situationen um sie herum haben. Sie möchten sich vielleicht nicht so fühlen, haben aber keine Kontrolle darüber, wie ihr Körper auf die Stressfaktoren in ihrem Leben reagiert. Wir wissen, dass zu den körperlichen Symptomen der Angst unangenehme körperliche Empfindungen und Auswirkungen auf unser emotionales und körperliches Wohlbefinden gehören können. Diese Gefühle des Unheils, der überwältigenden Unfähigkeit, damit umzugehen, der Angst, der Nervosität, der körperlichen Krankheit und der emotionalen Betroffenheit sind allesamt echte Symptome, mit denen Menschen zu kämpfen haben, die an Angstzuständen leiden.

Typische Indikatoren für Angstzustände

Es gibt drei vorhersehbare Arten von Reaktionen, die Menschen bei Angstzuständen erleben können. Lassen Sie uns jede davon etwas genauer betrachten.

Körperlich erhöhter Zustand, der Terror und Panik ähnelt

Dies ist ein Zustand des Körpers, der durch Herzklopfen, Atemnot, Muskelverspannungen, Weinen oder Hysterie und sogar körperliche Erkrankungen gekennzeichnet ist. Dies geschieht, wenn der Körper die Stresshormone Adrenalin und Cortisol freisetzt. Wie wir bereits besprochen haben, wird dies oft als Panikattacke bezeichnet und ist in der Regel eine unmittelbare Reaktion auf einen bestimmten Auslöser oder Stressfaktor. Ein permanenter Zustand erhöhter Angst, der andauert, kann schwerwiegende gesundheitliche Folgen nach sich ziehen und bekanntermaßen zu Herzinfarkten und erhöhtem Blutdruck führen.

Ein aufgedrehtes Gefühl der Spannung, das mit Stress assoziiert ist

Viele Menschen mit einer allgemeinen Angststörung erleben das Gefühl von Spannung, Stress und Angst als Reaktion auf (oder in Erwartung von) aktuellen oder zukünftigen Ereignissen. Dies kann ein Kreislauf immer wiederkehrender Sorgen sein, der unweigerlich zu einem steigenden Stresspegel führt, da der Körper eine Lösung erwartet. Wenn der Körper ständig nervös ist, können anhaltende Unruhe, Aufregung und Sorgen negative Auswirkungen auf Ihre allgemeine Gesundheit haben.

Die psychische Qual des Grübelns

Wenn Ihr Gehirn nicht aufhört, beunruhigende Gedanken zu haben und Sie regelmäßig von Gedanken früherer Ereignisse oder voraussichtlichen Szenarien geplagt werden, kann dies Ihre Fähigkeit beeinträchtigen, positiv zu denken und zu handeln. Grübeln kann auch mit Depressionen und dissoziativem Verhalten in Verbindung gebracht werden, weil das Individuum in einen nachdenklichen, zerstreuten oder beunruhigenden Zustand zurückfällt, der für eine lange Zeit anhalten kann. Dies kann andauernde Übelkeit und Anspannung oder ein Gefühl des Erstickens unter der Last der Dinge, an die man denkt, hervorrufen. Das Grübeln kann andauern, obwohl wir versuchen, andere Dinge zu tun, was zu Konzentrationsproblemen führt und der Unfähigkeit, erfolgreich mit anderen zu interagieren.

Verstehen, warum Angstzustände auftreten

Um zu verstehen, warum jemand an Angstzuständen leidet, muss man die Auslöser erkennen. In der Regel gibt es einen direkten Zusammenhang zwischen einem bestimmten Stressfaktor und der Reaktion der Angst. Zum Beispiel wurden Sie vielleicht von einem Hund angegriffen, als Sie jung waren. Seitdem haben Sie eine schreckliche Angst vor Hunden und der Gedanke, in einen Park zu gehen, kann Sie so sehr in Angst versetzen, dass Sie es nicht mehr genießen können, Ihre Kinder ins Freie zu schicken. Eine Einladung in das Haus eines neuen Freundes, der einen Hund hat, kann dazu führen, dass Sie mit der Zeit immer unruhiger werden, bis Sie kurz vor der Veranstaltung eine Panikattacke bekommen und nicht mehr teilnehmen können. Weil Sie nicht für Ihre Angst, Phobie oder Unruhe verurteilt werden wollen, sagen Sie Ihrem neuen Freund, dass Sie eine Grippe bekommen haben. Dann haben Sie vielleicht noch mehr Angst, weil Sie sich selbst enttäuscht haben, da Sie nicht hingehen konnten und Sie einen neuen Freund angelogen haben.

Viele Ängste drehen sich um die Frage „Was wäre, wenn [...]?". Sofern Sie in der Lage sind, die Besonderheiten einer Situation tatsächlich vorherzusehen, haben Sie oft keinen Grund, sie zu fürchten. Deshalb bevorzugen viele Menschen mit Angststörungen bewährte Routinen, bei denen die Dinge vorhersehbar sind und es kaum Abweichungen gibt. Dadurch wird die Wahrscheinlichkeit geringer, dass sie etwas Unbekanntes in ihrem Leben erfahren.

Die Kenntnis Ihrer Stressfaktoren kann Ihnen helfen, Ihr Leben so zu organisieren, dass Sie weniger Stressfaktoren haben und mehr Vorhersehbarkeit bei Situationen, von denen Sie wissen, dass sie Ihre Angst auslösen werden. Beispielsweise würden Sie lieber nicht an der Veranstaltung teilnehmen als zu riskieren, von Ihrem neuen Freund verurteilt zu werden. Wenn Sie Ihrem neuen Freund jedoch sagen, dass Sie Angst vor Hunden haben und nicht sicher sind, ob Sie zu ihm nach Hause kommen können, wird er Sie vielleicht überraschen und sagen: „Kein Problem, mein Nachbar passt manchmal für uns auf die Hunde auf, ich werde ihn fragen, ob die Hunde die Nacht bei ihm verbringen können. Ehrlich gesagt, ist es sogar besser so, denn dann wird es weniger Chaos im Haus geben."

Zu verstehen, warum Angstzustände auftreten, ist der erste Schritt zur Bewältigung Ihrer Symptome und zur Suche nach Möglichkeiten, mit Ihren Stressfaktoren umzugehen, damit sich diese nicht so negativ auf Ihr Leben auswirken.

Furcht ist vielleicht einer der häufigsten Gründe, warum Symptome der Angstzustände, einschließlich Panikattacken, einen Zyklus negativer Auswirkungen auf Ihre emotionale und körperliche Gesundheit aufrechterhalten. Wenn Sie sich selbst sagen können, dass Ihre Angst eine normale Reaktion auf eine wahrgenommene Bedrohung ist und dass Sie wahrscheinlich „überreagieren", kann das ein nützliches Hilfsmittel sein, welches es Ihnen ermöglicht, sich andere beruhigende Verhaltensweisen und Gedanken einzureden.

Denken Sie daran: Es wird vorbeigehen

Ganz gleich, wie stark Sie auf Stress reagieren: Es ist hilfreich, sich daran zu erinnern, dass er vorbeigehen wird - selbst wenn es sich um eine ernsthafte Panikattacke handelt. Es mag schwer zu verstehen sein, wenn man gerade einen extremen Angstzustand erlebt. Ganz gleich, wie „besessen" oder „panisch" Sie sich fühlen, es gibt einen Punkt, an dem eine andere physische oder emotionale Reaktion die Oberhand gewinnen wird. Sagen Sie sich: „Das geht vorbei, das geht vorbei", und üben Sie einige Techniken zur Bewältigung Ihrer Symptome. Je früher Sie dies tun, desto schneller wird die Intensität Ihrer Angst abnehmen.

Techniken zur Bewältigung von Panikattacken, Spannungsgefühlen und übermäßigem Grübeln

Achten Sie auf Ihren Körper

Eigentlich gehört es zum gesunden Menschenverstand, aber oft vergessen wir, auf uns selbst zu achten, was unsere Fähigkeit, mit Stress umzugehen, beeinträchtigen kann. Dazu gehört, dass wir nicht richtig essen, nicht richtig schlafen und uns nicht bewegen. Wenn der Körper einen Mangel an Nährstoffen und Energie hat, ist er nicht in der Lage, auf gesunde Weise mit Stressfaktoren umzugehen. Einige Menschen glauben, dass eine koffein-, zucker- und alkoholarme Ernährung dazu führt, dass Körper und Geist widerstandsfähiger gegen Stress werden und die Symptome von Angstzuständen abnehmen. In einem späteren Kapitel werden wir mehr darüber erfahren, wie die Ernährung und Routinen zur Selbstpflege Ihre Fähigkeit zur Bewältigung von Angstzuständen und Ihre Reaktionen auf Stress verbessern.

Praktizieren Sie Tiefenatmung

Oft sagen die Leute: „Atme einfach durch", und sie haben recht. Wenn die Angst verstärkt auftritt, beginnen wir manchmal in kurzen Schüben zu atmen und hyperventilieren sogar. Dadurch wird der dem Blut und dem Gehirn zur Verfügung stehende Sauerstoff reduziert und die Auswirkungen der Angst mit zunehmender körperlicher Belastung verstärkt.

Wenn wir innehalten und lange, tiefe Atemzüge ganz langsam und bewusst machen, beruhigt dies den Körper und den Geist. Es ermöglicht uns, der jeweiligen Situation mit Ruhe und Klarheit zu begegnen. Manche Menschen nennen dies *Zwerchfellatmung* oder *Bauchatmung*. Sie zeichnet sich dadurch aus, dass die Luft langsam in die Lungen einströmt und sich nicht der Brustkorb, sondern der Bauch mit Luft füllt. Die Luft wird dann langsam wieder ausgeströmt, während sich der Bauch entleert. Sie können auch eine Variante ausprobieren, bei der Sie zuerst den Bauch und dann die Brust ausdehnen und dann langsam in umgekehrter Reihenfolge ausatmen.

Manche Menschen schwören auf Sitzungen mit tiefer Atmung, die im Liegen in einer ruhigen, ungestörten Umgebung durchgeführt werden. Dies ist natürlich die optimalste Methode der Tiefenatmung in einer Therapie. Unterschätzen Sie nicht die starke beruhigende Wirkung einiger tiefer Atemzüge, wenn Sie auf etwas warten oder das Gefühl haben, dass Ihr Angstpegel steigt.

Achtsamkeit und Bewusstsein

Wie Sie bereits gelernt haben, hat ein achtsamer Bewusstseinszustand, auch Achtsamkeit genannt, viele Vorteile. Wenn Sie von Gefühlen erhöhter Angst überwältigt werden oder in einen Kreislauf des Nachdenkens verfallen, sollten Sie Achtsamkeit einsetzen, um sich an den Besonderheiten der Gegenwart zu orientieren.

Was kann man in diesem Moment beobachten? Was tun Sie, das Ihre volle Aufmerksamkeit erfordert? Wenn Sie eine vollständige Übung machen wollen, kommen Sie zur Ruhe und schließen Sie die Augen. Überlegen Sie, wie sich Ihr Körper anfühlt, konzentrieren Sie sich darauf, wie Sie sich beim Atmen fühlen und versuchen Sie, eine Bestandsaufnahme Ihrer körperlichen Empfindungen zu machen. Dann - Sie halten die Augen noch immer geschlossen - verlagern Sie Ihre Aufmerksamkeit, indem Sie die Geräusche, die Gerüche und das Geschehen um Sie herum wahrnehmen. Diese Übung ist ein Hilfsmittel, das Ihnen helfen kann, Ihre Gefühle der Bedrängnis zu überwinden, denn Sie müssen diese Gedanken mit Intention ablegen, um sich dessen bewusst zu werden, was um Sie herum geschieht.

Sich selbst ablenken

Eine weitere Möglichkeit, im Augenblick präsent zu sein und ängstliche Gedanken wirksam zu unterbinden, ist die klassische Tradition der Ablenkung. Wenn Sie intensive Angstgefühle haben oder in einem Kreislauf von Überdenken und Nachdenken gefangen sind, kann es schwierig sein, sich auf etwas anderes als Ihre Angst zu konzentrieren - und das kann die Symptome nur verstärken.

Es kann äußerst hilfreich sein, stattdessen eine Aktivität auszuwählen und sich auf diese zu konzentrieren. Dies ist besonders nützlich, wenn die Aktivität Konzentration oder Bewegung erfordert. Es kann schwierig sein, sich auf etwas anderes zu konzentrieren als darauf, wie Sie sich während einer Panikattacke fühlen, und es kann die Symptome verstärken.

Wenn Sie Ihren Verstand dazu bringen können, sich auf etwas anderes zu konzentrieren, ist in Ihrer aktiven Realität weniger Platz für die Angst und es kann sein, dass die Intensität Ihrer Symptome deutlich abnimmt. Es gibt viele Aktivitäten, die helfen können. Zum Beispiel könnten Sie sich ein Hörbuch anhören, ein Musikinstrument spielen, Holz hacken und/oder stapeln, Wäsche waschen, Gartenarbeiten verrichten oder einkaufen gehen. Es kann manchmal von Vorteil sein, eine Aufgabe so auszuwählen, dass Sie ein gutes Gefühl haben, weil Sie etwas Produktives zu tun. Wenn Sie eine persönliche Ablenkung durch Belohnungen nutzen, indem Sie z. B. ein Buch lesen oder anhören oder Sie zu Ihrer Lieblingsmusik mitsingen, dann beglückwünschen Sie sich dazu, dass Sie sich eine qualitativ hochwertige, persönliche Zeit für sich selbst genommen haben.

Laufen Sie etwas herum

Vielleicht haben Sie das Gefühl, dass es für Sie am besten ist, wenn Sie sich während einer Angstattacke in einem sicheren, abgeschlossenen Raum aufhalten. Das kann zwar tröstlich sein, weil kaum etwas Unvorhergesehenes passieren kann, aber es kann Sie weiter in einen Kreislauf von Angst oder anderen negativen Gefühlen versinken lassen. Wie bei der Ablenkung kann auch das Herumlaufen ein wirksames Mittel sein, um Ihren Geisteszustand zu ändern. Es hilft, etwas Adrenalin loszuwerden und das Blut in Bewegung zu bringen, was dazu beiträgt, den Geist zu klären. Wenn wir zu lange an einer Stelle stehen bleiben, kann unser Körper versteifen und sogar verkrampfen, was zusätzliche körperliche Belastungen verursacht. Wir merken es vielleicht erst, wenn wir aufstehen, also stehen Sie oft auf und strecken Sie Ihre Beine aus. Das ist vielleicht das Letzte, was Sie tun wollen, wenn Sie sich in Panik befinden, aber es wird Ihnen helfen, aus dem Geisteszustand herauszukommen, in dem Sie sich befinden.

Die Spannung lösen

Wenn der Körper gestresst und ängstlich ist, reagiert er oft mit Verspannungen und wir können Schmerzen oder Steifheit entwickeln, die mit Unbeweglichkeit und/oder Verspannungen zusammenhängen. Das Lösen von Verspannungen erfolgt effektiv durch eine bewusste körperliche Veränderung. Wenn sich Ihr Körper und Ihr Geist derzeit schlecht fühlen, weil Sie an Stress oder Angst festhalten, sollten Sie sich bemühen, diese Spannung zu lösen. Dies kann erreicht werden, indem Sie tief einatmen und dann die gesamte Luft in einem „Wusch" ausatmen. Stellen Sie sich dabei vor, wie Ihre Anspannung mit der ausgeatmeten Luft Ihren Körper verlässt.

Eine der besten und effektivsten Möglichkeiten, um Spannungen zu lösen, ist Dehnung und Bewegung. Dadurch wird der Körper in eine neue Position gebracht und Blut und Sauerstoff werden durch den Körper und das Gehirn geleitet. Diese Bewegung kann Ihre Perspektive verändern und dazu führen, dass Sie sich muskulös weniger versteifen. Wenn Sie sich strecken, wird Sie Ihr Körper mit Glückshormonen, wie

Endorphinen, belohnen, anstatt mit negativen Hormonen, wie Adrenalin und Cortisol.

Zusammenfassung

In diesem Kapitel haben Sie typische Angst-Indikatoren kennengelernt, wie z. B. einen körperlich erhöhten Zustand, der Panik ähnelt, das Gefühl, aufgedreht oder gestresst zu sein sowie die Angst vor dem anhaltenden Grübeln. Von der ständigen Sorge um das „Was-wäre-wenn" geplagt zu sein, kann sowohl emotional als auch körperlich anstrengend sein. Zu verstehen, warum Sie diese Angstreaktionen haben, ist entscheidend, und die Fähigkeit, Ihre Auslöser zu identifizieren, ist der Schlüssel zur Verbesserung Ihrer psychischen Gesundheit.

Zudem haben Sie einige wirksame Techniken zur Bewältigung dieser Stresssymptome kennengelernt. Dazu gehört, auf Ihren Körper zu achten, Tiefenatmung und Achtsamkeit zu praktizieren sowie Spannungslösung, Bewegung und Ablenkung.

Im nächsten Kapitel erfahren Sie mehr darüber, wie Sie mit Spannung, Stress und Angst umgehen können.

KAPITEL 4:

Was tun, wenn Spannung, Stress und Angst herrschen?

Wie wir bereits gelernt haben, können sich Angststörungen auf verschiedene negative Weise manifestieren, die von extremen Panik- und Angstattacken bis hin zu einem Gefühl ständiger Anspannung, Stress und Angst reichen.

Um mit Ihren emotionalen und körperlichen Reaktionen auf die Stressfaktoren in Ihrem Leben umgehen zu können, müssen Sie Ihre Auslöser und Symptome erkennen, wenn Sie mit ihnen konfrontiert werden. Empfindungen anhaltender Anspannung und Angst werden anders gehandhabt als akute Reaktionen, wie z. B. Panikattacken. Einige der Techniken zur Bewältigung der Symptome sind ähnlich, weil diese Techniken bei einer Vielzahl von Zuständen wirksam sind. Zum Beispiel sind Tiefenatmung und Achtsamkeit wirksame Mittel, um sich zu beruhigen und neu zu orientieren.

Ständige Anspannung und Angst können ein Ergebnis der permanenten Beschäftigung unseres Geistes sein, die Sorgen wieder aufleben lässt und uns dazu veranlasst, ständig über schreckliche Dinge nachzudenken, die als Folge unserer Entscheidungen oder Handlungen geschehen könnten.

Hören Sie nicht auf Ihr eigenes negatives Feedback

Manchmal sind Sie vielleicht von Angst und Gefühlen der Spannung erfüllt, weil Sie von Ihrer eigenen Unzulänglichkeit oder Unfähigkeit, mit möglichen Ereignissen umzugehen, überzeugt sind. Da die negative Stimme in unserem Kopf laut, hartnäckig und dominant ist, kann es leicht sein, sich auf das zu konzentrieren, was sie sagt. Es ist wichtig zu erkennen, dass Sie die Geschichte in Ihrem Kopf ändern können, indem Sie sich bewusst sagen, dass Sie die negative Rückmeldung beiseitelegen und Platz für die positive Rückmeldung über sich selbst oder Ihre Situation schaffen wollen. Sagen Sie sich Folgendes: „Ja, ja, ich weiß, es könnte alles schiefgehen, aber wie würde es aussehen, wenn es gut laufen würde?" oder „Wir haben das schon einmal besprochen und es gibt andere, positivere Wege, das zu betrachten". Stellen Sie sich dieses positive Ergebnis vor und konzentrieren Sie sich darauf, dass Sie sich dabei gut fühlen.

Das ist vergleichbar mit der Idee, den Lügen nicht zu glauben, die einem der Verstand erzählt. Der Verstand kann uns anlügen, um uns dazu zu bringen, geistig an einem Ort zu bleiben und von etwas wie besessen zu sein. Vielleicht sagt Ihnen Ihr Verstand, dass Sie Ihre ganze Energie darauf verwenden müssen, sich um ein bestimmtes Ergebnis zu sorgen oder dass Sie niemals all die Dinge erledigen können, die auf Sie warten. Sie können sich dafür entscheiden, nicht zu glauben, wovon Ihr Verstand Sie zu überzeugen versucht. Scheuen Sie sich nicht, sich selbst und Ihren negativen Gedanken zu sagen: „Ich glaube euch nicht. Ihr klingt wirklich überzeugend, aber ich kaufe euch das nicht ab. Ich habe andere Möglichkeiten."

Wenn Ihnen die Stimme in Ihrem Kopf Sorgen bereitet, hören Sie nicht zu

Wenn sich unser Geist und unser Körper in einem Zustand ständiger Sorge befinden, haben wir die automatische Reaktion darauf, jede Situation oder jedes Vorhaben mit einer Mentalität der Angst oder des Unterganges zu bewerten. Ewige Sorge und ein Gefühl des drohenden Unterganges können sich bei manchen Menschen als Hypervigilanz manifestieren. Das ist dann der Fall, wenn jemand darauf fixiert ist, dafür zu sorgen, dass alles sicher und in Ordnung ist und exakt so abläuft, wie es geplant war.

Der ständigen Fokussierung auf unseren ängstlichen Zustand kann man sich nur schwer entziehen. Dies gilt insbesondere dann, wenn wir beschäftigt sind, viele Dinge passieren und wir daher das Gefühl haben, dass wir uns um viele Dinge „Sorgen machen müssten". Eine Stimme in unserem Kopf fordert uns auf, nach etwas zu suchen, worum wir uns sorgen können, besonders wenn wir freie Zeit haben. Diese „Stimme der Sorge" ist schwer auszuschalten und es passiert schnell, dass sie unser Bewusstsein dominiert. Wenn man diese Stimme erst einmal erkannt hat, ist es jedoch leichter, sich zu entscheiden, ob man zuhören will oder wie viel Zeit oder Energie man für ihre Anliegen aufwenden will.

Wenn die Sorge auftaucht, sagen Sie ihr, dass Sie damit beschäftigt sind, etwas Nützliches zu tun. Konzentrieren Sie sich dann auf etwas Positives oder tun Sie es. Es kann ganz einfach sein. Zum Beispiel konzentrieren Sie sich auf all die Dinge, die heute gut gelaufen sind oder tun Sie etwas, um Ihren Geist mit anderen Gedanken zu beschäftigen. Wenn Sie spüren, dass Ihr Körper gestresst ist, nehmen Sie sich einen Moment Zeit, um Ihren Körper und Ihren Geist mit einer Übung der Tiefenatmung oder einer guten Dehnung zu entspannen.

Erstellen Sie sich eine Liste und handeln Sie entweder danach oder ignorieren Sie sie

Das mag wie eine seltsame Strategie klingen, aber es ist eine Möglichkeit, Bedenken, die Ihre Perspektive trüben und Sie beunruhigen, eine greifbare Form zu geben. Vielleicht ist Ihnen gar nicht bewusst, warum Sie sich so angespannt, gestresst oder voller Angst fühlen. Nehmen Sie sich die Zeit, sich hinzusetzen und eine Liste all der Dinge aufzustellen, die Ihnen im Kopf herumgehen und Sie in Bedrängnis bringen. Wenn Sie Ihre Sorgen in einer greifbaren Form sehen, kann das mehrere Vorteile haben, unter anderem kann es Ihnen Klarheit darüber verschaffen, warum Sie in Not sind.

Wenn Sie eine Liste Ihrer Probleme sehen, können Lösungen präsentiert werden, die Ihren Geist und Ihren Körper beruhigen. Sie werden vielleicht nicht merken, wie besorgt Sie waren, die Kinder ins Ferienlager zu bringen, bis Sie es aufgeschrieben haben - was Sie zudem daran erinnert, dass Ihr Nachbar bereits angeboten hatte, Ihre Kinder mitzunehmen. Dies ermöglicht die Identifizierung, Legitimierung und Lösung der Dinge, die Ihnen Sorgen bereiten. Fügen Sie der Liste eine Spalte hinzu, in der die von Ihnen geplanten Möglichkeiten für die Lösung des Problems aufgeführt sind und streichen Sie jene Dinge auf Ihrer Liste durch, für die Sie eine Lösung gefunden haben.

Manchmal haben Sie vielleicht keine offensichtliche Lösung für all die auf der Liste befindlichen Dinge. Manchmal machen die Dinge auf der Liste vielleicht nicht einmal Sinn. Es kann sein, dass sie gar keinen Einfluss darauf haben. Das ist in Ordnung! Wenn Sie eine Liste der Dinge erstellen, die Ihnen Sorgen bereiten, geben Sie ihnen absichtlich Zeit und Raum in Ihrem Bewusstsein. Sie können sich entscheiden, ob Sie zur Liste zurückkehren oder sie beiseitelegen und ignorieren wollen. Das erlaubt Ihnen, Ihren Geist von den Sorgen zu befreien, da Sie sich immer auf die Liste beziehen können, wenn Sie es wirklich wollen oder brauchen. Sobald Sie die Liste erstellt haben, dann müssen Sie eine bewusste Entscheidung treffen, die Liste und ihren Inhalt beiseitezulegen und Ihre Aufmerksamkeit auf andere Dinge zu lenken. Dies sollten Dinge sein, die sich positiv auf Sie auswirken.

Fokussieren Sie sich für eine Weile nur auf Spaß

Dieses Konzept basiert auf dem alten Spruch, dass „Lachen die beste Medizin ist". Wenn unser Geist von Angst, Spannungen, Stress und Furcht besessen ist, nehmen wir uns nur selten Zeit für den Spaß in unserem Leben oder akzeptieren ihn gar. Schließlich ist es schwer, Spaß zu haben, wenn man von Sorgen, Stress oder Angst überwältigt ist! Vielleicht ignorieren wir spaßige Gelegenheiten, weil wir meinen, dass wir es nicht verdienen. Vielleicht fühlen wir uns sogar schuldig, dass wir etwas genießen, weil wir die Barrieren zur Lösung der anderen Probleme, mit denen wir konfrontiert sind, nicht überwunden haben.

Eine Aktivität, die uns zum Lächeln, Lachen oder Spielen veranlasst, befreit uns aus dem Zustand der Sorge und Angst und füllt uns mit Glückshormonen wie Endorphinen. Wenn wir von Angst erfüllt sind, kann es eine Herausforderung sein, eine Gelegenheit zum Lachen in unserem Leben zu erschaffen. Nehmen Sie sich Zeit für ein Spiel, gehen

Sie mit einem Ball oder einer Kamera in den Park, sehen Sie sich eine lustige Show an oder hören Sie sich ein lustiges Buch an, spielen Sie mit einem Kind oder tun Sie etwas Impulsives, das Sie früher genossen haben, als das Leben noch einfacher schien. Wenn Sie sich zum Lachen bringen und sich in etwas Spaß verlieren können, werden Ihre Angstgefühle minimiert oder beseitigt. Wir werden in Kapitel 7 mehr über die Freude im Leben sprechen.

Zusammenfassung des Kapitels

Manchmal leiden wir in hohem Maße unter Spannung, Stress und Angst. Es kann sein, dass wir in regelmäßigen Abständen anhaltende Angstzustände erleben und Schwierigkeiten haben, diese Gefühle zu bewältigen, um effektiv zu funktionieren.

In diesem Kapitel haben Sie gelernt, dass Sie Entscheidungen darüber treffen können, worauf Sie sich konzentrieren wollen und dass Sie aktive Schritte unternehmen können, um Ihre Gedanken zu kontrollieren. Zu diesen nützlichen Techniken gehört, dass man nicht auf sein eigenes negatives Feedback hört, dass man nicht zuhört, wenn die Stimme der Sorge im Kopf schwirrt, dass man eine Liste erstellt und dann entweder darauf reagiert oder sie ignoriert und sich eine Zeit lang auf den Spaß konzentriert. Mit diesen Techniken können Sie erkennen, warum Sie sich auf Ihren Stress und Ihre Angst konzentrieren. Anschließend können Sie diese dann beiseitelegen, um mehr Möglichkeiten für positive Ergebnisse zu erhalten.

Im nächsten Kapitel erfahren Sie, wie Sie übermäßige Sorgen und übermäßiges Nachdenken überwinden können.

KAPITEL 5:

Übermäßige Sorgen und übermäßiges Nachdenken überwinden

In diesem Kapitel werden wir uns insbesondere auf das Verhalten des Grübelns und Überdenkens konzentrieren, das uns ständig in Sorge hält.

Nachsinnen, auch „Grübeln" oder „Überdenken" genannt, ist ein Zustand ständiger Überlegung über die Herausforderungen, vor denen wir stehen, über die Dinge, die wir durchgemacht haben oder über den möglichen Ausgang zukünftiger Situationen. Es wird als ein zyklisches, sich selbst erhaltendes Verhalten betrachtet, das schwer zu unterbrechen ist. Wie jedes Objekt, das sich bewegt, ist es leicht, in Bewegung zu bleiben, aber wenn es anhält, ist es schwieriger, erneut in Bewegung zu kommen. Deshalb ist es für die Überwindung dieses Angstsymptomes entscheidend, das Muster des Überdenkens zu unterbrechen.

Erkennen Sie, dass Sie davon betroffen sind

Der erste Schritt zur Überwindung von übermäßiger Sorge und übermäßigem Denken besteht darin, zu erkennen und sich einzugestehen, dass man es tut. Das ist vielleicht nicht leicht, denn niemand will zugeben, dass er eine Schwäche hat, die ihn dazu bringt, zwanghaft über die Dinge nachzudenken, sodass er keinen Platz für Glück, Freude oder positive Gedanken hat. Sobald Sie erkennen, dass Sie dieses negative und destruktive Verhalten zeigen, können Sie Maßnahmen ergreifen, um dem entgegenzuwirken.

Abschalten

Wenn man einmal erkannt hat, dass man in einem Kreislauf ständiger Sorgen gefangen ist, kann es schwierig sein, ihn „abzuschalten". Manche Menschen sind in der Lage, sich einfach zu sagen, dass sie sich keine Sorgen machen sollen und ihr Geist geht dazu über, sich auf andere Dinge zu konzentrieren. Wer die Tendenz hat, sich zwanghaft Sorgen zu machen, muss sich vielleicht durch bewusste Übungen helfen.

Einige Therapeuten verwenden eine Methode, um die Dinge, die unsere Angst verursachen, zu extrahieren, zu unterteilen und dann zu verwahren oder loszulassen. Dies erfordert ein klares Bewusstsein dafür, was unsere Angst verursacht. An dieser Stelle könnte Ihre Liste wieder nützlich sein! Diese Technik erfordert, dass Sie Ihre Augen schließen und sich auf eine offene und leere Schachtel konzentrieren. Dann denken Sie an ein Thema, um das Sie sich Sorgen machen und legen es gedanklich in die Schachtel, verschließen Sie diese mit einem Deckel und legen Sie sie anschließend in Gedanken auf ein Regal. Sagen Sie sich, dass diese Schachtel für Sie da ist, wenn Sie sie benötigen, aber dass Sie diese aktuell nicht brauchen. Das Ergebnis ist, dass Sie einen klaren und transparenten Geist haben.

Wenn Sie diese Technik üben wollen, können Sie die Verwendung Ihrer Liste erweitern. Holen Sie sich mehrere Zettel und schreiben Sie auf jeden Zettel eine Sorge. Stecken Sie dann alle aufgeschriebenen Sorgen in eine Schachtel oder in eine Tasche. Es gibt verschiedene Dinge, die Sie mit der Schachtel oder dem Beutel tun können, wie z. B. sie in ein Regal zu stellen, sie zu verbrennen oder sie zu recyceln, um sie in etwas Neues zu verwandeln. Wenn Sie die Dinge, über die Sie sich übermäßig Sorgen machen, anerkennen und Maßnahmen ergreifen, um sie zu beseitigen, können Sie sie „ausschalten", weil Sie ihnen eine Bedeutung und einen Platz gegeben haben, der außerhalb Ihres eigenen Geistes liegt.

Unterbrechen Sie Ihre Gedanken

Wenn Sie sich in einem Kreislauf von übermäßiger Sorge und übermäßigem Überdenken befinden, müssen Sie sich beharrlich bemühen, diese Gedanken zu unterbrechen, sobald Sie sich ihrer bewusst werden. Wenn Sie merken, dass Sie über eine Ihrer Sorgen intensiv nachgedacht haben, sagen Sie sich fest und entschlossen folgendes: „Hör damit auf, du denkst wieder zu viel nach", und wählen Sie dann bewusst etwas anderes, über das Sie nachdenken - am besten etwas, das für Ihre gegenwärtige Situation greifbar ist. Das bringt Sie zurück zur Praxis der Achtsamkeit und der Präsenz für die Tätigkeit, die wir eigentlich beachten sollten. Sie könnten Hunderte von Unterbrechungen pro Tag brauchen, aber wenn Sie konsequent sind, können Sie das Muster des Überdenkens bewusst unterbrechen und ihre Gedanken umlenken.

Bestimmen Sie bewusst einen Zeitpunkt, wann Sie sich Sorgen machen

Die Dinge, über die wir uns Sorgen machen, sind oft greifbar und müssen irgendwann gelöst werden. Wenn wir zulassen, dass unser Verstand mit allem auf einmal besorgt ist und das ständig tut, können wir überwältigt werden und die negativen Auswirkungen der Angst erleiden. Wenn wir einen Zeitpunkt festlegen, an dem die Sorgen erkannt und verarbeitet werden, kann der Geist leichter ruhen, da er weiß, dass die Probleme angegangen werden und er nicht ständig auf die Lösung warten muss.

Wählen Sie eine Zeit, die Sie der Verarbeitung Ihrer aktuellen Sorgen widmen. Entscheiden Sie im Voraus, wie viel Zeit Sie für diese Tätigkeit aufwenden werden, damit Sie nicht in einen langen unproduktiven Zustand des Überdenkens und der Sorge gezogen werden. Gehen Sie eine oder all Ihre Sorgen sorgfältig und gründlich durch und erstellen Sie eine Liste, wenn Sie wollen. Identifizieren Sie die Dinge, auf die kurzfristig reagiert werden kann, erstellen Sie eine Liste von diesen und beschließen Sie, sie zu einem bestimmten Zeitpunkt zu erledigen. Legen Sie einen Zeitpunkt fest, zu dem Sie diese Sorgen erneut aufgreifen und den Status der betreffenden Punkte bestimmen werden. Überprüfen

Sie die Punkte zum festgelegten Zeitpunkt gründlich. Auf diese Weise können Sie, wenn sich hartnäckige Sorgen einschleichen, sagen: „Hey, ich habe mir schon Sorgen um dich gemacht und du bist für später wieder eingeplant, jetzt geh weg."

Sie können diese Methode noch einen Schritt weiterführen, indem Sie sich entscheiden, sich „nur einmal Sorgen zu machen". Wenn Sie die Sorgen durchlebt haben und ihnen eine Stimme und eine Form gegeben haben, legen Sie sie beiseite und gehen Sie zu anderen Dingen über.

Eine Erweiterung dieser Methode besteht darin, zu planen anstatt sich Sorgen zu machen. Wenn Sie Ihre Sorgen identifizieren und dann einen Plan erstellen, wie Sie sie lösen, ist es nicht notwendig, dass der Verstand von Ihren Sorgen geplagt wird. Denn das Ergebnis steht fest und es gibt nichts mehr, worüber Sie besorgt sein müssen.

Gehen Sie hinaus in die Gemeinschaft

Manchmal kann ein Ortswechsel uns „unsere Sorgen vergessen lassen". Das kann etwas so Einfaches sein wie ein Spaziergang in Ihrer Gemeinde oder eine Reise in eine andere Stadt oder ein anderes Land. Zu sehen, wie andere Menschen leben und mit anderen zu interagieren, kann uns eine nützliche Perspektive auf das Ausmaß unserer Probleme geben oder uns helfen, unsere eigenen Sorgen für eine Weile zu vergessen. Allein die Tatsache, dass wir neuen Anregungen ausgesetzt sind, kann ausreichen, um uns aus dem mentalen Alltagstrott zu befreien, in den uns das Grübeln versetzt. Wenn Sie etwas finden, das Sie von Ihren Sorgen ablenkt, stellen Sie vielleicht fest, dass Sie die Dinge genießen können, die Sie bisher als selbstverständlich wahrgenommen haben.

Umschalten

Wenn der Verstand von Sorgen getrübt ist und man jede Situation und jedes mögliche Szenario überdenkt, kann es nützlich sein, die Sinne zu verwirren, indem man von einem Zustand geistiger Fixierung zu einem Zustand körperlicher Aktivität wechselt. Dies kann dazu beitragen, Ihr

System zu schockieren, sodass es in einen anderen Gemütszustand gerät, der nicht von den Sorgen, die Sie haben, besessen ist. Der Übergang von geistiger zu körperlicher Aktivität kann auch dazu führen, dass sich das System auf die Bedürfnisse des Körpers, anstatt auf die des Geistes konzentriert, was eine willkommene Ablenkung darstellt. Je nach Grad der Aktivität, die Sie ausüben, können Sie einen zusätzlichen Nutzen erhalten, nämlich einen verbesserten Gesundheitszustand.

Eine Verwirrung der Sinne unterbricht den Fluss der negativen Gedanken, was dazu beitragen kann, sie abzuschalten oder umzuleiten. Zum Beispiel kann das Spritzen von kaltem Wasser auf Ihr Gesicht die Symptome von Hitzewallungen unterbrechen, die durch die Angst hervorgerufen werden. Nehmen Sie sich einen Moment Zeit, um sich zu sagen „Wow, das ist erfrischend", und spüren Sie den Moment des Trostes und der Erholung.

Zusammenfassung

In diesem Kapitel haben wir gelernt, wie wir Grübeln und übermäßige Sorgen überwinden können. Der wichtigste Schritt ist die Erkenntnis, dass wir davon betroffen sind. Wenn Sie das Verhalten erkennen können während es geschieht, gibt Ihnen dieses Bewusstsein die Möglichkeit, das Verhalten zu stoppen. Manche Menschen können es vielleicht einfach abschalten, indem sie sagen: „Jetzt ist nicht die Zeit und der Ort, um dies zu überdenken." Andere haben vielleicht Erfolg damit, die Gedanken zu visualisieren, sie in imaginäre Schachteln zu packen, die auf einem Regal abgelegt sind, um nur dann aufgerufen zu werden, wenn sie es wollen. Einige gehen vielleicht sogar noch weiter, indem sie diese Gedanken aufschreiben und sie tatsächlich in eine Schachtel auf einem Regal legen oder die symbolische Handlung vornehmen, sie zu verbrennen. Manchmal, wenn wir Zeit für unsere Sorgen einplanen, wird der Verstand dies als ausreichend betrachten und seine Besorgnis auf diese Zeit beschränken. Es kann auch nützlich sein, einen Tapetenwechsel vorzunehmen, indem wir in die Gemeinschaft hinausgehen und anderen Dingen und Menschen beggnen, um uns entweder eine neue Perspektive auf unsere Situation zu verschaffen oder um uns von ihr abzulenken. Ebenso kann ein Wechsel von einem mental involvierten

Zustand zu einem körperlich aktiven Zustand ausreichen, um uns so zu schockieren, dass wir übermäßige Sorgen und übermäßiges Nachdenken loslassen.

Im nächsten Kapitel werden Sie lernen, wie Sie Ihre Nervosität und Angst in Aufregung verwandeln können.

KAPITEL 6:

Wie man Nervosität und Angst in Aufregung verwandeln kann

Wir alle erleben Emotionen unterschiedlich. Es gibt so viele Arten von Emotionen und wir alle durchleben im Laufe unseres Lebens eine breite Palette davon. Diese Emotionen entstehen typischerweise als Reaktion auf Reize in unserer Umgebung und auf die Erwartungen, die wir an uns selbst stellen.

Viele Emotionen, wie Glück, Vergnügen, Zufriedenheit und Liebe, sind positiv und erfüllen unser Leben und sind angenehm. Aufgeregtheit ist eine weitere positive Emotion. Ein positiver emotionaler Zustand kann aus unserer eigenen Lebenseinstellung entstehen oder auch als Reaktion auf die guten Dinge, die wir erleben. Negative Emotionen, wie Furcht, Nervosität, Angst und Wut, wirken sich negativ auf unsere psychische und physische Gesundheit aus. Negative emotionale Reaktionen können als Folge von Angst und Zweifel in uns selbst entstehen oder auch als Folge von den Dingen, die uns widerfahren. Nervosität und Angst sind negative Emotionen, die uns davon abhalten, die Möglichkeiten in unserem Leben voll auszuschöpfen.

Manchmal müssen wir uns die Zeit nehmen, um Emotionen anzunehmen, die uns in einen negativen, depressiven oder etwas ängstlichen Zustand versetzen. Zum Beispiel kann ein Trauerfall zum Weinen und zu Traurigkeit führen - das ist in Ordnung. Geben Sie diesen Emotionen die Zeit und die Energie, die sie benötigen. Dies ist eine positive Entscheidung. Ab dem Zeitpunkt, ab dem diese Emotionen beginnen, einen überwältigend negativen Einfluss auf Ihr Leben zu haben, ist es an der Zeit, sich in positivere Ausdrucksformen Ihrer Trauer und Ihres Verlustes umzuorientieren.

Wenn Sie Nervosität und Angst empfinden, können diese negativen Emotionen Sie nach unten ziehen und es Ihnen schwer machen, effektiv zu funktionieren. Wie wäre es, wenn Sie Ihre Nervosität und Angst und all die damit verbundene emotionale und körperliche Energie in etwas Positives, wie Aufregung, umwandeln? Denn die Manifestationen von Nervosität und Aufregung sind in vielerlei Hinsicht ähnlich, zum Beispiel bei „Schmetterlingen im Bauch" oder bei einem typischen Gefühl der Nervosität. Diese Signale unseres Körpers können eine positive Form von Energie sein, die uns zur Erfüllung unseres Zieles antreibt. Wenn diese körperlichen Ausdrücke der Nervosität jedoch bis zu einem Punkt extremer Angst führen, kann das lähmend sein.

Bevor sich diese Form von Nervosität aufbaut, sollten Sie versuchen, diese Energie in ein positives Ergebnis umzuleiten, wie etwa in Aufregung.

Identifizieren Sie die Grundursache Ihrer Angst

Es ist unbestreitbar, dass alle Menschen unterschiedlich sind, und so ist auch unsere Reaktion auf die Dinge. Es ist wichtig zu wissen, dass der Ausdruck von Nervosität bei verschiedenen Menschen auf eine Vielzahl von Ursachen zurückzuführen ist. Das Ausmaß, in dem diese Nervosität in eine lähmende Angst umschlägt, kann von der Intensität der Ursache der Angst abhängen.

Die Menschen haben viele Ängste in Bezug auf sich selbst und ihre Interaktionen mit anderen - zu Hause, am Arbeitsplatz und in der Gemeinschaft. Die Angst vor dem Versagen oder die Scham oder die Angst, nicht dazuzugehören, sind weit verbreitet. Die Furcht gilt als eine der Hauptursachen für Angstzustände. Es kommt häufig vor, dass Sie Ihr volles Potenzial nicht erreichen können, nur weil Sie das Unbekannte fürchten und nicht in der Lage sind, Ihren perfekten Plan zu verwirklichen. Viele Menschen sind rücksichtslos und sagen: „Nun ja, Sie sollten einfach darüber hinwegkommen." Das mag für andere leicht gesagt sein, aber sie verstehen wahrscheinlich nicht, wie real die Gefühle für Sie sind und wie sehr sie Ihre Fähigkeit, effektiv zu funktionieren, beeinflussen. So unsensibel ihre Aussage auch ist, so wichtig ist es jedoch, Wege zu finden, um Ihre Ängste zu überwinden und Ihre Ziele zu erreichen. Bevor Sie eine dauerhafte Lösung finden können, ist es wichtig, die Ursachen Ihrer Angst vollständig zu verstehen und schließlich Hilfsmittel zu entwickeln, die Ihnen helfen, das Auftreten von Symptomen zu erkennen und sie in andere, positivere Emotionen umzuleiten.

Nervosität kann auch die Folge einer medizinischen Erkrankung sein, die Sie geerbt haben. Genetische Erkrankungen und vererbte Merkmale werden häufig über die DNA von einer Generation zur anderen weitergegeben. Vielleicht wurde Ihre Mutter als eine nervöse Frau mit viel aufbrausender Energie angesehen. Vielleicht sind Sie auch so. Wahrscheinlich haben Sie beide chemische Ungleichgewichte, die Adrenalinschübe in Ihnen verursachen und Sie als Reaktion auf Reize in Ihrer Umgebung unruhig und nervös machen. Nur weil Ihre Mutter so war, heißt das nicht, dass Sie dies als „Ihr Schicksal im Leben" akzeptieren müssen. Es bedeutet nur, dass sie nicht über die notwendigen Hilfsmittel verfügte, um ihren Zustand zu verstehen und entsprechend zu behandeln. Für Sie muss es nicht dasselbe sein. Sie müssen nicht akzeptieren, dass es etwas ist, das Sie nicht beeinflussen, bewältigen oder kontrollieren können. Wenn Sie verstehen, was das nervöse Verhalten auslöst, können Sie Wege finden, damit umzugehen.

In einigen Fällen können solche und andere Zustände Medikamente und die Zusammenarbeit mit einem psychologischen Betreuer erfordern. Das ist in Ordnung. Sie werden in einem späteren Kapitel etwas über die Zusammenarbeit mit einem Therapeuten erfahren. Es gibt andere Fälle, in denen diese äußerlichen Symptome der Nervosität das Ergebnis legitimer medizinischer Bedingungen sind, die nichts mit Angst oder emotionalem Stress zu tun haben. Andere Ursachen für nervöses Verhalten können das Ergebnis neurologischer Erkrankungen, Hirnverletzungen oder anderer körperlicher Behinderungen sein. All diese Erkrankungen erfordern eine medizinische Intervention und Behandlung. Andere Ursachen könnten toxische Substanzen oder der Konsum von illegalen Drogen, wie Methamphetaminen, sein.

Manchmal kann der äußere Ausdruck nervöser Anspannung und ängstlichen Verhaltens tatsächlich das Ergebnis einer positiven Emotion, wie etwa Aufregung, sein. In diesen Situationen verursacht die Erwartung des Ergebnisses ein nervöses, hyper-zentriertes Verhalten mit emotionalen Ausbrüchen und Ausrufen. Dies geschieht, wenn sich die Menschen darauf konzentrieren, ein sportliches Event, wie Fußball oder Hockey, anzusehen. Vielleicht ist Ihre Mannschaft kurz vor dem Sieg. Vielleicht ist dieses Spiel eine „Alles-oder-nichts"-Situation, da sie aus der Meisterschaft ausscheiden könnten. Ebenso könnte ein Film oder eine Fernsehserie so spannend sein, dass Sie es kaum noch erwarten können, herauszufinden, wie sie endet. Vielleicht warten Sie am Flughafen auf jemanden, den Sie lange nicht gesehen haben und Sie sind nervös und aufgeregt. Das sind alles positive Ausdrucksformen der Aufregung.

Die Entwicklung eines starken Selbstbewusstseins kann uns helfen zu erkennen, wie unser Verhalten unsere Gefühle ausdrückt. Da wir nun sowohl Nervosität als auch Aufregung verstehen und wissen, dass sie viele der gleichen physischen und emotionalen Merkmale aufweisen, können wir diese Informationen zu unserem Vorteil nutzen. Nervöse Energie mag unvermeidlich sein, aber was wäre, wenn wir unser Verständnis nutzen könnten, um die Energie von negativer Nervosität in positive Aufregung zu lenken? Das ist möglich!

Um dies zu erreichen, versuchen Sie, sich Ihrer selbst bewusst zu sein und die Ursachen der Ängste zu verstehen, mit denen Sie zu kämpfen haben. Da jeder Mensch anders ist, vertrauen Sie auf Ihre eigene Selbsteinschätzung, um festzustellen, welche Verhaltensweisen Sie in verschiedenen Situationen zum Ausdruck bringen und wie nah die Grenze zwischen Nervosität, die zu Angst führt, und dem Ausdruck nervöser Aufregung liegt.

Finden Sie heraus, was Ihre Angstreaktion auslöst

Nachdem Sie ein Verständnis dafür entwickelt haben, wie Ihr Geist und Ihr Körper Ängste ausdrücken, sind Sie besser in der Lage zu untersuchen, was dieses Verhalten auslöst. Die Fähigkeit, die Ursachen für Ihr nervöses und ängstliches Verhalten zu erkennen, erlaubt es Ihnen zu verstehen, welche Dinge in Ihrer Umgebung ein Katalysator für das Einsetzen dieser körperlichen Reaktionen sind. Es ist nicht immer leicht zu verstehen, was die Ursachen dafür sind, dass die Angst Ihren Geist und Körper dominiert. Es erfordert eine aufrichtige Anstrengung, sich selbst einzuschätzen und die Welt um Sie herum zu beobachten, um wirklich zu verstehen, wie Sie sich fühlen, wenn Dinge geschehen. Die spezifischen Dinge, die Angst und ängstliches Verhalten auslösen, sind von Mensch zu Mensch verschieden, aber es gibt viele Gemeinsamkeiten. Es kann hilfreich sein, zu versuchen, Ihre Auslöser zunächst aus einer breiten Perspektive und dann aus einer spezifischen Sichtweise zu verstehen.

Beispielsweise erfahren Studenten unterschiedlich starken Stress im Zusammenhang mit den Abschlussprüfungen. Einige Menschen gehen mit Stress gelassen um, während andere unter Angst und Depressionen leiden. Sie sind vielleicht genauso klug und haben genauso lange studiert. Aber warum wird dann eine Person krank vor Angst? Niemand ist sich wirklich sicher, aber diejenigen, die in manchen Situationen akute Angstzustände erleben, haben oft eine zugrundeliegende Angst vor dem Versagen. Die Studenten könnten auch unterschiedliche Erwartungen an die Folgen des Prüfungsergebnisses haben. Stellen Sie sich vor, dass in Ihrem Fall die Ergebnisse darüber entscheiden werden, ob Sie sich für ein Stipendium für ein College qualifizieren können oder nicht.

Wenn Sie über andere Möglichkeiten verfügen, das College zu bezahlen, ist der Verlust des Stipendiums für Sie vielleicht nicht allzu besorgniserregend. Wenn Sie aber nicht imstande sind, das College ohne das Stipendium zu besuchen, kann der Gedanke, keine ausreichend gute Note zu bekommen, zu lähmenden Ängsten führen. Eine solch schlimme Folge eines Misserfolgs kann dazu beitragen, dass Sie nicht fähig sind, sich zu beruhigen, bis die Ergebnisse endlich veröffentlicht werden. In diesem Fall könnte man sagen, dass die Prüfung selbst die Ursache für die Nervosität und Angst ist, aber in Wirklichkeit ist die Angst vor dem Versagen die eigentliche Ursache. Die Qualifikation für ein Stipendium für das College ist nicht die Ursache für die Nervosität, sondern lediglich ein Instrument für die Angst vor dem Versagen, was sich negativ auf das persönliche oder familiäre Einkommen auswirkt.

Diese Person kann jedes Mal eine ähnliche emotionale und physische Reaktion zeigen, wenn sie mit einer Aufgabe konfrontiert wird, die einen hohen Einfluss auf ihre Lebensqualität oder ihre grundlegenden Bedürfnisse zum Überleben haben. Vergessen Sie nämlich nicht, dass Angst ein im Laufe der Evolution entwickelter Charakterzug ist, ein Merkmal unseres Überlebensinstinktes, der es für notwendig hält, Bedrohungen unseres Wohlergehens zu erkennen und damit umzugehen.

Betrachten wir weiterhin den oben erwähnten ängstlichen Schüler. Wenn der Schüler ein Gefühl der Achtsamkeit entwickelt und seine Situation ohne Beurteilung betrachtet, kann er seine Beobachtungen dazu nutzen, diesen Auslöser für sich selbst zu identifizieren. Sobald er erkennt, dass die Prüfung die ängstliche Reaktion ausgelöst hat und dass er Angst hat, weil ein Scheitern möglicherweise bedeutet, nicht aufs College gehen zu können, kann er sich auf einen Plan konzentrieren, um diese Energie umzuwandeln in positive Akzeptanz, geplante Zeit zum Sorgen machen, Ablenkung oder sogar zur Erfolgsplanung.

Weitere Auslöser für diese Verhaltensweisen können sichtbare Wettbewerbe mit anderen sein. Wenn unser Scheitern öffentlich und nicht nur privat ist, können die Folgen viel größer erscheinen und das treibt die Angst natürlich höher. Alles, was Unsicherheit für die Zukunft verursacht, kann Nervosität und Angst auslösen. Auch Dinge, die unser Selbstvertrauen herausfordern und uns mit wahrgenommenen Herausforderungen oder Unzulänglichkeiten konfrontieren, können einen negativen emotionalen Zustand auslösen.

Nehmen wir ein Beispiel aus der Arbeitswelt. Ein bevorstehender Projekttermin kann Ihnen übermäßig viel Stress und Angst bereiten. Sie beginnen, nervös zu sein und haben Schwierigkeiten, sich auf Ihre Arbeit zu konzentrieren. Außerdem können Sie aufgrund Ihrer Beschäftigung mit dem Projekt zu Hause nicht effektiv abschalten. Bei einer sorgfältigen Selbstuntersuchung können Sie feststellen, dass die Angst, die Sie empfinden, durch die Angst vor dem Scheitern ausgelöst wurde, weil sowohl Ihr Teamkollege als auch Sie selbst für eine Beförderung infrage kommen. Möglicherweise haben Sie es Ihrem Partner nicht gesagt und wollen ihm keine Hoffnungen machen. Sie wollen nicht, dass er Sie als Versager ansieht und haben Angst, dass er von Ihnen enttäuscht sein wird.

Wenn Sie eine Tätigkeit oder Aufgabe haben, bei der die Folgen des Ergebnisses für Sie von Bedeutung sind, ist es ganz natürlich, nervös zu sein. Wenn sich diese Nervosität in lähmende Angst verwandelt, ist es von entscheidender Bedeutung, die Quelle Ihrer Angst zu identifizieren und positive Schritte zu unternehmen, um sie zu bewältigen. Dies kommt sowohl Ihnen als auch Ihren Angehörigen zugute, die vielleicht durch Ihren emotionalen oder körperlichen Zustand beunruhigt sind und Ihnen helfen wollen.

Die Identifizierung der Auslöser und das Verständnis der Ursachen Ihrer Angst sind die einzige Möglichkeit, diese zu überwinden und die negativen körperlichen Reaktionen in positive Energie umzuwandeln.

Umwandlung von Angst und Nervosität in Aufregung

Wenn Sie die Grundursachen Ihrer Angst verstehen, Ihre Auslöser erkennen und die zuvor besprochenen Bewältigungstechniken anwenden, sind Sie in einer guten Lage, um die Herausforderung in Betracht zu ziehen, Ihre negative, nervöse, ängstliche Energie in die positive Energie der Aufregung umzuwandeln. Dies sollte nicht in dem Glauben geschehen, dass es einfach ist und es nicht nur geschieht, weil Sie es wollen. Sie müssen sich ständig Ihres geistlichen und körperlichen Zustandes bewusst sein und in der Lage sein können, diese Energie umzuleiten, wenn Sie spüren, dass sie Sie überkommt. Es mag anstrengend klingen, aber wenn Sie Ihren Körper erst einmal darauf trainieren, sich selbst umzuleiten, wird es nur noch wenig Anstrengung erfordern. Wie bei vielen Dingen gilt auch hier: „Übung macht den Meister". Sie können das Auftreten solcher ängstlichen Verhaltensweisen als unvermeidlich betrachten. Mit den richtigen Hilfsmitteln und der richtigen Einstellung ist es Ihnen jedoch auch möglich, die Ängste und die Nervosität in etwas Positives und Nützliches zu verwandeln.

Es gibt verschiedene Möglichkeiten, wie man negative Nervosität in Aufregung umwandeln kann. Eine Methode wurde von Cung Khuu, einem Schriftsteller für persönliche Entwicklung, vorgeschlagen (Khuu, 2018). Er erörtert die Tatsache, dass wir oft versuchen, von der Angst zur Ruhe zu kommen. Das ist sehr schwierig, da die emotionalen und körperlichen Reaktionen auf Angst und Ruhe so unterschiedlich sind. Andererseits ist es leichter, den Verstand davon zu überzeugen, dass die Gefühle an etwas Positives gebunden sind, da Angst und Aufregung in der Art und Weise, wie der Körper reagiert, ähnlich sind.

Er schlägt vor, dass man Ängste und Nervosität durch Selbstentwicklung, Entschlossenheit und die Befolgung von vier einfachen Schritten reduzieren kann. Es beginnt mit dem einfachen Schritt, sich „aufgeregt zu fühlen". Manche Menschen sind imstande dazu, diesen Wechsel leicht zu vollziehen. Sie spüren, dass die Symptome der Nervosität, wie plötzliche Hitze- oder Kältewallungen, Übelkeit oder nervöse Bewegungen, auftreten. Dann sagen sie sich: „Ich bin nicht nervös, ich bin aufgeregt!" und denken dann über alle möglichen positiven Ergebnisse der Situation nach, anstatt über die negativen.

Cung Khuu schlägt vor, dass Sie vier einfache Schritte befolgen, wenn Sie sich in einer Situation befinden, die Sie nervös oder ängstlich macht und Sie nicht fähig dazu sind, Ihre negative Energie in positive umzuwandeln. Lassen Sie uns diese Schritte identifizieren und erklären. Dann überlegen wir, wie wir sie nutzen können, um von Nervosität und Angst zu Aufregung überzugehen.

Machen Sie sich die Emotionen zu eigen

Nehmen Sie sich Zeit, Ihre körperliche und emotionale Reaktion zu untersuchen. Erkennen Sie, wie Sie sich fühlen. Hyperventilieren Sie, schwitzen Sie, sind Sie nervös und können nicht aufhören, sich zu bewegen oder sind Sie unfähig, sich zu bewegen, weil Sie sich so krank fühlen? Seien Sie für einen Moment dankbar, für Ihre Gefühle und dafür, dass sie Ihnen die potenziellen Gefahren für Sie so bewusst gemacht haben und erkennen Sie dann, dass diese Symptome der Aufregung ähneln. Wenn Sie dabei sind, Ihre Emotionen anzuerkennen, ermutigt Cung Khuu Sie, die Gefühle, die Sie erleben, nicht zu bekämpfen. Das bedeutet nicht, dass Sie die Eskalation des emotionalen oder körperlichen Zustandes fördern sollten. Es soll Ihnen helfen, sie zu erkennen und in kürzerer Zeit zu bewältigen. Sie können sich sagen: „Wow, so fühle ich mich und das ist legitim, aber ich werde meinen Geist und meinen Körper nur für eine bestimmte Zeit in diesem Zustand schwelgen lassen." Schließlich ist der Ausdruck „Zeit heilt alle Wunden" ein Hinweis darauf, dass die Auswirkungen der Angst auf unseren Körper abnehmen, je weiter wir uns zeitlich von dem auslösenden Ereignis entfernen. Wenn wir der Angst Anerkennung geben, wird sie weniger geheimnisvoll und das gibt ihr weniger Macht über uns.

Neben der Anerkennung Ihrer Emotionen ist es auch wichtig, dass Sie positive Selbstgespräche führen und versuchen, Ihre Gefühle in positive Erscheinungsformen der Aufregung zu transformieren. Wenn Sie bewusst positive Aussagen über sich selbst oder Ihre Situation machen, hat das unmittelbare Vorteile für Ihren emotionalen und physischen Zustand. Sagen Sie sich schöne Dinge und glauben Sie sie! Investieren Sie Ihre Energie in Gedanken der persönlichen Entwicklung und in die Annahme positiver Ideen.

Die meisten Menschen können verstehen, dass jemand, der in Trauer ist, von Natur aus von Trauer verzehrt wird und möglicherweise lange weinen muss. Das ist ein Beispiel dafür, wie man die Emotionen akzeptiert und über sich ergehen lässt. Die meisten Menschen verstehen auch, dass man irgendwann über diese Emotionen hinaus in einen anderen Geisteszustand übergehen muss. Auch wenn dies etwas anderes ist als die Akzeptanz der ängstlichen Reaktionen des Körpers auf Stress, ist es ein gutes Beispiel dafür, wie Menschen ermutigt wurden, Emotionen zu akzeptieren, ihnen Wert, Raum und Zeit zu geben, in dem Bemühen, über die Emotion hinaus in einen anderen Zustand zu gelangen. Die Intensität der eigenen Emotionen ohne Beurteilung zu erkennen, ist weniger belastend für die Psyche, als sich selbst in einem Zustand negativer Emotionen für die wahrgenommene Schwäche zu kritisieren. Sich seinem emotionalen Zustand direkt zu stellen, ist normalerweise ein besserer Weg, um damit umzugehen und Sie haben ein höheres Potenzial, diese Energie umzuleiten.

Hören Sie auf, sich selbst zu kritisieren

Sie sind wirklich hart zu sich selbst. Manchmal sind die Dinge, bei denen wir nervös sind, außerhalb unserer Kontrolle und wir müssen einfach auf ein Ergebnis warten. Das Ergebnis wird dasselbe sein, ob Sie sich nun darüber Sorgen machen oder nicht. Nehmen Sie Abstand davon, sich auf Dinge zu konzentrieren, von denen Sie glauben, Sie könnten schlecht für Sie ausgehen oder alle möglichen Situationen zu fokussieren, in denen etwas schiefgehen könnte. Hören Sie auf damit! Denken Sie daran, sich selbst zu sagen, dass es trotz aller wahrgenommenen Hindernisse viele Vorteile hat, wenn Sie Ihre Sorgen beiseitelassen. Sie haben Anstrengungen unternommen, um Ihr Ziel zu erreichen und Sie verdienen es, sich dazu zu beglückwünschen.

Cung Khuu ermutigt uns auch, uns nicht so sehr von den negativen Gedanken, die wir haben, aufzehren zu lassen. Nervosität und andere Anzeichen von Angst sind oft ein äußerer Ausdruck von übermäßigem Denken. Wenn diese Symptome akut und schwächend sind, befinden sie sich an einem Punkt, an dem sie für Ihre Gesundheit gefährlich sind. Sie können zusätzliche negative Symptome, wie Migräne, entwickeln. Sie könnten sogar einen Herzinfarkt bekommen oder einen gefährlichen Bluthochdruck, der einen Schlaganfall verursachen könnte. Dies sind ernsthafte Erkrankungen, die vermeidbar sind, wenn Sie mit imstande sind, mit Ihrer Angst richtig umzugehen.

Kritisieren Sie sich nicht selbst, wenn Sie nicht alles erreichen, was Sie im Moment wollen. Hören Sie auf, sich darüber zu ärgern, dass Sie mit Ihrem Stress und Ihrer Angst nicht sehr gut umgehen können. Gönnen Sie sich eine Pause! Manchmal geschehen Dinge, die wir nicht kontrollieren können. Wir können jedoch unsere Reaktion darauf kontrollieren, wenn wir uns die Chance geben, unseren emotionalen Zustand zu überwinden.

Stellen Sie sich zum Beispiel einen Hochschulstudenten vor, der ein akademisches Stipendium hat und von einer Organisation voll und ganz unterstützt wird. Das Geld, das der Student erhält, reicht gerade aus, um die Rechnungen zu bezahlen und es bleibt nichts übrig, um für einen Notfall zu sparen. Irgendwann verzögert sich die Auszahlung des

Stipendiums aufgrund eines Fehlers in der Verwaltung der Buchhaltungsabteilung seiner Einrichtung. Aus diesem Grund kann der Student seine Miete nicht bezahlen, da er das Geld nicht rechtzeitig erhalten hat. Wenn er dem Vermieter sagt, was passiert ist, droht ihm dieser mit der Räumung, wenn er nicht rechtzeitig zahlt. Um seinen finanziellen Verpflichtungen nachzukommen, beschließt er, sich Geld von seinen Eltern zu leihen, weil er Angst vor einer Räumung hat. Diese Situation wäre für viele Menschen sehr beunruhigend. Einige Menschen würden ihre negativen Gefühle so sehr eskalieren lassen, dass sie sich selbst beschimpfen. Sie könnten sich selbst beschimpfen, weil sie ihr Geld nicht richtig verwalten, weil sie nervös sind, wenn sie um finanzielle Unterstützung bitten, und weil sie befürchten, ihre Wohnung zu verlieren. Sobald Sie erkennen, dass Sie diese Gefühle haben, fragen Sie sich, ob Sie übermäßig hart zu sich selbst sind. Hören Sie auf, sich selbst so zu verurteilen! Sie können sich zum Beispiel selbstbewusst sagen, dass alles in Ordnung ist, weil Sie nicht versagt haben, Ihr Geld zu verwalten. Das Geld für das Stipendium ist nicht rechtzeitig angekommen. Das lag nicht an Ihnen. Außerdem hatten Ihre Eltern das nötige Geld und haben verstanden, dass es sich nur um ein vorübergehendes, unverschuldetes Liquiditätsproblem handelte. Weiterhin gibt es keinen Grund, sich um eine Zwangsräumung zu sorgen, weil Sie das Darlehen zur Zahlung Ihrer Miete sichern konnten. Sie sollten ein gutes Gefühl dafür haben, wie Sie das Problem rechtzeitig erkannt, Ihre Ressourcen genutzt und das Problem gelöst haben, bevor es wirklich negative Folgen für Sie gehabt hätte.

Versuchen Sie, sich selbst davon zu überzeugen, dass Sie begeistert sind

Bemühen Sie sich bewusst, Ihre Emotionen neu auszurichten. Ihr Körper glaubt während eines Angstzustandes, dass diese Emotionen eine Reaktion auf negative Reize sind, auf Gefahren, vor denen wir geschützt werden müssen. Was geschieht, wenn Ihr Körper glaubt, dass diese physischen Reaktionen ein Zeichen von Aufregung oder Begeisterung sind, weil etwas Gutes passieren könnte? Sagen Sie sich selbst: Das ist aufregend! Könnte das Ergebnis für Sie positive Auswirkungen haben? Was sind all die guten Dinge, die dabei herauskommen könnten?

Sagen Sie Ihrem Körper nicht, dass die Emotionen den drohenden Untergang signalisieren, sondern dass diese Emotionen eine neue aufregende Gelegenheit darstellen.

Manchmal entwickeln unser Geist und unser Körper eine Bindung in der Beziehung zwischen Stimuli und Reaktion und das macht sie uns vertraut, auch wenn es vielleicht nicht angenehm ist. Der Körper reagiert auf dieselben Auslöser immer auf dieselbe Art und Weise. Wenn wir uns ängstlich und nervös fühlen, denken wir oft über all die negativen Wahrscheinlichkeiten einer Situation sowie über all die Möglichkeiten nach, wie wir versagen oder uns selbst enttäuschen könnten. Aus diesem Grund verbinden Körper und Geist diese Art von Situation und die von Ihnen empfundenen Emotionen mit einem negativen Ergebnis.

Aufgrund dieser Tendenz von Körper und Geist, die auf Gewohnheit beruht, kann es schwierig sein, diese Gefühle umzuleiten und in herausfordernden Situationen einen Durchbruch zu erzielen. Anstatt gedanklich an den gleichen negativen Ort zu gehen, wenn Sie sich ängstlich und nervös fühlen, denken Sie bewusst an all die Möglichkeiten, wie die Situation erfolgreich sein und für Sie funktionieren könnte. Dann wird Ihr Körper beginnen, dieselben Gefühle mit der Positivität des Erfolges zu verbinden.

Sie müssen sich selbst davon überzeugen, dass die Gefühle in diesem Moment der Bedrängnis das Signal für den Beginn einer aufregenden Sache sind, die noch kommen wird. Es kann schwer sein, sich nicht auf das Negative zu konzentrieren, weil es so mächtig ist und so viel von unserem Bewusstsein einnimmt. Zudem kann es einige Zeit dauern, die negativen Gefühle von Angst und Nervosität zu erkennen und sie in einen Zustand der Aufregung zu verwandeln, aber Sie können sich darin üben. Sie werden aufhören, sich vor diesen Gefühlen zu fürchten und beginnen, sie zu nutzen, um mehr Begeisterung in Ihr Leben zu bringen.

Erfolg visualisieren

Die Menschen sprechen oft über Visualisierung und es gibt einen guten Grund, warum sie als Werkzeug für viele große und herausfordernde

Dinge eingesetzt wird. Die Visualisierung ist ein wirksames Mittel, um unser Gehirn von negativen zu positiven Orten zu bewegen. Wenn wir uns vorstellen, auf welche Weise wir bei unserem Vorhaben Erfolg haben könnten und wie diese Situation aussehen würde, dann wechselt unser emotionaler Zustand von negativer Nervosität und Angst zu einem Zustand positiver Aufregung und Erwartung.

Um negative Emotionen zu überwinden, müssen wir uns die Zeit nehmen, bewusst etwas anderes mit unserem Verstand und unserer Vorstellungskraft zu tun. Anstatt sich all die Dinge vorzustellen, die schiefgehen könnten, müssen wir uns vorstellen, was alles richtig laufen könnte. Dies wird dazu beitragen, Ihre emotionale Energie aufgrund der oben erwähnten Assoziationskraft von negativ in positiv zu transformieren.

Möglicherweise müssen Sie sehr hart daran arbeiten, um Ihre Wahrnehmung von sich selbst zu verändern und um sich auf den möglichen Erfolg zu konzentrieren, der sich aus der Situation, in der Sie sich befinden, ergeben könnte. Konzentrieren Sie sich darauf, sich vorzustellen, dass Sie auf der anderen Seite der Angst stehen und sich besser fühlen. Stellen Sie sich vor, wie weit Sie vorankommen könnten, wenn Sie sich auf die erfolgreiche Lösung Ihrer Situation konzentrieren würden. Das ist etwas, was Sie tun können, um sich effektiv an den Punkt zu bringen, an dem Sie die Auslöser Ihrer Angst erkennen und Ihre Gedanken umlenken können, bevor sich diese negativ auf Sie auswirken.

Zusammenfassung des Kapitels

In diesem Kapitel haben wir gelernt, dass es möglich ist, Angst und Nervosität in einen Zustand der Aufregung zu verwandeln.

Dazu müssen wir zunächst überprüfen und verstehen, was die Auslöser für unsere Angst sind und wie sich diese in körperlichen Reaktionen unseres Körpers manifestieren. Angst und Nervosität können sich im Körper in Form von Schütteln, nervösen Bewegungen oder nervösem Sprechen, kurzen Atemzügen, Hitzewallungen und Übelkeit ausdrücken. Sie können auch eine erhöhte Herzfrequenz, Unruhe und Schlaflosigkeit erleben. Gleichzeitig sind dies ebenso einige der Symptome von Aufregung.

Cung Khuu, ein Autor über persönliche Entwicklung, erklärt, wie Nervosität und Angst in Aufregung umgewandelt werden können. Er schlägt eine Reihe nützlicher Schritte vor, wie Sie dies erreichen können. Diese vier Schritte erfordern es, dass:

- Sie Ihre Emotionen anerkennen
- Sie aufhören, sich selbst hart zu kritisieren
- Sie sich sagen, dass Sie aufregt sind
- Sie Erfolg visualisieren

Wenn Sie lernen, Ihre negativen Emotionen und körperlichen Reaktionen auf Stress in etwas Positives, wie Aufregung, umzuwandeln, hat das viele langfristige gesundheitliche Vorteile - sowohl physisch als auch emotional. Erhöhter Stress und Angstzustände können zu vielen der modernen tödlichen Krankheiten, wie Herzinfarkt und Schlaganfall, führen.

Verzweifeln Sie nicht, wenn es Ihnen anfangs schwer fällt, Ihre Angst und Nervosität in Aufregung zu transformieren. Es kann einige Zeit dauern, Ihren Körper zu trainieren, negative Emotionen und körperliche Reaktionen zu erkennen und in eine positive Richtung umzuleiten, aber Sie werden es schaffen.

Im nächsten Kapitel werden Sie lernen, wie wichtig es ist, eine Liste mit freudigen Aktivitäten zu erstellen und sich dann darauf einzulassen.

KAPITEL 7:

Erstellen Sie Ihre persönliche Liste von freudigen Aktivitäten

In diesem Kapitel werden Sie erfahren, wie die bewusste Entscheidung, Freude in unserem Leben zu suchen, viele Vorteile haben kann. Wenn wir Freude in unser Leben aufnehmen, nimmt sie Platz in unserem emotionalen und physischen Bewusstsein ein. Je nachdem, wie viel Raum und Zeit wir der Freude einräumen, gibt es weniger Platz für Angst, Nervosität und die lähmenden Auswirkungen, die ein Zustand des übermäßigen Denkens auf unser Wohlbefinden haben kann. Wenn wir in unserem Leben Zeit und Raum schaffen, um Freude zu finden und zu erleben, stellen wir uns für die positiven Gefühle zur Verfügung, die dies mit sich bringt.

Wie Sie wissen, sind wir alle sehr unterschiedliche Menschen, die im Leben verschiedene Dinge durchmachen. Es ist wichtig, sich daran zu erinnern, dass es wahrscheinlich allgemeine Ähnlichkeiten mit den Erfahrungen anderer gibt, obwohl die Besonderheiten dessen, was wir durchmachen, variieren können. Wir alle haben ein gewisses Maß an Sorge über Finanzen, Erfolg, Gesundheit usw. Zudem haben wir alle unterschiedliche Wege, mit den Problemen umzugehen, mit denen wir konfrontiert sind. Einige Menschen sind in der Lage, diese Herausforderungen mit Ruhe und Anmut anzunehmen. Andere grübeln übermäßig lange, haben Panikattacken oder erleben einen Anstieg der emotionalen Stabilität. Manche Menschen brauchen vielleicht länger, um einen Ausweg aus ihrer schwierigen Situation zu finden. Andere haben vielleicht schnelle und definitive Lösungen. So oder so müssen wir uns alle dazu verpflichten, unsere Bedenken auf eine für Körper und Geist gesunde Art und Weise zu lösen.

Aufgrund der Zeit und Energie, die wir für die Gefühle und Symptome von Angst und zwanghaftem Überdenken aufwenden, bleibt uns möglicherweise wenig Zeit, über etwas anderes nachzudenken. Sie werden an einen Punkt kommen, an dem Sie die Entscheidung treffen müssen, in Ihrem Bewusstsein Raum für das Empfinden von Freude zu schaffen.

Raum für Freude schaffen

Wenn Sie in der Lage sind, ein freudiges oder angenehmes Ereignis zu erleben, verursacht dies einen Anstieg von Endorphinen, was Ihnen ein gutes Gefühl gibt. Darüber hinaus kann sich Ihr Körper entspannen, Ihr Verstand wird klarer, Sie lächeln und Ihre Nervosität lässt nach. Diese allgemeinen Auswirkungen führen zu einer positiveren Lebenseinstellung. Während der Zeit, in der Sie „Spaß hatten", haben Sie nicht über Ihre Angst nachgedacht. Ist das nicht eine Erleichterung?

Wir alle haben verschiedene Dinge, die uns wahre Freude bereiten. Vielleicht haben Sie ganz bestimmte Dinge, die Gefühle von Glück und Freude auslösen. Wir haben uns bei einem Großteil dieses Buches auf negative Auslöser konzentriert, aber lassen Sie uns einen Moment lang über positive Auslöser sprechen. Es gibt einige Dinge, die wir in der Vergangenheit getan haben und von denen wir wissen, dass sie uns Freude, Vergnügen oder Aufregung bringen. Es ist an der Zeit, diese Erinnerungen aufzurufen und sie, wenn möglich, neu zu erleben. Vielleicht haben Sie zum Beispiel ein Lieblingslied, das Sie mit einem besonders unterhaltsamen Abend verbinden, den Sie erlebt haben. Wann immer Sie dieses Lied hören, werden Sie sofort in diese Erinnerung versetzt und Ihr Körper erlebt diese Gefühle der Freude erneut. Dies sind positive Auslöser. Vielleicht lieben Sie es, zu schwimmen, und jedes Mal, wenn Sie an einem Freizeitzentrum mit Schwimmbad vorbeifahren, erinnert sich Ihr Körper daran, wie gut es sich anfühlt, ins Wasser einzutauchen.

Eine Bestandsaufnahme machen

Wir haben zuvor besprochen, eine Liste der Dinge zu erstellen, die Ihnen Angst machen. Aus ähnlichen Gründen ist es nützlich, eine Liste der Dinge zu erstellen, die Ihnen Freude bereiten, Ihnen Spaß machen oder Sie begeistern, wenn Sie darüber nachdenken oder sich darauf einlassen.

Sofern Sie eine Liste haben, auf die Sie sich beziehen können, kann es Ihnen leichter fallen, positive Entscheidungen zu treffen, wenn Sie sich in einer schwierigen Situation befinden. Betrachten Sie diese Liste als Ihren „Spickzettel für die Suche nach Freude".

Seien Sie nicht schüchtern. Nehmen Sie sich die Zeit, sich selbst zu bewerten. Es ist vielleicht nicht leicht, weil Sie in letzter Zeit so wenig Freude in Ihrem Leben hatten, dass Sie sich nicht mehr genau daran erinnern können, welche Dinge Ihnen früher Spaß gemacht haben. Vielleicht haben Sie das Gefühl, es wäre egal, weil Sie weder Zeit, Geld noch Energie haben, um diese Dinge zu tun – selbst dann, wenn Sie eine Liste erstellen könnten. Das ist in Ordnung. Machen Sie die Liste trotzdem. Sie können sie später in Kategorien unterteilen und sie zum Planen verwenden. Die Liste hat alle möglichen Verwendungszwecke. Sie können sie zum Beispiel als Auslöser verwenden, um sich einfach an gute Dinge zu erinnern, was sich unmittelbar positiv auf Ihr Gemüt auswirken wird. Wenn die Liste anfangs kurz ist, fügen Sie einfach Dinge hinzu, während Sie an etwas denken. Sie können sogar Dinge auf die Liste setzen, von denen Sie glauben, dass sie Ihnen gefallen könnten. Probieren Sie diese dann aus, um zu sehen, ob es tatsächlich so ist. Denken Sie nicht daran, dass die Dinge auf der Liste Geld kosten könnten. Es gibt viele schöne Dinge, die Sie tun können und die kostenlos sind.

Vielleicht ist das, was Ihnen Freude oder Vergnügen bereitet, nicht dasselbe wie für andere Menschen. Das macht diese Listen in der Tat so interessant. Vielleicht sind Sie sogar überrascht, was Sie alles aufschreiben. Vielleicht ist es ein bestimmtes Essen, ein besonderes Lied oder ein Spaziergang mit Ihrem besonderen Menschen. Vielleicht ist es das Aussäen von Samen in Ihrem Garten. Vielleicht ist es das Beobachten von Vögeln. Es spielt keine Rolle, was auf der Liste steht, solange Sie ehrlich zu sich selbst sind und es Ihnen Freude bereitet. Denn diese Liste ist Ihr persönlicher Werkzeugkasten. Die Punkte auf dieser Liste werden zu den wichtigsten Elementen, auf die Sie zurückgreifen können, wenn Sie Ihren geistigen und körperlichen Zustand neu ausrichten müssen.

Nachdem Sie Ihre Liste erstellt haben, machen Sie einen Plan, um diese Aktivitäten in Ihr Leben zu integrieren. Was auch immer Sie tun, nehmen Sie sich Zeit, um sich aktiv mit den Tätigkeiten zu beschäftigen, die Ihnen ein gutes Gefühl geben. Neben der Möglichkeit, positive Emotionen zu erleben, gibt es weniger Raum für den Einfluss von Angst auf Ihr Leben. Da Sie sich in einem positiveren geistigen und körperlichen Zustand befinden, sind Sie auch widerstandsfähiger gegen die Auslöser der Angst. Es gibt einige Aktivitäten, die man normalerweise entweder alleine oder mit anderen genießt. Diese können ein Ausgangspunkt für Ihre Liste sein, wenn Sie anfangs Schwierigkeiten mit der Erstellung haben.

Aktivitäten, die Spaß machen könnten

Sobald Sie die entsprechende Selbstreflexion durchgeführt haben, liegt Ihnen eine Liste vor, mit der Sie arbeiten können. Auf dieser Liste sollten nur Dinge stehen, die Ihnen Freude, Vergnügen oder positive Aufregung bringen. Das sind Dinge, die die Fähigkeit haben, Sie aus Ihrem negativen Zustand herauszuholen und Ihnen ein Lächeln ins Gesicht zu zaubern oder Sie auf eine andere Weise glücklich zu machen. Die Dinge, von denen Sie wissen, dass sie Ihnen Freude bereiten, sollten Sie fest in Ihrem Leben einplanen. Überlassen Sie es nicht dem Zufall, sich Zeit für die von Ihnen bevorzugten Aktivitäten zu nehmen. Sie müssen die Dinge auf Ihrer Liste tatsächlich tun, um den vollen Nutzen zu erhalten. Es ist in Ordnung, einfach darüber nachzudenken und sich daran zu erinnern, wann Sie Freude empfunden haben, aber es ist noch besser, wenn Sie die Erfahrung noch einmal durchleben und diese Gefühle neu erschaffen, sodass Sie sie klar empfinden und den Nutzen der tatsächlichen körperlichen Reaktion erleben.

Schauen wir uns einige der Dinge an, die den Menschen normalerweise Freude, Genuss, Frieden, Zufriedenheit und andere positive Emotionen bringen. Einige dieser Aktivitäten sind vielleicht zunächst nicht von Interesse für Sie, aber Sie sollten sich überlegen, ob Sie nicht neue Dinge ausprobieren wollen. Vielleicht sind Sie überrascht, worauf Ihr Körper reagiert. Viele dieser Aktivitäten werden regelmäßig von Menschen genutzt, die mehr Freude in ihr Leben bringen wollen.

Sehen Sie sich einen lustigen Film oder eine lustige Show an

Es wird oft gesagt, dass Lachen die beste Medizin ist. Das stimmt wirklich! Während einige Leute sagen, dass das Anschauen einer beliebigen TV-Sendung eine Ablenkung sein kann, haben Sendungen, die lustig sind, den Vorteil, unsere Stimmung zu verändern. Sie lassen uns unsere Probleme vergessen und uns einfach in eine andere Realität versinken. Bevor man sich versieht, lacht man über einen Witz und bekommt einen Endorphin-Rausch. Sie versetzen dadurch Ihren Geist von einem Zustand der Angst in einen Zustand der Freude. Sie merken vielleicht, dass Ihre körperliche Spannung nachlässt und Sie weniger nervös und gereizt sind. Vielleicht haben Sie eine ganze halbe Stunde lang nicht über Ihre Probleme nachgedacht! Wenn Sie sich dazu entschließen, dies wenigstens einmal am Tag zu tun, können Sie sich auf diese Zeit freuen, in der Sie die emotionalen und körperlichen Vorteile des Lachens ernten. Wenn Sie eine größere Dosis unbeschwerten Lachens brauchen, versuchen Sie es mit einem Stand-up-Comedy-Special oder einer Filmkomödie. Unterschätzen Sie nicht den Wert des Lachens, auch wenn Sie sich „blöd" oder „kindisch" vorkommen. Selbst dann, wenn Sie nicht viel lachen können, werden Sie Zeit damit verbracht haben, nicht über Ihre Probleme nachzudenken. Wenn Ihre Probleme, trotz dieser Shows, immer wieder in den Vordergrund treten, verzweifeln Sie nicht. Versuchen Sie es mit einer anderen Show oder mit einem anderen Komiker.

Manchmal können wir einen großen Nutzen daraus ziehen, wenn wir einen Film oder eine Show sehen, die uns von unseren Problemen ablenkt. Es ist wichtig, keine Sendungen zu wählen, die Sie aufregen, negative Erinnerungen auslösen oder Sie zu sehr an Ihre eigene Situation erinnern. Es geht darum, einen positiven Beitrag zu Ihrem Leben zu leisten. Vielleicht fällt es Ihnen leichter, wenn Sie einen guten Actionfilm oder eine schöne Romanze auswählen. Solange Sie sich beim Zuschauen gut fühlen, sind Sie auf dem richtigen Weg. Deshalb ist es wichtig, verschiedene Dinge in unterschiedlichen Variationen auszuprobieren, bis es Ihnen gelingt, die perfekte Aktivität für Sie zu finden.

Verbringen Sie Zeit mit künstlerischen Aktivitäten oder schätzen Sie diese

Im Laufe der Geschichte wurden einige der weltberühmtesten künstlerischen Werke, insbesondere Gemälde, von Künstlern während eines Zustandes tiefgreifender Emotionen geschaffen. Sie mögen verliebt, glücklich und wohlhabend gewesen sein oder sie wurden verfolgt, waren vielleicht zornig und arm. Einige langweilten sich sogar und schufen einfach etwas, das sie überhaupt nicht inspirierte. Der Künstler lebte vielleicht in einem Land, wo Frieden herrschte oder er wurde als Nachkomme eines Revolutionärs geboren, der in seinem Land für die Menschenrechte kämpfte. All diese Faktoren beeinflussen die Emotion, die in der Kunst zum Ausdruck kommt, die wir betrachten. Wie bei den extremen Emotionen, die zur Schaffung eines genialen Kunstwerkes führen, können durch dessen Betrachten ebenfalls starke und tiefe Emotionen und körperliche Reaktionen in uns hervorgerufen werden. Es kann sein, dass wir beim Betrachten eines Gemäldes ein Gefühl der Sehnsucht oder Zufriedenheit empfinden. Für jemand anderen mag es langweilig sein. Ein anderes Kunstwerk mag uns Freude bereiten, weil es ein Thema zeigt, das uns sehr am Herzen liegt, wie z. B. ein Kind mit einem Welpen oder eine lächelnde Frau, die an einem sonnigen Strand Muscheln sammelt.

Man muss nicht viel Geld haben, um ein Kunstliebhaber zu sein. Einige der besten Kunstwerke sind in kostenlosen Galerien und Museen zu sehen. Auch Bibliotheken und Antiquariate haben eine riesige Auswahl an Büchern über Kunst, die Sie in aller Ruhe anschauen können. Gehen Sie in eine offene Kunstgalerie oder einen Kunsthandwerk-Geschenkeladen, was auch immer in Ihrer Nähe ist. Leihen Sie sich Bücher aus der Bibliothek aus, die Kunst aus verschiedenen Epochen und von verschiedenen Künstlern zeigen.

Wenn Sie Kunstwerke betrachten, werden Sie feststellen, dass Sie auf einige von ihnen eine emotionale Reaktion haben. Wenn Sie Bilder finden, die Sie glücklich oder freudig stimmen, nehmen Sie sie zur Kenntnis und kehren Sie oft zu ihnen zurück, um das gute Gefühl, das Sie beim Betrachten haben, wieder zu erwecken. Wenn Sie in der Lage sind, eine Kopie des Kunstwerkes oder des Bildes zu bekommen, kann es von Vorteil sein, es in einem Bereich Ihres Hauses aufzustellen, wo Sie es oft sehen können. Auf diese Weise werden Sie viele Gelegenheiten haben, das Gefühl der Freude, das Sie beim ersten Anblick hatten, wiederzuerwecken.

Das Schaffen von Kunst ist mit viel Gefühl verbunden und Ihre eigene Kunst kann eine ausgezeichnete Möglichkeit sein, einen regelmäßigen Zufluss von Freude in Ihrem Leben zu erzeugen.

Das Schaffen von Kunst ist ein wirkungsvolles Ventil für Ihre negative Energie und kann ein Weg sein, mehr Positivität in Ihre Welt zu bringen. Wenn Sie wütend sind, können Sie diesen Ärger vielleicht ausdrücken und ihn aus Ihrem System entfernen, indem Sie ein ausdrucksstarkes Kunstwerk erschaffen, das Ihren emotionalen Zustand zeigt. Künstler sind oft in der Lage, die Emotionen, die sie durchleben, in ihren Gemälden, Skulpturen und anderen künstlerischen Werken zu vermitteln.

Gemälde, Zeichnungen, Skulpturen, Fotos, Wandteppiche und andere Kunstformen können Ärger, Verwirrung, Angst, Verzweiflung, Schrecken und ein breites Spektrum weiterer negativer Emotionen ausdrücken. Sie können jedoch auch Liebe, Bewunderung, Ruhe, Verehrung, Freude, Belustigung und andere positive Emotionen ausdrücken. So wie die Künstler, im Laufe der Jahrhunderte, die Kunst als Ventil für ihre emotionale und physische Energie genutzt haben, können auch Sie davon profitieren, wenn Sie das Erschaffen von Kunst nutzen, um Negativität loszulassen und Platz für Freude zu gewinnen.

Sie müssen nicht einmal ein guter Künstler sein, um dieses Hilfsmittel zu benutzen, noch müssen Sie jemals jemandem zeigen, was Sie erschaffen haben. Sie müssen nicht einmal das, was Sie erschaffen haben, behalten. Sie müssen sich nur dazu verpflichten, Ihre Gefühle in die Kunst einzubringen, anstatt sie zu verinnerlichen. Es ist das Verinnerlichen unserer negativen Emotionen, das unseren Körper und Geist dazu bringt, Anzeichen von Bedrängnis auszudrücken. Sie werden oft durch übermäßiges Denken, Grübeln und Selbstzweifel hervorgerufen.

Denken Sie über die Sache nach, die Sie stört und erschaffen Sie etwas, das dies für Sie zum Ausdruck bringt. Es kann sogar abstrakt sein und nach gar nichts aussehen, solange Sie dies als Chance nutzen, den Kummer, den Sie empfinden, in die Kunst zu lenken. So geben Sie ihr Zeit und eine Stimme. Wenn Sie fertig sind, können Sie weggehen und über andere Dinge nachdenken oder über gar nichts. Diese Gelegenheit, die Emotionen aus Ihrem Körper zu vertreiben und loszulassen, kann sehr befreiend sein, denn sie gibt Ihnen die Möglichkeit, diese Emotionen „auf der Leinwand zu lassen".

Kunst kann ein starkes Ventil für negative Emotionen sein, aber viele Menschen ziehen es vor, sich beim Erschaffen von Kunst auf positive Gedanken zu konzentrieren. Sie tun das, um Freude und Zufriedenheit in ihr Leben zu lassen. Ihnen gefällt es, etwas zu erschaffen, ganz gleich, was es ist. Sie versuchen, etwas neu zu erschaffen, das sie schön oder beruhigend finden, und indem sie ein beruhigendes Bild neu erschaffen, sind sie in der Lage, Ruhe in ihren eigenen Körper und Geist zu bringen. Etwas selbst zu erschaffen, kann sich positiv auf Ihre Perspektive und Ihr Selbstwertgefühl auswirken. Es bereitet Freude und Stolz zu sagen: „Das habe ich selbst gemacht." Jedes Mal, wenn Sie sich Ihr Kunstwerk ansehen, haben Sie die Möglichkeit, positive Emotionen, die mit Freude und persönlichem Stolz verbunden sind, wiederzuerwecken. Vielleicht haben Sie es versucht und glauben nicht, dass Sie gut genug sind, um weiterzumachen. Verkaufen Sie sich nicht unter Ihrem Wert. Die Tatsache, etwas zu erschaffen, zählt und nicht die Qualität des Ergebnisses. Sie müssen es nicht einmal behalten, wenn Sie es nicht wollen, aber Sie werden immer diesen Stolz verspüren, dass Sie

Ihre Zeit damit verbringen, etwas Schönes und Erfreuliches zu erschaffen.

Wenn Sie erst einmal anfangen nachzuschauen, was es alles gibt, werden Sie so einige erstaunliche Kunstwerke finden, darunter Gemälde, Zeichnungen, Fotografien, Wandteppiche, Skulpturen und viele verrückte, lustige Kunsthandwerke. Bleiben Sie offen für Kunstformen, die Sie vielleicht noch nie gesehen oder ausprobiert haben. Womöglich werden Sie erstaunt sein, was Ihnen Freude bereitet. Die Kunst von anderen kennenzulernen, kann Sie dazu inspirieren, selbst Kunstwerke zu erschaffen. Vielleicht sehen oder versuchen Sie etwas Neues und stellen fest, dass es Ihnen sehr gefällt und dass es in Ihnen Freude oder andere positive Emotionen hervorruft. Unabhängig davon, für welche Art der Kunst Sie sich entscheiden, nutzen Sie diese als Hilfsmittel, um negative Emotionen zu beseitigen und positive Emotionen auszudrücken oder zu erzeugen.

Hören und praktizieren Sie Musik

Wer kennt es nicht? Wir alle haben schon einmal gesagt: „Oh, ich liebe dieses Lied!", wenn wir einen Song, den wir mögen, gehört haben. Sofort überkommt uns ein Gefühl der Freude, ein Lächeln strahlt über unser Gesicht und wir fangen vielleicht an, mit den Zehen zu wackeln oder sogar ein wenig zu tanzen. So fühlt sich plötzliche Freude an und wir sollten uns bemühen, diese Gefühle zu wiederholen, wann immer wir können. Es fällt schwer, sich auf seine Ängste zu konzentrieren, wenn man zu einem Lied mitsingt, das gute Laune versprüht.

Musik zu hören ist eine tolle Alternative, etwas anderes zu tun als sich zu sorgen. Um jedoch wirklich erfolgreich damit zu sein, muss man aktiv zuhören und darf seine Gedanken nicht schweifen lassen. Am besten ist es, wenn Sie mitsingen können, da dies Ihren Körper vollständig miteinbezieht. So hört man nicht nur die Musik, sondern bekommt auch Endorphin-Schübe, die sich positiv auf unsere Atmung auswirken und uns in Bewegung bringen wollen. Wenn Sie irgendwo sind, wo Sie nicht mitsingen können, hören Sie aufmerksam auf die Worte und die Musik. Versuchen Sie nur an den Text und den Rhythmus zu denken und lassen Sie Ihre Gedanken nicht abschweifen.

Zum Musikhören gehört auch das Musizieren. Es kann sehr erfreulich sein, ein Instrument zu spielen, auch wenn Sie nicht sehr gut darin sind. Wenn Sie die Gelegenheit dazu haben, üben Sie das Musizieren. Es ist eine große Ablenkung, da es Ihren Geist und Ihren Körper dazu veranlasst, sich auf eine bestimmte Tätigkeit zu konzentrieren. Sie können auch singen, wenn Sie möchten. Dies bezieht Geist und Körper voll ein und schließt negative Gedanken aus. Vielleicht haben Sie in der Schule ein Instrument gelernt, haben es aber seit Jahren nicht mehr gespielt. Versuchen Sie, dieses Instrument aus der Schulzeit in einem Secondhandladen zu finden und fangen Sie wieder an zu spielen. Sie werden erstaunt sein, wie schnell Sie es wieder erlernen. Vielleicht wollten Sie auch schon immer mal ein ganz bestimmtes Instrument erlernen. Holen Sie es sich und fangen Sie an, es zu erlernen. Das Internet und die Bibliothek bieten viele Ressourcen, wenn Sie kein Geld für den Unterricht ausgeben wollen. Vielleicht wurde Ihnen ein Instrument geschenkt oder Sie haben es von einem Freund oder einem Familienmitglied geerbt. Das ist die perfekte Gelegenheit, etwas Neues auszuprobieren. Wenn Sie keinen Zugang zu Instrumenten haben, ist Trommeln eine gute Option, denn Sie können alles als Trommel benutzen und entweder mit den Händen, Besteck oder Stäbchen auf die Oberfläche klopfen. Einfach im Takt eines Liedes, das Ihnen gefällt, auf dem Tisch zu klopfen, kann ungeheuren Spaß machen und ist sehr zu empfehlen.

Es gibt eine sehr wichtige Sache, die Sie im Falle von Musik zur Veränderung Ihrer Stimmung beachten sollten. Sie müssen darauf achten, dass Sie optimistische, fröhliche oder hoffnungsvolle Lieder hören und spielen. Wenn Sie sich Sorgen um Ihre Finanzen oder den möglichen Verlust Ihres Arbeitsplatzes machen, kann Sie ein trauriges Lied über jemanden, der gerade finanziell ruiniert ist, in tiefere Verzweiflung versetzen.

Das Wichtigste dabei ist, dass, wenn Sie Musik nutzen, um mehr Freude zu verspüren, Sie Musik finden müssen, die in Ihnen und mit Ihnen mitschwingt. Sie müssen diese Musik regelmäßig hören oder praktizieren, damit Sie mehr Freude in Ihrem Leben verspüren.

Leisten Sie wohltätige Arbeit

Manchmal ist der beste Weg, uns von unseren Problemen abzulenken oder unseren emotionalen Zustand zu verändern, wenn wir anderen helfen. Das gilt vor allem dann, wenn man von negativer Energie überhäuft wird und dafür ein Ventil braucht. Ähnlich verhält es sich, wenn Sie sich nur darauf konzentrieren, anderen zu helfen. Dann sind Ihr Geist und Ihr Körper zu beschäftigt und Sie haben keinen Freiraum mehr, sich um Ihre eigenen Probleme zu kümmern. Wenn Sie die Probleme anderer sehen, erhalten Sie manchmal eine andere Perspektive für Ihre eigene Situation und fühlen sich besser. Manchmal trifft man auf andere großartige, aufrichtige und fürsorgliche Menschen, die ebenfalls wohltätige Arbeit leisten. Das sind die positiven Menschen, mit denen man gerne zusammen sein möchte.

Wenn wir anderen helfen, fühlen wir uns stolz, weil wir Gutes leisten oder weil der andere vor Freude strahlt, wenn er etwas Gutes bekommt, womit er nicht gerechnet hat. Stress und Angst können oft durch Freude und Glück ersetzt werden, wenn wir uns an wohltätiger Arbeit beteiligen. Es spielt dabei keine Rolle, ob Sie nur wenig Zeit haben und deshalb spenden oder ob Sie in Ihrer Gemeinde eine Wohltätigkeitsorganisation finden, die Ihnen am Herzen liegt und Sie Ihre Zeit darin investieren. Wenn die meisten Menschen über Wohltätigkeitsarbeit nachdenken, denken sie automatisch an Lebensmittelbanken und Suppenküchen, aber das ist nur ein winziger Bruchteil der Organisationen, die Ihre Hilfe gebrauchen könnten. Wenn Sie gut mit Kindern und Jugendlichen umgehen können, könnten Sie vielleicht an einem Betreuungsprogramm für Jugendliche oder in einem Gemeindezentrum teilnehmen. Wenn Sie gut mit Tieren umgehen können und es Ihnen Freude bereitet, könnten Sie vielleicht in einem örtlichen Tierheim ehrenamtlich arbeiten und mit Hunden Gassi gehen oder mit Katzen spielen. Helfen Sie mit, Geld für Umweltsanierungen zu sammeln oder sich daran zu beteiligen. Schreiben Sie Briefe für ältere Menschen oder helfen Sie ihnen beim Einkaufen. Das kann auch bedeuten, dass Sie Ihre Zeit und Energie anderen zur Verfügung stellen. Da Sie aber diese Zeit und Energie ohnehin nur damit verschwendet hätten, ängstlich zu sein, nutzen Sie sie lieber, um anderen zu helfen.

Anderen Menschen Hoffnung zu geben und ein Lächeln ins Gesicht zu zaubern, ist sehr lohnenswert und erzeugt eine Vielzahl positiver Emotionen und das führt wiederum zu weniger Angst. Es ist sehr erfreulich, wenn man einen positiven Einfluss auf das Leben eines anderen Menschen hat.

Nehmen Sie mehr am gesellschaftlichen Leben teil

Viele Menschen lieben einfach ihre eigene Gesellschaft und ziehen es vor, alleine zu sein. Manchmal lieben die Menschen ihre eigene Gesellschaft nicht, sind aber nervös im Umgang mit anderen. Manchmal sind wir einfach so beschäftigt, dass wir keine Zeit für Menschen außerhalb unseres unmittelbaren Familien- und Freundeskreises haben. Doch zu viel alleine zu sein oder keine Zeit für soziale Kontakte zu finden, kann sich sehr nachteilig auf unsere emotionale Gesundheit auswirken. Es ist leicht, in seiner Angst gefangen zu bleiben, wenn man alleine ist und keine anderen Meinungen oder Perspektiven hat, um seine negativen Gedankenmuster zu unterbrechen. Wenn Sie unter Angstzuständen leiden, kann es viele Vorteile haben, aus Ihrem einsamen Zustand herauszukommen, in welchem Sie vermutlich über all die Dinge nachdenken, die Sie ängstlich machen.

Wenn Sie, aus welchen Gründen auch immer, keine Freunde haben, mit denen Sie sich austauschen können, gibt es in der Gemeinschaft immer noch viele Möglichkeiten für soziale Interaktionen. Geselligkeit kann so einfach sein. Beginnen Sie z. B. eine Unterhaltung mit dem Kassierer in Ihrem Lebensmittelgeschäft. Oder trinken Sie einfach einen Kaffee mit einem Kollegen in der Mittagspause. Es kann auch etwas Extravagantes sein, wie die Annahme einer Einladung zu einer Dinnerparty oder einer Veranstaltung der Arbeit oder die Teilnahme an einer Hochzeit. Vielleicht könnten Sie auch einem örtlichen Club oder einer Gruppe in einem Gemeindezentrum beitreten. All dies sind Möglichkeiten, sich sozial mit anderen zu engagieren und sich selbst die Möglichkeit zu geben, Freude zu erleben.

Wenn wir positive Interaktionen mit anderen haben, lenkt uns das von der Quelle unserer Angst ab. Möglicherweise stellen wir fest, dass wir Dinge erfahren, die interessant oder amüsant sind, wenn wir anderen

Menschen zuhören. Sehen wir zudem, dass andere unsere Gesellschaft genießen und wir gut mit anderen interagieren können, gibt uns das ein gesteigertes Selbstwertgefühl und öffnet uns dafür, uns selbst und unsere Situation positiver zu empfinden.

Wenn wir „hinausgehen und Kontakte knüpfen" und an öffentlichen Versammlungen oder Veranstaltungen teilnehmen, werden wir von einer Reihe neuer Reize überflutet und einige von ihnen können zu Gefühlen der Freude führen. Wir können jemandem begegnen, der interessant ist und etwas Neues lernen. Oder aber wir hören jemanden eine wirklich lustige Geschichte erzählen und das bringt uns zum Lachen. Vielleicht haben wir die Gelegenheit, gute Musiker spielen und sogar tanzen zu sehen. All dies führt zu positiveren Emotionen und versetzt unseren Körper in einen anderen physischen und emotionalen Zustand.

Der Besuch einer Veranstaltung oder auch nur der Gedanke daran, zu gesellschaftlichen Ereignissen zu gehen, können Sie schon als stressig und ängstlich empfinden, sodass Sie eine Entscheidung treffen müssen, mit der Sie sich wohlfühlen. Möglicherweise haben Sie aufgrund Ihrer Besorgnis Angst davor, hinauszugehen und mit anderen zu interagieren, aber ironischerweise ist das vielleicht der beste Ausweg aus Ihrem schlechten emotionalen Zustand. Ergreifen Sie die Gelegenheit, zu geselligen Treffen zu gehen. Wenn Sie es als schwierig empfinden, arbeiten Sie daran, allmählich toleranter zu werden und sich daran zu gewöhnen, mit anderen zu interagieren. Sagen Sie sich selbst, dass Sie die Veranstaltung jederzeit verlassen können und nicht bleiben müssen, aber versuchen Sie, hinzugehen. Wenn Sie jedoch eine positive Interaktion haben, dann bleiben Sie vielleicht einfach vor Ort.

Zeit für Familie und Freunde

Eine Familie zu haben kann von großer Bedeutung in unserem Leben sein, vor allem, wenn wir nach Unterstützung in gewissen Situationen suchen. In solchen Situationen kann man sehr von seiner Familie abhängig sein, wobei manche Menschen mehr auf ihre Familie zählen können als andere. Wenn wir eine Familie haben, die uns unterstützt, können wir uns auf sie verlassen und sie ist ein Teil unseres Lebens.

Diese zwischenmenschlichen Beziehungen können uns viel Freude und Glück bescheren. Großmutters Geschichten über alte Zeiten faszinieren uns und lassen uns unsere Perspektiven, wie schwer das Leben doch ist, eventuell überdenken. Ihr Onkel hat vielleicht einen guten Rat für Sie, wie er einmal mit einer stressigen Situation umgegangen ist. Vielleicht treffen Sie einen Cousin, der ein gemeinsames Interesse an einer Musikgruppe oder einem Künstler hat. Jemand könnte Sie an eine wirklich lustige Sache erinnern, die passiert ist oder Sie einfach umarmen und Ihnen sagen: „Ich bin stolz auf Dich." Manchmal ist es lediglich die Gesellschaft, die sie uns leisten, die zählt. Das sind alles Familiensituationen, die uns Freude bereiten, wenn wir es zulassen.

Es gibt Familien, welche uns nicht unterstützen und uns nicht gut tun. Wenn das bei Ihnen der Fall sein sollte, sollten Sie sich eine andere Familie suchen. Es gibt viele verschiedene Arten von Familien und viele „Familienmitglieder" sind oft nicht biologisch verwandt. Manche Menschen betrachten ihre Freunde als ihre Familie und vertrauen ihnen mehr als allen anderen. Das Wichtigste ist, dass Sie Zeit mit den Menschen verbringen, denen Sie vertrauen und die Sie unterstützen. Das sollten Menschen sein, die das Positive und die Freude in Ihnen hervorbringen und nicht diejenigen, die Sie mit ständiger Negativität hinunterziehen.

Wenn Sie Freunde haben, können Sie sich bei diesen fallen lassen und diese können sie gleichzeitig aufmuntern. Mit jemandem Zeit zu verbringen, den Sie kennen und dem Sie vertrauen, ist eine tolle Art und Weise, seine zwischenmenschlichen Beziehungen zu pflegen. Mit jemandem zusammen zu sein, der uns nicht verurteilt und weiß, wie man uns „aufmuntern" kann, ist von großer Bedeutung. Nutzen Sie diese Gelegenheiten, um lustige Dinge miteinander zu unternehmen und konzentrieren Sie sich dabei nicht auf Ihre Sorgen und Ängste. Die Kunst besteht darin, das Negative aus unserem Kopf zu lassen und ihn mit glücklichen und fröhlichen Dingen zu füllen. Man kann z. B. ein Spiel mit einem Freund/einer Freundin spielen, gemeinsam etwas Lustiges im Fernsehen schauen, spazieren gehen, in eine Kunstausstellung gehen, in ein Musiklokal gehen oder zusammen kochen und lecker essen.

Im Einklang mit der Natur

Eine weitere gute Möglichkeit, Ihre negative Denkweise zu ändern und Ihrer Angst und Nervosität entgegenzuwirken, ist der Aufenthalt im Freien in der Natur. Sich die Zeit zu nehmen, nach draußen zu gehen und frische Luft zu atmen, gibt uns die Möglichkeit, den Kopf frei zu bekommen, unseren Körper zu bewegen und schöne Dinge zu sehen. Wenn wir in den Park gehen oder mit der Natur interagieren, kann uns das Gefühl des Windes in unseren Haaren oder ein gutes Stretching gut tun. Vielleicht sehen wir einem Hund bei der Jagd nach seinem Spielzeug schmunzelnd zu oder bewundern eine schöne Blume. Wälder aller Art können uns zum Staunen bringen, wenn wir die Verbundenheit der dort lebenden Tier- und Pflanzenarten betrachten.

Die Japaner zum Beispiel praktizieren Shinrin-yoku, was wörtlich „Baden im Wald" bedeutet. Wir kennen es als „Spaziergang im Wald". Japanische Forscher haben Veränderungen am Körper von Menschen festgestellt, die etwa 20 Minuten lang in einem schönen Wald, mit seinem Geruch nach Holz und dem Geräusch eines fließendes Baches, spazieren gegangen sind. Das „Waldbaden" senkt den Stresshormonspiegel mehr als ein vergleichbarer Spaziergang in einem städtischen Gebiet. Dieser Effekt hielt sogar bis zu einem Monat an (Li, 2018; Livni, 2016).

Es gibt keinerlei Zweifel an der beruhigenden Wirkung, die ein Spaziergang in einem Park, Wald oder Garten auf uns hat. Camping und Wandern sind wunderbare Gelegenheiten, unseren Geist auf etwas zu konzentrieren, das größer ist als wir selbst. Wenn wir mit der Natur interagieren, können wir uns als einen kleineren Teil einer vernetzten Welt sehen. Die positiven Auswirkungen einer Umgebung, die frisch riecht, nach Bäumen und Blumen duftet und somit einer Aromatherapie gleichkommt, sind enorm. In der Natur zu spazieren bedeutet gleichzeitig auch körperliche Bewegung, die einen Anstieg positiver Endorphine erzeugt und uns als Ventil für unsere Neurosen dienen kann.

Herausforderungen auf der Suche nach Glück

Es gibt viele Dinge, die wir tun können, um mehr Freude in unser Leben zu bringen. Wir haben einige wirksame und gängige Tätigkeiten gefunden, welche unsere Stimmung verbessern und unsere Ängste in Freude verwandeln können.

Sie müssen wissen, dass diese Übungen nicht allen Menschen Freude bereiten werden. Suchen Sie nach verschiedenen Tätigkeiten und vervollständigen Sie Ihre Liste mit Dingen, die Sie tun könnten. Versuchen Sie etwas zu finden, was Ihnen am meisten (oder zumindest etwas) Freude bereitet.

Sie müssen vorsichtig und einfühlsam mit sich selbst umgehen, wenn Sie sich Tätigkeiten widmen, die den Körper und den Geist bewusst herausfordern. Wenn Sie zum Beispiel eine große Höhenangst haben, wäre es besser, eine Einladung zum Mittagessen auf einer Dachterrasse nicht anzunehmen, um sich dieser stressigen Situation nicht auszusetzen. Sie würden dadurch Ihren Stresspegel nur erhöhen, wenn Sie versuchen, sich dieser Angst zu stellen, obwohl Sie eigentlich nur vorhaben, beim Mittagessen mit einem Freund Spaß zu haben und sich zu entspannen. In solch einer Situation wird ein wahrer Freund verstehen, wenn Sie sagen: „Wenn es für Dich in Ordnung ist, würde ich mich in einem Restaurant im Erdgeschoss wohler fühlen."

Wenn Sie diese Ebene erreicht haben, auf welcher Sie in der Lage sind, die Dinge selbstbewusst zu erkennen, die Sie daran hindern, Freude zu empfinden, sollten Sie sich sorgfältig überlegen, wie Sie diese hinderlichen Dinge aus Ihrem Leben entfernen können. Wenn Sie sich am Arbeitsplatz oder zu Hause Gewohnheiten aneignen, die negative Gefühle vermeiden und positive hervorheben, werden Sie glücklicher und zufriedener sein.

Zusammenfassung des Kapitels

Wir alle verdienen es, glücklich zu sein und Freude zu erleben. Um Ihr Potenzial für Freude zu maximieren, müssen Sie immer auf der Suche sein - sowohl nach den Dingen, von denen Sie wissen, dass sie Ängste auslösen als auch nach den Dingen, die Ihnen Freude bereiten. Wenn wir uns vermehrt den Dingen aussetzen, die uns Freude bereiten, hat das eine transformierende Wirkung auf unseren emotionalen Zustand und auf den emotionalen und physischen Ausdruck von Angst.

Oft werden wir von negativen Gedanken überhäuft und unsere Ängste sind möglicherweise auf einem Höhepunkt angelangt. Wenn dies geschieht, müssen Sie sich bewusst bemühen, sich den Dingen auszusetzen, die Ihnen Freude bereiten. Wenn Sie die Entscheidung getroffen haben, in Ihrem Leben Platz für Freude zu schaffen, müssen Sie vielleicht einen Plan entwickeln, wie Sie das erreichen können. Vielleicht haben wir vergessen, was uns Freude bereitet, weil wir so lange ängstlich waren. Vielleicht haben wir nur wenige Ressourcen zur Verfügung, um Dinge zu tun, die Geld kosten. Deshalb ist es wichtig, eine Liste zu erstellen. Die Liste mag anfangs kurz sein und es kann eine Weile dauern, bis genügend Dinge auf ihr stehen, sodass Sie das Gefühl haben, Sie hätten viele Möglichkeiten, Freude zu empfinden. Schreiben Sie Dinge auf die Liste, von denen Sie denken, dass sie Ihnen Spaß machen könnten. Schreiben Sie alles auf die Liste, was Ihnen einfällt und beginnen Sie dann einfach, Dinge auszuprobieren, die zu dem Zeitpunkt angemessen sind. Eigentlich müssen Sie nur mit einer Sache beginnen. Halten Sie Ausschau nach den Dingen, die Ihre Ängste verstärken und Ihr Glück und Ihre Freude untergraben und beseitigen Sie dann so viele davon, wie Sie können.

Zu den freudigen Aktivitäten, die wir besprochen haben, gehören unter anderem das Ansehen lustiger Sendungen, das Verbringen von Zeit mit künstlerischen Aktivitäten, das Hören von Musik und die Teilnahme an gesellschaftlichen Zusammenkünften. Nutzen Sie diese Gelegenheiten, um Freude zu erleben und wiederholen Sie diese so oft Sie können. Das wird die Angst reduzieren, denn Ihre Emotionen und Ihr Körper sind mit etwas anderem beschäftigt, das Sie auf positive Dinge lenkt.

Im nächsten Kapitel werden Sie mehr über die vielen natürlichen Heilmittel gegen Angst erfahren.

KAPITEL 8:

Natürliche Heilmittel gegen Angstzustände

Manchmal ist das beste Heilmittel für den ängstlichen Geist und Körper die Aneignung gesunder Verhaltensweisen in verschiedenen Bereichen unseres Lebens. Diese liegen größtenteils im Bereich der Selbstfürsorge und umfassen das Engagement für einen gesunden Lebensstil, der Bewegung und richtige Ernährung beinhaltet.

Selbstfürsorge

Wenn Sie sich in einem Zustand erhöhter Angst befinden, vergessen Sie Ihre Selbstfürsorge, denn Grübeln, Panik, Selbstzweifel und der Versuch, alles erreichen zu wollen, was Sie vorhaben, treten stärker in den Vordergrund. Wenn wir zu sehr mit unserer Angst beschäftigt sind, hören wir auf, uns richtig um uns selbst zu kümmern. Vielleicht lassen wir unseren Körper verkümmern, trainieren nicht mehr, schlafen weniger oder schlecht und essen vielleicht nicht mehr richtig. Dies verstärkt die negativen Auswirkungen von Angst, weil unser Körper weniger widerstandsfähig gegenüber Stress ist.

Wenn Sie zum Beispiel einen Abgabetermin haben oder viele Dinge auf einmal erledigen müssen, stehen Sie möglicherweise unter Zeitdruck und sind sehr darüber besorgt, Ihr Ziel zu erreichen. Da so viel vom Ergebnis Ihrer Bemühungen abhängt, sind Sie vielleicht viele Nächte hintereinander lange aufgeblieben, um zu arbeiten oder zu studieren, und vielleicht haben Sie schnelle Snacks gegessen, anstatt sich selbst nahrhafte Mahlzeiten zu kochen. Wahrscheinlich haben Sie auch lange Zeit in der gleichen Position gesessen, ohne sich zu strecken. Vielleicht beschimpfen Sie sich ständig und zweifeln an Ihrer Fähigkeit, Ihr Ziel zu erreichen.

All dies sind Beispiele dafür, dass wir es versäumen, uns selbst zu versorgen. Denn wenn Sie regelmäßiger schlafen, besser essen und sich in regelmäßigen Abständen dehnen würden, wären Ihre Angstsymptome wahrscheinlich gemildert.

Es gibt viele Möglichkeiten, unser Ausmaß der Selbstfürsorge zu erhöhen. Einige davon werden wir im Folgenden untersuchen.

Bewegung

Im Kampf gegen die Angst ist es für uns alle wichtig, die Gesundheit in den Vordergrund zu stellen. Wir alle sehnen uns danach, ein gesundes Leben zu führen. Dies gilt insbesondere dann, wenn das Alter einsetzt. Erstellen Sie in diesem Sinne einen Plan, der dafür sorgt, dass Sie gesund bleiben. Einer der bedeutendsten Faktoren für gute Gesundheit ist die Bewegung. Sie haben das vielleicht schon oft gehört, aber Sie müssen daran glauben und es sich zu eigen machen. Es gibt viele Möglichkeiten, sich zu bewegen und Sie müssen diejenige finden, die für Sie am besten geeignet ist. Was auch immer Sie tun, versuchen Sie, Spaß daran zu haben, indem Sie die richtigen Aktivitäten auswählen und mit einer guten Einstellung an sie herangehen, in der Gewissheit, dass diese gesunde Wahl viele positive Auswirkungen auf den Umgang mit Ihren Angstsymptomen haben wird.

Vielleicht können Sie Mitglied in einem Fitnessstudio werden, möchten alleine zu Hause trainieren oder den Park oder eine Gemeinschaftseinrichtung nutzen. Wichtig ist, dass Sie Ihren Körper in Bewegung und Dehnung bringen, dass Sie Ihre Herzfrequenz erhöhen und dass Sie regelmäßig und tief atmen. Es gibt so viele Möglichkeiten, dies zu erreichen.

Wenn Sie Zugang zum Fitnessstudio oder Fitnessgeräten jeglicher Art haben oder diese erwerben können, ist das der beste und einfachste Weg, Bewegung in Ihr Leben zu integrieren. Wenn Sie die Bewegung zu Hause bevorzugen und es Ihnen leicht zugänglich ist, ist es einfach, sie in Ihr tägliches Leben einzuplanen. Versuchen Sie, Sport zu treiben, bevor Sie morgens unter die Dusche gehen oder wenn Sie von der Arbeit oder der Schule nach Hause kommen. Dies ist eine gute Möglichkeit,

Ihre Anspannungen zu lösen und negative Energie in ein gutes Training zu kanalisieren. Wenn Sie trainieren, setzt Ihr Körper Endorphine frei, und das gibt uns ein gutes Gefühl. Selbst ein paar Minuten am Tag oder zehn Minuten alle paar Tage sind besser als nichts und es wird Sie an das Training gewöhnen. Am Anfang mag es schwierig sein, länger als ein paar Minuten zu trainieren, aber wenn Sie regelmäßig trainieren, wird es Ihnen leichter fallen, da Sie fitter werden. Oft ist es hilfreich, während des Trainings Musik oder ein Hörbuch zu hören. Das soll Sie davon ablenken, während des Trainings über Ihre Probleme nachzudenken. Auch das Üben von Achtsamkeit kann hilfreich sein. Konzentrieren Sie sich während des Trainings auf Ihre Muskeln, auf Ihre Atmung und auf Ihre Körperhaltung. Wie fühlen Sie sich? Erleben Sie die Freude, dass Ihr Körper auf gesunde, natürliche Weise arbeitet.

Es gibt viele Möglichkeiten, zu Hause ohne „umständliche Fitnessgeräte" zu trainieren. Wenn Sie Ideen und Anleitungen zu Übungen und Dehnungen brauchen, die für Sie geeignet sein könnten, gehen Sie in die Bibliothek oder nutzen Sie das Internet, um die vielen Möglichkeiten zu recherchieren.

Wenn Sie möchten und in der Lage dazu sind, werden Sie Mitglied in einem Fitnessstudio oder melden Sie sich für Übungskurse in einer Turnhalle oder einem Gemeindezentrum an und besuchen Sie diese regelmäßig. Dies kann den zusätzlichen Vorteil sozialer Interaktionen mit sich bringen, die zu positiven und interessanten Freundschaften führen können oder zumindest zu einer Gelegenheit, Kontakte zu knüpfen.

Wenn Sie es vorziehen, sich im Freien zu bewegen, können Spaziergänge, Wanderungen oder Laufen eine gute Möglichkeit sein, sich zu bewegen. Vielleicht haben Sie einen Hinterhof, den Sie für ihr Training nutzen können oder einen Basketballkorb, wo Sie Körbe werfen können. Ein Fußball zum Kicken in einem Park oder ein Tennisball auf einem öffentlichen Platz kann eine gute Möglichkeit sein, angestaute nervöse Energie und Ängste abzubauen.

Regelmäßige Bewegung hat den zusätzlichen Vorteil, dass Sie Ihr Gewicht kontrollieren und Ihren Blutzuckerspiegel regulieren können, was wiederum zu einer besseren Gesundheit beiträgt. Denken Sie daran, dass ein gesunder Körper widerstandsfähiger gegen Stress ist.

Es gibt eine endlose Liste von Aktivitäten, die Sie in Betracht ziehen können, wenn Sie sich mit Bewegung beschäftigen, die zur Selbstfürsorge dienen soll. Versuchen Sie, etwas zu tun, das Ihnen Spaß macht. Was auch immer Sie tun, tun Sie es. Wenn Sie gerne schwimmen, finden Sie einen Weg, regelmäßig zu schwimmen. Wenn Sie gerne tanzen, tun Sie es regelmäßig. Wenn Sie gerne durch einen städtischen Wald wandern, tun Sie das regelmäßig. Lenken Sie Ihre Ängste und Nervosität in ein intensiveres Training und achten Sie darauf, wie sich Ihr Körper anfühlt, wenn Sie gesünder werden.

Bewegung ist ein wirksames Gegenmittel gegen Angst und Depression und hat sowohl unmittelbare als auch langfristige Vorteile.

Die 21-minütige Kur

Dr. Drew Ramsey, klinischer Assistenzprofessor für Psychiatrie am New Yorker presbyterianischen Krankenhaus der Columbia Universität und Mitautor von „The Happiness Diet" sagt, man soll sich einundzwanzig Minuten lang mit Bewegung beschäftigen, damit diese eine positive Wirkung auf die Angst hat (Barnett, 2019). Er garantiert Ihnen, dass Sie sich nach dem Training ruhiger fühlen werden. Er bittet seine Patienten, 20 bis 30 Minuten mit einer Aktivität zu verbringen, die ihre Herzfrequenz erhöht. Es kann alles sein, was ihnen gefällt, sei es ein Laufband, Crosstrainer, Rudern oder sogar zügige Spaziergänge.

Gesunde Ernährung

Ein weiteres Geheimnis erfolgreicher Selbstpflege zur Verringerung von Ängsten ist die Einhaltung einer gesunden Ernährung. Die Fähigkeit unseres Körpers, Hormone zu regulieren, effektiv zu funktionieren und uns gesund zu fühlen, wird weitgehend durch die Dinge beeinflusst, die wir essen und trinken.

Wir alle können den Zusammenhang zwischen schlechter Ernährung und Magenbeschwerden verstehen, aber nur wenige Menschen wissen, dass die Auswirkungen minderwertiger Lebensmittel auch mit anderen

Aspekten unserer physischen und psychischen Gesundheit in Verbindung gebracht werden. Darüber hinaus verstehen nur wenige Menschen, dass nahrhaftes Essen einer der Bausteine für eine allgemein gute Gesundheit ist, sowohl physisch als auch psychisch.

Wenn unser Körper ein ausgewogenes Verhältnis von Proteinen, Gemüse, Obst und Getreide erhält, ist er in der Lage, am besten zu funktionieren. Gleichzeitig kann er auch besser mit Stress umgehen, was die Symptome von Angstzuständen minimiert. Zwingen Sie sich, mehr Obst und Gemüse zu essen. Frisch ist immer am besten, da frisches Obst und Gemüse den höchsten Nährstoff- und Ballaststoffgehalt hat.

Nahrungsmittel, die stark verarbeitet sind und/oder einen hohen Gehalt an Zucker, Salz und Zusatzstoffen aufweisen, sollten vermieden werden. Es ist bekannt, dass ein hoher Zuckerkonsum schädlich für unseren Körper ist und zu Erkrankungen, wie Übergewicht und Diabetes, führen kann. Es ist auch bekannt, dass ein hoher Salzkonsum zu Erkrankungen, wie z. B. Bluthochdruck, beitragen kann. Darüber hinaus sollte der Konsum von koffeinhaltigen und zuckerhaltigen Getränken minimiert werden, insbesondere ab dem späten Nachmittag bis zur Schlafenszeit.

Manchmal kann es schwierig sein, gute Entscheidungen zur Ernährung zu treffen, wenn wir nicht in der kontrollierten Umgebung unseres eigenen Zuhauses sind. Es kann sein, dass wir vor vielen Optionen stehen, die attraktiver erscheinen als andere oder dass wir aufgrund begrenzter Möglichkeiten keinen Zugang zu gesunden Wahlmöglichkeiten haben. Manchmal sind wir zu beschäftigt, um zu kochen und müssen uns damit abfinden, dass wir uns etwas mit nach Hause nehmen, etwas bestellen oder uns einfach etwas kaufen, das wir in der Eile im Auto essen können. Dies sind die Momente, in denen wir unserer Gesundheit den größten Schaden zufügen, da diese Lebensmittel einen hohen Gehalt an gesättigten Fetten, Zucker, Salz, Zusatzstoffen, Konservierungsmitteln und anderen künstlichen oder stark verarbeiteten Zutaten aufweisen.

Diese Gelegenheiten, in denen wir uns schnell oder bequem mit Lebensmitteln versorgen müssen, können durch gute Planung minimiert werden. Wenn Sie zum Beispiel wissen, dass Sie damit beschäftigt sein werden, von einem Ort zum anderen zu eilen, packen Sie sich einen nahrhaften Snack oder ein Mittagessen ein. Manchmal lässt sich jedoch ein Essen auswärts oder Essen in der Eile nicht vermeiden. Wenn dies geschieht, gewöhnen Sie sich daran, die gesündeste Wahl zu treffen, die Sie in diesem Moment treffen können. Am Anfang kann es schwierig sein, den unterbewussten Instinkt zu überwinden, sich zum Beispiel Pommes zu holen. Das ist der Moment, in dem Sie sich für den Salat entscheiden müssen - aber nicht mit überlaufendem Dressing. Wählen Sie gegrillt statt gebraten. Wählen Sie Soda, Wasser oder Saft, anstelle von Cola oder Kaffee. Wenn Sie sich in einem Restaurant befinden, wählen Sie Ihre Mahlzeit sorgfältig aus und treffen Sie die gesündeste Entscheidung. Ein mageres proteinhaltiges Mahl mit Salat oder gekochtem Gemüse ist fast überall erhältlich.

Schnell, essen Sie etwas

Dr. Ramsey und viele andere bestätigen, dass der Grad der Ängstlichkeit und Reizbarkeit der Menschen zunimmt, wenn sie hungrig sind. Wenn Sie von Angst überwältigt werden, kann das ein Zeichen dafür sein, dass Ihr Blutzucker niedrig ist. Nehmen Sie einen schnellen, gesunden Snack, wie z. B. eine Handvoll Nüsse und Rosinen zusammen mit einem Glas Wasser oder einem schönen heißen Getränk zu sich.

Lassen Sie das Frühstück nicht aus

Sie werden oft dazu ermutigt, ein gesundes Frühstück einzunehmen. Viele Menschen meinen, dass sie morgens nicht hungrig sind oder lassen das Frühstück aus, weil sie morgens so beschäftigt sind. Ein gesundes tägliches Frühstück ist eines der wichtigsten Hilfsmittel, die Sie Ihrem Körper auf dem Weg zur Arbeit geben können. Das Auslassen des Frühstückes führt garantiert dazu, dass Sie zu einem ungünstigen Zeitpunkt plötzlich hungrig werden. Hungrig zur Arbeit zu kommen ist zum Beispiel ein sicheres Rezept für einen stressigen Tag im Büro oder die Unfähigkeit, mit Stressfaktoren umzugehen. Möglicherweise fühlen Sie sich schwach oder emotional zerbrechlich, haben Konzentrationsschwierigkeiten, sind gereizt oder haben Magenprobleme.

Hören Sie auf zu hungern, rät Ramsey. „Viele Menschen mit Angststörungen lassen das Frühstück ausfallen. Ich empfehle zum Beispiel, Eier zu essen. Diese enthalten sättigendes Protein und stellen die wichtigste natürliche Cholin-Quelle dar. Niedrige Konzentrationen an Cholin sind mit erhöhter Angst verbunden" (Barnett, 2019).

Ausreichend Schlaf

Wenn der Körper müde ist, ist er unfähig, mit Stress umzugehen und die Symptome der Angst können schwieriger zu bewältigen sein. Achten Sie darauf, sich jede Nacht Zeit für genügend Schlaf zu nehmen. Es mag eine gute Idee sein, lange aufzubleiben, um etwas zu Ende zu bringen, aber wenn Sie dann am nächsten Tag nicht in der Lage sind, andere Aufgaben zu erledigen, weil Sie so müde sind, bringt dies insgesamt wenig Nutzen. Außerdem ist es gefährlich, ein Fahrzeug zu lenken oder Maschinen zu bedienen, wenn wir müde sind.

Wenn Sie nachts keinen ausreichenden Schlaf bekommen haben, probieren Sie es mit einem Nickerchen. Manche Menschen schwören darauf, dass Nickerchen Stress reduzieren und viele andere positive Auswirkungen haben. Probieren Sie es aus und sehen Sie, wie es bei Ihnen funktioniert. Nach einem langen, stressigen oder schlechten Arbeitstag oder wenn Sie das Gefühl haben, dass Sie sich in einem hohen Angstzustand befinden, kann es für Sie beruhigend sein, sich hinzulegen und ein Nickerchen zu machen.

Das erwünschte Ergebnis des Nickerchens ist, dass Sie nicht nur einen Teil der Erschöpfung beseitigen, die Sie durch den Schlafmangel verspüren, sondern auch, dass Sie die Erleichterung eines ruhigen Körpers und Verstandes verspüren. Vielleicht kommen Sie zur Ruhe, wenn Sie einen ruhigen Ort finden, an dem Sie sich für ein paar Minuten oder ein paar Stunden hinlegen und dann erholt aufwachen können, um mit Ihren Aufgaben fortzufahren.

Gute Gewohnheiten und persönliche Eigenschaften

Sie könnten auch einige Eigenschaften entwickeln, die dazu beitragen, dass Ihr Stress und Ihre Angst minimiert werden. Ein Beispiel dafür ist, sich zu bemühen, mit allem pünktlich zu sein oder die Dinge so zu organisieren, dass sie leicht zugänglich sind. Sie könnten die Gewohnheit entwickeln, sorgfältig zu planen, sodass Sie in der Lage sind, all Ihre Aufgaben zu erledigen. Sie könnten die Gewohnheit entwickeln, Treppen zu steigen, anstatt den Aufzug zu nehmen, um sich sportlich zu betätigen. Oder Sie könnten Ihre Kleidung am Vorabend zurechtlegen, um nicht in letzter Minute in Panik zu geraten, wenn Sie sich für ein Outfit entscheiden müssen. Vielleicht gewöhnen Sie sich daran, gesunde Snacks zuzubereiten, Ihr Mittagessen selbst zu kochen und in den Kühlschrank zu stellen, damit Sie es auf dem Weg nach draußen mitnehmen können.

Die Macht des richtigen Tees

Es gibt viele Menschen, die auf die beruhigenden und gesundheitsfördernden Kräfte einer guten Tasse des richtigen Tees schwören. Heiße Kräutergetränke werden seit Jahrhunderten verwendet, um den Körper und den Geist zu beruhigen.

Kamille

Viele Menschen empfinden eine Tasse Kamillentee als sehr entspannend und einige finden, dass dieser Tee guten Schlaf fördert. Wenn Sie sich ängstlich, überwältigt oder nervös fühlen, kann eine Tasse Kamillentee helfen, Sie zu beruhigen.

Kamille ist auch als Nahrungsergänzungsmittel erhältlich, das neben getrockneten Kamillenblüten auch Apigenin als Wirkstoff enthält. Eine Studie des medizinischen Zentrums der Universität von Pennsylvania ergab, dass Patienten mit einer generalisierten Angststörung nach achtwöchiger Einnahme von Nahrungsergänzungsmitteln, die Kamille enthalten, im Vergleich zu Patienten, denen ein Placebo verabreicht wurde, eine signifikante Abnahme der Angstsymptome aufwiesen (Perelman, o. J.).

Grüner Tee

Grüner Tee enthält Antioxidantien und eine Aminosäure namens L-Theanin. L-Theanin hilft nachweislich, den Anstieg der Herzfrequenz und des Blutdruckes zu mildern und einige Studien haben ergeben, dass es Angstzustände reduziert. In einer Studie erhielten Probanden mit Angstzuständen vor einem Test 200 Milligramm L-Theanin, und diejenigen, die es einnahmen, berichteten, dass sie während des Tests ruhiger und konzentrierter waren als diejenigen, die das L-Theanin nicht erhielten.

Obwohl L-Theanin in einer Tasse grünem Tee enthalten ist, müsste man zwischen fünf und 20 Tassen trinken, um die gleiche Menge L-Theanin zu erhalten, die in einem guten Nahrungsergänzungsmittel angeboten wird. Wenn Sie so viele Tassen grünen Tee trinken, kann jedoch die Wirkung des Koffeins einen nachteiligen Einfluss auf Ihren Körper haben.

Pflanzliche Nahrungsergänzungsmittel

Einige pflanzliche Nahrungsergänzungsmittel sind Beruhigungsmittel und haben auch andere gesundheitliche Vorteile, aber dies trifft nicht auf alle zu. Zum Beispiel kann L-Theanin, wie oben erwähnt, die Symptome von Angstzuständen verringern, aber es wird Sie nicht schläfrig machen. Andere pflanzliche Heilmittel haben eine Wirkung, die uns zur Ruhe kommen lassen und in vielen Fällen sogar beim Schlafen helfen können. Guter Schlaf hat viele positive gesundheitliche Vorteile, darunter die Minimierung von Angstsymptomen. Diese beruhigenden Kräuter sollten jedoch vorsichtig angewendet werden. Nehmen Sie sie zum Beispiel nicht ein, wenn Sie aufmerksam sein müssen, wie zum Beispiel beim Autofahren oder wenn Sie eine Maschine bedienen müssen. Barnett (2015) diskutiert eine Reihe von pflanzlichen Nahrungsergänzungsmitteln, die im Folgenden zusammengefasst werden.

Hopfen

Die meisten Menschen assoziieren Hopfen mit Bier. Die beruhigende Wirkung des Hopfens (Humulus lupulus) wird jedoch nicht nur durch das Trinken eines Bieres erzielt. Die eigentliche beruhigende Verbindung im Hopfen ist ein ätherisches Öl, weshalb er zu Extrakten und Tinkturen verarbeitet wird. Hopfen wird oft als Beruhigungsmittel und zur Förderung des Schlafes verwendet. „Er ist sehr bitter, sodass man ihn in Form eines Tees nicht oft sieht, es sei denn, er wird mit Kamille oder Minze kombiniert", sagt Mark Blumenthal (Barnett, 2015). Er wird manchmal auch in der Aromatherapie verwendet.

Hinweis: Nehmen Sie keine beruhigenden Kräuter ein, wenn Sie ein verschreibungspflichtiges Beruhigungsmittel oder Sedativum einnehmen. Besprechen Sie mit Ihrem Arzt alle Nahrungsergänzungsmittel, die Sie einnehmen.

Baldrian

Baldrian (Valeriana officinalis) ist ein Beruhigungsmittel, das zur Behandlung von Schlaflosigkeit eingesetzt wird. Aufgrund seiner überprüften Inhaltsstoffe ist es in Deutschland zur Behandlung von Schlafstörungen zugelassen.

Baldrian ist dafür bekannt, dass es einen stechenden, etwas unangenehmen Geruch hat, weshalb es oft als Kapsel oder Tinktur und nicht als Tee eingenommen wird. Baldrian wird oft mit anderen beruhigenden Kräutern, wie Hopfen, Kamille und Zitronenmelisse, kombiniert.

Zitronenmelisse

Zitronenmelisse (Melissa officinalis) wird seit dem Mittelalter verwendet, um den Schlaf zu fördern und die Symptome von Angstzuständen zu verringern. Eine Studie zeigte, dass bereits 600 mg Extrakte von der Zitronenmelisse eine beruhigende Wirkung haben.

Zitronenmelisse ist sehr einfach anzubauen, wird aber normalerweise als Tee, Kapsel oder Tinktur verkauft. Sie kann mit anderen Kräutern, wie Hopfen, Kamille und Baldrian, kombiniert werden. Zitronenmelisse sollte nur in Maßen verwendet werden, da einige Studien gezeigt haben, dass eine zu hohe Dosierung die Symptome von Angstzuständen verstärken können. Befolgen Sie immer die Anweisungen auf dem Produktetikett und beginnen Sie mit der kleinsten Dosis.

Passionsblume

Die Passionsblume ist ein natürliches pflanzliches Beruhigungsmittel, das in Deutschland zur Behandlung ängstlicher Unruhe zugelassen ist. Es wird auch zur Behandlung von Schlaflosigkeit und zur Verringerung von Angstsymptomen eingesetzt. Einige Menschen haben sie für sehr wirksam befunden. Verwenden Sie die Passionsblume mit Vorsicht, wie alle anderen Beruhigungsmittel auch.

Sie kann Schläfrigkeit verursachen. Nehmen Sie die Passionsblume oder andere beruhigende Kräuter also nicht ein, wenn Sie auch ein verschreibungspflichtiges Beruhigungsmittel einnehmen oder wachsam sein müssen.

Die Passionsblume wird nur für den kurzfristigen Gebrauch empfohlen. Nehmen Sie sie nicht länger als einen Monat am Stück ein und mischen Sie beruhigende Kräuter niemals ohne ärztlichen Rat.

Aromatherapie

Es gibt viele Möglichkeiten, die Aromatherapie zur Behandlung von Angstsymptomen einzusetzen. Einige der Düfte werden durch tiefes Einatmen aus einer kleinen Flasche, die ein Öl oder eine Tinktur enthält, verabreicht. Manchmal bietet die Verwendung einer Handlotion mit einem beruhigenden Duft eine Möglichkeit, ein regelmäßiges beruhigendes Ritual einer Aromatherapie einzuführen. Manche Menschen verwenden Potpourri oder Weihrauch. Außerdem gibt es heute viele Diffuser-Produkte auf dem Markt, die einen Duft in die Luft abgeben, der mit einem bestimmten Öl parfümiert ist.

Lavendel

Lavendel (Lavandula hybrida) wird seit vielen Jahrhunderten als beruhigender Duft verwendet. Der unverkennbare Duft des Lavendels kann uns an einen Ort der Stille und Ruhe bringen. Viele Menschen berichten, dass sie sich in einer mit Lavendelöl parfümierten Umgebung weniger ängstlich fühlen. Viele Menschen tragen Lavendel-Spray oder

Lavendel-Öl bei sich, um es regelmäßig, den ganzen Tag über, zu verwenden, wenn sie das Bedürfnis dazu verspüren.

Kiefer, Zeder und aromatische Hölzer

Ein Spaziergang im Wald kann durch den unglaublichen Geruch der Bäume und Pflanzen beruhigend wirken. Es ist möglich, diese Gefühle wieder hervorzurufen, indem man ein Produkt der Aromatherapie oder einen Raumduft verwendet, der dem Geruch eines Waldes mit immergrünen Nadelbäumen sehr ähnlich ist.

Zusammenfassung des Kapitels

In diesem Kapitel haben Sie die verschiedenen natürlichen Heilmittel kennengelernt, die zur Behandlung von Angstzuständen eingesetzt werden. Es gibt viele natürliche Wege, mit denen Sie die Symptome der Angst minimieren und sogar beseitigen können. Alle Naturheilmittel haben ihre Wurzeln in der Selbstpflege. Wenn wir es vernachlässigen, uns um die Grundbedürfnisse des Körpers zu kümmern, ist er nicht imstande, effektiv genug zu funktionieren, um großen Stressfaktoren standzuhalten. Zu den Hauptkategorien der Selbstfürsorge gehören Bewegung, richtige Ernährung und ausreichender Schlaf.

Einige Änderungen der Lebensweise und die Entwicklung guter Gewohnheiten können dazu beitragen, Stress abzubauen, indem sie die Quellen der Angst aus Ihrem Leben beseitigen. Sich Zeit für Bewegung zu nehmen, hat viele positive Auswirkungen, unter anderem ist es ein Ventil für nervöse Energie, verbessert das Hormongleichgewicht in unserem Körper und hält ihn gelenkig und fit. Die Vorbereitung auf den kommenden Tag durch die Zubereitung gesunder Mahlzeiten und Snacks, die verzehrfertig sind, ist ein wichtiger Bestandteil einer guten Ernährung. Außerdem ist es sehr wichtig, kluge Entscheidungen zu treffen, wenn man auswärts essen muss. Der Konsum gesunder Tees und die Stärkung der körpereigenen Fähigkeit zur Stressbewältigung durch die Einnahme von Nahrungsergänzungsmitteln, die Entspannung und guten Schlaf fördern, können eine Option für Sie sein. Eine weitere Option, die viele Menschen als wirksam und angenehm empfinden, ist die Aromatherapie.

Im nächsten Kapitel erfahren Sie, wie Sie durch Meditation Ruhe finden und Ängste abbauen können.

KAPITEL 9:

Wie man meditiert und Frieden findet

Meditation wird auf der ganzen Welt als Mittel zur Beruhigung von Geist und Körper und zur Erlangung eines Gefühles des inneren Friedens eingesetzt. Die Meditation wird von den Buddhisten seit Hunderten und vielleicht Tausenden von Jahren zu diesem Zweck eingesetzt. Die moderne Meditationspraxis hat ihre Wurzeln in Asien und Indien, wo sie weit verbreitet ist und sich im Laufe der Jahrhunderte zu einzigartigen kulturellen oder religiösen Merkmalen entwickelt hat. Trotz aller Unterschiede in Worten, Handlungen, Techniken oder Besonderheiten der Praxis haben alle Meditationen den gleichen grundlegenden Zweck. Dieser Zweck besteht darin, den Körper zu zentrieren, den Verstand zu klären und es dem Menschen zu ermöglichen, als eine Erweiterung des Universums zu existieren.

In der heutigen modernen Welt, in der Bibliotheken und das Internet zur Verfügung stehen, gibt es viele Möglichkeiten, Meditationstechniken zu erlernen. Es gibt einige grundlegende Praktiken und Überzeugungen, die den meisten Meditationsformen gemeinsam sind. Meditation erfordert, dass Sie Ihren Geist und Ihren Körper trainieren und es kann einige Zeit dauern, bis Sie sie beherrschen.

Der Leiter des neurowissenschaftlichen Labors der Universität von Wisconsin, Richard J. Davidson, Ph. D., erklärte gegenüber der *New York Times*, dass in der „buddhistischen Tradition das Wort *Meditation* in den USA einem Wort wie *Sport* entspricht. Es handelt sich um eine Reihe von Aktivitäten, nicht um eine einzige Sache" (Gaiam, o. J.).

Manche Menschen sind in der Lage, stundenlang zu meditieren. Wenn man beginnt, Meditation zu praktizieren, kann es äußerst schwierig sein, stundenlang zu sitzen, an nichts zu denken und einen klaren, leeren Verstand zu haben. Denken Sie daran, werten Sie sich nicht selbst ab! Seien Sie nicht zu hart mit sich selbst! Konzentrieren Sie sich auf Qualität und nicht auf Quantität. Bemühen Sie sich um wirklich gute, aber kurze Sitzungen, wenn Sie beginnen, und erhöhen Sie die Zeit allmählich, wenn Sie Ihren Geist und Körper besser kontrollieren können.

Wenn Sie die Natur genießen, hilft sie Ihnen vielleicht dabei, sich während einer Meditationssitzung zu zentrieren und zu konzentrieren, wenn Sie dies im Freien tun. Die Kraft der Natur kann faszinieren, beruhigen und ein Weg sein, sich von dem Stress zu befreien, unter dem Sie stehen. Wenn Sie während der Meditation die Klänge der Natur um sich herum hören, kann das Ihrer Sitzung einen positiven Ton verleihen. Wenn Sie keine Gelegenheit haben, sich im Freien inmitten der Natur aufzuhalten, können Sie während Ihrer Sitzung einen Natur-Soundtrack als Hintergrundmusik verwenden. Manche Menschen glauben, dass Meditation nur in der Stille gemacht werden kann, aber das stimmt nicht. Sie kann in einem lauten, überfüllten Raum, bei laufender Musik oder an beliebig vielen Orten mit beliebig vielen Hintergrund-„Soundtracks" durchgeführt werden. Der Grund dafür ist, dass es bei der Meditation um den Fokus geht. Man konzentriert sich gleichzeitig auf die Gesamtheit und auch auf die Details des Universums. Wenn Sie in der Lage sind, Ihren Geist zu klären, egal welche Ablenkungen um Sie herum vorhanden sind, können Sie großen Frieden und Trost erfahren.

Die vielen Vorzüge der Meditation

Auch wenn Entspannung nicht immer das Ziel der Meditation ist, so ist sie doch oft eines der positiven Ergebnisse. Nach der Durchführung von Forschungsarbeiten über Menschen, die in den 1970er Jahren transzendentale Meditation praktizierten, prägte Dr. Herbert Benson, Forscher an der medizinischen Einrichtung der Harvard Universität, den Ausdruck „Entspannungsreaktion". Er betrachtete sie als „eine entgegengesetzte, unwillkürliche Reaktion, die eine Verringerung der Aktivität des sympathischen Nervensystems bewirkt" (Gaiam, o. J.).

Das Praktizieren der Meditation hat folgende kurzfristige Vorteile auf das Nervensystem:

- Weniger Angstzustände
- Niedrigerer Blutdruck
- Niedrigere Cortisol-Werte im Blut
- Verbesserte Blutzirkulation
- Niedrigere Herzfrequenz
- Langsamere Atemfrequenz
- Größeres Wohlbefinden

In der buddhistischen Tradition der Meditation besteht der letztliche Nutzen in der Befreiung der Bindung des Geistes an Dinge, die er nicht kontrollieren kann. Dazu können äußere Reize, Situationen und Umstände, einschließlich starker Emotionen, gehören. Indem er sich von der Fixierung auf Wünsche oder Erfahrungen befreien kann, ist ein „erleuchteter" Praktizierender in der Lage, einen ruhigen Geist zu bewahren und ein tiefes Gefühl innerer Harmonie zu entwickeln.

Konzentrationsmeditation

Die Praxis der Konzentrationsmeditation erfordert, dass sich der Praktizierende auf ein einziges Objekt oder einen einzigen Gedanken konzentriert. Das kann bedeuten, sich auf den Atem zu konzentrieren, ein einzelnes Wort oder Mantra zu wiederholen, eine Kerzenflamme zu fokussieren, ein Bild oder einen Gegenstand anzuschauen, einem sich wiederholenden Gong zuzuhören oder Perlen auf einer Gebetskette (auch *Mala* genannt) zu zählen. Bei dieser Form der Meditation richten Sie, wann immer Ihr Geist unruhig ist, einfach Ihre Aufmerksamkeit wieder auf das bezeichnete Objekt. Anstatt zuzulassen, dass zufällige Gedanken Ihr volles Bewusstsein durchdringen, lassen Sie sie an Ihrem Geist vorbei und durch ihn hindurchgehen.

Denken Sie daran, dass es in Ordnung ist, immer nur mit ein paar Minuten am Stück zu beginnen. Mit der Übung wird es einfacher.

Achtsamkeitsmeditation

Die Achtsamkeitsmeditation unterscheidet sich ein wenig von der Konzentrationsmeditation. Sie ermutigt den Praktizierenden, alle Gedanken zu beobachten, während sie durch den Geist hindurchgehen. Diese Beobachtung soll nicht dazu führen, die Gedanken zu bewerten oder zu beurteilen, man soll sich nur jedes Gedankens bewusst sein, wenn er auftaucht

Mithilfe der Achtsamkeitsmeditation können Sie Muster in Ihren Gedanken wahrnehmen, wenn Sie ängstlich oder ruhig sind. Das Finden von Stille, in dieser Beobachtung ohne Beurteilung, kann Ihren Gedanken und Emotionen einen Ort geben, an dem sie aus Ihrem ängstlichen Verstand heraus und hinaus ins Universum wandern können, wo Sie nicht mehr von ihnen beeinflusst werden können. Mit etwas Übung werden Sie vielleicht feststellen, dass es Ihnen hilft, ein Gefühl des inneren Friedens zu finden.

Teresa M. Edenfield, eine klinische Psychologin am *Veterans Administration Medical Center* in Durham, USA, verwendet die Achtsamkeitsmeditation häufig zur Behandlung von Patienten, die unter Angstzuständen leiden. „Der Zustand des achtsamen Bewusstseins erlaubt es einem, die wahre Essenz eines jeden Augenblickes so zu erfahren, wie er sich wirklich ereignet, und nicht so, wie er erwartet oder gefürchtet wird", sagt sie (Barnett, 2019).

Wie beginnt man mit der Praxis der achtsamen Meditation? Man beginnt einfach damit, „dem gegenwärtigen Moment Aufmerksamkeit zu schenken, absichtlich, mit Neugierde und mit dem Bestreben, nicht zu urteilen", sagt Edenfield.

Andere Meditationstechniken

Wie bereits erwähnt, gibt es verschiedene andere Meditationstechniken, die auf der ganzen Welt verwendet werden, und es gibt keine einzige Form, die richtig oder falsch ist. Finden Sie die Praxis, die für Sie am besten funktioniert. Manche Menschen verwenden entweder Konzentrations- oder Achtsamkeitsmeditation. Einige Praktizierende verwenden eine Kombination von Meditationstechniken. Die meisten Disziplinen erfordern Stille, aber es gibt auch Formen der Bewegungsmeditation, wie Tai Chi, Qi Gong und die Gehmeditation.

Einfache Meditation für Anfänger

Es gibt viele Traditionen der Meditation. Als Anfänger kann es helfen, einen einfachen Leitfaden zu haben, der grundlegende Prinzipien und Praktiken der Meditation beinhaltet. Diese Meditationsübung besteht aus sechs Schritten und ist eine ausgezeichnete Einführung in die Meditationstechniken.

Schritt 1: Bequem sitzen

Setzen Sie sich in eine bequeme Position. Möglicherweise müssen Sie einige Positionen ausprobieren, bevor Sie jene finden, in der Sie über einen längeren Zeitraum sitzen können. Wenn Sie auf dem Boden sitzen, ist es „traditionell", im Schneidersitz zu sitzen, d. h. das rechte Bein befindet sich über dem linken, die rechte Hand über der linken Hand und die Handflächen zeigen nach oben, wobei der rechte Zeigefinger sanft den linken Daumen berührt. Alternativ können Sie beide Hände bequem auf den Schoß legen. In allen Fällen sollten Sie den Kopf aufgerichtet und den Rücken gerade halten. Diese Sitzhaltung wird als *Haltung des Friedens* oder als *Meditationshaltung* bezeichnet.

Wenn Sie sich in dieser Position unwohl fühlen, können Sie sich auf einen Stuhl oder ein Sofa setzen. Variieren Sie Ihre Position so lange, bis Sie sich vollkommen wohl fühlen. Achten Sie darauf, dass Sie sich in einer Position befinden, die Ihre Blutzirkulation nicht einschränkt.

Für diejenigen, die nicht in der Lage sind, sich bequem aufzusetzen, ist es auch möglich, im Liegen zu meditieren. Tatsächlich können Sie in jeder Position meditieren, sogar im Stehen.

Schließen Sie sanft Ihre Augen. Drücken Sie sie nicht zu fest zusammen. Lassen Sie einfach Ihre Augenlider in eine bequeme Ruheposition fallen. Setzen Sie ein sanftes Lächeln auf Ihr Gesicht.

Schritt 2: Tief einatmen und wieder tief ausatmen

Als nächstes atmen Sie tief ein. Halten Sie den Atem für zwei oder drei Sekunden an und atmen Sie dann vollständig aus. Wiederholen Sie das Ein- und Ausatmen bis zu zehn Mal. Atmen Sie tief ein, bis Sie spüren, wie die Luft durch Ihre Lungen strömt und die Mitte Ihres Unterleibes erreicht. Stellen Sie sich vor, dass jede Zelle in Ihrem Körper das Gefühl von Glück und Fröhlichkeit vollständig aufnimmt. Beobachten Sie, wie sich Ihr Körper fühlt, wenn er Luft aufnimmt und wieder abgibt. Manche Menschen atmen langsam durch Ihre Nasenlöcher aus, andere atmen durch den Mund aus, ohne dass sich dies nachteilig auf ihre positive Erfahrung auswirkt. Wenn Sie ausatmen, stoßen Sie bewusst all Ihre Sorgen, all Ihren Stress, alle Anspannung und alle negativen Gefühle aus. Vergessen Sie nicht, was wir zuvor über tiefes Atmen gelernt haben und wenden Sie es an, wenn Sie meditieren.

Schritt 3: Bringen Sie Körper und Geist an einen Ort der Stille

Nehmen Sie sich die Zeit, all Ihre Sorgen und Ängste einfach loszulassen. Dies ist weder die Zeit noch der Ort, ihnen Platz in Ihrem Bewusstsein zu geben. Dies ist die Zeit, um aufzuhören, über die Verantwortlichkeiten der Arbeit, über persönliche Verpflichtungen gegenüber der Familie oder Freunden oder darüber nachzudenken, was Sie sonst noch beunruhigt. Lassen Sie Ihren Geist entspannt und sorgenfrei sein.

Atmen Sie weiterhin tief, vollständig und regelmäßig, sodass Sie sich natürlich und bequem fühlen. Als Nächstes sollten Sie bewusst jeden Muskel in Ihrem Körper entspannen. Beginnen Sie oben am Kopf und gehen Sie bis zu den Zehen hinunter.

Wenn Sie völlig entspannt sind, versuchen Sie, diesen Zustand so lange wie möglich beizubehalten. Wenn Ihr Körper völlig entspannt ist, kann er die Empfindungen von Leichtigkeit, Freude und anderer positiver Energie, die in unserem Körper vorhanden sind oder die wir erfahren können, leichter akzeptieren.

Leeren Sie Ihren Geist und stellen Sie sich vor, Sie sitzen alleine auf einem großen offenen Feld. Dieser Raum ist friedlich und Sie verspüren keinerlei Verpflichtungen oder Probleme. Dann stellen Sie sich vor, dass Ihr Körper leer und hohl ist. Erlauben Sie Ihrem Körper, sich immer leichter und leichter zu fühlen, als würde er schwerelos werden, allmählich dahinschmelzen und eins mit der Natur werden. Was übrig bleibt, ist Ihr Bewusstsein, ein Gefühl der Einheit mit der Gesamtheit des Universums und der positiven Energie darin.

Schritt 4: Akzeptieren Sie dieses Gefühl des Friedens und der Ruhe und weiten Sie es aus

Als Nächstes konzentrieren Sie sich auf die Körpermitte, die sich etwa zwei Finger breit oberhalb des Bauchnabels befindet. Konzentrieren Sie sich einfach mit anhaltender Aufmerksamkeit auf diesen Bereich Ihres Körpers - wie eine Feder, die vom Himmel fällt, um auf einer ruhigen Oberfläche eines Sees zu ruhen.

Stellen Sie sich vor, wie weich und leicht die Feder ist, wenn sie die Wasseroberfläche berührt. Stellen Sie sich vor, wie weich und leicht Sie sich fühlen würden, wenn Sie diese Feder wären. Halten Sie das Gefühl der Entspannung fest und konzentrieren Sie Ihren Geist auf die Mitte Ihres Körpers. Sobald Sie Ihren Körper zentriert haben, beginnen Sie langsam und sanft, sich ein neutrales Objekt vorzustellen, auf das sich Ihr Geist konzentrieren kann, damit er nicht wandert. Der Mond, die Sonne, die Flamme einer Kerze oder die Wellen an einem Sandstrand sind eine gute Wahl. Aber ganz egal, welches Objekt sie sich vorstellen - jedes Objekt, das Ihnen das Gefühl von Ruhe, Frieden und Zufriedenheit vermittelt, wird funktionieren.

Entspannen Sie sich und stellen Sie sich einfach das Objekt vor, das in der Mitte Ihres friedlich ruhenden Körpers verweilt. Es spielt keine Rolle, ob Sie es sich deutlich vorstellen können oder nicht. Denken Sie ständig an das von Ihnen gewählte Objekt und lassen Sie Ihre Gedanken nicht abschweifen.

Eine andere Möglichkeit, den Geist zu fokussieren, ist das Rezitieren eines kurzen, beruhigenden Satzes. Dies nennt man ein Mantra. Sprechen Sie die gewählte Phrase sanft in Ihrem Geist und lassen Sie die Worte in der Mitte des Gegenstandes, den Sie sich vorstellen, also in der Mitte Ihres Körpers, mitschwingen. Konzentrieren Sie sich auf das Objekt und den Satz, bis Ihr Geist still ist.

Schritt 5: Widerstehen Sie äußeren Gedanken

Wenn Ihr Geist völlig still ist, möchten Sie vielleicht einfach nur still sein, ohne dass Ihr Geist an etwas denkt oder Ihr Mantra rezitiert. Sobald Sie die Stille erreicht haben, ist es in Ordnung, dies zu tun. Wenn Sie Ihr Gefühl der meditativen Ruhe verlieren, gehen Sie einfach einen Schritt zurück und setzen Sie das beruhigende Bild und das Mantra erneut ein, bis Sie das Gefühl der Ruhe und des Friedens in Ihrem Körper wieder spüren.

Tun Sie nichts, was darüber hinausgeht. Lassen Sie Ihren Geist neutral gegenüber den Gedanken sein, die versuchen, in Ihr sorgfältig konstruiertes Gefühl der Ruhe einzudringen. Beobachten Sie alle neuen Gedanken mit einem ruhigen Geist. Denken Sie daran, sich zu entspannen und die Gedanken ohne Beurteilung vorbeiziehen zu lassen. Beobachten Sie einfach weiter und denken Sie an nichts Bestimmtes.

Wenn Sie dies richtig tun, wird die Meditation leicht und bequem. Bald werden Sie in der Lage sein, mühelos in diesen Zustand zu gelangen. Ihr Geist wird in einen Zustand der Klarheit, Ruhe und Zufriedenheit eintreten und Ihnen die Gelegenheit geben, wahres inneres Wissen durch Ihre Psyche zu erlangen.

Schritt 6: Senden Sie Ihre positive Energie in die Welt hinaus

Positive Energie mit anderen zu teilen, verbreitet Freude und Mitgefühl in der ganzen Welt. Wir befinden uns aber nicht immer in einem emotionalen oder physischen Zustand, um dies anderen bieten zu können. Nach der Meditation jedoch befinden sich unser Geist und unser Körper in einem Zustand der Positivität, den man teilen sollte.

Zu den Vorteilen des Teilens von Freundlichkeit und anderen Formen positiver Energie gehört es, ein glückliches Gefühl von uns selbst auf andere auszustrahlen und es zu uns zurück reflektieren zu lassen. Wir können positive Energie, wie Liebe und Freundlichkeit, mit der Welt teilen, indem wir Folgendes tun:

Bevor Sie Ihre Meditationssitzung beenden, wenn Ihr Geist friedvoll und ruhig ist, werden Sie vielleicht von Glücksgefühlen erfüllt sein. Konzentrieren Sie Ihren Geist auf das Zentrum Ihres Körpers, wo Sie wahre Liebe und gute Wünsche empfinden. Stellen Sie sich dann vor, diese guten Gefühle zu einer hellen Kugel zu verdichten. Stellen Sie sich vor, diese Sphäre oder dieser „Liebesball" dehnt sich mühelos in alle Richtungen aus, von Ihrem Körper weg, und stellen Sie sich dann vor, dass sie auf Ihrem Weg jeden berührt, während sie sich ausdehnt.

Zusammenfassung des Kapitels

Sie haben nun eine bessere Vorstellung darüber, wie Sie mit der altbewährten Meditationspraxis beginnen können. Benutzen Sie sie, um Ruhe und Frieden in Ihren Geist und Körper zu bringen. Meditation hat sich über Jahrhunderte hinweg als wirksames Mittel zur Bewältigung von Ängsten und Stress erwiesen. Das Erreichen von Stille und einem klaren Geist befreit uns von den negativen Auswirkungen unserer Ängste. Darüber hinaus kann Meditation erhebliche positive Auswirkungen auf die Gesundheit haben, darunter die Senkung des Blutdruckes und die Verbesserung der Blutzirkulation.

Wenn Sie sich auf die Meditation vorbereiten, gibt es einige Dinge, die vorab hilfreich sein können. Zum Beispiel:

1. Wählen Sie einen bequemen und ruhigen Platz zum Sitzen.
2. Wählen Sie den Gegenstand, den Sie als Objekt für Ihren Fokus verwenden werden.
3. Wählen Sie einen Satz oder ein Mantra, das Sie sich selbst wiederholt vortragen, z. B. „Klar und hell" oder „Schöne Welt".

Zusammenfassung der Schritte zur erfolgreichen Meditation

1. Nehmen Sie die meditative Haltung ein und sitzen Sie bequem mit ruhenden Händen.
2. Entspannen Sie Ihren Körper und dann Ihren Geist.
3. Nehmen Sie einen zentralen Bereich Ihres Körpers wahr und konzentrieren Sie sich darauf. Dann stellen Sie sich vor, dass Ihr Objekt, auf welches Sie sich fokussiert haben, sanft dort ruht.
4. Bringen Sie Ihren Körper und Ihren Geist zu einem Punkt der Ruhe, Stille und des Friedens. Denken Sie an nichts. Wenn Ihr Geist abgelenkt wird, sprechen Sie Ihr Mantra oder stellen Sie sich Ihr Objekt vor, welches Sie fokussiert haben.
5. Bevor Sie aufstehen, bemühen Sie sich bewusst darum, Ihre positive Energie von sich selbst auf die ganze Welt auszubreiten.
6. Stehen Sie vorsichtig und langsam auf. Atmen Sie tief ein und setzen Sie Ihren Tag fort.

Jetzt, da Sie wissen, wie man meditiert, werden Sie alle Vorteile erfahren können, die dies für Ihr Leben bringen kann. Nutzen Sie sie, um sich zu beruhigen und Ihren Geist zu klären. Sie werden feststellen, dass die Ruhe, die Sie während der Meditation erlangen, auf Ihr gesamtes Leben überspringt.

Im nächsten Kapitel erfahren Sie mehr darüber, wie Sie sich an einen Therapeuten oder eine andere psychosoziale Fachkraft wenden können.

KAPITEL 10:

Tipps, wenn Sie eine Therapie in Anspruch nehmen möchten

In diesem Buch haben wir uns auf Dinge konzentriert, die Sie aktiv tun können, um Ihren persönlichen Kampf gegen die Angst anzugehen. Wie Sie erfahren haben, kann sich Angst in Nervosität, Selbstzweifel, Sorgen und übermäßigem Nachdenken ausdrücken und negative Begleiterscheinungen beinhalten, darunter Übelkeit, Schweißausbrüche und Panikattacken. Wenn Sie Ihre Auslöser und die zugrundeliegende Ursache Ihrer Angst verstehen, kann es möglich sein, in ihre Muster einzugreifen, Ihre Symptome zu reduzieren und Freude, Frieden und Ruhe zu finden.

Wenn die überwältigenden und immer wiederkehrenden Symptome der Angst einen signifikant negativen Einfluss auf Ihr Leben haben, ist es an der Zeit, Hilfe von außen zu suchen. In Kapitel 1 haben Sie unter anderem etwas über Angststörungen, wie posttraumatische Belastungsstörungen, soziale Angststörungen und generalisierte Angststörungen, gelernt. Manchmal gelingt es uns nicht, unsere Symptome und Grunderkrankungen alleine zu bewältigen, und jene Ergebnisse zu erzielen, die wir uns wünschen. Wenn dies geschieht oder wenn Sie sich in einem Zustand erdrückender Verzweiflung befinden und nicht imstande sind, die negativen Auswirkungen von Angstzuständen auf Ihre geistige und körperliche Gesundheit zu bewältigen, ist es an der Zeit, zusätzliche professionelle Hilfe bei der Bewältigung Ihrer Erkrankung in Anspruch zu nehmen.

Fühlen Sie sich nicht schlecht und kritisieren Sie sich nicht selbst, weil Sie Hilfe brauchen. Es ist ein Zeichen von emotionaler Reife, zu erkennen, dass man eine Therapie benötigt, diese zu suchen und durchzuführen. Professionelle Therapeuten können eine Reihe von

Hilfsmitteln einsetzen, um Sie zu unterstützen. Es gibt viele Therapieformen, aber am häufigsten wird Ihnen eine Gesprächstherapie, eine medikamentöse Behandlung oder beides angeboten.

Wie drückt sich Ihre Angst aus?

Für jeden Angstpatienten ist es wichtig, den Prozess zu verstehen, der bei der Diagnose eines psychischen Krankheitszustandes abläuft. Die zugrundeliegenden Ursachen Ihrer Erkrankung sind möglicherweise einzigartig für Sie, und Sie können verstehen oder auch nicht, was Ihre Angst auslöst.

Menschen zeigen ihre Ängste auf verschiedene Art und Weise. Manche Menschen werden extrem gesprächig, aber man versteht sie nicht wirklich. Vielleicht sind sie auf bestimmte Dinge fixiert. Andere Menschen ziehen sich zurück und isolieren sich. Sogar Personen, die normalerweise kontaktfreudig erscheinen, können ängstlich werden und sich zurückziehen. Allzu oft wird die Angst einer Person durch aufdringliche und zwanghafte Gedanken verursacht. Daher kann sich diese Person oft verwirrt fühlen oder es als schwierig empfinden, sich zu konzentrieren. Manche Menschen können sich unruhig fühlen und viel nervöse Energie haben, während andere sich regelmäßig krank und depressiv fühlen. All dies sind wichtige körperliche Anzeichen für Angstzustände. Andere körperliche Angstsymptome können sich durch angespannte Muskeln und Bluthochdruck ausdrücken. Auch Zittern und Schweißausbrüche können häufig auftreten. Zudem können Angstzustände Verdauungsprobleme, Atembeschwerden, Herzrasen, Schlaflosigkeit oder Schwindel verursachen.

Wenn Sie sich über Ihre Symptome Sorgen machen, Sie Ihre Angst mit den Hilfsmitteln dieses Buches nicht reduzieren können oder wenn Sie bis zur Verzweiflung überfordert sind, sollten Sie einen Arzt aufsuchen. Arbeiten Sie mit einer Fachperson zusammen, um einen Behandlungsplan für Ihre Angstzustände zu entwickeln. Sobald Sie sich für eine Therapie entschieden haben, müssen Sie eine psychosoziale Fachkraft finden, mit ihr zusammenarbeiten und das Bestmögliche daraus machen.

Tipps zur Zusammenarbeit mit einem Therapeuten

Die Überlegung, eine Therapie in Anspruch zu nehmen, mag Unsicherheit auslösen. Was werden Sie mit dem Therapeuten besprechen? Sind Sie fähig, ehrlich zu sein? Ist es möglich, zu wissen, ob Sie Fortschritte machen? Bevor Sie Ihre Entscheidung treffen, müssen Sie sich über Ihre Absicht, Hilfe zu suchen, im Klaren und auch offen dafür sein, sie anzunehmen. Nehmen Sie sich etwas Zeit, um Ihre Gefühle und Überzeugungen gegenüber eines Therapeuten zu analysieren. Wenn Sie den Glauben haben, dass „ein Seelenklempner nur über einen Haufen emotionaler Dinge redet, was mir ohnehin nicht helfen wird", dann werden Sie wahrscheinlich nicht offen genug sein, um die Hilfe anzunehmen, die Ihnen angeboten wird. Wenn Sie Schwierigkeiten haben, mit anderen Menschen zu interagieren, ist eine Gruppentherapie für Sie möglicherweise nicht effektiv. Es könnte sein, dass Sie eine intensive Einzelberatung benötigen oder wünschen. Möglicherweise denken Sie über Medikamente nach oder benötigen diese, um Ihre Symptome wirksam zu behandeln. Vielleicht benötigen Sie sowohl Medikamente zur Bewältigung Ihrer Symptome als auch eine Gesprächstherapie, die Ihnen hilft, die zugrundeliegende Ursache Ihrer Angst und die Auslöser Ihrer negativen Reaktionen zu verstehen.

Wählen Sie sorgfältig aus

Wenn Sie sich entschieden haben, professionelle Hilfe zu suchen, stehen Sie nun vor der Herausforderung, einen Praktiker zu finden, mit dem Sie zusammenarbeiten können. In einigen Fällen, wie z. B. bei verschreibungspflichtigen Therapeuten, werden Sie möglicherweise an den einzigen in Ihrer Gegend überwiesen oder an den einzigen, der derzeit neue Patienten annimmt. Arbeiten Sie mit demjenigen zusammen, an den Sie überwiesen werden und versuchen Sie, das Beste aus dieser Erfahrung zu machen. Stellen Sie Fragen über deren Tätigkeits- und Fachgebiete und darüber, wie sie typischerweise mit Fällen umgehen, die Ihrem gleichen. Scheuen Sie sich nicht davor, eine zweite Meinung einzuholen, aber scheuen Sie sich auch nicht, ihren Rat und die Medikamente, die sie Ihnen verschreiben, anzunehmen. Machen Sie jedoch

Ihre Nachforschungen und stellen Sie sicher, dass Sie mit dem, was Sie über die von ihnen verschriebenen Medikamente erfahren, zufrieden sind und dass Sie sich bei der Arbeit mit dem Therapeuten sicher fühlen. Schauen Sie, ob es irgendeine Art von Rückmeldung über die jeweilige Praxis gibt. Denken Sie daran, dass sich ein Psychiater in der Regel auf die Verschreibung von Medikamenten konzentriert und möglicherweise überhaupt keine Formen der therapeutischen Gesprächstherapie praktiziert.

Wenn Sie mit einem Psychologen zusammenarbeiten möchten, haben Sie wahrscheinlich eine größere Auswahl. Es kann sein, dass Sie eine Überweisung bekommen oder dass Sie selbst einen Arzt suchen und auswählen müssen. Es ist wichtig, dass Sie einen Psychologen haben, bei dem Sie sich sicher fühlen und dem Sie vertrauen. Sie werden ihm Ihre persönlichsten Geheimnisse verraten und müssen das Gefühl haben, dass er auf Ihrer Seite steht. Wählen Sie einen Therapeuten sorgfältig aus. Scheuen Sie sich nicht, mit ihm oder ihr zu telefonieren und fragen Sie ihn oder sie nach seinen oder ihren Erfahrungen mit der Beratung von Angstpatienten. Fragen Sie, welche Art von Methoden sie anwenden oder welche Art von Praxis sie haben. Sind sie zum Beispiel Anhänger der Freud'schen Methoden oder praktizieren sie moderne Techniken, wie die kognitive Verhaltenstherapie, die Klopftherapie oder die Kunsttherapie? Arbeiten sie typischerweise mit Menschen, die ähnliche Trauma-Arten durchgemacht haben, wie Sie? Befinden sie sich an einem Ort, den Sie bequem erreichen können? Haben sie Bürozeiten, die sich mit Ihrem Zeitplan vereinbaren lassen? Gibt es dort Gebühren, die Sie sich leisten können? Wenn Sie sich nach Ihren ersten Erkundigungen mit dem, was sie Ihnen anbieten können, einigermaßen wohlfühlen, sollten Sie in Erwägung ziehen, an drei Therapiesitzungen teilzunehmen, um zu sehen, wie Sie sich dabei fühlen. Möglicherweise brauchen Sie viele Sitzungen, um große Fortschritte zu erzielen, aber vielleicht stellen Sie auch fest, dass Sie sich in sehr kurzer Zeit sprunghaft verbessern. Jeder hat eine einzigartige und persönliche Erfahrung mit der Therapie und sie soll auf Ihre spezifische Situation zugeschnitten sein. Da der Therapeut wahrscheinlich mit vielen anderen Menschen zusammengearbeitet hat, die ebenfalls unter Angstzuständen leiden, kann er Ihnen natürlich viele nützliche Einsichten über Ihre Erkrankung geben und praktikable Möglichkeiten anbieten, sowohl kurz- als auch langfristig damit umzugehen und zurechtzukommen.

Planen Sie Ihre Sitzungen zu dem Zeitpunkt, der für Sie günstig ist

Suchen Sie sich für Ihre Therapie keinen Zeitpunkt aus, der Ihnen zusätzlichen Stress bereitet. Planen Sie Ihre Termine so, dass Sie in der Lage sind, ihnen Ihre volle Aufmerksamkeit zu widmen. Insbesondere sollten Sie es vollkommen vermeiden, Ihre Sitzungen zu planen, wenn Sie eigentlich arbeiten müssten oder wenn Sie wissen, dass Sie unter Zeitdruck stehen werden. Wenn Sie morgens nicht sehr kommunikativ sind und tagsüber viele Verpflichtungen haben, kann eine Sitzung, die mittags stattfindet, mehr schaden als nützen. Das liegt daran, dass diese Sitzungen emotional sehr intensiv sein können und Sie möglicherweise einfach nach Hause gehen und über Ihre Sitzung nachdenken möchten, nachdem Sie fertig sind. Wenn Sie durch all die Dinge, die Sie nach der Sitzung noch zu erledigen haben, abgelenkt sind, könnten Sie sich zu sehr auf diese konzentrieren, anstatt alle Erkenntnisse der Sitzung aufzunehmen. Andererseits kann der Therapeut Ihnen vielleicht kurzfristig nützliche Hilfsmittel geben, die Ihnen helfen, die Ängste dieses bestimmten Tages zu überwinden. In diesen Fällen konzentrieren Sie sich möglicherweise nicht auf die allgemeinen Ursachen Ihres Stresses, sondern auf Bewältigungsstrategien.

Wann immer es Ihnen möglich ist, sollten Sie in Erwägung ziehen, sich selbst Zeit und persönlichen Raum zu geben, um Ihre Therapie zu verarbeiten und zu reflektieren.

Lassen Sie während der Therapie alles heraus

Die meisten Menschen beginnen eine psychologische Therapie (Gesprächstherapie), indem sie sich selbst zensieren. Es ist schwierig, Verletzlichkeit zu zeigen und wir wollen vielleicht nicht verurteilt werden. Vielleicht schämen wir uns oder wir sind verärgert darüber, was wir durchgemacht haben. Vielleicht haben wir Angst davor, unsere Erlebnisse noch einmal in vollem Umfang zu erleben. Seien Sie versichert, dass die Therapie ein sicherer Ort sein wird. Es ist ein Ort, um über Dinge zu sprechen, die Sie vielleicht noch nie jemandem erzählt haben. Es ist ein sicherer Ort, um zu weinen. Es ist ein sicherer Ort, um Fragen über sich selbst zu stellen und darüber, warum Sie so sind, wie Sie sind.

Experten auf diesem Gebiet ermutigen Ihre Patienten, zu sagen, was sie wollen und kein Urteil zu fürchten. Die Rolle des Psychologen besteht darin, zuzuhören, ohne zu urteilen und Ihnen zu helfen, mit Ihren Gefühlen zurechtzukommen. Psychologen geben Ihnen Hilfsmittel, mit denen Sie Ihr Leben verbessern können. Auf diese Weise werden Sie jedes Mal Fortschritte machen, wenn Sie zur Therapie gehen.

Das Beste aus der Therapie herauszuholen, bedeutet nicht, dass Sie sich von Ihrer besten Seite zeigen oder nur über bestimmte Dinge sprechen sollen. Um das Beste aus der Therapie herauszuholen, müssen Sie authentisch sein. Sie müssen glauben, dass es ein positives Ergebnis geben wird, wenn Sie über die Dinge sprechen, die Ihnen passiert sind oder die Ihr Leben wesentlich beeinflusst haben. Sie müssen glauben, dass der Therapeut Möglichkeiten hat, Ihnen zu helfen, oder dass allein das Loslassen aller Emotionen an sich schon hilft. Auf diese Weise kann Ihr Therapeut effektiver an Lösungen arbeiten, die Ihnen helfen werden, sich zu erholen.

Gehen Sie planmäßig vor

Das erste, was Sie bei der Buchung einer Sitzung tun sollten, ist, mit der Empfangsdame oder einem Verwaltungsangestellten zu klären, wie die Zahlung abgewickelt wird. Treffen Sie Vorkehrungen, damit Sie nicht auf dem Weg nach draußen bezahlen müssen, wenn Sie möglicherweise in Eile sind oder sich in einem verletzlichen emotionalen Zustand befinden.

Als Nächstes sollten Sie eine Liste der Probleme erstellen, mit denen Sie aktuell konfrontiert sind. Erinnern Sie sich daran, dass Sie eine Liste all der Dinge erstellt haben, die Ihnen Angst machen oder ängstliche Verhaltensweisen, wie Nervosität, aufdringliche Gedanken und Panik, hervorrufen? Wenn Sie es vorher nicht getan haben, machen Sie diese Liste jetzt. Wenn Sie die Liste erstellt haben, bringen Sie sie mit, wenn Sie zum Therapeuten gehen, um diese mit ihm zu besprechen. Sie tun Ihnen beiden damit einen großen Gefallen und erhöhen die Effizienz Ihres Behandlungsprozesses, da Sie keine Zeit damit verschwenden werden, gemeinsam herauszufinden, was Ihre Probleme sind. Eine gute Vorstellung davon zu haben, welche Symptome Sie haben und wie sich Ihre Angst manifestiert, gibt dem Therapeuten „etwas Handfestes, um weiterzumachen". Das kann dazu führen, dass der Therapeut Ihnen Fragen zu den Einzelheiten eines Ereignisses stellt oder dazu, wie Sie sich dabei gefühlt haben. Möglicherweise werden Sie gebeten, unangenehme Informationen über Ihre Erfahrungen preiszugeben. All dies ist ein Versuch zu verstehen, was die zugrundeliegenden Ursachen und Auslöser Ihrer Angst sind. Manchmal sind wir vielleicht wütend oder verärgert über unseren Therapeuten, weil er uns an einen emotional verletzlichen Ort gedrängt hat. Vielleicht haben Sie das Gefühl, dass es Ihnen nicht hilft, weil Sie keine unmittelbare Linderung Ihrer Symptome sehen oder fühlen. Scheuen Sie sich nicht, es Ihrem Therapeuten zu sagen. Therapeuten sind an diese Reaktionen gewöhnt, können Ihnen den Prozess erklären, Sie zudem vielleicht sogar auf einige Verbesserungen hinweisen, die sie an Ihnen festgestellt haben und die Sie vielleicht selbst nicht bemerkt haben. Vielleicht haben Sie eine Frage zu dem, was Sie in der letzten Sitzung besprochen haben. Dies ist sowohl für Sie als auch für den Therapeuten besonders wertvoll, weil es bedeutet, dass Sie sich außerhalb der Sitzungen Gedanken über Ihre Therapie gemacht haben. Scheuen Sie sich nicht, Ihren Therapeuten zu bitten, etwas noch einmal zu erklären oder Ihnen Perspektiven zu dem zu geben, worüber Sie vielleicht nachgedacht oder was Sie nicht verstanden haben. Bringen Sie Ihre Bedenken oder Fragen zu Beginn der nächsten Sitzung vor. Auf diese Weise werden Sie Zeit haben, die Themen systematisch zu bearbeiten. In vielen Fällen wird dies das Verhältnis zwischen Ihnen stärken, da es zeigt, dass Sie sich aktiv an Ihrer Therapie beteiligen. Manchmal braucht eine Therapie Zeit, bis man alles durchgearbeitet hat. Es ist aber eine Arbeit, die sich lohnt und am Ende werden Sie viele Vorteile daraus ziehen.

Bleiben Sie beim Thema

Es ist entscheidend, sich selbst Grenzen zu setzen und sich während der Therapie an die wichtigen Themen zu halten. Es mag schwierig sein, „gleich zur Sache zu kommen", aber das ist es, wofür Sie bezahlen. Widerstehen Sie dem Drang, zu viel Smalltalk zu führen oder einfach nur die Ereignisse in Ihrem Leben seit dem letzten Termin durchzugehen. Machen Sie sich gleich an die Arbeit, nachdem Sie sich begrüßt und es sich bequem gemacht haben. Sprechen Sie darüber, was Sie seit dem letzten Termin beunruhigt hat. Was hat den Angstzustand ausgelöst und wie haben Sie sich gefühlt? Haben Sie es besser verkraftet als beim letzten Mal? Worüber haben Sie seit Ihrem letzten Termin nachgedacht? Wenn Sie sich nicht sicher sind, was Sie sagen sollen, lassen Sie sich vom Therapeuten Fragen stellen und beantworten Sie diese ehrlich. Wenn die Fragen Sie verärgern, weil sie Sie an Dinge denken lassen, die Sie an ein vergangenes Trauma erinnern, ist das in Ordnung. Sie sind da, um all Ihre Probleme herauszukristallisieren und dem Therapeuten dabei zu helfen, sie zu klären.

Betrachten Sie Therapie als Zusammenarbeit

Ich bin mir sicher, dass Ihnen jetzt klar geworden ist, dass eine Therapie ein interaktiver Prozess ist. Sie erfordert von Ihnen, dass Sie Ihre Erinnerungen und Gefühle ehrlich mit jemandem teilen, den Sie vor Beginn der Therapie vielleicht überhaupt nicht kannten. Sie müssen sich darauf verlassen können, dass Ihnen Ihr Therapeut hilft. Der Therapeut muss sich darauf verlassen können, dass Sie zu Ihrem Termin kommen und sich auf sinnvolle Weise beteiligen, damit er Ihnen helfen kann. Diese Zusammenarbeit ist ein Geben und ein Nehmen, das Ihnen große Kraft geben kann. Wenn diese Zusammenarbeit erfolgreich ist, wird sie Ihnen das Vertrauen und die Hilfsmittel geben, die Sie brauchen, um die Quellen Ihrer Angst anzugehen und Veränderungen in Ihrem Leben vorzunehmen, die es Ihnen ermöglichen, die Symptome Ihrer Erkrankung zu bewältigen. Drücken Sie sich und Ihre Bedürfnisse aus. Stellen Sie Fragen und lesen Sie zusätzliche Bücher oder Artikel, die Ihr Verständnis für Ihre Erkrankung fördern können.

Zusammenfassung des Kapitels

Wenn wir Angst haben, sind wir in der Lage, unsere Symptome selbst zu kontrollieren, indem wir unter anderem hilfreiche Techniken, wie Ablenkung, positive Selbstgespräche und Meditation, anwenden. Leider sind wir jedoch manchmal nicht dazu imstande, die Stressfaktoren in unserem Leben vollständig zu bewältigen und wir brauchen professionelle Hilfe, um unsere Probleme zu verstehen und wirksame Bewältigungsmechanismen zu entwickeln. Wenn Sie merken, dass Sie unter erdrückenden Angstzuständen leiden, sollten Sie einen Therapeuten aufsuchen.

Ein Psychiater und ein Psychologe sind unterschiedliche Therapeuten, obwohl manche Menschen auch beides sind. Ein Psychiater wird Ihnen Medikamente verschreiben, während ein Psychologe mit Ihnen über Ihre Probleme und mögliche Lösungen sprechen wird. Einige psychische Gesundheitsprobleme, z. B. solche, die durch chemische Ungleichgewichte im Gehirn verursacht werden, erfordern eine wirksame medikamentöse Behandlung. Eine richtige Diagnose ist wichtig. Sprechen Sie mit der Fachperson, zu der Sie Zugang haben und arbeiten Sie mit ihr zusammen, um ein Verständnis für Ihre Erkrankung zu entwickeln.

Stellen Sie sicher, dass Sie einen Weg einschlagen, der Ihnen keine zusätzlichen Ängste bereitet, wenn Sie medizinische Hilfe aufsuchen. Achten Sie darauf, dass Ihre Termine zu Zeiten vereinbart werden, zu denen Sie vorher und nachher nicht übermäßig mit anderen Dingen beschäftigt sind. Seien Sie ehrlich zu Ihrem medizinischen Betreuer und sagen Sie ihm alles, was Sie über Ihre Symptome, Auslöser und zugrundeliegenden Ursachen wissen. Während Sie über Ihr Leben und Ihre Symptome sprechen, wird Ihr Arzt eine Diagnose erstellen und Ihnen dabei helfen können, Hilfsmittel zu entwickeln, die Sie in Ihrem täglichen Leben unterstützen. Besprechen Sie Ihre Probleme auf ehrliche und kooperative Weise und bleiben Sie beim Thema. Wenn Sie sich nicht sicher sind, was Sie sagen sollen, lassen Sie Ihren Therapeuten Fragen stellen und antworten Sie ehrlich und vollständig. Holen Sie das Beste aus Ihren Sitzungen heraus, indem Sie sich in Achtsamkeit üben und sich ganz auf den Termin konzentrieren. Wenn Sie abgelenkt sind, sagen Sie Ihrem Therapeuten, warum Sie es sind. Es kann mit Ihrer Erkrankung zusammenhängen und ein Zeichen einer aktuellen Angstreaktion sein, bei der er Ihnen helfen kann.

Die Entscheidung, professionelle Hilfe in Anspruch zu nehmen, ist nicht immer einfach, aber wenn Sie das Gefühl haben, dass Sie den Rat von medizinischem Fachpersonal benötigen, dann wird das wahrscheinlich auch so sein! Informieren Sie sich zumindest darüber, welche Therapie Ihnen helfen könnte. Gehen Sie Ihre Therapie mit einem offenen Geist und der Bereitschaft zur offenen und kooperativen Zusammenarbeit mit dem Therapeuten an. Viele Menschen profitieren enorm von der Hilfe eines Therapeuten. Vielleicht werden Sie einer von ihnen sein.

FAZIT

In diesem Buch haben Sie etwas über Angstzustände gelernt und darüber, wie man sie bewältigen kann. Angst ist eine natürliche Reaktion auf Stress. Wenn Geist und Körper mit Stress konfrontiert sind, kann das Nervensystem dazu veranlasst werden, Adrenalin und Cortisol freizusetzen, was uns nervös und unfähig machen kann, mit Reizen umzugehen. Dies wird gewöhnlich durch die Angstreaktion des Körpers verursacht, die in uns das „Erstarren, Kämpfen oder Fliehen"-Verhalten auslöst. Die verschiedenen Auswirkungen von Stress können sich bei verschiedenen Menschen unterschiedlich ausdrücken. Angst kann einen schnellen Herzschlag, Hitze- oder Kältewallungen, nervöses Verhalten, Panik und Magen-Darm-Beschwerden verursachen. Einige Menschen können mit Stress und Angst sehr gut umgehen, aber für andere können sie eine lähmende Wirkung auf ihr Leben haben.

Im Verlauf dieses Buches haben wir alles besprochen, was Sie über Angst wissen müssen. Sie haben erfahren, wie sich Angst anfühlt, wodurch sie verursacht wird und was die häufigsten Symptome sind. Darüber hinaus sind wir auf einige der wichtigsten Angststörungen eingegangen, an denen manche Menschen leiden.

Sie haben auch eine Vielzahl von Hilfsmitteln und Techniken kennengelernt, um mit den Symptomen der Angst umzugehen. Wenn Sie in der Lage sind, die Auslöser für Ihre Angst zu erkennen, können Sie positive Selbstgespräche führen, Gedanken unterbrechen und sie umlenken. Eine Liste zu erstellen, mit dem, was Sie über Ihre Angst wissen, hilft Ihnen zu verstehen, was mit Ihrem Geist und mit Ihrem Körper geschieht. Hilfreich ist auch, eine Liste mit all den Dingen zu erstellen, die Ihnen Freude bereiten. Verpflichten Sie sich regelmäßig zu diesen Dingen. Es ist sehr wichtig, konzentrierte Anstrengungen zu unternehmen, um Freude in Ihr Leben zu integrieren und Ängste zu überwinden. Das aktive Streben nach Freude wird die Glückshormone, wie z. B. Endorphine, in Ihrem Körper erhöhen und Ihnen eine positive

Erfahrung geben, auf die Sie später zurückgreifen können, um wieder Gefühle der Zufriedenheit oder Freude zu erwecken.

Seit Jahrhunderten haben Menschen verschiedene Formen der Meditation praktiziert, um Geist und Körper zu beruhigen. Setzen Sie sich bequem hin und klären Sie Ihren Geist mithilfe eines Mantras oder mithilfe von Gegenständen, auf die Sie sich fokussieren. Meditation ist ein wirksamer Weg, Stille zu praktizieren und Frieden und Ausgeglichenheit in Ihr Leben zu bringen.

Andere natürliche Mittel gegen Angstzustände sind Bewegung, eine gesunde Ernährung, ausreichender Schlaf und Kräuterzusätze. Ob es sich nun um das Üben von Achtsamkeit und Meditation oder um Bewegung und richtige Ernährung handelt, es gibt viele Möglichkeiten, Einfluss darauf zu nehmen, wie unser Körper auf Stress reagiert.

Wenn Sie unter lähmender Angst leiden und Ihnen die Techniken in diesem Buch keine Erleichterung bringen, können Sie von der Unterstützung professioneller psychiatrischer Fachkräfte oder Psychologen (oder beidem) profitieren. Es ist keine Schande, sich aktiv um die Hilfe zu bemühen, die Sie möglicherweise benötigen.

Unabhängig davon, welche Methode Sie anwenden, um Ihre Nervosität und Angst zu reduzieren: Das Wichtigste ist, dass Sie aktive Schritte zur Verbesserung Ihrer psychischen Gesundheit unternehmen. Denn das hat positive und gesunde Auswirkungen. Finden Sie Wege, sich selbst besser zu verstehen, Ihre Auslöser zu erkennen und dieses Verständnis gemeinsam mit Techniken zum Umgang mit Ängsten zu nutzen, um Ihr Glück zurückzugewinnen und Ihren inneren Frieden zu finden.

VERWEISE

American Psychiatric Association & Parekh, Ranna, M. D, M. P. H. (2017) What Are Anxiety Disorders? https://www.psychiatry.org/patients-families/anxiety-disorders/what-are-anxiety-disorders. (abgerufen 2020).

Barnett, Robert A. (2019). 19 Natural Remedies for Anxiety. https://www.health.com/health/gallery/0,,20669377,00.html. (abgerufen 2020).

Brady, Krissy (2019) 13 Signs You're Sabotaging Your Own Progress in Therapy. https://www.huffingtonpost.ca/entry/signs-sabotaging-therapy-progress_l_5d40ac12e4b0db8affafb0a2. (abgerufen 2020).

Calmer You (2018) What To Do During An Anxiety Attack. https://www.calmer-you.com/anxiety-attack/. (abgerufen 2020).

Cooke, Justine (2016) Using Mindfulness to Overcome Anxiety. Visions Journal. https://www.heretohelp.bc.ca/visions/mindfulness-vol12/using-mindfulness-to-overcome-anxiety. (abgerufen 2010).

Daskal, Lolly (o. J.) 10 Simple Ways You Can Stop Yourself From Overthinking. https://www.inc.com/lolly-daskal/10-simple-ways-you-can-stop-yourself-from-overthinking.html. (abgerufen 2020).

Ferreira, Mandy (2017) 14 Mindfulness Tricks to Reduce Anxiety. https://www.healthline.com/health/mindfulness-tricks-to-reduce-anxiety#1. (abgerufen 2020).

Gaiam (o. J.) Meditation 101: Techniques, Benefits, and a Beginner's How-To. https://www.gaiam.com/blogs/discover/meditation-101-techniques-benefits-and-a-beginner-s-how-to. (abgerufen 2020).

Gottern, Ana (2018) 11 Ways to Stop a Panic Attack. https://www.healthline.com/health/how-to-stop-a-panic-attack#happy-place. (abgerufen 2020).

Headspace. (o. J.) Meditation for Anxiety. https://www.headspace.com/meditation/anxiety. (abgerufen 2020).

Henriques, Gregg, Ph. D. (2015) What is Mindfulness and How Does It Work? https://www.psychologytoday.com/ca/blog/theory-knowledge/201502/what-is-mindfulness-and-how-does-it-work. (abgerufen 2020).

Holland, Kimberly (2018) Everything You Need to Know About Anxiety. Healthline. https://www.healthline.com/health/anxiety. (abgerufen 2020).

Hovitz, Helaina (2018) Some Simple Ways to Turn Anxiety Into Excitement. https://greatist.com/live/how-to-turn-anxiety-into-excitement#3. (abgerufen 2020).

Jaworski, Margaret (o. J.) Living with Anxiety: How to Cope. https://www.psycom.net/living-with-anxiety/#anxiety-mind-andm. (abgerufen 2020).

Khuu, Cung (2018) How to Instantly Turn Anxiety into Excitement. https://medium.com/publishous/how-to-instantly-turn-anxiety-into-excitement-2c6c9495bc1. (abgerufen 2020).

Kind, Shelly und Hofmann, Stefan G. (o. J.) Facts about the effects of mindfulness. https://www.anxiety.org/can-mindfulness-help-reduce-anxiety. (abgerufen 2020).

Li, Qing, Dr. (2018) Forest Bathing is Great for Your Health. Here's How to Do It. https://time.com/5259602/japanese-forest-bathing/. (abgerufen 2020).

Livni, Ephrat (2016) The Japanese practice of 'forest bathing' is scientifically proven to improve your health. https://qz.com/804022/health-benefits-japanese-forest-bathing/. (abgerufen 2020).

Matthews, Dan, CPRP (2020) 15 Ways to Stop Overthinking and Worrying About Everything. https://www.lifehack.org/articles/communication/how-to-stop-overthinking-everything.html. (abgerufen 2020).

Mayo Clinic, Anxiety Disorders. https://www.mayoclinic.org/diseases-conditions/anxiety/symptoms-causes/syc-20350961. (abgerufen 2020).

Mays, Mitchell, Dr. (Mindful Staff (2019) How to Meditate. https://www.mindful.org/how-to-meditate/. (abgerufen 2020).

Moffitt, Debra (o. J.) Nine Simple Practices to Embrace Joy. https://www.beliefnet.com/wellness/personal-growth/nine-simple-practices-to-embrace-joy.aspx. (abgerufen 2020).

Perelman School of Medicine (o. J.) Generalized Anxiety Disorder. https://www.med.upenn.edu/ctsa/general_anxiety_symptoms.html. (abgerufen 2020).

Risher, Brittany (2018) This Is When to See a Mental Health Professional About Your Anxiety. https://www.self.com/story/when-to-see-professional-anxiety. (abgerufen 2020).

Roselle, Tom, Dr. (2017) 19 Natural Remedies for Anxiety. https://www.drtomroselle.com/19-natural-remedies-anxiety/. (abgerufen 2020).

Spiritual Progress Guide Admin (2015) Meditation for Inner Peace. http://spiritualprogressguide.com/blog-post/meditation-for-inner-peace. (abgerufen 2020).

Tartakovsky, Margarita, M. S. (2018) Therapists Spill: 10 Tips for Making the Most of Therapy. https://psychcentral.com/lib/therapists-spill-10-tips-for-making-the-most-of-therapy/. (abgerufen 2020).

U.S. Department of Health and Human Services (o. J.) What are the five major types of anxiety disorders? https://www.hhs.gov/answers/mental-health-and-substance-abuse/what-are-the-five-major-types-of-anxiety-disorders/. (abgerufen 2020).

Wehrenberg (2005) 10 Best-Ever Anxiety-Management Techniques. https://www.psychotherapynetworker.org/magazine/article/774/10-best-ever-anxiety-management-techniques. (abgerufen 2020).

Werner, Carly (2019) I'm Afraid of the Future. How Can I Enjoy the Present? https://www.healthline.com/health/fear-of-the-future#1. (abgerufen 2020).

Wikipedia (2020) Jon Kabat-Zinn. https://en.wikipedia.org/wiki/Jon_Kabat-Zinn. (abgerufen 2020).

AB SOFORT POSITIV DENKEN

Wie Sie Ihre negativen Gedanken beherrschen und Grübeln stoppen. So verlagern Sie Ihren Fokus auf Glück, Selbstakzeptanz und radikale Selbstliebe

DERICK HOWELL

INHALTSVERZEICHNIS

Einführung 129

Kapitel 1: Ineffektive Möglichkeiten, um negatives Denken zu überwinden 135

Kapitel 2: Befreien Sie sich von negativem Denken 139

Kapitel 3: Beseitigen Sie die schlechte Angewohnheit des negativen Denkens für immer 151

Kapitel 4: Wie Sie Ihre Gedanken kontrollieren und aufhören, diese in Negativität zu verwandeln 163

Kapitel 5: Wie man damit aufhört, sich zu viele Gedanken zu machen 171

Kapitel 6: Sorgen überwinden 189

Kapitel 7: Denken Sie positiv, um Stress abzubauen 203

Kapitel 8: Positives Denken fördern 211

Kapitel 9: Der Weg zur Selbstakzeptanz 221

Kapitel 10: Radikale Selbstliebe üben 239

Abschließende Worte 249

Verweise 253

EINFÜHRUNG

Eine negative Denkweise ist ein sehr häufig vorkommendes Problem, das die meisten Menschen irgendwann einmal in ihrem Leben betrifft. Obwohl positives Denken von vielen Gesundheits- und Wellness-Experten weitgehend befürwortet wird, so kann es dennoch eine sehr große Herausforderung darstellen, sich aus dem Trott einer negativen Denkweise zu befreien. Selbst wenn Sie ein Mensch sind, der seine Gedanken häufig analysiert, so kann es dennoch schwierig sein, den Unterschied zwischen einer negativen Denkweise und den alltäglichen Sorgen und Ängsten, mit denen jeder Mensch zu kämpfen hat, zu erkennen.

Während es normal ist, sich über Themen wie Scheidung oder finanzielle Probleme Gedanken zu machen, können diese Gedanken, wenn sie zu aufdringlich und quälend werden, nicht nur Ihr persönliches Leben, sondern auch Ihre Karriere und Ihre beruflichen Beziehungen zerstören.

Aus diesem Grund müssen Sie verstehen, was negatives Denken ist, wie sich diese Denkweise in Ihrem Leben manifestiert und wie Sie sie überwinden können. Auf diese Weise können Sie Ihre geistige Gesundheit schützen, widerstandsfähiger gegenüber Veränderungen werden und alle Herausforderungen bewältigen, die sich in Ihrem persönlichen und beruflichen Leben ergeben.

Was ist also negatives Denken und wie bestimmen Sie, welche Gedanken ein normales Maß an Besorgnis darstellen und welche zu negativ sind?

Der Begriff „negative Denkweise" bezieht sich im Allgemeinen auf einen Denkprozess, bei dem man immer nur die allerschlimmsten Aspekte von Dingen, Ereignissen, Menschen und Erfahrungen sieht. Eine Person mit einer negativen Denkweise erwartet in jeder Situation immer das schlimmste Ergebnis. Die meisten Menschen, die ständig negativ denken, neigen auch dazu, ihre Erwartungen zu senken. Sie tun dies, indem sie stets nur die schlimmsten Szenarien in Betrachtung ziehen, um sich vor Enttäuschungen zu schützen. Darüber hinaus ist es nicht ungewöhnlich, dass Personen mit einer negativen Denkweise unter einem geringen Selbstwertgefühl und einem geringen Selbstvertrauen leiden, da sie sich wahrscheinlich auf die Dinge konzentrieren, die sie in Bezug auf sich selbst für unangemessen halten.

Negatives Denken kann aufgrund mehrerer Faktoren entstehen. Eine der häufigsten Ursachen für diese Art des Denkens sind Depressionen. Die meisten Menschen erleben im Laufe des Tages eine ausgewogene Mischung aus positiven und negativen Gedanken. Eine Person, die an Depressionen leidet, hat eine verzerrte Sicht auf die Welt, die oft durch einen Filter noch zusätzlich verzerrt wird. Solche Menschen nehmen sich als Versager im Leben wahr und sind davon überzeugt, dass sie weder Liebe noch Erfolg verdient haben. Es passiert oft, dass depressive Menschen die Welt von Natur aus grausam und feindselig betrachten. Neben einer negativen Denkweise beeinflussen Depressionen auch die Art und Weise, was depressive Menschen über sich selbst denken. Menschen, die von dieser Krankheit betroffen sind, fühlen sich extrem traurig, verzweifelt, müde und träge. Dies kann eine negative Denkweise noch verstärken und zu noch ernsteren Gesundheitsproblemen und manchmal leider auch zu Selbstmord führen. In den meisten Fällen merken die Menschen jedoch nicht, dass ihre negative Denkweise auf Depressionen zurückzuführen ist. Sie sehen ihre negative Denkweise einfach als einen normalen Teil ihres Charakters an.

Ein weiterer psychischer Zustand, der eng mit einer negativen Denkweise verbunden ist, ist die Zwangsstörung (OCD). Menschen, die an Zwangsstörungen leiden, erleben typischerweise unerwünschte, wiederkehrende Gedanken und Empfindungen, die sie dazu zwingen, bestimmte Dinge mehrmals oder auf eine ganz bestimmte Art und Weise zu tun. Beispielsweise ist es möglich, dass ein OCD-Betroffener das Bedürfnis verspürt, sein Aussehen übermäßig zu überprüfen, sich auf Organisatorisches zu fixieren oder bestimmte Wörter oder Aufgaben mehrmals zu wiederholen. Darüber hinaus verbringen OCR-Patienten oftmals viel Zeit damit, ihre Kleidung zu „reinigen" oder ihre Hände übermäßig oft zu waschen, weil sie eine irrationale Angst vor Keimen haben. Dieser psychische Gesundheitszustand wird als Angststörung eingestuft, da die betroffenen Personen diese Maßnahmen durchführen, um ihre Angst zu verringern. Aufgrund dieser ständigen Sorge neigen Menschen mit Zwangsstörungen eher zu negativem Denken als Menschen, die nicht an Zwangsstörungen leiden. Es ist möglich, dass OCR-Patienten das Gefühl haben, in Gefahr zu sein, wenn sie diese impulsiven Gedanken und Bedürfnisse nicht befriedigen. Obwohl sich die meisten OCD-Patienten dessen bewusst sind, dass ihr obsessives Denken nicht normal ist, so fällt es ihnen dennoch schwer, ihr Verhalten zu kontrollieren. Glücklicherweise kann diese Zwangsstörung jedoch mit der richtigen Hilfe und Unterstützung behandelt werden.

Dies bedeutet allerdings nicht, dass normale, gesunde Personen gegen die Gefahren des negativen Denkens immun sind. Tatsächlich gibt es viele Gründe, warum sich selbst die optimistischsten Menschen irgendwann einmal in einer negativen Denkschleife befinden. Negative Gedanken entstehen bei den meisten Menschen aus Angst vor der Zukunft und aus Angst vor den vorherrschenden Umständen in ihrem Leben. Eine Person kann z. B. aufgrund ihres Alters oder aufgrund zeitlicher Einschränkungen befürchten, nicht all das zu erreichen, was sie sich in ihrem Leben erhofft hat. Dies kann zu Angstgefühlen führen, die, wenn sie nicht behandelt werden, die geistige und körperliche Gesundheit dieser Person beeinträchtigen können. Einige Menschen machen sich auch Sorgen über vergangene Ereignisse und darüber, wie sie ihr Leben gestaltet haben. Dies führt häufig zu Selbstkritik, was eine negative Denkweise verstärken kann.

Unabhängig davon, woher Ihre negative Denkweise stammt, so gibt es absolut keinen Grund dafür, warum Sie weiterhin diese Gedanken haben sollten, wenn diese Ihr Leben auf negative Weise beeinflussen. Es gibt zahlreiche Techniken, mit denen Sie Ihre negativen Gedanken in den Griff bekommen und effektiv damit umgehen können, wenn sie entstehen.

Ich bin seit mehr als einem Jahrzehnt Angst-Coach. In dieser Zeit habe ich vielen Menschen beigebracht, wie man diese Techniken richtig einsetzt, um ihrer negativen Denkweise entgegenzuwirken. Zudem habe ich zahlreiche Schulungsworkshops und Seminare durchgeführt, um Menschen dabei zu helfen, ihre negativen Denkmuster zu überwinden, die sie davon abhalten, ihr Leben in vollen Zügen zu genießen.

Es gibt viele Vorteile, wenn man lernt, wie man seine negative Denkweise kontrolliert. Zunächst einmal können Sie psychische Erkrankungen, wie Depressionen und Angstzustände, überwinden, indem Sie Ihren negativen Gedanken mit positivem Denken begegnen. Sie werden auch eine ausgewogenere Wahrnehmung der Welt und Ihrer selbst entwickeln. Darüber hinaus sind Sie besser dazu in der Lage, stressige Lebensereignisse und -situationen auf eine gesunde Art und Weise zu bewältigen.

Es ist auch kein Geheimnis, dass Angstzustände und ständige Sorgen zu Gesundheitsproblemen, wie z. B. Bluthochdruck und Herzerkrankungen, führen. Indem Sie lernen, wie Sie Ihren negativen Gedankenspiralen entgegenwirken können, sind Sie imstande, das Risiko für die Entwicklung dieser Gesundheitsprobleme erheblich zu reduzieren, die sogar zum Tode führen können, wenn sie nicht effektiv behandelt werden. Wenn Sie sich also aus dem Trott negativer Gedanken befreien, können Sie Ihre Lebensdauer verlängern!

Leider ist es nicht so einfach wie viele glauben, negative Denkmuster zu überwinden. Als jemand, der selbst unter einer anhaltenden negativen Denkweise und Angstzuständen gelitten hat, kann ich Ihnen versichern, dass es viele Herausforderungen und Hindernisse gibt, denen Sie begegnen werden. Dies sollte jedoch nicht dazu führen, dass Sie die Hoffnung verlieren! Solange Sie sich bewusst dazu entschließen, Ihre negative Denkweise zu beenden und an diesem Ziel festhalten, werden Sie schon sehr bald bemerkenswerte Ergebnisse erzielen. Die in diesem Buch beschriebenen Tricks und Techniken haben nicht nur mir selbst, sondern auch Tausenden anderen Menschen auf der ganzen Welt geholfen. Ich habe daher keinen Zweifel daran, dass diese auch für Sie auf Ihrem Weg zur Überwindung Ihrer negativen Denkweise funktionieren werden.

Wenn Sie es satthaben, dass negative Gedanken Ihr Privatleben, Ihre berufliche Karriere oder Ihre Beziehungen beeinträchtigen, dann ist es jetzt an der Zeit, dieses Problem an der Wurzel zu packen! Ich hoffe, dass Sie dieses Buch als lehrreich und unterhaltsam empfinden und dass die darin enthaltenen Techniken Ihnen dabei helfen werden, Ihre negative Denkweise sowie Ihre Ängste endgültig zu überwinden.

KAPITEL 1:

Ineffektive Möglichkeiten, um negatives Denken zu überwinden

Wenn Sie mit einer negativen Denkweise und Angstzuständen zu kämpfen haben, dann sind Sie sich wahrscheinlich dessen bewusst, wie schwierig es sein kann, Ihre Denkweise zu ändern. Es kann sich wie ein innerer Kampf anfühlen, in einer negativen Gedankenspirale zu stecken. Einerseits kann das psychische Unbehagen ein starker Motivator sein, um sich daraus zu befreien, doch andererseits wissen Sie möglicherweise nicht genau, wie Sie dies tun sollen. Dies kann dazu führen, dass Sie sich hoffnungslos und frustriert fühlen.

Viele Menschen, die ständig negativ denken, greifen aus Verzweiflung auf ineffektive Bewältigungsverhaltensweisen zurück (O'Brien, 2019a), was das Problem nur komplexer und noch schwieriger zu lösen macht.

In diesem Kapitel werden wir einige der ineffektiven Möglichkeiten diskutieren, die Ihnen nicht dabei helfen werden, Ihre negative Denkweise zu überwinden. Außerdem wird dargelegt, warum Sie sich von diesen Methoden fernhalten müssen, wenn Sie sich Ihrer negativen Denkweise entledigen möchten.

Negative Gedanken ignorieren

Eine anhaltende negative Denkweise kann sehr unangenehm und beunruhigend sein, und zwar unabhängig davon, wer Sie sind. Wenn Sie ständig aufdringliche und negative Gedanken haben, dann fühlen Sie sich machtlos und haben das Gefühl, keine Kontrolle über diese Situation zu haben. Aus diesem Grund versuchen die meisten Menschen, ihre negativen Gedanken zu ignorieren, in der Hoffnung, dass diese dann auf magische Weise verschwinden. Dies funktioniert jedoch nicht immer wie erwartet. Eine negative Denkweise ist normalerweise ein tiefsitzendes inneres Problem, das die Kontrolle über Ihre Psyche übernommen hat. Und das kann man nicht einfach ignorieren. Während Sie vorübergehend ein Gefühl der Erleichterung verspüren, wenn Sie nicht über Ihre negativen Gedanken nachdenken müssen, dann ist diese Erleichterung normalerweise von sehr kurzlebiger Natur und früher oder später werden die negativen Gedanken wieder an die Oberfläche gelangen.

Ablenkungen und Ablenkungsmanöver verwenden

Manche Menschen konzentrieren sich auf ihre Karrieren oder auf ihre Hobbys in der Hoffnung, dass ihre negativen Gedanken auf magische Weise verschwinden, wenn sie sich von ihrer negativen Denkweise ablenken. Solche Menschen sagen dann Sätze wie: „Ich werde mich einfach in meine Arbeit stürzen" oder „Ich werde mich einfach beschäftigen." Dies kann jedoch kontraproduktiv sein, da das Problem nur zurückgestellt wird, anstatt es direkt anzugehen und langfristige Lösungen zu finden.

Drogen- und Alkoholkonsum

Ständiges negatives Denken führt oft zu Stress und Angstzuständen, die sehr schwer zu bewältigen sind. Aus diesem Grund konsumieren viele Menschen Genuss- oder Suchtmittel, wie Tabak, Marihuana und Alkohol, um die negativen Gedanken in ihrem Kopf zum Schweigen zu bringen. Während Rauchen und Alkoholkonsum ein vorübergehendes Gefühl der Erleichterung hervorrufen können, sind diese Mittel auf lange Sicht trotzdem keine sehr wirksame Methode, um mit negativem Denken umzugehen. Tatsächlich können sie sogar zu noch ernsteren Gesundheitsproblemen, wie Abhängigkeit und Sucht, führen. Hierzu möchte ich erwähnen, dass diese Methoden zur Bewältigung einer negativen Denkweise nur eine vorübergehende Linderung bieten. Meistens fühlen Sie sich einige Stunden lang ruhig, doch dieses Gefühl verschwindet, sobald die Wirkung der Drogen oder des Alkohols nachlässt. Dann befinden Sie sich wieder in einer negativen Gedankenspirale.

Drogen und Alkohol verschärfen im Wesentlichen nur das Problem einer negativen Denkweise und sollten daher als Bewältigungsmechanismus vermieden werden.

Sich einer negativen Denkweise rational nähern

Es ist nicht ungewöhnlich, dass sich manche Menschen ihrer negativen Denkweise rational nähern, um diese zum Schweigen zu bringen. Solche Menschen sind davon überzeugt, dass sie sich durch den Versuch, ihre Denkweise zu rationalisieren, aus ihrem negativen Denkmuster befreien können. Das Problem hierbei besteht darin, dass davon ausgegangen wird, dass eine negative Denkweise in einer Art Rationalität verwurzelt ist. Dies kann in einigen Fällen zutreffen, gilt jedoch nicht in allen Fällen. Beispielsweise können die negativen Gedanken, die mit Depressionen verbunden sind, das direkte Ergebnis chemischer Ungleichgewichte im Gehirn sein.

Das Problem einfach wegschlafen

Es ist in vielerlei Hinsicht von Vorteil, jede Nacht gut und ausreichend lange zu schlafen. Dies hilft bei der Verjüngung von Körper und Geist. Eine hohe Schlafqualität kann auch unser Denkvermögen und unser Gedächtnis fördern.

Trotz dieser zahlreichen Vorteile ist es nicht sehr effektiv, sich zu viel Schlaf zu gönnen, um einer negativen Denkweise entgegenzuwirken. Dies verlagert das Problem nur, anstatt es zu lösen. Das bedeutet nicht, dass Sie Schlaf nicht als vorübergehende Linderung nutzen sollten, wenn Sie sich körperlich oder geistig ausgebrannt fühlen. In der Tat kann sich Schlaf sehr erfrischend anfühlen und sich positiv auf Ihr körperliches und geistiges Wohlbefinden auswirken. Ich empfehle jedoch, Schlaf nicht als Hilfsmittel zu verwenden, um negative Denkmuster zu überwinden, da Sie dies möglicherweise daran hindert, sich mit der Wurzel Ihres Problems zu befassen. Denken Sie daran: Ihr Ziel besteht darin, langfristige Lösungen für Ihre Probleme zu finden. Und Schlaf wird Ihnen dabei nicht helfen.

Es hat sich gezeigt, dass die Nutzung dieser ineffektiven Methoden nur kurzfristig funktioniert. Wenn Sie versuchen, Ihre negative Denkweise dauerhaft abzulegen, dann ist es absolut entscheidend, dass Sie die richtigen Techniken erlernen, um das Problem anzugehen.

Zusammenfassung

Wenn Sie die ineffektiven Methoden zum Umgang mit negativen Denkmustern verstanden haben, werden Sie diese in Zukunft eher vermeiden. Um dieses Kapitel noch einmal zusammenzufassen, sind hier einige der wichtigsten Erkenntnisse:

- Eine negative Denkweise ist ein Problem, das niemals ignoriert werden sollte, da dies die Lösung nur verlagert und die Lösungsfindung erschwert.
- Es ist kontraproduktiv, auf Ablenkungen zurückzugreifen, um negative Gedanken zu vermeiden und hindert Sie nur daran, langfristige Lösungen zu finden.
- Der Missbrauch von Drogen und Alkohol bietet nur eine vorübergehende Linderung von unangenehmen negativen Gedanken, anstatt dauerhafte Lösungen anzubieten.
- Versuchen Sie nicht, sich gegen Ihre unangenehmen Gedanken zu wehren oder sie zu rationalisieren, da eine negative Denkweise ein implizit irrationaler Prozess ist.
- Durch Schlafen werden negative Denkmuster nicht effektiv beseitigt. Vielmehr wird das Problem verlagert, was bedeutet, dass Sie sich später, wenn Sie aufwachen, immer noch damit befassen müssen.

Im nächsten Kapitel werden wir Möglichkeiten behandeln, wie Sie Ihren Geist von negativen Denkmustern befreien können. Diese Techniken und Praktiken werden für Sie nützlich und anwendbar sein. Achten Sie genau darauf und untersuchen Sie, wie diese Ihre Situation verändern.

KAPITEL 2:

Befreien Sie sich von negativem Denken

Negatives Denken ist eine Gewohnheit, die sich im Laufe der Zeit entwickeln kann, ohne dass uns dies bewusst ist. Wenn Sie zulassen, dass negative Gedanken Ihren Geist übernehmen, dann wird es sehr schwierig, sie wieder loszuwerden. Dies bedeutet jedoch nicht, dass Sie negative Gedanken sofort aus Ihrem Kopf verdrängen sollten, sobald Sie sich ihrer bewusst werden. Je mehr Sie versuchen, diesen negativen Gedanken zu widerstehen, desto stärker werden sie (Bloom, 2015). Was sollen Sie also in einem solchen Fall tun?

Nun, es gibt verschiedene Praktiken und Techniken, die Sie anwenden können, um Ihren Geist von negativen Gedanken zu befreien, wenn sich diese manifestieren. Hier sind einige Möglichkeiten, wie Sie einer negativen Denkweise entgegenwirken können, sobald Sie sich ihrer bewusst werden.

Verändern Sie Ihre Körpersprache

Es ist bekannt, dass unsere Körperhaltung einen signifikanten Einfluss auf die Funktionen unseres Geistes hat. Wenn Sie beispielsweise eine schlechte Körperhaltung aufweisen, werden Sie wahrscheinlich mehr negative Gedanken haben, als wenn Sie sich wohlfühlen. Darüber hinaus kann eine schlechte Körpersprache Ihr Selbstbild sowie Ihr Selbstvertrauen beeinträchtigen. Dies macht Sie anfälliger für negatives Denken und kann dazu führen, dass Sie stärker zu Selbstkritik neigen. Aus diesem Grund ist es wichtig, ein Bewusstsein für Ihre Körpersprache zu entwickeln, damit Sie hartnäckige negative Gedanken schneller ablegen können.

Vertrauen Sie sich jemandem an

Es gibt Zeiten, in denen negative Gedanken aus aufgestauten Emotionen und Gefühlen entstehen. Sicherlich finden es die meisten Menschen unangenehm, ihre innersten Gefühle zu teilen, weil sie Angst davor haben, von anderen beurteilt zu werden. In anderen Fällen scheint es so, als würde man seine Mitmenschen mit seinen Problemen belasten, wenn man mit ihnen über seine Gefühle spricht. Es gibt jedoch viele Vorteile, wenn Sie Ihre unangenehmen Gefühle mit Menschen teilen, denen Sie vertrauen. Dies sind die Vorteile, die daraus entstehen:

- Sie erhalten eine bessere Sichtweise auf Ihre Probleme.
- Sie haben eine höhere Chance, eine Lösung zu finden.
- Sie werden froh sein, zu wissen, dass Sie nicht alleine sind.

Wenn Sie Ihre unangenehmen Gefühle nicht teilen, dann kann dies das Problem des negativen Denkens ernsthaft verschärfen und Sie fühlen sich noch hoffnungsloser. Bleiben Sie nicht alleine mit Ihrer Negativität! Wenn Sie dagegen mit jemandem sprechen, dem Sie vertrauen, fühlen Sie sich erleichtert und Ihre Sorgen lösen sich in Luft auf.

Verbringen Sie eine Minute damit, Ihren Geist zu beruhigen

Negative Gedanken können manchmal sehr überwältigend werden und Angstgefühle in Ihnen auslösen. Es kann eine große Herausforderung darstellen, seinen Geist zu entspannen, wenn Sie eine Million Gedanken haben. Aus diesem Grund ist es sehr wichtig, sich etwas Zeit zu nehmen, um Ihren Geist zu beruhigen. Auf diese Weise können Sie die Dinge klar und unvoreingenommen wahrnehmen.

Dies erfordert, dass Sie einen Schritt zurückgehen und Ihre Gedanken durch Ihren Geist fließen lassen, ohne ihnen zu widerstehen oder sie zu beurteilen. Sie können sich dies als eine Art Meditation vorstellen. Sobald sich Ihre Gedanken und Ihr Geist beruhigt haben, können Sie Ihre Gedanken unter einem objektiven Gesichtspunkt beurteilen.

Wechseln Sie die Perspektive

Sehr oft werden wir von negativen Gedanken geplagt, weil wir die Situationen, denen wir im Leben begegnen, nicht adäquat beurteilen. Manchmal machen wir für unsere Probleme unsere eigenen Unzulänglichkeiten verantwortlich. Dies kann dazu führen, dass wir ein sehr schlechtes Selbstbild bekommen. In einigen Fällen ist jedoch lediglich ein Perspektivenwechsel erforderlich. Anstatt sich selbst als Versager zu betrachten, wenn Sie Herausforderungen gegenüberstehen, können Sie sich dazu entscheiden, dass Sie nicht anders sind als andere Menschen, die ebenfalls mit alltäglichen Problemen konfrontiert sind.

Indem Sie Ihre Sichtweise ändern, wenn Sie sich von negativen Gedanken angegriffen fühlen, entwickeln Sie auf diese Weise Selbstvertrauen und Klarheit. Wenn Sie in der Lage sind, Ihre Situation mit einem aufgeschlossenen Geist zu betrachten, können Sie die Grundursache Ihrer negativen Denkweise identifizieren und eine effektive Fehlerbehebung durchführen.

Übernehmen Sie die Verantwortung für Ihre negativen Gedanken

Wenn wir von negativen Gedanken geplagt werden, kann es oft verlockend sein, andere Menschen für die unangenehme Situation verantwortlich zu machen, der wir gegenüberstehen. Es ist möglich, dass wir eine Opfermentalität annehmen oder anderen Menschen die Schuld geben, um zu vermeiden, dass wir selbst für die Situation verantwortlich sind. Dies ist jedoch kein sehr effektiver Weg, um mit unangenehmen oder negativen Gedanken umzugehen. Eine solche Denkweise kann uns zwar vorübergehend entlasten, hindert uns jedoch daran, das eigentliche Problem zu identifizieren und dauerhafte Lösungen zu finden. Es ist wichtig, dass Sie stets bedenken, dass Sie nicht alles unter Kontrolle haben, was in Ihrem Leben passiert und dass Sie letztendlich nur für die Entscheidungen, die Sie treffen sowie für die Ergebnisse verantwortlich sind, die sich aus diesen Entscheidungen ergeben. Aus diesem Grund sollten Sie lernen, sich selbst für Ihre negativen Gedanken zur Rechenschaft zu ziehen. Ergreifen Sie die Initiative, um dauerhafte Lösungen für sich selbst zu finden, damit Ihre negativen Gedanken Ihr inneres Wohlbefinden nicht beeinträchtigen.

Werden Sie kreativ

Negative Gedanken können aufgrund der damit verbundenen Angstzustände psychisch sehr beunruhigend sein, sie können jedoch auch wie ein Katalysator für Kreativität wirken. Wann immer Sie sich von unangenehmen Gedanken überwältigt fühlen, können Sie diese Gelegenheit nutzen, um sich auf kreative Weise auszudrücken.

Wandeln Sie Ihre Angst und Frustrationen in Kreativität um, indem Sie darüber schreiben, zeichnen, malen oder sogar Musik machen. Auf diese Weise können Sie gesunde Ventile für Ihre negativen Gedanken finden und sich dieser entledigen. Darüber hinaus können Sie Ihre Emotionen durch kreative Aktivitäten auf einer tieferen Ebene erkunden und so ein besseres Verständnis dafür entwickeln, warum Sie so denken, wie Sie es tun.

Ein weiterer grundlegender Vorteil der Kreativität besteht darin, dass Sie sich gut fühlen. Wenn Sie Ihre negativen Gedanken in Kreativität umwandeln, dann kann dies Ihre Stimmungslage erheblich verbessern und Sie vor Angstzuständen oder Depressionen bewahren, welche häufig mit negativem Denken einhergehen.

Setzen Sie positive Affirmationen ein

Positive Affirmationen sind Aussagen, die Ihnen dabei helfen sollen, negative Gedanken zu überwinden und Sie herausfordern, an sich selbst zu glauben. Wenn Sie diese Aussagen regelmäßig wiederholen, prägen sie sich in Ihr Bewusstsein ein und Sie beginnen damit, ihre Wahrhaftigkeit zu erkennen. Das Wiederholen positiver Affirmationen kann Ihnen nicht nur dabei helfen, unangenehme negative Gedanken abzulegen, sondern Sie auch dazu motivieren, auf positive Art und Weise zu handeln, um die gewünschten Ergebnisse zu erzielen. Darüber hinaus können Ihnen positive Affirmationen dabei helfen, die Auswirkungen von Stress und Angst zu lindern, die durch eine negative Denkweise entstehen. Genau wie bei Sporteinheiten lösen positive Affirmationen die Freisetzung von Glückshormonen im Körper aus und erhöhen die Bildung neuer Neuronencluster des „positiven Denkens" im Gehirn.

Wenn Sie mit negativen Denkmustern zu kämpfen haben, dann finden Sie hier einige der besten positiven Aussagen, die Sie wiederholen können, um positiver zu denken:

- Ich habe heute die Kontrolle über mein Leben und entscheide mich dazu, heute positiv zu denken.
- Ich lehne es ab, negative Gedanken zuzulassen, die mir meinen Seelenfrieden rauben.
- Ich bin mir selbst genug und besitze alle Qualitäten, um mein Leben so zu gestalten, wie es mir gefällt.
- Ich bin leistungsstark genug, um alle Herausforderungen zu meistern, denen ich mich heute stellen muss.
- Ich erkenne meine Einzigartigkeit und die Talente an, die ich besitze.
- Ich bin stark genug, um diesem Tag mit offenem Herzen und klarem Verstand zu begegnen.

Machen Sie einen Spaziergang

Wenn Sie zu lange an einem Ort verweilen, dann kann es passieren, dass Sie sich mürrisch und ängstlich fühlen, was häufig zu negativen

Gedanken führt. Wenn Sie das Gefühl haben, dass Sie negative Gedanken ablenken, dann ist ein Spaziergang an einem schönen Ort eine der besten Möglichkeiten, um den Geist zu klären. Es gibt viele großartige Orte, an denen Sie spazieren gehen können, wenn Sie sich von Ihren negativen Gedanken angegriffen fühlen. Parks und Wälder sind gute Ausgangspunkte. Natürlich ist es von Vorteil, wenn Sie Zugang zu Parks und anderen schönen Orten haben, aber auch jeder andere Ort ist in Ordnung, solange Sie nach draußen gehen und sich bewegen. Wenn Sie in einer Stadt leben, in der es keine solchen schönen Orte gibt, dann können Sie dennoch in der Nähe Ihrer Nachbarschaft spazieren gehen. Es ist ratsam, überfüllte Straßen mit vielen Geschäften zu vermeiden, da der Lärm und die Hektik unangenehm sein können, wenn Sie sich ohnehin schon schlecht fühlen.

Führen Sie ein Dankbarkeitstagebuch

Sehr oft sind wir so stark in unserem Leben und in unsere täglichen Herausforderungen eingespannt, dass wir vergessen, wie häufig das Leben freundlich zu uns war. Nur weil Sie sich derzeit in einer herausfordernden Situation befinden, so heißt das nicht, dass in Ihrem Leben nichts Gutes für Sie geschieht. Wenn Sie also in einem Kreislauf des negativen Denkens stecken, dann ist es eine gute Idee, einen Schritt zurückzutreten und eine Bestandsaufnahme darüber zu machen, wie gut es das Leben mit Ihnen gemeint hat.

Erstellen Sie ein Dankbarkeitstagebuch und listen Sie alle Dinge auf, für die Sie in Ihrem Leben dankbar sind, anstatt sich auf die negativen Gedanken zu konzentrieren, die Ihnen durch den Kopf gehen. Dazu gehören unter anderem ein guter Gesundheitszustand, eine Karriere, die Ihnen Spaß macht und bedeutungsvolle Freundschaften und Beziehungen in Ihrem Leben. Notieren Sie die guten Dinge, die geschehen sind sowie die Dinge, die Ihnen in letzter Zeit Freude bereitet haben. Denken Sie daran, dass kein Aspekt zu klein oder zu groß ist, wenn es um Dankbarkeit geht. Selbst für etwas sehr Triviales, wie für einen einfachen Arbeitstag, können Sie dankbar sein. Vielleicht haben Sie einen schönen Vogel gesehen oder jemand hat eine Tür für Sie aufgehalten. Nehmen Sie sich Zeit, um alles in Ihrem Leben aufzulisten, worüber Sie glücklich oder dankbar sind, unabhängig davon, wie klein oder unbedeutend es erscheint. Denken Sie daran, dass sich manchmal die besten Dinge in unserem Leben direkt vor unseren Augen befinden und nur darauf warten, dass wir sie bemerken.

Wenn Sie sich Ihren negativen Gedanken mit Dankbarkeit nähern, können Sie eine größere Wertschätzung für Ihr Leben entwickeln. Dankbarkeit für das, was wir haben, hilft uns dabei, Situationen positiver zu sehen, egal wie herausfordernd sie auch erscheinen mögen.

Ändern Sie Ihre Umgebung

Es passiert leicht, dass wir uns so sehr an einen bestimmten Ort gewöhnen, dass wir müde werden und gelangweilt sind. Dies kann zu Unruhegefühlen führen und negative Gedanken auslösen, denen wir nicht entkommen können. Wenn Sie sich von Ihren negativen Gedanken überwältigt fühlen, dann kann Ihnen ein Ortswechsel helfen, Ihren Geist von negativen Gedanken zu befreien. Dies bedeutet jedoch nicht, dass Sie ständig umziehen müssen. Einfache Dinge können Wunder bewirken, wie z. B. ein paar Stunden an einem anderen Ort zu verbringen – insbesondere, wenn es sich um einen schönen Ort, wie einen Park, handelt. Vielleicht haben Sie auch ein Lieblingscafé oder einen schön dekorierten Bereich eines Einkaufs- oder Gemeindezentrums, das Sie mögen. Nutzen Sie diese Orte, um Zeit außerhalb Ihres Zuhauses oder Ihrer Arbeit zu verbringen und Ihrem Leben Abwechslung zu verleihen. Hier werden Sie dazu in der Lage sein, Ihren Geist zu entspannen und klarer zu denken.

Treiben Sie Sport

Wie wir in der Einleitung dieses Buches besprochen haben, ist Angst eine der häufigsten Ursachen für negative Gedanken. In einigen Fällen entsteht diese Angst aus aufgestauten Spannungen in Körper und Geist. Eine Möglichkeit, um all diese Frustrationen und Spannungen im Körper abzubauen, besteht darin, sich sportlich zu betätigen. Sport bietet Ihnen zahlreiche Vorteile, wenn Sie sich von Ihren Angstzuständen oder von Ihren negativen Gedanken überwältigt fühlen. Einer der

Vorteile von Sport besteht darin, dass die Freisetzung von Wohlfühl-Endorphinen, wie Dopamin und Serotonin, ausgelöst wird, was Ihre Stimmungslage erheblich verbessern kann. Sport verbessert auch die Durchblutung des Körpers und kann dazu beitragen, Symptome von Stress und Depressionen zu lindern.

Studien haben gezeigt, dass regelmäßiges Training die kognitiven Prozesse erheblich verbessern kann. Sie müssen kein intensives Fitnesstraining in einem Fitnessstudio absolvieren. Selbst dann, wenn Sie sich nur ein paar Minuten Zeit nehmen, um joggen oder spazieren zu gehen oder ein Trainingsgerät zu benutzen, kann dies die Durchblutung des Gehirnes erheblich verbessern und Ihre Gedanken reinigen. Wenn Sie sich das nächste Mal von Ihren negativen Gedanken angegriffen fühlen, dann nehmen Sie sich einen Moment Zeit, um sich zu dehnen, Sport zu treiben, joggen zu gehen oder einen kurzen Spaziergang zu machen. Wenn Sie sich in einer Wohnung oder einem Bürogebäude befinden, dann gehen Sie einige Treppen auf und ab. Ihr Körper und Geist werden es Ihnen sicherlich danken.

Praktizieren Sie die Tiefenatmung

Die Methode der Tiefenatmung ist eine sehr effektive Methode, um Ihren Geist von negativen Gedanken zu befreien. Dies liegt daran, dass ein tiefe Atmung Ihrem Gehirn signalisiert, sich zu entspannen. Diese Nachricht wird dann an Ihren Körper weitergeleitet und fordert ihn auf, sich ebenfalls zu entspannen. Durch tiefe Atemübungen können sich Körper und Geist beruhigen, wenn Ihre negativen Gedanken überhandnehmen. Indem Sie tiefes Atmen üben, ermöglichen Sie es Ihrem Körper, eventuelle Spannungen abzubauen. Dies kann Ihnen dabei helfen, Ihre Angst- oder Stresszustände zu lindern. Wenn Sie sich von Ihren negativen Gedanken überwältigt fühlen, nehmen Sie sich ein paar Minuten Zeit, um Übungen der Tiefenatmung zu praktizieren. Atmen Sie kontrolliert durch die Nase ein und stoßen Sie dann die gesamte Luft (langsam) durch Ihr Zwerchfell aus. Auf diese Weise fühlen Sie sich fast augenblicklich ruhig und entspannt.

Setzen Sie Humor ein

Man sagt oft, dass Lachen die beste Medizin ist und dies trifft sicherlich zu, wenn es um den Umgang mit negativen Gedanken geht. Lachen setzt, genau wie Fitnessübungen, Glückshormone frei, die Ihre Stimmung verbessern können, wenn Sie sich von negativen Gedanken überwältigt fühlen. Natürlich kann es sehr schwierig sein, zu lachen, wenn Ihr Geist jede Minute Ihres Tages ständig mit unangenehmen Gedanken überflutet wird. Die Nutzung von Humor ist jedoch sehr effektiv und führt fast sofort zu positiven Ergebnissen.

Wenn Sie das Gefühl haben, dass das Leben schneller verläuft, als Sie mithalten können oder wenn Sie sich von Ihren negativen Gedanken überwältigt fühlen, dann können Sie viel Trost darin finden, einen Schritt zurückzutreten und über die Eigenarten des Lebens zu lachen. Sehen Sie sich eine Show an, die lustig ist, und selbst wenn Sie keine Lust dazu haben, werden Sie darüber lachen. Durch die Wirkung des Lachens werden Wohlfühlhormone freigesetzt.

Denken Sie daran, das Leben nicht immer so ernst zu nehmen, da sich dies negativ darauf auswirkt, wie sehr Sie Ihr Leben genießen können.

Zusammenfassung

Negative Gedanken können sehr überwältigend wirken und dazu führen, dass Sie das Gefühl haben, die Kontrolle über sich selbst und Ihr Leben zu verlieren. Es ist jedoch möglich, eine solche negative Denkweise zu überwinden. Mit den richtigen Strategien und Praktiken können Sie Ihren Geist von negativem Denken befreien und Ihr Selbstvertrauen zurückgewinnen (Bloom, 2015).

In diesem Kapitel haben Sie einige Möglichkeiten gelernt, wie Sie Ihren Geist von negativen Gedanken befreien können. Zusammenfassend sind nachfolgend die Dinge aufgeführt, die Sie tun müssen, wenn Sie sich von Ihren negativen Gedanken überwältigt fühlen.

- Achten Sie genau auf Ihre Körpersprache und passen Sie alle Aspekte neu an, die Ihre negativen Gedanken auslösen könnten.
- Teilen Sie Ihre unangenehmen Gedanken und Gefühle mit jemandem, dem Sie vertrauen.
- Nehmen Sie sich einen Moment Zeit, um sich zu entspannen und Ihren Geist zu beruhigen, sodass Sie damit beginnen können, Ihre negativen Gedanken objektiv zu beurteilen.
- Versuchen Sie, eine andere Sichtweise auf Ihre negativen Gedanken zu erhalten, indem Sie sie aus einem neuen Blickwinkel betrachten.
- Nutzen Sie Ihre Angst und Frustrationen als Kräfte für das Gute, indem Sie sie in Kreativität umwandeln. Malen, Schreiben und das Komponieren von Musik können dafür als gute Ausgangsbasis dienen.
- Machen Sie häufige Spaziergänge in einer ruhigen Umgebung, um Ihren Geist zu entspannen, wenn Sie sich von zu vielen negativen Gedanken überwältigt fühlen.
- Erkennen Sie die guten Dinge, konzentrieren Sie sich darauf und seien Sie dankbar für all die guten Dinge, die Ihnen das Leben gegeben hat, egal wie unbedeutend sie auch erscheinen mögen.
- Verbringen Sie einige Zeit an Ihren Lieblingsorten im Freien oder drinnen, an denen Sie sich wohl und entspannt fühlen. Dies kann Ihnen dabei helfen, Ihren Geist zu beruhigen, wenn Ihre negativen Gedanken überhandnehmen.
- Treiben Sie Sport, um Ihrem Körper einen Ausgleich für Angst und Stress zu geben. Sport wird Ihren Körper und Ihren Geist entspannen, wenn Sie sich von negativen Gedanken angegriffen fühlen. Es reicht aus, ein paar Minuten joggen zu gehen, Treppen zu steigen oder Dehnübungen zu machen.
- Praktizieren Sie Übungen der Tiefenatmung, um Verspannungen in Körper und Geist zu lösen, wenn Sie sich von negativen Gedanken überwältigt fühlen. Dies hilft Ihnen dabei, Klarheit zu erlangen.

- Lachen Sie, um Ihren negativen Gedanken entgegenzuwirken. Sie sollten das Leben nicht immer so ernst nehmen.

In diesem Kapitel haben Sie die verschiedenen Methoden kennengelernt, mit denen Sie Ihren Geist von negativen Gedanken befreien können. Ich habe keinen Zweifel daran, dass Sie jetzt über alle Werkzeuge verfügen, um negativen Gedanken entgegenzuwirken, wann immer diese in Ihrem täglichen Leben auftreten.

Im nächsten Kapitel lernen Sie einige Möglichkeiten kennen, wie Sie mit dem Problem des negativen Denkens umgehen und es dauerhaft aus Ihrem Leben entfernen können. Wenn Sie bemerkt haben, dass Sie stärker von Ihren negativen Gedanken besessen sind, als Sie sollten und dieses Verhalten endgültig hinter sich lassen möchten, dann wird das nächste Kapitel sehr hilfreich für Sie sein.

KAPITEL 3:

Beseitigen Sie die schlechte Angewohnheit des negativen Denkens für immer

Wenn Sie ständig darum kämpfen, Ihre negativen Denkmuster zu überwinden, dann kann es sein, dass Sie sich fragen, ob von Natur aus etwas nicht mit Ihnen stimmt. Dies könnte jedoch nicht weiter von der Wahrheit entfernt sein. Negatives Denken ist ein normaler Bestandteil des Menschseins. Im Laufe unserer Evolution haben wir dieses Merkmal natürlicherweise als Überlebensstrategie entwickelt. Wenn wir uns des negativen Potenzials in einer Situation oder Umgebung bewusst sind, können wir uns auch der Probleme bewusster werden, die unser Überleben bedrohen. Dies bedeutet, dass jeder irgendwann in seinem Leben in einem Kreislauf des pessimistischen Denkens gefangen sein kann.

Obwohl uns Menschen das negative Denken angeboren ist und oft ein Motivator für unser Handeln sein kann, so können die Gedanken dennoch unser Leben beeinträchtigen, wenn sie zu intensiv und zu häufig vorkommen. Aus diesem Grund ist es wichtig, dass sich Ihre negative Denkweise nicht zur Gewohnheit entwickelt. Wenn Sie jedoch das Gefühl haben, bereits in einer Spirale des Pessimismus und des negativen Denkens gefangen zu sein, dann bedeutet dies nicht, dass es keine Hoffnung mehr gibt! Tatsächlich gibt es verschiedene Möglichkeiten, wie Sie Ihre negative Denkweise steuern und endgültig überwinden können.

In diesem Kapitel präsentiere ich Ihnen nützliche Werkzeuge, mit denen Sie die schlechte Angewohnheit des negativen Denkens endgültig aus Ihrem Leben verbannen können.

Negative Gedankenmuster erkennen und ihnen ausweichen

Wenn Sie ständig von negativen Gedanken überflutet werden, dann wissen Sie, wie stressig dies sein kann. Aus diesem Grund müssen Sie umgehend Maßnahmen ergreifen, um die negativen Denkmuster zu neutralisieren.

Die erste Sache, die Sie in dieser Hinsicht tun können, besteht darin, die Spirale des negativen Denkens zu erkennen, in der Sie gefangen sind und einen Schritt zurückzutreten, um sie aus der Distanz heraus zu betrachten (O'Brien, 2019b). Das ist leichter gesagt als getan, oder? Tatsächlich ist es sehr einfach, sich Ihrer negativen Denkmuster bewusst zu werden, solange Sie über die richtigen Werkzeuge verfügen. Das wichtigste Werkzeug, das Sie benötigen, um dies zu erreichen, ist die „kognitive Defusion". Der Prozess der kognitiven Defusion ist wahrscheinlich etwas, mit dem Sie bereits vertraut sind, obwohl Sie sich dessen nicht bewusst sind.

Was ist kognitive Defusion und inwiefern ist sie hilfreich?

Die kognitive Defusion ist ein mentaler Prozess, der häufig mit der Akzeptanz- und Bindungstherapie (ABT) in Zusammenhang steht. Im Wesentlichen basiert das Konzept der kognitiven Defusion auf der Vorstellung, dass eine zu wörtliche Betrachtung unserer Gedanken zu mentalen und psychischen Problemen führen kann. Kognitive Defusionstechniken sollen unsere Gedanken mit unseren Erfahrungen zusammenführen, damit wir die Unterschiede zwischen den beiden erkennen können.

Um besser zu verstehen, wie die kognitive Defusion funktioniert, betrachten wir zunächst, wie unser Geist funktioniert. Im Allgemeinen unterliegt in unserem täglichen Leben alles, was wir erleben oder sehen, der Kennzeichnung, Kategorisierung, Bewertung und dem Vergleich. Dies ist ein Prozess, der automatisch abläuft und der durch unsere kognitiven Analysefunktionen erleichtert wird. Dies bedeutet, dass all diese Prozesse auch ohne unser eigenes Bewusstsein ablaufen, was bei der Problemlösung sehr nützlich ist.

Ein Problem entsteht jedoch, wenn diese mentalen Prozesse, die den Vergleich erleichtern und ein Urteil fällen, nach innen gerichtet sind. Dies führt typischerweise zu negativen Urteilen über uns selbst und auch dazu, dass wir allgemein zu kritisch sind. Wenn diese Prozesse mit unserer Psyche verschmelzen, beginnen wir schließlich, uns auf eine Weise mit ihnen zu verbinden, die die Realität nicht widerspiegelt. Dies führt zu Problemen, wie aufdringlichen negativen Gedanken.

Das Ziel der kognitiven Defusion besteht darin, uns zu erlauben, dass wir diese Prozesse erkennen, ohne eine Bindung mit ihnen herzustellen. Die kognitive Defusion ermöglicht es uns, Partnerschaften mit unseren Gedanken (sowohl negativ als auch positiv) zu bilden, ohne ihnen dabei die Kontrolle über unser Leben zu überlassen. Diese Denkweise erfordert, dass wir unsere Gedanken nicht unterdrücken oder ablenken, sondern sie beobachten und aus der Ferne anerkennen. Durch die Entwicklung einer kognitiven Defusion können wir die Gedanken, die brauchbar sind, von denen unterscheiden, die es nicht sind. Produktive Gedanken werden gefördert, weil sie uns dabei helfen, unsere Visionen und Bestrebungen im Leben zu verfolgen. Andererseits sollen Gedanken, die nicht produktiv oder positiv sind, nur beobachtet und anerkannt, aber nicht in die Tat umgesetzt werden, da sie uns nirgendwohin führen. Sie können betrachtet und dann als Hintergrundgeräusche behandelt werden.

Es gibt verschiedene Fähigkeiten, die am Prozess der kognitiven Defusion beteiligt sind. Dazu gehören die folgenden:

- Die Fähigkeit zu bewerten, ob ein Gedanke brauchbar und produktiv ist. Stimmt dieser Gedanke mit Ihren Werten und Bestrebungen im Leben überein?
- Die Entwicklung der Fähigkeit, Gedanken einfach als mentale Eindrücke und nicht als greifbare Dinge zu betrachten, die in der Realität existieren. Diese Fähigkeit ist sehr wertvoll, weil sie es uns ermöglicht, weniger stark in unseren Gedanken gefangen oder verwickelt zu sein, insbesondere in den negativen.

Die kognitive Defusion ist eine sehr wichtige Fähigkeit, die entwickelt werden muss, da sie auf verschiedene Arten angewendet werden kann. Einige der Szenarien, in denen diese Fähigkeit nützlich sein kann, sind:

- Wenn Sie Denkmuster haben, die sich wiederholen oder wiederkehren, insbesondere wenn diese Denkmuster mit Ihrer Meinung oder Ihrer Wahrnehmung in Bezug auf sich selbst zu tun haben, z. B.: „Ich bin nicht gut genug" oder „Ich werde es zu nichts bringen." Diese Gedanken mögen zunächst harmlos erscheinen, aber sobald sie in Ihrem Kopf Wurzeln schlagen, können sie Angstzustände und Selbstzweifel auslösen, was zu Negativität führen kann.
- Wenn Sie nicht dazu in der Lage sind, die Genauigkeit Ihrer Gedanken zu bestimmen (auch als *kognitive Umstrukturierung* bezeichnet). Die kognitive Defusion kann Ihnen dabei helfen, die psychologischen Auswirkungen von Gedanken zu verringern, ohne deren Inhalt oder Häufigkeit zu verändern.
- Wenn Ihre negativen Gedanken zu Hindernissen für Ihren Fortschritt werden. Manchmal, wenn wir ein Risiko für eine Sache eingehen wollen, die wir uns wirklich erhoffen, haben wir solche Gedanken wie: „Was ist, wenn ich versage?" oder „Ich bin nicht talentiert genug." Durch die kognitive Defusion können wir diese Gedanken umgehen, sodass wir auf eine Art und Weise handeln, die uns zu den Dingen führt, die wir uns wünschen, auch wenn dies beinhaltet, Risiken einzugehen.
- Wenn wir vor einem ernsthaften Problem stehen, mit dem wir uns auf realistische Art und Weise befassen sollten. Die kognitive Defusion kann uns dabei helfen, den Stress zu lindern, indem wir uns gegenüber den Möglichkeiten öffnen, die in Situationen bestehen, die sehr beängstigend erscheinen können.

Es gibt verschiedene Techniken, die bei der kognitiven Defusion eingesetzt werden. Diese Techniken können auf jedes Gedankenmuster angewendet werden, obwohl sie am hilfreichsten sind, wenn man mit störenden negativen Gedanken konfrontiert ist.

Die erste Sache, die Sie tun müssen, wenn Sie die kognitive Defusion anwenden, besteht darin, über einen negativen Gedanken nachzudenken, von dem Sie ständig geplagt werden. Ein solcher negativer Gedanke könnte beispielsweise lauten: „Ich verdiene das nicht" oder „Das wird mir nie gelingen." Wenn Sie den negativen Gedanken identifiziert haben, konzentrieren Sie sich einen Moment darauf und machen Sie diesen Gedanken dann zum Ziel Ihrer kognitiven Defusionspraxis. Nachfolgend werden Ihnen einige der Techniken vorgestellt, die Sie anwenden müssen.

Erkennen und anerkennen

Zunächst einmal müssen Sie Ihre negativen Gedanken erkennen und anerkennen. Dazu gehört z. B. die folgende Erkenntnis: „Ich bemerke, dass ich diesen Gedanken habe [...]." Auf diese Weise können Sie Ihre Beziehung zu Ihren schwierigen Gedanken verändern.

Nennen Sie die Dinge beim Namen und weisen Sie Ihren Gedanken ein Etikett zu

Sehr oft geraten wir in negative Gedankenspiralen, weil wir versuchen, unsere negativen Gedanken zu bekämpfen oder sie wegzuschieben. Der Versuch, mit negativen Gedanken auf diese Weise umzugehen, verstärkt diese jedoch nur und führt dazu, dass sie eine noch größere Macht über unser Leben haben.

Wie gehen wir also mit den negativen Gedanken, die uns plagen, auf effektive und praktische Weise um? Die Technik „Nennen Sie die Dinge beim Namen (Name it to tame it)" befreit Sie von negativen Denkmustern, ohne sie jedoch bekämpfen zu müssen (O'Brien, 2019b). Und so funktioniert es:

Sobald Sie Ihre negativen Gedanken erkannt und anerkannt haben, müssen Sie sie als Nächstes beim Namen nennen. Sie können diese Technik auf zwei verschiedene Arten angehen.

Ihre Gedanken fallen normalerweise in die Kategorie bewertend oder beschreibend. Beschreibende Gedanken sind solche, die sich auf unsere direkte Sinneserfahrung beziehen, wie z. B. auf Dinge, die wir sehen, hören oder berühren. Evaluative Gedanken hingegen berücksichtigen unsere Erfahrungen und basieren meist auf Konzepten, wie z. B. gut-schlecht, richtig-falsch.

Wenn Sie über Ihre Gedanken nachdenken, sollten Sie diese je nach ihrer Art unterscheiden und entsprechend benennen können. Ist der negative Gedanke, den Sie haben, z. B. ein Bild, eine Frage oder ein Schuldbekenntnis? Sobald Sie Ihren wiederkehrenden negativen Gedanken identifiziert haben, können Sie ihn benennen, wenn er in Ihrem Kopf auftaucht. Möglicherweise haben Sie bereits bemerkt, dass der Großteil unserer negativen Gedanken immer wieder auftritt und normalerweise dieselben Handlungsstränge beinhaltet, wie z. B. „Ich bin nicht gut genug, um erfolgreich zu sein." Sie könnten sich darauf selbst folgende Antwort geben: „Das ist einer meiner Gedanken, in denen ich mir selbst die Schuld gebe" oder „Das ist schon wieder meine Angst vor Unzulänglichkeit." Auf diese Weise können Sie Distanz zu Ihrem Gedanken schaffen und diesen eher als konzeptionell, anstatt als die Wahrheit wahrnehmen. Das Ziel besteht darin, zu erkennen, dass es nur ein Gedanke ist, der nicht unbedingt die Realität widerspiegelt. Sobald Sie diesen Gedanken benannt haben, versuchen Sie einfach, ihn loszulassen. Benennen Sie diesen Gedanken und stellen Sie ihn dann in den Hintergrund, während Sie versuchen, über die Situation, in der Sie sich gerade befinden, anders nachzudenken. Auf diese Weise verhindern Sie, dass der negative Gedanke die Kontrolle über Ihren mentalen Zustand und Ihre Stimmungslage übernimmt.

Schätzen Sie Ihren Geist

Hier besteht die Idee darin, Ihre negativen Gedanken nicht so stark zu berücksichtigen, da dies zu Spannungen und Kämpfen führt. Denken Sie einen Moment über einen solchen Gedanken nach und legen Sie ihn dann beiseite. Immer dann, wenn dieser wiederkehrende Gedanke in Ihrem Kopf auftaucht, müssen Sie Ihrem Verstand „danken", dass er Ihnen diesen Gedanken gegeben hat, jedoch in einem sarkastischem Tonfall, ähnlich wie Sie auf einen nörgelnden Teenager reagieren würden, der etwas Provokatives zu Ihnen sagt, um eine Reaktion von Ihnen zu bekommen. Sagen Sie z. B. zu Ihrem Geist: „Ja, ja, ich weiß, sehr beängstigend, es könnte alles schiefgehen. Alles klar." Seien Sie dankbar, dass Sie über dieses potenzielle Ergebnis informiert wurden und wenden Sie sich dann positiveren Perspektiven der Situation zu.

Achtsame Beobachtung

Bei der achtsamen Beobachtung werden Ihre Gedanken mit einer neugierigen und offenen Geisteshaltung betrachtet. Verbringen Sie einige Zeit damit, Ihren Gedankenfluss zu beobachten, ohne jedoch dabei zu versuchen, ihn zu analysieren oder zu beurteilen. Dies könnte eine Herausforderung für Sie darstellen, da unser Geist natürlich darauf ausgelegt ist, Dinge zu bewerten, einschließlich unserer eigenen Gedanken. Wenn Sie jedoch feststellen, dass Sie sich zu sehr bemühen, Ihre Gedanken zu analysieren, dann nehmen Sie dies zur Kenntnis und beobachten Sie die darauffolgenden Gedanken weiter.

Es gibt verschiedene Bilder, die Ihnen dabei helfen können, achtsam zu beobachten. Beispielsweise können Sie sich Ihre Gedanken als Boote vorstellen, die auf einem See treiben. In diesem Fall repräsentiert der See Ihren Geist, während Ihre Gedanken durch die Boote repräsentiert werden. Versuchen Sie, Ihre Gedanken so zu beobachten, als würden Sie die Boote friedlich über den See gleiten sehen. Ebenso können Sie Bilder von Vögeln verwenden, die mühelos durch die Lüfte schweben.

Wenn Sie sich mit diesen Bildern einer achtsamen Beobachtung nähern, können Sie die Tendenz überwinden, Ihre Gedanken negativ zu analysieren, zu bewerten und zu beurteilen. Dieser Trick ermöglicht es Ihnen, Ihre Gedanken mit einem Gefühl der Neugier und Distanziertheit zu beobachten und hilft Ihnen somit dabei, Entspannung und Frieden zu erhalten.

Kommen Sie zur Besinnung

Wenn Sie Ihre negativen Gedanken genau beobachten, dann ist Ihnen möglicherweise bereits bewusst, dass die meisten von ihnen aus einer von zwei Quellen stammen.

Das erste ist eine Besessenheit in Bezug auf die Vergangenheit. Vielleicht verbringen Sie viel Zeit damit, über vergangene Handlungen nachzudenken, die Sie bereuen, über Umstände, die nicht so verliefen, wie Sie es sich erhofft hatten, oder über schlechte Dinge, die Ihnen passiert sind. Dies kann zu einem ständigen Gefühl von Schuld und Traurigkeit führen und Sie zu negativem Denken veranlassen.

Der zweite Faktor, der zu negativen Gedanken beiträgt, ist die ständige Sorge um die Zukunft. Wir Menschen neigen dazu, Angst vor den Unsicherheiten des Lebens zu haben. Vielleicht sorgen Sie sich um die Zukunft Ihrer Familie, Ihrer Beziehungen oder Ihrer Karriere. Dies kann Sie in einen Zustand ständiger Sorge und Negativität versetzen.

Wenn Sie Ihre negativen Denkmuster genau untersuchen, dann werden Sie feststellen, dass Ihr Geist auf die Zukunft oder auf die Vergangenheit ausgerichtet ist.

Das Problem mit diesen negativen Gedankenmustern besteht darin, dass sie unseren Fokus von der realen Welt in eine andere Richtung lenken. Wenn Sie zu viel in diese negativen Gedanken investieren, dann verlieren Sie den Überblick über Ihr Leben. Möglicherweise verlieren Sie auch die Verbindung zu den Menschen in Ihrem Leben und zu der Welt, in der Sie leben.

Um in der Gegenwart präsent zu sein, müssen Sie Ihre Aufmerksamkeit von Ihren negativen Gedanken ablenken und auf die Welt um Sie herum ausrichten. Sie können dies tun, indem Sie die Technik „Zu Sinnen kommen" üben. Diese Technik besteht darin, Ihre Aufmerksamkeit von Ihren negativen Gedanken umzuleiten, indem Sie sich auf Ihre Sinne konzentrieren. Achten Sie auf Ihre Umgebung und konzentrieren Sie sich auf das, was gerade passiert. Was können Sie hören, was können Sie sehen? Wie hängen diese Dinge mit Ihrer aktuellen Situation zusammen? Sie werden ein größeres Bewusstsein für sich selbst und die Welt um Sie herum entwickeln. Zudem werden Sie ein Gefühl der Ruhe und Entspannung erhalten, das Ihnen dabei hilft, sich zu erden, wenn Sie von negativen Gedanken geplagt werden.

Hilfreiche Fragen

Negative Denkmuster sind in der Regel sehr starr. Egal wie sehr Sie auch versuchen, diese zu überwinden, so können sie dennoch bestehen bleiben. Wenn Sie von negativen Gedanken geplagt werden, dann gibt es verschiedene Werkzeuge, mit denen Sie sich befreien und Ihre Situation ändern können. Diese Werkzeuge werden in Form von Fragen angewandt, die im Rahmen der Akzeptanz- und Bindungstherapie (ABT) verwendet werden. Die Fragen sollen Ihnen dabei helfen, Ihre negativen Gedanken herauszufordern, um Ihren Fokus zu verschieben.

Der beste Ansatz für diese Methode besteht darin, sich Fragen zu stellen und diese in Ihrem Kopf zu beantworten (O'Brien, 2019b). Hier sind einige der Fragen, die Sie berücksichtigen müssen, um negative Denkmuster zu überwinden.

- Ist dieser Gedanke in irgendeiner Weise hilfreich oder nützlich für mich?
- Ist dieser Gedanke in der Realität begründet?
- Ist dieser Gedanke wichtig oder beschäftigt sich mein Verstand nur mit geistigem Geschwätz?
- Hilft mir dieser Gedanke, Maßnahmen zur Erreichung meiner Ziele zu ergreifen?

Sobald Sie diese hilfreichen Fragen gestellt und beantwortet haben, können Sie einige positive Fragen beantworten, die Ihnen dabei helfen werden, Ihren Fokus auf konstruktive Gedanken zu lenken. Idealerweise sollten Sie diese Fragen einzeln bearbeiten und erst dann zur nächsten übergehen, wenn Sie die vorhergehende Frage ausreichend beantwortet haben.

- Was halte ich für wahr?
- Welches Ergebnis werde ich aus dieser Situation ziehen und wie kann ich dies erreichen?
- Was sollte ich tun, um das Beste aus dieser Situation herauszuholen?
- Wird es mir ohne diesen Gedanken besser gehen?
- Worauf kann ich mich jetzt konzentrieren?
- Kann ich das aus einem anderen Blickwinkel betrachten?
- Wofür kann ich in diesem Moment dankbar sein?

Das Stellen und Beantworten dieser Fragen kann Ihre Perspektive ändern und Ihre Aufmerksamkeit von Ihren negativen Gedanken auf das positive Potenzial Ihrer alltäglichen Realität lenken.

Zusammenfassung

In diesem Kapitel haben wir uns einige Werkzeuge und Techniken angesehen, die Ihnen dabei helfen können, Ihre negativen Denkmuster zu überwinden und die Macht und Kontrolle über Ihre Denkweise zurückzugewinnen. Wenn Sie sich von unangenehmen Gedankenmustern überwältigt fühlen, dann denken Sie daran:

- Verwenden Sie die kognitive Defusion, um zwischen den Gedanken in Ihrem Kopf und der Realität Ihrer Situation zu unterscheiden. Auf diese Weise können Sie eine positive Beziehung zu Ihren Gedanken aufbauen. Diese Technik ermöglicht es Ihnen auch, Ihre Gedanken aus einer ruhigen Distanz zu betrachten, anstatt zuzulassen, dass die Gedanken Ihre Emotionen und Handlungen steuern.
- Lernen und üben Sie die Technik „Name it to tame it". Diese wird Ihnen dabei helfen, sich von negativen Gedankenmustern zu befreien, ohne dagegen ankämpfen zu müssen.
- Seien Sie in der Gegenwart präsent, indem Sie Ihre Aufmerksamkeit von Ihren negativen Gedanken ablenken und auf Ihre Sinneswahrnehmungen Ihrer unmittelbaren Situation umlenken. Dies wird Ihnen Erleichterung verschaffen, indem Sie Ihren Geist beruhigen und sich von den Sorgen in Bezug auf Ihre Vergangenheit oder Zukunft befreien.
- Verwenden Sie „hilfreiche Fragen", um tief in Ihre Gedankenwelt einzudringen und deren Richtigkeit zu bestimmen. Sie können auch Folgefragen verwenden, um Ihre negativen Gedanken herauszufordern und durch positive zu ersetzen.

Dieses Kapitel legte den Fokus darauf, Ihnen Werkzeuge und Techniken an die Hand zu geben, mit denen Sie effektiv mit negativen Gedanken umgehen können. Die Strategien, die wir besprochen haben, haben sich bewährt. Wenn Sie ständig mit negativen Gedanken zu kämpfen haben, üben Sie diese Strategien. Sie werden Ihnen dabei helfen, die negativen Gedankenmuster, mit denen Sie konfrontiert sind, zu beseitigen und die Kontrolle über Ihr Denken zurückzugewinnen.

Im nächsten Kapitel lernen Sie, wie Sie die Kontrolle über Ihre Denkweise übernehmen und verhindern können, dass Sie sich in Negativität verwandelt. Dieses nächste Kapitel ist zweifellos eines der wichtigsten in diesem Buch, da es Ihnen zeigt, wie Sie negatives Denken abwenden können, bevor diese negativen Gedanken zu einem größeren Problem werden. Achten Sie genau auf diese Hinweise. Sie sind von unschätzbarem Wert für Ihre Strategie, Ihre negative Denkweise dauerhaft zu beseitigen.

KAPITEL 4:

Wie Sie Ihre Gedanken kontrollieren und aufhören, diese in Negativität zu verwandeln

Depressionen und Angstzustände zeichnen sich oft durch negative Gedanken aus, mit denen man nur schwer umgehen kann. Menschen erkennen oft nicht, wie stark sie von ihrer negativen Denkweise beeinflusst werden, bis es zu spät ist. Selbst dann, wenn Ihr negatives Denken zur Gewohnheit geworden ist, so gibt es dennoch mentale Strategien, mit denen Sie die Kontrolle über Ihr Denken übernehmen können. Lassen Sie uns einige dieser Strategien untersuchen und herausfinden, wie wir sie verwenden können, um mit unseren negativen Gedanken umzugehen.

Eine mentale Verschiebung durchführen

Um die Kontrolle über Ihr Denken zu übernehmen und zu verhindern, dass negative Gedanken in Ihrem Kopf Einzug halten, müssen Sie sich bewusst anstrengen, um Ihre Denkweise zu verändern. Dies kann sehr schwierig sein. Wenn Sie jedoch regelmäßig üben, wird dies bald vollkommen natürlich für Sie und Sie können Ihr Denken ohne großen Aufwand verändern.

Was bedeutet es also, eine mentale Veränderung vorzunehmen? Grundsätzlich bedeutet eine Verlagerung Ihres mentalen Fokus, dass Sie Ihre etablierte Wahrnehmung einer schwierigen Situation infrage stellen. Sie müssen überlegen, mit welchen Sorgen Sie möglicherweise konfrontiert sind und Ihre Aufmerksamkeit auf etwas anderes lenken. Das Ziel der mentalen Verschiebung besteht darin, den Kreislauf unerwünschter oder unangenehmer wiederkehrender Gedanken zu durchbrechen (Elmer, 2019).

Eine Schlüsselkomponente dieser Strategie ist, die negativen Gedanken umzukehren, die Sie möglicherweise von anderen Personen übernommen haben. Wenn Sie beispielsweise mit der Einstellung erzogen wurden, dass Sie im akademischen Bereich hervorragende Leistungen erbringen müssen, um eine gute Zukunft zu haben, könnten Sie sich wie ein Versager fühlen, wenn Sie dies nicht erreichen. Wenn Sie an diesen Überzeugungen festhalten, sind Sie möglicherweise sehr anfällig für negatives Denken. Deshalb müssen Sie solche Überzeugungen ablegen, wenn Sie die negativen Gedankenmuster, für die Sie anfällig sind, ablegen möchten.

Indem Sie Ihren Fokus bewusst von negativen Gedanken abwenden, können Sie Angst und Stress erheblich lindern und sich von unangenehmen Denkmustern befreien.

Enthalten Ihre Gedanken das Wörtchen „sollen"?

Wenn Sie lernen, wie Sie eine mentale Veränderung vornehmen, dann müssen Sie die allgemeinen Gedankenschleifen identifizieren und lernen, wie Sie negative Gedanken sofort erkennen. Wenn Ihr Denkprozess beispielsweise das Wort „sollte" enthält, müssen Sie herausfinden, warum Sie so denken. Es kann z. B. sein, dass Sie eine negative Denkweise haben, die Ihnen Folgendes sagt: „Ich sollte eine bestimmte Sache tun" oder „Ich sollte dieses Gefühl nicht empfinden." Obwohl diese Gedanken gut gemeint sein mögen, so können sie dennoch Schuldgefühle in Ihnen hervorrufen und Sie in eine Spirale des negativen Denkens ziehen.

Eine gute Möglichkeit, um solchen Gedanken entgegenzuwirken, besteht darin, die Worte zu ändern, die Sie verwenden und Ihre Unvollkommenheit und Einschränkungen als Mensch zu akzeptieren. Anstatt zu denken „Ich sollte nicht so empfinden", können Sie sich stattdessen sagen: „Ich fühle mich momentan aufgrund der Herausforderungen, die ich erlebe, nicht gut, aber ich bin sicher, dass das vorbeigehen wird." Wenn Sie Ihren Denkansatz auf diese Weise ändern, können Sie den Druck, der auf Ihnen lastet, erheblich lindern.

Um eine erfolgreiche mentale Veränderung zu erreichen, müssen Sie zudem alle Muster des negativen Denkens identifizieren. In den meisten Fällen entstehen Gedanken, die Anweisungen ausdrücken, wie z. B. „Ich sollte", aus mentalen Verzerrungen, die als *automatische negative Denkweise* bezeichnet werden.

Negative Gedanken, die durch eine automatische negative Denkweise entstehen, spiegeln normalerweise starke Abneigungen wider, die wir gegenüber bestimmten Dingen haben können. Diese Gedanken neigen dazu, sich zu Gewohnheiten zu entwickeln und extrem hartnäckig zu werden, was den Umgang mit ihnen sehr schwierig macht. Sie kommen normalerweise häufig vor, wenn man mit Angstzuständen oder Depressionen zu kämpfen hat.

Die automatische negative Denkweise ist nicht immer leicht zu erkennen, da sie sich normalerweise über einen langen Zeitraum entwickelt. Die meisten Menschen sind sich der Tatsache nicht einmal bewusst, dass dies die Ursache ihrer negativen Gedanken ist, es sei denn, dass sie darauf hingewiesen werden. Sie können diese Denkmuster jedoch identifizieren, indem Sie Aufzeichnungen über Ihre Gedanken führen.

Sie können dies folgendermaßen tun:
- Identifizieren Sie die Situation, in der Sie sich befinden.
- Erkennen und notieren Sie alle Emotionen, die Sie möglicherweise erleben.
- Achten Sie auf die Bilder oder Gedanken, die Ihnen in den Sinn kommen.

Nachfolgend werden Ihnen die Schritte erläutert, die Sie ausführen müssen, um herauszufinden, ob Ihre negativen Gedanken einer automatischen negativen Denkweise entspringen.

1. Die Situation einschätzen

Zunächst müssen Sie die Situation bewerten, in der Sie sich befinden. Einige der wichtigsten Fragen, die Ihnen bei dieser Bewertung helfen können, sind folgende:

- Welche Personen sind in diese Situation verwickelt?
- Wo hat sich dieser Vorfall ereignet?
- Wie habe ich dazu beigetragen, um mich in dieser Position zu befinden?
- Wie kam es zu diesem Ereignis?

2. Bewerten Sie Ihre Stimmung und Gefühle

Sie müssen alle Emotionen aufschreiben, die Sie aufgrund der Situation erleben. Sind Sie z. B. wütend, nervös oder traurig? Es ist auch eine gute Idee, zu notieren, inwieweit Sie sich betroffen fühlen. Sie können Prozentsätze oder andere Skalen verwenden, um dies zu bewerten: „Ich fühle mich heute zu 75 % traurig" oder „Auf einer Skala von 1 bis 10 liegt meine Traurigkeit bei 7". Verschwenden Sie nicht zu viele Gedanken daran, ob die Prozentsätze total korrekt sind. Sie können eine passende Zahl auswählen, je nachdem, inwieweit Sie diese besonderen Emotionen verspüren. Die Lösung besteht darin, Ihren Instinkten zu vertrauen und sich Zeit zu nehmen, um Ihre Stimmungslage und Gefühle zu bewerten.

3. Notieren Sie die automatischen Gedanken, die Ihnen durch den Kopf gehen

Der letzte und wichtigste Schritt in diesem Prozess besteht darin, die automatischen Gedanken zu notieren, die Ihnen durch den Kopf gehen. Dies können Gedanken sein wie:

- Ich bin dumm.
- Ich überreagiere.
- Ich kann mich jetzt nicht darum kümmern.

Wenn Sie feststellen, dass sich solche automatischen negativen Gedanken in Ihrem Kopf manifestieren, dann sollten Sie die Situation zerlegen, um besser damit umgehen zu können. Auf diese Weise können Sie die Perspektive wechseln und verhindern, dass Ihre Stimmung von Ihrer negativen Denkweise beeinflusst wird.

Sie müssen die Gründe für Ihre negative Denkweise untersuchen, um herauszufinden, warum die Situation, in der Sie sich befinden, Sie dazu bringt, so zu denken. Wenn Ihre negative Denkweise z. B. lautet „Ich werde niemals eine gute Mutter/ein guter Vater sein", dann können Sie sich fragen, ob dieser Gedanke auf die Art und Weise zurückzuführen ist, wie Sie von Ihren Eltern erzogen wurden. Es ist wichtig, diesen Denkprozess bis zu seiner logischen Schlussfolgerung zu verfolgen, da Ihnen diese Vorgehensweise verraten kann, warum Sie zu solchen negativen Gedanken über sich selbst neigen.

Es kann sich auch lohnen, sich das Worst-Case-Szenario vorzustellen und die Gefühle zu notieren, die dabei in Ihnen hervorgerufen werden. Wenn Sie Ihre Situation offen und ehrlich bewerten, dann stellen Sie eventuell fest, dass Ihre Überzeugungen in Bezug auf sich selbst völlig unbegründet sind und dass Sie keinen Grund haben, ängstlich zu sein.

Sobald Sie Ihre automatische negative Denkweise identifiziert haben, müssen Sie sie überprüfen, um festzustellen, ob sie zutrifft. Vielleicht stellen Sie fest, dass es keinerlei Beweise gibt, die Ihren Gedankengang stützen. Selbst dann, wenn es Beweise gibt, die auf früheren Erfahrungen beruhen, sind diese in Ihrer aktuellen Situation vermutlich nicht genauso anwendbar.

Aus diesem Grund müssen Sie bei der Untersuchung Ihrer automatischen negativen Denkweise eher auf glaubwürdige Beweise, als auf Emotionen Wert legen. Wägen Sie alle Beweise ab, bevor Sie beurteilen, ob Ihr Gedanke auf Rationalität beruht oder nur ein weiteres Symptom für Angst ist. Wenn Sie feststellen, dass Ihr Gedankengang irrational ist, dann können Sie ihn durch einen neuen ersetzen, der alle fundierten Beweise berücksichtigt und es Ihrem rationalen Verstand ermöglicht, Ihre Denkweise selbst zu bestimmen.

In Bezug auf eine stressige, automatische negative Denkweise ist es auch wichtig zu erkennen, wann Sie sich von Ihren Gedanken überwältigt fühlen. Menschen reagieren schnell defensiv, wenn sie mit schwierigen Gedanken zu tun haben, die sie nicht kontrollieren können. Dies ist nicht nur unwirksam, sondern kann auch kontraproduktiv sein. Der Versuch, Ihre Gedanken zu bekämpfen, macht diese nur stärker, was dazu führen kann, dass Sie in eine Spirale der Angst geraten. Unabhängig davon, woher Ihre negativen Gedanken kommen, müssen Sie sie zuerst überwinden, um sie dann vorsichtig in Ihrem Geist willkommen zu heißen. Das ist keineswegs einfach. Schließlich genießt es niemand, ständig von negativen Gedanken überflutet zu werden. Indem Sie Ihre unangenehmen Gedanken vorsichtig akzeptieren, reduzieren Sie die mentale Belastung erheblich und verbrauchen weniger Energie als beim Versuch, sie zu bekämpfen. Anstatt all Ihre Anstrengungen damit zu verbringen, Ihre negativen Gedanken zu bekämpfen, sollten Sie die Möglichkeit in Betracht ziehen, dass diese Gedanken da sind, um Ihnen etwas beizubringen. Ich versichere Ihnen: Sobald Sie erfahren, dass stressige Gedanken aus einem bestimmten Grund aufkommen, sind Sie besser darauf vorbereitet, die Gefühle der Angst und Frustration zu bewältigen, die diese stressigen Gedanken hervorrufen.

Zusammenfassung

In diesem Kapitel haben Sie gelernt, dass Sie eine mentale Veränderung vornehmen müssen, um Ihre Gedanken zu kontrollieren und nicht mehr in Negativität zu verfallen. Es gibt mehrere wichtige Erkenntnisse aus diesem Kapitel. Wenn es um den Umgang mit negativen Denkgewohnheiten geht, sind hier einige wichtige Dinge zu beachten.

- Eine mentale Veränderung ist entscheidend, um negative Gedanken endgültig abzulegen. Dazu müssen Sie in der Lage sein, Ihre negativen Gedanken herauszufordern und deren Plausibilität zu bestimmen. Um dies zu erreichen, müssen Sie Ihre Gedanken von der negativen Geschichte in Ihrem Kopf ablenken und diese durch eine andere Perspektive ersetzen, die die Fakten der Situation berücksichtigt.
- Gedanken, die das Wort „sollte" enthalten, sind sehr schwierig zu behandeln, da sie einen starken Druck erzeugen, der gelöst werden muss. Wenn Sie also solche Gedanken haben, dann

müssen Sie Ihre Denkmuster aufschlüsseln. Im Allgemeinen spiegeln solche Gedanken eine automatische negative Denkweise wider, die sich im Laufe der Zeit entwickelt hat. Es ist daher wichtig, diese Denkweise zu hinterfragen, um festzustellen, ob sie durch Beweise gestützt wird oder einfach nur geistiges Geschwätz ist, das sich aus lang entwickelten Gewohnheiten ergibt (Elmer, 2019).

Es ist sehr wichtig zu lernen, wie man automatische negative Denkmuster identifiziert und bewertet, um eine mentale Abkehr vom negativen Denken zu erreichen. Wenn Sie mit dieser Art von Gedanken zu kämpfen haben, kann sich die Entwicklung dieser Fähigkeiten von unschätzbarem Wert erweisen. In den meisten Fällen geht eine negative Denkweise damit einher, dass man sich zu viele Gedanken macht, was ebenfalls ein großes Problem sein kann. Das obsessive Nachdenken über negative Dinge kann Ihre Stimmung ernsthaft beeinträchtigen.

Im nächsten Kapitel werden wir uns einige Strategien ansehen, die Sie anwenden können, um mit übermäßigem Grübeln umzugehen und die Tendenz zu überwinden, von Ihren negativen Gedanken besessen zu sein. Am Ende des Kapitels sollten Sie imstande sein, leicht zu erkennen, auf welche Art und Weise Ihr übermäßiges Nachdenken entsteht und Sie sollten verschiedene Techniken verwenden können, um dieses Problem zu beheben.

KAPITEL 5:

Wie man damit aufhört, sich zu viele Gedanken zu machen

Sich zu viele Gedanken zu machen ist ein häufig vorkommendes Problem, das Menschen aller Altersgruppen betrifft. Während es normal ist, ab und zu über einige Dinge nachzudenken, so kann es zu einem ernsthaften Problem werden, wenn Sie Ihre ganze Zeit damit verbringen, über verschiedene Dinge nachzugrübeln.

Übermäßiges Grübeln tritt normalerweise dann auf, wenn Sie von der Vergangenheit besessen sind oder sich Sorgen um die Zukunft machen. Im Gegensatz zu einer normalen Denkweise, die auf eine Problemlösung ausgerichtet ist, führt das übermäßige Nachdenken nur dazu, dass Sie sich mit dem Problem befassen, ohne jedoch Lösungen dafür zu finden (Oppong, 2020). Es ist normal und sogar hilfreich, in Momenten der Selbstreflexion viel nachzudenken, da Sie so wichtige Erkenntnisse gewinnen können, die Ihnen hilfreich dabei sind, die Probleme zu lösen, mit denen Sie konfrontiert werden. Übermäßiges Nachdenken macht Sie jedoch nur machtlos in Bezug auf Ihre Situation und erfüllt keinen sinnvollen Zweck.

Leider ist es in den meisten Fällen nicht leicht zu sagen, ob Sie sich tatsächlich zu viele Sorgen machen. Einige Leute verwechseln übermäßiges Nachdenken mit Selbstreflexion, da man bei beiden Aktivitäten viel Zeit damit verbringt, über etwas nachzudenken. Der Unterschied zwischen diesen beiden Aktivitäten besteht jedoch darin, dass Selbstreflexion zu nützlichen Einsichten führt, während übermäßiges Nachdenken Ihnen lediglich Energie und Zeit raubt. Es spielt keine Rolle, wie lange Sie übermäßig viel grübeln. Es ist unwahrscheinlich, dass Sie eine Lösung für Ihr Problem finden. Aus diesem Grund ist es wichtig zu erkennen, wann Sie zu viel nachdenken sowie zu lernen, wie Sie verhindern können, dass Ihr Geist durcheinander gerät.

Nachfolgend sind einige Anzeichen aufgeführt, die darauf hinweisen, dass Sie möglicherweise übermäßig viel nachdenken:

- Sie müssen ständig über einen negativen Vorfall in der Vergangenheit nachdenken.
- Sie beschäftigen sich sehr oft mit negativen Gedanken.
- Sie konzentrieren sich in jeder Situation auf das Worst-Case-Szenario.
- Sie neigen dazu, über vergangene Fehler und Misserfolge nachzudenken, obwohl diese womöglich keinen Einfluss auf Ihr aktuelles Leben haben.
- Sie neigen dazu, jedes Detail Ihrer alltäglichen Interaktionen mit anderen Menschen zu analysieren.
- Sie stellen sich oft peinliche Momente vor, die Sie in der Vergangenheit hatten.
- Es fällt Ihnen schwer, einzuschlafen, weil Ihr Geist nicht abschalten kann.
- Sie verbringen viel Zeit damit, nach versteckten Bedeutungen in den Aussagen zu suchen, die andere Menschen tätigen. Es könnte sein, dass Sie die Aussagen Ihrer Mitmenschen überinterpretieren.
- Sie verbringen viel Zeit damit, über Dinge nachzudenken, über die Sie absolut keine Kontrolle haben.

Übermäßiges Nachdenken ist ein ernstes Problem, das Ihr Selbstwertgefühl und Ihren Seelenfrieden schädigen kann. Nur weil Sie von ständigen negativen Gedanken geplagt werden, heißt das nicht, dass Sie aufgeben sollten. Im Folgenden werde ich verschiedene Schritte beschreiben, mit denen Sie die Kontrolle über Ihr Leben wiedererlangen und das Problem des übermäßig starken Nachdenkens überwinden können.

Entwickeln Sie ein Bewusstsein für das Problem

Inzwischen verstehen Sie wahrscheinlich, dass die meisten Gedanken, die wir haben, spontan und automatisch auftreten. Im vorigen Kapitel haben wir uns angesehen, wie unsere automatischen negativen Gedanken aus Gewohnheiten entstehen, die wir im Laufe unseres Lebens unbewusst entwickelt haben. Normalerweise klammern sich diese Gedanken an unseren Geist und wiederholen sich, wodurch es unmöglich wird, Fortschritte in unserem Leben zu erzielen. Der erste Schritt zur Überwindung des übermäßigen Nachdenkens besteht daher darin, sich Ihrer Gedanken bewusst zu sein. Sie müssen beginnen, Ihre Gedanken aus der Perspektive eines externen Beobachters zu betrachten, um sich von ihnen zu lösen.

Ein Beobachter Ihrer eigenen Gedanken zu werden, bedeutet mehr als nur Ihre Gedanken zu identifizieren. Im Wesentlichen müssen Sie sich der Empfindungen und Gefühle bewusstwerden, die mit Ihren negativen Gedanken einhergehen. Dies liegt daran, dass unsere Gedanken automatisch ablaufen und meistens unsere gesamte Aufmerksamkeit auf sich ziehen. Sie entstehen und zerstreuen sich oft blitzschnell, was es uns sehr schwer macht, uns auf einen einzelnen Gedanken zu konzentrieren und ihn bis zu seiner Entstehung zu verfolgen. Trotzdem ist Selbstbeobachtung eine Fähigkeit, die sehr gut zu erlernen ist, wenn sie oft geübt wird.

Wenn Sie lernen, Ihre negative Denkweise aus einer neutralen oder objektiven Sicht zu beobachten und zu bewerten, erhalten Sie eine andere Perspektive. Sie werden dazu in der Lage sein, die Quelle Ihrer negativen Gedanken sowie die Art und Weise, wie sie Ihre Emotionen und Stimmungen beeinflussen, zu verstehen. Sie werden ebenfalls dazu in der Lage sein, kontraproduktive Abwehrmechanismen zu entwickeln, auf die Sie normalerweise zurückgreifen, wenn Sie von schwierigen wiederkehrenden Gedanken geplagt werden. Wenn Sie lernen, Ihre obsessiven Gedankenmuster zu beobachten, dann werden Sie erkennen, dass Ihre Gedanken ganz von selbst entstehen. Diese Erkenntnis ermöglicht es Ihnen, Ihre Gedanken von einem objektiveren Standpunkt aus zu sehen. Dies kann Ihnen immer dann viel Erleichterung und

Seelenfrieden verschaffen, wenn Sie zu viel über etwas Negatives nachdenken.

Verstehen Sie Ihre Auslöser

Übermäßiges Nachdenken ist ein Problem, das unsere emotionale Gesundheit tiefgreifend beeinflusst. Das liegt daran, dass wir selten übermäßig stark über alle positiven Dinge in unserem Leben nachdenken. Übermäßiges Nachdenken ist normalerweise in einer negativen Erinnerung oder in einer Sorge verankert. Aus diesem Grund ist es wichtig, die emotionalen Auslöser zu erkennen und zu verstehen, um mit ständigen Grübeleien effektiv umgehen zu können. Emotionale Auslöser beziehen sich unter anderem auf Worte, Handlungen, Meinungen, Situationen und Menschen, die in Ihnen starke negative Emotionen hervorrufen. Wenn diese Auslöser auftreten, dann kann es sein, dass Sie eine Reihe von Emotionen erleben - darunter Angst, Wut und Traurigkeit. Diese Emotionen können wiederum dazu führen, dass Sie in übermäßigem Nachdenken versinken. Es gibt verschiedene Gründe, warum diese Trigger solche Emotionen in Ihnen auslösen können. Dazu gehören:

1. Vergangene Traumata

Eine Person, die in der Vergangenheit ein sehr traumatisches Ereignis erlebt hat, kann getriggert werden, wenn sie etwas sieht, hört, riecht, berührt oder schmeckt, das sie an ihre negative Erfahrung erinnert. Beispielsweise kann eine Person, die als Kind von ihren Betreuern missbraucht wurde, getriggert werden, wenn sie andere Eltern sieht, die eine schlechte Beziehung zu ihrem Kind haben. In ähnlicher Weise kann sich eine Person, deren Ehepartner aufgrund des Konsums von Tabak an Lungenkrebs gestorben ist, durch den Geruch von Zigaretten oder immer dann, wenn sie jemanden rauchen sieht, getriggert fühlen.

Posttraumatische Auslöser sind normalerweise ein Symptom dafür, dass dieses Trauma nicht aufgearbeitet wurde. Glücklicherweise kann dies durch eine geführte Verhaltenstherapie gelöst werden, die den

Opfern dabei helfen soll, ihre Trigger zu verstehen und effektive Wege zu finden, mit ihnen umzugehen.

2. Widersprüchliche Überzeugungen und Werte

Wir Menschen neigen dazu, unsere Überzeugungen energisch einzuhalten und zu verteidigen. Die Glaubenssysteme, die wir im Laufe unseres Lebens gelernt und angenommen haben, spielen eine entscheidende Rolle bei der Gestaltung unserer Werte. Dies prägt anschließend unser Denken und unser Verhalten. Wenn wir uns zu stark mit einer bestimmten Überzeugung identifizieren, fällt es uns möglicherweise schwer, tolerant gegenüber den Überzeugungen anderer Menschen zu sein, insbesondere wenn sie unseren eigenen widersprechen. Deshalb schafft Religion so viele Konflikte und Uneinigkeit in der Gesellschaft. Unsere Überzeugungen geben uns ein Gefühl von Halt und Sicherheit in der komplizierten Welt, in der wir leben. Wenn diese herausgefordert werden, haben wir oftmals das Gefühl, dass die gesamte Grundlage unseres Lebens in Gefahr geraten ist. Wenn andere Menschen unsere Überzeugungen und Werte infrage stellen, sehen wir dies meistens als Angriff auf unsere Persönlichkeit an. Es ist jedoch wichtig, zu erkennen, dass selbst die beständigsten Glaubenssysteme nicht unveränderbar sind. Sie können sich im Laufe der Zeit ändern, wenn wir neue Informationen und Erfahrungen sammeln.

3. Bewahrung unseres Egos

Wenn Sie ein grundlegendes Verständnis der modernen Psychologie besitzen, dann sind Sie möglicherweise mit dem Konzept des „Ego" vertraut. Im Wesentlichen ist das Ego das ausgeprägte Gefühl der Selbstheit, das jeder Mensch während seines gesamten Lebens mit sich trägt. Darunter versteht man den Zusammenfluss vieler Dinge, einschließlich unserer vorgefassten Gedanken und Vorstellungen, kulturellen Werte, Erziehung, Glaubenssysteme, Erinnerungen, Wünsche und Gewohnheiten. Der Hauptzweck besteht darin, unsere Erfahrung der Selbstheit fortzusetzen und uns davor zu schützen, den Tod unseres vertrauten Selbst zu erleben. Unser Ego schafft also ein Netzwerk von Ideen, Gedanken, Überzeugungen und Gewohnheiten, wovon wir unseren Identitätssinn ableiten. Daher ist es nicht verwunderlich, dass wir sofort getriggert werden, wenn unser Identitätsgefühl von anderen Menschen infrage gestellt wird. Wenn uns jemand verletzt, wird unser Ego sofort aktiv, um unsere Identität zu verteidigen. Einige der Möglichkeiten, mit denen wir reagieren können, umfassen Streit, Beleidigungen, Verleumdungen oder die Abwertung der Zielscheibe unseres Zornes. In extremen Fällen können manche Menschen schwere Verbrechen, wie Körperverletzung oder Mord, begehen, wenn sie das Gefühl haben, dass ihr Ego bedroht ist. Dies zeigt, wie mächtig dieser Aspekt unseres Lebens tatsächlich ist. Unser Ego kann zwar sehr destruktiv sein, es kann aber auch eine Kraft für das Gute sein, wenn es im Gleichgewicht gehalten wird. Schließlich ist das Ego ein wesentlicher Aspekt jedes Menschen.

Jeder Mensch hat ein Ego. Die Tatsache, dass es keinen hohen Prozentsatz von Menschen gibt, die schwere Verbrechen begehen, liegt daran, dass ein ausgeglichenes Ego eine wünschenswerte, nützliche und häufig vorkommende Sache ist. Wenn Sie ein Problem mit Menschen oder Konzepten haben, die Ihr Ego herausfordern, müssen Sie lernen, wie Sie Ihr Ego kontrollieren, damit Sie die Perspektiven anderer Menschen akzeptieren können, ohne sich bedroht zu fühlen. Einige der Praktiken, die Ihnen dabei helfen könnten, umfassen Meditation, Selbstbeobachtung und das Unterstützen von anderen Menschen.

Wenn Sie verstehen, wie das Ego funktioniert und ein gesundes Ego entwickeln, dann können Sie die Auslöser überwinden, die Sie für übermäßige Grübeleien anfällig machen.

Fokus auf das Gesamtbild

Sehr oft werden wir von den kleinen Sorgen und Ängsten unseres täglichen Lebens abgelenkt, bis wir an einen Punkt gelangen, an dem wir unsere großen Ziele aus den Augen verlieren. Tatsächlich dauert es einige Zeit, bis die meisten Ziele im Leben erreicht werden können, egal ob sie sich auf die Karriere oder auf Beziehungen beziehen. Je länger dieser Zeitraum dauert, desto leichter passiert es, dass Sie das Gesamtbild aus den Augen verlieren. Wenn Sie sich zu stark auf die kleinen

Details konzentrieren, die Ihre Ambitionen beeinflussen, haben Sie unweigerlich weniger Zeit, um über Ihre eigentlichen Ziele nachzudenken. Dies kann sich nachteilig auf Ihren allgemeinen Antrieb und Ihre Motivation auswirken. In einigen Fällen kann es passieren, dass Sie Ihr Ziel völlig vergessen, da Sie durch unmittelbare Sorgen und Probleme abgelenkt werden. Um die Verfolgung Ihrer Bestrebungen und Ziele zu gewährleisten, ist es wichtig, das Gesamtbild im Auge zu behalten.

Wie können Sie das schaffen? Nun, das Geheimnis, sich auf Ihre großen Ziele zu konzentrieren, besteht darin, diese wieder in Ihr Bewusstsein zu bringen. Im Wesentlichen müssen Sie sich ständig an Ihre persönliche Vision im Leben erinnern. Es gibt verschiedene Strategien, mit denen Sie sich regelmäßig an Ihre Lebensmission erinnern und sich auf das Gesamtbild konzentrieren können. Nachfolgend erhalten Sie einige Tipps, die Sie zu diesem Zweck anwenden können.

1. Nehmen Sie sich jede Woche etwas Zeit, um sich mit Ihrem Plan zu befassen

Sie müssen jede Woche einige Stunden investieren, um über Ihre Ziele und Ihre übergeordnete Mission im Leben nachzudenken. Dies dient dazu, sich an Ihre Ziele zu erinnern und sich von all den kleinen Ablenkungen zu lösen, die Sie möglicherweise davon abhalten, an der Verwirklichung Ihrer Lebensziele zu arbeiten.

2. Entwickeln Sie ein Symbol, das Sie an Ihre Mission erinnert

Es ist wichtig, ein Symbol zu finden, das Sie an Ihre Lebensziele erinnert. Sie können das Symbol selbst zeichnen, wenn Sie künstlerisch begabt sind. Sie können aber auch einfach ein Symbol auswählen, mit dem Sie sich identifizieren können und das mit Ihren Zielen übereinstimmt. Wenn Sie beispielsweise ein aufstrebender Musiker sind, können Sie ein musikalisches Symbol, Bilder Ihrer Mentoren oder anderer Personen, zu denen Sie aufschauen, als Symbole verwenden. Was oder wen Sie als Ihr Symbol auswählen, liegt ganz bei Ihnen. Drucken Sie dieses Symbol aus und platzieren Sie es an einem Ort, an dem es Ihre Aufmerksamkeit leicht auf sich zieht. Sie können das Bild über Ihr Bett, über die Tür Ihres Zimmers oder auf Ihren Schreibtisch kleben oder es sogar zu einem Anhänger machen, den Sie häufig tragen können. Jedes Mal, wenn Sie das Symbol sehen, werden Sie an Ihre Ziele erinnert.

3. Gönnen Sie sich selbst eine Pause

Manchmal sind wir so stark in unserer Karriere und in unseren gesellschaftlichen Verpflichtungen eingespannt, dass die positive und kreative Energie in uns völlig aufgebraucht wird. Dies kann zu Leistungsproblemen führen und schließlich zur Folge haben, dass wir frustriert sind und von negativen Gedanken überwältigt werden. Aus diesem Grund ist es sehr wichtig, häufig Pausen einzulegen, um Ihre geistige Kapazität wieder aufzuladen und zu erfrischen, sodass Sie wieder optimal weiterarbeiten können. Wenn Sie aufgrund eines Burn-outs negative Gedanken haben, ist es möglicherweise ratsam, sich etwas Zeit zu nehmen, um zur Ruhe zu kommen. Dies wird Ihnen dabei helfen, einen Neustart durchzuführen und Ihren Geist zu entspannen, damit Ihr Denken und Ihre Kreativität freier fließen können.

4. Beseitigen Sie alle Ablenkungen bei der Planung Ihrer Ziele

Ich empfehle Ihnen, mögliche Ablenkungen zu vermeiden, wenn Sie Ihre Ziele planen. Idealerweise sollten Sie einen ruhigen Ort ohne Ablenkungen finden, um bei der Ausarbeitung Ihrer Pläne für die Zukunft klarer denken zu können. Nehmen Sie sich Zeit, um sich auf sich selbst und auf das zu konzentrieren, was Sie erreichen möchten.

5. Schreiben Sie Ihre Ziele auf und lesen Sie sie häufig durch

Wenn Sie sich schriftlich zu Ihren Zielen verpflichten, entsteht ein persönlicher Vertrag mit Ihnen selbst, wodurch Sie sich besser mit Ihrem Leitbild identifizieren können. Sie müssen kein ganzes Buch schreiben, das alles im Detail beinhaltet. Eine Zusammenfassung von zwei bis drei Sätzen, die die Essenz Ihres Leitbildes erfasst, sollte ausreichen. Es kann sogar eine Liste in Stichworten sein. Wenn Sie sich über Ihre Mission im Klaren sind und sich schriftlich dazu verpflichtet haben, lesen

Sie sie mindestens zweimal am Tag durch, insbesondere morgens, wenn Sie aufwachen und kurz bevor Sie ins Bett gehen. Auf diese Weise bleiben Ihre Ziele jederzeit im Vordergrund, auch wenn Sie mit den kleinen Herausforderungen Ihres täglichen Lebens beschäftigt sind.

Erkennen Sie, dass übermäßiges Nachdenken nicht von Dauer ist

Wenn Sie im Kreislauf des übermäßigen Nachdenkens gefangen sind, dann passiert es schnell, dass Sie davon überzeugt sind, es handele sich hierbei um eine Herausforderung, die Sie niemals bewältigen können. Diese düstere Denkweise kann dazu führen, dass Sie sich deprimiert und hoffnungslos fühlen. Sie kann auch zur Folge haben, dass Sie kontraproduktive Entscheidungen treffen, um Ihr negatives Denken zu bekämpfen, wodurch sich das Problem nur noch verschärft.

Nur weil Sie mit ständigen negativen Gedanken zu tun haben, heißt das noch lange nicht, dass Sie für immer zum Scheitern verurteilt sind! Chronisches übermäßiges Nachdenken muss nicht von Dauer sein. Indem Sie Ihre Einstellung von Resignation zu Entschlossenheit ändern, können Sie damit beginnen, das Problem anzugehen und einen effektiven Weg zu finden, um es zu lösen.

Minimieren Sie Ihren täglichen Input

Einer der Hauptgründe, warum wir in die Falle des übermäßigen Nachdenkens geraten, besteht darin, dass wir uns zu vielen Informationen aussetzen. In dem Zeitalter, in dem wir leben, werden wir ständig von riesigen Mengen an Informationen überflutet, die aus verschiedenen Quellen stammen. Zu diesen Quellen gehören das Fernsehen, das Internet und die sozialen Medien, wie Facebook und Twitter. Diese unerbittliche Informationsflut überschwemmt unseren Geist mit nutzlosen Fakten, die keinen anderen Zweck erfüllen, als ihn zu verstopfen und uns von der Realität unseres Lebens abzulenken.

Wenn Ihr Geist mit zu vielen Informationen überfüllt ist, verbringen Sie womöglich viel Zeit damit, über Themen nachzudenken, die für Ihr eigenes Leben vollkommen irrelevant sind. Dies kann Ihr geistiges Gleichgewicht ernsthaft stören und wichtige Aspekte Ihres Lebens beeinflussen, einschließlich Ihres Glückes und Ihrer Schlafqualität. Um die Tendenz des übermäßigen Nachdenkens zu beseitigen, ist es daher unbedingt erforderlich, die Menge an Informationen zu minimieren, denen Sie sich täglich aussetzen. Versuchen Sie beispielsweise, die Zeit zu verkürzen, die Sie mit dem Surfen im Internet und dem Überprüfen von Benachrichtigungen und Nachrichten in sozialen Medien verbringen. Versuchen Sie außerdem, kurz vor dem Schlafengehen auf die Nutzung Ihres Mobiltelefons zu verzichten. Dies wird Ihnen helfen, Informationen zu vermeiden, die Ihren Schlaf beeinträchtigen können.

Treten Sie wieder mit der unmittelbaren Welt in Kontakt

Wenn Sie die meiste Zeit damit verbringen, zu viel nachzudenken und sich Sorgen zu machen, verpassen Sie womöglich die lebendige und aufregende Welt, in der Sie leben. Die ständige Besessenheit in Bezug auf winzige Details raubt Ihnen die Möglichkeit, sich tatsächlich mit Ihrer Umgebung und den Menschen darin auseinanderzusetzen. Übermäßigen Nachdenken kann dazu führen, dass Sie so sehr in Ihrem eigenen Kopf leben, dass Sie die reale Welt aus den Augen verlieren. Wenn Sie sich ständig um kleine Dinge sorgen, verlieren Sie den Überblick über die wirklich wichtigen Dinge in Ihrem Leben.

Entwickeln Sie ein Bewusstsein für Ihre Gewohnheit des übermäßigen Nachdenkens, um zu verhindern, dass Sie zu sehr in Ihrem eigenen Kopf leben und unternehmen Sie aktive Schritte, um sich wieder mit der unmittelbaren Welt zu verbinden.

Wenn Sie Ihren Fokus von obsessiven negativen Gedanken ablenken und Ihre Energie auf die Umgebung um Sie herum umlenken, können Sie besser mit der Welt in Kontakt treten. Dies wird Ihnen dabei helfen, das Leben wieder zu genießen.

Hier sind einige der Strategien, die Ihnen dabei helfen können, nicht zu sehr in Ihrem eigenen Kopf zu leben, sondern wieder in die wirkliche Welt zurückzufinden.

Haben Sie realistische Erwartungen

Manchmal sind wir von negativen Gedanken und übermäßigem Nachdenken geplagt, einfach weil wir uns Erwartungen gestellt haben, die unsere eigenen Fähigkeiten weit übersteigen. Wenn wir zu hohe Standards für uns selbst setzen, werden wir wahrscheinlich enttäuscht sein, wenn wir diese nicht erreichen. Übermäßiges Nachdenken kann zu Schuldgefühlen, Wut, Angstzuständen, Depressionen und Selbstbeschuldigung führen. In einigen Fällen streben wir möglicherweise sogar danach, in sehr kurzer Zeit zu viel zu tun. Es ist Selbstsabotage, sich nicht genug Zeit zu geben, um ein Ziel zu erreichen. Um diese Probleme zu vermeiden, müssen Sie sich realistische Ziele setzen und sich selbst genügend Zeit geben, um diese zu erreichen.

Wenn Sie dazu neigen, unrealistische Erwartungen zu setzen, ist es wichtig, Ihre Ziele neu zu bewerten und zu beurteilen, ob diese Ihren Talenten und Fähigkeiten entsprechen. Sie sollten sich daher ausreichend Zeit nehmen, um Ihre Ziele zu planen und einen realistischen Aktionsplan zu erstellen. So können Sie Ihre Tendenz zum übermäßigen Nachdenken beseitigen und ein starkes Bewusstsein für sich selbst und die Welt um Sie herum entwickeln.

Wechseln Sie die Perspektive

Es gibt einige Fälle, in denen wir mit übermäßigem Nachdenken zu kämpfen haben, nur weil wir eine negative Einstellung in Bezug auf eine Situation haben. Wenn die Dinge nicht so laufen, wie wir es erwarten, kann es passieren, dass wir negative Urteile über uns selbst fällen. Um dieses Problem zu lösen, müssen Sie lernen, wie Sie Ihre Einstellung in Bezug auf eine Situation anpassen. Wenn Ihnen ein negativer Gedanke in Bezug auf eine Situation in den Sinn kommt, versuchen Sie, zu analysieren, ob Sie etwas aus der Situation gewinnen können. In solchen Fällen kann Ihre Verhaltensweise einen großen Unterschied machen, wenn Sie einfach Ihre Einstellung zur Situation ändern. Es ist wichtig, negative Gedanken loszulassen, die Ihnen nichts nützen, und sie durch produktive Gedanken zu ersetzen, die Ihnen zum Erfolg verhelfen. Je mehr Sie üben, negative Gedanken durch positive zu ersetzen, desto eher werden Sie sich diese Art des Denkens zur Gewohnheit machen. So können Sie selbst die schwierigsten Situationen mit einem gesunden Optimismus angehen. Dies kann Ihnen sogar neue Einblicke in die Lösung des Problems verschaffen. Selbst dann, wenn die Situation außerhalb Ihrer Kontrolle liegt, können Sie dennoch einige hilfreiche Lektionen erlernen, die Ihnen künftig in einer ähnlichen Situation nützlich sein können.

Finden Sie eine gute Ablenkung

Wenn Sie sich von negativen Gedanken überwältigt fühlen, ist es manchmal hilfreich, eine gute Ablenkung zu finden, um Spannungen und Stress abzubauen. Es gibt Zeiten, in denen Sie in einem schwierigen Moment des übermäßigen Grübelns nur etwas finden müssen, das Ihrem Geist dabei hilft, sich zu beruhigen. Wenn Sie sich von negativen Gedanken überwältigt fühlen, können Sie diese Energie in eine kreative Ablenkung verwandeln. Sind Sie beispielsweise künstlerisch begabt, könnten Sie zeichnen, malen, basteln oder Musik machen. Dies wird Ihnen dabei helfen, Ihre Energie auf produktive Weise zu kanalisieren und Ihren Geist von den negativen Gedankenschleifen abzulenken, in denen Sie sich möglicherweise befinden.

Auch wenn Sie nicht sehr kreativ sind, gibt es dennoch viele Dinge, die Sie tun können, um Ihren Geist zu entspannen. Sie könnten z. B. ein Buch lesen oder sich ein lustiges Fernsehprogramm ansehen, um Ihre Stimmungslage zu verbessern.

Manchmal kann Ihnen eine gute Ablenkung auch dabei helfen, Ängste zu lindern, die aus negativen Gedanken resultieren.

Erkennen Sie an, dass einige Dinge außerhalb Ihrer Kontrolle liegen

Egal wie viel Kontrolle Sie über Ihr Leben haben, es gibt viele Dinge, die außerhalb Ihrer Kontrolle liegen. Sie können z. B. nicht wissen, ob

Sie morgen einen schlechten Arbeitstag haben werden. Sie können jedoch steuern, wie Sie auf die Situationen reagieren, mit denen Sie konfrontiert sind. Wenn Sie akzeptieren, dass nicht alles in Ihrem Leben kontrollierbar ist, können Sie sich auf jene Dinge konzentrieren, die für Sie änderbar sind. Dies ist eine Form des Denkens, die Ihnen dabei helfen kann, negative Gedanken und die damit verbundene Angst zu überwinden.

Akzeptieren Sie Ihre Einschränkungen

Wir Menschen neigen dazu, die totale Kontrolle über unser Leben und unsere Umwelt ausüben zu wollen. Dieser Wunsch entsteht aus einem evolutionären Überlebensbedürfnis. Die Umstände auf der Welt liegen jedoch nicht immer unter unserer Kontrolle. Obwohl wir bis zu einem gewissen Grad individuelle Kontrolle über unser Leben haben, so ist es dennoch einfach nicht möglich, dass wir wissen, was als nächstes in dieser unvorhersehbaren Welt passieren wird, in der wir leben. In einer Minute sind Sie möglicherweise gesund und lebenslustig und in der nächsten Minute wird bei Ihnen eine chronische Krankheit diagnostiziert oder Sie haben einen hochbezahlten Job und verlieren plötzlich Ihre Arbeitsstelle. Unsere Unfähigkeit, vorherzusagen, was in der Welt und in unserem Leben passiert, mag sehr düster erscheinen. Dies ist jedoch ein natürlicher Teil unserer Realität und eine Tatsache, die berücksichtigt werden sollte. Indem Sie Ihre Grenzen und Ihre mangelnde Fähigkeit, alles kontrollieren zu können, anerkennen, gelingt es Ihnen, den Druck auf sich selbst zu verringern und einen Zustand des inneren Friedens und der Akzeptanz zu erreichen. So können Sie besser mit negativen Situationen umgehen und verhindern, dass diese Ihre geistige Gesundheit beeinträchtigen.

Sie sollten immer daran denken, dass übermäßiges Nachdenken keine Angewohnheit ist, die zu produktiven Ergebnissen führt. Tatsächlich führt übermäßiges Nachdenken nur dazu, dass Sie noch tiefer in ein Loch der Angst und Verzweiflung fallen. Indem Sie Ihre Grenzen akzeptieren und sich auf das konzentrieren, was realistisch und erreichbar ist, können Sie Negativität leichter überwinden und all die wunderbaren Dinge in Ihrem Leben schätzen.

Ersetzen Sie die negativen Gedanken

Das Erkennen und Loslassen negativer Gedanken kann Ihnen dabei helfen, Möglichkeiten für positive Gedanken zu generieren. Nehmen wir an, dass Sie entlassen wurden und sich Sorgen darüber machen, Ihre Familie ernähren zu können. Versuchen Sie, in der ganzen Sache etwas Positives zu sehen, das Sie aus dieser Situation ableiten können, anstatt sich mit negativen Gedanken, wie z. B. „Wie werde ich ohne Arbeit überleben?" zu plagen. Denken Sie stattdessen z. B. „Wie kann ich meine Freizeit nutzen?" Wenn Sie Ihre negativen Gedanken durch positive ersetzen, werden Sie möglicherweise feststellen, dass die Situation nicht so düster ist, wie es scheint. Dies kann Ihnen dabei helfen, Ihre Tendenz in Bezug auf übermäßiges Nachdenken zu überwinden und Raum für positive, produktive Gedanken zu schaffen.

Fragen Sie sich selbst

Übermäßiges Nachdenken entsteht oft aus irrationaler Angst oder aus Besorgnis über bestimmte Situationen. Dieses wiederkehrende geistige Geschwätz wird normalerweise nicht durch aussagekräftige Beweise gestützt, die auf der Realität beruhen. Wenn Sie von negativen Gedanken besessen sind, kann es hilfreich sein, sich selbst zu fragen, warum Sie diese negativen Gedanken haben. Mithilfe eines logischen Gespräches mit sich selbst können Sie feststellen, ob diese Gedanken Beachtung verdienen. Höchstwahrscheinlich werden Sie feststellen, dass der Großteil Ihrer Sorgen nicht sehr rational ist. Dies kann Ihnen dabei helfen, Ihren Geist zu beruhigen und nicht mehr so viel nachzudenken.

Entwickeln Sie eine psychologische Distanz

Eine der effektivsten Möglichkeiten, um mit negativen Gedanken und übermäßigem Nachdenken umzugehen, besteht darin, eine psychologische Distanz zwischen ihnen und sich selbst zu entwickeln. Wie ich bereits im vorherigen Kapitel erwähnt habe, spiegeln Ihre Gedanken normalerweise nicht die Realität wider. Zudem sind nicht unbedingt Sie es, der diese Gedanken entwickelt. Wir Menschen neigen dazu, Gedanken als Dinge zu betrachten, die bewusst erzeugt werden, und nicht als Bilder und Wörter, die autonom auftreten. Dies führt dazu, dass wir uns zu sehr mit unseren Gedanken identifizieren.

Das Problem, zu sehr an unseren negativen Gedanken festzuhalten, besteht jedoch darin, dass wir dadurch unser Gefühl der Kontrolle verlieren, wenn wir von ihnen überflutet werden. Um zu verhindern, dass es zu Mustern der Negativität und des übermäßigen Nachdenkens kommt, müssen Sie lernen, sich von Ihren Gedanken zu lösen. Fangen Sie an, Ihre Sprache so zu verwenden, dass Gedanken als Konzepte behandelt werden, die unabhängig von Ihnen auftreten. Anstatt z. B. zu denken „Ich bin ein totaler Versager", können Sie Ihren negativen Gedanken ansprechen, indem Sie sagen: „Ich bemerke, dass ich jetzt diesen Gedanken habe, der besagt, dass ich ein Versager bin." Wenn Sie diese Art von Denkweise entwickeln, können Sie eine psychologische Distanz zwischen sich und Ihren negativen Gedanken herstellen, damit diese weder Ihre Stimmung noch Ihren Seelenfrieden beeinträchtigen.

Praktizieren Sie Mitgefühl gegenüber sich selbst

Mitgefühl gegenüber sich selbst ist ein sehr effektiver Weg, um mit schwierigen Situationen umzugehen, einschließlich mit übermäßigem Nachdenken. Es ermöglicht Ihnen, ein tieferes Selbstverständnis zu entwickeln, stärker mit anderen Menschen in Verbindung zu treten und Ihre Lebenszufriedenheit zu steigern.

Wenn Sie sich selbst mit mehr Mitgefühl und Verständnis behandeln, werden Sie erkennen, dass Ihr Glück vollständig von Ihnen selbst abhängt. Auf diese Weise können Sie selbst die schwierigsten Gedanken mit Zuversicht und Optimismus steuern. Dies wird Ihnen dabei helfen, das Problem des negativen Denkens endgültig zu beseitigen.

Übermäßiges Nachdenken ist zwar ein sehr schwieriges Problem, sollte aber kein Grund zur Verzweiflung sein. Mit den richtigen Strategien können Sie sich selbst dazu befähigen, mit negativen Gedanken umzugehen und positiv zu denken.

Zusammenfassung

In diesem Kapitel haben wir gelernt, wie man damit aufhört, übermäßig viel nachzudenken. Nachfolgend werden Ihnen die wichtigsten Dinge genannt, die Sie beachten müssen, wenn Sie versuchen, obsessive negative Gedanken zu überwinden, die Ihnen in keiner Weise dabei helfen, voranzukommen.

- Praktizieren Sie Selbstbeobachtung, um ein Bewusstsein für Ihre Gedanken zu entwickeln. Dies wird Ihnen helfen, geistige Klarheit über Ihre Gedanken zu gewinnen.
- Erkennen und verstehen Sie die emotionalen Auslöser, die zum übermäßigen Nachdenken führen.
- Erinnern Sie sich ständig an Ihre Ziele und Bestrebungen.
- Erkennen und schätzen Sie, dass übermäßiges Nachdenken ein Problem ist, das erfolgreich bekämpft und überwunden werden kann.
- Treten Sie wieder in Kontakt mit anderen Menschen und der Welt um Sie herum, um wieder in der realen Welt präsent zu sein.
- Lernen Sie, wie Sie Ihre negativen Gedanken durch positive ersetzen können.
- Entwickeln Sie eine psychologische Distanz zwischen sich und Ihren Gedanken, um zu vermeiden, dass Sie sich zu sehr mit Ihren negativen Gedanken identifizieren.
- Lernen Sie, mitfühlender und freundlicher zu sich selbst zu sein und Ihre Grenzen zu akzeptieren.
- Entwickeln Sie eine gelassene Lebenseinstellung, um angesichts von Herausforderungen widerstandsfähiger zu werden.

Wenn Sie mit übermäßigem Nachdenken zu kämpfen haben, versichere ich Ihnen, dass mit Ihnen alles in Ordnung ist. Über negative Gedanken nachzudenken ist eine Sache, die jeder Mensch in seinem Leben erlebt (Oppong, 2020). Indem Sie jedoch die Strategien anwenden, die wir in diesem Kapitel besprochen haben, können Sie die Fähigkeit entwickeln, Ihr übermäßiges Nachdenken endgültig abzulegen und eine positivere Einstellung zu bekommen.

Im nächsten Kapitel lernen Sie verschiedene Techniken und Praktiken kennen, die Sie anwenden können, um sich vor ständigen Sorgen zu schützen, was ein Nebeneffekt des übermäßigen Nachdenkens ist.

KAPITEL 6:

Sorgen überwinden

Sorgen sind zweifellos ein ganz normaler Teil des Lebens. Es gibt viele Dinge, die Sie beunruhigen können. Beispielsweise haben Sie vielleicht Bedenken, aufgrund eines Verkehrsstaus zu spät zur Arbeit zu kommen oder Sie befürchten, dass Sie die Frist für Ihr Arbeitsprojekt nicht einhalten können. Diese Art von Sorgen ist sehr natürlich und so ziemlich jeder Mensch kennt sie. Wenn Ihre Sorgen jedoch zu groß und unerbittlich werden, kann dies Anlass zur Besorgnis sein.

Zu viele Sorgen verbrauchen nicht nur Ihre emotionale und mentale Energie, sondern können sich auch nachteilig auf Ihre körperliche Gesundheit auswirken (Robinson, 2020). Menschen, die sich ständig Sorgen machen, leiden unter zahlreichen Problemen, wie z.B. unter Angstzuständen, Depressionen, Kopfschmerzen, Muskelverspannungen und Konzentrationsschwächen. Wenn die Sorgen überhandnehmen, kann Sie dies sogar schwächen und es Ihnen erschweren, Ihre Aufgaben und Verantwortlichkeiten zu erfüllen. Dies kann Ihnen den Seelenfrieden nehmen und Sie noch tiefer in die Verzweiflung ziehen.

Unaufhörliche Sorgen sind ein chronisches Problem, dem man nur schwer begegnen kann. Womöglich sind Sie ständig von Ihren negativen Gedanken besessen und haben keine Zeit mehr, Ihr Leben zu genießen.

Insbesondere Menschen, die sich zu viele Sorgen machen, neigen dazu, dies sowohl positiv als auch negativ zu betrachten, was das Problem weiter verschärft. Beispielsweise glauben einige Leute, dass sie wegen ihrer ständigen Sorgen irgendwann einmal den Verstand verlieren. Wenn man an solch negativen Überzeugungen in Bezug auf seine Sorgen festhält, kann dies das Problem verschärfen und es erschweren, dauerhafte Lösungen zu finden.

Positive Überzeugungen in Bezug auf Sorgen können ebenso schädlich und problematisch sein wie negative. In einigen Fällen glauben manche Menschen, dass sie durch ihre ständigen Sorgen Probleme vermeiden und Konflikten aus dem Weg gehen können. Einige geraten sogar in die Falle und denken, dass sie Lösungen für Probleme finden, mit denen sie konfrontiert sind, wenn sie sich zu viele Sorgen machen. Dies ist jedoch sehr weit von der Wahrheit entfernt. Zu viele Sorgen verbrauchen nicht nur Ihre Energie und Kreativität, sondern lenken Sie auch davon ab, Lösungen für die schwierigen Situationen des Lebens zu finden. Die Stresshormone, die freigesetzt werden, wenn Sie sich zu viele Sorgen machen, können Ihre Gesundheit erheblich beeinträchtigen. Nachfolgend werden einige Probleme aufgeführt, die mit Sorgen in Verbindung stehen:

- Verstärkte Kopfschmerzen
- Depressionen durch emotionale Ermüdung
- Erhöhte Produktion von Magensäure, die zu Sodbrennen und Geschwüren führt
- Erhöhte Hyperaktivität des Gehirnes, das zu Stress führt
- Atemprobleme durch Muskelverspannungen
- Geschwächtes Immunsystem
- Anstieg des Blutzuckers, der zu Typ-2-Diabetes führen kann
- Blutdruckanstieg, der zu Herzproblemen führen kann
- Übermäßige Belastung des Verdauungssystems, die zu Magen-Darm-Erkrankungen führen kann
- Geringer Sexualtrieb aufgrund von Müdigkeit und Vertrauensverlust
- Unregelmäßige Menstruationszyklen aufgrund hormoneller Ungleichgewichte durch Stresshormone

Jeder Mensch macht sich Sorgen. Wenn dies jedoch zu einer ständigen Gewohnheit wird, dann können Sie für alle oben genannten Probleme anfällig werden. Um diese Thematik angehen zu können, ist es wichtig, dass Sie zunächst einmal feststellen, ob Sie sich nur um die normalen Probleme des Lebens sorgen oder sich übermäßig viele Sorgen machen. Im Folgenden beschreibe ich einige Symptome, die Ihnen dabei helfen werden, zwischen normalen und übermäßigen Sorgen zu unterscheiden.

Normale Sorgen

- Sie brauchen einige Minuten, bevor Sie einschlafen, um über Ihre bevorstehenden Herausforderungen und Aufgaben nachzudenken, die Sie erledigen sollen.
- Menschen beschreiben Sie selten als nervöse oder ängstliche Person.
- Sie bemerken oft einen Appetitverlust, wenn Ihnen ein stressiges Ereignis bevorsteht.
- Manchmal müssen Sie etwas trinken, um Ihren Geist und Körper in einer stressigen Situation zu entspannen.
- Sie sorgen sich oft für kurze Zeit um Dinge und lassen diese Sorgen dann hinter sich, nachdem Sie sie rationalisiert haben.

Übermäßige Sorgen

- Es fällt Ihnen schwer, einzuschlafen oder einen erholsamen Schlaf zu finden, weil Sie von besorgniserregenden Gedanken überwältigt sind, für die Sie keine unmittelbare Lösung haben.
- Die Leute beschreiben Sie oft als sehr ängstlich und betrachten es als einen wichtigen Teil Ihrer Persönlichkeit, dass Sie besorgt sind.
- In schwierigen Situationen treten häufig erhebliche Gewichtsveränderungen aufgrund von Essattacken und Phasen, in denen Sie gar nichts essen, auf.
- Sie neigen dazu, jede Situation, mit der Sie konfrontiert sind, zu analysieren, und zwar unabhängig davon, wie trivial oder ernst sie ist.
- Sie können Ihr Leben nicht genießen, weil Sie ständig über alles nachdenken, was passiert.
- Es fällt Ihnen schwer, Ihren Tag ohne Drogen und Alkohol zu überstehen, um Ihren Sorgen zu entfliehen.

- Sie scheinen immer nach etwas zu suchen, um das Sie sich Sorgen machen müssen. Mit anderen Worten: Sorgen sind für Sie wie eine Sucht, die man scheinbar nicht loswerden kann.

Es kann zwar eine herausfordernde Aufgabe sein, sich seiner ständigen Sorgen zu entledigen, dennoch ist es sehr gut möglich. Es gibt einige sehr effektive Techniken und Strategien, die Sie anwenden können, um aus diesem besorgniserregenden Teufelskreis auszubrechen.

Etablieren Sie täglich eine Phase, in der Sie sich Sorgen machen dürfen

So kontraintuitiv es auch scheinen mag, so ist die Planung einer Zeit, in der Sie sich Sorgen machen dürfen, tatsächlich eine der effektivsten Möglichkeiten, um mit Ihren Sorgen umzugehen. Anstatt Ihre obsessiven negativen Gedanken zu vermeiden, müssen Sie bei dieser Strategie etwas Zeit einplanen, um darüber nachzudenken. Diese Strategie kann in vielerlei Hinsicht sehr nützlich sein. Indem Sie etwas Zeit einplanen, um über Ihre negativen Gedanken nachzudenken, können Sie zunächst einmal einen Zustand der Akzeptanz erreichen, der Ihnen Linderung verschafft und Ihnen dabei hilft, Ihre Situation in einem ruhigeren und entspannteren Geisteszustand anzugehen. Darüber hinaus lernen Sie durch die tägliche Sorgenphase, Ihre Sorgen aufzugliedern, um Ihren Geist für die restlichen Aufgaben und Verantwortlichkeiten Ihres Tages zu entlasten. Anstatt nützliche Zeit damit zu verschwenden, den ganzen Tag über Ihre Sorgen nachzudenken, können Sie sich mit dieser Strategie zu einem günstigen Zeitpunkt mit Ihren Sorgen befassen und so sicherstellen, dass Sie in der Lage sind, andere wichtige Aktivitäten auszuführen. Bei konsequenter Anwendung kann diese Technik der Bestimmung einer Sorgenphase Ihre Neigung, sich ständig zu sorgen, erheblich verringern und auch Ihre Angstzustände lindern.

Nachfolgend sind einige der Schritte genannt, die Sie ausführen müssen, um diese Strategie effektiv umzusetzen:

1. Machen Sie sich eine Woche lang täglich Sorgen. Idealerweise sollten Ihre Sorgenzeiten morgens oder tagsüber stattfinden.

Richten Sie Ihre Sorgenzeit nicht abends direkt vor dem Schlafengehen ein, da dies Ihre Schlafqualität beeinträchtigen kann.

2. Schreiben Sie während Ihrer zugewiesenen Sorgenzeit alle Dinge auf, über die Sie sich sorgen. Versuchen Sie in dieser Zeit nicht, Lösungen für all Ihre Sorgen zu finden. Das Aufschreiben Ihrer Sorgen kann bereits eine große Hilfe sein und Ihnen eine neue Perspektive dafür geben, wie Sie mit den Situationen umgehen können, über die Sie sich Gedanken machen.

3. Trainieren Sie sich, sodass Sie sich zwischen den festgelegten Sorgenzeiten keine Gedanken mehr machen. Wenn Sie außerhalb Ihrer zugewiesenen Sorgenzeit an Ihre Sorgen denken, dann erinnern Sie sich ruhig daran, diese Gedanken bis zu Ihrer nächsten Sorgenzeit zurückzustellen. Dies kann zunächst etwas schwierig sein, doch mit ständiger Übung wird es Ihnen schon bald leichtfallen, Ihre Sorgen „auszuschalten", bis Ihre festgelegte Sorgenperiode wieder eintritt.

4. Nehmen Sie sich am Ende Ihrer Sorgenwoche etwas Zeit, um die Notizen zu lesen, die Sie sich während Ihrer täglichen Sorgenphasen aufgeschrieben haben. Auf diese Weise erhalten Sie zahlreiche Einblicke in die Gewohnheit Ihrer Gedanken. Sie werden z. B. feststellen, ob Sie wiederkehrende oder einfach irrationale Sorgen haben.

5. Sobald Sie Ihre Sorgenwoche abgeschlossen haben, können Sie eine neue festlegen, um die Dynamik Ihrer besorgniserregenden Gedanken zu bestimmen. Mit regelmäßiger Übung und Beständigkeit werden Sie beginnen, die Kontrolle über Ihre Sorgen zu übernehmen und verhindern, dass diese Ihren Alltag und Ihren Seelenfrieden beeinträchtigen.

Fordern Sie Ihre Angstgedanken heraus

Häufig machen wir uns übermäßig viele Gedanken, weil wir die Welt um uns herum auf eine Weise beobachten, die sie übermäßig grausam und beängstigend erscheinen lässt. Beispielsweise tendieren wir in jeder Situation zum Worst-Case-Szenario oder glauben, dass unsere Ängste die Realität widerspiegeln. Diese Arten von Denkweisen werden typischerweise als *kognitive Verzerrungen* bezeichnet, da sie dazu führen, dass wir die Realität auf ungenaue Art und Weise wahrnehmen (Grohol, 2019). Um das Problem der ständigen Sorgen zu überwinden, ist es wichtig, sich der verschiedenen Arten von kognitiven Verzerrungen bewusst zu werden, die eine nicht adäquate Wahrnehmung der Realität erzeugen. Nachfolgend lernen Sie 15 der häufigsten kognitiven Verzerrungen kennen, die Menschen erleben:

1. Mentale Filterung

Die mentale Filterung bezieht sich auf eine Art kognitiver Verzerrung, bei der eine Person alle positiven Aspekte einer bestimmten Situation herausfiltert und sich nur auf die negativen Aspekte konzentriert, auf die sie dann ihre ganze Aufmerksamkeit richtet. Solche Menschen identifizieren z. B. eine unangenehme Situation und konzentrieren sich so lange darauf, bis diese ihr Denken vollständig dominiert.

2. Polarisiertes Denken

Dies ist eine Form des Denkens, die nur zwei entgegengesetzte Extreme eines bestimmten Konzeptes, einer Person oder einer Sache berücksichtigt, ohne eventuelle Nuancen zu sehen. Dies wird auch als „Schwarz-Weiß"-Denken bezeichnet. Das polarisierte Denken berücksichtigt häufig nicht die Komplexität und Grauzonen, die jedes Individuum oder jede Situation charakterisieren.

3. Übergeneralisierung

Dies ist eine kognitive Verzerrung, bei der ein Individuum eine Schlussfolgerung aus einer Situation zieht, die auf sehr wenigen Aspekten beruht. Dieses Denkmuster berücksichtigt ebenfalls nicht die Nuancen, die in verschiedenen Situationen auftreten können. Eine Person, die übergeneralisiert, erwartet also, dass sich eine negative Situation wiederholt, einfach nur, weil sie schon einmal passiert ist.

4. Voreilige Schlüsse ziehen

Eine Person, die voreilige Schlüsse zieht, geht davon aus, dass sie immer weiß, was eine andere Person denkt oder fühlt, auch ohne dass die andere Partei dies direkt ausdrückt. Eine solche Person kann z. B. schnell zu dem Schluss kommen, dass jemand gegen sie ist, ohne sich die Mühe zu machen, zu überprüfen, ob das tatsächlich wahr ist oder nicht.

5. Schwarzmalerei

Die Schwarzmalerei (auch als „Aufbauschen" bezeichnet) ist eine kognitive Verzerrung, bei der eine Person in jeder Situation das Worst-Case-Szenario erwartet. Menschen, die schwarzmalen, erhöhen die Bedeutung unbedeutender Ereignisse extrem stark. Solche Menschen glauben z. B., dass sie in ihrer akademischen Laufbahn niemals erfolgreich sein werden, nur weil sie einen Test oder eine Prüfung nicht bestanden haben.

6. Personalisierung

Hierbei handelt es sich um eine Art kognitiver Verzerrung, bei der ein Individuum glaubt, dass alles, was andere Menschen sagen oder tun, eine persönliche Reaktion auf sie ist. Menschen, die alles personalisieren, fühlen sich angegriffen, wenn jemand etwas sagt, mit dem sie nicht einverstanden sind. Sie neigen auch dazu, Vergleiche zwischen sich und anderen anzustellen, um festzustellen, ob sie gut genug oder besser als andere Menschen sind. Die Personalisierung ist ein wichtiger Auslöser in Bezug auf persönliche Unsicherheit, Angst und ein geringes Selbstwertgefühl.

7. Kontroll-Irrtümer

Kontroll-Irrtümer beinhalten zwei verschiedene, jedoch eng miteinander verwandte, kognitive Verzerrungen. Eine Form der Kontroll-Irrtümer beinhaltet den Glauben, dass die eigenen Handlungen von externen Kräften kontrolliert werden. Beispielsweise kann eine Person mit dieser Art der kognitiven Verzerrung davon überzeugt sein, dass der Grund, warum sie in der Schule keine guten Leistungen erbringen kann, in der Scheidung ihrer Eltern liegt. Auf der anderen Seite dieser kognitiven Verzerrung steht der interne Kontroll-Irrtum, bei dem eine Person die Verantwortung für externe Ereignisse übernimmt, mit denen sie möglicherweise überhaupt nichts zu tun hat. Eine solche Person kann z. B. davon überzeugt sein, dass sie der Grund dafür ist, warum jemand verletzt oder wütend ist, auch wenn dies überhaupt nicht der Fall ist. Beide Kontroll-Irrtümer können sich sehr nachteilig auf das geistige Wohlbefinden auswirken, da sie zu übermäßigem Nachdenken, Selbstverachtung und Selbstbeschuldigung führen.

8. Irrtum der Fairness

Dies ist eine kognitive Verzerrung, bei der eine Person zu wissen glaubt, was in jeder Situation fair ist. Wenn also etwas passiert, das den Erwartungen dieser Person widerspricht, dann wird sie dies wahrscheinlich als unfair gegenüber sich selbst oder anderen beurteilen. Menschen mit dieser Art des Denkens sind anfällig für Verbitterung, Wut und Hilflosigkeit. Es ist wichtig zu erkennen, dass das Leben nicht immer fair ist und die Dinge möglicherweise nicht unbedingt immer so funktionieren, wie sie sollten.

9. Schuldzuweisungen

Eine Person, die Schuldzuweisungen macht, hat die Tendenz, andere Menschen für ihr Leiden verantwortlich zu machen. In einigen Fällen machen solche Menschen sich selbst für den emotionalen Schmerz anderer verantwortlich, selbst wenn sie absolut nichts damit zu tun haben. Dies verschärft das Problem des negativen Denkens und führt dazu, dass sich solche Menschen ständig Sorgen machen. Ein Mensch, der diese Denkweise hat, sollte erkennen, dass niemand, außer uns selbst, die Macht über unsere Gedanken und Gefühle hat.

10. „Sollte"-Aussagen

So unschuldig sie auch erscheinen mögen, sind „Sollte"-Aussagen tatsächlich eine Art der kognitiven Verzerrung, die zu Sorgen und Ängsten beitragen können. Dies liegt daran, dass sie einen Eindruck von eisernen Regeln vermitteln, die Sie einhalten müssen. Aussagen wie „Ich sollte trainieren, um den perfekten Körper zu bekommen" oder „Ich sollte glücklich sein" üben einen unangemessenen Druck auf Sie aus, auf eine bestimmte Art und Weise zu handeln, um gewissen Erwartungen zu entsprechen, die möglicherweise nicht realistisch sind. Wenn diese Aussagen nach innen gerichtet sind, führen sie oft dazu, dass man sich schuldig oder beschämt fühlt, wenn man diese Erwartungen nicht erfüllen kann. Auf der anderen Seite können solche Aussagen, wenn sie auf andere Menschen gerichtet sind, dazu führen, dass wir ärgerlich oder wütend auf diese Personen werden, weil sie den außerordentlich hohen Standards, die wir für sie festgelegt haben, nicht gerecht werden.

11. Emotionales Denken

Hierbei handelt es sich um eine kognitive Verzerrung, bei der eine Person ihre Emotionen als Beweis für eine äußere Realität oder Situation verwendet. Personen mit emotionalem Denken neigen dazu, Schlussfolgerungen zu ziehen, dass alles, was sie fühlen, im Wesentlichen wahr ist. Normalerweise tritt dies auf, wenn die Emotionen das Denken dieser Personen völlig außer Kraft setzen. Es ist wichtig, zu erkennen, dass Emotionen zwar sehr starke Kräfte sind, jedoch möglicherweise die Realität einer bestimmten Situation nicht korrekt widerspiegeln.

12. Irrtum des Wandels

Dies ist eine kognitive Verzerrung, die sich aus der Forderung an andere ergibt, sich zu ändern, um sich den eigenen Erwartungen besser anzupassen. Diese Art der kognitiven Verzerrung kommt sehr oft in Beziehungen vor. Eine Person kann fälschlicherweise glauben, dass sie, wenn sie ihren Partner ausreichend unter Druck setzt oder überredet, diesen möglicherweise ändern kann, damit er sich in eine idealisierte oder perfekte Version seiner selbst verwandelt.

13. Globale Etikettierung

Die globale Etikettierung kann als extreme Art der Verallgemeinerung angesehen werden. In der Regel neigen betroffene Personen dazu, sich selbst oder anderen ein negatives universelles Etikett zuzuweisen, nachdem sie auf eine bestimmte Weise gehandelt haben. Wenn sich jemand beispielsweise einmal geirrt hat, dann geht eine Person, die globale Etikettierung vornimmt, davon aus, dass diese Person schon immer ein Idiot war.

14. Immer recht haben

Es gibt einige Leute, die den Eindruck haben, dass sie immer recht haben, unabhängig von der Situation. Solche Menschen neigen dazu, übermäßig stark urteilend zu sein. Zudem stellen sie die Meinungen und Handlungen anderer Menschen ständig auf die Probe, um zu beweisen, dass ihre eigenen Meinungen und Handlungen absolut richtig sind.

15. Irrtum der Belohnung

Dies ist eine Art kognitiver Verzerrung, die dem Irrtum der Fairness sehr ähnlich ist. Eine Person mit dieser Art von Verzerrung glaubt fälschlicherweise, dass sich ihre Aufopferung und Selbstverleugnung letztlich mit einer großen Belohnung auszahlen werden. Das Problem mit diesem Irrtum ist, dass er zu Ärger und Verbitterung führen kann, wenn die Opfer, die man erbringt, nicht wie erhofft belohnt werden.

Wie Sie sehen können, gibt es viele kognitive Verzerrungen, die unser Denken trüben und dazu beitragen können, dass wir uns übermäßig viele Sorgen machen und übermäßig viel nachdenken. Um solche Denkweisen zu überwinden, ist es wichtig, Ihr Denken einer genauen Prüfung zu unterziehen, um festzustellen, ob es auf fundierte Beweise oder einfach auf tiefsitzende kognitive Verzerrungen beruht (Grohol, 2019).

Das Wissen, welche Sorgen lösbar sind und welche nicht

Sorgen sind normalerweise mit Angstgefühlen und Unruhe verbunden. Es gibt jedoch einige Fälle, in denen Sorgen Ihre Angst tatsächlich verringern können. Dies liegt einfach daran, dass Sie beim Grübeln das Gefühl haben, tatsächlich daran zu arbeiten, Lösungen für Ihre Situation zu finden. Es gibt jedoch einen großen Unterschied zwischen Sorgen und Problemlösungen. Sorgen bieten im Wesentlichen keine Lösungen, da sie sich Situationen aus einer Perspektive der Angst und Furcht nähern. Die Problemlösung berücksichtigt hingegen Fakten und Beweise, wenn es um eine problematische Situation geht. Wenn Sie sich zu viele Sorgen machen und dieses Problem überwinden möchten, dann müssen Sie zwischen lösbaren und nicht lösbaren Sorgen unterscheiden.

Eine lösbare Sorge ist eine, für die es ein Mittel oder eine Vorgehensweise gibt, die ergriffen werden kann. Wenn Sie beispielsweise befürchten, aufgrund des Verkehrs nicht zu einem wichtigen Büro-Meeting zu gelangen, dann können Sie Ihren Vorgesetzten oder Manager anrufen, um ihn vorab darüber zu informieren. Eine unlösbare Sorge ist dagegen eine, bei der es keine unmittelbare Vorgehensweise gibt, z. B.: Sie machen sich Sorgen, in Zukunft krank zu werden.

Sobald Sie lösbare Probleme identifiziert haben, müssen Sie mit dem Brainstorming der möglichen Lösungen für das Problem beginnen, mit dem Sie konfrontiert sind. Versuchen Sie dabei, sich auf die Dinge zu konzentrieren, die Sie steuern können und erstellen Sie einen umfassenden Aktionsplan für deren Ausführung. Wenn Sie feststellen, dass Ihre Sorgen nicht lösbar sind, versuchen Sie, die Unsicherheit in Bezug auf die Zukunft zu akzeptieren und konzentrieren Sie Ihre Energie darauf, in der Gegenwart zu leben. Ständige Sorgen um die Zukunft können Sie davon ablenken, die Geschenke und Privilegien, die Sie derzeit haben, zu genießen und zu schätzen.

Vermeiden Sie es, in vage Ängste verwickelt zu werden

Wenn wir vage Ängste erleben, die wir nicht vollständig verstehen, neigen wir oftmals dazu, in diese Ängste verwickelt zu werden, was zu Sorgen führt. Dies geschieht, weil wir uns auf das Worst-Case-Ergebnis der Situation konzentrieren, mit der wir konfrontiert sind. Eine solche Verhaltensweise ist jedoch sehr kontraproduktiv und führt nur zu mehr Angst und einem unerbittlichen Kreislauf unlösbarer Sorgen. Um die Tendenz zu überwinden, sich über vage Ängste Sorgen zu machen, ist es wichtig, dass Sie sie untersuchen und feststellen, ob diese Sorgen begründet oder nur das Ergebnis von geistigem Geschwätz sind. Sie können sich dieser Situation annähern, indem Sie sich fragen: „Was ist das schlechteste Ergebnis, zu dem diese Situation führen kann?" Wenn Sie diese Frage nach bestem Wissen beantwortet haben, versuchen Sie, einige Möglichkeiten zu finden, wie Sie auf die Situation reagieren können, falls diese Befürchtungen eintreten. Möglicherweise stellen Sie fest, dass das Worst-Case-Szenario der jeweiligen Situation gar nicht so schlimm ist, wie Sie es sich vorgestellt haben. Wenn Sie Ihre Ängste auf diese Weise überprüfen, können Sie die Tendenz beseitigen, sich über irrationale Ängste Gedanken zu machen. Zudem können Sie Ihre unlösbaren Sorgen besser bewältigen.

Unterbrechen Sie den Zyklus Ihrer Sorgen

Wenn Sie feststellen, dass Sie sich zu viele Sorgen machen, dann kann es schnell passieren, dass Sie denken, dass Sie dazu verdammt sind, diese Sorgen nie wieder loswerden zu können. Es gibt jedoch mehrere einfache Strategien, mit denen Sie den Zyklus Ihrer quälenden Gedanken unterbrechen und Ihren Seelenfrieden wiederfinden können. Dazu gehören Bewegung und Yoga.

Sport

Wie bereits erwähnt, kann regelmäßiges Training dazu beitragen, Ihre quälenden Gedanken zu eliminieren, Stress zu bekämpfen und Ängste abzubauen. Mithilfe von Sport halten Sie Ihren Körper in einem gesunden Zustand und verbessern Ihr allgemeines Wohlbefinden. Vergessen Sie nicht, dass auch geringfügige sportliche Aktivitäten, wie ein zügiger Spaziergang oder Treppensteigen, hilfreich sind.

Yoga

Yoga kann sehr hilfreich sein, wenn es darum geht, mit seinen Sorgen umzugehen. Es gibt verschiedene Arten von Yoga, die verschiedene Aspekte unseres Lebens verbessern sollen. Zu den Vorteilen von Yoga gehören eine verbesserte Durchblutung, eine Steigerung von Energie und

Vitalität, eine bessere Wahrnehmung sowie eine verbesserte Flexibilität.

Es wurde ebenfalls nachgewiesen, dass Yoga die allgemeine Gesundheit sowie das Wohlbefinden von Menschen verbessert. Yoga-Praktizierende zeigen tendenziell eine größere Zufriedenheit in ihrem Leben und sind weniger ängstlich oder depressiv als diejenigen, die kein Yoga betreiben. Dies ist nicht überraschend, wenn man bedenkt, dass alle Yogaschulen die Notwendigkeit lehren und betonen, dass die Menschen sich der Gegenwart bewusster werden und in ihr leben müssen. Indem Sie Yoga lernen und praktizieren, können Sie die täglichen Sorgen des Lebens effektiver bewältigen und verhindern, dass diese Ihre Gesundheit und Ihr Wohlbefinden beeinträchtigen.

Meditation

Meditation ist eine der wirksamsten Methoden, um mit Sorgen und Ängsten umzugehen. Diese Praxis basiert auf der Prämisse, dass uns die Sorgen in Bezug auf die Vergangenheit oder die Zukunft aus der Gegenwart herausholen und zu Angst und Unglück führen. Die Meditation soll uns dabei helfen, in der Gegenwart zu leben, indem sie uns bewusst macht, was im Moment um uns herum geschieht. Menschen, die Meditation praktizieren, genießen einen besseren Gesundheitszustand und größere Zufriedenheit als diejenigen, die dies nicht tun. Indem Sie Meditation und Achtsamkeit üben, können Sie Ihre besorgniserregenden Gedanken unterbrechen und Ihr Bewusstsein stärken - nicht nur in Bezug auf sich selbst, sondern auch in Bezug auf die Welt um Sie herum.

Zusammenfassung

In diesem Kapitel haben Sie gelernt, wie Sie den Kreislauf der Sorgen überwinden können. Wir haben darüber gesprochen, wie quälende Gedanken entstehen, was zu ihnen beiträgt und wie wir auf gesunde Weise mit ihnen umgehen können. Um die in diesem Kapitel behandelten wichtigsten Konzepte zusammenzufassen, sind hier die

Techniken und Praktiken aufgeführt, die Sie beachten müssen, um Ihre Sorgen endgültig abzulegen:

- Planen Sie eine Sorgenphase ein, um Ihre quälenden Gedanken zu untersuchen und zu verhindern, dass sie Ihre Produktivität beeinträchtigen.
- Fordern Sie Ihre quälenden Gedanken heraus, um festzustellen, ob sie Gültigkeit haben oder ob es sich nur um die automatischen Denkmuster handelt, die sich aus kognitiven Verzerrungen ergeben.
- Werden Sie sich der lösbaren und der nicht lösbaren Sorgen bewusst, um Ihre Energie auf produktive Art und Weise umzulenken, die eher auf Problemlösungen, anstatt auf ständiges Grübeln ausgerichtet ist.
- Unterbrechen Sie Ihre Sorgenzyklen, indem Sie Sport treiben, Yoga praktizieren und meditieren.

Im nächsten Kapitel werden wir das Konzept des positiven Denkens untersuchen und darlegen, wie Sie es nutzen können, um mit negativen Gedanken umzugehen. Wir werden einige Möglichkeiten betrachten, um negative Denkweisen zu identifizieren und um herauszufinden, welche Vorteile Sie aus positiven Denkweisen ziehen können.

KAPITEL 7:

Denken Sie positiv, um Stress abzubauen

Die Kraft des positiven Denkens ist für viele Psychologen und Wellness-Experten ein Thema, das zu vielen Diskussionen geführt hat. Während sich einige Leute über die Vorteile des positiven Denkens lustig machen, gibt es dennoch viele Befürworter dieser Praxis, die sie als ein sehr nützliches Instrument betrachten, um den herausfordernden Situationen des Lebens zu begegnen. Wenn Sie mit negativen Gedanken und Sorgen zu kämpfen haben, kann Ihnen eine positive Denkweise helfen, diese Probleme zu überwinden und die Macht über Ihre Gedanken zurückzugewinnen. In diesem Kapitel werden wir uns also ansehen, wie Sie eine positive Einstellung entwickeln können, um Stress und Angst abzubauen.

Was ist positives Denken?

Nun ja, wenn die Menschen über das Konzept der positiven Denkweise nachdenken, so sind die Eindrücke, die manchen von ihnen in den Sinn kommen, die der glückseligen Unwissenheit angesichts schwieriger Situationen. Dies ist jedoch weit von der Wahrheit entfernt. Positives Denken bedeutet eben nicht, schwierige Situationen zu ignorieren, mit denen Sie möglicherweise konfrontiert sind. Im Gegenteil, positives Denken ist eine Denkweise, die Herausforderungen mit Optimismus und Vertrauen begegnet. Menschen, die positiv denken, tendieren dazu, sich auf die positive Seite der Dinge zu konzentrieren, selbst wenn sie auf Herausforderungen stoßen („Positive thinking: Stop negative self-talk to reduce stress", 2020a).

Positives Denken ist sehr effektiv, wenn es darum geht, Stress und Ängste zu lindern, die mit negativen Gedanken und übermäßigem Nachdenken einhergehen. Um zu verstehen, warum es wichtig ist, eine positive Denkweise zu entwickeln, sehen wir uns kurz an, wie positives Denken funktioniert.

Positives Denken und Selbstgespräche

Das Ziel des positiven Denkens ist nicht, Probleme und herausfordernde Situationen, denen Sie im Leben begegnen, zu ignorieren. Vielmehr bezieht sich eine positive Einstellung einfach auf die Praxis, sich einer schwierigen Situation mit einer gewinnenden Haltung zu nähern. Anstatt sich also auf das Worst-Case-Szenario in einer bestimmten Situation zu konzentrieren, achten Sie auf den sprichwörtlichen „Silberstreif am Horizont".

Die Entstehung jeder positiven Denkweise ist typischerweise das „Selbstgespräch", das sich auf den Gedankenstrom bezieht, der ständig durch unseren Geist fließt. Diese Gedanken sind oft auf Logik und Vernunft zurückzuführen, obwohl sie auch von unseren Ängsten, Überzeugungen und Gewohnheiten stammen können, die wir uns im Laufe unseres Lebens angeeignet haben. Wenn Ihr Gedankenstrom größtenteils negativ ist, entwickeln Sie wahrscheinlich eine pessimistische Weltanschauung und Denkweise. Wenn Ihre automatischen Gedanken jedoch im Allgemeinen positiv sind, nehmen Sie die Welt höchstwahrscheinlich mit einem optimistischen Geisteszustand wahr. Angesichts der zahlreichen unangenehmen Situationen, in denen wir uns oft befinden, ist es nicht immer einfach, eine positive Einstellung zu entwickeln. Im Wesentlichen kann es sehr schwierig sein, sich auf die positiven Aspekte des Lebens zu konzentrieren, wenn die Dinge nicht so laufen, wie Sie es sich erhofft haben. Es gibt jedoch viele Vorteile, die Sie als Person mit einer positiven Denkweise genießen können, was die ganze Anstrengung sehr lohnenswert macht.

Vorteile des positiven Denkens

Nachfolgend sind einige Vorteile aufgeführt, die Sie genießen können, wenn Sie eine positive Einstellung entwickeln und lernen, positiv zu denken.

Weniger Stress

Positives Denken hat nachweislich sehr gute Eigenschaften in Bezug auf Stressreduzierung. Menschen, die positives Denken praktizieren, leiden weniger unter Stress und Depressionen. Dies hat damit zu tun, dass solche Menschen ihre Energie eher darauf konzentrieren, eine unangenehme Situation zu lösen als in Selbstmitleid und Hilflosigkeit zu versinken. Sie sind daher in der Lage, ihre Stressfaktoren schneller und effektiver zu beheben.

Längere Lebensdauer

Untersuchungen haben gezeigt, dass Menschen mit einer positiven Einstellung tendenziell länger leben als Menschen, die ständig negativ denken. Dies liegt daran, dass sich negative Gedanken und Emotionen nachteilig auf unsere Gesundheit auswirken. Wenn diese eliminiert werden, kehren sich daher auch die physischen Auswirkungen auf den Körper um, sodass man sich einer besseren Gesundheit erfreuen kann.

Besseres Gedächtnis

Ständiges negatives Denken und übermäßiges Nachdenken wirken sich negativ auf unsere kognitiven Fähigkeiten aus. Eine pessimistische Denkweise kann Ihre Konzentration und Ihre Erinnerungsfähigkeit ernsthaft beeinträchtigen. Durch die Entwicklung einer positiven Denkweise verringern Sie jedoch den mentalen und psychischen Druck, verbessern Ihre mentale Klarheit und optimieren Ihre kognitiven Funktionen.

Verbesserte Beziehungen

Menschen mit einer positiven Denkweise neigen dazu, offener, mitfühlender und fröhlicher zu sein. Das macht sie sehr attraktiv. Wenn Sie Ihre negativen Denkgewohnheiten ablegen, werden möglicherweise Ihre Beziehungen zu anderen Menschen gestärkt und die Qualität Ihrer Beziehungen zu Ihrer Familie, Ihren Freunden und Arbeitskollegen wird verbessert.

Mehr Erfolge

Positive Menschen haben generell mehr Erfolg, und zwar sowohl in ihrer Karriere als auch im Privatleben. Dies liegt daran, dass sie im Vergleich zu ihren pessimistischen Kollegen tendenziell mehr Chancen im Leben sehen und verfolgen. Positiv denkende Menschen konzentrieren sich auch weniger auf ihre Fehler, was ihnen dabei hilft, sich nicht entmutigen zu lassen, wenn die Dinge nicht nach Plan verlaufen.

Bessere kardiovaskuläre Gesundheit

Personen, die positives Denken praktizieren, leiden seltener an Herz-Kreislauf-Erkrankungen, wie Bluthochdruck und Schlaganfällen. Dies liegt daran, dass sie in der Lage sind, mit Stress und Angst auf produktive Weise umzugehen und zu verhindern, dass diese ihre Gesundheit und ihre persönliche Entwicklung beeinträchtigen.

Wie Sie sehen, gibt es zahlreiche Vorteile, die Sie genießen können, wenn Sie Ihre Perspektive ändern und positiver denken. Neben dem Schutz Ihrer Gesundheit und der Verbesserung Ihrer allgemeinen Lebensqualität, kann Ihnen ein positives Denken dabei helfen, all Ihre Ziele und Bestrebungen im Leben zu erreichen. Wenn Sie von negativen Gedanken und übermäßigem Nachdenken geplagt werden, kann Sie die Entwicklung einer positiven Denkweise von Angst und Stress befreien und es Ihnen ermöglichen, mit unangenehmen Situationen besser umzugehen („Positive thinking: Stop negative self-talk to reduce stress", 2020a).

Führen Sie zufällige freundliche Handlungen aus

Wenn wir zu sehr in unseren Sorgen und negativen Gedanken gefangen sind, dann vergessen wir oftmals, dass auch andere Menschen vor Herausforderungen stehen, die den unseren sehr ähnlich sind. Um eine positive Einstellung zu fördern, ist es wichtig, sich die Zeit zu nehmen und gegenüber anderen Menschen freundliche Handlungen auszuführen. Wenn Sie mit negativen Gedanken und Sorgen zu tun haben, dann sollten Sie Ihren Alltag für einen Moment verlassen und zur Abwechslung etwas für jemand anderen tun. Dies können so einfache Gesten sein, wie einer fremden Person ein Kompliment zu machen oder einem Freund bei einer Aufgabe zu helfen, an der er arbeitet. Wenn Sie freundliche Handlungen für andere Menschen ausführen, können Sie mit der realen Welt in Kontakt treten und Ihr eigenes Leben wiedererlangen. Dies kann Ihnen dabei helfen, positiver zu denken und Ihnen die Möglichkeit geben, Ihre einzigartigen Talente und Gaben mit anderen zu teilen.

Lernen Sie, Kritik auf eine positive Art und Weise zu akzeptieren

Menschen haben generell eine starke Abneigung gegen Kritik. Dies liegt daran, dass wir Kritik sehr persönlich nehmen. Immer wenn jemand etwas Kritisches über uns sagt, fällt unser Verstand sofort ein negatives Urteil über unseren Charakter, was dazu führt, dass wir in die Defensive gehen. Dies macht es für uns sehr schwirig, Kritik auf würdige Art und Weise anzunehmen, selbst wenn diese legitim und gut gemeint ist. Um jedoch ein positiv gesinnter Mensch zu werden, müssen wir diese Einstellung ändern und offener für Kritik werden.

Wir neigen oft dazu, zu denken, dass etwas Fundamentales mit uns nicht stimmt, wenn wir kritisiert werden. Dies kann zu Problemen führen, wie Angst und übermäßigem Nachdenken, da wir herausfinden wollen, ob diese Kritik gerechtfertigt war oder nicht. Es ist wichtig, zu erkennen, dass Kritik an unseren Gedanken oder Handlungen nicht grundsätzlich ein Angriff auf unseren Charakter ist. Deshalb müssen wir lernen, wie man diese beiden voneinander trennt.

Wenn Sie irgendeine Art von Kritik erhalten, nehmen Sie sich einen Moment Zeit, um diese zu verinnerlichen und darüber nachzudenken, anstatt sofort darauf zu reagieren. Dies verhindert, dass Sie vorschnell unüberlegte Handlungen vornehmen, indem Sie z. B. auf die andere Person einschlagen. Dies könnte dann zu einer weiteren Eskalation führen. Wenn Sie sich die Zeit genommen haben, um die Kritik mental zu verdauen, dann versuchen Sie, nach positiven Aspekten zu suchen, die Sie daraus ableiten können. Natürlich wird nicht jede Kritik auf höfliche Art und Weise geäußert. Die Person, die Sie kritisiert, ist möglicherweise unnötig dreist oder unsensibel in der Art und Weise, wie sie ihre Meinung äußert. Versuchen Sie jedoch, auch wenn Ihre Kritiker unhöflich sind, die positiven Aspekte zu erkennen, die Sie aus deren Kritik ableiten können. Wenn Sie beginnen, die Kritik in einem positiven Licht zu sehen, dann danken Sie der anderen Person für ihre Worte. Es ist möglich, dass die andere Person ihre Kritik auf unhöfliche Weise präsentiert hat, weil sie einfach einen schlechten Tag hatte. Vermeiden Sie also die Versuchung, zu hart mit dieser Person zu sein. Wenn Sie feststellen, dass die Kritik korrekt war, dann bemühen Sie sich ganz bewusst, daraus zu lernen, da diese Kritik Ihnen dabei hilft, ein besserer Mensch zu werden.

Zusammenfassung

In diesem Kapitel wurden das Konzept und die Vorteile des positiven Denkens vorgestellt. Wir haben untersucht, wie Sie durch die Bewertung Ihrer negativen Denkschleifen Ihre Denkweise von einer pessimistischen Weltanschauung zu einer positiven Weltanschauung ändern können, die sich auf die positiven Aspekte des Lebens konzentriert. Abschließend werden nachfolgend die wichtigsten Erkenntnisse aus diesem Kapitel nochmals zusammengefasst:

- Unter einer positiven Denkweise versteht man nicht die Praxis, schwierige Situationen zu vermeiden oder zu ignorieren. Vielmehr geht es darum, schwierige Situationen mit Optimismus und einer Problemlösungshaltung anzugehen.
- Die Entwicklung einer positiven Denkweise kann in vielerlei Hinsicht von großem Nutzen sein, einschließlich Stressabbau, verbesserter Kognition und verbesserter allgemeiner Gesundheit.
- Um eine positive Einstellung zu erreichen, ist es wichtig, dass Sie lernen, wie Sie automatische Fallstricke des negativen Denkens vermeiden, in die Sie verwickelt sind. Dazu gehört das Polarisieren, die Etikettierung, die Schwarzmalerei sowie die Personalisierungen.

- Eines der besten Dinge, die Sie tun können, um Ihrer eigenen Negativität zu entkommen, ist es, zufällige freundliche Handlungen vorzunehmen.

Dennoch ist es nicht einfach, Ihre Denkweise von einer negativen zu einer positiven zu ändern. Dies erfordert immense Willenskraft, Übung und Engagement. Höchstwahrscheinlich werden Sie in der Anfangsphase Schwierigkeiten haben, dies zu erreichen. Mit den richtigen Werkzeugen und Techniken entwickeln Sie jedoch mit Sicherheit eine positive Einstellung, die Ihnen dabei hilft, die Tendenz zu überwinden, sich zu viele Sorgen zu machen oder von negativen Gedanken besessen zu sein.

Im folgenden Kapitel werden wir untersuchen, wie Sie die Praxis des positiven Denkens fördern können. Die Themen, die wir diskutieren werden, beziehen sich darauf, wie Sie Bereiche in Ihrem Denken identifizieren, die verbessert werden müssen und wie ein gesunder Lebensstil Ihnen dabei helfen kann, eine positive Einstellung zu entwickeln. Am Ende des Kapitels sollten Sie mit dem Know-how und den Fähigkeiten ausgestattet sein, um mit negativen Gedankenmustern umzugehen, die Ihnen begegnen.

KAPITEL 8:

Positives Denken fördern

Im vorherigen Kapitel haben wir uns angesehen, wie sich Ihre Denkweise auf Ihr Leben auswirken kann. Sie werden also zweifellos zustimmen, dass die Entwicklung einer positiven Denkweise Ihnen dabei helfen kann, Ihre Tendenz, sich ständig Sorgen zu machen, zu eliminieren und Ihnen ein glücklicheres und produktiveres Leben zu ermöglichen. Wie wir die Welt wahrnehmen und mit ihr interagieren, hängt in hohem Maße von unserer Denkweise ab. Aus diesem Grund ist es immer wichtig, in jedem Aspekt des Lebens positiv zu sein. Eine Änderung Ihrer Denkweise geschieht jedoch nicht auf magische Weise über Nacht.

Eine positive Denkweise zu entwickeln ist ein Prozess, der viel Zeit und mentale Investitionen erfordert. Dies bedeutet jedoch nicht, dass Sie ein besonderer Mensch sein müssen, um dies zu erreichen. Jeder Mensch kann eine positive Einstellung erreichen -vorausgesetzt, er ist dazu entschlossen, seine Denkweise zu ändern und er hat die richtigen Strategien, die ihm dabei helfen (Hurst, 2014).

In diesem Kapitel werden wir einige nützliche Techniken und Methoden untersuchen, die Sie anwenden können, um positives Denken zu fördern. Diese hochwirksamen Strategien ermöglichen es Ihnen, einen Paradigmenwechsel in Ihrer Denkweise herbeizuführen und sich selbst zu befähigen, Ihre negative Denkweise abzulegen.

Sich auf eine positive Denkweise konzentrieren

Um zu einer positiven Einstellung zu kommen, müssen Sie Ihre Aufmerksamkeit von den negativen Gedanken ablenken, von denen Sie ständig geplagt werden und sich auf die positiven Aspekte einer bestimmten Situation konzentrieren. Ein häufig genanntes Beispiel ist die berühmte Frage: „Ist das Glas halb leer oder halb voll?" Eine Person mit einer positiven Denkweise wird sagen, dass es halb voll ist. Dies ist jedoch leichter gesagt als getan, wenn man bedenkt, dass wir oft dazu neigen, von negativen Gedanken besessen zu sein und alle guten Dinge abzuwerten. Genauso wie Sie die schlechte Angewohnheit entwickeln können, sich auf Negativität zu konzentrieren, können Sie dies auch umkehren und lernen, positiv zu denken.

Identifizieren Sie Bereiche, die Sie verändern müssen

Die erste Sache, die Sie tun müssen, um zu lernen, wie Sie ein Mensch mit einer positiven Denkweise werden, besteht darin, dass Sie die Bereiche in Ihrem Leben identifizieren, die geändert werden müssen. Vielleicht sind Ihre negativen Gedankenmuster auf Ihre Unzufriedenheit in Bezug auf Ihre Karriere oder in Bezug auf eine ungesunde Beziehung zurückzuführen. Indem Sie die Situationen ausfindig machen, die zu Ihrem negativen Denken beitragen, können Sie damit beginnen, diesen Aspekt Ihres Lebens zu ändern und das Problem zu eliminieren. Wenn beispielsweise negative Gedanken auftauchen, weil Sie das Gefühl haben, dass Ihre Arbeit Sie nicht erfüllt, dann können Sie dieses Problem mit Ihrem Chef besprechen, um Wege zu finden, die Situation für Sie zufriedenstellender zu gestalten. Wenn Sie mit Ihrer Beziehung unzufrieden sind, dann können Sie ein Gespräch mit Ihrem Partner führen, um herauszufinden, wie Sie Ihre Beziehung verbessern und erfüllender gestalten können. Denken Sie daran, dass das Ziel der Identifizierung Ihrer Auslöser für negatives Denken und übermäßiges Nachdenken darin besteht, praktikable Lösungen für alle Probleme zu finden, mit denen Sie konfrontiert sind.

Überprüfen Sie sich selbst

Damit Sie eine positive Einstellung entwickeln und die Tendenz zum übermäßigen Nachdenken eliminieren können, müssen Sie sich der Gedanken bewusstwerden, die Ihnen im Laufe des Tages ständig durch den Kopf gehen. Dies ist eine Strategie, die als „sich selbst überprüfen" bezeichnet wird. Ziel dieser Übung ist es, herauszufinden, ob Sie mehr negative als positive Gedanken haben. Wenn Sie feststellen, dass die meisten Gedanken, die Sie im Laufe Ihres Tages erleben, negativ sind, dann müssen Sie versuchen, einen Weg zu finden, sie durch positive Gedanken zu ersetzen.

Seien Sie offen für Humor

Ein gutes Lachen hat zweifellos viele Vorteile. Zu den gesundheitlichen Vorteilen des Lachens zählen eine verbesserte Durchblutung des Körpers, die Lösung von Muskelverspannungen sowie die Freisetzung von Endorphinen, wie Serotonin und Dopamin, wodurch wir uns gut und zufrieden fühlen. Humor sorgt auch für Stressabbau und kann Ihnen dabei helfen, die Ängste abzulegen, die Sie normalerweise haben, wenn Sie von negativen Gedanken geplagt werden. Über sich selbst zu lachen, hilft Ihnen ebenfalls dabei, das Leben weniger ernst zu nehmen und kann Sie von den ständigen Belastungen und Sorgen des Lebens befreien, die zu negativen Gedanken führen. Wenn Sie offen für Humor sind, werden Sie möglicherweise zu der Erkenntnis kommen, dass einige der Probleme, von denen Sie ständig besessen sind, gar nicht so groß sind, wie Sie denken. Auf diese Weise können Sie eine bessere Denkweise entwickeln und die Herausforderungen im Leben mit einer positiven Einstellung angehen.

Entwickeln und praktizieren Sie einen gesunden Lebensstil

Wenn es darum geht, eine positive Einstellung zu entwickeln, ist ein gesunder Lebensstil von entscheidender Bedeutung. Je mehr Sie sich um Ihren Körper kümmern, desto schneller können Sie die physischen und psychischen Anforderungen Ihrer stressigen Gedanken und Ängste umkehren. Aus diesem Grund müssen Sie ein tägliches Trainingsprogramm einführen und beibehalten, um fit zu bleiben und Ihren allgemeinen Gesundheitszustand sowie Ihr Wohlbefinden zu verbessern. Nehmen Sie sich etwas Zeit, um Sport zu treiben - idealerweise zwei- bis dreimal pro Woche jeweils 20 bis 40 Minuten. Dazu gehören körperliche Aktivitäten, wie Joggen, Spazierengehen, Tanzen oder

Dehnübungen. Wenn Sie diese Trainingsgewohnheiten beibehalten, verbessern Sie nicht nur Ihren körperlichen Gesundheitszustand, sondern auch Ihren geistigen Zustand.

Neben Bewegung ist es auch wichtig, sich gesund zu ernähren, um eine positive Einstellung zu fördern. Es gibt viele Lebensmittel, von denen bekannt ist, dass sie Angstzustände verstärken. Aus diesem Grund sollten diese Lebensmittel vermieden werden, wenn Sie versuchen, Ihre negativen Denkmuster abzulegen. Dazu gehören verarbeitete Lebensmittel, die sogenannten Softdrinks, Kaffee, raffinierter Zucker sowie Milchprodukte. Sie sollten auch Alkohol minimieren oder überhaupt keinen Alkohol mehr trinken, wenn Sie versuchen, eine positive Einstellung zu pflegen. Stattdessen sollten Sie vermehrt Spargel, Mandeln, Avocados, Walnüsse, Grünkohl und Spinat zu sich nehmen.

Indem Sie ein regelmäßiges Trainingsprogramm einhalten und sich gesund ernähren, können Sie Ihre körperliche und geistige Belastbarkeit stärken, um negative Denkmuster zu überwinden und eine positivere Lebenseinstellung zu entwickeln.

Umgeben Sie sich mit positiven Menschen

Wenn Sie positive Menschen um sich herum haben, kann dies Ihre Denkweise erheblich verbessern und Ihnen dabei helfen, ein positiver denkender Mensch zu werden. Sie müssen sicherstellen, dass die Menschen, mit denen Sie Zeit verbringen, Sie als Person unterstützen und Ihre Persönlichkeit mit all Ihren Macken und Nuancen akzeptieren. Es gibt mehrere Gründe, warum es eines der besten Dinge ist, sich mit positiv gesinnten Menschen zu umgeben, wenn man eine positive Einstellung entwickeln möchte.

Es fördert die Authentizität

Positiv gesinnte Freunde und Verwandte möchten in der Regel, dass Sie die beste Version Ihrer selbst werden. Daher werden sie Sie bei Ihren Bestrebungen und Zielen unterstützen. Sie akzeptieren Ihre persönlichen Entscheidungen und die Art und Weise, wie Sie sich ausdrücken. Wenn Sie positiv denkende Menschen in Ihrer Nähe haben, werden Sie ermutigt, sich selbst zu akzeptieren. Dies bedeutet, dass Sie nicht übertrieben vorsichtig und diplomatisch mit Ihren Mitmenschen umgehen müssen, um diese nicht zu beleidigen. Es bedeutet auch nicht, dass Sie hart arbeiten müssen, um Ihre Mitmenschen zu beeindrucken. Dies kann einen erheblichen mentalen Druck abbauen und Sie fühlen sich wohler.

Weniger Drama in Ihrem Leben

Positiv denkende Menschen neigen dazu, eine geringere Toleranz für unnötiges Drama zu haben. Sie meiden lieber negative Energie und konzentrieren sich darauf, die beste Version ihrer selbst zu sein und gute Beziehungen zu ihren Mitmenschen aufzubauen. Indem Sie also die Gesellschaft positiver Menschen suchen, können Sie bedeutungslose Dramen vermeiden, die keinem anderen Zweck dienen, als Stress, Anspannung und Frustration zu erhöhen. Auf diese Weise können Sie Ihre Ängste ablegen und Sie werden ruhiger und entspannter.

Erhöhte Motivation

Wenn Sie positive Menschen in Ihrem Leben haben, kann dies auch Ihre Motivation erheblich steigern. Positiv denkende Menschen neigen dazu, sich selbst herauszufordern, um besser zu werden. Sie konzentrieren ihre ganze Energie darauf, sich selbst und andere aufzubauen. Wenn Sie diese Art von Menschen in Ihrer Nähe haben, können Sie genug Motivation entwickeln, um positive Veränderungen in Ihrem Leben vorzunehmen und ein besserer Mensch zu werden.

Legen Sie sich ein neues Hobby zu

Sich ein neues Hobby zuzulegen, kann eine sehr herausfordernde Aufgabe sein, da Sie alles von Grund auf lernen müssen. Wenn Sie ein berufstätiger Mensch mit wenig Freizeit sind oder ständig familiäre Verpflichtungen haben, dann scheint es unmöglich zu sein, Ihr neues Hobby in Ihren bereits vollen Zeitplan zu integrieren. Ein neues Hobby kann jedoch sehr nützlich sein, wenn es darum geht, eine positive Einstellung zu pflegen. Wenn Sie sich ein neues Hobby zulegen, können Sie nicht nur neue Fähigkeiten erlernen und entwickeln, sondern auch

Ihre Persönlichkeit besser erforschen. Sie werden überrascht sein, dass Sie Talente und Fähigkeiten haben, die Ihnen noch nicht bewusst waren. Wenn Sie also daran arbeiten, Ihr positives Denken zu verbessern, versuchen Sie, ein Hobby auszuwählen, an dem Sie interessiert sind. Dies kann so etwas sein wie Vogelbeobachtung, Malen, das Erlernen eines Musikinstrumentes, Gartenarbeit oder etwas anderes, was Sie schon immer tun wollten. Wenn Sie ein neues Hobby beginnen, dann bauen Sie eine ganz neue Verbindung zu sich selbst auf und Sie genießen ein neues Maß an Erfüllung.

Üben Sie positive Selbstgespräche

Selbstgespräche beziehen sich auf den internen Monolog, der stets in Ihrem Kopf stattfindet, selbst wenn Sie den gewöhnlichen Aktivitäten Ihres täglichen Lebens nachgehen (Holland, 2019). Selbstgespräche spiegeln normalerweise Ihre Grundwerte, Glaubenssysteme und Konzepte wider. Selbstgespräche können je nach Persönlichkeit und Erfahrungen entweder positiv oder negativ sein. Wenn Sie von Natur aus optimistisch sind, werden Sie wahrscheinlich positive Gedanken und Selbstgespräche haben. Wenn Sie dagegen ein Pessimist sind, sind Ihre Selbstgespräche meistens negativ. Um eine positive Denkweise zu pflegen, müssen Sie diesen internen Monolog von negativen zu positiven Gedanken umwandeln.

Es gibt viele Vorteile, die Sie aus dem Üben positiver Selbstgespräche ziehen können. Dies sind die Vorteile, die daraus entstehen können:

- Höhere Lebenszufriedenheit
- Verbessertes Immunsystem
- Bessere kardiovaskuläre Gesundheit
- Stress- und Angstabbau
- Längere Lebensdauer

Wenn Sie positive Selbstgespräche üben, besteht der Schlüssel darin, alle vorhandenen negativen Gedanken zu identifizieren und sie durch eine positive Einstellung zu ersetzen. Anstatt z. B. zu sagen: „Ich bin ein Versager und werde in keinem Bereich gut sein", können Sie diesen Gedanken ersetzen, indem Sie sich sagen: „Ich bin froh, dass ich mein

Bestes gegeben habe. Ich werde versuchen, es beim nächsten Mal besser zu machen." Wenn Sie mitfühlende Worte verwenden, um Ihre negativen Selbstgespräche anzusprechen, können Sie sich aus der Falle der negativen Denkweise befreien und sich selbst und die Situationen besser akzeptieren, die außerhalb Ihrer Kontrolle liegen („Positive thinking: Stop negative self-talk to reduce stress", 2020b).

Lernen Sie, über sich selbst zu lachen

Wir Menschen neigen dazu, uns selbst gegenüber sehr kritisch zu sein. Wir messen uns ständig an den Leistungen anderer Menschen und setzen uns selbst außerordentlich hohe Maßstäbe. Wenn wir diese Standards nicht erfüllen, sind wir womöglich von uns selbst enttäuscht. Diese Enttäuschung führt oft zu negativen Gefühlen der Unwürdigkeit und Selbstbeschuldigung, die unser Selbstwertgefühl erheblich schädigen können. Es ist wichtig zu erkennen, dass niemand perfekt ist. Dazu gehören auch Menschen, zu denen wir aufschauen und die in allem gut zu sein scheinen. Deshalb müssen wir die Tendenz ablegen, Perfektion von uns selbst zu erwarten. Indem wir lernen, über uns selbst und unsere Fehler zu lachen, können wir dazu beitragen, den Leistungsdruck zu verringern und unser Leben positiver zu gestalten. Es ist wichtig, uns daran zu erinnern, dass das Leben im Wesentlichen ein Abenteuer ist und dass wir alle auf dem Weg der Selbstfindung sind. Wenn wir also eine unbeschwerte Haltung gegenüber unseren Fehlern und Eigenheiten einnehmen, können wir uns dem Leben mit beständigem Optimismus nähern und es besser wertschätzen.

Zusammenfassung

In diesem Kapitel haben Sie etwas über positives Denken und die Entwicklung dieser Denkweise gelernt. Wir haben darüber gesprochen, wie positives Denken Ihre Denkweise verändern und Ihren allgemeinen Gesundheitszustand sowie Ihr Wohlbefinden verbessern kann. Natürlich passiert das nicht über Nacht. Sie müssen diese Techniken eine bestimmte Zeit lang üben, um konkrete Ergebnisse zu erzielen.

Diese Tipps und Techniken werden für Sie jedoch genauso funktionieren wie für viele andere Menschen in der Vergangenheit auch.

Um die Hauptpunkte dieses Kapitels zusammenzufassen, sind nachfolgend einige der Tipps aufgeführt, die Sie beachten müssen, wenn Sie eine positive Einstellung einnehmen wollen:

- Eine positive Denkweise zu entwickeln, geschieht nicht über Nacht - es erfordert Fleiß und Übung.
- Lernen Sie, Ihre Gedanken bewusst zu beobachten, um die negativen Gedanken zu erkennen, über die Sie am häufigsten nachdenken. Auf diese Weise können Sie feststellen, welche Situationen negative Denkmuster in Ihnen auslösen und wie Sie diese Situationen ändern können, um eine positivere Einstellung einzunehmen.
- Seien Sie humorvoll und lernen Sie, über sich selbst und die Situationen, in denen Sie sich befinden, zu lachen. Wenn Sie Ihr Leben weniger ernst nehmen, wird der Druck verringert, den Sie in schwierigen Situationen verspüren.
- Eignen Sie sich einen gesunden Lebensstil an und pflegen Sie ihn. Ein gesunder Lebensstil umfasst regelmäßige körperliche Betätigung sowie eine gesunde Ernährung. Dies hält nicht nur Ihren Körper in einer guten Form, sondern lindert auch Angstzustände und Stress.
- Umgeben Sie sich mit positiv gesinnten Menschen, die Sie motivieren und dazu ermutigen, die beste Version Ihrer selbst zu sein. Finden Sie Freunde, die Sie so akzeptieren, wie Sie sind und die Sie ständig herausfordern, um die Person zu werden, die Sie sein möchten.
- Üben Sie positive Selbstgespräche, indem Sie negative Gedanken und Sätze, für die Sie eventuell anfällig sind, durch positive ersetzen. Konzentrieren Sie sich auch in schwierigen Situationen immer auf die positiven Aspekte der Dinge. Dies verhindert, dass Sie in einen negativen Denkzyklus geraten. Zudem ermöglicht es Ihnen, proaktiv Lösungen für die unmittelbaren Probleme zu finden, mit denen Sie konfrontiert sind.

Positives Denken ist ein Konzept, das mit Selbstakzeptanz einhergeht. Tatsächlich führt die Praxis des positiven Denkens in der Regel zu einem besseren Selbstverständnis und es ermöglicht uns, unsere Stärken und Schwächen als Individuen zu erkennen und zu schätzen. Genauso wichtig, wie positives Denken zu pflegen, ist es auch wichtig, zu lernen, wie man akzeptiert, wer wir sind.

Im nächsten Kapitel werden wir das Konzept der Selbstakzeptanz untersuchen und darlegen, warum diese für den Umgang mit negativen Gedanken von entscheidender Bedeutung ist und wie Sie eine bessere Selbstakzeptanz fördern können. Ich habe keinen Zweifel daran, dass Sie am Ende des Kapitels ein besseres Verständnis für die Selbstakzeptanz haben und verstehen werden, warum dies so wichtig ist, wenn es darum geht, Probleme des übermäßigen Nachdenkens, der Sorge und der Angst zu bekämpfen.

KAPITEL 9:

Der Weg zur Selbstakzeptanz

Viele Menschen verwechseln Selbstwertgefühl mit Selbstakzeptanz. Während sich das Selbstwertgefühl darauf bezieht, wie Sie sich selbst sehen, bezieht sich die Selbstakzeptanz auf das Gefühl der Zufriedenheit, das Sie in Bezug auf sich selbst haben - und zwar unabhängig von Fehlern und Schwächen in der Vergangenheit.

Wie wir uns selbst wahrnehmen, ist sehr wichtig für unsere psychische Gesundheit sowie für unseren Fortschritt in Richtung unserer Ziele und Bestrebungen. Menschen mit einem hohen Selbstwertgefühl sind in der Regel sehr motiviert und können ihre Ziele unabhängig von den Herausforderungen verfolgen, denen sie auf ihrem Weg begegnen. Auf der anderen Seite werden Menschen mit einem geringen Selbstwertgefühl leicht entmutigt und sind nicht so belastbar, wenn es darum geht, ihre Lebensziele zu verfolgen. Solche Menschen vermeiden herausfordernde Situationen oder finden es schwierig, durchzuhalten, wenn sie auf stressige Lebenssituationen stoßen (F, 2008).

Zudem neigen sie dazu, sich selbst negativ wahrzunehmen und sind anfällig für Probleme, wie Angstzustände, einem geringen Selbstwertgefühl und ein mangelndes Selbstvertrauen. Folglich sind sie tendenziell weniger erfolgreich als ihre Kollegen, die ein hohes Selbstwertgefühl haben.

Um tatsächlich ein Gefühl der Selbstakzeptanz zu erlangen, ist es absolut wichtig, sich selbst vollständig zu akzeptieren - sowohl hinsichtlich der negativen als auch der positiven Aspekte seiner selbst. Den meisten Menschen fällt es jedoch schwer, sich ihre Fehler einzugestehen. Selbst dann, wenn sie dies tun, fällt es ihnen manchmal immer noch schwer, mit diesen Fehlern zu leben. Dies führt oftmals zu Gefühlen der Unsicherheit, Angst und zu Sorgen, die nicht nur die geistige Gesundheit beeinträchtigen, sondern die Menschen auch daran hindern können, die Ziele zu verfolgen, die sie sich in ihrem Leben gesetzt haben.

Vorteile der Selbstakzeptanz

So schwierig es auch sein mag, ein Gefühl der Selbstakzeptanz zu erreichen, so kann dies dennoch in vielerlei Hinsicht sehr lohnend sein. Nachfolgend werden Ihnen einige der Vorteile erläutert, die entstehen, wenn Sie lernen, sich selbst zu akzeptieren.

Sie hilft Ihnen, Demut zu entwickeln

Die Entwicklung von Selbstakzeptanz kann Ihnen dabei helfen, ein bescheidenerer Mensch zu werden. Die Kunst der Selbstakzeptanz führt dazu, anzuerkennen, dass wir nicht die vollständige Kontrolle über unser Leben haben. Mithilfe eines ausgewogenen Gefühls der Selbstakzeptanz können Sie daher zu der Erkenntnis gelangen, dass Sie einfach ein Teil eines viel größeren Puzzles sind, das wir als Leben bezeichnen. Wenn Sie zu dieser Erkenntnis gelangen, können Sie ein Mensch werden, der ausgeglichener und bescheidener ist.

Sie ermöglicht Ihnen eine klare Perspektive auf die Realität

Die Kunst der Selbstakzeptanz ermöglicht es Ihnen, sich einer Realität bewusst zu werden, die eher auf Wahrheit als auf Fantasie beruht. Indem Sie Selbstakzeptanz üben, können Sie die Welt so sehen, wie sie ist, und nicht so, wie Sie es sich wünschen. Dies kann sehr nützlich sein, um sich selbst zu erden und Situationen aus einer realistischen Perspektive heraus zu betrachten.

Sie unterstützt Sie dabei, Probleme besser zu lösen

Selbstakzeptanz verschafft Ihnen Klarheit in Bezug auf Ihre Denkweise, die Sie benötigen, um Ihre Probleme tiefgreifend zu bewerten und effektive Lösungen für Ihre kritischen Probleme zu finden. Wenn Sie realistisch in Bezug auf sich selbst und Ihre Fähigkeiten sind, planen und gehen Sie einen Weg, der eher zu einem erfolgreichen Ergebnis führt.

Sie fördert Ihr körperliches, geistiges und emotionales Wohlbefinden

Wenn Sie ablehnen, wer Sie wirklich sind, so kann diese Ablehnung das Gleichgewicht unseres Lebens aufgrund des damit verbundenen Stresses und der damit verbundenen Ängste erheblich beeinträchtigen. Wenn wir uns jedoch voll und ganz akzeptieren, haben wir mehr Energie, um produktivere Aktivitäten durchzuführen. Dies hilft uns dabei, auf unsere Ziele und Bestrebungen im Leben hinzuarbeiten.

Sie verbessert Ihre Beziehungen zu anderen Menschen

Die Selbstakzeptanz kann uns dabei helfen, unsere Beziehung zu den Menschen in unserem Umfeld zu verbessern. Dies liegt daran, dass wir lernen, in Bezug auf unsere Bedürfnisse durchsetzungsfähiger zu sein und gleichzeitig anzuerkennen, dass andere Menschen sich von uns unterscheiden und möglicherweise nicht dieselben Überzeugungen oder Werte teilen, die wir haben. Indem wir lernen, uns selbst zu akzeptieren, können wir uns auf sinnvollere Weise mit Menschen verbinden und Beziehungen aufbauen, die auf Vertrauen, Ehrlichkeit und gegenseitigem Respekt beruhen.

Sie bietet eine Option, wenn Sie mit schwierigen Situationen konfrontiert sind

Zu Beginn dieses Buches haben wir die Bedeutung der Unterscheidung zwischen lösbaren und unlösbaren Sorgen erörtert. Lösbare Sorgen sind im Wesentlichen Situationen, in denen sofortige Maßnahmen ergriffen werden können oder müssen. Unlösbare Sorgen sind solche, die außerhalb Ihrer Kontrolle liegen. Wenn wir nachdenken oder übermäßig viel grübeln, liegt dies oft daran, dass wir mit herausfordernden Situationen konfrontiert sind, für die wir keine sofortige Lösung haben. Dies kann zu Hoffnungslosigkeit, Hilflosigkeit und Angst führen. Selbstakzeptanz kann uns jedoch helfen, diese Herausforderungen besser zu bewältigen. Indem Sie Dinge akzeptieren, über die Sie keine

Kontrolle haben, können Sie Ihren Geist von unproduktiven Gedanken befreien, die keinem anderen Zweck dienen, als Ihre Angst und Ihren Stress zu erhöhen.

Sie ermöglicht Ihnen, ein besseres Selbstverständnis zu entwickeln

Unsere Emotionen und Gefühle liefern uns normalerweise viele Informationen über die Dinge, die wir im Leben schätzen. Wenn Sie Ihre Gefühle unterdrücken oder leugnen, können Sie sich von der Welt entfremdet fühlen und aus den Augen verlieren, wer Sie wirklich sind. Indem Sie jedoch Ihre Gefühle anerkennen und akzeptieren, können Sie ein besseres Verständnis für sich selbst entwickeln und Entscheidungen treffen, die Ihren Grundwerten und Überzeugungen entsprechen.

Sie verringert die Wahrscheinlichkeit von unangenehmen Gefühlen

Die Entwicklung eines Bewusstseins für Ihre Gefühle und Emotionen ist ein wesentlicher Bestandteil der Selbstakzeptanz. Wenn Sie Ihre unangenehmen Gefühle anerkennen, ohne sie zu unterdrücken oder zu leugnen, können Sie sie endgültig und schnell lösen, damit sie später nicht erneut auftauchen und Sie verfolgen.

Sie ermöglicht Ihnen, sich selbst zu vergeben

Sicherlich haben wir alle in der Vergangenheit einige Dinge getan, auf die wir nicht besonders stolz sind. Möglicherweise haben wir einige grobe Fehler oder Irrtümer begangen, die unser Leben in erheblichem Maße beeinflusst haben. Natürlich kann die Vergangenheit nicht rückgängig gemacht werden. Indem Sie jedoch Ihre Fehler und Schwächen der Vergangenheit durch Selbstakzeptanz anerkennen, können Sie sich vergangene Fehler verzeihen und Ihr Leben auf ehrliche und friedliche Weise weiterführen.

Sie befreit Sie von der Tendenz des übermäßigen Nachdenkens

Sehr oft überanalysieren wir oder denken zu viel nach, einfach weil wir nicht akzeptieren können, wie die Dinge gegenwärtig sind, weil wir uns Sorgen um die Zukunft machen oder weil wir nicht damit aufhören können, die Vergangenheit ruhen zu lassen. Indem wir jedoch Selbstakzeptanz üben, grübeln wir weniger stark über Situationen nach, wodurch unsere Energie erhalten und unser Seelenfrieden gewahrt bleibt.

Sie ermöglicht Ihnen, inneren Frieden zu erlangen

Wenn Sie sich davon entledigen können, Ihre Vergangenheit oder Zukunft zu idealisieren, Dinge zu bereuen oder sich Sorgen zu machen, konzentrieren Sie sich stärker auf die reale Welt. Indem Sie sich selbst akzeptieren bzw. akzeptieren, wer Sie sind, können Sie damit beginnen, die gewöhnlichen Dinge in Ihrem Leben viel mehr zu schätzen. So fühlen Sie sich in Ihrer eigenen Haut wohler und können inneren Frieden und Ruhe erreichen, selbst wenn Sie herausfordernden Situationen gegenüberstehen.

Sie öffnet einen Weg, dankbar gegenüber sich selbst zu sein

Ständiges negatives Denken und übermäßige Grübeleien können dazu führen, dass Sie sich selbst und Ihre Handlungen äußerst selbstkritisch und übermäßig stark beurteilen. Dieses Verhalten fördert oft eine Opfermentalität in uns, bei der wir uns minderwertiger wahrnehmen als wir sind. Das Üben der Selbstakzeptanz ermöglicht es uns jedoch, mitfühlender und dankbarer in Bezug auf uns selbst zu werden, was uns dabei helfen kann, glücklicher zu werden und uns wohler in unserer Haut zu fühlen.

Sie macht Sie psychisch stärker

Wenn wir versuchen, jene Aspekte von uns selbst zu vermeiden, für die wir uns schämen oder die wir nicht gutheißen, verlieren wir allmählich unser Vertrauen und unseren Mut. Dies kann sich sehr nachteilig auf unser psychisches Wohlbefinden auswirken. Wenn Sie sich jedoch vollständig akzeptieren, können Sie sich Ihren Ängsten direkt stellen und so Ihre psychologische Belastbarkeit entwickeln.

Sie ermöglicht Ihnen, die Kontrolle über Ihr Leben zu erlangen

Die Praxis der Selbstakzeptanz kann Ihnen dabei helfen, die Kontrolle über Ihre Gedanken und Handlungen zu übernehmen. Wann immer Sie eine Situation akzeptieren, die sehr schwierig oder unangenehm erscheint, lenken Sie Ihren Fokus auf das, was Sie tun müssen und ergreifen Sie Maßnahmen, die Ihren persönlichen Werten und Grundüberzeugungen entsprechen.

Sie ermöglicht Ihnen, Ihre eigenen Talente zu entdecken

Das Üben der Selbstakzeptanz kann Ihnen dabei helfen, alle Talente zu entdecken, die Sie womöglich noch gar nicht kannten. Indem Sie das Gute in sich selbst erkennen und Ihre Fähigkeiten nutzen, können Sie neue Dinge erreichen! Die Fähigkeit, sich selbst vollständig zu akzeptieren, stellt alle Aspekte Ihrer Persönlichkeit in den Vordergrund, die Sie die ganze Zeit vor sich selbst und anderen Menschen geheim gehalten haben. Sie werden überrascht sein, wie wirkungsvoll diese verborgenen Talente sein können, und zwar nicht nur für Sie persönlich, sondern auch für andere Menschen.

Wie Sie Selbstakzeptanz üben

Selbstakzeptanz ist für uns Menschen in der Regel eine große Herausforderung, da wir uns ständig auf Selbstzweifel und Selbstkritik einlassen. Je stärker diese Zweifel und negativen Gedanken auf unser Bewusstsein drücken, desto unsicherer fühlen wir uns. Dies kann zu Selbsthass und Depressionen führen. Wenn Sie mit einem schlechten Selbstwertgefühl zu kämpfen haben, ist es für Sie unbedingt erforderlich, eine gesunde Selbstakzeptanz zu fördern. Um dies zu tun, müssen Sie die Selbstakzeptanz als eine Fähigkeit wahrnehmen, die Sie durch Übung entwickeln können, anstatt sie als eine angeborene Eigenschaft zu betrachten, über die nur bestimmte Menschen verfügen.

Es gibt verschiedene Techniken, die Ihnen dabei helfen können, ein Gefühl der Selbstakzeptanz und des Selbstwertgefühls zu entwickeln. Einige dieser Techniken sind nachfolgend aufgeführt.

Praktizieren Sie entspannte Achtsamkeit

Um ein starkes Selbstbewusstsein zu entwickeln, ist es wichtig, sich Ihrer Gedanken und Gefühle bewusst zu werden. Das ist einfacher als Sie vielleicht denken. Anstatt sich verkrampft zu bemühen, Ihre Konzentration auf bestimmte Gedanken zu lenken, sollten Sie ein entspanntes Bewusstsein pflegen. Dieser Begriff bezieht sich auf einen Bewusstseinszustand Ihrer Gedanken und Emotionen, den Sie erreichen, wenn Sie Ihren Fokus auf bestimmte Themen oder Angelegenheiten loslassen. Entspanntes Bewusstsein kann mit Meditation verglichen werden, die es Ihnen ermöglicht, Ihr Leben auf eine normale Art und Weise zu gestalten, während Sie sich auf einem höheren Bewusstseinsniveau befinden als die meisten Menschen.

Hier ist eine kurze Anleitung, wie Sie einen Zustand des entspannten Bewusstseins herbeiführen und die zahlreichen Vorteile nutzen können, die Ihnen dieser Geisteszustand bietet:

- Seien Sie achtsam und entspannt während Ihrer täglichen Handlungen, z. B. während des Duschens, des Zubereitens Ihrer Mahlzeiten, des Zähneputzens usw. Vermeiden Sie dabei, sich zu stark zu konzentrieren. Behalten Sie stattdessen einen ruhigen und entspannten Geisteszustand bei und seien Sie präsent in der Gegenwart.
- Erkennen Sie Ihre Einzigartigkeit an und entwickeln Sie eine Wertschätzung für das, was Sie sich selbst zu bieten haben, für die Menschen, die Sie kennen und für die Gemeinschaft, in der Sie leben.
- Versuchen Sie, in der Gegenwart zu leben und alle Sorgen und Wünsche in Bezug auf die Vergangenheit oder die Zukunft abzulegen. Konzentrieren Sie sich darauf, was Sie kurzfristig tatsächlich tun können.

- Sehen Sie jeden Tag als eine neue Gelegenheit, um etwas Neues zu lernen und all Ihre Talente in sämtliche Dinge einzubringen, die Sie tun.

Erkennen Sie an, was Sie bemerken

Wenn Sie damit beginnen, ein entspanntes Bewusstsein zu üben, werden Sie möglicherweise viele Gedanken, Emotionen und Gefühle bemerken, die durch Ihren Geist und Körper schwirren. Dazu gehören selbstkritische Gedanken und Ängste sowie angenehme Emotionen, wie Zufriedenheit und Freude. Natürlich neigen Sie möglicherweise dazu, einige der Gedanken und Gefühle zu unterdrücken, die Sie als negativ empfinden. Dies ist jedoch kontraproduktiv für Ihre Praxis der Selbstakzeptanz, da diese wahrgenommenen negativen Gedanken und Emotionen ein untrennbarer Teil Ihrer selbst sind. Anstatt zu versuchen, sie zu vermeiden, sollten Sie diese negativen Gedanken genauso anerkennen und begrüßen, wie Sie es bei den positiven tun. Denken Sie daran, dass diese negativen Gedanken Ihnen die Möglichkeit bieten, etwas über sich selbst zu lernen. Aber verweilen Sie nicht bei ihnen! Dies führt Sie zu einem besseren Verständnis Ihrer hochkomplexen Persönlichkeit und ermöglicht es Ihnen, Selbstakzeptanz zu erlangen.

Hören Sie auf damit auf, sich mit anderen zu vergleichen

Wir Menschen neigen von Natur aus dazu, uns mit anderen Menschen zu vergleichen. Wir tendieren dazu, die besten Eigenschaften anderer Menschen mit unseren durchschnittlichen Eigenschaften zu vergleichen. Wir bewerten uns oft mithilfe von imaginären Wertungslisten. Wenn wir uns besser als andere Menschen wahrnehmen, fühlen wir uns bestätigt. Wenn wir dagegen denken, dass andere Menschen besser sind als wir, kann dies zu Problemen in Bezug auf unser Selbstwertgefühl und Selbstvertrauen führen.

So natürlich und harmlos er auch scheinen mag, so ist ein Vergleich mit anderen Menschen tatsächlich eine sehr schädliche Angewohnheit, die unser Leben und unsere emotionale Gesundheit zerstören kann (Raftlova, 2019). Um Selbstakzeptanz zu erlangen, ist es wichtig, diese Gewohnheit loszulassen. Das ist nicht immer einfach, wenn man bedenkt, wie tief diese Gewohnheit normalerweise in uns verwurzelt ist. In den meisten Fällen führen wir diese Vergleiche durch, ohne uns dessen überhaupt bewusst zu sein.

Wenn Sie jedoch das entspannte Bewusstsein üben, werden Sie feststellen, wie oft Sie sich mit anderen vergleichen. Wenn Sie sich dieser Gedanken bewusst werden, versuchen Sie nicht, sie zu unterdrücken oder zu vermeiden. Erkennen Sie sie stattdessen an und lassen Sie sie los, indem Sie Ihren Fokus auf positive Gedanken richten.

Üben Sie sich in Dankbarkeit

Wenn Sie die Dinge anerkennen, für die Sie im Leben dankbar sind, werden Sie Ihre Situation besser einschätzen können. Zudem erhalten Sie die Energie, dem Leben mit einem neuen Gefühl von Optimismus und Akzeptanz zu begegnen. Wenn wir uns auf die guten Dinge in unserem Leben konzentrieren, haben wir keine Zeit bzw. keinen Raum für Negativität.

Lernen Sie, sich selbst zu vergeben

Sehr oft geraten wir aufgrund der ständigen Selbstbeurteilung und Selbstbeschuldigung in negative Denkschleifen. Sich selbst zu vergeben ist eines der schwierigsten Dinge. Zugegeben, wir haben in der Vergangenheit womöglich viele Fehler gemacht, die weiterhin einen dunklen Schatten auf unser Leben werfen. Die ständige Besessenheit in Bezug auf vergangene Fehler hält uns jedoch nur in der Negativität fest und hemmt unsere Fähigkeit, unser Leben weiterzuentwickeln. Um eine gesunde Selbstakzeptanz zu fördern, ist es daher sehr wichtig, sich selbst zu vergeben und die Scham, Schuld oder Trauer vergangener Fehler loszulassen.

Mitgefühl für sich selbst entwickeln

Es ist ein grundlegender Schritt, mitfühlender in Bezug auf sich selbst zu sein, um Selbstakzeptanz und inneren Frieden zu erlangen. Oft stecken wir in Denkmustern fest, die Selbstbeschuldigung und ungerechtfertigte Selbstkritik beinhalten. Dies kann dazu führen, dass wir ein schlechtes Selbstwertgefühl haben, was uns Glück und Zufriedenheit raubt.

Indem wir jedoch Mitgefühl für uns selbst entwickeln, können wir die Tendenz überwinden, uns selbst abzuwerten und es hilft uns dabei, uns selbst mehr zu akzeptieren. Nachfolgend sind einige Möglichkeiten aufgeführt, wie Sie üben können, sich selbst Mitgefühl entgegenzubringen und wie Sie einen ausgeglichenen Zustand der Selbstakzeptanz erreichen können.

Ändern Sie Ihre Denkweise

Sehr oft haben wir eine schlechte Selbstachtung, weil wir uns anhand von Fehlern beurteilen, die wir in der Vergangenheit gemacht haben. Dies kann sich nachteilig auf unser Selbstwertgefühl und unser Selbstvertrauen auswirken. Um vergangene Traumata und Fehler hinter sich zu lassen, müssen Sie lernen, Ihre vergangenen Handlungen von Ihrem gegenwärtigen Selbst zu trennen und zu erkennen, dass Ihre Handlungen in der Vergangenheit keinen Einfluss auf die Person haben müssen, die Sie jetzt sind, es sei denn, Sie möchten dies.

Verbringen Sie Zeit damit, Dinge zu tun, die Sie lieben

Wenn Sie mit Schuldgefühlen und Scham zu kämpfen haben, können Sie schnell davon überzeugt sein, dass Sie nichts Gutes im Leben verdienen. Dies ist jedoch weit von der Wahrheit entfernt. Wir alle verdienen Glück und Erfüllung, unabhängig von unseren früheren Handlungen und Fehlern. Aus diesem Grund müssen Sie sich, trotz aller Fehler in Ihrer Vergangenheit, erlauben, Glück zu erfahren - indem Sie sich Zeit nehmen, um Dinge zu tun, die Sie lieben, wie z. B. Ihren Hobbys und Interessen nachzugehen. Dieses Entgegenbringen von Selbstliebe wird Ihnen dabei helfen, gesund zu werden und eine größere Wertschätzung für sich selbst zu entwickeln.

Vermeiden Sie es, Urteile über sich selbst zu fällen

Wenn Sie sich mit negativen Gedanken über sich selbst auseinandersetzen, passiert es sehr häufig, dass Sie pauschale Urteile und Annahmen über Ihren Charakter treffen. Beispielsweise könnten Sie davon überzeugt sein, dass Sie ein Versager, ein schlechter Mensch oder der Liebe unwürdig sind. Dabei werten Sie sich nur selbst ab und beschränken Ihre Möglichkeiten in Bezug auf das, was Sie in Zukunft tun können. Dies ist eine falsche Denkweise und kann Sie erheblich daran hindern, Fortschritte im Leben zu erzielen. Aus diesem Grund ist es wichtig, sich nicht zu hart für Ihre Handlungen und insbesondere für die Fehler in Ihrer Vergangenheit zu verurteilen. Auf diese Weise können Sie Ihre Handlungen anerkennen und sich einem Zustand der Selbstakzeptanz nähern.

Seien Sie achtsam

Das Üben von Achtsamkeit ist sehr nützlich, wenn es um den Aspekt des Mitgefühls sich selbst gegenüber geht. Achtsamkeit ermöglicht es Ihnen, im gegenwärtigen Moment zu leben und sich Ihrer Gedanken und Gefühle bewusst zu werden. Indem Sie Ihre Gefühle und Gedanken in den Vordergrund Ihrer bewussten Aufmerksamkeit rücken, können Sie lernen, sie zu schätzen und eine Akzeptanz für sich selbst zu entwickeln.

Probieren Sie etwas Neues im Leben aus

Wenn Sie wie die allermeisten Menschen sind, haben Sie wahrscheinlich eine Reihe von Routinen, die Sie täglich ausführen. Routinen sind sehr wichtig, weil sie unserem Leben ein Gefühl von Stabilität und Komfort geben. Wenn Sie jedoch in Routinen stecken bleiben, kann das Leben glanzlos und vorhersehbar oder sogar langweilig werden. Es ist daher wichtig, von Zeit zu Zeit aus Ihren Routinen auszusteigen und Ihre Komfortzone zu verlassen. Versuchen Sie, andere Dinge zu erforschen, die Sie herausfordern und erweitern Sie den Horizont Ihrer Persönlichkeit. Dies kann Ihnen helfen, einige Talente zu entdecken, von denen Sie nicht wussten, dass Sie sie haben.

Schuld hinter sich lassen

Manchmal sind Schuldgefühle nützlich, da sie uns mit unserem Bewusstsein verbinden und uns auffordern, unsere Fehler zu bewerten. Dann können wir die richtigen Schritte einleiten, um Schäden zu beheben, die wir uns selbst oder anderen zugefügt haben. Zu viel Schuld kann jedoch kontraproduktiv für unseren Fortschritt sein und sogar unsere persönliche Entwicklung beeinträchtigen. Schuld kann uns in Mustern des negativen Denkens und Nachdenkens in Bezug auf die Vergangenheit festhalten. Schuld kann uns daran hindern, die Gegenwart zu schätzen oder auf die Zukunft zu hoffen. Wenn dieses Problem nicht gelöst ist, kann dies zu negativen Emotionen, wie Depressionen und Angstzuständen, führen.

Wenn Sie sich mit Schuldgefühlen und Scham in Bezug auf vergangene Fehler auseinandersetzen, müssen Sie diese loslassen, um sich selbst mehr zu akzeptieren. Nachfolgend werden Ihnen einige der Schritte erläutert, die Sie zu diesem Zweck vornehmen können.

Korrigieren Sie Fehler, die Sie möglicherweise gemacht haben

Wie wir bereits erwähnt haben, sind Schuldgefühle nicht immer eine negative Emotion. Es ist notwendig, die Konsequenzen unseres Handelns zu akzeptieren, wenn diese andere Menschen erheblich verletzt haben. Schuldgefühle können Sie dazu anspornen, Fehler wieder gut zu machen, die Sie möglicherweise in der Vergangenheit begangen haben. Wenn Sie sich wegen eines von Ihnen begangenen Fehlers schuldig fühlen, können Sie die Initiative ergreifen, um Abhilfe zu schaffen. Zugegeben, es könnte sich unangenehm anfühlen, Menschen zu kontaktieren, die Sie verletzt haben. So können Sie jedoch negative Gedanken minimieren, die Sie möglicherweise in Bezug auf das, was passiert ist, hegen. Manchmal kann eine ehrliche Entschuldigung ausreichen, um das Problem zu beseitigen. Es hängt davon ab, weswegen Sie sich schuldig fühlen! Wenn Sie nicht dazu in der Lage sind, die Situation in Ordnung zu bringen, sollten Sie darüber nachdenken, einen Teil Ihrer Zeit für eine Organisation zu spenden, die anderen hilft. Vollbringen Sie gute Taten.

Überprüfen Sie Ihre verzerrte Sicht auf vermeintliche Fehler in der Vergangenheit

Manchmal neigen wir dazu, zu stark über unsere Fehler in der Vergangenheit nachzudenken, weil wir ihnen rückblickend zu viel Bedeutung beimessen. Es ist einfach, auf Ihre Fehler in der Vergangenheit zurückzublicken und sich auszumalen, wie Sie mit der Situation besser hätten umgehen können. Die Wahrheit ist jedoch, dass es nicht immer möglich ist, das Ergebnis einer Situation vorherzusagen, wenn Entscheidungen in der Gegenwart getroffen werden müssen. Selbst gut gemeinte Absichten können zu unerwünschten Ergebnissen führen. Deshalb ist es bei der Ermittlung Ihrer Schuld wichtig, Ihre Sicht auf zurückliegende Fehler zu überprüfen und Situationen anzuerkennen, in denen Sie mit gutem Gewissen gehandelt haben, auch wenn das Ergebnis nicht das war, was Sie sich erhofft hatten.

Überprüfen Sie sich in Bezug auf ein überhöhtes Verantwortungsgefühl

Es gibt Zeiten, in denen wir aufgrund eines überhöhten Verantwortungsbewusstseins mit Schuldgefühlen zu kämpfen haben. Wir nehmen fälschlicherweise an, dass wir für Dinge verantwortlich sind, auch wenn diese absolut nichts mit uns zu tun haben. Wenn Sie dazu neigen, sich für Dinge verantwortlich zu fühlen, für die Sie jedoch nicht die Verantwortung tragen, bereiten Sie sich selbst Stress und Kummer. Es ist daher wichtig zu wissen, dass einige Dinge nicht unter Ihrer Kontrolle stehen und Sie sich nicht dafür zur Rechenschaft ziehen sollten. Dies wird Ihnen dabei helfen, zu vermeiden, Schuldgefühle in sich selbst auszulösen. Zudem wird es Ihnen dazu verhelfen, Ihren beschränkten Möglichkeiten besser gerecht zu werden.

Lernen Sie, sich selbst zu vergeben

Die Fähigkeit zu vergeben wird allgemein als eine der besten Tugenden angesehen, die ein Mensch haben kann. Dies liegt daran, dass Ihnen diese Fähigkeit erlaubt, Gefühle der Wut oder des Grolles loszulassen, die Sie für jemanden hegen, der Ihnen Unrecht getan hat. Einigen

Menschen fällt es leichter zu vergeben als anderen. Während es vielen Menschen möglich ist, anderen Personen zu vergeben, so kann die Selbstvergebung schwieriger sein.

Jeder macht irgendwann einmal Fehler, da niemand perfekt ist. Daher ist es wichtig, sich selbst zu vergeben und die Fehler hinter sich zu lassen, die Sie im Laufe Ihres Lebens gemacht haben. Wenn Sie lernen, wie Sie Ihre vergangenen Fehler loslassen, können Sie Ihr geistiges Wohlbefinden schützen und die Selbstakzeptanz fördern.

Wenn Sie mit Schuld- und Reuegefühlen zu kämpfen haben, finden Sie nachfolgend einige nützliche Tipps, die Ihnen helfen können, sich selbst mehr zu vergeben.

Erkennen Sie die Fehler an, die Sie gemacht haben

Einer der Gründe, warum wir in Mustern des Bedauerns und der Schuld stecken bleiben, ist der, dass wir die Fehler, die passiert sind, und die Rolle, die wir dabei gespielt haben, nicht anerkennen. Diese Unfähigkeit, unsere vergangenen Fehler zu erkennen und anzuerkennen, kann unsere Fähigkeit beeinträchtigen, aus diesen Fehlern zu lernen und sie hinter uns zu lassen. Um sich selbst zu vergeben und mit der Genesung zu beginnen, müssen Sie sich Ihre Fehler ehrlich eingestehen und anerkennen, dass sie jemanden oder sich selbst verletzt haben. Auf diese Weise können Sie Verantwortung für Ihre Handlungen übernehmen und die Schuldgefühle, die Sie plagen, minimieren.

Versuchen Sie, Ihre Motivation herauszufinden

Um sich selbst Fehler zu verzeihen, die Sie in der Vergangenheit begangen haben, ist es unbedingt erforderlich, dass Sie verstehen, warum Sie sich so verhalten haben, wie Sie es getan haben. Dann können Sie überlegen, warum Sie sich schuldig fühlen. Sie haben z. B. möglicherweise etwas getan, das Ihren moralischen Überzeugungen widerspricht. Wenn Sie herausfinden, warum Sie so gehandelt haben, wie Sie es getan haben, können Sie sich Ihren Fehler leichter verzeihen. Dies liegt daran, dass Sie durch das Verstehen der Motivation, die zu dem Fehler geführt hat, vermeiden können, diesen in Zukunft zu wiederholen.

Lernen Sie, zwischen Schuld und Scham zu unterscheiden

Sich schuldig zu fühlen, wenn Sie einen Fehler machen, der andere Menschen verletzt, ist völlig normal und kann Sie dazu anspornen, notwendige Änderungen in Ihrem Leben vorzunehmen. Scham unterscheidet sich jedoch von Schuld. Sich schuldig zu fühlen ist die Anerkennung, dass Sie etwas falsch gemacht haben, während Scham ein Selbstvorwurf darüber ist, was passiert ist. Sie können sich für Ihre Handlungen schämen oder aber, weil Ihnen etwas passiert ist. Beide Situationen sind unterschiedlich und unterscheiden sich zudem von Schuld.

Niemand ist perfekt und jeder macht Fehler, einschließlich der angesehensten Menschen in der Gesellschaft. Scham und Reue sind natürliche Emotionen, die es Ihnen ermöglichen, Verantwortung für Ihre Schuld zu übernehmen und Sie zu einem besseren Verhalten zu veranlassen.

Sich zu schämen oder sich für etwas zu schämen, das Ihnen passiert ist, ist anders. Sie können sich schämen, weil das, was passiert ist, Ihnen oder anderen moralisch zuwider ist. Sie fühlen sich vielleicht schlecht, weil Sie das Gefühl haben, zu dem Vorfall beigetragen zu haben, der passiert ist. Möglicherweise schämen Sie sich, dass Sie nicht in der Lage sind, Maßnahmen zu ergreifen, um das Geschehene hinter sich zu lassen. Sie sind nicht alleine. Sprechen Sie mit jemandem, dem Sie vertrauen und haben Sie keine Angst davor, sich professionelle Hilfe zu suchen.

Scham ist keine sehr hilfreiche Emotion, da sie nur dazu dient, Ihr Selbstwertgefühl zu schwächen. Vermeiden Sie es, in Schamgefühlen und Selbstbeschuldigungen zu versinken, da Sie dadurch nur in Fehlern und Reuegefühlen der Vergangenheit gefangen bleiben. Dies erschwert die ganze Sache nur noch und macht es Ihnen nicht einfacher, sich selbst zu akzeptieren und zu vergeben.

Bemühen Sie sich, einfühlsamer gegenüber Menschen zu sein, die Sie möglicherweise verletzt haben

Eine der größten Hürden der Selbstvergebung besteht darin, dass Sie Empathie für diejenigen haben müssen, die Sie möglicherweise durch Ihre Fehler verletzt haben. Um sich wirklich selbst zu verzeihen, müssen Sie verstehen, wie sich die Person fühlt, die verletzt wurde. Dies kann tatsächlich unser Mitgefühl für andere Menschen verstärken. Wenn wir uns jedoch darauf konzentrieren, uns selbst zu vergeben, kann es schwierig sein, mit anderen Menschen in Kontakt zu treten, da wir uns auf uns selbst fokussieren. Um diese Gefahr zu vermeiden, müssen Sie sich bewusst darum bemühen, sich in die Menschen hineinzuversetzen, die von Ihren Handlungen negativ betroffen sind. Auf diese Weise verzeihen Sie sich selbst dafür, wie stark Sie diese Menschen tatsächlich verletzt haben.

Treffen Sie eine bewusste Entscheidung, aus dieser Erfahrung zu lernen

Jeder Mensch hat in seiner Vergangenheit etwas getan oder gesagt, mit dem er nicht zufrieden war oder worauf er nicht stolz ist. Es ist normal, sich schuldig zu fühlen, wenn wir eine Grenzüberschreitung anderen Menschen gegenüber vornehmen. Wenn Sie jedoch in einem Kreislauf aus Selbstbeschuldigung und Selbsthass gefangen sind, kann sich dies negativ auf Ihr Selbstwertgefühl auswirken. Dadurch schaffen Sie es nicht, sich selbst zu vergeben und voranzukommen. Konzentrieren Sie sich daher beim Umgang mit Schuldgefühlen, die auf einen Fehler in der Vergangenheit beruhen, auf die Lehren, die Sie aus der Situation ziehen können. Was würden Sie beim nächsten Mal anders machen? Egal wie schlimm Sie es auch vermasselt haben, Sie müssen sich deswegen nicht für alle Zeiten abwerten. Erkennen Sie Ihren Fehler an und betrachten Sie ihn als Lernerfahrung, die Ihnen dabei hilft, in Zukunft bessere Entscheidungen zu treffen.

Zusammenfassung

Im Laufe dieses Kapitels haben Sie zweifellos viele sehr nützliche Strategien zur Förderung der Selbstakzeptanz gelernt. Dies ist sehr wichtig, da wir durch Selbstakzeptanz negative Gedanken ablegen können, die sich auf unser Selbstwertgefühl auswirken. Indem wir lernen, wie man Selbstakzeptanz praktiziert, können wir negatives Denken vermeiden und letztlich positivere Personen werden.

Um die wichtigsten Aspekte dieses sehr lehrreichen Kapitels zusammenzufassen, sind hier einige Punkte aufgeführt, die Sie bedenken sollten, wenn Sie lernen wollen, wie Sie Ihre Selbstakzeptanz fördern:

- Üben Sie Achtsamkeit und eine entspannte Wahrnehmung, um Ihre Gefühle und Gedanken in Ihr Bewusstsein zu bringen. Dies wird Ihnen dabei helfen, ein tieferes Bewusstsein für sich selbst zu fördern und Sie der Selbstakzeptanz näher bringen.
- Pflegen Sie Dankbarkeit in Ihrem Leben, indem Sie die Gaben und Talente wertschätzen, über die Sie verfügen. Auf diese Weise können Sie Ihren eigenen Wert erkennen und die Tendenz beseitigen, auf sich selbst und die Situationen, in denen Sie sich befinden, herabzuschauen. Dankbarkeit zu üben hilft Ihnen außerdem dabei, sich auf die positiven Aspekte Ihres Lebens zu konzentrieren und Ihr Selbstvertrauen und Ihr Selbstwertgefühl zu verbessern.
- Lernen Sie, sich selbst gegenüber mitfühlender zu sein und vermeiden Sie, dazu zu tendieren, sich für Dinge verantwortlich zu machen, über die Sie keine Kontrolle haben. Das Üben von Mitgefühl gegenüber sich selbst bringt Sie in Kontakt mit Ihrem inneren Selbst und hilft Ihnen dabei, die Komplexität des Lebens in positiver Weise anzunehmen.
- Lernen Sie, sich selbst zu vergeben und die Fehler Ihrer Vergangenheit zu überwinden. Schieben Sie Gefühle weg, die große Hürden auf Ihrem Weg zur Selbstakzeptanz sein können, wie z. B. Schuld und Selbstbeschuldigung.

Die Entwicklung der Selbstakzeptanz liegt in Ihrer Macht. Bemühen Sie sich bewusst, die Schuldgefühle loszulassen und sich selbst und anderen gegenüber Mitgefühl zu zeigen.

Im abschließenden Kapitel dieses Buches werden wir das Konzept der radikalen Selbstliebe diskutieren und wie Sie es einsetzen können, um sich gegen die Probleme des negativen Denkens, des übermäßigen Nachdenkens und chronischer Sorgen zu stärken.

KAPITEL 10:

Radikale Selbstliebe üben

Die Kunst der Selbstliebe kann für Menschen eine große Herausforderung sein, insbesondere wenn sie mit den Problemen des Alltags zu kämpfen haben. Es kann leicht passieren, unser eigenes Wohlbefinden zu vergessen, wenn wir damit beschäftigt sind, unsere Karriere zu verfolgen und unsere Familien zu unterstützen. Selbstliebe ist jedoch ein sehr wichtiges Element des persönlichen Wachstums und der Selbstakzeptanz. Deshalb ist es wichtig, die Kunst zu üben, sich selbst zu lieben. Selbstliebe wird oft von Menschen missverstanden, die fälschlicherweise annehmen, dass Selbstliebe bedeutet, sich nur auf sich selbst zu konzentrieren oder narzisstisch zu sein. Im Gegenteil, Selbstliebe zielt darauf ab, mit uns selbst, unserem Wohlbefinden und unserem Glück in Kontakt zu treten, um mit anderen Menschen tiefe Verbindungen aufzubauen. Das Üben von Selbstliebe kann für uns selbst und die Menschen, mit denen wir interagieren, sehr nützlich sein (Stenvinkel, 2018).

Indem Sie Selbstliebe praktizieren, können Sie die einschränkenden Überzeugungen, die Sie möglicherweise über sich selbst haben, infrage stellen und sich motivieren, auf die Ziele Ihres Lebens hinzuarbeiten. Die Kunst der Selbstliebe ermöglicht es Ihnen auch, ein besseres Verständnis Ihrer Stärken und Schwächen zu entwickeln. Wenn Sie eine tiefe Liebe zu sich selbst pflegen, werden Sie weniger dazu neigen, Ihre Fehler zu übersehen oder zu beschönigen. Stattdessen werden Sie erkennen, dass Sie Fehler haben, genauso wie alle anderen Menschen auch. Verwenden Sie dieses Wissen, um zu einem besseren Menschen zu werden.

Sie sollten bedenken, dass Selbstliebe kein statischer Zustand ist, den man erreichen kann. Vielmehr ist Selbstliebe ein Prozess, der Fleiß und ständige Übung erfordert. Unsere Selbstliebe wächst nach und nach -

je mehr wir weiterhin freundliche, wertschätzende und mitfühlende Handlungen gegenüber uns selbst und anderen ausführen.

Nachfolgend werden Ihnen einige hervorragende Möglichkeiten vorgestellt, wie Sie tiefe Selbstliebe fördern können.

Seien Sie jemand, der liebt

Es kann sehr schwierig sein, Selbstliebe zu entwickeln, wenn Sie mit Gedanken und Emotionen zu tun haben, die auf Selbstkritik und Selbstbeschuldigung ausgerichtet sind. Wenn Ihr Selbstwertgefühl aufgrund all der Herausforderungen, denen Sie im Leben begegnen, sinkt, fragen Sie sich vielleicht sogar: „Was gibt es an mir zu lieben?" Die Wahrheit ist jedoch, dass jeder, auch Sie, einige positive Eigenschaften hat, die andere Menschen bewundern.

Anstatt zu versuchen, sich selbst ohne Überzeugung zu lieben, müssen Sie zuerst lernen, ein Mensch zu sein, der liebt. Versuchen Sie, sich auf das zu konzentrieren, was Sie an den Menschen lieben, die Sie kennenlernen und achten Sie vor allem auf die Dinge, die Sie an den gewöhnlichen Lebenserfahrungen lieben. Solche Dinge können sein, dass Sie an einem schönen Tag zu Fuß in Ihr Büro gehen oder sich mit einer fremden Person unterhalten. Tätigen Sie liebevolle Aussagen den Menschen gegenüber, die Ihnen nahestehen. Indem Sie Ihren Körper und Ihren Geist auf positive Emotionen einstellen, werden Sie viele Dinge finden, die Sie in Ihrem Leben lieben können. Dies wird es Ihnen ermöglichen, offener für die Liebe zu sein. Zudem stehen nun Ihre Chancen besser, Liebe zu erhalten.

Erkunden Sie, wie es sich anfühlt und wie es aussieht, geliebt zu werden

Liebevoll gegenüber sich selbst zu sein ist einfacher, wenn die Dinge im Leben gut laufen. Wenn die Dinge jedoch nicht wie erwartet funktionieren, passiert es oft, dass man selbstkritisch ist. Sie könnten so sehr in Ihr negatives Denken verwickelt sein, dass Sie vergessen, sich selbst gegenüber mitfühlend zu sein.

Die Wahrheit ist jedoch, dass Sie sich in solchen Zeiten am meisten lieben müssen. Wenn Sie in Probleme verwickelt sind, müssen Sie darüber nachdenken, was eine Person, die Sie sehr liebt, tun oder sagen würde. Die Chancen stehen gut, dass eine solche Person Sie nicht streng verurteilen oder auf Sie herabblicken würde. Stattdessen würde diese Person Sie mit Liebe, Verständnis und Mitgefühl überschütten. Auf diese Weise können Sie Ihre Tendenz zur Selbstbeschuldigung und Selbstbeschimpfung ablegen, wenn Sie einer herausfordernden Situation gegenüberstehen. Infolgedessen können Sie sich selbst gegenüber mehr Freundlichkeit und Liebe zeigen.

Vergleichen Sie sich nicht

Wir neigen dazu, uns mit den Menschen in unserem Umfeld zu vergleichen, um zu beurteilen, wie gut oder schlecht wir uns verhalten oder wie gut oder schlecht wir sind. Trotz der Tatsache, dass diese Tendenz, uns mit anderen zu vergleichen, ganz natürlich ist, so kann diese Verhaltensweise dennoch in vielerlei Hinsicht negativ sein. Nachfolgend sind einige Möglichkeiten aufgeführt, wie sich der Vergleich mit anderen negativ auf Ihr Leben auswirken kann.

- Es führt dazu, dass Sie die schlimmsten Dinge über sich selbst vermuten.
- Es raubt Ihnen wertvolle Zeit, die Sie sonst für produktive Dinge verwenden würden.
- Es hindert Sie daran, Ihre eigenen einzigartigen Talente und Gaben zu schätzen.
- Es raubt Ihnen Ihre Leidenschaft und den Drang, Ihre Interessen und Ziele zu verfolgen.
- Es führt dazu, dass Sie sich über andere ärgern.
- Es raubt Ihnen die Freude und macht es schwierig, Erfüllung im Leben zu finden.

Wie Sie sehen, haben Sie viel zu verlieren, wenn Sie sich ständig mit anderen vergleichen. Deshalb sollten Sie sich bemühen, diese Angewohnheit aufzugeben und die wunderbaren Dinge, die Sie im Leben haben, schätzen zu lernen. Die folgenden Tipps können Ihnen dabei helfen, nicht dahin zu tendieren, sich mit anderen zu vergleichen.

- Machen Sie sich der nachteiligen Auswirkungen dieser Vergleiche auf Ihr Selbstwertgefühl bewusst.
- Beginnen Sie, Ihre persönlichen Erfolge anzuerkennen.
- Lernen Sie, die Beiträge und Erfolge anderer Menschen zu schätzen, anstatt neidisch auf sie zu sein.
- Lernen Sie, dankbar zu sein für Ihre Einzigartigkeit sowie für die angeborenen Talente und Gaben, die Sie besitzen.
- Denken Sie immer daran, dass niemand perfekt ist und dass jeder seine eigenen Fehler und Defizite hat.

Bitten Sie Ihr Unterstützungssystem um Hilfe

Wenn wir mit schwierigen Gedanken und Gefühlen zu tun haben, isolieren wir uns oft von den Menschen, die uns nahestehen. Wir haben vielleicht das Gefühl, dass wir sie mit unseren Problemen belasten, da sie bereits ihre eigenen Probleme haben. Dies führt jedoch nur dazu, uns von den Menschen zu entfremden, die sich um uns kümmern. Die Pflege eines starken Unterstützungssystemes kann uns andererseits dabei helfen, unsere Ziele zu erreichen und Stresssituationen besser zu meistern. Menschen mit starken Unterstützungssystemen fühlen sich im Allgemeinen wohler als Menschen, denen diese Ressource fehlt. Darüber hinaus sind sie besser dazu in der Lage, mit Krisensituationen in ihrem Leben umzugehen.

Ein gesundes Unterstützungssystem kann von engen Familienmitgliedern, Freunden, guten Nachbarn und sogar von Haustieren kommen. Jedoch kann ein gesundes Unterstützungssystem auch von Selbsthilfegruppen und Fachleuten für psychische Gesundheit kommen. Zu den Möglichkeiten, wie Unterstützung geleistet werden kann, gehören mentale, emotionale und finanzielle Unterstützung.

Hier sind einige Dinge, die Sie in Bezug auf Ihr Unterstützungssystem in Ihrem Leben berücksichtigen sollten:

- Wie fühlen Sie sich, wenn Sie mit Menschen sprechen, die zu Ihrem Unterstützungssystem gehören?
- Schätzen diese Menschen Ihre Gefühle und Emotionen?
- Geben sie Ihnen Ratschläge, die Ihr Wohlbefinden unterstützen?
- Sagen sie Ihnen die Wahrheit, auch wenn diese schwer zu akzeptieren ist?
- Freuen sie sich für Sie, wenn Sie erfolgreich sind?
- Motivieren sie Sie dazu, ein besserer Mensch zu sein?

Wenn Sie sich diese Fragen über die Menschen in Ihrem Leben stellen, können Sie jene Personen identifizieren, die Sie unterstützen. Dies bedeutet jedoch nicht, dass Sie sich von denjenigen Menschen trennen sollten, die scheinbar weniger unterstützend sind. Es bedeutet nur, dass Sie mit größerer Wahrscheinlichkeit positive Ergebnisse erzielen, wenn Sie Zeit mit unterstützenden Menschen verbringen, wenn Sie in Not sind. Es ist gut zu wissen, wer diese Menschen sind.

Unternehmen Sie konkrete Schritte, um Ihr gewünschtes Leben zu erreichen

Es gibt Zeiten im Leben, in denen Sie zu der Erkenntnis kommen, dass das Leben, das Sie leben, nicht genau das ist, das Sie wollen. Die Notwendigkeit, Ihr Leben zu verändern, ergibt sich aus dem Wunsch, Ihr Leben an Ihren persönlichen Zielen und Bestrebungen auszurichten. Es ist wichtig zu wissen, dass Sie voll und ganz für die Gestaltung Ihres gewünschten Lebens verantwortlich sind und Ihnen niemand anderes in dieser Hinsicht helfen kann. Wenn Sie also festgestellt haben, dass das Leben, das Sie jetzt leben, Ihre Wünsche nicht erfüllt, müssen Sie konkrete Schritte vornehmen, um das Leben zu erschaffen, das Sie sich wünschen. Nachfolgend sind einige der wichtigsten Techniken aufgeführt, die Ihnen dabei helfen, das positive und erfüllende Leben herbeizuführen, von dem Sie träumen.

Entscheiden Sie sich für die Art von Leben, das Sie wollen

Der erste Schritt besteht darin, herauszufinden, was Sie in Ihrem Leben ändern müssen. Dies bedeutet jedoch nicht, dass Sie alles auf den Kopf stellen sollten. Unabhängig davon, wie Sie sich in Ihrem aktuellen Leben fühlen, gibt es bestimmte Aspekte, die tatsächlich gut sind und die nicht geändert werden müssen. Es kann z. B. sein, dass Sie mit den Beziehungen und Freundschaften, die Sie haben, zufrieden sind. Deswegen besteht kein Grund, sie zu ändern - es sei denn, Sie möchten „ein neues Kapitel in Ihrem Leben beginnen". Stattdessen müssen Sie sich auf die Dinge konzentrieren, die Sie weniger gut finden. Wenn Sie beispielsweise mit Ihrem aktuellen Job nicht zufrieden sind, prüfen Sie, ob Sie einen neuen Job annehmen können, der Ihren Zielen und Wünschen besser entspricht.

Stellen Sie sich Ihr gewünschtes Leben so vor, wie es Sie es haben wollen

Wenn Sie sich Ihr Leben so vorstellen, wie es sein sollte, dann werden Sie feststellen, dass die Dinge langsam Gestalt annehmen. Diese Denkweise motiviert Sie dazu, Entscheidungen zu treffen, die Ihrem gewünschten Leben entsprechen. Sie müssen wissen, wonach Sie streben, um bewusst darauf hinzuarbeiten.

Machen Sie die Dinge im Leben, die Sie glücklich machen

Wenn Sie versuchen, Ihr gewünschtes Leben zu gestalten, sollten Sie über die Dinge nachdenken, die Sie glücklich machen. Dazu gehören Ihre Arbeit, Hobbys, Interessen und Beziehungen. Wenn Sie die Dinge herausgefunden haben, die Sie glücklich machen, passen Sie Ihr Verhalten so an, dass Sie diese Dinge häufiger erleben. Auf diese Weise können Sie positive Gewohnheiten entwickeln und Ihre negativen Gedanken kontrollieren.

Formulieren Sie Ihre Ziele und konzentrieren Sie sich darauf

Um das Leben zu erschaffen, von dem Sie träumen, müssen Sie sehr zielorientiert sein. Es ist nun an der Zeit, Ihre Ziele festzulegen und die erforderliche Arbeit zu investieren, um diese Ziele zu erreichen. Wenn Sie beispielsweise eine bestimmte Karriere verfolgen wollen, dann arbeiten Sie hart daran, um die erforderlichen Fähigkeiten und akademischen Qualifikationen zu erhalten, die Sie dazu benötigen.

Machen Sie sich keine Sorgen darüber, was andere Leute denken

Obwohl es egoistisch klingen mag, so müssen Sie sich dennoch auf sich selbst konzentrieren und ignorieren, was andere Menschen über Sie denken, um das Leben zu erschaffen, das Sie sich wünschen. Wenn Sie Ihre Entscheidungen auf der Grundlage der Meinungen anderer Menschen treffen, wird Sie dies nie zu einem zufriedenen Leben führen. Solange Sie andere Menschen nicht verletzen, sollten Sie sich keine Sorgen machen, ob diese Ihre Schritte gutheißen, die Sie zur Verbesserung Ihres Lebens unternehmen.

Lassen Sie Ihre Angst hinter sich

Die meisten Menschen vernachlässigen es - aus Angst vor dem Unbekannten oder aus Angst vor dem Scheitern - ihre Ziele zu verfolgen und das Leben zu erschaffen, das sie wollen. Jeder Mensch hat die Angst, Fehler zu machen und zu scheitern, schon einmal erlebt. Die Angst vor dem Scheitern ist eine natürliche Emotion. Sie müssen diese Angst jedoch überwinden, wenn Sie Entscheidungen treffen möchten, die Sie zu Ihren Zielen und zu dem Leben führen, das Sie für sich selbst erschaffen möchten. Machen Sie sich keine Sorgen um Ihren Misserfolg. Versuchen Sie einfach, Ihr Ziel zu erreichen. Wenn Sie versagen, können Sie es jederzeit erneut versuchen. Solange Ihr Herz am richtigen Ort ist, sollte Sie nichts davon abhalten, Ihre Träume zu verfolgen.

Umgeben Sie sich mit Menschen, bei denen Sie sich wohlfühlen

Um Selbstliebe zu pflegen, ist es sehr wichtig, Zeit mit Menschen zu verbringen, in deren Nähe man sich gut fühlt. Dies liegt daran, dass Ihre Interaktionen mit Menschen Ihr Selbstwertgefühl und Ihr Selbstvertrauen stark beeinflussen. Wenn Sie Zeit mit Menschen verbringen, die Sie motivieren und ermutigen, können Sie sich selbst mehr akzeptieren und sich selbst gleichzeitig herausfordern, ein besserer Mensch zu werden. Auf der anderen Seite wird die Interaktion mit negativen Menschen wahrscheinlich dazu führen, dass Sie pessimistischer und negativer gegenüber sich selbst sind. Daher sollten Sie sich bemühen, mehr Zeit mit positiven Menschen zu verbringen, die Ihnen helfen, sich als Individuum weiterzuentwickeln und zu lernen.

Pflegen Sie gesunde Gewohnheiten

Ein wesentlicher Teil der Selbstliebe besteht darin, sich um Ihr körperliches, geistiges und emotionales Wohlbefinden zu kümmern. Deswegen müssen Sie Gewohnheiten pflegen, die in allen Bereichen Ihres Lebens zu positiven Ergebnissen beitragen. Dazu gehören gesunde Ernährung und Bewegung, um Ihren Körper fit zu halten sowie das Kümmern um Ihr emotionales und geistiges Wohlbefinden. Hören Sie auf damit, dazu zu tendieren, Dinge einfach zu tun, weil Sie sie tun „müssen" oder „sollten". Tun Sie stattdessen nur Dinge, die Sie bestärken und die Ihnen ein gutes Gefühl für sich selbst verleihen.

Seien Sie in schlechten Zeiten mitfühlend mit sich selbst

Es fällt uns sehr leicht, uns mit negativen Gedanken selbst zu bestrafen, wenn unangenehme Dinge passieren oder wir Fehler machen. Wenn wir jedoch versagen oder enttäuscht werden, müssen wir diese Zeit nutzen, um uns mit Liebe zu überschütten. Anstatt sich selbst zu beschuldigen und zu kritisieren, wenn manche Dinge nicht klappen, sollten Sie sich darum bemühen, sich selbst gegenüber Freundlichkeit und Mitgefühl zu entwickeln. Lernen Sie, sich selbst zu vergeben, wenn Sie Fehler machen und schätzen Sie die positiven Dinge, die Sie erreicht haben. Dies wird Ihnen dabei helfen, Schuldgefühle zu überwinden.

Akzeptieren Sie, was Sie nicht lieben können

Zugegeben, es kann sehr schwierig sein, Dinge zu lieben, die Ihren persönlichen Werten und Überzeugungen zu widersprechen scheinen. Dies bedeutet jedoch nicht, dass Sie sie einfach ignorieren sollten. Im Gegenteil, Sie müssen sich darauf konzentrieren, solche Dinge zu schätzen, denn auf diese Weise können Sie Ihre eigene Einzigartigkeit als Mensch erkennen. Dies kann Ihnen ein besseres Verständnis in Bezug auf Ihre eigene Individualität verleihen und es Ihnen ermöglichen, sich selbst mehr zu akzeptieren und zu lieben.

Legen Sie einen „sorgenfreien" Monat ein

Eine hervorragende Strategie, die Ihnen dabei helfen kann, eine größere Selbstliebe zu entwickeln, besteht darin, Ihre Sorgen in Richtung Positivität zu verlagern. Erschaffen Sie einen „sorgenfreien" Monat, in dem Sie sich auf die guten Dinge in Ihrem Leben konzentrieren und nicht auf all die negativen, besorgniserregenden Gedanken, die keinen anderen Zweck erfüllen, als Ihre Energie zu verbrauchen. Indem Sie sich etwas Zeit nehmen, um Ihr Leben ohne Sorgen zu genießen, können Sie Ihre Energie steigern und die Klarheit Ihres Geistes fördern, was Ihnen dabei hilft, sich Ihren Sorgen zu stellen, wenn dies erforderlich ist.

Zusammenfassung

Dieses letzte Kapitel legte den Fokus darauf, Selbstliebe und Mitgefühl in Bezug auf uns selbst zu fördern. Sie werden zweifellos zustimmen, dass Selbstliebe sehr wünschenswert ist. Selbstliebe zu praktizieren kann erheblich dazu beitragen, die Tendenz zu verringern, über negative Gedanken nachzudenken, die Ihr persönliches Selbstwertgefühl schwächen. Indem Sie Selbstliebe pflegen, können Sie die Tendenz überwinden, sich Sorgen zu machen und zu viel nachzudenken (Stenvinkel, 2018). Nachfolgend sind die wichtigsten Punkte aufgeführt, die Sie bedenken müssen, wenn Sie versuchen, radikale Selbstliebe zu pflegen:

- Versuchen Sie, sich auf die Dinge zu konzentrieren, die Sie an Ihren Alltagserfahrungen lieben, egal wie trivial sie Ihnen auch erscheinen mögen.
- Hören Sie auf, sich mit anderen Menschen zu vergleichen und realisieren Sie, dass Sie selbst ein einzigartiges Individuum

sind. Entwickeln Sie eine Wertschätzung für Ihre Talente, Fähigkeiten und Begabungen.
- Identifizieren Sie Ihr Unterstützungssystem und entwickeln Sie eine tiefere Verbindung dazu.
- Definieren Sie die Vision Ihres gewünschten Lebens und führen Sie die notwendigen Veränderungen durch, um Ihr Leben auf eine Art und Weise zu führen, die besser auf Ihre Vision abgestimmt ist.
- Verbringen Sie mehr Zeit mit Menschen, die Sie motivieren und dazu herausfordern, die beste Version Ihrer selbst zu werden.
- Pflegen Sie gesunde Gewohnheiten, die Ihr körperliches, geistiges und emotionales Wohlbefinden fördern.
- Lernen Sie, sich selbst zu lieben, auch wenn die Dinge nicht nach Ihren Plänen und Wünschen verlaufen.
- Entwickeln Sie eine Wertschätzung für die Dinge, die Sie nicht lieben können und lernen Sie, diese Dinge zu akzeptieren, anstatt sie zu vermeiden.

Die Praxis der Selbstliebe verleiht Ihnen ein tieferes Verständnis und eine tiefere Wertschätzung Ihrer eigenen Individualität. Dies kann Sie dazu befähigen, Ihre Ziele zu verfolgen und das Leben zu erschaffen, das Sie sich wünschen.

ABSCHLIEßENDE WORTE

Abschließend möchte ich meine Zuversicht äußern, dass das in diesem Buch enthaltene Wissen einen klaren Weg zur Beseitigung der negativen Denkweise darstellt. Dieses Problem ist, wie wir erfahren haben, ein natürliches Phänomen, das wir Menschen uns im Laufe unserer evolutionären Entwicklung angeeignet haben. Die negative Denkweise entstand aus unserem Überlebensbedürfnis heraus und gab uns die Möglichkeit, Faktoren zu identifizieren, die unser Überleben bedrohen, wodurch wir diese angehen können. Zwar ist eine negative Denkweise eine natürliche Gewohnheit, die uns dabei hilft, uns an unsere Umwelt anzupassen. Probleme entstehen allerdings dann, wenn wir uns zu sehr mit unseren negativen Gedanken beschäftigen. Dies beeinträchtigt häufig unseren Alltag und beeinflusst unseren mentalen und emotionalen Zustand.

In diesem Buch haben Sie Techniken gelernt, mit denen Sie sich von einer negativen Denkweise befreien können. Sie haben gelernt, warum es wichtig ist, die Quelle Ihres negativen Denkens zu identifizieren. Indem Sie verschiedene kognitive Verzerrungen vor dem Hintergrund Ihrer negativen Gedanken analysieren, können Sie diese überwinden. Sie haben auch gelernt, wie effektiv es ist, die Dinge „beim Namen zu nennen" und wie Sie diese Strategie verwenden können, um sich von Ihren negativen Denkmustern zu befreien. Auf diese Weise können Sie diese aus einer objektiven Perspektive betrachten und deren negative Auswirkungen auf Ihre Befindlichkeit verringern.

Darüber hinaus haben wir das verbreitete Missverständnis des übermäßigen Nachdenkens - die Überzeugung, dass dies ein dauerhaftes, nicht lösbares Problem sei - widerlegt. Bei unserer Untersuchung dieses Themas haben Sie gesehen, wie das Problem des übermäßigen Nachdenkens entsteht und welche verschiedenen Strategien angewendet werden können, um es zu überwinden. Diese Strategien umfassen die Wiederaufnahme der Kontakte mit Ihrem unmittelbaren Umfeld, das Ersetzen negativer Gedanken durch positive Gedanken sowie die

Pflege einer psychologischen Distanz zwischen Ihnen und Ihren negativen Gedanken. All diese Strategien tragen dazu bei, Ihren Geist für mehr Positivität zu öffnen.

Schließlich haben Sie drei Hauptmethoden kennengelernt, mit denen Sie Ihre negativen Denkmuster für immer beseitigen können: Entwickeln Sie ein positives Denken, fördern Sie die Selbstakzeptanz und praktizieren Sie Selbstliebe. Sie erkennen jetzt, wie wichtig es ist, Schuldgefühle hinter sich zu lassen, sich selbst zu vergeben und wie diese Verhaltensweisen Ihnen dabei helfen können, sich selbst als eine einzigartige Person besser zu akzeptieren. Wir haben auch das Konzept der radikalen Selbstliebe besprochen und dargelegt, wie es Ihnen dabei helfen kann, ein tieferes Verständnis und eine tiefere Wertschätzung gegenüber sich selbst als Individuum zu fördern. Zu den Möglichkeiten, die Selbstliebe zu pflegen, gehört es, Vergleiche mit anderen Menschen zu beenden, zielorientierter zu werden, sich mit positiv gesinnten Menschen zu umgeben und gesunde Gewohnheiten zu praktizieren, um Ihren allgemeinen Gesundheitszustand und Ihr Wohlbefinden zu schützen. Indem Sie radikale Selbstliebe praktizieren, können Sie Ihre allgemeine Lebenseinstellung ändern und diese aus einer Perspektive des Optimismus und des Vertrauens betrachten. Selbstliebe ermöglicht es Ihnen zudem, Ihr Selbstwertgefühl zu stärken. Wenn Sie Ihre negative Denkweise eliminieren, können Sie die neue Positivität dazu nutzen, um jenes Leben zu erschaffen, von dem Sie träumen.

Ich möchte meine Überzeugung zum Ausdruck bringen, dass dieses Buch das Problem der negativen Denkweise detailliert darstellt und hervorragende, aber trotzdem einfache Möglichkeiten bietet, um negative Gedanken und Sorgen zu überwinden. Alle hier beschriebenen Strategien und Techniken haben sich als sehr effektiv erwiesen, wenn es darum geht, negatives Denken zu überwinden. Die Einfachheit dieser Strategien ermöglicht es Ihnen, sie praktikabel in Ihrem eigenen Leben umsetzen zu können. Negative Gedanken haben alle Menschen, sie manifestieren sich jedoch bei jedem Individuum auf unterschiedliche Art und Weise, weil wir alle einzigartige Erfahrungen machen. Daher liegt es letztlich in Ihrer Verantwortung, zu bestimmen, wie die

Techniken, die wir im Verlauf dieses Buches besprochen haben, am besten für Sie angewendet werden können. Wenn Sie das Gefühl haben, zusätzliche Hilfe oder Unterstützung zu benötigen, um mit Ihren negativen Gedanken umzugehen, zögern Sie nicht, sich an Fachleute zu wenden, die Sie dabei unterstützen können.

Im Verlauf dieses Buches habe ich mich bemüht, dieses Thema so umfassend wie möglich zu behandeln. Dies bedeutet jedoch nicht, dass dieses Werk ein abschließendes Handbuch zum Thema des negativen Denkens ist. Obwohl das in diesem Buch enthaltene Wissen sehr praktisch und im wirklichen Leben gut anwendbar ist, so gibt es dennoch viele andere Ressourcen, sowohl online als auch offline, die Ihnen dabei helfen können, mehr Wissen über diese Problematik zu erhalten. Ergreifen Sie die Initiative, um das Thema umfassend zu untersuchen, wenn Sie das, was Sie hier gelernt haben, weiterentwickeln möchten.

Abschließend möchte ich, dass Sie diesem Buch entnehmen konnten, dass eine negative Denkweise kein lebenslängliches Urteil ist. So schwierig es manchmal auch sein mag, mit Ihren negativen Gedanken umzugehen, so können Sie diese dennoch nutzen, um ein besseres Selbstverständnis zu entwickeln. Verlieren Sie also nicht die Hoffnung, wenn Sie diese unangenehmen negativen Gedanken erleben. Betrachten Sie sie stattdessen als eine zu bewältigende Herausforderung und als Sprungbrett für eine persönliche Weiterentwicklung. Mit dieser Haltung wird es Ihnen leichtfallen, negatives Denken zu beseitigen, die Kontrolle über Ihre Gedanken zu übernehmen und Ihren Fokus auf positives Denken, Selbstakzeptanz und radikale Selbstliebe zu verlagern.

VERWEISE

Bloom, S. (19. Juli 2015). 7 Ways to Clear Your Mind of Negative Thoughts. Abgerufen am 12. Februar 2020, von https://www.pickthebrain.com/blog/7-ways-clear-mind-negative-thoughts/

Elmer, J. (19. Juli 2019). 5 Ways to Stop Spiraling Negative Thoughts from Taking Control. Abgerufen am 11. Februar 2020, von https://www.healthline.com/health/mental-health/stop-automatic-negative-thoughts#5

F, L. (10. September 2008). The Path to Unconditional Self-Acceptance. Abgerufen am 11. Februar 2020, von https://www.psychologytoday.com/us/blog/evolution-the-self/200809/the-path-unconditional-self-acceptance

Grohol, J. P. M. (24. Juni 2019). 15 Common Cognitive Distortions. Abgerufen am 11. Februar 2020, von https://psychcentral.com/lib/15-common-cognitive-distortions/

Holland, K. (22. Januar 2019). Positive Self-Talk: How Talking to Yourself Is a Good Thing. Abgerufen am 11. Februar 2020, von https://www.healthline.com/health/positive-self-talk

Hurst, K. (3. Oktober 2014). 7 Steps To Cultivating A Positive Mindset. Abgerufen am 11. Februar 2020, von https://www.thelawofattraction.com/7-steps-to-cultivating-a-positive-mindset/

O'Brien, M. (20. Dezember 2019). The Four Keys to Overcoming Negative Thinking… for Good. Abgerufen am 11. Februar 2020, von https://mrsmindfulness.com/the-four-keys-to-overcoming-negative-thinkingfor-good/

Oppong, T. (3. Januar 2020). Psychologists Explain How To Stop Overthinking Everything. Abgerufen am 11. Februar 2020, von https://medium.com/kaizen-habits/psychologists-explain-how-to-stop-overthinking-everything-e527962a393

Positive thinking: Stop negative self-talk to reduce stress. (21. Januar 2020). Abgerufen am 11. Februar 2020, von https://www.mayoclinic.org/healthy-lifestyle/stress-management/in-depth/positive-thinking/art-20043950

Raftlova, B. (19. September 2019). 5 Reasons You Should Stop Comparing Yourself to Others. Abgerufen am 11. Februar 2020, von https://www.goalcast.com/2017/03/11/reasons-stop-comparing-yourself-others/

Robinson, L. (6. Februar 2020). How to Stop Worrying. Abgerufen am 11. Februar 2020, von https://www.helpguide.org/articles/anxiety/how-to-stop-worrying.htm

Soleil, V. (9. August 2019). 7 Key Benefits of Positive Thinking. Abgerufen am 11. Februar 2020, von https://www.learning-mind.com/7-key-benefits-of-positive-thinking/

Stenvinkel, M. (22. Februar 2018). Be Good to Yourself: 10 Powerful Ways to Practice Self-Love. Abgerufen am 11. Februar 2020, von https://tinybuddha.com/blog/be-good-to-yourself-10-powerful-ways-to-practice-self-love/

PANIK STOPPEN

23 wirksame Entspannungstechniken, um Panikattacken schnell zu beenden. So gewinnen Sie die Kontrolle über Ihr Leben zurück

DERICK HOWELL

INHALTSVERZEICHNIS

Einführung 259

Kapitel 1: Wie fühlt sich eine Panikattacke an? 263

Kapitel 2: Ursachen und Symptome von Panikattacken 271

Kapitel 3: Vorurteile und Irrtümer im Zusammenhang mit Panikattacken 283

Kapitel 4: Wie man während einer Panikattacke ruhig bleiben kann 293

Kapitel 5: Schluss mit den Panikattacken 303

Kapitel 6: Wirksame Entspannungstechniken 315

Kapitel 7: Wie sich Panikattacken verhindern lassen 325

Kapitel 8: Wie Sie Ihre Ängste vor Panikattacken und Phobien überwinden 339

Kapitel 9: Kognitive Verhaltenstherapie und EMDR-Therapie: Behandlungsarten ohne Medikamente 347

Kapitel 10: Die richtige Hilfe finden 355

Abschließende Worte 363

Anhang 367

Referenzen 381

EINFÜHRUNG

Während Panikattacken beängstigend sind, müssen Sie nicht zwingend in einer beängstigenden Situation auftreten. Sie könnten sich auf einer Wanderung befinden, in einem Restaurant oder schlafend im Bett, und dann, aus dem Nichts, fühlen Sie, wie Sie eine Welle der Angst überwältigt. Diese Angst löst körperliche Symptome aus, wie Herzrasen, Schweißausbrüche, Atemnot, Übelkeit, Schmerzen im Brustkorb und Zittern. Dieses schreckliche Gefühl kann zwischen fünf und zwanzig Minuten andauern, und das Schlimmste ist, dass Sie vermutlich nicht mit dieser beängstigenden Sache gerechnet haben. Sie sind ganz gewöhnlich Ihrem Alltag nachgegangen, bevor Sie die Angst überfallen hat.

Es gibt keine bekannte unmittelbare Ursache für Panikattacken und Menschen jeden Alters können darunter leiden. Das Verhängnisvolle daran ist, dass Panikattacken mit einigen gravierenden physischen und psychischen Symptomen einhergehen, welche oftmals so schwerwiegend sind, dass ein Mensch, der eine Panikattacke durchlebt, mit der Angst um sein Leben in der Notaufnahme endet. Betroffene neigen dazu, Ihre Panikattacken routinemäßig falsch einzuschätzen, aber nicht, weil sie etwa gelogen oder übertrieben haben. Sie hatten tatsächlich starke Schmerzen in der Brust, konnten kaum atmen oder nahmen nur kurze, flache Atemzüge, die sie nach Luft ringen ließen. Es ist nicht verwunderlich, dass Ihre Familienmitglieder einen Krankenwagen riefen, um Sie ins Krankenhaus zu bringen, als sie das erste Mal Zeuge eines Anfalles wurden.

Während der Arzt alle Tests durchführt und zu dem Entschluss kommt, dass mit Ihnen alles in Ordnung ist, überrascht er Sie mit der Neuigkeit, dass Sie eine Panikattacke hatten. Sie glaubten zu sterben, doch es war eine Panikattacke Möglicherweise erhalten Sie sogar Besuch vom Bereitschaftspsychiater, damit dieser Sie beurteilen kann. Was Sie jedoch aus diesem Besuch mitnehmen werden, ist, dass sich Angstanfälle behandeln lassen.

Es gibt zahlreiche Behandlungsmöglichkeiten für Panikattacken, darunter die Änderung Ihrer Denkweise, präventive Maßnahmen zur Vorbeugung einer Panikattacke während der eigentlichen Paniksituation, therapeutische Ansätze und andere Behandlungen. Angststörungen und Panikattacken können geheilt werden! Tatsächlich gibt es sechs therapeutische Methoden zur Behandlung. In diesem Buch werden wir verschiedene Strategien vorstellen, die Ihnen helfen können, Ihr Leben wieder zu kontrollieren. Ich werde Ihnen das Fünf-Schritte-System von *AWARE* vorstellen (**A**nerkennung und **A**kzeptanz der Panikattacke, **W**arten und **W**erten, **A**ktionen zur Linderung der Symptome, **R**epetition und **E**nde). Das mag für Sie noch keinen Sinn ergeben, aber ich werde Ihnen diese und ähnliche Strategien einfach und verständlich erklären, sodass Sie Ihre Panikattacken schnellstmöglich in den Griff bekommen.

Früher litt ich ständig unter Panikattacken. Diese kamen insbesondere vor Veranstaltungen, bei denen ich vor großen Menschenmengen sprechen musste. Im Laufe der Jahre und mittels Erfahrungen habe ich gelernt, damit umzugehen. Ich werde Ihnen aus erster Hand einige der Techniken weitergeben, mit denen ich diese Panikattacken gestoppt habe. Es gab Zeiten, zu welchen ich aus Angst vor der nächsten Panikattacke sogar meinen Job und meine Vortragstätigkeit einstellen wollte. Ich traf allerdings den Entschluss, mehr über meine Panikattacken zu erfahren und mein Bestes zu tun, um diesen ein Ende zu setzen. Ich habe die lähmende Panik und die Todesangst durchlebt und habe vor, Ihnen die Techniken und Strategien beizubringen, die ich zur Bewältigung meiner eigenen Attacken eingesetzt habe. Ich habe es geschafft und nun möchte ich mein Wissen gerne mit Ihnen teilen.

In diesem Buch erfahren Sie, wie Sie Ihre Panikattacken stoppen und kontrollieren können, wie Sie sich während der heftigsten Attacken beruhigen können, und Sie lernen einige wirkungsvolle Entspannungstechniken kennen. Ich bin zuversichtlich, dass Sie Ihre Phobien überwinden und sich von Panikattacken befreien können!

Dieses Buch wird Ihnen diverse Strategien zur Verhinderung von Panikattacken aufzeigen und Sie über die wichtigsten Therapien informieren.

Zudem werde ich Sie auch dabei unterstützen, einen passenden Therapeuten zu finden und Sie darüber aufklären, welche Fragen Sie im Vorfeld mit ihm klären sollten.

Sie sind vermutlich nicht alleine mit Ihrem Problem. Sobald Sie anfangen, Ihrer Familie und Ihren Freunden über Ihre Erfahrungen zu berichten, wird sich wohl herausstellen, dass der Eine oder der Andere von ihnen Ihren Leidensdruck aus erster Hand nachvollziehen kann. Sie werden zu dem Ergebnis kommen, dass Frauen und Männer aus jeglichen Lebensbereichen schon unter Panikattacken gelitten haben. Es ist wichtig, dass Sie sich an jemanden wenden, von dem Sie Unterstützung erhalten. Die Lektüre dieses Ratgebers kann ein erster Schritt sein. Vielleicht möchten Sie dieses Buch auch mit Ihrer Familie teilen, sodass diese versteht, wie Sie Ihnen eine Stütze sein kann oder Sie bringen das Buch zu Ihrer therapeutischen Sitzung mit. Dort können Sie die hier enthaltenen Ratschläge und Strategien diskutieren und gemeinsam mit Ihrem Therapeuten entscheiden, was davon für Sie infrage käme.

Dieses Buch ist nicht als Ersatz für eine medizinische Behandlung gedacht. Es ist sehr wichtig, dass Ihr Arzt alle anderen möglichen Krankheiten ausschließt, die Ihre Symptome verursachen könnten. Sobald Sie jedoch die Bestätigung haben, dass Sie tatsächlich unter Panikattacken leiden, können Sie damit beginnen, die Strategien in diesem Buch durchzugehen und sie zur Bekämpfung dieser überwältigenden Panikattacken einzusetzen. Weil ich möchte, dass Sie über die bestmöglichen Ressourcen verfügen, habe ich in dieses Buch die besten Therapien und Medikamente aufgenommen, die sich zur Behandlung von Panikattacken als hilfreich gezeigt haben.

Wenn Sie zu einem Therapeuten oder Psychiater gehen, ist es gut zu wissen, welche Medikamente sie Ihnen zur Verfügung stellen können. Es gibt viele verschiedene Kategorien von Arzneimitteln, die bei Angstzuständen verschrieben werden. Dieses Buch stellt Ihnen eine Liste der verschiedenen Optionen zur Verfügung.

Es gibt keine vorgegebene Kombination von Medikamenten, die Ihnen aus dem Stegreif verschrieben werden kann. Tatsächlich muss die Wirkung der Medikation immer wieder überprüft werden. Der Psychiater wird Ihnen bei der Schilderung Ihrer Angst zuhören. Insbesondere wird er ihren Auslösern nachgehen und erfragen, wie Sie auf Ihre Angst reagieren. Dann wird er versuchen, die beste Art von Medikamenten für Ihre individuelle Reaktion auf die Angst zu finden. Der Psychiater wird in spätestens einem Monat eine Nachuntersuchung einplanen, um ihren Gesundheits- und Gemütszustand zu evaluieren. Dies ist eine wichtige Kontrolluntersuchung, denn sie gibt Ihnen die Möglichkeit, auf Nebenwirkungen, die bei Ihnen auftreten, hinzuweisen und einzuschätzen, wie wirksam das Medikament gegen Ihre Angst ist. Während dieser Untersuchung kann Ihr Psychiater Ihre Dosierung anpassen oder andere Medikamente vorschlagen.

In diesem Buch erhalten Sie eine Liste von Medikamenten und eine Beschreibung der einzelnen Kategorien. Wenn Sie dann einen Spezialisten aufsuchen, sind Sie gut aufgeklärt und können mitentscheiden, welche Medikamente Sie in Betracht ziehen werden.

Durch das Lesen dieses Buches können Sie Ihre Panikattacken beseitigen und Ihre Symptome mildern. Panikattacken brauchen Sie nicht für den Rest Ihres Lebens zu begleiten - Sie können etwas tun, um diesen Teufelskreis zu durchbrechen und dieses Buch wird Ihnen genau dabei helfen.

Sollten Sie sich zu diesem Zeitpunkt in einer Panikattacke befinden, kann dieser Ratgeber jetzt sofort Abhilfe verschaffen - genau in dieser Minute. In den Kapiteln vier und fünf finden Sie heraus, wie Sie eine Attacke unterbinden können, indem Sie während dieses intensiven Anfalles ruhig bleiben. Insgesamt werden Sie mit diesem Buch ein entscheidendes Know-how zum Verstehen und Heilen Ihrer Panikattacken erwerben.

KAPITEL 1:

Wie fühlt sich eine Panikattacke an?

Panikattacken sind keine Neuheit in der Gesellschaft. Früher wurden Menschen, die unter solchen Attacken zu leiden hatten, als nervös oder überreizt bezeichnet. Anfänglich hielt man Panikattacken weniger für eine psychische Erkrankung, sondern vielmehr für ein Defizit des Charakters. Oft kam es vor, dass Menschen, die unter solch einer Erkrankung litten, in Krankenhäusern oder, in einigen tragischen Fällen, sogar in geschlossenen Institutionen untergebracht wurden. Panikattacken sind seit jeher bekannt, aber erst in jüngster Zeit haben wir begonnen, ihre Dynamik zu verstehen.

Panikattacken sind alltäglich, sie werden jeden Tag von Frauen und Männern durchlebt. So kann es beispielsweise vorkommen, dass eine Person, im Hinblick auf eine anstehende Prüfung, Zertifizierung, einen Termin mit der Steuerbehörde oder ein bevorstehendes gesellschaftliches Ereignis, nervös wird. Bedeutet dies also zwangsläufig, dass diese Person unter Panikattacken leidet?

In diesem Kapitel werden Sie vier verschiedene Akteure kennenlernen, welche mit Panikattacken zu kämpfen haben. Jedes dieser drei Individuen könnte jemand sein, der Ihnen zufällig auf der Straße über den Weg läuft. Was sie verbindet, ist die Tatsache, dass die Attacken ihr tägliches Leben fest im Griff haben. Diese vier Fallbeispiele sind nur einige unter vielen. Sie sollen illustrieren, wie sich eine Panikattacke anfühlt.

Alice und ihre Panikattacke

Alice saß in ihrem Auto und hoffte, dass ihr Herz endlich zu pochen aufhören würde. Sie hatte vor dem Krankenhaus geparkt, wo ihr neugeborener Enkel auf sie wartete. Alice bekam kaum noch Luft und zitterte. Sie hatte das Gefühl, dass sie mit Sicherheit sterben würde, wenn sie aus dem Auto ausstiege. Das Krankenhaus war riesig und die Entbindungsstation befand sich am äußersten Ende der Einrichtung. Wie würde sie dorthin gelangen? Sie öffnete die Tür und stieg aus dem Auto aus, während sie sich an der Tür festhielt. Ihr Herz klopfte stärker und ihre Knie waren schwach. Sie wagte einen Schritt, aber ihr wurde schwindelig. Sofort stieg sie wieder in ihr Auto ein. Inzwischen schwitzte sie erheblich und zitterte im eiskalten Wind. Als sie nach ihrem Telefon griff, um ihren Sohn anzurufen, graute es ihr davor, ihm sagen zu müssen, dass sie ihren frisch geborenen Enkel wegen ihrer Panikattacke nicht besuchen könne. Sie begann zu weinen - es war nicht gerecht. Sie legte den Hörer auf, weil sie massive Schmerzen in der Brust verspürte und fürchtete, einen Herzinfarkt zu erleiden. Sie wusste nicht, was sie tun sollte, sie hatte solche Angst davor, in ihrem Auto zu sterben, doch wohin sollte sie gehen? In die Notaufnahme?

Alice wusste aus Erfahrung, dass das, was ihr widerfuhr, kein Herzinfarkt war, vielmehr hatte sie eine Panikattacke. Was könnte sie tun, um sich zu beruhigen? Alice schloss ihre Augen und gab sich fünf Minuten Zeit, um wieder zu sich zu finden, damit sie dann nach Hause fahren könnte. Sie freute sich sehr darauf, ihren neuen Enkelsohn kennenzulernen. Es war zwar nicht das erste Mal, dass ihr so etwas passiert war, doch war es noch nie vorgekommen, dass ihr ihre Panikattacke bei einem wichtigen Ereignis zum Verhängnis wurde.

Zwanzig Minuten vergingen schnell und sie fühlte sich etwas ruhiger, sodass sie das Auto startete, um wegzufahren. Alice versuchte, während der Fahrt nicht auf das Krankenhaus zu schauen und fühlte sich nach wie vor schrecklich, aber je weiter sie sich vom Krankenhaus entfernte, umso mehr spürte sie, wie sich das enge Band um ihrer Brust lockerte. Was sollte sie ihrem Sohn sagen? Dass sie nicht in der Lage gewesen war, aus dem Auto auszusteigen und ihren Enkel zu besuchen? Alice schniefte und wischte sich mit einem niedergeschlagenen Gefühl die Tränen weg. Woher kam dieses Gefühl? Sie wünschte, etwas gegen die Panikattacken unternehmen zu können, aber wer könnte ihr helfen? Wenn sie nur wüsste, was zu tun wäre, würde sich ihr Leben zum Besseren wenden.

Bradley und seine Panikattacke

Bradley saß in der Lobby und wartete darauf, zu seinem Vorstellungsgespräch aufgerufen zu werden. Er hatte sich zwei Wochen lang auf dieses Vorstellungsgespräch vorbereitet. Er verfügte über die erforderlichen Qualifikationen und hatte sogar hervorragende ehrenamtliche Arbeit im Rahmen einer ähnlichen Position geleistet. Bradley war ein toller Kerl, aber er hatte in den letzten Monaten viel zu viele Vorstellungsgespräche geführt. Jedes Vorstellungsgespräch endete damit, dass er die Stelle nicht bekam.

Die charmante Rezeptionistin wies Bradley darauf hin, dass er mit dem Interview an der Reihe sei, und er erwischte sich dabei, wie er zu schnell aufstand. Der Schwindel überkam ihn. Er schloss die Augen und holte tief Luft, während er darauf wartete, dass die Benommenheit nachließ. Die charmante Rezeptionistin hielt ihm die Tür auf. Im Sitzungszimmer warteten der Personaldirektor und der leitende Ingenieur darauf, dass Bradley Platz nahm. Ihm war, als wäre ihm etwas im Hals steckengeblieben, er schluckte heftig, doch das Gefühl hielt an. Er spürte die Feuchtigkeit, die sich zwischen seinen Achseln und auf seinem Rücken ausbreitete. Bradley nickte den Männern zu und setzte sich.

Der Raum fühlte sich an wie ein Ofen und er bemerkte, dass seine Hände zitterten. Die Herren begannen, ihre Fragen zu stellen. Bradley versuchte nach besten Kräften zu antworten, doch sein Gedächtnis war wie ausgelöscht. Stattdessen sagte er, was er wochenlang geübt hatte - eine einstudierte, mechanische Wiedergabe seiner Erfahrungen. Während er sprach, fühlte er, wie ihm der Atem wich. Die beiden Herren sahen Bradley verdutzt an, was nichts dazu beitrug, den Schmerz zu lindern, der in seiner Brust zu wachsen begonnen hatte. Ihm war, als drücke ein schwerer Stein auf seine Brust. Er musste das Gespräch so schnell wie möglich verlassen, sonst würde etwas wirklich Schlimmes passieren, dessen war er sich sicher.

Tatsächlich widerfuhr Bradley genau in dieser Minute das Schlimmste. Bradley stand auf und holte seine Aktentasche, was die Männer dazu veranlasste, ihn schockiert anzustarren. Das Interview endete damit, dass Bradley benommen und nahezu bewusstlos zur Tür hinaustorkelte und es irgendwie aus dem Gebäude heraus und in sein Auto schaffte. Dies war Interview Nummer 20, das er gerade in den Sand gesetzt hatte. Er setzte sich in sein Auto und versuchte, wieder herunterzukommen, konnte sich aber nicht beruhigen, da sein Herz raste und er zitterte. Er konnte nicht mehr zu Atem kommen. In diesem Moment hatte Bradley das Gefühl, dass er sterben würde. Er legte seinen Kopf auf das Lenkrad und betete.

Lisa und ihr Assistenzhund

Lisa stand in der Waschküche ihres Wohnblockes und wusch ihre Wäsche. Eine Ladung befand sich in der Waschmaschine, eine andere im Wäschetrockner und mit ihr im Waschraum war ihr Assistenzhund. Sie öffnete ihr Buch und begann zu lesen, als sie plötzlich aus dem Nichts ein lautes Geräusch aus ihrer Lektüre riss. Sie schreckte auf. Was war passiert? Innerhalb von Minuten brach sie in Schweiß aus, das Herz schlug heftig in ihrer Brust und ihr stockte der Atem. Ihr Hund Sandy näherte sich zielbewusst Sandys Handtasche, worauf sie sich in Erinnerung rief, dass sich irgendwo darin noch Medikamente finden lassen müssten. Schon einige Minuten nach der Einnahme des Medikamentes begann sich Lisa besser zu fühlen.

Amandas Geschichte

In ihrem ersten Semester an der Universität wurde Amanda Opfer von Missbrauch durch ihren High-School-Schwarm. Eifersüchtig darauf, dass Amanda neue Freunde fand, wurde Josh Amanda gegenüber zunehmend feindseliger. Sie tat ihr Bestes, um Josh in ihr neues Leben einzubeziehen, doch er war nie zufrieden. Dann, eines Abends, nachdem sie zu einer Party auf dem Campusgelände gegangen waren, wurde Josh, der völlig betrunken war, gewalttätig, als er Amanda in ihrem Wohnheim absetzte. Angeheizt von seiner Eifersucht, begann Josh, auf Amanda einzuschlagen und trat sie, bis sie bewusstlos war. Anwesende, die Zeugen der Gewalttat wurden, riefen die Polizei und den Rettungsdienst.

Es war eine Nacht, die Amanda niemals vergessen würde.

Menschen, die ein gewaltsames oder traumatisches Erlebnis hinter sich haben, werden oft von Panikattacken heimgesucht. Amanda hatte mit Schwierigkeiten zu kämpfen, als sie an die Universität zurückkehrte. Ihre Panikattacken wurden von lauten Geräuschen ausgelöst. Diese Panikattacken, so stellte sich heraus, waren Anzeichen einer *Posttraumatischen Belastungsstörung (PTBS)*.

Es gibt zahlreiche Situationen, die eine Panikattacke hervorrufen können. Dabei variieren der Schweregrad und das Ausmaß der Attacken. Sie müssen nicht zwangsläufig an einer Posttraumatischen Belastungsstörung leiden, um Panikattacken zu durchleben.

Damit wir als Leser und Zuhörer ein besseres Verständnis davon bekommen, wie es ist, eine schwere Panikattacke zu haben, hat sich Amanda bereit erklärt, einige Fragen zu beantworten und der Veröffentlichung dieser Antworten im Rahmen dieses Buches zugestimmt.

Wie hast du die Zeit nach dem Angriff erlebt?

Ein paar Tage, nachdem ich aus dem Krankenhaus zurückgekehrt war, fühlte ich mich nicht mehr wie ich selbst. Ich weinte aus einem scheinbar unerklärlichen Grund und war deprimierter als je zuvor. Als es an der Zeit war, wieder am Unterricht teilzunehmen, konnte ich mich einfach nicht dazu durchringen. Ich blieb in meinem Zimmer und weigerte mich vehement, herauszukommen. Es hatte den Anschein, als fürchtete ich mich vor allem und jedem, selbst vor meinem eigenen Schatten.

Konntest du dich letztlich noch überwinden, dein Zimmer zu verlassen?

Allerdings. Meine Eltern überredeten mich, wieder zum Unterricht zu gehen, denn sonst wäre es, als hätte mir Josh etwas Wertvolles gestohlen. Also ging ich wieder hin, aber leicht war es nicht.

Warst du angespannt, als du wieder auf dem Campus warst?

Ich war mehr als angespannt. Ich hatte eine regelrechte Panikattacke, als ich über den Innenhof ging, um zu meiner Vorlesung zu gelangen. Von einer großen, lauten Menschenmenge umgeben zu sein, war für mich ein Auslöser. Auf dem Schulhof bin ich völlig durchgedreht.

Was ist vorgefallen?

Mein Herz klopfte so schnell, als würde es jeden Augenblick aus meiner Brust platzen. Ich begann zu zittern und konnte nicht mehr richtig atmen. Letztlich hyperventilierte ich und fiel dann in Ohnmacht. Es war eine erniedrigende Erfahrung. Nach diesem Vorfall hat meine Mutter einen Therapeuten für mich gefunden. Ich fing an, an meiner Angststörung zu arbeiten. Es war hart, zumal ich mich von allen isoliert hatte: Weder meine Eltern noch meine Freunde und Lehrer kamen noch an mich heran.

Wie lange ging das so?

Einige Monate vergingen. Ich isolierte mich mehr und mehr und fing sogar an, alleine zu trinken und Marihuana zu rauchen. Dann wurde ich es leid, immer alleine zu sein. Meine Freunde hatten es gut in der Schule und gingen vielen Aktivitäten nach, während ich nur zu Hause saß und von Tag zu Tag depressiver wurde. Ich dachte sogar über Selbstmord nach.

Hattest du Panikattacken während dieser Zeit?

Sie kamen jedes Mal, wenn ich das Haus verlassen musste. Sie waren nicht so schwerwiegend wie der Zusammenbruch auf dem Innenhof, aber sie waren gravierend genug, um meinen Alltag zu beeinträchtigen. Meine Eltern bestanden darauf, dass ich zur Schule ging, aber schon das morgendliche Aufstehen und Anziehen war eine Qual. Ich war wie gelähmt von den Panikattacken. Wenn meine Eltern mich zur Schule fuhren, spürte ich, wie mein Herz in der Brust schlug und ich hatte diese große Angst, dass ich die Kontrolle verlieren und etwas wirklich Verrücktes tun würde.

Leidest du noch immer unter diesen Attacken?

Nein, inzwischen geht es mir wieder besser. Die Therapiesitzungen haben mir sehr geholfen, die Kontrolle über die Panikattacken zu bekommen.

Inwiefern war die Therapie eine Unterstützung für dich?

Nun, in der Therapie habe ich zunächst gelernt, was meine Panikattacken auslöst. Anschließend hat mir mein Therapeut geholfen, Wege zu finden, mit meinen Panikattacken umzugehen. Ich glaube nicht, dass ich jemals vergessen werde, was passiert ist, aber die Erinnerung daran ist nicht mehr so lebhaft. Und nach und nach gibt es weniger Auslöser.

Welche Ressourcen und Hilfsmittel hast du bei der Therapie zur Bewältigung von Panikattacken erhalten?

Ich habe gelernt, achtsam zu sein und mich nicht unter Druck zu setzen, wenn ich mich in einer Situation unwohl fühle. Mein Therapeut hat mir geraten, ein Tagebuch zu führen, um meine Gefühle zu ergründen, und das hat mir sehr geholfen. Ich habe auch einige Atemübungen und Bewältigungsstrategien mitgegeben bekommen, die ich bei einer drohenden Panikattacke anwenden kann.

Bist du jetzt also über den Berg?

Ich weiß nicht, ob ich mich je wieder besser fühlen werde, aber ich habe viel mehr Selbstvertrauen. Ich habe gelernt, es einfach ruhig angehen zu lassen und nicht zu hart zu mir selbst zu sein, wenn ich schlechte Tage habe.

Was würdest du anderen raten, die von Panikattacken betroffen sind?

Ich würde ihnen empfehlen, so viele Bewältigungstechniken wie möglich zu erlernen.

Panikattacken und ihre Symptome

Jede dieser vier Personen litt unter Panikattacken, aber aus verschiedenen Gründen und auf unterschiedliche Weise, dennoch schien sich jede Panikattacke in ähnlicher Weise zu manifestieren. So wie sich die Gründe für die Panikattacken unterschieden, so variierten auch die

Symptome, die während einer Attacke oder eines Vorfalles auftraten. Eine Person kann alle Symptome oder nur einige wenige haben.

Die Dauer und Intensität einer Panikattacke kann ebenfalls unterschiedlich sein, doch das Bemerkenswerte an Menschen mit einer Angststörung ist, dass sie sich schrecklich fühlen und ihren gewohnten Aktivitäten nicht nachgehen können.

Die körperlichen Symptome, die am häufigsten auftreten, beinhalten eine beschleunigte Herzfrequenz, Zittern oder Schütteln, Kurzatmigkeit, Brustschmerzen, Gleichgewichtsstörungen und Schweißausbrüche. Die psychischen Leiden können von Angst vor Kontrollverlust bis hin zu Todesängsten reichen.

Im nächsten Kapitel werde ich ausführlicher auf die Ursachen und Symptome von Panikattacken eingehen. Ich werde Ihnen auch Informationen zur Verfügung stellen, die Ihnen helfen können, herauszufinden, ob Sie jemand sind, der zu Panikattacken neigt.

Zusammenfassung des Kapitels

In diesem Kapitel haben wir uns mit vier Personen auseinandergesetzt, die unter Panikattacken leiden. Jede dieser vier Personen ist diesen Panikattacken auf ihre eigene Art und Weise begegnet. Wir haben gelernt, dass:

- Panikattacken verheerende Symptome haben, die Leidende in ihrem Alltag erheblich einschränken.
- Panikattacken durch traumatische oder stressige Situationen ausgelöst werden können.
- Therapien und Medikamente zuverlässige Behandlungsmöglichkeiten darstellen.

Im nächsten Kapitel werden wir uns mit den Ursachen und Symptomen befassen. Wir werden darlegen, wie es zu Panikattacken kommt, welche körperlichen und seelischen Symptome auftreten und wie sich Panikattacken charakterisieren lassen.

KAPITEL 2:

Ursachen und Symptome von Panikattacken

Damals, als der Mensch wilde Bestien und andere natürliche Bedrohungen abwehren musste, war Angst eine überlebenswichtige Emotion. Angst forderte vom Menschen Wachsamkeit und Vorsicht im Umgang mit seiner Umwelt, und Angst war eine Reaktion auf Stress oder eine traumatische Situation. Auch wenn die Verteidigung vor Wildtieren nicht mehr zum modernen Alltag gehört, gibt es immer noch viele Dinge, die Achtsamkeit erfordern, so z. B. das so wichtige Bewerbungsgespräch oder das erste Treffen mit den Eltern des Partners. Auf solche Situationen reagieren wir gelegentlich mit Angst, fast immer aber mit Nervosität.

Das Problem mit Angstzuständen ist, dass sie sich so zuspitzen können, dass man sich *chronisch* ängstlich fühlt und permanent unter Angstzuständen leidet. In diesem Fall würden Sie so viel Angst verspüren, dass diese schließlich in ihren Alltag eingreift. Wenn die Angst zu dieser Art von Problem wird, könnte es sein, dass Sie eine Angststörung haben. Die große Frage ist: Werden Sie eine Panikattacke bekommen, wenn Sie eine Angststörung haben?

Nach Angaben der *Anxiety and Depression Association of America ADAA* (Amerikanische Vereinigung für Angststörungen und Depressionen) ist eine Panikattacke das Einsetzen einer intensiven Angst bzw. Unruhe, die das tägliche Funktionieren stark behindert. Menschen, die nicht an einer Angststörung leiden, mögen mitunter auch Unruhe und Nervosität verspüren, werden jedoch von diesen Gefühlen nicht in ihrem Verhalten beeinträchtigt und sind im Allgemeinen in der Lage, Stresssituationen zu bewältigen. Im Gegenzug verspürt eine Person, die eine Panikattacke durchlebt, oftmals körperliches Unwohlsein. Dieses manifestiert sich durch Herzklopfen oder -rasen, Zittern, Schweißausbrüche und andere unangenehme körperliche und seelische Empfindungen.

Panikattacken halten Betroffene davon ab, die Dinge zu tun, die zum alltäglichen Leben dazugehören. Beispielsweise kann es eine solche Person Überwindung kosten, ihrer beruflichen Tätigkeit nachzugehen, weil sie fürchtet, beim Fahren im Aufzug eine Panikattacke zu erleiden, oder sie geht nicht zur Schule, weil sie bei jeder Prüfung eine Panikattacke bekommt.

Sind Panikattacken dasselbe wie Angstanfälle?

Obwohl sie sehr ähnlich sind, unterscheiden sich Panikattacken und Angstanfälle in ihrer Intensität und ihrer zeitlichen Dauer. Wenn Sie einen Anfall von Angst oder Beklemmung erleben, ist die Angst noch beherrschbar und verschwindet, sobald Sie die Stresssituation überwunden haben. Es kann sein, dass Sie die Symptome einer klassischen Panikattacke zeigen, wie Kurzatmigkeit oder eine beschleunigte Herzfrequenz, aber diese Symptome nach Behebung der Stresssituation verschwinden.

Panikattacken teilen einige ihrer Symptome mit Angstanfällen, obwohl sich diese Symptome mit einer stärkeren Intensität manifestieren und unerwartet oder aus Gründen, die Sie nicht erklären können, eintreten. Panikattacken erfolgen ohne Anlass und auf unberechenbare Weise. Sie haben schwerwiegendere Symptome, wie Kurzatmigkeit, Schwindel und Übelkeit, und manche Menschen verspüren während einer Panikattacke sehr starke Brustschmerzen. Die Schmerzen können so akut sein, dass man sie für einen Herzinfarkt hält.

Auch wenn Panikattacken grundlos und unvorhersehbar sein können, berichten Betroffene oft von sogenannten Triggern (Auslösern), die eine Panikattacke hervorrufen können. Grelles Licht und laute Geräusche können eine Panikattacke auslösen. Eine Person kann z. B. in eine Situation geraten, die zunächst ruhig und friedlich ist. Plötzlich flackert grelles Licht auf und laute Musik beginnt zu dröhnen. Unerwartet kommt es nun zu einer Panikattacke, mit welcher der Betroffene im Vorfeld nicht gerechnet hätte. Panikattacken können auch mit der Angst vor der nächsten Attacke einhergehen. Da die Angst akuter ist, kann die Person versuchen, allen hellen Lichtern auszuweichen, in der

Hoffnung, so die nächste Panikattacke zu vermeiden. Im Wesentlichen sind es nicht die hellen Lichter, die eine Person in dieser Situation fürchtet, sondern die nächste Panikattacke. Der nächste Abschnitt wird dieses Phänomen ausführlicher behandeln.

Bei einem Angstanfall hingegen ist das Gefahrenpotenzial eines möglichen Ausbruchs von vornherein bekannt - ein Besuch beim Zahnarzt kann so aufreibend sein, dass Sie schon eine Beklemmung verspüren, wenn Sie das Geräusch des Bohrers hören, und in diesem Fall ist es der Zahnarzt, der die Angst verursacht, nicht die Angstattacke selbst.

Angstanfälle versus Panikattacken

Wenn sich ein Angstanfall anbahnt, ist es noch immer möglich, dass Sie die stressige Situation durchstehen können. Selbstverständlich würden Sie die Situation lieber vermeiden, aber Sie sind bereit, sich der Situation zu stellen und sich durchzukämpfen, da sich Ihre Angst noch im Rahmen hält. Im Hinblick auf Panikattacken kommt es indessen zu einem Phänomen, das als **Erwartungsangst** bezeichnet wird. Dieser Begriff beschreibt die Furcht vor der nächsten Panikattacke, bedingt durch deren überwältigende und unvorhersehbare Natur, und Sie sind der festen Überzeugung, dass Sie diese nächste Attacke unmöglich kontrollieren können. Wenn dies geschieht, beginnen Sie, alle potenziell kritischen Situationen zu vermeiden.

Obwohl Panikattacken diagnostiziert werden können, sucht die Klinische Psychologie noch immer nach ihren Ursachen. Man würde meinen, dass sich die Ursprünge der Erkrankung aus ihren Symptomen herleiten lassen könnten. Ein Anfall ist mehr als nur Belastung durch Stress - man kann leicht verstehen, warum eine Situation Angst hervorruft, aber es dürfte schwieriger sein, nachzuvollziehen, warum eine Person einen vollständigen physischen und psychischen Zusammenbruch erleidet, der sie funktionsuntüchtig werden lässt. Die Forschung steht allerdings noch immer in den Anfängen, mehr über die Zusammenhänge zwischen einer psychischen Situation und der daraus resultierenden physischen Reaktion herauszufinden.

Wie kommt es zu einer Panikattacke?

Auch wenn Mediziner die genauen Ursachen nicht kennen, versuchen sie dennoch, die möglichen Auslöser des Anfalles zu isolieren und fundierte Vermutungen über die Situation anzustellen. Beispielsweise könnte die genetische Disposition in Kombination mit einer großen Stressbelastung die Ursache für die Attacken sein. In einigen Familien kann man mit großer Wahrscheinlichkeit eine klare Linie im Familienstammbaum erkennen, deren Mitglieder eine Vorgeschichte von schweren Panikattacken haben. Darüber hinaus handelt es sich bei Panikattacken nicht unbedingt um konditionierte Reaktionen. Wir können zwar ergründen, was Angst in uns selbst verursacht, aber die körperlichen Symptome von Panikattacken sind nicht durch die Konditionierung von Angst und Furcht erklärbar. Zum jetzigen Zeitpunkt wissen Forscher, dass es eine genetische Korrelation zu Panikattacken gibt, aber das genaue Gen, das Panikattacken verursacht, ist bis dato noch nicht identifiziert worden.

In einem von der Mayo-Klinik veröffentlichten Artikel über Panikattacken und Panikstörungen heißt es, dass Kliniker zwar nicht die genaue Ursache von Panikattacken kennen, aber anhand personenspezifischer Eigenschaften prognostizieren können, wer eine Veranlagung zu Panikattacken besitzt. Menschen, die empfindlich auf Stress reagieren, können anfälliger für Panikattacken sein, ebenso wie Menschen, die zu negativen Emotionen neigen. Obwohl das spezifische Gen nicht identifiziert werden konnte, haben Wissenschaftler beobachtet, dass auch bestimmte Veränderungen der Gehirnfunktion eine Person für Panikattacken empfänglich machen können.

Im gleichen Artikel wird darauf hingewiesen, dass wir Menschen auf eine drohende Gefahr mit einer **Kampf- oder Fluchtreaktion** reagieren. Wenn beispielsweise ein tollwütiger Hund in Ihre Richtung stürmte, würden Sie nicht stehen bleiben, sondern weglaufen. Während dieser Reaktion würden Sie einen beschleunigten Puls und eine erhöhte Atmung wahrnehmen, die darauf zurückzuführen sind, dass Sie auf diese lebensbedrohliche Begegnung reagieren. Bei einer Panikattacke besteht jedoch nicht immer eine unmittelbar bevorstehende, logisch erfassbare Gefahr, trotz der schweren körperlichen Reaktionen, die während des Vorfalles auftreten. Insbesondere kann eine Panikattacke durch etwas verursacht werden, das andere Menschen kaum zur Kenntnis nehmen, beispielsweise kann ein Geräusch oder ein seltsamer Geruch eine Attacke auslösen.

Eine Person, die eine Panikattacke erlebt, wird möglicherweise nicht davor gewarnt, dass es zu einer Panikattacke kommen wird. Sie würden erkennen, dass, wenn ein tollwütiger Hund auf Sie zugelaufen käme, eine natürlich auftretende Kampf- oder Fluchtreaktion einsetzen würde. Was ist aber, wenn Sie in Ihrem Auto fahren und plötzlich aus dem Nichts heraus eine Panikattacke erleiden? Im Auto gibt es nichts, was Sie nervös machen sollte, und Sie fahren eine Strecke, die Ihnen sehr vertraut ist. Panikattacken können jederzeit auftreten und haben einen langfristigen Einfluss auf das Leben eines Individuums, es sei denn, es gelingt die Durchbrechung dieses Teufelskreises.

Symptome einer Panikattacke

Sie wissen vielleicht nicht, wann eine Panikattacke ausbrechen wird, aber es gibt Symptome, die insbesondere Panikattacken zuzuschreiben sind. Nach Angaben der Mayo-Klinik ist im Folgenden eine Liste von Symptomen aufgeführt, die typischerweise während einer Panikattacke auftreten:

- Ein Gefühl drohenden Unheils oder unmittelbarer Gefahr
- Schüttelfrost
- Hitzewallungen
- Übelkeit
- Bauchkrämpfe
- Ein Gefühl des drohenden Unterganges
- Schweißausbrüche
- Furcht vor Kontrollverlust oder Tod
- Rasantes Herzklopfen, beschleunigte Herzfrequenz
- Schmerzen in der Brust
- Ein Gefühl der Unwirklichkeit oder Losgelöstheit
- Taubheitsgefühl oder Kribbeln

- Schwindel, Benommenheit oder Ohnmacht

Als ob diese Symptome allein schon nicht genug wären, kommt noch die zusätzliche Angst vor einer weiteren Panikattacke hinzu, wie bereits in einem vorangehenden Abschnitt erläutert worden ist. Folglich würden Sie beginnen, Situationen zu vermeiden, die eine Panikattacke auslösen könnten. Möglicherweise wissen Sie nicht genau, wann oder wo Sie Ihre nächste Panikattacke haben werden, sodass Sie beginnen, normale Situationen vorwegzunehmen, die das *Risiko* einer Panikattacke beinhalten.

Außerdem würden Sie wahrscheinlich mit unerwarteten Auslösern konfrontiert werden. Möglicherweise reagieren Sie auf blinkende Lichter oder laute Geräusche mit Panik. Obwohl Sie lernen, diese Situationen zu fürchten, werden nicht alle blinkenden Lichter oder lauten Geräusche zwingend eine Panikattacke hervorrufen.

Wie bereits erwähnt, sind Panikattacken schwerwiegend und unangenehm, sodass der Betroffene im Allgemeinen versucht, jede Situation zu vermeiden, die zu einem Anfall führen könnte. Immer mehr Menschen, die unter Panikattacken leiden, ziehen sich aus dem öffentlichen Leben zurück, weil sie Angst vor einem öffentlichen Panikanfall haben.

Psychische Symptome und Reaktionen

Wir haben angesprochen, dass Panikattacken auch psychische Symptome haben, und die Angst vor dem Tod sehr ausgeprägt bei Menschen ist, die unter Panikattacken leiden. Ein weiteres psychisches Symptom einer Panikattacke ist die Angst vor Kontrollverlust, was sich in Gefühlen von vermeintlichem Wahnsinn oder dem Verlust des eigenen Verstandes manifestieren kann. Wenn es zu einer Panikattacke kommt, hat man das Gefühl, keine Kontrolle mehr über die Situation zu haben. Nicht zu wissen, wann eine Panikattacke auftreten wird oder intensive körperliche Symptome zu verspüren, kann eine Person im Hinblick auf den eigenen Geisteszustand verunsichern.

In den schwerwiegendsten Fällen kann eine Person eine Ablösung von sich selbst und ihrer Umgebung erleben, wodurch sie glaubt, ihr Leben von außen wie einen Film zu betrachten (Experten der Mayo-Klinik, o. J.).

Panikattacken und andere Erkrankungen

Es gibt keinen spezifischen medizinischen Test für Panikattacken. Ärzte können Sie jedoch auf andere Krankheiten testen, um herauszufinden, ob sich Ihre Panikattacken medizinisch begründen lassen oder ob Sie möglicherweise tatsächlich an einer Angststörung leiden. Wenn sich beispielsweise Ihr Herzschlag erhöht oder Sie Schmerzen in der Brust verspüren, könnte dies mit Panikattacken, aber auch mit etwas anderem, wie einer Herzkrankheit, zusammenhängen. Wenn ein Arzt körperliche Ursachen ausschließt, erfolgt in der Regel eine Überweisung zu einem Facharzt. Dort werden Sie einer weiteren Untersuchung unterzogen und können die Umstände Ihrer Panikattacken erläutern.

Panikattacken können mit einer anderen Erkrankung einhergehen, aufgrund welcher Sie in Behandlung sind, insbesondere können eine soziale Phobie oder Depressionen dazu führen, dass Sie ohne Vorwarnung Panikattacken erleben. Eine Depression oder eine soziale Phobie kann Sie anfälliger für Panikattacken machen. Denken Sie jedoch daran, dass Panikattacken eigenständig und ohne Vorerkrankungen entstehen können.

Wenn Sie eine Panikattacke erlitten haben, müssen Sie sich ohne Zweifel Hilfe suchen, da Panikattacken schwere Symptome, wie Kurzatmigkeit oder Brustschmerzen, auslösen können. Zunächst muss eine körperliche Ursache für diese Symptome ausgeschlossen werden. Dann kann untersucht werden, ob sie auf eine Panikattacke zurückgeführt werden können.

Erwartungsangst

Ein weiterer Indikator, der für das Vorhandensein von Panikattacken spricht, kann durch die Evaluation des eigenen Verhaltens zwischen den einzelnen Panikattacken gefunden werden. In diesen Phasen leiden

Betroffene womöglich unter Erwartungsangst oder entwickeln ein durch die Phobie bedingtes Vermeidungsverhalten.

Nach Smith u. a. (2019) kann in den Phasen zwischen den Panikattacken Erwartungsangst auftreten. Anstelle von Ruhe und Entspannung würden Sie ein Gefühl des Verhängnisses empfinden und Spannungen und Ängste verspüren. Zu den Merkmalen der Erwartungsangst gehört die Angst vor einer erneuten Panikattacke. In diesem Fall würden Sie ständig in Angst vor einer weiteren Panikattacke leben und derartige Gedanken würden sich in Ihrem Hinterkopf manifestieren.

Von **Vermeidungsverhalten** ist dann die Rede, wenn Sie Situationen und Orte vermeiden, die Ihre Panik auslösen können. Diese Art der Flucht hat zwei unterschiedliche Merkmale: Das erste ist, wie bereits angesprochen, das Vermeiden von Orten, an denen Sie glauben, dass Sie eine weitere Panikattacke bekommen werden. Wenn Sie z. B. in der Arztpraxis Panikattacken haben, bevor Sie sich einem medizinischen Eingriff unterziehen, kann es passieren, dass sie aktiv ärztliche Konsultationen zu vermeiden versuchen, bei welchen ein Eingriff durchgeführt werden könnte. Das zweite Merkmal des Vermeidungsverhaltens ist das proaktive Meiden von Orten und Situationen, aus welchen es kein leichtes Entkommen gibt. Beispiele dafür wären eine Familienfeier oder ein Besuch bei den Schwiegereltern. In solchen Situationen fühlen Sie sich gefangen und glauben, dass es kein Davonkommen aus dem gesellschaftlichen Anlass gibt. Außerdem fürchten Sie, dass bei einer Panikattacke niemand da wäre, der Ihnen zur Seite stehen könnte.

Vielleicht sind Sie eine ängstliche Person und leiden oft unter Angstzuständen. Denken Sie aber daran, dass dies nicht zwingend bedeutet, dass Sie unter Panikattacken leiden, vielleicht haben Sie auch nur Angstanfälle. Wenn Sie hingegen eine Panikattacke haben, erleben Sie eine überwältigende Angst und Ihre Symptome sind in der Regel äußerst beängstigend und dramatisch.

Die Charakteristika einer Panikattacke

Denken Sie daran, dass ein weiterer Charakterzug einer Panikattacke darin besteht, dass sie plötzlich und ohne ersichtlichen Grund auftritt. Bei Angstzuständen kennen Sie die Orte, die Sie verängstigen, aber bei einer Panikattacke geht es Ihnen in der einen Minute noch gut und in der nächsten verspüren Sie schon überwältigende Symptome, wie Herzrasen und Übelkeit.

Im DSM-5 des *Diagnostic and Statistical Manual of Mental Disorders Fifth Edition* (fünfte Auflage des diagnostischen und statistischen Handbuchs psychischer Störungen) heißt es, dass Panikattacken entweder erwartet oder unerwartet auftreten. Unerwartete Panikattacken ereignen sich insbesondere ohne vorhersehbaren Grund, während erwartete Panikattacken nach Vandergriendt (2019) aufgrund von Auslösern oder bekannten Stressoren in Ihrer Umgebung eintreten.

Ein Beispiel für das gleichzeitige Auftreten von Angstzuständen und einer Panikattacke sieht folgendermaßen aus: Sie haben Angst, zum Arzt zu gehen. Sie sind unruhig und haben die Befürchtung, in der Arztpraxis die Kontrolle über sich selbst zu verlieren. Wenn Sie dann in der Arztpraxis angekommen sind, verspüren Sie Brustschmerzen, Kurzatmigkeit, Schweißausbrüche, Schüttelfrost oder Hitzewallungen und Ihre Herzfrequenz ist beschleunigt. Hierbei handelt es sich um eine *Panikattacke*.

Wenn Sie hinsichtlich der bevorstehenden Situation durchgehend besorgt und ängstlich sind und sich diese Gefühle verstärken, sobald Sie die Praxis betreten, handelt es sich um einen *Angstanfall*. Sie fühlen sich schrecklich, weil Sie beim Arzt sind, können Ihren Besuch aber dennoch mit relativer Fassung alleine durchstehen. Es mag unangenehm sein (und möglicherweise noch unangenehmer, als es für die meisten Menschen wäre), aber Sie sollten in der Lage sein, den Besuch zu überstehen. Sie werden sich allmählich wieder besser fühlen, wenn er vorüber ist.

Wenn Sie während der Konsultation eine Panikattacke erleiden, werden Sie die Konsultation mit großer Wahrscheinlichkeit nicht zu Ende führen können, da Ihre Panikattacke medizinischen Beistand erfordert. Sie werden eine natürliche Kampf- oder Fluchtreaktion spüren und es kann sogar sein, dass Sie tatsächlich die Flucht ergreifen, aus der Praxis laufen und nicht anhalten, bis Sie sich ein Stück weit entfernt haben.

Auslöser von Panikattacken

Panikattacken geschehen meist unerwartet, aber es mag Auslöser geben, die eine Panikattacke initiieren. Gemäß Vandergriendt (2019) sind diese Auslöser in der Regel nicht bekannt, weswegen es den Anschein haben kann, als käme die Panikattacke aus dem Nichts.

Auslöser für eine Panikattacke können u. a. die folgenden sein:

- Ein stressbelasteter Beruf
- Autofahren
- Soziale Situationen
- Phobien (wie Agoraphobie oder Klaustrophobie)
- Erinnerung oder Erinnerungsfragmente an ein traumatisches Erlebnis
- Bestimmte körperliche Situationen oder Ereignisse
- Schilddrüsenprobleme
- Drogen- oder Alkoholentzug
- Reaktionen auf Medikamente und Nahrungsergänzungsmittel
- Chronische Krankheiten, wie Asthma, Reizdarmsyndrom, Herzkrankheiten und Diabetes

Bei Behandlungsbeginn können Sie möglicherweise Muster in Ihrem Verhalten erkennen und beginnen, Ihre persönlichen Trigger wahrzunehmen.

Risikofaktoren

Auch Risikofaktoren können eine Rolle spielen, wie Vandergriendt (2019) feststellt. Mögliche Beispiele für solche Risikofaktoren können die folgenden sein:

- Eine ängstlich veranlagte Persönlichkeit
- Drogen- und Alkoholkonsum
- Genetische Prädispositionen - ein Familienmitglied mit einer Angst- oder Panikstörung
- Leidensdruck durch eine lebensbedrohliche oder chronische Krankheit
- Eine belastende Lebenserfahrung, wie Tod oder Scheidung
- Traumatische Erfahrungen als Kind oder Erwachsener
- Andauernder Druck und Sorgen, wie finanzielle Probleme oder familiäre Konflikte

Das Erlernen von Strategien im Umgang mit Panikattacken

Die gute Nachricht über Panikattacken ist, dass es Behandlungsmöglichkeiten gibt, die Ihnen helfen, zu verstehen, warum Sie Panikattacken haben. Wenn Sie dies verstehen, können Sie anfangen, zu lernen, wie Sie mit ihnen umgehen und sie schließlich stoppen können. Darüber hinaus können Sie verschiedene Techniken erlernen, um die Attacken zu kontrollieren. Dieses Buch soll Ihnen helfen, Ihre Panikattacken besser zu verstehen und gleichzeitig spezifische Techniken zu erlernen, die Ihnen bei der Bekämpfung helfen.

Durch die Zusammenarbeit mit einer medizinischen Fachkraft können Sie damit beginnen, Auslöser zu identifizieren und sogar Verhaltensstrategien entwerfen, die Sie bei einer Panikattacke anwenden können. Sie können dieses Buch auch an Ihre medizinische Fachkraft weitergeben, während Ihr Therapeut Ihnen dabei helfen kann, die für Sie am besten geeigneten Techniken auszuwählen.

Laut Vandergriendt (2019) sollte Ihr Hausarzt eine körperliche Untersuchung, einen Bluttest oder ein Elektrokardiogramm (EKG) vornehmen, bevor er die Meinung eines psychiatrischen Facharztes einholt. Möglicherweise verfügt Ihr Hausarzt über einen Fragebogen, mit dessen Hilfe er herausfinden kann, ob Sie während Ihrer Panikattacken primär eine physische oder psychische Reaktion verspüren. Wenn Sie an einen Psychiater überwiesen werden, werden sowohl Sie als auch er untersuchen, welche Gefühle Sie durchleben, bevor es zu einer Panikattacke kommt. Dies wird Ihnen helfen, Auslöser für Ihre Panikattacke zu erkennen. Der Therapeut wird Ihnen auch Werkzeuge an die Hand geben, um mit Ihren Panikattacken zurechtzukommen, wie z. B. langsames Atmen oder Ablenkungsstrategien.

Nachhaltige Auswirkungen von Panikattacken

Obgleich eine Panikattacke sehr intensiv ist, dauert sie in der Regel nur etwa zehn Minuten, die Folgeerscheinungen der Panikattacke können jedoch das Leben und die Psyche eines Menschen stark beeinflussen. Anhaltende Panikattacken können einer Person das Gefühl geben, den Bezug zur Realität zu verlieren. Intensive Panikattacken können einen immensen Terror hervorrufen, der das Selbstvertrauen beeinträchtigen kann, und diese Art von Leiden führt oft zu antizipierter Angst oder zu Vermeidungsverhalten.

Die gute Nachricht bei Panikattacken ist, dass sie mit Therapie und Medikamenten behandelt werden können. Es gibt auch verschiedene Techniken, die Ihnen dabei helfen, Ihre Panikattacken durchzustehen und letztlich die Intensität Ihrer Anfälle zu lindern.

Zusammenfassung des Kapitels

Es gibt viel, was man über Panikattacken wissen muss. Sie können infolge eines Traumas oder als Nebenerscheinung einer anderen Erkrankung, wie z. B. einer Bipolaren Störung, einer sozialen Phobie oder einer Depression, auftreten.

- Spezialisten wissen nicht, wodurch Panikattacken hervorgerufen werden.
- Die physischen Anzeichen einer Panikattacke beinhalten z. B. Atemnot und Schmerzen in der Brust.
- Panikattacken äußern sich auch in psychischen Symptomen, wie Todesangst oder Furcht vor Kontrollverlust.

Im nächsten Kapitel erfahren Sie mehr über gängige Vorurteile und Irrtümer von Panikattacken.

KAPITEL 3:

Vorurteile und Irrtümer im Zusammenhang mit Panikattacken

Jetzt, da Sie beginnen, die Anzeichen Ihrer Panikattacken besser zu verstehen und wahrzunehmen, ist es an der Zeit, Ihnen die gängigsten Vorurteile und Irrtümer über sie näherzubringen. Panikattacken sind heftig und Sie können während einer Attacke Todesängste oder den Kontrollverlust Ihrer geistigen Fähigkeiten verspüren. In diesem Kapitel lernen wir, einige der Dinge wiederzuerkennen, über die Sie sich in Bezug auf Panikattacken möglicherweise Gedanken gemacht haben, und alle Missverständnisse zu beseitigen, die Sie haben.

Wie bei jeder Erkrankung gibt es viele Vorurteile und Irrtümer, die alles noch verschlimmern können. Dennoch werden Sie sich umso besser fühlen, je mehr Sie über Panikattacken wissen. In den folgenden Abschnitten werden die Vorurteile, die Menschen über Panikattacken und Panikstörungen haben, im Einzelnen aufgezeigt.

Vorurteil Nr. 1: Panikattacken sind nur das Symptom einer Panikstörung

Nur weil Sie eine Panikattacke erlitten haben, heißt das nicht, dass Sie gleich an einer ausgeprägten Panikstörung leiden. Panikattacken können auch infolge anderer Störungen und Erkrankungen auftreten. Im Folgenden ist eine Liste von Erkrankungen aufgeführt, die das Auftreten einer Panikattacke begünstigen (mit dem entsprechenden Begriff, unter welchem sie im DMS-5 verzeichnet sind, falls vorhanden):

- Bipolare Störung
- Soziale Phobie (Social Anxiety Disorder bzw. SAD)
- Zwangsstörung (Obsessive Compulsive Disorder bzw. OCD)

- Generalisierte Angststörung (Generalized Anxiety Disorder bzw. GAD)
- Spezifische Phobien
- Reizdarmsyndrom
- Diverse Magen-Darm-Erkrankungen
- Schlafstörungen

Vorurteil Nr. 2: Panikattacken sind eine Überreaktion auf Stress und Angst

Obwohl Angstzustände, die durch Stress und Angespanntheit bedingt werden, sehr intensiv ausfallen können, müssen sie doch von Panikattacken abgegrenzt werden. Hier gibt es zwei wichtige Punkte zu beachten:

1. **Panikattacken treten in der Regel ohne jegliche Vorwarnung auf.** Vor der therapeutischen Behandlung haben manche Menschen, die an Panikattacken leiden, zumeist keine Vorstellung davon, warum sie die Attacke erlitten haben. Anders als bei einer Angstattacke reagieren Betroffene nicht auf unmittelbaren Stress oder Belastung. Die Panikattacke geschieht auf unerklärliche Weise. Mithilfe einer Therapie kann eine Person lernen, Auslöser oder Umstände zu erkennen, die eine Panikattacke auslösen, aber dies ist selten auf Bedingungen zurückzuführen, die sie kontrollieren kann.

2. **Menschen, die Opfer einer Panikattacke werden, haben keine Kontrolle über das Geschehen.** Eine Panikattacke ist sehr schwerwiegend und kann nicht mit Angstzuständen gleichgesetzt werden. Eine Panikattacke ist mehr als nur ein flaues Gefühl im Magen. Panikattacken können so intensiv sein, dass viele Menschen deswegen in der Notaufnahme enden.

Vorurteil Nr. 3: Panikattacken können nur im Wachzustand auftreten

Nicht alle Panikattacken ereignen sich, während eine Person wach ist. Es gibt sogar eine Bezeichnung für Panikattacken, die vor allem nachts auftreten: **Nächtliche Panikattacken.** Stellen Sie sich vor, wie Sie am Schlafen sind, doch mittendrin werden Sie von den Symptomen einer Panikattacke wachgerüttelt - Kurzatmigkeit oder das Gefühl, dass Ihr Herz aus der Brust springt. Nächtliche Panikattacken kommen zwar nicht so häufig vor wie Panikattacken am Tage, aber sie kommen vor.

Wenn eine Person eine nächtliche Panikattacke erlebt, ist ihr Schlaf gestört und sie kann oft nicht wieder einschlafen. Nächtliche Panikattacken bringen Gefühle der Angst und die Loslösung von sich selbst und der Umwelt mit sich. Eine nächtliche Panikattacke fühlt sich oft an, als sei sie Teil eines Albtraumes.

Vorurteil Nr. 4: Panikattacken können tödlich enden

Das Erleben einer Panikattacke kann sehr intensiv sein und einige Menschen leiden währenddessen unter starken Beschwerden, wie Brustschmerzen, beschleunigter Herzfrequenz, übermäßiges Schwitzen, Engegefühl in der Brust und Kurzatmigkeit. Diese Symptome fühlen sich oft wie eine schwerwiegende körperliche Krise an, wie z. B. ein Herzinfarkt oder ein äquivalentes Leiden der Lungen. Bei vielen treten die Symptome so heftig auf, dass sie direkt in die Notaufnahme zur Behandlung gebracht werden müssen. Kurz gesagt, die Opfer von Panikattacken haben oft das Gefühl, dass sie sterben und diese Angst ist oft das auffälligste Gefühl während eines Anfalles.

Doch unabhängig davon, wie intensiv sie die Symptome wahrnehmen, an einer Panikattacke sterben werden Sie nicht. Das Verfahren in der Notaufnahme besteht darin, Sie zu stabilisieren und zu beruhigen. Einige Tests können durchgeführt werden, um sicherzustellen, dass es keine körperlichen Ursachen für Ihre Panikattacke gibt. Sobald die Testresultate körperliche Gesundheit bezeugen, wird der Arzt in der Notaufnahme wahrscheinlich weitere Gespräche mit Ihnen führen, damit er herausfinden kann, ob es eine Krankengeschichte gibt, die Ihre Panikattacke verursacht haben könnte.

Oft gibt es keinen ersichtlichen Grund für die Panikattacke und das Fehlen einer erkennbaren Ursache sollte für Ihren Arzt Grund genug sein, von einer eigentlichen Panikattacke auszugehen. Das Fehlen einer Vorerkrankung ist eines der Hauptsymptome einer Panikattacke. Sie können sicher sein, dass ein Arzt über ein derartiges Wissen verfügt.

Insgesamt gibt es keinen Grund, zu fürchten, dass Sie an einer Panikattacke sterben werden.

Vorurteil Nr. 5: Panikattacken können Sie in den Wahnsinn treiben

Dadurch, dass Panikattacken ohne Vorwarnung eintreten, können sie Ihnen das Gefühl vermitteln, keine Kontrolle mehr zu haben. Panikattacken dauern in der Regel zehn Minuten und erreichen einen Höhepunkt, bevor sie abklingen. Vor allem nicht genau zu wissen, warum es zu diesem Anfall gekommen ist, kann zu der Annahme führen, dass man die Kontrolle über sich selbst verliert und Gefahr läuft, wahnsinnig zu werden.

Ja, es kann psychische Gründe für eine Panikattacke geben, z. B. ein erlittenes Trauma und die fehlende entsprechende Verarbeitung. Panikattacken sind jedoch kein Indikator dafür, dass Sie die Kontrolle über Ihren Geisteszustand verlieren werden.

Die Angst vor vollständigem Kontrollverlust kann zur Besessenheit werden. Wenn Sie sich konzentrieren, können Sie die Panikattacke möglicherweise abwenden. Sie versuchen also, eine gewisse Kontrolle über etwas zu erlangen, was unmöglich zu kontrollieren scheint. Dies führt zu einer immensen Frustration, die durch Ihr Gefühl von Hilflosigkeit verschlimmert wird.

In diesem Buch werden Ihnen Strategien vorgestellt, die Sie zur Bewältigung von Panikattacken einsetzen können. Panikattacken können jeden dazu bringen, sich verzweifelt zu fühlen, aber es besteht die

Hoffnung, dass Sie lernen, besser mit einer Panikattacke umzugehen, wenn sie passiert - oder besser noch, sogar bevor sie passiert.

Selbst wenn die Panik zuschlägt, dürfen Sie sich sicher sein, dass Ihr Verstand noch intakt ist. Sie mögen zwar die Kontrolle über sich verlieren, doch dieses Gefühl hält nur für kurze Zeit an.

Vorurteil Nr. 6: Panikattacken lassen sich vermeiden

Wenn Sie mit der Aufarbeitung Ihrer Panikattacken anfangen, werden Sie vielleicht herausfinden, was Ihre Anfälle auslöst. Dies ist ein Prozess, in welchem Sie die Gefühle eines erlittenen Traumas aufdecken. Neben traumatischen Erfahrungen gibt es jedoch viele andere Gründe, warum Sie an Panikattacken leiden könnten. Sie könnten etwas mit so viel Intensität fürchten, dass jedes Mal, wenn Sie sich dieser Sache nähern, eine Panikattacke ausgelöst wird.

Herauszufinden, was Ihre Panikattacken auslöst, trägt viel dazu bei, sie abzuschwächen und die Kontrolle wiederzuerlangen. Die Wahrheit ist jedoch, dass Panikattacken auch dann noch auftreten können, wenn Sie Ihre Auslöser und Ängste kennen.

Es ist nicht empfehlenswert, zu glauben, dass Sie Panikattacken vermeiden können, wenn Sie den Dingen, die Ihnen Angst machen, aus dem Weg gehen. Ihren Ängsten auszuweichen oder sich von den Auslösern fernzuhalten, wird früher oder später zu einer unlösbaren Aufgabe werden. Außerdem können sich ihre Ängste und Auslöser durch dieses Vermeidungsverhalten sogar noch intensivieren.

Der beste Weg, eine Panikattacke durchzustehen, ist die direkte Konfrontation und das Bewahren einer entspannten Haltung. Dieser Ratgeber wird näher auf die Strategien eingehen, die Ihnen helfen können, die Intensität Ihrer Panikattacken zu vermindern. Im Gegensatz zum Versuch, ein Leben zu führen, bei dem Sie sich selbst einschränken und potenziell auslösende Situationen vermeiden, ist dies der konstruktivere Ansatz.

Vorurteil Nr. 7: Gegen Panikattacken lässt sich kaum etwas unternehmen

Wenn Sie Panikattacken erlebt haben, haben Sie vielleicht das Gefühl, dass es keinen Ausweg gibt, wenn es zu diesen Anfällen kommt. Sie können jedoch mit einem Spezialisten zusammenarbeiten, um zu lernen, wie man mit diesen Anfällen umgeht, und letztlich daran arbeiten, sie insgesamt zu beenden.

Damit Sie den Prozess der therapeutischen Bewältigung Ihrer Panikattacken beginnen können, ist es wichtig, dass Sie einen Spezialisten finden, der Sie beurteilen und eine korrekte Diagnose stellen kann. Dann können Sie mit der Behandlung beginnen. Sobald Sie Ihre Diagnose haben, wird Ihr Arzt Sie für eine Psychotherapie einplanen, in der Sie Ihre Panikattacken besprechen können. Möglicherweise kann Ihnen Ihr Arzt auch Medikamente verschreiben, die Ihnen helfen, besser mit Ihren Panikattacken umzugehen und Ihnen die Teilnahme an der Psychotherapie erleichtern. Die verschiedenen Medikamente wirken in unterschiedlichen Bereichen des Gehirnes und dienen verschiedenen Zwecken. Deshalb ist es wichtig, eng mit Ihrem Arzt oder Ihrer Ärztin zusammenzuarbeiten und gemeinsam zu entscheiden, welche Medikamente am ehesten für Sie infrage kommen, seien es Antidepressiva oder Medikamente zur spezifischen Behandlung von Angstzuständen.

Denken Sie daran, dass es immer wichtig ist, vor der Einnahme von Medikamenten Kontakt mit einem Psychologen aufzunehmen, unabhängig davon, welche Behandlung ein Arzt verschreibt.

Vorurteil Nr. 8: Panikattacken werden Sie ihr Leben lang begleiten

Auch wenn sich Ihre Panikattacken überwältigend anfühlen mögen, gibt es Maßnahmen, die Sie ergreifen können, um die Intensität der Attacken abzuschwächen und sie schließlich ganz zu stoppen.

Medikamente und Therapien, wie die *Kognitive Verhaltenstherapie*, können in der Überwindung von Panikattacken Hilfestellung leisten. In einem späteren Abschnitt werden wir uns genauer mit dieser Therapieform und ihrer Wirksamkeit auseinandersetzen.

Wie bereits im vorherigen Abschnitt festgestellt wurde, ist die Konsultation einer psychosozialen Fachkraft der erste Schritt zur Überwindung Ihrer Panikattacken. Letztlich liegt es jedoch immer an Ihrer Motivation, sich aktiv an der Therapie zu beteiligen, die Ihnen hilft, die Anfälle zu beenden.

Eine Kognitive Verhaltenstherapie kann sehr erfolgreich sein, aber Sie müssen die Mühe auf sich nehmen, um erfolgreiche Ergebnisse zu erzielen. Es mag anfangs schwierig sein, mit Panikattacken zurechtzukommen, aber der erste Schritt ist, professionelle Hilfe in Anspruch zu nehmen. Wenn Sie die Hilfe erhalten, die Sie brauchen, werden Sie zunächst mit der Milderung der Intensität Ihrer Panikattacken beginnen. Sie können dieses Buch begleitend zu Ihrer Therapie und den von Ihrem Facharzt verschriebenen Medikamenten einsetzen.

Vorurteil Nr. 9: Eine Panikstörung öffnet das Tor zu einer ernsteren psychischen Erkrankung

Bevor Sie sich an einen Spezialisten wenden, mögen Sie glauben, dass dieser Sie mit einer anderen Art von Störung diagnostizieren wird, wie z. B. einer *Bipolaren Störung*, *Schizophrenie* oder gar einer *Generalisierten Angststörung*.

Die Wahrheit ist, dass Panikattacken eine eigenständige psychische Erkrankung darstellen. Es handelt sich nicht um eine ernsthafte Geisteskrankheit, sondern lediglich um einen Zustand, der dazu führt, dass Sie in hohem Maße Panik oder Angst empfinden.

Panikattacken können behandelt werden und Sie werden in der Lage sein, die Intensität Ihrer Panikattacken, durch proaktive Arbeit in den Therapiesitzungen und gewissenhaftes Einnehmen der Medikamente, zu verringern.

Vorurteil Nr. 10: Ihre Familie und Freunde können Sie bei Panikattacken nicht unterstützen

Panikattacken sind sehr persönliche und intime Erfahrungen und vielleicht fühlen Sie sich dadurch so gedemütigt, dass Sie niemandem von Ihren Erlebnissen erzählen möchten. Dem muss aber nicht so sein. Wenn

Sie die Zusammenarbeit mit Ihrem Therapeuten aufnehmen, möchten Sie vielleicht andere Menschen aus Ihrem engeren Umfeld miteinbeziehen und das Erlernte mit ihnen teilen.

Es ist nicht notwendig, der ganzen Welt davon zu erzählen, aber je mehr Sie ihre Mitmenschen aufklären, desto besser werden Sie sich fühlen. Vielleicht kann jemand, der Ihnen nahe steht, seinen Input zu der Frage geben, warum Sie überhaupt Panikattacken haben.

Ihre Lieben sorgen sich um ihr Wohlergehen, deshalb sollten Sie vielleicht in Erwägung ziehen, Informationen mit ihnen zu teilen, die ihnen das Gefühl vermitteln, in Ihre therapeutische Reise einbezogen zu sein. Wenn Sie jedoch eine eher reservierte Person sind und die Involvierung anderer den Fortschritt Ihrer Therapie stören könnte, ist das auch in Ordnung. Sie haben immer die Kontrolle darüber, wieviel Sie mit anderen teilen möchten.

Jetzt, da wir mit einigen Vorurteilen und vorgefassten Meinungen über Panikattacken aufgeräumt haben, sind Sie bereit, einige wirksame Strategien zur Bekämpfung von Panikattacken zu erlernen. Darüber hinaus werden in diesem Buch effiziente Techniken und Werkzeuge vorgestellt, die Ihnen im Umgang mit Ihren Panikattacken helfen können.

Zusammenfassung des Kapitels

Es gibt zahlreiche Vorurteile gegenüber Panikattacken und in diesem Kapitel haben wir uns mit zehn davon befasst. Im Folgenden sind noch einmal drei der wichtigsten Vorurteile zusammengefasst:

- Panikattacken sind nur das Symptom einer Panikstörung.
- Panikattacken können tödlich enden.
- Gegen Panikattacken lässt sich kaum etwas unternehmen.

Diese Vorurteile und Irrtümer wirken angsteinflößend und einschüchternd und können Panikattacken als überwältigend, unheilbar und unkontrollierbar erscheinen lassen. In Wahrheit lassen sich Panikattacken *behandeln*. Sie können Techniken zum adäquaten Umgang mit Panikattacken erlernen, darunter die Teilnahme an Therapiesitzungen und der Frage Ihres Arztes nach verfügbaren Medikamenten, die zur Linderung von Symptomen beitragen können.

Im nächsten Kapitel wird Ihnen das Fünf-Schritte-System von *AWARE* vorgestellt, das Ihnen während einer intensiven Panikattacke helfen kann, wieder zur Ruhe zu kommen.

KAPITEL 4:

Wie man während einer Panikattacke ruhig bleiben kann

Die Gefahr, eine Panikattacke nicht kontrollieren zu können, mag jedem, der darunter leidet, beunruhigend erscheinen. Es mag sein, dass Sie wiederkehrende Muster und Auslöser untersuchen können, die vor einer Panikattacke auftreten, aber diese Anfälle werden sich trotzdem wiederholen, ungeachtet dessen, wie viele Informationen Sie gesammelt haben. Entscheidend ist, dass Sie wissen, wie Sie die Attacken bekämpfen können.

Sie brauchen sich nicht schlecht zu fühlen, denn es gibt ein System, das Sie während Ihrer Panikattacken durchspielen können, um die Situation zu verbessern. Sie können lernen, der Attacke mit Ruhe gegenüberzutreten und sie zu akzeptieren.

In diesem Kapitel werden wir das Fünf-Schritte-System von *AWARE* besprechen.

1. **A**nerkennung und **A**kzeptanz der Panikattacke
2. **W**arten und **W**erten (**W**irken)
3. **A**ktionen zur Linderung der Symptome
4. **R**epetition
5. **E**nde

Gemäß Barends Praktischer Psychologie (o. J.) besteht der erste der fünf Schritte von AWARE darin, zu erkennen und zu akzeptieren, was während der Panikattacke geschieht. Es ist sogar möglich, die Panikattacke mithilfe des AWARE-Systems zu stoppen. Was aber auch immer geschieht, der erste Schritt besteht immer in der Anerkennung und Akzeptanz Ihrer Angst.

Kurz bevor die Panikattacke ihren Lauf nimmt, verspüren Sie vielleicht ein leichtes Gefühl von Angst. Dann beginnt die Panikattacke und Sie werden in große Angst versetzt. Das ist in Ordnung. Es ist wichtig, die Angst anzuerkennen und sich in Erinnerung zu rufen, dass Sie keiner bevorstehenden Gefahrensituation ausgesetzt sind. Das Gefühl, sich in Gefahr zu befinden, ist ein Symptom einer Panikattacke. Aber denken Sie daran, dass dies nur ein Gedanke ist - er ist weder wahr noch relevant. Lassen Sie sich auf diese Angst ein und tun Sie nicht so, als ob es nicht passiert. Wenn Sie die Angst annehmen, sind Sie bereit für den ersten Schritt des AWARE-Systems: der **A**kzeptanz.

Akzeptanz der Panikattacke

Wenn Sie die Symptome Ihrer Panikstörung akzeptieren, stehen Ihre Chancen gut, die Intensität Ihrer Panikattacken zu vermindern. Denken Sie daran, dass Sie sich nicht in körperlicher Gefahr befinden, sondern lediglich eine Phase der Angst durchleben, die Sie wieder kontrollieren können.

Ein weiterer Ansatz des AWARE-Systems ist, dass Ihnen, wenn Sie eine Panikattacke erleben, das Schlimmste passiert, was passieren kann. Was auch immer auf Sie zukommt, kann unmöglich schlimmer sein als Ihre gegenwärtige Situation. Nehmen Sie sich einen Moment Zeit, um die Panikattacke zu beenden (Carbonell, 2020).

Sich der Panikattacke zu widersetzen, wird sie nur noch schlimmer machen. Wenn Sie hingegen einfach anerkennen und akzeptieren, dass Ihnen eine Panikattacke widerfährt, werden Sie die Intensität der Attacke verringern können.

Warten

Der nächste Schritt von AWARE ist das **W**arten. Wenn Sie eine Panikattacke haben, verspüren Sie wahrscheinlich den Drang zu fliehen oder zu kämpfen. Voreiliges Handeln wird die Dinge jedoch nur noch mehr eskalieren lassen. Wenn Sie eine Panikattacke haben, werden Sie oft in einen Zustand versetzt, in dem Sie nicht mehr klar denken können und eher dazu neigen, unüberlegt zu handeln. Außerdem werden

Sie Entscheidungen treffen, die Ihre Situation üblicherweise nur noch verschärfen.

Jetzt heißt es *warten*, denn je länger Sie dies tun, desto geringer wird die Intensität Ihrer Attacke. Wenn Sie der anstehenden Aufgabe zu entkommen versuchen oder etwas anderes unternehmen, um der Panikattacke zu entfliehen, werden Sie Ihrem Unterbewusstsein die Erkenntnis vorenthalten, dass Ihre Panikattacke einen Anfang und ein Ende hat.

Wenn Sie sich einen Moment Zeit nehmen, um abzuwarten und das Geschehen zu betrachten, werden Sie eine gewisse Erleichterung finden und die Gefühle, die Sie zu diesem Zeitpunkt haben, werden allmählich weichen. Vielleicht können Sie dann sogar wieder etwas klarer denken.

Werten

Der nächste Schritt ist das **W**erten bzw. das Betrachten. Nehmen Sie sich einen Augenblick Zeit, um die Mechanismen Ihrer Panikattacken zu erkennen. Es ist wichtig, die Geschehnisse vor und während Ihrer Panikattacke zur Kenntnis zu nehmen und zu beobachten. Das aufmerksame Verfolgen dieser Vorgänge bietet Ihnen die Gelegenheit, ein Panik-Tagebuch zu führen, in welchem Sie die wichtigsten Details Ihrer Panikattacken festhalten können.

Stellen Sie sich vor, wie Sie während einer Panikattacke warten und beobachten, indem Sie in Ihr Panik-Tagebuch schreiben. Das kann ein kleines Notizbuch oder ein hübsch geschmücktes Tagebuch sein, das Sie immer bei sich tragen. Durch das Schreiben erhalten Sie die Chance, sich zu beruhigen und sich von der Intensität der Panikattacke abzulenken.

Wenn Sie ein Panik-Tagebuch führen, gehen Sie von der Rolle des Opfers zur Rolle des Beobachters über. Sollte es nicht möglich sein, in ein Tagebuch zu schreiben, lassen sich andere Wege finden, die Sie in die Rolle des Beobachters versetzen. Sie können eine Smartphone-App verwenden, mit der Sie Sprachnotizen aufzeichnen oder auf einem

Tablet (oder einem anderen elektronischen Gerät) ihre Beobachtungen festhalten.

Wirken

Sie können diesem Schritt auch „Arbeit" oder „Wirken" hinzufügen. Wenn Sie eine Panikattacke haben, finden Sie sich möglicherweise in einer Situation wieder, in welcher abwarten und zusehen unmöglich ist. Hier kommt „Arbeit" ins Spiel. Beispielsweise kann sich eine Panikattacke anbahnen, wenn Sie gerade mit dem Auto unterwegs sind oder eine wichtige Präsentation halten. Jetzt dürfen Sie nicht die Fassung verlieren und einfach davonlaufen. Konzentrieren Sie sich auf das, was Sie gerade tun und wenden Sie sich ruhig und gelassen dem Beobachten und Warten zu, während Sie Ihre Panikattacke haben.

Ich weiß, dass das schwierig klingen mag, aber lassen Sie uns ein Szenario durchgehen. Nehmen wir an, Sie fahren mit Ihrem Auto und spüren, wie die Symptome einer Panikattacke langsam aufkommen. Ihr Herz fühlt sich an, als würde es aus Ihrem Brustkorb herausspringen, Ihre Atmung wird schneller und flacher und Sie merken, wie die Übelkeit in Ihnen hochsteigt. Währenddessen können Sie nicht mehr an den Straßenrand fahren, weil es keinen Platz gibt, an welchem Sie den Wagen sicher abstellen können. Sie haben jedoch die Möglichkeit, weiterzufahren, dabei die Panikattacke zu „beobachten" und ihr Ende abzuwarten. Beobachten Sie, wie Sie sich fühlen, verfolgen Sie die Intensität und seien Sie versichert, dass die Panikattacke enden wird. Denken Sie daran - Sie sind ein Beobachter, kein Opfer.

Während einer Panikattacke wieder zur Ruhe finden

Es ist natürlich, in Panik zu geraten und zu denken, dass Ihre Panikattacke nie enden wird, aber was wissen Sie bereits über Panikattacken? Dauern sie tatsächlich ewig? Wenn dem so wäre, würden Sie dieses Buch nicht lesen. Es ist eine Tatsache, dass Panikattacken enden.

Was tun Sie also, wenn eine Panikattacke auftritt? Nun, Ihre Aufgabe ist es, sich mit der Attacke besser vertraut zu machen. Carbonell (2020) schlägt einige Techniken vor, die sich für Menschen, die unter Panikattacken leiden, als hilfreich erwiesen haben:

- Bauch- und Zwerchfellatmung
- Sich selbst durch die Attacke führen
- Sich auf die Gegenwart einlassen
- Mit dem eigenen Körper zusammenarbeiten

Diese Techniken sind gar nicht so anspruchsvoll. Die **Bauchatmung** besteht lediglich darin, einen tiefen Atemzug zu nehmen, um den Bauch zu füllen und dann den Atem langsam wieder herauszulassen.

Stumme oder laute **Selbstgespräche** können den Eindruck erwecken, dass Ihre Panikattacke nicht ewig andauern wird. Sie können sich selbst gut zureden, dass es in Ordnung ist, Angst zu haben oder sich in Erinnerung rufen, dass dieser Vorfall Ihnen helfen wird, die Eigenschaften Ihrer Panikattacken zu beobachten, sodass Sie lernen können, ein Beobachter zu sein, anstatt ein Opfer.

Es ist wichtig, sich auf Ihre **Gegenwart** einzulassen. Wenn Sie sich mitten in einer Tätigkeit befinden, beginnen Sie zunächst damit, sich auf Ihre Gegenwart und die zu erledigenden Aufgaben zu konzentrieren. Sind Sie beispielsweise dabei, eine Präsentation zu beginnen oder befinden Sie sich gerade inmitten einer Präsentation, richten Sie Ihren Fokus auf Ihre Notizen oder auf die Folien, die Sie zeigen. Stellen Sie sich vor, dass Sie die drehende Welt um Sie herum zum Stehen bringen, damit Sie mit dem, was Sie gerade tun, weitermachen können - trotz der Panikattacke.

Wenn Sie darauf hinarbeiten, ein besseres **Körpergefühl** zu entwickeln, können Sie die angespannten Bereiche Ihres Körpers lockern. Konzentrieren Sie sich auf die Teile Ihres Körpers, die angespannt sind und arbeiten Sie daran, diese Anspannung zu lösen. Lockern Sie die Steifheit in Ihrem Körper und lösen Sie alle angespannten Muskeln. Halten Sie während einer Panikattacke auch nicht den Atem an, konzentrieren Sie sich stattdessen auf Ihre Bauchatmung.

Allgemein müssen Sie sich um ihr eigenes Wohlbefinden kümmern, damit Sie sich während einer Panikattacke wohler fühlen und so Ihre Symptome lindern können. Es ist möglich. Seien Sie kein Opfer, sondern engagieren Sie sich proaktiv dafür, dass Sie in Ihrer Situation zurechtkommen.

Um sich dies bildlich vorzustellen, denken Sie an eine Krankenschwester, die ihren Patienten mit ihrer Pflege umsorgt, um seine Krankheit und Besorgnis zu lindern. Um langfristig eine Verbesserung Ihrer eigenen Situation zu erzielen, arbeiten Sie daran, Ihrem inneren Krankenpfleger zu helfen.

Repetition

Manchmal kommen Panikattacken in mehreren Wellen. Vielleicht haben Sie gerade die fünf Schritte von AWARE durchlaufen und schon beginnt wieder ein neuer Zyklus. Verzweifeln Sie nicht und glauben Sie nicht, versagt zu haben - es liegt in der Natur der Panikattacke, in mehreren Schüben zu kommen. Eine Panikattacke kann sich anfühlen wie Wellen, die über Sie hereinbrechen und wenn Sie im Wasser wild um sich schlagen, werden Sie die Kontrolle verlieren und sich der Gefahr des Ertrinkens aussetzen. Wenn Sie jedoch bei klarem Verstand bleiben, können Sie sich in den Angriffswellen einer Panikattacke über Wasser halten.

Wenn ein neuer Zyklus einer intensiven Panikattacke seinen Anlauf nimmt, bewahren Sie Ruhe und beginnen Sie erneut mit dem AWARE-Zyklus. Das mag Ihnen schwer fallen, aber wenn Sie es anerkennen und akzeptieren, dass eine längere Panikattacke ansteht, ermöglicht dies Ihnen, abzuwarten und zuzuschauen (und möglicherweise mit Ihrer Arbeit fortzufahren). Dann können Sie *aktiv* werden und es sich bequemer machen, bis die Panikattacke vorbei ist.

Ende

Der fünfte Schritt des AWARE-Systems ist das Beenden der Panikattacke. Erschrecken Sie nicht, wenn Sie einige Male von vorne beginnen müssen. Vergessen Sie nicht, ein Panik-Tagebuch zu führen, damit Sie vom Opfer zum Beobachter werden.

Selbst wenn Sie mehrere Zyklen in Ihrer Panikattacke haben, werden auch diese irgendwann enden. Seien Sie versichert, dass Ihr Leben nicht zu einer einzigen konstanten, chronischen Panikattacke werden wird. Investieren Sie in die fünf Schritte von AWARE, damit die Panikattacken an Intensität verlieren.

Ihr Ziel ist nicht erster Linie, die Panikattacke zu beenden - Ihre Aufgabe besteht darin, die fünf Schritte von AWARE zu realisieren. Lassen Sie uns die Schritte des AWARE-Systems noch einmal durchgehen:

1. **A**nerkennung und **A**kzeptanz der Panikattacke
2. **W**arten und **W**erten (**W**irken)
3. **A**ktionen zur Linderung der Symptome
4. **R**epetition
5. **E**nde

Wenn Ihre Panikattacke endet, fühlen Sie sich vielleicht aufgewühlt und verunsichert. Wie mehrfach wiederholt wurde, sind Panikattacken sehr schwerwiegend, und selbst wenn Sie die fünf Schritte des AWARE-Systems erfolgreich umgesetzt haben, kann noch eine weitere Panikwelle auf Sie zukommen. Zu diesem Zeitpunkt haben Sie in Ihrem Denken einige Wahlmöglichkeiten: Sie könnten ein Gefühl der Ungewissheit verspüren, dass Sie nicht vorhersagen können, wann eine Panikattacke ausbricht. Sie könnten sogar glauben, dass Sie wieder und wieder Panikattacken durchleben müssen, bis Ihre therapeutischen Maßnahmen (seien es Medikamente, eine Gesprächstherapie oder eine Kognitive Verhaltenstherapie) Erfolge zeigen.

Jetzt ist Ihre Chance gekommen, Stellung zu beziehen sowie eine positive und optimistische Haltung einzunehmen. Lesen Sie die Notizen in Ihrem Panik-Tagebuch und Sie werden sehen, dass sich Ihre Reaktionen auf eine Panikattacke nach und nach verbessert haben. Loben Sie sich selbst dafür, dass Sie den Schritt von der Opfer- zur Beobachterrolle gewagt haben.

ACHTSAM sein

Es ist Ihnen vielleicht nie in den Sinn gekommen, während einer Panikattacke aufmerksamer zu sein. Menschen, die unter Panikattacken leiden, kämpfen oft auch mit Existenzängsten. Tatsächlich scheint es manchmal so, als würden sich die Anfälle von Mal zu Mal verschlimmern.

Das Erlernen und Durchführen der fünf Schritte des AWARE-Systems kann die Antwort sein, die Ihnen helfen wird. Zähmen Sie dieses Gefühl des Unheils, indem Sie sich diese Schritte genau einprägen und sie ausführen, wenn Sie von einer Panikattacke überfallen werden.

Achten Sie darauf, ein Panik-Tagebuch zu führen, sei es in Form eines Notizbuches oder eines Smart-Gerätes, da Sie wichtige Beobachtungen darin festhalten werden. Diese Daten können Ihrem Spezialisten vorgelegt werden und Sie beide können gemeinsam erarbeiten, was genau bei Ihren Attacken abläuft. Es kann für Ihre betreuende Fachperson sehr hilfreich sein, zu wissen, was Sie erleben.

Es gibt in diesem Buch noch weitere Techniken, die Ihnen helfen können. Bleiben Sie zuversichtlich und seien Sie gewiss, dass Hilfe auf dem Weg ist.

Zusammenfassung des Kapitels

Die Anwendung der fünf Schritte des AWARE-Systems wird Ihnen helfen, während einer Panikattacke Ruhe zu bewahren. Dies kann dazu beitragen, die intensiven Symptome, die Sie bei einer Panikattacke erleben, zu lindern. Die fünf Schritte des AWARE-Programms sind die folgenden:

1. **A**nerkennung und **A**kzeptanz der Panikattacke
2. **W**arten und **W**erten (**Wi**rken)
3. **A**ktionen zur Linderung der Symptome
4. **R**epetition
5. **E**nde

Diese fünf Schritte sollen Sie bei der Bewältigung Ihrer Panikattacken unterstützen. Sich seiner Panikattacken bewusst zu sein und sie zu akzeptieren, mag der schwierigste Teil sein. Es lohnt sich aber, den richtigen Umgang mit Ihren Panikattacken zu erlernen. Häufig gibt es mehr als einen Zyklus von Panikattacken. Deshalb ist es am besten, die fünf Schritte zu wiederholen, bis Ihre Panikattacke beendet ist.

Im nächsten Kapitel erfahren Sie, wie Sie Ihre Panikattacken stoppen können.

KAPITEL 5:

Schluss mit den Panikattacken

Jetzt, wo Sie die fünf Schritte des AWARE-Systems beherrschen, können Sie sich mit einigen neuen Techniken befassen, die Ihnen dabei helfen können, Ihre Panikattacken zu stoppen. Es ist sehr wichtig, Ihre Panikattacken zu akzeptieren und anzuerkennen. Es kann jedoch auch von Vorteil sein, sich auf etwas anderes, als auf Ihre Panikattacke, zu konzentrieren.

In diesem Kapitel lernen Sie zwölf verschiedene Techniken kennen, die Sie anwenden können, um Ihre Panikattacken zu stoppen. Am Anfang mag es schwierig sein, einige dieser Dinge zu tun, während man sich in einer Panikattacke befindet, aber mit etwas Übung wird die Umsetzung einfacher. Vielleicht sollten Sie versuchen, sich in diesen Techniken zu üben und eine Routine zu entwickeln, sodass es bei einer Panikattacke einfacher ist, etwas zu unternehmen.

Lernen Sie, sich zu konzentrieren

Auch wenn Sie vielleicht das Gefühl haben, dass man während einer Panikattacke nichts anderes tun kann, als sich dem Terror hinzugeben, ist es trotz allem möglich, den Angriff zu unterdrücken. Am besten bringen Sie sich selbst bei, den Fokus auf etwas anderes zu lenken und so den Anfall gezielt zu unterbinden.

Im letzten Kapitel haben wir erörtert, wie wichtig Akzeptanz und Anerkennung sind. In der Lage zu sein, innezuhalten und die Attacke anzunehmen, kann einen großen Beitrag dazu leisten, die tatsächliche Dauer Ihrer Attacke zu verkürzen.

Es ist sehr wichtig, dass Sie sich der Panikattacke nicht widersetzen oder sich zu sehr aufregen. Wenn Sie ruhig sind und das Geschehnis hinnehmen, besteht die Möglichkeit, dass die Symptome der Panikattacke weniger intensiv ausfallen.

Panikattacken dauern nicht für immer

Dies wurde zwar bereits erwähnt, aber um es noch einmal zu verdeutlichen: Wenn Sie die Tatsache berücksichtigen, dass die Panikattacke nicht ewig dauern und irgendwann zu einem Halt kommen wird, können Sie die überwältigende Angst vor einer nicht mehr endenden Panikattacke besiegen. Auch wenn Panikattacken manchmal ziemlich überwältigend sind, dürfen Sie nicht vergessen, dass Sie nur eine kurze Phase konzentrierter Angst durchleben.

Körperliche Symptome

Es kann vorkommen, dass sich Ihre Symptome eher körperlich als psychisch bemerkbar machen. Vielleicht hatten Sie gerade Ihre erste Panikattacke und sind sich der Ursache nicht sicher. Es ist ratsam, Ihren Arzt aufzusuchen und sich untersuchen zu lassen, um herauszufinden, ob es körperliche Ursachen dafür gibt, dass Sie möglicherweise intensive Symptome haben, wie ein Engegefühl in der Brust oder übermäßiges Schwitzen und Herzklopfen.

Suchen Sie das Gespräch

Es kann auch hilfreich sein, sich mit Ihrem Arzt über die Wahl des richtigen Psychiaters oder Therapeuten auszutauschen, da er vielleicht andere psychiatrische Fachkräfte empfehlen kann, mit denen er eine Arbeitsbeziehung pflegt. So haben Sie ein Team, das einen einzigartigen und wirksamen Behandlungsplan für Sie ausarbeiten kann.

Kontrollieren Sie Ihren Atem

Es ist möglich, dass Ihre Panikattacke so intensiv ist, dass sie Ihnen den Atem raubt. Es kann sein, dass Sie Ihren Atem beschleunigen und dem Gefühl ausgesetzt sind, nicht mehr atmen zu können. Gelegentlich kann diese Art des Atmens auch dazu führen, dass sich Ihr Brustkorb eng anfühlt. Wenn dies geschieht, können Sie diesen Symptomen durch verschiedene Maßnahmen entgegenwirken.

Tiefes Einatmen und langsames Zählen bis vier während des Ein- und Ausatmens können eine große Hilfe sein. Wenn Sie stattdessen die schnelle Atmung beibehalten, kann dies Ihre Angst verstärken und zu extremer Anspannung in Ihrem Körper führen, was schließlich andere körperliche Symptome erzeugen kann, wie ein Engegefühl in oder eine Schwere auf der Brust. Daher ist es wichtig, sich auf die Kontrolle Ihrer Atmung zu konzentrieren.

Atmen Sie tief, als würden Sie einen Ballon füllen und zählen Sie langsam mit, während Sie Ihre Lungen ausdehnen. Diese Art der Atmung kann Ihnen helfen, sich auf etwas anderes als Ihre Panikattacke zu konzentrieren und hilft Ihnen bei der Bewältigung des Anfalles.

Die Konzentration auf die tiefe Atmung kann Sie zum innerlichen Glauben führen, dass Sie die Attacke überstehen werden. Darüber hinaus kann Ihnen tiefes Atmen helfen, die Situation besser zu kontrollieren und sich während einer Panikattacke wohler zu fühlen. Zudem ist es insbesondere sehr wirksam, die Aufmerksamkeit während einer Panikattacke auf etwas anderes zu lenken.

Medikamente

Wir werden verschiedene andere Techniken besprechen, die Ihnen während eines Anfalles helfen können. Dennoch sollten Sie die Einnahme von Medikamenten zur Unterdrückung der Attacken in Erwägung ziehen. Wenn Sie von einem Psychiater oder Ihrem Hausarzt behandelt werden, werden Ihnen möglicherweise Medikamente verschrieben, die Ihnen helfen, die Intensität einer Panikattacke zu überwinden. Die Einnahme dieser Medikamente kann regelmäßig morgens, abends oder während des Tages erfolgen. Darüber hinaus können Ihnen Medikamente zur Einnahme nach Bedarf (pro re nata bzw. PRN) verordnet werden.

Wenn Ihnen ein PRN-Medikament verschrieben wird, ist es wichtig, dass Sie es in ihrer Nähe haben, damit Sie es bei Bedarf einnehmen können. Ein PRN-Medikament kann die Dauer und die Intensität der Panikattacke erheblich verkürzen, wenn Sie es richtig dosieren.

Zu den PRN-Medikamenten, die Ihnen möglicherweise verschrieben werden, gehören Betablocker oder ein Benzodiazepin. Propranolol ist ein gängiger Betablocker, der verschrieben wird, um den rasenden Herzschlag zu verlangsamen und den Blutdruck zu senken.

Benzodiazepine, wie Valium, Xanax oder Klonopin, können ebenfalls helfen. Bei der Einnahme von Medikamenten dieser Art ist jedoch Vorsicht geboten, da sie ein hohes Abhängigkeitsrisiko mit sich tragen. Ihr Körper kann zudem eine Toleranz entwickeln, je mehr Sie von diesen Medikamenten einnehmen. Benzodiazepine sind jedoch nach wie vor sehr wirksam bei der Behandlung von Angst- und Panikattacken. Denken Sie daran, vorsichtig zu sein, wenn Sie diese Medikamente einnehmen und nehmen Sie sie nur dann ein, wenn sie von Ihrem Arzt verschrieben wurden.

Medikamente können Ihnen dabei helfen, Ihre Panikattacken zu kontrollieren, aber ebenso wichtig ist es, eine Umgebung zu wählen, in welcher sich keine Trigger befinden. Eine umfassendere Liste von Medikamenten zur Behandlung von Angstzuständen finden Sie in Kapitel sieben.

Reizüberflutung

In einer sich ständig verändernden, schnelllebigen Welt gibt es eine Menge Dinge, die unsere Sinne mit Reizen überfluten und überlasten können. Laute Musik ist etwas, mit dem jeder immer wieder konfrontiert wird, wenn er einen Abend in der Stadt verbringt oder in einem Restaurant zu Abend isst. Darüber hinaus gibt es Fälle, in denen man von Lichtern überflutet wird. Viele beliebte Bars und Lokale haben für ihre Gäste extrem große Fernsehbildschirme installiert. Diese Fernsehbildschirme zeigen alles, von Fußballspielen bis hin zu beliebten Fernsehsendungen oder speziellen Veranstaltungen. Einige Restaurants haben mehr als einen Bildschirm an der Wand.

Wenn Sie von so vielen Reizen überflutet werden, kann Ihr Gehirn negativ reagieren und es ist nicht ungewöhnlich, dass diese Reize Ihre Sinne überwältigen und eine Panikattacke auslösen. Achten Sie auf Schilder, die zur Warnung von Besuchern angebracht sind. Bei einigen Filmen ist sogar ein Hinweis an der Kinokasse angebracht, die dem Zuschauer mitteilt, dass viele überwältigende Stimuli (z. B. Blinklichter) im Film vorkommen.

Wenn Sie aufgrund von erdrückenden Reizen Panikattacken bekommen, ist es wichtig, dass Sie lernen, sich von grellem Licht und lauten Geräuschen fernzuhalten. Wenn sich solch eine Exposition nicht vermeiden lässt, versuchen Sie, sich aus dem zentralen Bereich des Stimulus zu entfernen. Sollte dies auch nicht möglich sein, suchen Sie eine Stelle im Raum auf, an der Ihre Exposition begrenzt ist und tun Sie Ihr Bestes, um sich auf Ihre Atmung oder eine andere Handlung zu konzentrieren, von der Sie glauben, dass sie Ihnen helfen wird, die Symptome Ihrer Panikattacke zu überwinden und/oder zu lindern.

Panikattacken und Trigger

Ein „Trigger" ist ein Auslöser, der das Eintreten eines Ereignisses oder einer Situation verursacht oder beeinflusst - in unserem Fall eine Panikattacke. Es ist nicht klar, was die konkreten Auslöser für eine Panikattacke sein können, da ihre Ursachen nicht vollends bekannt sind. Patienten haben jedoch berichtet, dass sie Panikattacken erlebt haben, nachdem sie bestimmten Dingen, wie hellem Licht, lauten Geräuschen, geschlossenen Räumen oder großen Menschenmassen, ausgesetzt waren. Wie können Sie sich also die Auslöser, die Ihre Panikattacken verursachen, vor Augen führen? Eine Methode, die sich bewährt hat, ist das Führen eines Tagebuches über die Ereignisse, die Ihren Panikattacken vorausgegangen sind.

Wenn Sie ein Tagebuch über Ihre Panikattacken führen, lassen sich Muster oder Hinweise herauskristallisieren, welche bestimmten Situationen Ihre Panikattacken auslösen. Bis Sie diese Situationen mit Ihrem Therapeuten durcharbeiten können, ist es ratsam, sich der Dinge bewusst zu werden, die ein Risiko darstellen. Gehen Sie jedoch nicht bis zum Äußersten, indem Sie nur zu Hause bleiben oder auf die Teilnahme an einer Veranstaltung verzichten, nur weil Sie möglicherweise einem Ihrer Auslöser ausgesetzt sein könnten. In der Therapie können Sie darauf hinarbeiten, sich gegenüber den Situationen, die auf Sie zukommen, zu desensibilisieren. Es ist wichtig, dass Sie Ihre Auslöser kennenlernen und aktiv darauf hinarbeiten, gesund mit ihnen umzugehen.

Sport setzt Endorphine frei

Eine weitere gesunde Weise, mit einer Angst- oder Panikattacke umzugehen, sind leichte Übungen oder Aktivitäten. Auch wenn es keine Möglichkeit gibt, sich auf eine Panikattacke vorzubereiten, ist Bewegung etwas, wodurch Sie sich besser fühlen werden.

Sport ist mehr, als nur Ihren Körper zu straffen und Kalorien zu verbrennen. Er hilft auch, Endorphine freizusetzen, die Ihre Stimmung verbessern und Ihren Körper entspannen. Selbst wenn Sie nur leichte Bewegungen, wie Gehen, durchführen, setzen Sie diese Endorphine in Ihrem System frei. Darüber hinaus kann Ihnen das Gehen helfen, mit einer stressigen Umgebung zurechtzukommen. Ein kurzer Spaziergang während einer stressigen Phase kann Ihnen helfen, Ihre Atmung zu regulieren und nervöse Spannungen, die sich durch Stress aufgebaut haben, abzubauen.

Ein Spaziergang während einer Panikattacke unterstützt Sie dabei, sich auf etwas anderes zu konzentrieren als auf das, was die Panik verursacht. Er kann Ihnen auch helfen, Ihren Kampf- bzw. Fluchtinstinkt zu lindern. Zusammenfassend lässt sich sagen, dass es viele Vorteile von leichten Betätigungen/Aktivitäten gibt, wenn Sie Panikattacken überwinden müssen.

Bewegung ist sehr wichtig für Ihr körperliches Wohlbefinden, aber Achtsamkeit kann auch dazu beitragen, die Auswirkungen einer intensiven Panikattacke zu verringern. Bei einer Panikattacke ist es wichtig, konzentriert zu bleiben, auch wenn Sie intensive körperliche Reaktionen verspüren. Achtsamkeit kann dazu beitragen, eine Panikattacke zu unterbinden.

Achtsamkeit

Achtsamkeit ist der Zustand, in welchem man sich dessen, was um einen herum geschieht, bewusst wird oder es sich vergegenwärtigt. Achtsamkeit wird Ihnen helfen, in der Gegenwart präsent zu sein. Sobald Sie dies erreicht haben, können Sie akzeptieren, dass Sie eine Panikattacke haben. Zudem kann Ihnen die Wahrnehmung Ihrer körperlichen Empfindungen, Gedanken und Gefühle bei Ihrer Genesung helfen.

Niemiec (2017) stellt fest, dass Achtsamkeit bewusst gesteuerte Aufmerksamkeit ist. Manchmal, wenn Sie eine Panikattacke haben, könnten Sie das Gefühl bekommen, von der Realität losgelöst zu sein. Es gibt jedoch Übungen, die Sie während einer Panikattacke ausführen können, um wieder zu sich selbst zurückzufinden.

1. Hören Sie sich vier verschiedene Klänge an und überlegen Sie sich, was sie alle voneinander unterscheidet.

2. Lenken Sie Ihre Aufmerksamkeit auf fünf verschiedene Dinge um Sie herum und achten Sie dabei darauf, inwiefern sich jedes einzelne von den anderen unterscheidet.

3. Wählen Sie drei Objekte aus und zählen Sie sich selbst die Unterschiede (z. B. in ihrer Beschaffenheit, Verwendung und Temperatur) auf.

4. Konzentrieren Sie sich auf ein oder zwei verschiedene Gerüche um Sie herum. Was sind das für Gerüche? Haben Sie diese schon einmal gerochen?

5. Probieren und schmecken Sie - etwa ein Bonbon, das Sie in Ihrer Tasche oder Geldbörse tragen.

Solche Übungen werden Ihre Aufmerksamkeit von der Panikattacke umlenken und Sie in die Gegenwart zurückführen. Das ist es, was Sie in diesem Augenblick brauchen.

Richten Sie Ihre Aufmerksamkeit auf einen Gegenstand

Achtsam zu sein ist eine gute Möglichkeit, in der Gegenwart zu verweilen und sich zu konzentrieren. Allerdings könnte es anfangs schwierig sein, ohne Weiteres einfach achtsam zu werden. Eine Sache, die Sie tun können, um sich in Achtsamkeit zu üben, ist, sich auf ein Objekt zu konzentrieren.

Diese einfache Aufgabe kann Ihnen wirklich helfen, wenn Sie eine Panikattacke haben. Wählen Sie ein Objekt in Ihrer Nähe aus und konzentrieren Sie sich vollständig darauf. Studieren Sie dieses Objekt und bestimmen Sie seine Eigenschaften, damit Sie sich besser konzentrieren können. Welche Farbe und Form hat der Gegenstand? Wie ist seine Beschaffenheit? Solche Fragen können Ihnen helfen, sich darauf zu fokussieren.

Sie können sogar etwas bei sich tragen, auf das Sie sich konzentrieren können, wenn Sie glauben, dass ein Auslöser oder eine Reizüberflutung stattfinden könnte. Ein geschliffener Stein oder Kristall kann leicht in Ihrer Tasche getragen werden und dient der Konzentration, wenn sich eine Panikattacke anbahnt. Dies könnte Sie aus dem Chaos herausholen, das während einer Panikattacke entsteht.

Wenn Sie eine Panikattacke haben, können sich Ihre Muskeln verkrampfen. Neben der Konzentration auf einen Gegenstand können Sie sich auch darauf konzentrieren, die Spannung in Ihren Muskeln zu lösen. Die *Progressive Muskelentspannung* ist eine hilfreiche Übung, die Sie inmitten einer Panikattacke ausprobieren sollten.

Muskelentspannung

Der Schlüssel zu dieser Übung besteht darin, Ihre Atmung zu verlangsamen und sich die Erlaubnis zur Entspannung zu geben. Wenn Sie entspannt sind, wird sich Ihre Atmung verlangsamen und Sie können beginnen, sich auf Ihre einzelnen Muskelgruppen zu konzentrieren und im Geiste loszulassen. Diese Übung, auch bekannt als *Progressive*

Muskelentspannung, besteht darin, sich auf jede einzelne Muskelgruppe in Ihrem Körper zu fokussieren und sich bildlich vorzustellen, wie sich die Muskeln entspannen.

Es gibt viele verschiedene Muskelgruppen, auf die Sie sich konzentrieren können, auch wenn dies bedeutet, dass Sie sich viele Gruppen merken müssen. Einige gute Ansatzpunkte sind die Konzentration auf Ihre Arme, dann auf den Kopf, den Nacken, die Schultern, die Brust, danach auf die Hüften und schließlich auf Ihre Beine und Füße. Spannen Sie diese Muskelgruppen nacheinander an und fühlen Sie diese Spannung fünf Sekunden lang, bevor Sie Ihre Muskeln loslassen und sich zehn Sekunden lang entspannen. Machen Sie dies mit Ihrem ganzen Körper. Die Progressive Muskelentspannung hat einen zweifachen Nutzen: Erstens gibt sie Ihnen etwas, womit Sie sich beschäftigen können, und zweitens können Sie die Muskeln lockern, die sich während Ihrer Panikattacke wahrscheinlich ziemlich verkrampfen.

Finden Sie Ihre Wohlfühlzone

Jeder hat einen Ort, an dem er sich glücklich und wohlfühlt. Vielleicht ist es eine Bank in einem schönen Park oder irgendwo am Strand. Jeder Mensch hat seine ganz eigene Wohlfühlzone.

Wenn Sie Mühe damit haben, sich auf etwas im Raum zu konzentrieren, schließen Sie Ihre Augen und reisen Sie gedanklich in Ihre Wohlfühlzone. Nehmen Sie sich einen Augenblick Zeit, um darüber nachzudenken, wie Sie sich an diesem Ort fühlen. Denken Sie an so viele Details, wie Ihnen einfallen und konzentrieren Sie sich komplett darauf.

Wenn Sie an eine ruhige Umgebung und an einen Ort denken, der Ihnen wahres Glück bringt, wird Ihre Panikattacke in Ihrer Ausbreitung behindert.

Legen Sie sich ein Mantra zurecht

Ein Mantra ist ein Wort, Satz oder Laut, das Ihnen helfen kann, sich zu konzentrieren (Crawford, 2018). Ich denke beispielsweise gerne an das

Wort „glücklich", wenn ich unter Stress stehe. Vielleicht haben Sie ein Wort oder eine Phrase, die Sie glücklich macht, wie z. B. „Zu Hause ist es am schönsten."

Indem Sie dieses Mantra wiederholen, wenden Sie sich von der Panikattacke ab und denken und tun etwas Positives für sich selbst. Ein anderer guter Satz, den Sie während einer Panikattacke verwenden können, lautet: „Auch das wird vorübergehen." Dieses spezielle Mantra lenkt nicht nur von Ihrer Panikattacke ab, sondern gibt Ihnen auch die Zuversicht, dass das, was Sie durchmachen, irgendwann zu Ende geht und dass es nicht ewig dauern wird.

Wenn Sie Ihr Mantra gefunden haben, probieren Sie es aus und sehen Sie, wie es Ihnen hilft, Ihre Atmung zu regulieren und Ihre Muskeln zu entspannen. Dies ist eine hilfreiche Maßnahme, um Ihre Panikattacken zu stoppen, denn sie hilft nicht nur bei der Entspannung. Ein gutes Mantra kann Sie auch beruhigen und Ihnen helfen, die Angst zu überwinden.

Während des Anfalles um Hilfe bitten

Wenn Sie von einer Panikattacke betroffen sind, kann es hilfreich sein, Unterstützung zu erhalten. Vielleicht haben Sie einen Ehepartner oder einen Freund, dem Sie von diesen Panikattacken erzählen können. Suchen Sie sich eine wichtige Person in Ihrem Leben aus, die Ihnen während einer Panikattacke zur Seite steht.

Diese Person kann die Aufgabe eines Trainers übernehmen, der Ihnen durch eine schwierige Situation hilft, indem er Sie während einer schweren Zeit an die erlernten Techniken erinnert. Sie können diese Person beispielsweise darum bitten, Sie daran zu erinnern, sich zu konzentrieren. Alternativ können Sie diese Person mit Muskelentspannungstechniken vertraut machen und sie kann Ihnen dabei helfen, diese Routine umzusetzen.

Wenn Sie eine Panikattacke an einem öffentlichen Ort haben, dürfen Sie die Menschen um Sie herum immer auf Ihre Not aufmerksam machen. Bitten Sie - nach besten Kräften - eine Person, die sich in Ihrer

Nähe befindet, Sie an einen abgelegenen Ort zu bringen, an welchem Sie sich dem Beenden Ihrer Panikattacke widmen können. Ob in der Öffentlichkeit oder privat, es ist gut, etwas Hilfe zu haben, während man eine Panikattacke durchmacht.

Panikattacken können sich wie ein massiver Übergriff anfühlen. Sie können beängstigend sein und Ihnen das Gefühl geben, dass die Welt um Sie herum zusammenbricht. Deshalb ist es wichtig, zu lernen, wie Sie Ihre Panikattacken stoppen können. Sie können eines oder mehrere der in diesem Kapitel aufgeführten Dinge umsetzen, was Ihnen beim Stoppen Ihrer Panikattacke behilflich sein wird. Insbesondere ist es wichtig, dass Sie sich versichern, auf eine anfangs vermeintlich unkontrollierbare Situation einen gewissen Einfluss zu haben. Prägen Sie sich diese Strategien zum Stoppen Ihrer Panikattacken ein, damit Sie, wenn Sie eine Panikattacke haben, vorbereitet sind.

Zusammenfassung des Kapitels

In diesem Kapitel haben Sie gelernt, wie man Panikattacken aufhalten kann. Neben der Anwendung der Schritte des AWARE-Systems ist es wichtig, Dinge zu tun, die Ihnen helfen, die Panikattacke zu überwinden. In der folgenden Liste sind die in diesem Kapitel skizzierten Strategien noch einmal zusammengefasst, die Sie anwenden können, um eine Panikattacke zu beenden:

- Tiefes Atmen bzw. Bauch- oder Zwerchfellatmung
- Nehmen Sie (falls vom Arzt verschrieben) Ihre Medikamente regelmäßig ein.
- Schränken Sie die Reize ein, welchen Sie ausgesetzt sind.
- Versuchen Sie, Ihre Auslöser zu erkennen.
- Führen Sie leichte, rhythmische Übungen durch.
- Trainieren Sie Ihre Achtsamkeit.
- Konzentrieren Sie sich auf etwas.
- Führen Sie Muskelentspannungsübungen durch.
- Versetzen Sie sich gedanklich in Ihre Wohlfühlzone.
- Wiederholen Sie Ihr Mantra.

- Bitten Sie die Menschen, denen Sie vertrauen, um Hilfe.

Wenn Sie diese Schritte ausführen und Ihre Panikattacken akzeptieren und erkennen, können Sie erfolgreich verhindern, dass Ihr Leben von Ihren Panikattacken bestimmt wird. Im nächsten Kapitel erfahren Sie mehr über einige wirksame Entspannungstechniken.

KAPITEL 6:

Wirksame Entspannungstechniken

Mit diesem Buch lernen Sie neue Techniken kennen, die Ihnen bei einer Panikattacke helfen können. Einige der vorgestellten Ansätze werden vielleicht wiederholt, aber nicht deswegen, weil es etwa an der Anzahl möglicher Techniken mangeln würde - vielmehr ist es so, dass einige Techniken vielfach erwähnenswert sind.

Techniken, die Ihnen durch Ihre Panikattacke helfen, können einfacher Natur sein (wie Zählen) oder eine komplexere Struktur haben, wie z. B. Achtsamkeit. Prägen Sie sich so viele Techniken wie möglich ein und scheuen Sie sich nicht, einige selbst entworfene Techniken hinzuzufügen.

Es ist sehr wichtig, eine Routine zu entwickeln. Um diese Strategien erfolgreich anzuwenden, sollten Sie daran arbeiten, sie zu praktizieren, während Sie keine Panikattacke haben. Probieren Sie eine nach der anderen aus und gehen Sie, sobald Sie eine Technik beherrschen, zur nächsten über, sodass Sie am Schluss ein Repertoire an Techniken haben, von welchen Sie bei einer Panikattacke Gebrauch machen können.

Bewusste Entspannung kann einen Einfluss haben

Wenn Sie eine Panikattacke haben, verkrampft sich Ihr ganzer Körper. Die Angst während einer Panikattacke bereitet Ihren Körper auf eine Art von Gefahr vor. Adrenalin wird freigesetzt und Ihre Muskeln verspannen sich. Der Versuch, sich zu entspannen, ist daher von *entscheidender* Bedeutung.

Obwohl Sie nicht vorhersehen können, wann eine Panikattacke eintreten wird, können Sie sich durch das Erlernen verschiedener Techniken für den Ernstfall vorbereiten. Die Entspannung während einer Panikattacke ist sehr wichtig. Denn wenn Sie sich verspannen und ängstlich werden, richten Sie mehr Schaden als Nutzen an. Tatsächlich wird eine Panikattacke umso intensiver sein, je höher der Grad der Anspannung in Ihrem Körper ist.

Wenn Sie jedoch einige Entspannungstechniken erlernen, können Sie die Intensität vermindern und Ihre Reaktion auf die Panikattacke vermutlich dämpfen. Diese Entspannungstechniken funktionieren, weil sie die Stressreaktionen Ihres Körpers, wie etwa eine erhöhte Herzfrequenz, eine schnelle Atmung und angespannte Muskeln, beeinflussen.

Wenn Sie sich die Zeit nehmen, einige Entspannungstechniken zu üben, sind Sie gut vorbereitet, wenn eine Panikattacke beginnt.

Atemübungen

Wenn Sie eine Panikattacke erleben, wird die Atmung zu einem Problem: Entweder atmen Sie zu flach oder die Atmung ist extrem beschleunigt. Dementsprechend können Methoden zur Entspannung des Atems einen großen Einfluss auf die intensiven körperlichen Reaktionen haben, die Sie während einer Panikattacke durchlaufen.

Folgen Sie diesen Schritten, um Ihren Atem zu kontrollieren, wenn Sie sich nervös oder ängstlich fühlen:

- Bitten Sie jemanden, einen ruhigen und angenehmen Ort zu finden, an welchem Sie sich während der Panikattacke hinsetzen können.
- Sobald Sie es sich an diesem Ort bequem gemacht haben, legen Sie eine Hand auf Ihren Bauch, die andere auf Ihre Brust. Nun atmen Sie tief ein und aus. Ergänzend können Sie sich beim Einatmen vorstellen, wie sich Ihr Bauchraum, ähnlich wie ein Ballon, mit Luft füllt.
- Atmen Sie langsam und regelmäßig durch die Nase ein. Beobachten und spüren Sie Ihre Hände beim Einatmen. Die Hand auf Ihrer Brust sollte ruhig bleiben, während sich die Hand auf Ihrem Bauch leicht bewegt.
- Atmen Sie langsam durch Ihren Mund aus.

- Wiederholen Sie diesen Vorgang mindestens zehn Mal oder zumindest, bis sich ihre Angst etwas beruhigt hat.

Eine andere Atemtechnik besteht darin, sich mit dem Daumen und dem Mittelfinger die Nasenlöcher zuzuhalten. Heben Sie den Mittelfinger an und atmen Sie ein. Beobachten Sie dabei, wie sich die auf Ihrem Bauch platzierte Hand bewegt. Halten Sie den Atem an und verschließen Sie mit dem Mittelfinger das Nasenloch wieder. Jetzt ist der Daumen mit der Anhebung dran. Atmen Sie die eingeatmete Luft durch das offene Nasenloch aus. Wenn Sie damit fertig sind, beginnen Sie den Prozess erneut. Wiederholen Sie diese Übung, bis Sie sich besser fühlen. Diese Art der Atmung findet große Beliebtheit in der Yoga-Meditation.

Versetzen Sie sich gedanklich in Ihre Wohlfühlzone

Im letzten Kapitel haben wir uns detailliert damit befasst, die eigene Wohlfühlzone zu finden und sich während einer Panikattacke gedanklich auf diesen Ort zu fokussieren. Diese Technik ist so erfolgreich, weil sie nicht nur Ihrem Körper, sondern auch Ihrem Geist zur Entspannung verhilft. Der Ort, an welchen Sie denken, kann echt sein oder Ihrer Fantasie entspringen. Es sollte aber ein Ort sein, der Sie glücklich macht und zu Ihrer Entspannung beiträgt. Machen Sie es sich nicht zu kompliziert, die gedankliche Verbildlichung soll nicht noch mehr Angst in Ihnen auslösen.

Wenn Sie eine Panikattacke haben, ist es wichtig, dass Sie Ihr subjektives Zeitempfinden verlangsamen. Versuchen Sie, die Details aufzurufen, die Ihre Konzentration erfordern, wenn Sie an Ihre Wohlfühlzone denken. Das Nachdenken über den Geruch, das Gefühl und die Klänge dieses Ortes ist ein simpler Weg, sich neu zu konzentrieren. Sie müssen sich nicht unbedingt an die kleinsten Details Ihrer Wohlfühlzone erinnern, wie etwa die genaue Anzahl der Treppen vom Strand bis zum Innenhof oder den Farbverlauf der Wände. Halten Sie es einfach und praktikabel.

Wenn Sie an die Details Ihrer Wohlfühlzone denken, konzentrieren Sie sich darauf, gedanklich dorthin zu reisen. Atmen Sie langsam durch Nase und Mund ein und konzentrieren Sie sich auf Ihre Atmung wie auch auf die Details Ihrer Wohlfühlzone. Fahren Sie damit fort, bis die Panikattacke zu schwinden beginnt.

Die Macht der Gedanken

Wenn Sie sich mitten in einer Panikattacke befinden, könnten schnell negative oder ängstliche Gedanken aufkommen. Manchmal lässt die große Intensität einer Panikattacke die Betroffenen glauben, dass sie sterben werden. Ihre Gedanken können in eine Abwärtsspirale geraten, um sich die schlechtesten Ergebnisse vorzustellen. Deshalb ist es wichtig, diese ängstlichen Gedanken zu unterbinden und zu verhindern, dass sie die Situation dominieren und den durch die Panikattacke verursachten Leidensdruck erhöhen.

Zunächst sollten Sie sich in Erinnerung rufen, dass es nur Ihre Gedanken sind, die Sie ängstlich machen. Dann müssen Sie diese negativen Gedanken unterbinden und mehr positives Denken in Ihren Kopf bringen, sodass Sie die Negativität stoppen oder unterbrechen können. Zu den Techniken, die Sie ausprobieren können, gehören die folgenden:

- Denken Sie an einen geliebten Menschen und jene Eigenschaften, die Sie an ihm schätzen.
- Denken Sie an etwas in der Zukunft, worauf Sie sich freuen. Das kann z. B. ein Kinobesuch oder ein Essen in einem hervorragenden Restaurant sein.
- Tragen Sie Ihr Lieblingsbuch bei sich. Wenn sich eine Panikattacke anbahnt, können Sie es zur Hand nehmen und darin lesen.
- Schalten Sie das Radio ein oder spielen Sie aufmunternde Musik auf Ihrem Smartphone ab.
- Falls Sie vor der Panikattacke mit etwas Wichtigem beschäftigt waren, versuchen Sie, sich wieder vollständig dieser Sache zu widmen.

Verwenden Sie diese Techniken, um Ihre Gedanken zu unterbrechen, die Ihre Panikattacke verschlimmern. Es ist wichtig, dass Sie Ihre Aufmerksamkeit von der Angst auf etwas Positives umleiten, das Sie von der Intensität der Panikattacke ablenken kann.

Aufmerksam in der Gegenwart leben

Wie im letzten Kapitel besprochen, kann es sehr lohnend sein, sich in Achtsamkeit zu üben. Üben Sie, achtsam zu sein, bevor Sie eine Panikattacke haben, sodass Achtsamkeit zur Selbstverständlichkeit für Sie wird. Um Achtsamkeit zu üben, können Sie die folgenden Dinge tun (Legg, 2018):

- Reisen Sie gedanklich an einen ruhigen und angenehmen Ort. Setzen Sie sich und schließen Sie die Augen.
- Konzentrieren Sie sich auf Ihre Atmung und auf Ihre Körperempfindung.
- Verschieben Sie Ihren Fokus von Ihrer Atmung und Ihrem Körper und achten Sie auf Ihre Umgebung. Richten Sie Ihre Aufmerksamkeit auf das, was Sie hören, fühlen und riechen. Stellen Sie sich die folgende Frage: „Was passiert um mich herum?"
- Bleiben Sie aufmerksam und wechseln Sie hin und her zwischen der Konzentration auf Atmung und Körper und der Wahrnehmung Ihrer Umgebung, bis die Angst zu schwinden beginnt.

Achtsamkeit ist der beste Weg, um in die Gegenwart zurückzufinden. Sie ist auch ein sehr wichtiges Instrument, das bei einer Panikattacke eingesetzt werden kann. Bei der Achtsamkeit geht es darum, einen ruhigen Zustand zu erreichen und die negativen Gedanken, die während einer Panikattacke auftreten, auszuschalten. Wenn Sie achtsam sind, leben Sie in der Gegenwart, welche auch keine Vergangenheit oder Zukunft kennt, über die Sie sich Sorgen machen müssten - nur die Gegenwart zählt.

Spannungen abbauen

Im letzten Kapitel haben wir dargelegt, wie wichtig es ist, dass Sie Ihre Muskeln entspannen. Die *Progressive Muskelentspannung* ist eine gute

Möglichkeit, Spannungen zu lösen. Es gibt jedoch auch eine andere Vorgehensweise, die Sie während einer Panikattacke ausprobieren können:

1. Suchen Sie sich einen gemütlichen Ort. Schließen Sie die Augen und fokussieren Sie sich auf Ihre Atmung. Atmen Sie langsam durch die Nase ein, anschließend atmen Sie durch Ihren Mund aus.

2. Ballen Sie Ihre Hand zu einer Faust und drücken Sie sie so fest wie möglich zusammen.

3. Verweilen Sie einige Sekunden in dieser Position und denken Sie an die Spannung in Ihrer Hand.

4. Lockern Sie die Faust wieder und denken Sie an die Spannung, die Ihrer Hand entweicht. Achten Sie darauf, wie Ihre Hand nach und nach leichter wird, während Sie sich entspannen.

5. Versuchen Sie diese Technik mit anderen Körperteilen, wie den Beinen, den Schultern und den Füßen.

Sollten Sie irgendwo eine Verletzung haben, ist es ratsam, die Muskelentspannung nicht an dieser Stelle durchzuführen. Der Vorteil dieses Ansatzes ist, dass Sie selbst entscheiden können, wie weit Sie gehen wollen. Wenn Sie Schwierigkeiten haben, sich zu konzentrieren, versuchen Sie, so viele Einheiten wie möglich durchzuführen. Wiederholen Sie die gleichen Bereiche, wenn nötig. Das Wichtigste ist, dass Sie Ihren Fokus von der Panikattacke weg verlagern und eine gewisse Entspannung finden.

Eine simple Technik

Eines der einfachsten Dinge, die Sie tun können, wenn Sie eine Panikattacke haben, ist das Zählen. Wenn die Panikattacke beginnt, begeben Sie sich an einen ruhigen und sicheren Ort. Sollten Sie sich beim Autofahren oder in einer Menschenmenge befinden, begeben Sie sich an den Straßenrand oder an einen sicheren Ort, an dem Sie sich setzen können. Sobald Sie sich an diesem sicheren Ort befinden, schließen Sie Ihre Augen und beginnen Sie, bis zehn zu zählen. Es kann schwierig sein, sich während einer Panikattacke darauf zu konzentrieren, aber haben Sie Geduld mit sich selbst und versuchen Sie weiterzumachen. Wenn Sie bei zehn angelangt sind, versuchen Sie, bis 20 zu zählen. Machen Sie so lange weiter, bis Ihre Angst verschwindet.

Wenn Sie Ihre Augen nicht schließen können, können Sie dennoch zählen. Machen Sie einfach weiter und zählen Sie so weit Sie können oder zählen Sie immer wieder bis zur gleichen Zahl. Vergessen Sie beim Zählen nicht, auf Ihre Atmung zu achten.

Weitere mögliche Techniken

Behalten Sie Ihr Stresslevel im Blick

Die in diesem Kapitel behandelten Techniken können auch dann angewendet werden, wenn Sie keine Panikattacke haben. Es gibt oft Zeiten, in denen wir uns regelrecht gestresst fühlen. Wenn Sie mit einer dieser Techniken solch einer Belastung begegnen, können Sie vielleicht Ihr generelles Stressniveau senken und so vermeiden, dass ein zu hohes Stressniveau eine Panikattacke auslöst.

Vermeiden Sie die Trigger, die Ihnen bekannt sind

Mit der Zeit können Sie Muster ausmachen, die vor Ihrer Panikattacke eintreten. Falls Sie sich in einer Therapie befinden, besprechen Sie diese Muster. Andernfalls sollten Sie sich auf Ihr Panik-Tagebuch verlassen, um Schlussfolgerungen darüber zu ziehen, was Ihre Attacken auslösen kann.

Es ist ein schmaler Grat zwischen dem Vermeiden von Auslösern und dem Rückzug aus Ihrer gewohnten Routine. Seien Sie behutsam, auf welche Weise Sie sich aus den prekären Situationen zurückziehen wollen. Manchmal reicht schon die Wahl eines vernünftigen Sitzplatzes bei einem Konzert. Dieser sollte idealerweise abseits von hellen Lichtern und Menschenmassen liegen. Auf dem Balkon zu sitzen, wenn es die Umstände erlauben, kann Sie von Ihren Auslösern fernhalten, ohne dass Sie auf das Konzert verzichten müssen.

Legen Sie sich einen Plan zurecht

Suchen Sie sich einen Freund oder ein Familienmitglied aus, das Ihnen bei einer Panikattacke zur Seite steht. Erstellen Sie einen Plan, der speziell auf sie zugeschnitten ist, wenn Sie eine Panikattacke haben. Sie können sich beispielsweise an einen ruhigen und sicheren Ort bringen lassen. Ergänzend können Sie dieser Person eine Atemtechnik zur Verringerung der Intensität der Attacke erklären. Besprechen Sie in jedem Fall, ob und unter welchen Umständen diese Person den Gang zur Notaufnahme erwägen sollte. Insgesamt ist es wichtig, einen Plan zu haben, den Sie mit einer Person Ihres Vertrauens teilen können.

Soziale Unterstützung

Jeder erfährt Stresssituationen. Scheuen Sie sich nicht, den Menschen in Ihrem Umfeld zu erklären, dass Sie unter Panikattacken leiden. Sie wären überrascht, wenn Sie wüssten, wie viele Menschen Ihre Situation verstehen. Je mehr Unterstützung Sie um sich herum haben, desto größer ist die Chance, dass jemand da ist, der Ihnen während einer Panikattacke zur Seite steht.

Seien Sie proaktiv

Auch wenn Panikattacken dann auftreten, wenn Sie am wenigsten damit rechnen, können Sie proaktiv handeln und die in diesem Kapitel vorgestellten Techniken üben. Es mag schwierig sein, eine Panikattacke zu bewältigen, aber diese Techniken können Ihnen den Umgang mit der Situation erleichtern.

Wenn Ihnen eine Technik einfällt, die hier nicht erwähnt wurde, sollten Sie sie unbedingt ausprobieren. Es gibt zahlreiche weitere Strategien, die Ihnen als Stütze dienen können, so z. B. Akupressur oder das Hören von Naturgeräuschen. Betrachten Sie dieses Kapitel als eine Kostprobe von den Ressourcen, die Ihnen zur Verfügung stehen.

Jede Panikattacke ist einzigartig. Vielleicht müssen Sie erst verschiedene Techniken ausprobieren, bis Sie die richtige finden. Gehen Sie diese Techniken mit Ihrem Therapeuten durch und üben Sie sie nach Möglichkeit. Lassen Sie nicht zu, dass Sie sich durch eine Panikattacke von

Freunden und Verwandten entfernen, die Ihnen ggf. helfen können. Bitten Sie stattdessen, wenn möglich, um Hilfe.

Zusammenfassung des Kapitels

In diesem Kapitel haben Sie sich mit wirkungsvollen Entspannungstechniken vertraut gemacht. Es ist wichtig, den Stress Ihres Körpers entsprechend ernst zu nehmen. Sie können Ihre Herzfrequenz senken, die schnelle Atmung stoppen und Ihre Muskeln entspannen, indem Sie von den präsentierten Techniken Gebrauch machen.

- Achten Sie während einer Panikattacke auf Ihre Atmung.
- Reisen Sie gedanklich an Ihren Wohlfühlort.
- Unterbrechen Sie den Teufelskreis negativer Gedanken.
- Seien Sie achtsam.

Im nächsten Kapitel werden Sie lernen, wie sich Panikattacken verhindern lassen.

KAPITEL 7:

Wie sich Panikattacken verhindern lassen

Trotz des aktuellen Forschungsstandes sind wir immer noch nicht sicher, warum es zu Panikattacken kommt. Ist es eine Sache des Gehirnes? Hat es mit Stress zu tun? Hat es mit einem Trauma zu tun? Es ist schwierig, Antworten auf diese Fragen zu erhalten, weil Fachärzte den Ursprung von Panikattacken noch nicht gefunden haben. Nur weil wir die Ursache von Panikattacken nicht kennen, heißt dies jedoch nicht, dass wir keine Strategien ausprobieren sollten, die dazu beitragen, die Wahrscheinlichkeit auf eine Panikattacke zu verringern. In diesem Kapitel werden wir uns mit präventiven Maßnahmen befassen, die Sie selbst anwenden können.

Bezwingen Sie den Stress

Zunächst müssen Sie um sich selbst sorgen, um eine Panikattacke zu verhindern. Ob erholsamer Schlaf oder eine ausgewogene Ernährung - es ist wichtig, dass Sie alles tun, um gesund und stark zu bleiben.

Es wird angenommen, dass Stress einer der Faktoren ist, die eine Panikattacke begünstigt. Selbst wenn es zu einer Panikattacke kommt, können Sie die Intensität der Panikattacke durch den richtigen Umgang mit Stress dadurch abschwächen, dass Sie zunächst gelassen sind.

Um den Stressfaktor zu beseitigen, sollten Sie an den Stressoren arbeiten, die Sie in Ihrem Leben haben. Zerlegen Sie sie in kleinere Portionen, die Sie nicht gleich überwältigen. Schlafen Sie ausreichend und ruhen Sie sich aus, damit Sie mit der Bewältigung von Druck zurechtkommen.

Gewöhnen Sie sich Meditationspraktiken oder Entspannungstechniken an. Diese Techniken können Ihnen an stressigen Tag helfen. Auch das Führen eines Tagebuches über Ihre Herausforderungen kann Ihnen helfen, wenn Sie unter Stress stehen. Wenn Sie über Ihre Stressoren schreiben, können Sie einen besseren Plan für den Umgang mit ihnen ausarbeiten.

Strategien zum Abbau von Stress

Regelmäßige Bewegung kann Ihnen helfen, Stress abzubauen. Selbst wenn es nur 15 bis 20 Minuten pro Tag sind, kann Sie jede Art von körperlicher Aktivität dabei unterstützen, einen Teil des sich manifestierenden Stresses abzubauen.

Wie bereits im vorherigen Abschnitt erwähnt, sollten Sie genug Schlaf bekommen, um für die Bewältigung von Stress gestärkt zu sein. Wenn Sie lange aufbleiben und früh aufwachen, werden Sie einen Schlafmangel verspüren, der Ihre Fähigkeit beeinträchtigt, mit Herausforderungen umzugehen. Schlaf ist äußerst wichtig für Ihr Wohlbefinden. Wenn Sie Schwierigkeiten haben, eine gute Nachtruhe zu bekommen, wird es nicht schaden, einen Termin mit Ihrem Hausarzt zu vereinbaren, um über Ihre Schlaflosigkeit zu sprechen.

Ausgeruht und gelassen auf Ihre Herausforderungen zu reagieren, wird Ihnen helfen, schwerwiegende Panikattacken zu verhindern.

Eine ausgewogene Ernährung tut gut

Bei der Prävention von Panikattacken sollten Sie auch Ihre Ernährung berücksichtigen. Die Lebensmittel, die Sie essen, sind wichtig. Eine Ernährung, die reich an Vollkorngetreide, Gemüse und Obst ist, kann Ihnen helfen, sich satt und gut versorgt zu fühlen. Verarbeitete Lebensmittel werden Ihren Appetit nicht lange stillen und eine Ernährung, die hauptsächlich aus Kohlenhydraten besteht, wird auch nicht viel zu Ihrem Wohlbefinden beitragen. Die Schwierigkeit ist, dass Ihr Blutzuckerspiegel ein Tief erleidet, wodurch Sie sich schwach fühlen. Zudem sollten Sie darauf achten, drei feste Mahlzeiten pro Tag sowie Snacks zu sich zu nehmen. Ihr Körper muss regelmäßig versorgt werden. Wenn Sie sich zittrig oder ausgehungert fühlen, sind Sie möglicherweise anfälliger für Panikattacken. Die Etablierung einer gesunden und nahrhaften Ernährungsroutine kann dazu beitragen, dass Sie sich besser fühlen.

Sie sollten auch genügend Wasser trinken, um hydriert zu bleiben und auf Koffein nur begrenzt oder gar nicht zurückgreifen. Ihr Körper muss mit genügend Flüssigkeit versorgt werden, um einwandfrei zu funktionieren. Auch übermäßiger Alkoholkonsum ist eine weitere Sache, der die Sie im Rahmen einer guten Ernährung Beachtung schenken sollten. Alkohol kann Ihren Blutdruck ansteigen lassen und Ihrem Körper erheblichen Schaden zufügen.

Studie von Harvard über die Verhinderung von Panikattacken durch eine ausgewogene Ernährung

Ein jüngst im *Harvard Health Blog* veröffentlichter Artikel von Naidoo (2019) über Ernährungsstrategien und Angstzustände attestiert, dass Forscher bei Versuchen an Mäusen feststellen konnten, dass eine magnesiumarme Ernährung Angstzustände tendenziell verstärkte. Umgekehrt kann eine Ernährung mit hohem Magnesiumgehalt die Ruhe fördern. Dazu gehören Blattgrün (wie Spinat), Nüsse, Mangold, Vollkorngetreide und Hülsenfrüchte.

Nachfolgend finden Sie einige Lebensmittel, die sich in der Prävention von Angstzuständen als wirksam erwiesen haben:

- Lebensmittel, die reich an Zink sind, wurden mit einer Verringerung von Angstzuständen in Verbindung gebracht: Austern, Eigelb, Rindfleisch, Cashewnüsse und Leber.
- Eine Studie aus dem Jahr 2011 belegt, dass Omega-3-Fettsäuren helfen können, Angstzustände zu reduzieren: Fetthaltiger Fisch, wie z. B. Alaska- Lachs.
- Die chinesische Regierung hat den Einsatz von Spargelextrakt aufgrund seiner angstlösenden Eigenschaften genehmigt. Diese Genehmigung erfolgte nach einer von Hilmire u. a. durchgeführten Forschungsstudie (2015; Naidoo, 2016).

- Nahrungsmittel mit einem hohen Vitamin-B-Gehalt, so etwa Mandeln oder Avocado, haben einen positiven Einfluss auf Angstzustände.

Es wird angenommen, dass ein ausgeglichener Gehalt an Antioxidantien dazu beiträgt, Angstzustände zu bekämpfen. Eine im Jahr 2010 von Carlsen u. a. durchgeführte Studie hat diese Erkenntnis bestätigt. Lebensmittel, die einen hohen Gehalt an Antioxidantien aufweisen, sind:

Bohnen: Pintobohnen, schwarze Bohnen und rote Kidneybohnen

Früchte: Äpfel, Pflaumen und Süßkirschen

Beeren: Brombeeren, Heidelbeeren, Preiselbeeren, Erdbeeren, Himbeeren

Gemüse: Brokkoli, Spinat, Grünkohl und Artischocken

Nüsse: Pekannüsse, Walnüsse

Gewürze: Ingwer, Kurkuma

Aufgrund all der Daten, die dafür sprechen, dass bestimmte Lebensmittel helfen können, Angstzustände einzudämmen, ist es sinnvoll, auf eine gute Ernährung zu achten, um Panikattacken vorzubeugen.

Die Intensität von Panikattacken mildern

Gibt es eine Möglichkeit, Ihre Panikattacken weniger intensiv zu gestalten? Wie bereits erwähnt, sind die Gefühle, einen Herzinfarkt oder den Tod zu erleiden, einige mögliche Reaktionen, die Sie auf eine intensive Panikattacke haben könnten. Die gute Nachricht ist, dass es Dinge gibt, mit denen Sie Ihren Panikattacken entgegenwirken können.

Panikattacken können sehr schnell auftreten und es mag den Anschein haben, als würden die Symptome nur noch schlimmer werden. In Wahrheit aber haben Ihre Panikattacken ebenso einen Anfang wie auch ein Ende. Das Schlimmste, das Sie tun können, ist, sich von der Intensität Ihrer Symptome einholen zu lassen. Ja, es ist natürlich, während einer Episode überfordert und verängstigt zu sein, aber wenn Sie sich auf andere Dinge als Ihre Panikattacke konzentrieren können, wird das Ganze einfacher für Sie werden.

Darüber hinaus kann es auch ratsam sein, sich der Panikattacke hinzugeben und ihr einfach ihren Lauf zu lassen, während man sich vor Augen hält, dass sie nicht ewig dauern wird. Versuchen Sie auch, sich davon zu überzeugen, dass die Symptome nur ein Teil Ihrer Panikattacke sind und keine medizinische Erkrankung (dies jedoch bitte erst, nachdem Ihr Arzt bestätigt hat, dass Sie keinerlei medizinische Probleme haben).

Nehmen Sie sich nach Ihrer Panikattacke die Zeit, mehr über Panikattacken im Allgemeinen zu erfahren, anstatt sich über deren Intensität Gedanken zu machen. So können Sie Ihre Angst vor dem Unbekannten beseitigen.

Panikattacken und Atmung

Kurzatmigkeit und Hyperventilation gehören zu den häufigsten Symptomen einer Panikattacke. Diesen können Sie durch die Anwendung verschiedener Atmungstechniken während der Attacke entgegenwirken. Lernen Sie, wie Sie Ihre Atmung verlangsamen können. Ein tiefer Atemzug, während Sie bis zehn zählen, ist eine gute Methode, Ihre Kurzatmigkeit zu bekämpfen. Falls Sie mehr als zehn Sekunden brauchen, zählen Sie weiter. Durch bewusstes Einatmen können Sie sich selbst dazu bringen, sich zu beruhigen und die Intensität Ihrer Panikattacke zu verringern.

Wie in einem vorherigen Kapitel angesprochen, ist es effektiv, Ihre Hand auf den Bauch zu legen, sodass Sie fühlen können, wie sich Ihr Bauch beim Einatmen hebt und beim Ausatmen senkt. Sich auf etwas anderes als die Kurzatmigkeit zu konzentrieren, kann bei einer Panikattacke wirklich helfen.

Die Intensität von Panikattacken verkürzen

Zu Beginn einer Panikattacke können Sie Angst und Beklemmung empfinden. Sie können jedoch daran arbeiten, sich nicht überfordert zu fühlen. Eine großartige Taktik zur Linderung einer intensiven

Panikattacke kann darin bestehen, den Fokus von der Panikattacke auf etwas oder jemanden zu verlagern.

Eine weitere Sache, die Sie tun könnten, ist, eine vertraute Person anzurufen, die Ihnen während der Episode helfen kann. Sie können auch versuchen, bis 100 zu zählen oder jegliche geistige Aktivität ausführen, die Sie auf andere Gedanken bringt.

Teilen Sie sich Ihre Zeit ein

Teilen Sie zu erledigende Aufgaben in überschaubare Teile auf und setzen Sie sich Fristen, um diese zu bearbeiten. Verpflichten Sie sich nicht zu mehr Arbeit, als Sie bewältigen können. Es ist auch gut, Ihr Privatleben so zu gestalten, dass Sie einen strukturierten Zeitplan mit Auszeiten und Entspannungsphasen haben. Versuchen Sie, in Ihrem Privatleben Kollegen und Mitmenschen Grenzen zu setzen, denn es ist wichtig, dass Sie so oft wie möglich Ruhephasen haben.

Wenn Sie mit Ihrer Arbeit und Ihrem Privatleben überfordert sind, sind Sie anfällig für einen Zusammenbruch und möglicherweise einer schweren Panikattacke.

Was Sie nicht tun sollten

Irgendein negatives Selbstgespräch, in welchem Sie sich selbst einreden, dass Sie sterben werden oder dass Ihnen etwas Schreckliches zustoßen wird, wollen Sie ganz bestimmt vermeiden. Versuchen Sie, sich an positive Aussagen zu erinnern, die Ihre negativen Gedanken ersetzen können, wie z. B. diese: „Auch wenn ich Angst habe, akzeptiere ich mich selbst", „Ich werde das durchstehen", oder „Ich bin stark."

Selbstfürsorge ist wichtig

Auch wenn Ihre Symptome extrem sind, gibt es Dinge, die Sie für sich selbst tun können. Es ist sehr wichtig, dass Sie sich um sich selbst kümmern. Dies kann eine Änderung Ihrer Lebensweise beinhalten, welche Ihnen helfen wird, Ihre Angst- und Stressgefühle zu reduzieren.

Um es nochmals zu erwähnen: Jetzt ist die Zeit, Entspannungstechniken zu erlernen, zu meditieren oder zu versuchen, Yoga zu praktizieren. Nehmen Sie diese Techniken in Ihr tägliches Leben auf, damit sie beginnen können, Erfolge zu erzielen.

Bewegung kann auch dazu beitragen, Ihren Stress und Ihre Angst abzubauen. Schon 20 Minuten täglich oder mindestens drei Mal pro Woche können von Vorteil sein. Ein kurzer Spaziergang oder ein Training im Schwimmbad sind ebenfalls Aktivitäten, die Ihnen beim Stressabbau helfen können.

Je öfter Sie diese Tätigkeiten ausüben, desto eher werden Sie sie bei einer Panikattacke anwenden. Es kann unangenehm sein, während einer Panikattacke zu tanzen oder mit dem Fahrrad herumzufahren, aber Sie dürfen zur Linderung der Symptome auch auf unorthodoxe Maßnahmen zurückgreifen.

Bei der Selbstfürsorge geht es darum, sich selbst ein besseres Gefühl zu geben. Scheuen Sie sich nicht davor, ein neues Hobby aufzunehmen, das Ihre Gelassenheit fördert. Das Zusammensetzen von Puzzles oder Handarbeiten können die Gelassenheit sehr unterstützen. Sie können sich auch mit Spiritualität beschäftigen, um Ruhe in Ihr Leben zu bringen. Diese Dinge können Ihnen dabei helfen, sich um sich selbst zu kümmern und sie können einen Unterschied in Ihrem täglichen Lebensgefühl machen.

Während Sie daran arbeiten, Ihre Panikattacken mit Selbstfürsorge zu überwinden, sollten Sie überlegen, welche Techniken wirksam sind. Ein Panik-Tagebuch, ein persönliches Tagebuch oder eine Tabelle zur Aufzeichnung von Angst- und Stresszuständen kann eine visuelle Erinnerung daran sein, was sich für Sie während einer Panikattacke bewährt hat und woran Sie in Zukunft noch arbeiten sollten.

Suchen Sie die Zusammenarbeit mit Ihrem Facharzt

Sobald Sie mit einem Spezialisten für psychische Gesundheit zusammenarbeiten, wird er einen Behandlungsplan entwerfen, der auf Sie zugeschnitten ist. Zunächst wird er alle anderen medizinischen Probleme ausschließen, die die Symptome Ihrer Panikattacke verursachen könnten. Beispielsweise wird er sicherstellen, dass Sie nicht unter Herzproblemen oder Asthma leiden, was ein möglicher Grund für Kurzatmigkeit sein könnte.

Wie bereits in einem vorherigen Kapitel erwähnt, kann Ihr Psychiater beschließen, Ihnen Medikamente zu verschreiben, die Sie während der Panikattacke zur Beruhigung einnehmen können. Ihr Therapeut wird Ihnen auch bei der Entscheidung helfen, welche Strategien Sie während der Panikattacke anwenden sollen.

Falls Ihre Panikattacken zunehmen, scheuen Sie sich nicht, dies Ihrem Facharzt mitzuteilen. Psychiater wie auch Therapeuten werden immer bereit sein, Alternativen in Betracht zu ziehen, die hilfreich für Sie sein könnten. Das Ziel ist Ihr Wohlbefinden - wenn Sie der Meinung sind, dass Ihre Bezugspersonen nicht hundertprozentig zu Ihnen stehen, besprechen Sie Ihre Behandlungsbedenken mit ihnen. Insgesamt gilt: Es ist umso besser, je mehr Sie mit den Menschen kommunizieren, die Sie ausgewählt haben, um Ihnen zu helfen.

Medikamente, die helfen können

Nach der Einschätzung durch Ihren Therapeuten wird Sie dieser vermutlich an einen Psychiater überweisen, welcher Medikamente verschreiben darf. Die folgenden Abschnitte geben Ihnen einen Überblick über die Medikamente, die zur Behandlung von Angst- und Spannungszuständen eingesetzt werden können.

Selektive Serotonin-Wiederaufnahmehemmer haben geringe Nebenwirkungen. Es handelt sich um Antidepressiva: Sie sind in der Regel die erste Wahl, die Ihr psychiatrischer Betreuer in Betracht zieht. Sie werden deshalb oft eingesetzt, weil sie dazu beitragen, das Serotonin-Gleichgewicht in Ihrem Gehirn aufrechtzuerhalten. Niedrige Serotoninspiegel sind mit konstant depressiven Gefühlen in Verbindung gebracht worden, sodass ein ausgeglichener Serotoninspiegel bei negativen Gedankenmustern helfen kann.

Serotonin-Noradrenalin-Wiederaufnahmehemmer sind eine weitere Kategorie von Antidepressiva, die Ihnen verschrieben werden können.

Designer-Antidepressiva sind eine weitere Klasse von Antidepressiva, die auf Serotonin und Neurotransmitter abzielen und Ihnen somit mehr Energie, Motivation und Aufmerksamkeit verleihen können.

Trizyklische Antidepressiva sind ein älterer Typ von Antidepressiva, die ggf. länger bis zum Wirkungseintritt brauchen als selektive Serotonin-Wiederaufnahmehemmer.

Verschiedene Beruhigungsmittel werden verwendet, weil sie relativ neu auf dem Markt sind und ein deutlich vermindertes Suchtpotenzial haben.

Benzodiazepine wirken als Unterdrücker im zentralen Nervensystem. Sie werden oft zur kurzzeitigen Anwendung eingesetzt, da ein großes Abhängigkeitsrisiko besteht. Sie sind jedoch wirksam bei der Verringerung der Intensität einer Panikattacke. Benzodiazepine werden nicht für Patienten empfohlen, die eine Tendenz zu Drogenmissbrauch oder eine Vorgeschichte von Drogen- und Alkoholabhängigkeit haben.

MAO-Hemmer sind eine ältere Art von Antidepressiva, die es kritischen Neurotransmittern ermöglicht, im Gehirn verfügbar zu bleiben, um so die Stimmung wirksam zu regulieren. Diese Inhibitoren werden nur selten eingesetzt, da sie schwerwiegende Nebenwirkungen, wie Kopfschmerzen, Übelkeit und Schläfrigkeit, hervorrufen.

Betablocker werden zur Behandlung von Bluthochdruck eingesetzt, sind aber auch für Ihre positive Wirkung bei Angstzuständen bekannt. Diese Medikamente helfen bei den körperlichen Symptomen der Angst, wie Zittern, Fieber, beschleunigtem Herzschlag und Röte im Gesicht.

Atypische Antipsychotika werden bei Angstzuständen nicht oft verschrieben. Diese Medikamente zielen aber auf andere Neurotransmitter ab, z. B. auf Dopamin und Noradrenalin. Diese Medikamente, die üblicherweise in geringeren Dosen verschrieben werden, können manchmal in Kombination mit selektiven Serotonin-Wiederaufnahmehemmern eingesetzt werden.

Ein Psychiater wird mit Ihnen und Ihrem Therapeuten zusammenarbeiten, um die richtigen Medikamente für Ihre individuelle Situation zu finden. In einigen Fällen handelt es sich um einen Versuch „auf gut Glück", wenn es um die Wahl des richtigen Medikamentes geht. Daher ist es unabdingbar, dass Sie bei der Suche nach den passenden Medikamenten oder einer Kombination davon ehrlich mit Ihrem Psychiater sind. Informieren Sie Ihren Psychiater unbedingt über eventuelle Vorerkrankungen oder Nebenwirkungen, die bei Ihnen auftreten.

Die vollständige Liste der Medikamente zur Behandlung von Angstzuständen

Nachfolgend finden Sie eine Liste der verschiedenen Medikamente, die Ärzte zur Behandlung von Angstzuständen verschreiben können. Denken Sie daran, dass Sie diese nur mit einer ordnungsgemäßen Diagnose und auf Verordnung Ihres Arztes einnehmen dürfen. Arbeiten Sie gemeinsam daran, herauszufinden, welches Medikament sich für Sie und Ihre Situation am besten eignet.

Selektive Serotonin-Wiederaufnahmehemmer: Luvox (Fluvoxamin), Celexa (Citalopram), Zoloft (Sertralin), Lexapro (Escitalopram), Paxil (Paroxetin), Paxil (Paroxetin), Prozac (Fluoxetin)

Serotonin-Noradrenalin-Wiederaufnahmehemmer: Cymbalta (Duloxetin), Effexor (Venlafaxin), Pristiq (Desvenlafaxin)

Noradrenerges und spezifisch serotonerges Antidepressivum: Remeron (Mirtazapin)

Noradrenalin-Wiederaufnahme-Hemmer: Wellbutrin (Bupropion)

Trizyklische Antidepressiva: Tofranil, Elavil, Adapin, Pamelor, Anafranil

MAO-Hemmer: Nardil, Parnate, Marplan

Benzodiazepine: Ativan (Lorazepam), Centrax (Prazepam), Klonopin (Clonazepam), Librium (Chlordiazepoxid), Serax (Oxazepam), Valium (Diazepam), Xanax (Alprazolam)

Beruhigungsmittel, die nicht zur Gruppe der Benzodiazepine gehören: Buspar (Buspiron), Vistaril (Hydroxyzin)

Betablocker: Inderal (Propranolol), Tenormin (Atenolol)

Atypische Neuroleptika: Risperdal (Risperidon), Abilify (Aripiprazol), Zyprexa (Olanzapin), Seroquel (Quetiapin), Geodon (Ziprasidon)

Stimmungsstabilisatoren: Depakote (Valproinsäure), Eskalith (Lithium), Lamictal (Lamotrigin), Neurontin (Gabapentin)

Andere: Tegretol (Carbamazepin), Topamax (Topiramat)

Panikattacken bei der beruflichen Tätigkeit

Leider können Panikattacken nicht so geplant werden, dass sie nur in Ihrer Freizeit auftreten. Es besteht die Möglichkeit, dass Sie bei der Arbeit eine Panikattacke haben. Insbesondere ist es wichtig, dass Sie einen Plan ausarbeiten, der Aufschluss darüber gibt, was zu tun ist, wenn Sie in dieser Situation eine Panikattacke haben.

Auch wenn Sie Ihre Panikattacken vielleicht für sich behalten wollen, könnte es hilfreich sein, wenn Sie sich einem Vorgesetzten oder Mitarbeiter der Personalabteilung mit Ihrem Problem anvertrauen. Es könnte auch von Vorteil sein, es einem Kollegen zu erzählen und ihm zu erklären, dass Sie unter Panikattacken leiden und was in diesem Fall zu tun ist. So können Sie etwas von dem Stress ablegen, den Sie wegen Ihrer Panikattacken am Arbeitsplatz haben.

Wenn Sie am Arbeitsplatz Panikattacken haben, sollten Sie nach Mustern, Indikatoren oder Auslösern suchen, die vor der Panikattacke eintreten. Selbst wenn Sie feststellen sollten, dass es an Ihrem Arbeitsplatz von Auslösern wimmelt, brauchen Sie Ihren Job nicht gleich aufzugeben. Denken Sie daran, dass es Therapien, wie die *Expositionstherapie* und die *Kognitive Verhaltenstherapie* gibt, die Ihnen helfen können, mit diesen Auslösern umzugehen. Es ist möglich, den Auslösern entgegenzuwirken.

Bitten Sie um Hilfe

Besprechen Sie die Schwierigkeiten mit Ihrem Therapeuten, die Sie bei der Arbeit haben. Wählen Sie außerdem einen Therapeuten, der Verständnis dafür hat, wenn Sie ihn außerhalb der vereinbarten Termine kontaktieren müssen. Es gibt Therapeuten, die für die Entgegennahme von Mitteilungen und Anrufen im Notfall erreichbar sind und Ihnen bei Panikattacken am Arbeitsplatz zur Verfügung stehen können.

Sollte es nicht möglich sein, Ihren Therapeuten zu diesem Zeitpunkt anzurufen, wählen Sie ein Familienmitglied, dem Sie nahe stehen. Das kann der Ehepartner, der Bruder oder die Schwester sein. Denken Sie daran, dass eine andere Technik darin besteht, einen beruhigenden Gegenstand bei sich zu haben. Sie können z. B. einen glatten Stein oder einen kleinen Gegenstand wählen, der Sie glücklich macht und die Ruhe fördern kann. Bewahren Sie ihn in Ihrer Tasche oder in Ihrer Geldbörse auf.

Designierte Rückzugsgebiete

Sie können auch die besten Orte ausfindig machen, an die Sie sich zu Beginn Ihrer Panikattacke zurückziehen können. Das mag Ihnen seltsam erscheinen, aber denken Sie darüber nach - hätten Sie lieber eine Panikattacke in Ihrem Büro oder draußen an einem friedlichen Ort? Wenn Ihre Panikattacke beginnt, können Sie das Büro verlassen und sich an Ihren Rückzugsort begeben. Mögliche Rückzugszonen sind u. a. Ihr Auto, ein privates Büro, ein Badezimmer oder ein ruhiger Bereich außerhalb Ihres Büros.

Die Planung der Maßnahmen im Falle einer Panikattacke am Arbeitsplatz ist wichtig, um Ihr Stressniveau zu reduzieren. Vielleicht fühlen Sie sich gedemütigt, wenn Sie an die Möglichkeit einer Panikattacke im Büro und im Beisein Ihrer Kollegen denken, aber wenn Sie einen Plan haben, gibt Ihnen dieser Sicherheit.

Erstellen Sie einen robusten Plan

Eine Sache, die Sie bei der Planung in Betracht ziehen können, ist, wie Sie das Büro verlassen und in Ihr Rückzugsgebiet gelangen. Werden Sie jemandem sagen, wohin Sie gehen? Werden Sie einen Kollegen bitten, Sie zu begleiten, damit er Ihnen helfen kann? Werden Sie an Ihrem Schreibtisch bleiben und einige Atemtechniken anwenden, um sich so weit zu beruhigen, dass Sie Ihren Schreibtisch verlassen und sich in Ihre Rückzugszone begeben können? Werden Sie Ihren Therapeuten anrufen oder Ihrem Vorgesetzten eine SMS schicken, um ihn wissen zu lassen, was gerade passiert? Können Sie einen Kollegen bitten, Sie nach Hause zu bringen? Das sind einige der Fragen, über die Sie nachdenken sollten, wenn Sie einen Plan für den Fall einer Panikattacke am Arbeitsplatz ausarbeiten.

Sie sollten daran denken, Ihren Plan aufzuschreiben. Sie können ein Blatt Papier an Ihrem Schreibtisch anbringen oder in Ihrer Schreibtischschublade aufbewahren. Alternativ können Sie den Plan digital auf Ihrem Smartphone oder auf Ihrem Arbeitscomputer aufbewahren. Was auch immer Sie tun, stellen Sie sicher, dass er leicht auffindbar ist, wenn eine Panikattacke stattfindet (Rauch, 2016).

Insgesamt gibt es verschiedene Dinge, die Sie tun können, um die Panikattacken zu überwinden. Zögern Sie nicht, auf sich selbst zu achten und Ihren Mut aufzubauen. Denken Sie daran, dass Panikattacken beherrschbar und in einigen Fällen vollständig heilbar sind.

Zusammenfassung des Kapitels

Es ist möglich, Dinge zu tun, die die Wahrscheinlichkeit für Panikattacken vermindern können. Wenn Sie in Ihrem täglichen Leben auf sich selbst achten, kann dies Wunder bewirken. Es ist auch wichtig, an Techniken zu arbeiten, die Ihnen helfen, eine Panikattacke zu vermeiden. Zu diesen Techniken gehören unter anderem die folgenden:

- Eine ausgewogene Ernährung und ausreichend Schlaf
- Eine positive Einstellung
- Therapiesitzungen

- Sport
- Entsprechende Medikamente
- Systematischer Umgang mit Stress am Arbeitsplatz

Im nächsten Kapitel werden Sie erfahren, wie Sie Ihre Angst vor Panikattacken und Phobien überwinden können.

KAPITEL 8:

Wie Sie Ihre Ängste vor Panikattacken und Phobien überwinden

Die Dauer einer Panikattacke beträgt ggf. nicht mehr als zehn Minuten, aber ihre Auswirkungen können noch Stunden oder sogar Tage nach der Attacke spürbar sein. Es kann sein, dass Sie nach einer anfänglichen Panikattacke ängstlich und unruhig sind und die Angst vor einer erneuten Panikattacke kurz danach nur schwer zu überwinden ist.

Dieses Unbehagen kann dazu führen, dass Sie zu jeder Stunde und an jedem Tag eine Panikattacke befürchten. Möglicherweise beginnen Sie, alle Umgebungen und Situationen zu meiden, die Ihre Angstattacken auslösen können. Beispielsweise kann es sein, dass Sie Einkaufszentren oder den Park zu meiden beginnen, weil Sie dort Angst- oder Panikattacken hatten.

Sich von den Orten fernzuhalten, an welchen Sie Auslöser vermuten, ist nicht die einzige mögliche Folgeerscheinung. Sie könnten anfangen, Ihr Verhalten vollständig zu ändern, weil Sie glauben, dass bestimmte Verhaltensweisen eine Panikattacke bei Ihnen auslösen. Eine übliche Verhaltensänderung wäre das Fernbleiben von Familienfeiern oder Versammlungen, nachdem Sie in dieser Umgebung eine Panikattacke erlitten haben.

Verängstigung und Selbstisolation

Ein Kreislauf von Angst und Vermeidung beginnt, sobald Sie anfangen, bestimmte Orte zu meiden und Ihr Verhalten zu ändern. Dadurch entsteht ein Teufelskreis von Angst und Vermeidung, der sich negativ auf Ihr tägliches Funktionieren auswirken kann. Es stimmt zwar, dass Sie einige Ihrer Anfälle dadurch stoppen können, dass Sie zu Hause bleiben oder bestimmten Menschen aus dem Weg gehen, aber diese Taktiken sind in der Regel nur kurzfristig hilfreich.

Auch wenn Sie Panikattacken möglicherweise hilflos machen, gibt es andere Auswege als Selbstisolation und Vermeidungsverhalten. Sie können sich - wie durch das Lesen dieses Buches - über Panikattacken informieren. Über das bereits Besprochene hinaus gibt es vielleicht jemanden in Ihrem Familien- oder Freundeskreis, der ebenfalls mit Panikattacken zu kämpfen hat. Es gibt Selbsthilfegruppen für Menschen, die von Panikattacken betroffen sind. Diese Gruppen werden Ihnen helfen, sich über das aktuelle Wissen und die praktische Seite von Panikattacken zu informieren.

Sie können auch in die Bibliothek gehen oder im Internet recherchieren, um mehr über Panikattacken zu erfahren. Es gibt eine Menge Informationen. Sie sollten jedoch darauf achten, dass Sie eine Referenz oder eine Webseite auswählen, die legitim ist. Sie können die *Drei-Quellen-Regel* des Journalismus anwenden. Wenn Sie drei Referenzen finden, die die gleichen Informationen enthalten, dann ist die Wahrscheinlichkeit groß, dass es sich um valide Fakten und nicht um bloße Spekulationen handelt.

Panikattacken akzeptieren

Wie wir in Kapitel vier gelernt haben, kann das Akzeptieren Ihrer Panikattacken gegen deren Intensität helfen. Es ist eine bittere Realität, mit der man leben muss, aber Sie können sich damit abfinden, anfällig für diese Art von Episoden zu sein. Denken Sie einfach daran, dass Sie die Macht haben, etwas dagegen zu unternehmen und dass es wichtig ist, sich um Hilfe zu bemühen.

Ändern Sie, wenn möglich, Ihre Reaktion auf Ihre Panikattacken und tun Sie etwas, das Ihnen ein positives Gefühl gibt. Versprechen Sie sich, Routinen und Verhaltensweisen zu erlernen, die Sie unterstützen und stärker machen. Werden Sie zum Beobachter und nicht zum Opfer Ihrer Panikattacke. Wiederholen Sie nach jeder Panikattacke dasselbe positive Verhalten. Lassen Sie nicht zu, dass die Panikattacke siegt -

bleiben Sie standhaft und entschlossen, Ihre Panikattacken zu besiegen. Üben Sie weiterhin die Techniken, die Sie in der Therapie, in Ihrer Selbsthilfegruppe oder in diesem Buch gelernt haben.

Außerdem ist es wichtig, dass Sie auf die Panikattacken vorbereitet sind. Halten Sie z. B. immer Ihr Panik-Tagebuch bereit, damit Sie sich notieren können, was vor, während und nach einer Attacke geschehen ist. Rufen Sie sich stets in Erinnerung, worum Sie Ihr Unterstützungsnetzwerk bitten werden und machen Sie sich mit den Techniken vertraut, die Sie während der Attacke anwenden werden.

Der richtige Umgang mit Phobien

Manchmal liegt die Wurzel des Problems bei Panikattacken darin, dass Sie eine Phobie vor einer Person, einem Ort oder einer Sache haben. Vielleicht ist Ihnen etwas Traumatisches passiert und Sie haben im Nachhinein eine Phobie entwickelt. Phobien können ein wichtiger Auslöser für Panikattacken sein.

Wenn Sie beispielsweise von einem tollwütigen Hund angegriffen wurden und überlebt haben, können Sie möglicherweise Angst vor jedem Hund haben, der Ihren Weg kreuzt. Es kann sogar sein, dass Sie versuchen, Hunden im Allgemeinen ganz aus dem Weg zu gehen. Vielleicht ändern Sie die Route Ihres Spazierweges, meiden das Haus eines Hundebesitzers und würden sich niemals selbst einen Hund anschaffen.

Phobien haben unter den Angststörungen die aussichtsreichste Prognose. Wenn Sie in der Therapie ihr Bestes geben und hart arbeiten, können Sie möglicherweise die Angst im Zusammenhang mit Ihrer Phobie vollständig überwinden. Es gibt Hinweise darauf, dass die *Kognitive Verhaltenstherapie* die mit Phobien verbundenen Angstattacken heilen kann.

Einer der Hauptgrundsätze der Kognitiven Verhaltenstherapie ist die Desensibilisierung gegenüber dem Objekt, das Sie fürchten. Bleiben wir bei dem Beispiel über die Angst vor Hunden: Ihr Therapeut könnte Sie in ein Tierheim begleiten, wo Sie sich in der Nähe von Hunden aufhalten. Die Hauptannahme besteht darin, dass die Panikattacken aufhören werden, sobald Sie hinsichtlich Ihrer Phobie desensibilisiert sind.

Obwohl nicht genau bekannt ist, warum Menschen Panikattacken erleiden, haben Fachleute für psychische Gesundheit darauf hingewiesen, dass bestimmte Phobien die Hauptursache für Panikattacken sind. Die gute Nachricht ist, dass Sie in diesem Fall auf eine gute Prognose für die Behandlung Ihrer Panikattacken hoffen dürfen.

Kognitive Verhaltenstherapie

Die *Kognitive Verhaltenstherapie* hat sich als ein wirksames Verfahren zur Behandlung von Phobien erwiesen. Vielleicht gibt es ein bestimmtes Verhalten, das Sie durcharbeiten müssen oder negative Gedankenmuster, die Ihre Angst vor dem Objekt verstärken. Die Kognitive Verhaltenstherapie wird Ihnen helfen, diese Situationen besser zu bewältigen.

Eine Erweiterung der Kognitiven Verhaltenstherapie ist die *Konfrontationstherapie*. Diese Technik ist besonders wirksam bei der Behandlung von Angstattacken. Die Konfrontationstherapie ist eine Verhaltenstherapie, die Menschen mit problematischen Ängsten hilft. Wenn ein Therapeut die Konfrontationstherapie zur Behandlung einer Panikstörung einsetzt, setzt er den Patienten systematisch den Ereignissen oder Umgebungen aus, die seine Panikattacken auslösen. Der Therapeut wird für Sie eine sichere Umgebung schaffen, in der Sie sich Stresssituationen bewusst aussetzen können.

Konfrontationstherapie

Die *Konfrontationstherapie* ist für Menschen geeignet, die aufgrund einer traumatischen Erinnerung oder einer Phobie Panikattacken erleiden. Wenn Sie die auslösenden Situationen meiden, werden Sie sich wahrscheinlich auf ungesunde Weise isolieren, was nicht gut ist. Diese Tendenz kann Ihre Ängste verstärken und es Ihnen erschweren, ein geregeltes und stressfreies Leben zu führen. Wenn Sie z. B. Angst vor Bienen oder Wespen haben, können Sie von der bloßen Vermeidung von

Orten mit Bienenstöcken dazu übergehen, das Haus überhaupt nicht mehr zu verlassen.

Die im frühen 20. Jahrhundert entwickelte Konfrontationstherapie wurde von Verhaltensforschern, wie Ivan Pavlov und John Watson, praktiziert. Am bekanntesten ist Pavlov für seine klassische Konditionierung von Hunden. Im Rahmen eines Experimentes konditionierte er Hunde darauf, beim Läuten einer Glocke Speichel zu produzieren.

Der Verhaltensforscher Joseph Wolpe entwickelte 1958 eine systematische Desensibilisierungsmethode, bei der er Entspannungstraining, Angsthierarchien und Konfrontation einsetzte, um Patienten gegen angsteinflößende Situationen zu desensibilisieren. In den 1970er Jahren wurde die Konfrontationstherapie weiterentwickelt.

Es existieren folgende Typen der Konfrontationstherapie:

Imaginäre Exposition bzw. Vorstellungsübungen: Der Patient wird aufgefordert, mit seinen Ängsten umzugehen, indem er sich die Situation in seinem Kopf vorstellt (*in sensu*). Durch die Vorstellung eines überfüllten Einkaufszentrums kann eine Person ihre Angst vor Menschenmassen systematisch abarbeiten.

In-Vivo-Konfrontation: Der Patient wird realen Situationen ausgesetzt, die Angst und Stress in ihm auslösen. Beispielsweise könnte ein Patient, der Angst vor Hunden hat, in das nächste Tierheim gehen und die Hunde beobachten, während Sie sich in ihrem Gehege aufhalten.

Virtual-Reality-Konfrontation: Hier wird virtuelle Realität eingesetzt, um die Angst eines Patienten zu behandeln. Die Situation wird so simuliert, dass sie sich wie eine reale Situation anfühlt. Im Falle einer Person mit Höhenangst würde die Virtual-Reality-Simulation das Herunterklettern von einem hohen Gebäude imitieren.

Neben diesen Formen der Konfrontationstherapie gibt es noch andere, konkretere Vorgehensweisen:

Systematische Desensibilisierung: Diese Technik setzt Entspannungstraining und die Entwicklung einer Angsthierarchie ein, in welcher Ängste oder Phobien auf einer einfachen Skala von 1 bis 10 eingeordnet werden. Erlernte Entspannungstechniken gleichen Stress und Ängste aus.

Graduelle Exposition: Diese Technik verwendet das Konzept gradueller Desensibilisierung, um die Angst eines Patienten abzubauen.

Flooding: Ein Patient wird in vivo oder in sensu für längere Zeit seinen angsterregenden Auslösern ausgesetzt. Diese Therapie wird so lange durchgeführt, bis die Angst erheblich vermindert worden ist (Exposure Therapy, 2015).

Prolonged Exposure bzw. Exposition: Ähnlich wie beim Flooding, wird der Patient für längere Zeit mit seiner Angst konfrontiert, jedoch werden Psychoedukation und kognitive Verarbeitung eingesetzt. Dies ist eine wirksame Behandlung von Ängsten in Zusammenhang mit Traumata.

Exposition und Reaktionsprävention: Diese Therapieform minimiert die Verbindung zwischen Zwängen und Zwangsvorstellungen. Ein Therapeut provoziert eine Zwangsvorstellung beim Patienten und bittet ihn dann, sich nicht auf seine Zwänge oder Verhaltensrituale einzulassen. Diese Option eignet sich vor allem für Patienten, die daran arbeiten, sich von ihren Zwangsvorstellungen und Zwängen zu befreien.

Ergebnisse der Konfrontationstherapie

Ein klinischer Psychologe, der Patienten mit einer Expositionstherapie behandelt, interpretiert Angst als falschen Alarm in Bezug auf eine Person, einen Ort oder eine Sache. Diese Angst ist übertrieben und entspricht verhältnismäßig nicht dem gefürchteten Objekt. Der Grad, in welchem sich die Angst des Patienten manifestiert, weicht von der Reaktion anderer Menschen ab.

Je stärker ein Patient das gefürchtete Objekt aus seiner Umgebung zu entfernen oder zu vermeiden versucht, desto geringer ist die Wahrscheinlichkeit, dass er die Unangemessenheit seiner Reaktion auf die Angst wahrnimmt. Betroffene verstehen auf rationaler Ebene, dass Ihre Reaktion übertrieben oder absurd ist, haben aber tief in ihrem

Denken immense Angst. Nicht selten führt diese intensive Angst zu Panikattacken.

Der Therapeut sollte während der Konfrontationstherapie folgende Behandlungsansätze implementieren:

1. Er evaluiert die Angst des Patienten kontinuierlich.
2. Er gibt eine personengerechte Aufklärung über die Ängste, die der Patient durchlebt.
3. Er bietet Strategievorschläge (wie z. B. Achtsamkeit) an und ermutigt den Patienten, diese bei der Bewältigung seiner Ängste einzusetzen.
4. Er nimmt eine graduelle Konfrontation mit dem Gegenstand der Angst vor.
5. Er leitet kognitive Interventionen ein, die negatives oder fehlgeleitetes Denken identifizieren sollen.

Kognitive Umstrukturierung und Medikation werden auch als ergänzende Techniken zur Unterstützung von Patienten eingesetzt, die sich einer Konfrontationstherapie unterziehen.

Der folgende Abschnitt skizziert ein Beispiel für eine graduelle Konfrontationstherapie. In diesem Fall hat der Patient Angst vor Spinnen:

1. Der Patient wird aufgefordert, sich Bilder von Spinnen anzusehen.
2. Anschließend soll er das Bild einer Spinne berühren.
3. In einem nächsten Schritt hat er die Aufgabe, sich Videos von Spinnen im Internet anzusehen.
4. Der Patient wird darauf eine Plastik- oder Spielzeug-Spinne berühren.
5. Danach wird der Patient das Glas oder den Deckel eines Behälters anfassen, in dem sich lebende Spinnen befinden.

6. Anschließend soll sich der Patient vorstellen, wie es ist, eine lebende Spinne zu berühren.

7. Zum Schluss muss sich der Patient der Herausforderung stellen, eine lebende Spinne in die Hände zu nehmen.

Eine Konfrontationstherapie kann äußerst anspruchsvoll für eine Person mit Panikattacken sein. Es ist jedoch wichtig, die Therapie so lange wie möglich durchzuhalten, damit sie Wirkung zeigt. Untersuchungen haben ergeben, dass die Konfrontationstherapie durchaus erfolgreich sein kann, daher ist es wichtig, sich bei dieser Therapieform so gut wie möglich zu beteiligen.

Zusammenfassung des Kapitels

Angst und Phobien sind zentrale Bestandteile von Panikattacken. Je früher Sie sich mit ihnen auseinandersetzen, desto besser sind Sie in der Lage, künftige Panikattacken zu verhindern. Es ist möglich, Ihre Ängste vor Panikattacken zu überwinden, indem Sie sich informieren, an Ihren Reaktionen arbeiten und sich darin üben, Ihre Panikattacken zu akzeptieren.

Die Konfrontationstherapie kann Ihnen helfen, sich hinsichtlich Ihrer Phobien zu desensibilisieren. Sie werden mehrere Schritte durchlaufen, um einen Punkt zu erreichen, an dem Sie Ihren Phobien nicht mehr ausgeliefert sind. Dazu gehören:

- Das Betrachten von Bildern, in welchem der Gegenstand Ihrer Phobie dargestellt ist
- Das Anfassen dieser Bilder
- Das Betrachten Ihrer Phobien in der Realität
- Das Berühren einer Nachbildung Ihrer Phobie
- Das Berühren Ihres Phobie-Gegenstandes durch eine Glasplatte oder -vitrine
- Die Vorstellung, den Gegenstand der Phobie anzufassen
- Das tatsächliche Berühren des Gegenstandes der Phobie

KAPITEL 9:

Kognitive Verhaltenstherapie und EMDR-Therapie: Behandlungsarten ohne Medikamente

Wenn Sie bereit sind, mit der Selbstheilung loszulegen, ist es an der Zeit, einige therapeutische Optionen zu prüfen. Die Wissenschaft mag zwar nicht voll und ganz verstehen, was Panikattacken verursacht, aber das bedeutet nicht, dass es nicht bestimmte Arten von hilfreichen Therapien gibt.

Einige dieser Ansätze beinhalten:

- Panikfokussierte Psychodynamische Psychotherapie (PFPP)
- Kognitive Verhaltenstherapie
- Eye Movement Desensitization and Reprocessing (EMDR) bzw. Desensibilisierung und Verarbeitung durch Augenbewegung

Der Therapieverlauf, den wir in diesem Kapitel beschreiben, ist die *Kognitive Verhaltenstherapie*, eine Therapieform, die sich bei der Behandlung von Panikattacken als wirksam erwiesen hat. Sie ist bekannt dafür, dass sie zielorientiert arbeitet und schnelle Ergebnisse erzielt. Der Erfolg der Kognitiven Verhaltenstherapie und die schnellen Ergebnisse sind ein Grund dafür, dass Therapeuten sie als bevorzugte Therapie zur Behandlung von Patienten mit Panikstörungen einsetzen.

Die Kognitive Verhaltenstherapie (KVT)

Die *Kognitive Verhaltenstherapie* ist eine Psychotherapie zur Behandlung verschiedener psychischer Störungen, die von *Angstzuständen* bis hin zur *Bipolaren Störung* reichen. Die KVT ist eine Psychotherapie, die sich auf die Gedanken, Gefühle und Wahrnehmungen einer Person sowie Ihrer Reaktion auf diese Gefühle konzentriert. Therapeuten, die die KVT einsetzen, gehen von der Annahme aus, dass Gedanken, Wahrnehmungen und Gefühle das Verhalten beeinflussen (Star, 2019).

Der Grundsatz der KVT lautet wie folgt: Sie sind möglicherweise nicht in der Lage, die Vorgänge in Ihrem Leben zu ändern. Aber Sie können die Art und Weise ändern, wie Sie Ihr Leben wahrnehmen.

Wenn Sie einen Therapeuten aufsuchen, der die KVT anbietet, wird er Ihnen helfen, sich Ihrer imminenten Gedanken bewusster zu werden. Beispielsweise wird ein Therapeut die negativen oder fehlgeleiten Gedankengänge bearbeiten, die in Ihrem täglichen Leben aufgetreten und zu schlechten Gewohnheiten geworden sind.

Die KVT hat sich bei Patienten als wirksam erwiesen, die an einer schweren depressiven Störung, einer Posttraumatischen Belastungsstörung (PTBS), einer Abhängigkeit oder an allgemeinen Phobien leiden. Die KVT hat sich als sehr erfolgreich bestätigt und viele Therapeuten haben sie auch zur Behandlung von Patienten mit *Reizdarmsyndrom, Chronischem Erschöpfungssyndrom* und *Fibromyalgie* (Faser-Muskel-Schmerz) eingesetzt.

Der Umgang mit negativen Gedanken

Wenn Sie eine Panikattacke haben, haben Sie es mit selbstironischen Überzeugungen und negativen Gedanken zu tun. Es kann vorkommen, dass Sie auch sonst in Ihrem täglichen Leben viele negative Gedanken haben. Angst und negative Gedanken können mit Panikattacken in Verbindung gebracht werden. Das primäre Ziel der KVT ist es, Patienten dabei zu helfen, negatives Denken zu überwinden und es durch positive Gedanken und gesündere Handlungen zu ersetzen.

Panikattacken haben nicht nur eine mentale, sondern auch eine physische Komponente. Zu den somatischen Symptomen einer Panikattacke können Brustschmerzen, Kurzatmigkeit, ein schneller Herzschlag und vermehrtes Schwitzen gehören. All diese Symptome können einen Betroffenen überwältigen. Daher kann eine Person, die regelmäßig unter Panikattacken leidet, beunruhigende Gedanken haben und Ängste entwickeln, wie etwa die Angst vor drohendem Wahnsinn, Tod oder Kontrollverlust (Star, 2019).

Eine Panikattacke kann dazu führen, dass Betroffene Angst vor den Auslösern entwickeln, die zur Panikattacke führen. Wenn Sie beispielsweise immer dann eine Panikattacke haben, wenn Sie zum Zahnarzt müssen, wird allein der Aufenthalt im Wartezimmer der Zahnarztpraxis vor der eigentlichen Untersuchung vermutlich dazu führen, dass Sie eine Panikattacke bekommen. Ab diesem Moment entwickelt sich eine bemerkenswerte Angst vor Zahnarztbesuchen. Sie meiden den Zahnarzt selbst dann, wenn Sie starke Zahnschmerzen haben und Ihr Zahnfleisch sich entzündet. In diesem Fall besteht die Störung in Ihrem Leben darin, dass Sie lieber immense körperliche Schmerzen aushalten, als eine Fachkraft aufzusuchen, die speziell dafür ausgebildet ist, Ihre Zahn- und Zahnfleischschmerzen zu lindern.

Je länger Sie die Zahnarztpraxis meiden, desto mehr Angst bekommen Sie. Diese Tendenz ist typisch für jeden, der sich von den Dingen fernhält, vor welchen er sich fürchtet.

Wenn Sie mit der KVT beginnen, können Sie vielleicht nicht kontrollieren, wann Sie eine Panikattacke haben, aber Sie können einige hervorragende Bewältigungsmechanismen erlernen, die Ihnen im Umgang mit der Panikattacke helfen.

Der Ablauf der Kognitiven Verhaltenstherapie

Es gibt bestimmte Prozesse, die Sie durchlaufen werden, wenn Sie sich einer Kognitiven Verhaltenstherapie unterziehen. Nach Star (2019) sind dies die folgenden:

1. Nehmen Sie Ihre negativen Gedanken wahr - zuerst werden Sie Ihre negativen kognitiven Prozesse oder Denkmuster identifizieren.

2. Nehmen Sie an Aktivitäten und Übungen teil, die Ihnen helfen, Ihre negativen Gedanken leichter wahrzunehmen. Wenn Sie sich an diesen Aktivitäten beteiligen, werden Sie gesündere

Denkprozesse entwickeln. Vielleicht bekommen Sie sogar Hausaufgaben, die Ihnen helfen können, Ihre fehlgeleiteten Gedanken zu erkennen.

3. Man wird Sie zu Schreibübungen ermutigen. Durch das Aufschreiben Ihrer Gedanken können Sie Ihr fehlgeleitetes Denken bewerten und erkennen. Sobald Sie diese Art des Denkens isoliert haben, können Sie es durch gesündere Denkprozesse ersetzen. Für diese Übung können Sie spezifische Tagebücher für Ihre Notizen führen, z. B. für Ihre Gedanken und Gefühle, Affirmationen, die Ihnen eingefallen und wofür Sie dankbar sind oder ein Tagebuch, in dem Sie Ihre Panikattacken dokumentieren und beschreiben.

4. Sie werden an Verhaltensänderungen und dem Aufbau von Fähigkeiten arbeiten. In dieser Phase lernen Sie, wie Sie Ihr falsch angepasstes Verhalten neu konfigurieren und gleichzeitig gesunde Bewältigungsstrategien aufbauen und anwenden können (Star, 2019). In dieser Phase konzentrieren Sie sich auf das Erlernen von Fähigkeiten, die Ihnen helfen, mit Ihrem Stress und Ihrer Angst umzugehen sowie Panikattacken zu bewältigen. Es wird erwartet, dass sie diese neuen Fähigkeiten in der Therapie einüben und darüber hinaus täglich trainieren.

5. Desensibilisierung ist eine häufig verwendete Technik, die Ihnen nach und nach beibringt, mit angsteinflößenden Stimuli umzugehen. Darüber hinaus werden Sie lernen, mit der Angst selbst umgehen zu können. Ihr Therapeut wird Sie langsam an beängstigende Situationen heranführen und Sie werden sich durch Ihr Gefühl von Panik und Angst durcharbeiten.

6. In der Therapie werden Sie lernen, während einer Panikattacke ruhig zu bleiben. Die KVT hilft Ihnen, die Symptome Ihrer Panikattacken zu verringern. Es kann ergänzende Behandlungsmöglichkeiten geben, wie etwa Medikamente, die Ihr Therapeut zusammen mit der Therapie verordnet. Das Hauptziel für Ihren Therapeuten besteht darin, Ihnen bei der Entwicklung eines Behandlungsplanes zu helfen, der auf Sie zugeschnitten ist.

Eye Movement Desensitization and Reprocessing (EMDR) bzw. Desensibilisierung und Verarbeitung durch Augenbewegung

Eine wirksame Methode zur Behandlung von Panikattacken ist die Desensibilisierung und Verarbeitung durch Augenbewegung (EMDR). Nach Gotter (2019) handelt es sich bei dieser Therapie um eine interaktive Psychotherapie, die zur Linderung von psychischem Stress eingesetzt wird.

EMDR ist eine Therapie, die durch Ablenkung der Aufmerksamkeit emotionale Aufwühlung zu verhindern versucht. Wenn Ihre Aufmerksamkeit auf etwas gezogen wird, ist es wahrscheinlicher, dass Sie weniger emotional sind. Der Sinn dieser Therapie besteht darin, die Auswirkungen zu verringern, die diese emotional aufwühlenden Erinnerungen auslösen können. EMDR ist eine geeignete Therapie für Patienten, die Schwierigkeiten haben, über ihre traumatische Vergangenheit zu sprechen.

EMDR wird zudem bei folgenden Krankheitsverläufen eingesetzt:

- Depressionen
- Angstzustände
- Panikattacken und -störungen
- Essstörungen
- Suchterkrankungen

Wie kommt EMDR den Patienten zugute?

Patienten, die mit EMDR behandelt werden, müssen sich zu mindestens zwölf separaten Therapiesitzungen verpflichten, die in acht Phasen unterteilt sind. Diese Phasen sind die folgenden:

Phase 1: Anamnese und Planung der Behandlung

In dieser Phase lernt Ihr Therapeut mehr über Ihre traumatischen und schmerzvollen Erinnerungen, denen Sie ausgesetzt sind. Dies ist auch der Zeitpunkt, zu dem Sie Ihre Trigger ansprechen können. Ihr Therapeut wird dann über die Wahl und den weiteren Verlauf Ihrer Behandlung entscheiden.

Phase 2: Vorbereitung

Hier wird ihr Therapeut mit Ihnen gemeinsam Strategien erarbeiten, die Sie vor oder während Ihrer Panikattacken nutzen können. Sie werden Methoden zur Stressbewältigung erlernen, wie die *Tiefenatmung* und *Achtsamkeit*.

Phase 3: Assessment

Während dieser Phase entscheidet Ihr Therapeut über spezifische Erlebnisse und den damit verbundenen Komponenten, die er gemeinsam mit Ihnen aufarbeiten wird. Insbesondere wird er versuchen, Ihre körperlichen Empfindungen zu erschließen, wenn Sie sich auf ein Ereignis konzentrieren.

Phasen 4 bis 7: Behandlung

Gotter (2019) erklärt, dass Ihr Therapeut in diesen Phasen mit der eigentlichen Behandlung beginnt. Während Ihrer Sitzung werden Sie gebeten, sich auf ein negatives Bild, einen negativen Gedanken oder eine negative Erinnerung zu konzentrieren.

Während Sie dies tun, wird Ihr Therapeut Sie gleichzeitig auffordern, bestimmte Augenbewegungen auszuführen. Gotter sagt, dass „die bilaterale Stimulation je nach Fall auch Klopfen oder andere Bewegungen beinhalten kann."

Nachdem Sie die bilaterale Stimulation durchgeführt haben, werden Sie aufgefordert, Ihren Geist zu leeren und sich an Ihre Gedanken und Gefühle zu erinnern. Wenn Sie diese Gedanken abrufen, wird Ihr Therapeut Sie möglicherweise bitten, sich wieder auf die Erinnerung zu konzentrieren oder über eine andere traumatische Erfahrung nachzudenken.

Sollte sie die Rückkehr zu Ihrem Trauma überfordern, wird Ihr Therapeut Sie in die Gegenwart zurückholen, bevor er Sie ein anderes erlebtes Trauma abrufen lässt. Während Sie die Phasen des EMDR durcharbeiten, sollten auch die aufwühlenden Gedanken und Gefühle, die mit Ihrer traumatischen Erinnerung verbunden sind, zu schwinden beginnen.

Phase 8: Evaluation

In dieser Phase werden Sie mit Ihrem Therapeuten Ihren Fortschritt in der EMDR-Therapie besprechen. Sind die traumatischen Erinnerungen noch immer schmerzvoll oder lassen diese Gefühle allmählich nach?

Diverse Studien zur Untersuchung der Ergebnisse der EMDR-Therapie besagen, dass diese Praxis positive Veränderungen beim Patienten bewirken kann. Daher ist diese Art der Therapie eine Möglichkeit, die Sie zur Behandlung Ihrer Panikattacken in Betracht ziehen können.

Zusammenfassung des Kapitels

Es gibt Behandlungsmöglichkeiten für Panikattacken, die nicht auf Medikamente zurückgreifen. KVT und EMDR sind zwei der gängigsten Ansätze zur Behandlung von Panikattacken. Die *Kognitive Verhaltenstherapie* beinhaltet folgende Aspekte:

- Negative Gedanken erkennen und ersetzen
- Schreibübungen
- Kompetenzaufbau und Verhaltensänderung
- Desensibilisierung
- Entspannungstechniken

Im nächsten Kapitel werden Sie mehr darüber erfahren, wie Sie bei Panikattacken die richtige Hilfe erhalten können.

KAPITEL 10:

Die richtige Hilfe finden

Panikattacken können äußerst überwältigend sein und Ihr Leben durcheinander bringen. Daher ist es unerlässlich, dass Sie etwas unternehmen, sodass Ihre Anfälle entweder ganz verschwinden oder zumindest weniger intensiv ausfallen.

Bisher haben wir in diesem Buch Strategien diskutiert, wie die *Konfrontationstherapie* und die *Kognitive Verhaltenstherapie*, die beide hervorragend dazu geeignet sind, Sie im Kampf gegen Ihre Panikattacken zu unterstützen. In diesem Kapitel werden einige weitere therapeutische Optionen vorgestellt, mit denen Sie die Intensität Ihrer Panikattacken verringern oder ganz beenden können.

Eine Therapie erfordert viel Engagement und harte Arbeit, aber wenn sie richtig durchgeführt wird, können die Ergebnisse sehr effektiv sein. Der Schwerpunkt liegt darin, die richtige Art von Therapie für Ihre individuellen Bedürfnisse zu finden.

Kognitive Verhaltensmodifikation

Manchmal ertappen wir uns dabei, wie wir uns selbst etwas einreden. Klinische Psychologen glauben, dass negative Autosuggestion zu Ihren Panikattacken beitragen oder der Auslöser dafür sein kann. Der Psychologe Donald Meichenbaum entwickelte die *Kognitive Verhaltensmodifikation*, um dysfunktionale Selbstgespräche zu identifizieren. Wenn Sie Verhaltensweisen und Muster erkennen, die Ihre Genesung behindern, können Sie erhebliche Fortschritte auf dem Weg zu einem besseren Leben machen. Meichenbaum glaubte, dass sich die Auswirkungen von Verhaltensweisen aufgrund unserer eigenen Selbstverbalisierung manifestieren. Deshalb ist es so wichtig, positive Gedanken zu haben. Wenn Sie Ihre negativen Gedankenmuster reduzieren und zu positiven Gedanken wechseln, können Sie eine Verbesserung oder ein vollständiges Ende Ihrer Panikattacken erzielen.

Rational-Emotionale Verhaltenstherapie

Albert Ellis entwickelte die *Rational-Emotionale Verhaltenstherapie*. Dies ist eine kognitive Verhaltenstechnik, die bei der Behandlung von Panikstörungen wirksam ist (Ankrom, 2019). Ellis entwickelte eine Therapie, die Patienten hilft, negative Gedanken oder „irrationale Überzeugungen" zu erkennen und abzulegen. Wenn man sich z. B. ständig einredet, nicht mit anderen Menschen mithalten zu können, kann dies schwerwiegende psychische Defizite nach sich ziehen. Indem Sie erkennen, dass diese Aussage oder dieser Gedanke nicht wahr ist, können Sie damit beginnen, die Häufigkeit und Intensität Ihrer Panikattacken zu verringern.

Wenn Sie sich in Therapie befinden und diese Technik anwenden, kann dies dazu beitragen, Ihr Denken zu verändern, sodass Sie mit Ihren Panikattacken besser zurechtkommen oder sie gar nicht mehr haben.

Panikfokussierte Psychodynamische Psychotherapie

Die *Panikfokussierte Psychodynamische Therapie* (PFPP) ist eine Art von Therapie, die auf spezifischen psychoanalytischen Konzepten beruht. Diese Therapie geht von der Annahme aus, dass Menschen durch frühe Erfahrungen charakterisiert werden und unbewusste Motive und psychologische Konflikte den Kern ihres gegenwärtigen Verhaltens bilden (Ankrom, 2019).

Die Therapeuten gehen davon aus, dass das Unterbewusstsein Abwehrmechanismen besitzt, die unsere schmerzhaften Emotionen unterdrücken. Daher hilft diese Therapie dabei, Emotionen, die wir in unserem Unterbewusstsein verborgen haben, in den Vordergrund unserer Psyche zu bringen, sodass wir besser mit ihnen umgehen können. Dadurch können die Symptome der Panikstörung entweder gelindert oder beseitigt werden.

Gruppentherapien

Manchmal kann es sehr ermüdend sein, in der Therapie alleine zu arbeiten. In diesem Fall kann eine Gruppentherapie ggf. die bessere Option sein. Eine Gruppentherapie besteht oft aus Menschen, die gleiche oder ähnliche Probleme wie Sie haben. Sie beruht auf dem Prinzip, dass Sie voneinander Techniken lernen können, die Ihnen helfen, Ihre Panikattacken zu vermindern oder zu stoppen.

Die Gruppentherapie hat zahlreiche Vorteile, wie z. B.:

- Durch den Erfahrungsaustausch mit Menschen, die ähnliche Erfahrungen und Herausforderungen teilen, kann die Scham und das Stigma minimiert werden.
- Andere Gruppenmitglieder können Ihnen als Inspiration und Unterstützung dienen, indem sie gesundes und positives Handeln vorleben.
- Die Gruppentherapie kann Ihnen als eine natürliche „Konfrontationsumgebung" dienen, in der Sie lernen, wie Sie Ihre Angst vor Paniksymptomen in sozialen Situationen verringern können.

Generell sollten Sie sich völlig sicher fühlen, wenn Sie an einer Gruppentherapiesitzung teilnehmen. Die Gruppe, der Sie beitreten, kann aus zwei bis zehn oder mehr Personen bestehen. Oft gibt es einen Therapeuten oder Berater, der die Gruppe leitet. In manchen Fällen wird die Gruppe von einer erfahrenen Person geleitet und verschiedene Themen werden von der Gruppe angesprochen und diskutiert. Der Therapeut oder Gruppenleiter wird Sie und die anderen ermutigen, an einem sicheren Ort über Ihre Panikattacken und Ängste zu sprechen.

Familien- und Paartherapien

Auch wenn eine Panikattacke eine intime Erfahrung ist, sind nicht nur Sie alleine betroffen. Freunde und Familienangehörige leiden ebenfalls und Ihre Lieben werden ganz gewiss über die intensiven Symptome Ihrer Panikattacken besorgt sein. Es ist schwer, zu sehen, wie jemand, den man liebt, etwas so Überwältigendes, wie Panikattacken, durchmachen muss.

Einige Patienten haben festgestellt, dass eine Paar- oder Familientherapie Probleme lösen kann, die ihre Familienmitglieder, andere wichtige Personen und/oder Freunde bedrücken. Eine Familientherapie befasst sich mit Themen wie den Abhängigkeitsbedürfnissen, die durch Ihre Panikattacken verursacht werden, mit Fragen und Bedenken Ihrer Familie und Ihrer Freunde bezüglich Ihrer Unterstützung sowie mit allgemeiner Kommunikation und Aufklärung über Ihre Panikattacken.

Paar- und Familientherapien können dazu beitragen, Ihr Umfeld zu entlasten. Darüber hinaus kann Ihnen diese Therapieform helfen, bestimmte Hinweise oder Auslöser zu beseitigen, die durch die Spannungen in Ihrer Familie oder Ihrem Freundeskreis verursacht werden. Es kann jedoch notwendig sein, dass Sie sowohl Einzeltherapie als auch Paar- oder Familientherapie in Anspruch nehmen, um die Probleme, die Ihre Panikattacken verursachen, aufzuarbeiten. Insbesondere ist es wichtig, dass Sie eine Therapie wählen, die Ihren individuellen Bedürfnissen gerecht wird.

Warum Sie sich in Therapie begeben sollten

In den Vereinigten Staaten von Amerika sind etwa sechs Millionen Erwachsene von Panikattacken betroffen, was 2,7 % der Bevölkerung entspricht. Nach Angaben der *Anxiety and Depression Association of America* (o. J.) treten Panikattacken häufiger bei Frauen als bei Männern auf.

Es kann schwierig sein, bei Panikattacken den Schritt zum Therapeuten zu wagen, um Hilfe zu erhalten. Vielleicht glauben Sie, dass Ihre Panikattacken nicht therapierbar sind, doch das stimmt nicht. Viele Menschen finden Abhilfe, wenn sie mit der Therapie beginnen. Es mag schwer sein, an Therapiesitzungen teilzunehmen und all die Dinge zu tun, die Ihr Therapeut von Ihnen verlangt, doch die Alternative ist, unendliche und willkürliche Panikattacken zu ertragen, die so intensiv sind, dass sie Ihr tägliches Leben regelmäßig beeinträchtigen.

Die folgende Liste zeigt verschiedene Gründe, warum Betroffene es vermeiden, Hilfe bei ihren Panikattacken in Anspruch zu nehmen („*Panic and Panic Disorder*", 2019):

- Sie neigen zu Drogen- oder Alkoholmissbrauch.
- Sie sind finanziell abhängig von anderen.
- Ihr allgemeiner Gesundheitszustand hat sich bereits verschlechtert.
- Sie haben einen Selbstmordversuch unternommen.
- Sie leiden unter Agoraphobie (Angst davor, nach draußen zu gehen bzw. die Vermeidung von Situationen, die Panik oder Angst auslösen können).

Ein gibt einen weiteren wichtigen Grund, der für eine Therapie spricht. Ihr Therapeut kann nämlich dazu beitragen, Sie zu beruhigen und Ihnen zu versichern, dass Sie nicht „den Verstand verlieren".

Zehn Wege, um einen guten Therapeuten zu finden

Das Wichtigste bei der Entscheidung, Hilfe in Anspruch zu nehmen, ist die Suche nach einem guten Therapeuten. Aber wie findet man diesen? Nachfolgend sind fünf Strategien aufgeführt, die Sie anwenden können:

1. Erkundigen Sie sich bei Ihrem Hausarzt, ob er mit einem Psychiater oder Therapeuten zusammenarbeitet. Außerdem können Sie fragen, wen er bei schweren Panikattacken empfehlen würde. Ihr Hausarzt arbeitet mit anderen Fachleuten des Gesundheitswesens zusammen, daher empfiehlt es sich, ihn um Rat zu fragen.

2. Freunde und Familienangehörige überraschen Sie vielleicht damit, wie viel sie über psychische Gesundheit wissen. Vielleicht stellen Sie sogar fest, dass einige Ihrer Freunde oder Familienangehörige selbst in Therapie sind oder ihrerseits Freunde haben, die sich in psychologischer Behandlung befinden. Folglich

können sie Ihnen vielleicht die Kontaktdaten eines Therapeuten geben, der für Sie infrage kommen würde.

3. Erkundigen Sie sich, ob es an Ihrem Arbeitsplatz ein Programm zur Unterstützung der Mitarbeiter gibt. Fragen Sie hierfür am besten in der Personalabteilung nach. Solche Dienstleistungen können entweder am Arbeitsplatz selbst erbracht oder ausgelagert werden. Eine Beratung könnte auch eine Leistung für Mitarbeiter sein, auf die Sie als Angestellter Anspruch haben.

4. Ihre Versicherungsgesellschaft wird mit großer Wahrscheinlichkeit ein Verzeichnis von Psychiatern und Therapeuten haben, die durch ihre Leistungen gedeckt sind. Wenn Sie Hilfe bei der Auswahl eines Therapeuten benötigen, lassen Sie sich von einem von Ihrer Versicherung zur Verfügung gestellten Sachbearbeiter beraten.

5. Eine Suche nach den Begriffen „Therapeut" und „Panikattacken" im Internet kann ebenfalls eine wirksame Strategie sein, um eine gute psychiatrische Fachkraft zu finden. Viele Fachärzte haben Webseiten oder Blogs, die Ihnen helfen können, sie besser kennenzulernen. Verzeichnisse im Internet führen oft die Behandlungsbereiche auf, die angeboten werden. Wählen Sie also einen Betreuer, der Erfahrungen im Umgang mit Panikattacken und gute Referenzen hat.

Früher war es fast unmöglich, in einer Kleinstadt oder ländlichen Gegend einen Psychiater zu finden. Viele Therapeuten sind heutzutage jedoch auch über Skype, Facetime oder telefonisch erreichbar. Das ist praktisch, wenn Sie in einer Kleinstadt mit begrenzten Ressourcen leben oder wenn Sie zu beschäftigt sind, um die Praxis eines Therapeuten physisch aufzusuchen. Tatsächlich ist manchmal eine Kombination aus Telefontherapie und persönlichem Kontakt hilfreich bei sozialen Phobien, die Sie aufgrund der Panikattacken entwickelt haben.

Holen Sie bei Ihrer Suche mindestens drei Referenzen von verschiedenen Seiten ein. Je mehr psychiatrische Fachkräfte Sie kontaktieren, desto besser stehen Ihre Chancen, einen Therapeuten oder Arzt zu finden, der perfekt zu Ihren Bedürfnissen passt.

Fragen, die Sie Ihrem Therapeuten stellen sollten

Der Besuch bei einem Therapeuten kann eine neue Erfahrung für Sie sein. Vielleicht haben Sie Zweifel und Ängste, mit einem Therapeuten zusammenzuarbeiten und Ihre Panikattacken zu besprechen. Sie sollten sich besonders gut auf Ihren ersten Termin vorbereiten. Nachfolgend sind einige Fragen aufgeführt, die Sie ihrem Therapeuten stellen oder mit ihm besprechen können.

- Was kann ich gegen die Intensität meiner Symptome unternehmen? Können Sie mir Entspannungstechniken empfehlen?
- Meine Symptome sind äußerst gravierend. Was geht in meinem Geist und Körper vor, dass so starke Symptome auftreten?
- Kann ich lernen, eine Panikattacke zu stoppen?
- Könnten meine Panikattacken durch medizinische Probleme verursacht werden?
- Gibt es bestimmte Nahrungsmittel, Getränke und Medikamente, auf die ich besser verzichten sollte?
- Ich würde gerne mögliche Auslöser in meinem Umfeld oder meinen persönlichen Beziehungen ausfindig machen. Können Sie mich dabei unterstützen?
- Arbeiten Sie mit Psychiatern zusammen, die mich hinsichtlich der Medikation beraten können? Können Sie mich an jemanden überweisen, dem Sie vertrauen?
- Welche Arten von Therapien bieten Sie an? Sind Sie insbesondere mit Therapieformen vertraut, mit denen Panikattacken erfolgreich beendet oder gelindert werden können?
- Welche Therapieformen würden Sie in meinem Fall empfehlen?

Dies sind alles gute Ansatzpunkte, wenn Sie einen Therapeuten konsultieren und entscheiden, mit wem Sie zusammenarbeiten möchten. Sie können überlegen, welche Fragen am besten zu Ihrer Situation passen und dann Ihre Entscheidung treffen.

Der Gang zum Psychiater

Nach der Evaluation durch einen Therapeuten kann dieser Ihnen vorschlagen, einen Psychiater aufzusuchen, der Ihnen Medikamente verschreibt. Die Medikamente, die zur Bewältigung der Symptome von Panikattacken eingesetzt werden, wurden in Kapitel sieben vorgestellt.

Der Psychiater wird Sie untersuchen und mit Ihrem Therapeuten zusammenarbeiten, um die richtigen Medikamente für Ihre individuelle Situation zu finden. Informieren Sie Ihren Psychiater unbedingt über alle medizinischen Probleme oder Nebenwirkungen, die bei Ihnen auftreten. Denken Sie daran, ihm mitzuteilen, ob Sie auf ein bestimmtes Medikament allergisch sind.

Auch wenn Sie von Ihren Panikattacken überwältigt werden können, ist es wichtig, dass Sie um Hilfe bitten. Es gibt viele verschiedene Therapieformen, durch die sich Ihre Panikstörung erfolgreich behandeln lässt. Auch gibt es verschiedene Medikamente, die bei Ihrer Therapie ebenfalls helfen können.

Wir wissen vielleicht nicht genau, was eine Panikattacke verursacht, aber es gibt bewährte Methoden, um mit der Intensität Ihrer Panikattacken umzugehen. Letztlich können Sie durch die vielfältigen Möglichkeiten, die Ihnen zur Verfügung stehen, Ihre Panikattacken erfolgreich behandeln.

Zusammenfassung des Kapitels

In diesem Kapitel haben Sie Informationen über die gängigen Therapieformen zur Behandlung von Panikattacken bekommen. Es gibt mehrere Möglichkeiten, wie Sie einen Therapeuten finden können. Zu diesen Methoden gehören:

- Empfehlungen Ihres Hausarztes
- Empfehlungen von Freunden und Familie
- Überweisung durch Ihre Krankenversicherung

ABSCHLIEßENDE WORTE

Wenn Sie schon einmal eine Panikattacke erlebt haben, werden Sie wissen, dass sich dies anfühlen kann, als ob Ihre Welt gerade untergehe. Ihr Körper weist Symptome auf, die so schwerwiegend sind, dass Sie glauben könnten, zu sterben. Es ist eine Sache, eine einzige Panikattacke zu haben, aber gleich mehrere - das kann das Leben ziemlich schwer machen. Eine Panikattacke ohne Intervention kann Sie so sehr beeinträchtigen, dass Sie Ihre Aktivitäten aufgeben und ständig in der Angst vor weiteren Anfällen leben. Tatsächlich gibt es zwei bekannte Phänomene, wenn es um Panikattacken geht: *Antizipierende Angst* und *Phobisches Vermeidungsverhalten*. Diese beiden Symptome einer Panikattacke können Sie buchstäblich aus der Bahn werfen. Aus Angst vor der Konfrontation mit Auslösern das Haus nicht mehr zu verlassen ist für eine Person, die unter dieser Art von Angriffen leidet, Realität.

Obwohl Panikattacken überwältigend und intensiv sein können, gibt es einen Ausweg. Es gibt viele Formen von Therapien und Strategien, die Ihnen helfen können, wenn Sie unter solchen Anfällen leiden. Die Techniken in diesem Buch können bei sorgfältiger Anwendung viel dazu beitragen, dass Ihre Panikattacken weniger intensiv werden und in einigen Fällen sogar ganz aufhören. In diesem Buch haben wir uns mit der Definition einer Panikattacke beschäftigt, mit Vorurteilen und Missverständnissen, mit der Frage, wie man Panikattacken stoppen kann, mit wirkungsvollen Entspannungstechniken, mit Möglichkeiten, Panikattacken zu verhindern sowie mit der richtigen Vorgehensweise, um Hilfe zu erhalten.

Das zentrale Thema dieses Buches war, die Botschaft zu vermitteln, dass Panikattacken gestoppt werden können. Es erfordert harte Arbeit in einer Therapie und aus eigenem Antrieb, aber es gibt Wege, die Panikattacken zu stoppen.

Es ist wichtig, daran zu glauben, dass Sie Ihre Panikattacken bezwingen können. In diesem Buch haben wir Irrtümer hinsichtlich Panikattacken klargestellt. Wir sind zu dem Entschluss gekommen, dass man an einer Panikattacke nicht sterben kann und dass Panikattacken nicht in den Wahnsinn führen.

Panikattacken sind keine Bagatelle - sie können Sie mit voller Wucht treffen. Sie können jedoch immer die in diesem Buch beschriebenen Ratschläge befolgen, um Ihren Panikattacken zu begegnen. Beispielsweise sind Ruhe und das Akzeptieren der Panikattacke der erste Schritt in die richtige Richtung. Sie glauben vielleicht, dass es keinen Weg gibt, Panikattacken zu entkommen, aber dem muss nicht so sein. Sie können standhaft sein und die fünf Schritte des AWARE-Systems anwenden: Anerkennung und Akzeptanz der Panikattacke, Warten und Werten, Aktionen zur Linderung der Symptome, Repetition bzw. Wiederholung dieser Schritte und Ende. Wenn Sie lernen, diese fünf Schritte durchzuführen, sind Sie auf dem besten Weg, Ihre Panikattacken zu meistern.

Das Schwierigste beim Umgang mit Panikattacken ist, dass es für sie keine allgemein bekannte und unmittelbare Ursache gibt. Das kann verwirrend sein, denn wenn wir nicht wissen, was eine Panikattacke verursacht, wie können wir sie dann beseitigen? Wie können wir dafür sorgen, dass sie nicht mehr stattfindet? Obwohl die Ursache von Panikattacken nicht bekannt ist, haben psychische Fachkräfte erfolgreiche Wege zur Behandlung von Panikattacken entwickelt. Ich habe diese Strategien in diesem Buch vorgestellt und kann sie guten Gewissens empfehlen.

Wenn Sie in der Durchführung der fünf Schritte des AWARE-Systems routiniert sind, hören Sie nicht damit auf. Stellen Sie sich Ihrer Panikattacke und wenden Sie die Schritte an, die Sie in Kapitel fünf gelernt haben. Seien Sie sich Ihrer Auslöser bewusst und begrenzen Sie Reize, um eine Panikattacke zu verhindern. Wenn Sie anfangen, in Panik zu geraten, entspannen Sie sich und atmen Sie tief ein oder entspannen Sie Ihre Muskeln, eine Gruppe nach der anderen, damit Sie die Spannung, die sich in Ihrem Körper entwickelt hat, lösen können. Stellen Sie sich Ihre Wohlfühlzone vor und seien Sie konsequent mit Ihren negativen Gedanken - arbeiten Sie daran, sie zu unterbinden. Vertreiben Sie sie vollständig aus Ihrem Geist und üben Sie vor allem Achtsamkeit

- leben Sie in der Gegenwart, nicht in der Zukunft oder in der Vergangenheit. Diese Techniken funktionieren, weil sie Ihre Stressreaktionen positiv beeinflussen, die sich u. a. in einer beschleunigten Herzfrequenz, angespannten Muskeln und einer schnellen bzw. flachen Atmung äußern.

Wichtig ist auch, dass Sie sich entspannen und sich um die Stressoren in Ihrem Leben kümmern. Es reicht nicht aus, Ihre Auslöser nur zu kennen, Sie müssen auch sicherstellen, dass Sie nicht überfordert oder gestresst werden. Sie müssen vorausschauend handeln und sich ausgewogen ernähren, genügend Schlaf bekommen und Ihre Zeit so einteilen, dass Sie nicht überfordert werden.

Es ist entscheidend, dass Sie sich jemandem mit Ihrem Problem anvertrauen und um Hilfe bitten. Ihr erster Schritt war die Lektüre dieses Buches und Ihr nächster Schritt wird darin bestehen, die von uns besprochenen Strategien umzusetzen. Darüber hinaus möchten Sie vielleicht einen Therapeuten finden oder Ihre Freunde und Familie wissen lassen, wie sie Ihnen helfen können. Bereiten Sie einen Plan für den Fall vor, dass Sie eine Panikattacke haben und informieren Sie eine Person, die bei der Arbeit oder zu Hause bei Ihnen sein kann, um Ihnen bei einem Anfall zur Seite zu stehen. Auch die Kontaktaufnahme mit einem Therapeuten ist wichtig. Sie können sicher sein, unter den sechs gängigen Therapieformen eine zu finden, die für Sie wirksam ist.

Haben Sie keine Angst davor, die Schwierigkeiten, die Sie aufgrund Ihrer Panikattacken haben, mit anderen zu teilen. Eine Paar- und Familientherapie kann den Kontakt und das Gespräch mit Ihren Mitmenschen erleichtern. Auch wenn Sie sich vielleicht alleine fühlen, denken Sie daran, dass dies nicht der Fall ist. Die Menschen in Ihrem Leben haben an diesen Attacken teil und es ist die natürlichste Sache der Welt, dass sie Sie unterstützen und Ihnen helfen wollen. Scheuen Sie sich nicht, auf sie zuzugehen und sie in Ihre Behandlungspläne einzubeziehen.

Mein größter Wunsch ist, dass dieses Buch Ihnen hilft, Ihren Weg aus den Panikattacken zu finden. Viel Glück - und verlieren Sie nicht den Mut!

ANHANG

Um es noch hilfreicher für Sie zu gestalten, habe ich die 23 im Buch erwähnten Entspannungstechniken hier noch einmal zusammengestellt.

1. **Der erste der fünf Schritte des AWARE-Systems besteht darin, anzuerkennen und zu akzeptieren,** was während einer Panikattacke vor sich geht. Mit den fünf Schritten von AWARE ist es sogar möglich, die Panikattacke anzuhalten. Das Erste, das Sie tun müssen, ist, Ihre Angst anzuerkennen und zu akzeptieren (How to Stop Panic Attacks, o. J.).

   Der nächste Schritt von AWARE ist das *Warten*. Wenn Sie eine Panikattacke haben, werden Sie wahrscheinlich das Bedürfnis verspüren, zu fliehen oder sich zu wehren. Voreiliges Handeln wird die Dinge jedoch nur noch schlimmer machen. Wenn Sie eine Panikattacke haben, werden Sie oft in einen Zustand versetzt, in dem Sie nicht mehr klar denken können, daher neigen Sie eher dazu, etwas Unüberlegtes zu tun. Darüber hinaus treffen Sie Entscheidungen, die Ihre Situation nur noch verschlimmern können.

   Das Nächste, was Sie tun sollten, ist, zu beobachten und die Situation zu *bewerten*. Dies ist der Zeitpunkt, zu dem Sie versuchen sollten, die Mechanismen Ihrer Panikattacke zu verstehen. Was vor und während der Attacke geschieht, sind wichtige Aspekte, die es zu beachten gilt. Beobachten Sie diese Vorgänge und führen Sie ein Panik-Tagebuch, das Ihnen helfen kann, wichtige Komponenten der Panikattacke wahrzunehmen.

   Sie können diesem Schritt auch *Wirken* oder *Arbeiten* hinzufügen. Wenn Sie eine Panikattacke haben, sind Sie vielleicht nicht in der Lage, abzuwarten und sofort zu beobachten – hier kommt das Wirken ins Spiel. Nehmen Sie beispielsweise an, Sie sind im Auto unterwegs oder halten eine Präsentation. Verlieren Sie nicht die Fassung und laufen Sie nicht davon, sondern bleiben Sie der Sache zugewandt und bewegen Sie sich ruhig in Richtung Werten und Warten, während Sie Ihre Panikattacke haben.

Was tun Sie also, wenn eine Panikattacke ausbricht? Nun, Ihre Aufgabe ist es, sich während der Panikattacke wohler zu fühlen. Zu den Techniken, die sich für Menschen mit Panikattacken bewährt haben, gehören:

- Bauch- oder Zwerchfellatmung
- Sich während der Attacke selbst gut zureden
- Sich auf die Gegenwart einlassen
- Mit dem eigenen Körper arbeiten

Wenn Sie in einen neuen Zyklus einer intensiven Panikattacke eintreten, bleiben Sie rational und beginnen Sie den AWARE-Zyklus von vorn. Das mag Ihnen schwer fallen, aber wenn Sie anerkennen und akzeptieren, dass Sie eine längere Panikattacke haben, können Sie abwarten und beobachten (und möglicherweise mit dem aktiven Aspekt weitermachen). Sie können in *Aktion* treten und es sich bequemer machen, bis die Panikattacke schließlich endet.

Der letzte Schritt ist die *Beendigung* bzw. das *Ende* der Panikattacke.

Auch wenn Sie vielleicht glauben, dass es unmöglich ist, während einer Panikattacke etwas anderes zu tun als Entsetzen zu empfinden, lässt sich die Attacke unterdrücken. Am besten bringen Sie sich bei, sich zu konzentrieren und beschäftigen sich mit Dingen, die Ihre Konzentration von der Attacke ablenken.

2. Lernen Sie, sich zu konzentrieren

Es ist von zentraler Bedeutung, dass Sie nicht gegen die Panikattacke ankämpfen und sich nicht zu sehr hineinsteigern. Wenn Sie der Sache ruhig gegenübertreten und akzeptieren, was vor sich geht, besteht die Chance, dass Ihre Symptome etwas milder ausfallen.

3. **Bitten Sie um Hilfe**

Es kann hilfreich sein, Ihren Arzt um Empfehlungen für Therapeuten und Psychiater innerhalb seines professionellen Umfeldes zu bitten. So haben Sie ein Team, das einen einzigartigen und auf Sie zugeschnittenen Behandlungsplan ausarbeiten kann.

4. **Kontrollieren Sie Ihre Atmung**

Tiefes Einatmen und langsames Zählen bis vier beim Ein- und Ausatmen kann eine große Hilfe sein. Wenn Sie weiterhin panisch atmen, kann dies Ihre Angst verstärken und zu extremer Anspannung in Ihrem Körper führen, was zu weiteren körperlichen Symptomen, wie Enge- oder Schweregefühl in der Brust, führen kann. Daher ist es wichtig, sich auf die Kontrolle Ihrer Atmung zu konzentrieren.

Wenn Sie tief einatmen, so als würden Sie einen Ballon aufblasen, erlauben Sie Ihren Lungen, sich langsam und gleichmäßig zu füllen (Crawford, 2018). Wenn Sie langsam zählen, während Sie Ihre Lungen oder Ihren Bauchraum ausdehnen, können Sie sich auf etwas anderes als Ihre Panikattacke konzentrieren und dies kann Ihnen helfen, Ihre Panikattacke zu überstehen.

5. **Medikamente zur Behandlung von Panikattacken**

Es gibt verschiedene andere Techniken, die Ihnen während eines Angriffes helfen können. Was Sie sicherlich in Betracht ziehen sollten, ist die Einnahme von Medikamenten, die helfen, Ihre Anfälle zu behandeln. Wenn Sie von einem Psychiater oder Ihrem Hausarzt behandelt werden, können Ihnen Medikamente verschrieben werden, die Ihnen helfen, die Intensität einer Panikattacke zu mildern. Diese Medikamente können Ihnen zur regelmäßigen Einnahme - morgens, abends oder tagsüber - verschrieben werden oder nach Bedarf.

6. **Vermeiden Sie Reizüberflutungen**

Wenn Sie aufgrund überwältigender Reize Panikattacken bekommen, ist es wichtig, sich nach Möglichkeit von hellem Licht und lauten Geräuschen fernzuhalten. Wenn Sie die Konfrontation mit der Beleuchtung nicht verhindern können und feststellen, dass helles Licht Ihre Panikattacke auslöst, versuchen Sie, sich dem zentralen Bereich zu entziehen. Sollte dies nicht möglich sein, suchen Sie eine Stelle im Raum, an der Sie dem Auslöser nur begrenzt ausgesetzt sind. Versuchen Sie dann, sich auf Ihre Atmung oder eine andere Handlung zu konzentrieren, von der Sie glauben, dass sie die Intensität Ihrer Panikattacke verringern könnte.

7. Panikattacken und Ihre Auslöser

Wie werden Sie sich der möglichen Auslöser Ihrer Panikattacke bewusst? Hier bietet sich die Möglichkeit an, ein Tagebuch über die Ereignisse zu führen, die Ihre Panikattacken auslösen.

Wenn Sie ein Tagebuch über Ihre Panikattacken führen, können Sie Muster oder Hinweise darauf erkennen, ob bestimmte Situationen Grund für Ihre Panikattacken sein könnten. Bis Sie diese Situationen mit Ihrem Therapeuten durcharbeiten können, ist es ratsam, sich der Dinge bewusst zu werden, die ein potenzielles Risiko darstellen. Gehen Sie jedoch nicht so weit, dass Sie vollkommen zu Hause bleiben oder nicht an etwas teilnehmen, das gut für Sie ist, nur weil Ihre Teilnahme Sie möglichen Triggern aussetzen könnte. In der Therapie können Sie darauf hinarbeiten, sich selbst für Situationen zu desensibilisieren, die vor einer Panikattacke auftreten. Es ist wichtig, dass Sie Ihre Auslöser erkennen und aktiv darauf hinarbeiten, gesund mit ihnen umzugehen.

8. Bewegung setzt Endorphine frei

Eine weitere gesunde Art und Weise, mit einer Panikattacke umzugehen, ist moderate Bewegung. Auch wenn es keine Möglichkeit gibt, sich auf eine Panikattacke vorzubereiten, so ist doch Bewegung etwas, durch das eine Besserung Ihres Gemütszustandes erzielt werden kann.

Bewegung ist mehr als nur den Körper zu straffen und Kalorien zu verbrennen - sie hilft, Endorphine in Ihrem Körper freizusetzen, die

Ihre Stimmung verbessern und Ihren Körper entspannen (Crawford, 2018).

Schon bei moderatem Gehen setzen Sie die Endorphine in Ihrem System frei. Selbst leichte Übungen können Ihnen helfen, mit einer stressigen Umgebung zurechtzukommen. Ein kurzer Spaziergang während einer stressigen Zeit kann Ihnen helfen, Ihre Atmung zu regulieren und nervöse Spannungen, die sich in Ihnen aufgebaut haben, abzubauen.

Ein Spaziergang während einer Panikattacke kann Ihnen helfen, sich auf etwas anderes als die Auslöser zu konzentrieren und zudem den starken Kampf- oder Fluchtimpulsen entgegenwirken. Zusammenfassend lässt sich sagen, dass Bewegung viele Vorteile hat, wenn Sie von Panikattacken betroffen sind.

9. **Seien Sie achtsam**

Achtsamkeit ist der Zustand, sich des Geschehens um sich herum bewusst zu werden. Achtsamkeit kann Ihnen im Umgang mit der Gegenwart helfen - nicht mit der Vergangenheit oder Zukunft. Achtsamkeit ist sehr nützlich in der Vergegenwärtigung des Augenblickes: Sie akzeptieren, dass Sie eine Panikattacke haben und werden sich Ihrer körperlichen Empfindungen, Gedanken und Gefühle bewusst.

Ein Therapeut würde Achtsamkeit als zielgerichtete Aufmerksamkeit definieren (Niemiec, 2017). Manchmal haben Sie bei einer Panikattacke das Gefühl, von der Realität abgekoppelt zu sein. Es gibt jedoch Übungen, die Sie während einer Panikattacke durchführen können, um zu sich selbst zurückzufinden. Einige Beispiele solcher Übungen sehen wie folgt aus:

1. Hören Sie sich vier verschiedene Klänge an und überlegen Sie sich, was sie alle voneinander unterscheidet.

2. Lenken Sie Ihre Aufmerksamkeit auf fünf verschiedene Dinge um Sie herum und achten Sie dabei darauf, inwiefern sich jedes einzelne von den anderen unterscheidet.

3. Wählen Sie drei Objekte aus und zählen Sie sich selbst die Unterschiede (z. B. in ihrer Beschaffenheit, Verwendung und Temperatur) auf.

4. Konzentrieren Sie sich auf ein oder zwei verschiedene Gerüche um Sie herum. Was sind das für Gerüche? Haben Sie diese schon einmal gerochen?

5. Probieren und schmecken Sie - etwa ein Bonbon, das Sie in Ihrer Tasche oder Geldbörse haben.

Solche Übungen werden Ihren Fokus von der Panikattacke ablenken und Sie in die Gegenwart zurückbringen (Legg, 2018).

10. Richten Sie Ihre Aufmerksamkeit auf einen Gegenstand

Achtsam zu sein ist ein guter Weg, um in der Gegenwart zu verweilen und sich zu konzentrieren. Allerdings könnte es anfangs schwierig sein, ohne eine gewisse Übung Achtsamkeit zu erreichen. Etwas, das Sie tun können, um gut darin zu werden, ist, sich auf ein Objekt zu konzentrieren.

Diese einfache Aufgabe kann Ihnen eine Hilfe sein, wenn Sie eine Panikattacke haben. Suchen Sie sich ein Objekt in Ihrer Nähe aus und konzentrieren Sie sich vollständig darauf. Studieren Sie dieses Objekt und bestimmen Sie seine Eigenschaften. Dies wird Ihnen helfen, sich zu konzentrieren. Welche Farbe und Form hat der Gegenstand? Wie ist seine Beschaffenheit? Solche Fragen können Ihnen helfen, Ihren Fokus darauf einzustellen.

11. Muskelentspannung

Der Schlüssel zu dieser Übung besteht darin, Ihre Atmung zu verlangsamen und sich die Erlaubnis zur Entspannung zu geben. Wenn Sie ruhig sind, wird sich Ihre Atmung verlangsamen und Sie können beginnen, sich auf Ihre einzelnen Muskelgruppen zu konzentrieren und im Geiste loszulassen. Diese Übung, auch bekannt als *Progressive Muskelentspannung*, besteht darin, sich auf jede einzelne Muskelgruppe in Ihrem Körper zu fokussieren und zu visualisieren, wie sich die Muskeln entspannen.

Es gibt viele verschiedene Muskelgruppen, auf die Sie sich konzentrieren können, auch wenn dies bedeutet, dass Sie sich eine ganze Reihe von Gruppen merken müssen. Einige gute Ansatzpunkte sind die Konzentration auf Ihre Arme, dann auf den Kopf, den Nacken, die Schultern, die Brust, danach auf die Hüften und schließlich auf Ihre Beine und Füße. Spannen Sie diese Muskelgruppen nacheinander an und fühlen Sie diese Spannung fünf Sekunden lang, bevor Sie Ihre Muskeln loslassen und sich zehn Sekunden lang entspannen. Machen Sie dies mit Ihrem ganzen Körper. Die Progressive Muskelentspannung hat einen zweifachen Nutzen: Erstens gibt sie Ihnen etwas, womit Sie sich beschäftigen können und zweitens können Sie die Muskeln lockern, die sich während Ihrer Panikattacke wahrscheinlich ziemlich verkrampfen.

12. Finden Sie Ihre Wohlfühlzone

Jeder hat einen Ort, an dem er sich glücklich und wohlfühlt. Vielleicht ist es eine Bank in einem schönen Park oder irgendwo am Strand. Jeder Mensch hat seine ganz eigene Wohlfühlzone.

Wenn Sie Mühe damit haben, sich auf etwas im Raum zu konzentrieren, schließen Sie Ihre Augen und reisen Sie gedanklich in Ihre Wohlfühlzone. Nehmen Sie sich einen Augenblick Zeit, um darüber nachzudenken, wie Sie sich an diesem Ort fühlen. Denken Sie an so viele Details, wie Ihnen einfallen und konzentrieren Sie sich ganz darauf.

Wenn Sie eine Panikattacke haben, ist es wichtig, dass Sie Ihr subjektives Zeitempfinden verlangsamen. Versuchen Sie, die Details aufzurufen, die Ihre Konzentration erfordern, wenn Sie an Ihre Wohlfühlzone denken. Das Nachdenken über den Geruch, das Gefühl und die Klänge dieses Ortes ist ein simpler Weg, sich neu zu konzentrieren. Sie müssen sich nicht unbedingt an die kleinsten Details Ihrer Wohlfühlzone erinnern, wie etwa die genaue Anzahl der Treppen vom Strand bis zum Innenhof oder den Farbverlauf der Wände. Halten Sie es einfach und praktikabel.

Wenn Sie zu den Details Ihrer Wohlfühlzone zurückgekehrt sind, konzentrieren Sie sich darauf, gedanklich dorthin zu reisen. Atmen Sie langsam durch Nase und Mund ein und konzentrieren Sie sich auf Ihre Atmung wie auch auf die Details Ihrer Wohlfühlzone. Fahren Sie damit fort, bis die Panikattacke zu schwinden beginnt (Legg, 2018).

13. Legen Sie sich ein Mantra zurecht

Ein Mantra ist ein Wort, Satz oder Laut, das Ihnen helfen kann, sich zu konzentrieren (Crawford, 2018). Ich denke z. B. gerne an das Wort „glücklich", wenn ich unter Stress stehe. Vielleicht haben Sie ein Wort oder eine Phrase, die Sie glücklich macht, wie z. B. „Zu Hause ist es am schönsten."

Indem Sie dieses Mantra wiederholen, wenden Sie sich von der Panikattacke ab und denken und tun etwas Positives für sich selbst. Ein anderer guter Satz, den Sie während einer Panikattacke verwenden können, lautet: „Auch das wird vorübergehen." Dieses spezielle Mantra lenkt Sie nicht nur von Ihrer Panikattacke ab, sondern gibt Ihnen auch die Zuversicht, dass das, was Sie durchmachen, irgendwann zu Ende geht und dass es nicht ewig dauern wird.

Wenn Sie Ihr Mantra gefunden haben, probieren Sie es aus und sehen Sie, wie es Ihnen hilft, Ihre Atmung zu regulieren und Ihre Muskeln zu entspannen. Dies ist eine hilfreiche Maßnahme, um Ihre Panikattacken zu stoppen, denn sie hilft nicht nur bei der Entspannung. Ein gutes Mantra kann Sie auch beruhigen und Ihnen helfen, die Angst zu überwinden.

14. Bitten Sie um Unterstützung während Ihrer Panikattacke

Wenn Sie von einer Panikattacke betroffen sind, kann es hilfreich sein, Unterstützung zu erhalten. Vielleicht haben Sie einen Ehepartner oder einen Freund, dem Sie von diesen Panikattacken erzählen können. Suchen Sie sich eine wichtige Person in Ihrem Leben aus, die Ihnen während einer Panikattacke zur Seite steht.

15. Atemübungen

- Bitten Sie jemanden, einen ruhigen und angenehmen Ort zu finden, an welchem Sie sich während der Panikattacke hinsetzen können.
- Sobald Sie es sich an diesem Ort bequem gemacht haben, legen Sie eine Hand auf Ihren Bauch, die andere auf Ihre Brust. Nun atmen Sie tief ein und aus. Ergänzend können Sie sich beim Einatmen vorstellen, wie sich Ihr Bauchraum, ähnlich wie ein Ballon, mit Luft füllt.
- Atmen Sie langsam und regelmäßig durch die Nase ein. Beobachten und spüren Sie Ihre Hände beim Einatmen. Die Hand auf Ihrer Brust sollte ruhig bleiben, während sich die Hand auf Ihrem Bauch leicht bewegt.
- Atmen Sie langsam durch Ihren Mund aus.
- Wiederholen Sie diesen Vorgang mindestens zehn Mal oder zumindest, bis sich ihre Angst etwas beruhigt hat.

Eine andere Atemtechnik besteht darin, sich mit dem Daumen und dem Mittelfinger die Nasenlöcher zuzuhalten. Heben Sie den Mittelfinger an und atmen Sie ein. Beobachten Sie dabei, wie sich die auf Ihrem Bauch platzierte Hand bewegt. Halten Sie den Atem an und verschließen Sie mit dem Mittelfinger das Nasenloch wieder. Jetzt ist der Daumen mit der Anhebung dran. Atmen Sie die eingeatmete Luft durch das offene Nasenloch aus. Wenn Sie damit fertig sind, beginnen Sie den Prozess erneut. Wiederholen Sie diese Übung, bis Sie sich besser fühlen. Diese Art der Atmung findet große Beliebtheit in der Yoga-Meditation.

16. Die Macht positiver Gedanken

Zunächst sollten Sie sich in Erinnerung rufen, dass es nur Ihre Gedanken sind, die Sie ängstlich machen. Dann müssen Sie diese negativen Gedanken unterbinden und mehr positives Denken in Ihren Kopf bringen, sodass Sie die Negativität stoppen oder unterbrechen können. Zu den Techniken, die Sie ausprobieren können, gehören die folgenden:

- Denken Sie an einen geliebten Menschen und jene Eigenschaften, die Sie an ihm schätzen.
- Denken Sie an etwas in der Zukunft, worauf Sie sich freuen. Das kann z. B. ein Kinobesuch oder ein Essen in einem hervorragenden Restaurant sein.
- Tragen Sie Ihr Lieblingsbuch bei sich. Wenn sich eine Panikattacke anbahnt, können Sie es hervornehmen und darin lesen.
- Schalten Sie das Radio ein oder spielen Sie aufmunternde Musik auf Ihrem Smartphone ab.
- Falls Sie vor der Panikattacke mit etwas Wichtigem beschäftigt waren, versuchen Sie, sich wieder vollständig dieser Sache zu widmen.

Mobilisieren Sie diese Techniken und unterbrechen Sie die Gedanken, die Ihre Panikattacke verschlimmern. Es ist wichtig, Ihre Aufmerksamkeit von der Angst auf etwas Positives umzulenken. Dies kann Sie aus der Panikattacke befreien.

17. Aufmerksam in der Gegenwart leben

Die Ausübung von Achtsamkeit kann äußerst lohnenswert sein. Vor einer Panikattacke sollten Sie Achtsamkeit praktizieren, sodass diese zur Selbstverständlichkeit wird. Um Achtsamkeit zu üben, können Sie die folgenden Dinge tun:

- Reisen Sie gedanklich an einen ruhigen und angenehmen Ort. Setzen Sie sich und schließen Sie die Augen.
- Konzentrieren Sie sich auf Ihre Atmung und auf Ihre Körperempfindung.
- Verschieben Sie Ihren Fokus von Ihrer Atmung und Ihrem Körper und achten Sie darauf, was um Sie herum ist. Richten Sie Ihre Aufmerksamkeit auf das, was Sie hören, fühlen und riechen. Stellen Sie sich die folgende Frage: „Was passiert um mich herum?"
- Bleiben Sie aufmerksam und wechseln Sie hin und her zwischen der Konzentration auf Atmung und Körper und der

Wahrnehmung Ihrer Umgebung, bis die Angst zu schwinden beginnt.

Achtsamkeit ist der beste Weg, um in die Gegenwart zurückzufinden. Sie ist auch ein sehr wichtiges Instrument, das bei einer Panikattacke eingesetzt werden kann. Bei der Achtsamkeit geht es darum, einen ruhigen Zustand zu erreichen und die negativen Gedanken, die während einer Panikattacke auftreten, auszuschalten. Wenn Sie achtsam sind, leben Sie in der Gegenwart, welche auch keine Vergangenheit oder Zukunft kennt, über die Sie sich Sorgen machen müssten - nur die Gegenwart zählt.

18. Spannungen abbauen

Neben der Progressiven Muskelentspannung gibt es auch noch andere Vorgehensweisen, die Sie während einer Panikattacke ausprobieren können (Legg, 2018):

1. Suchen Sie sich einen gemütlichen Ort. Schließen Sie die Augen und fokussieren Sie sich auf Ihre Atmung. Atmen Sie langsam durch die Nase ein, anschließend atmen Sie durch Ihren Mund aus.
2. Ballen Sie Ihre Hand zu einer Faust und drücken Sie sie so fest wie nur möglich zusammen.
3. Verweilen Sie einige Sekunden in dieser Position und denken Sie an die Spannung in Ihrer Hand.
4. Öffnen Sie Ihre Hand langsam und nehmen Sie wahr, wie die Spannung Ihre Hand verlässt. Fühlen Sie, wie Ihre Hand nach und nach leichter wird, während Sie sich entspannen.
5. Versuchen Sie diese Technik mit anderen Körperteilen, wie den Beinen, Schultern und Füßen.

19. Zählen - eine einfache Technik

Eines der einfachsten Dinge, die Sie tun können, wenn Sie eine Panikattacke haben, ist das Zählen. Wenn die Panikattacke beginnt, begeben Sie sich an einen ruhigen und sicheren Ort. Sollten Sie sich beim Autofahren oder in einer Menschenmenge befinden, begeben Sie sich an den Straßenrand oder an einen sicheren Ort, an dem Sie sich setzen können. Sobald Sie sich an diesem sicheren Ort befinden, schließen Sie Ihre Augen und beginnen, bis zehn zu zählen. Es kann schwierig sein, sich während einer Panikattacke darauf zu konzentrieren, aber haben Sie Geduld mit sich selbst und versuchen Sie, weiterzumachen. Wenn Sie bei zehn angelangt sind, versuchen Sie, bis 20 zu zählen. Machen Sie so lange weiter, bis Ihre Angst verschwindet.

Wenn Sie Ihre Augen nicht schließen können, können Sie dennoch zählen. Machen Sie einfach weiter und zählen Sie so weit Sie können oder zählen Sie immer wieder bis zur gleichen Zahl. Vergessen Sie beim Zählen nicht, auf Ihre Atmung zu achten.

20. Planen Sie

Suchen Sie sich einen Freund oder ein Familienmitglied aus, das Ihnen bei einer Panikattacke zur Seite steht. Erstellen Sie einen Plan, den diese Person befolgen kann, wenn Sie eine Panikattacke haben. Sie können sich z. B. an einen ruhigen und sicheren Ort bringen lassen. Ergänzend können Sie dieser Person eine Atemtechnik zur Verringerung der Intensität der Attacke erklären. Besprechen Sie in jedem Fall, ob und unter welchen Umständen diese Person den Gang zur Notaufnahme erwägen sollte. Insgesamt ist es wichtig, einen Plan zu haben, den Sie mit einer Person Ihres Vertrauens teilen können.

21. Achten Sie auf Ihre Atmung

Ein häufiges Symptom von Panikattacken sind Kurzatmigkeit und die Sorge, zu hyperventilieren. Um dies zu vermeiden, sollten Sie während einer Panikattacke an die Anwendung Ihrer Atemtechniken denken. Lernen Sie, wie Sie Ihre Atmung verlangsamen können. Ein guter Ansatz zur Unterbindung Ihrer Atemnot sieht wie folgt aus: Atmen Sie tief ein, während Sie bis zehn zählen. Dann zählen Sie beim Ausatmen ebenfalls bis zehn. Durch bewusstes

Atmen können Sie sich selbst beruhigen und die Intensität Ihrer Panikattacke verringern (Star, 2020).

22. Verkürzen Sie die Dauer

Rufen Sie jemanden an, der bereit ist, Sie bei einer Panikattacke zu unterstützen. Versuchen Sie zudem, bis 100 zu zählen oder sich einer anderen mentalen Aktivität zu widmen, die Sie von Ihrer Panikattacke ablenken kann.

23. Teilen Sie sich Ihre Zeit gut ein, um Stress entgegenzuwirken

Teilen Sie zu erledigende Aufgaben in überschaubare Teile auf und setzen Sie sich Fristen, um diese zu bearbeiten. Verpflichten Sie sich nicht zu mehr Arbeit, als Sie bewältigen können. Es ist auch gut, Ihr Privatleben so zu gestalten, dass Sie einen strukturierten Zeitplan mit Auszeiten und Entspannungsphasen haben. Versuchen Sie, in Ihrem Privatleben Kollegen und Mitmenschen Grenzen zu setzen, denn es ist wichtig, dass Sie so oft wie möglich Ruhephasen haben.

REFERENZEN

American Psychiatric Association (2013). *Diagnostic and Statistical Manual of Mental Disorders* (5. Auflage). American Psychiatric Association.

Ankrom, S. (2019). Psychotherapy for treating panic disorder. *Verywell Mind*. https://www.verywellmind.com/psychotherapy-for-the-treatment-of-panic-disorder-2584312

Anxiety and Depression Association of America (o. J.). Facts and Statistics. *Anxiety and Depression Association of America*. https://adaa.org/about-adaa/press-room/facts-statistics

Carbonell, D. (2020). A breathing exercise to calm panic attacks. *Anxiety Coach*. https://www.anxietycoach.com/breathingexercise.html

Carbonell, D. (2020). The key to overcoming panic attacks. *Anxiety Coach*. https://www.anxietycoach.com/overcoming-panic-attacks.html

Carlsen, M. H., Halvorsen, B. L., Holte, K. Bøhn, S. K., Dragland, S., Sampson, L., Willey, C., Senoo, H., Umezono, Y., Sanada, C., Barikmo, I., Berhe, N., Willett, W. C., Phillips, K. M., Jacobs, D. R. Jr., & Blomhoff, R. (2010). The total antioxidant content of more than 3100 foods, beverages, spices, herbs and supplements used worldwide. *Nutrition Journal, 9, 3*. https://doi.org/10.1186/1475-2891-9-3

Cirino, E. (2018). Anxiety exercises to help you relax. *Healthline*. https://www.healthline.com/health/anxiety-exercises

Crawford, J. (2018). How can you stop a panic attack? *Medical News Today*. https://www.medicalnewstoday.com/articles/321510

Elliot, C. H., & Smith, L. L. (2010). *Overcoming anxiety for dummies* (2. Auflage). Wiley Publishing Inc.

Exposure therapy. (2015). GoodTherapy. https://www.goodtherapy.org/learn-about-therapy/types/exposure-therapy

Gotter, A. (2018). 11 ways to stop a panic attack. *Healthline*. https://www.healthline.com/health/how-to-stop-a-panic-attack

Gotter, A. (2019). EMDR therapy: What you need to know. *Healthline.* https://www.healthline.com/health/emdr-therapy

Healthline Editorial Team. (2018). Everything you need to know about stress. *Healthline.* https://www.healthline.com/health/stress

Hilmire, M. R., DeVylder, J. E., & Forestell, C. A. (2015). Fermented foods, neuroticism, and social anxiety: An interaction model. *Psychiatry Research, 228(2)*, 203-8. https://doi.org/10.1016/j.psychres.2015.04.023

Holmes, L. (2017). Panic attack myths we need to stop believing. *Huffington Post.* https://www.huffingtonpost.ca/entry/panic-attack-myths_n_6509750

How can I prevent panic attacks? (2019). WebMD. https://www.webmd.com/anxiety-panic/how-prevent-panic-attacks#1

How do you feel scared? (o. J.). This Way Up. https://thiswayup.org.au/how-do-you-feel/scared/

How to stop panic attacks? (o. J.). Barends Psychology Practice. https://barendspsychology.com/how-to-stop-panic-attacks/

Katie's story: Recovering from panic attacks, anxiety, and depression (o. J.). Mental Health Foundation. https://www.mentalhealth.org.uk/stories/katies-story-recovering-panic-attacks-anxiety-and-depression

Mayo Clinic Staff. (o. J.). Panic attacks and panic disorder. Mayo Clinic. https://www.mayoclinic.org/diseases-conditions/panic-attacks/symptoms-causes/syc-20376021

Miller, T. (2017). 9 people describe what it feels like to have a panic attack. *Self.* https://www.self.com/story/9-people-describe-what-it-feels-like-to-have-a-panic-attack

Naidoo, U. (2019). Nutritional strategies to ease anxiety. *Harvard Health Publishing.* https://www.health.harvard.edu/blog/nutritional-strategies-to-ease-anxiety-201604139441

Niemiec, R. M. (2017). 3 definitions of mindfulness that might surprise you. *Psychology Today.* https://www.psychologytoday.com/us/blog/what-matters-most/201711/3-definitions-mindfulness-might-surprise-you

Panic and panic attacks. (2019). GoodTherapy. https://www.goodtherapy.org/learn-about-therapy/issues/panic

Rauch, J. (2016). How to handle a panic attack at work: The complete guide. *The Talkspace Voice.* https://www.talkspace.com/blog/how-to-handle-a-panic-attack-at-work-the-complete-guide/

Smith, M., Segal, R., & Segal, J. (2019). Therapy for anxiety disorders. *HelpGuide.* https://www.helpguide.org/articles/anxiety/therapy-for-anxiety-disorders.htm

Star, K. (2019). Cognitive behavioral therapy for panic disorder. *Verywell Mind.* https://www.verywellmind.com/cognitive-behavioral-therapy-2584290

Star, K. (2019). EMDR for panic attacks and anxiety. *Verywell Mind.* https://www.verywellmind.com/emdr-for-panic-disorder-2584292

Star, K. (2016). 7 common myths about panic attacks. *Verywell Mind.* https://www.verywellmind.com/common-myths-about-panic-attacks-2584405

The key to calm: 10 relaxation techniques for panic attacks. (o. J.). Dignity Health. https://www.dignityhealth.org/articles/the-key-to-calm-10-relaxation-techniques-for-panic-attacks

Vandergriendt, C. (2019). What's the difference between a panic attack and an anxiety attack? *Healthline.* https://www.healthline.com/health/panic-attack-vs-anxiety-attack

Ways to stop a panic attack. (2019). WebMD. https://www.webmd.com/anxiety-panic/ss/slideshow-ways-to-stop-panic-attack

SOZIALE ÄNGSTE ÜBERWINDEN

Keine Angst vor Menschen!

Bewährte Techniken, die Schüchternheit, soziale Störungen und Phobien endgültig heilen

DERICK HOWELL

INHALTSVERZEICHNIS

Einführung 389

Kapitel 1: Was sind soziale Ängste? 393

Kapitel 2: Warum entwickeln Menschen eine soziale Angststörung? 405

Kapitel 3: Tipps zum Umgang mit sozialen Angststörungen 421

Kapitel 4: Eine Sozialphobie überwinden 431

Kapitel 5: Entspannungstechniken 443

Kapitel 6: Nicht mehr anderen Menschen gefallen wollen 457

Kapitel 7: Wie Sie Ihre Schüchternheit überwinden 469

Kapitel 8: So bauen Sie soziales Selbstvertrauen auf 479

Kapitel 9: Ihr Selbstbewusstsein verbessern 487

Kapitel 10: Therapie für soziale Angststörungen 497

Abschließende Worte 505

Verweise 509

EINFÜHRUNG

Haben Sie sich jemals auf eine Präsentation vorbereitet, nur um am Ende kein Wort herauszubekommen? Sie haben sicherlich auch schon einmal das leichte Unbehagen gespürt, das mit Gesprächen mit fremden Personen einhergeht, oder? Es mag normal sein, sich in sozialen Situationen etwas nervös zu fühlen, doch wenn Ihre alltäglichen Interaktionen Angst, Verlegenheit, Unsicherheit und erhebliche Angstzustände verursachen, dann haben Sie eine sogenannte soziale Angststörung – eine Störung, die Ihr Leben ruinieren kann, wenn Sie diese nicht überwinden.

Es gibt unterschiedliche Grade sozialer Angststörungen, doch insgesamt können sie dazu führen, dass wir in sozialen Situationen unbeholfen handeln. Eine soziale Angststörung ist eine psychische Erkrankung, bei der Menschen eine irrationale Angst verspüren, wenn sie im gesellschaftlichen Umfeld interagieren. Für diese Menschen ist die Interaktion mit anderen Menschen sehr angsteinflößend. Solche Menschen haben typischerweise Angst davor, negativ bewertet oder beurteilt zu werden. Wenn eine solche Angststörung nicht in Schach gehalten wird, kann sie in fast jedem Lebensbereich Angst auslösen. Angststörungen verursachen zudem ein geringes Selbstwertgefühl, Depressionen, negative Gedanken, eine erhöhte Kritikempfindlichkeit sowie schlechtere soziale Fähigkeiten.

Soziale Angststörungen sind weit verbreitet. Einige Betroffene sind zu dem Schluss gekommen, dass sie eben so sind, wie sie sind, und dass sie nichts gegen ihre Angststörungen tun können. Doch das ist nicht richtig. Der Unterschied zwischen denjenigen Menschen, die ihre sozialen Ängste überwinden, und denen, die damit leben, besteht darin, dass die Erstgenannten etwas dagegen unternommen haben und die anderen beschlossen haben, sich ihrem Schicksal zu ergeben.

Im weitesten Sinne ist es in Ordnung, schüchtern zu sein. Wir alle sind in unterschiedlichem Maße schüchtern. Doch wenn Ihre Schüchternheit so groß ist, dass sie Sie davon abhält, Ihr bestes Leben zu führen, dann ist dies nicht normal und Sie müssen etwas dagegen unternehmen. Nichts sollte Ihren Fortschritten im Leben im Weg stehen. Nichts sollte Sie davon abhalten, Ihr bestes Leben zu führen.

Soziale Ängste können dazu führen, dass Sie Karrierechancen verpassen, Präsentationen vergeigen, auf die Sie sich so gut vorbereitet haben, oder Dates abbrechen und nach Hause gehen und sich fragen, was schief gelaufen ist. Wenn Sie jemals in einer dieser Situationen waren, dann sind Sie damit nicht allein. Millionen von Menschen teilen dasselbe Schicksal mit Ihnen. Die gute Nachricht ist jedoch, dass Sie etwas dagegen tun können, und die Lektüre dieses Buches ist ein Schritt in die richtige Richtung.

Es gibt verschiedene Behandlungen und Maßnahmen sowie Möglichkeiten zur Änderung des Lebensstils und der Denkweise, um Ihre Angst vor sozialen Interaktionen zu überwinden. Soziale Ängste spielen sich im Kopf ab und dort müssen wir ansetzen, wenn wir sie überwinden wollen. Während sich Therapien wie die kognitive Verhaltenstherapie als wirksam gegen soziale Ängste erwiesen haben, sind Änderungen des Lebensstils wie Stressabbau, mehr Bewegung, Teilnahme an gesellschaftlichen Ereignissen, ausreichend Schlaf und gesünderes Essen ebenfalls gute Möglichkeiten, um mit sozialen Ängsten umzugehen. Im Verlauf dieses Buches werden wir uns eingehend mit den verschiedenen Möglichkeiten befassen, die Ihnen dabei helfen können, die Kontrolle über Ihr Leben wiederzuerlangen.

Ich weiß, dass sich diese Methoden für Sie als effektiv erweisen werden, denn als professioneller Redner und Angstcoach, der zahlreichen Menschen mit sozialen Ängsten geholfen hat und der bereits selbst darunter gelitten hat, kann ich sagen, dass ich weiß, was funktioniert (und was nicht). Ich habe oft über dieses Thema referiert und mehrere Artikel geschrieben, um Menschen mit sozialen Angststörungen zu helfen. Ich befasse mich besonders leidenschaftlich mit diesem Thema, weil mich meine sozialen Ängste fast meiner Träume beraubt hätten, und als ich die Angst erfolgreich überwunden hatte, befand ich mich wieder auf dem richtigen Weg. Dieses Freiheitsgefühl, das ich empfand, nachdem ich meine Sozialphobie überwunden hatte, ist meine Motivation und ich hoffe, dass auch Sie diese Freiheit verspüren, bevor Sie die letzte Seite dieses Buches umblättern.

Warum sollten Sie diese Freiheit anstreben? Sie sollten dies wegen all der Vorteile tun, die Sie erleben werden. Ich kann Ihnen dies aus eigener Erfahrung bestätigen. Wenn Sie sich von Ihrer sozialen Angststörung befreien, haben Sie endlich die Chance, um:

- Ganz Sie selbst zu sein
- Mehr soziale Kontakte zu pflegen
- Mehr Freunde zu finden
- Sich in der Öffentlichkeit wohler zu fühlen
- Ihr Selbstvertrauen zu steigern
- Keine qualvollen Gedanken mehr zu haben
- Nicht mehr so extrem sensibel zu sein
- Und vieles mehr ...

Woher weiß ich das? Früher hatte ich schreckliche Angst, wenn ich eine Bühne betreten musste, um etwas zu präsentieren, wenn ich neue Leute kennenlernte oder in unzähligen anderen sozialen Situationen. Doch die in diesem Buch enthaltenen Tipps waren für mich am effektivsten und haben mir dabei geholfen, meine Ängste zu überwinden. Heute bin ich ein etablierter Redner und Schriftsteller, der es geschafft hat, sich einen Namen zu machen. Es ist mir zudem gelungen, erfolgreiche Beziehungen aufzubauen, die mein emotionales und geschäftliches Leben bereichern. Ich knüpfe sehr leicht neue Kontakte und genieße das Leben. Sie fragen sich wahrscheinlich, ob ich auch ein gutes Selbstwertgefühl habe. Darauf können Sie wetten.

Lassen Sie sich jedoch nicht täuschen. Ich habe diese signifikanten Ergebnisse nicht erzielt, indem ich etwas Außergewöhnliches geleistet habe. Nicht nur ich, sondern Millionen von Menschen wachen auf und wollen sich von dieser Last befreien. Ich habe beobachtet, wie sich Menschen unter meiner Anleitung von äußerst schüchtern zu aufgeschlossen und kontaktfreudig entwickelten. Und Sie können der bzw. die Nächste sein!

Was verspreche ich Ihnen? Nachdem Sie dieses Buch gelesen haben, werden Sie Ihre sozialen Ängste überwinden (da bin ich mir sicher). Ich werde Ihnen nichts vorenthalten, da ich jeden Schritt, jedes System und jeden Trick, der bei mir und bei unzähligen anderen Menschen funktioniert hat, verraten werde, und ich werde Ihnen zudem leicht umsetzbare Schritte präsentieren, die Ihnen dabei helfen werden, Ihre sozialen Ängste in kürzester Zeit zu überwinden.

Wenn Sie dieses Buch gelesen haben, können Sie sich Ihren sozialen Ängsten stellen und sie überwinden. In jeder einzelnen Minute werden Sie von Ihren sozialen Ängsten gehemmt und lassen sich Gelegenheiten entgehen. Denken Sie daran, dass die Zukunft denen gehört, die jetzt handeln. Sie müssen nur dieses Buch lesen, die darin beschriebenen Schritte befolgen und Sie werden drastische Veränderungen in Ihrem Leben feststellen.

Lesen Sie weiter, um die Geheimnisse herauszufinden, die mir und unzähligen anderen Menschen dabei geholfen haben, die schlimmsten sozialen Ängste zu überwinden. Lesen Sie dieses Buch nicht nur, sondern treffen Sie die Entscheidung, jeden Schritt zu befolgen, den ich darin beschreibe. Es kann unterschiedliche Auswirkungen auf ihr Leben haben: Je hungriger Sie nach Ergebnissen sind, desto schneller werden Sie diese mit diesem Buch erreichen.

KAPITEL 1:

Was sind soziale Ängste?

Der Begriff soziale Angst bzw. Sozialphobie wird oft mit Schüchternheit verwechselt, doch dies sind zwei völlig verschiedene Dinge. Die Nervosität und das unangenehme Gefühl, die mit einem gesellschaftlichen Ereignis einhergehen, sind Sozialphobien. In diesem Abschnitt werde ich Ihnen ausführlich erklären, was eine Sozialphobie ist. Mein Ziel ist es, Ihnen zu vermitteln, was eine Sozialphobie ist, wie sich diese auf Sie auswirken kann, warum sie Sie betrifft, wann sie auftritt, was sie auslöst und wie sie sich anfühlt, wenn sie auftritt. Ich glaube, wenn Sie diese Aspekte verstanden haben, dann können Sie besser und effektiver mit Ihrer Sozialphobie umgehen. Lassen Sie uns dieses Thema also gemeinsam erkunden.

Also, was ist eine Sozialphobie?

Unter einer Sozialphobie bzw. unter sozialen Ängsten versteht man die extreme Angst vor einer negativen Bewertung durch andere Menschen. Menschen mit dieser Störung sind immer nervös, wenn sie sich in der Nähe von anderen Menschen befinden, weil sie befürchten, sich selbst zu blamieren. Diese Angst rührt von der Tatsache her, dass sich solche Menschen einfach nicht gut genug fühlen. Und als ob das noch nicht ausreichen würde, befürchten solche Menschen zudem, dass sie dafür verurteilt werden, wenn sie Anzeichen dafür zeigen, dass sie Angst haben, wie z. B. Schwitzen, Zittern oder Erröten. Dieses Problem kann leicht zu einer richtigen Lawine werden.

Um diesem Labyrinth der Angst zu entkommen, bleiben Menschen mit sozialer Angst für sich und vermeiden soziale Kontakte und soziale Zusammenkünfte. Das Problem dabei ist jedoch, dass soziale Zusammenkünfte unvermeidlich sind. Denken Sie an Schulunterricht,

Vorstellungsgespräche, Gruppenversammlungen, Partys, Bälle, Veranstaltungen, Strände, Kinos ... All diese Ereignisse sind ein „geselliges Beisammensein". Wenn Sie also „soziale Zusammenkünfte" vermeiden müssen, vermeiden Sie indirekt das Leben an sich.

Das erinnert mich an meine Schulzeit. Ich habe mich früher geweigert, meine Hand zu heben, um eine Frage im Unterricht zu beantworten, selbst wenn ich die Antwort wusste. Die wenigen Male, die ich es versuchte, endeten nicht gut, da ich mich so verhaspelte, dass ich meinen Freunden nach dem Unterricht nicht einmal mehr in die Augen sehen konnte. Also beschloss ich, im Unterricht einfach zu schweigen. Wissen Sie, was mich das gekostet hat? Es führte dazu, dass ich mit keinem meiner Lehrer ein gutes Verhältnis hatte, da ich bezweifle, dass sie mich jemals im Unterricht bemerkten. Weniger kluge Studenten bauten positive Beziehungen zu diesen Lehrern auf und manchmal zeigte sich dies sogar in ihren Noten. Es war nicht so, dass meine Lehrer voreingenommen waren, aber wenn Sie gut mit einem Lehrer auskommen, wird Sie das dazu inspirieren, mehr zu lernen und bessere Noten zu erzielen, um sie zu beeindrucken.

Verbreitung

Wenn Sie selbst unter den Symptomen einer Sozialphobie leiden, dann denken Sie auf keinen Fall, dass diese nur Sie allein betreffen. Sie sind damit nicht allein. Laut einer Statistik des National Institute of Mental Health aus dem Jahre 2017 litten im vergangenen Jahr etwa 7 % der Menschen in den USA unter sozialen Angststörungen. Zudem werden weitere 12 % irgendwann einmal in ihrem Leben unter einer Sozialphobie leiden.

Die verschiedenen Typen von sozialen Angststörungen

Gemäß dem diagnostischen und statistischen Handbuch für psychische Störungen (DSM-5) gibt es zwei Kategorien von sozialen Angststörungen (SAS). Diese Kategorien sind „Allgemeine soziale Angststörungen" und „Nur auftrittsbezogene soziale Angststörungen". Diese Kategorien waren früher unter den Begriffen „generalisierte SAS" und

„spezifische SAS" bekannt. Die spezifischen sozialen Angststörungen wurden durch „Nur auftrittsbezogene soziale Angststörungen" ersetzt, da sich die spezifischen Angststörungen ursprünglich darauf bezogen, dass ein Patient unter Angstzuständen leidet, wenn er vor anderen Menschen sprechen muss.

Werfen wir einen kurzen Blick auf die beiden Kategorien:

- Generalisierte soziale Angststörung

Eine generalisierte soziale Angststörung bezieht sich auf die Kategorie von Menschen, die sowohl in Bezug auf Auftritte vor Publikum als auch im sozialen Umfeld Angst und Furcht empfinden. Diese Störung wird als schwerwiegender als die nur auftrittsbezogene SAS angesehen, da sie nicht selektiv ist und häufiger auftritt. Laut DSM-5 erleben Patienten mit generalisierter sozialer Angststörung Angst und Unruhe, wenn:

1. Sie mit unbekannten Personen interagieren und Prüfungen absolvieren müssen

2. Sie Angst vor einer möglichen Demütigung haben

In milden Fällen ist es möglich, dass sich Menschen mit einer generalisierten SAS in der Nähe ihrer engen Freunde und Familienangehörigen wohl fühlen.

- Auftrittsbezogene soziale Angststörung

Wie der Name schon sagt, empfinden Menschen mit dieser Angststörung nur dann Angst und Furcht, wenn sie vor Publikum auftreten müssen. Solche Menschen verspüren bei gesellschaftlichen Zusammenkünften keine Angst, sondern nur dann, wenn es Zeit ist, vor einer Gruppe von Menschen aufzutreten. Ein Beispiel hierfür ist, wenn diese Menschen eine Rede vor anderen Personen halten müssen.

Wenn Sie diese Form einer SAS haben, dann sollten Sie sich jedoch nicht zu früh freuen: Auch eine solche SAS kann Sie beeinträchtigen. Diese Form einer SAS kann Ihre Fortschritte in Ihrem Berufsleben oder andere karrierebezogene Erfolge erheblich beeinträchtigen.

Abgesehen davon, wann die Betroffenen Angst verspüren, gibt es noch weitere Unterschiede zwischen diesen beiden Kategorien. Diese bestehen in der Behandlungsmethode, dem Ansprechen auf die Behandlung, den körperlichen Symptomen während eines Anfalls und dem Alter, in dem diese Angstzustände zum ersten Mal auftraten.

Sie müssen die Art der Störung kennen, an der Sie leiden, bevor Sie damit beginnen, sich über eine Heilmethode zu informieren. Dies ist ein idealer Zeitpunkt für Sie, um einen Selbsttest durchzuführen und sich selbst gegenüber völlig ehrlich zu sein, wo und wann Sie Angst bekommen, damit Sie wissen, wie Sie die Techniken und Schritte, die ich Ihnen in den letzten Kapiteln dieses Buches mitteilen werde, richtig anwenden können. In der Regel ist es am besten, Behandlungsmethoden zu verwenden, die auf eine bestimmte Erkrankung zugeschnitten sind, um das entsprechende Ergebnis zu erzielen.

Wie Sie herausfinden, ob Sie an einer sozialen Angststörung leiden

Einige Menschen machen zunächst den Fehler zu glauben, dass ihre Symptome auf eine nicht-psychiatrische Erkrankung zurückzuführen sind. Zunächst muss diese Idee ausgeschlossen werden. Stellen Sie sicher, dass Sie nicht aus medizinischen Gründen wie Hyperthyreose, endokrinen Problemen, bestimmten Herzproblemen oder niedrigem Blutzucker an Angstzuständen leiden. Lassen Sie dies von einem Arzt beurteilen.

Können soziale Angststörungen zu anderen Komplikationen führen?

Soziale Angststörungen können ebenso wie andere schwerwiegende Erkrankungen Komplikationen verursachen. Die häufigste Komplikation ist, dass die Problematik während des gesamten Lebens eines Menschen beständig auftritt. Wenn Sie nichts dagegen tun, kann Ihre soziale Angststörung Sie Ihr ganzes Leben lang begleiten. Die meisten Menschen glauben fälschlicherweise, dass sie mit zunehmendem Alter ihrer Angststörung entwachsen werden. Ich teile es Ihnen ungern mit, doch dies funktioniert so nicht. Vielmehr gewinnt Ihre SAS an Dynamik, wenn Sie älter werden.

Negative Selbstgespräche und Schwierigkeiten, sich durchzusetzen, sind ebenfalls Anzeichen für extreme soziale Angststörungen.

In einigen schweren Fällen kann es sogar passieren, dass betroffene Personen die Schule abbrechen, ihren Job kündigen oder sich selbst isolieren. Wenn dies passiert und solchen Menschen nicht geholfen wird, können Depressionen und sogar Selbstmordgedanken die Folge sein. Unkontrollierte soziale Ängste haben sogar einige Menschen dazu gebracht, Suizid zu begehen.

Spezifischere Komplikationen, die auftreten können, sind:

Komorbidität

Komorbidität ist ein Konzept in der Medizin, bei dem andere Erkrankungen zusammen mit der Ersterkrankung in Koexistenz auftreten. Soziale Angststörungen sind ebenfalls komorbid. Statistiken zeigen, dass 66 % der Patienten mit SAS auch an anderen verwandten psychischen Erkrankungen leiden. Einige der häufigsten Krankheiten, mit denen SAS koexistieren, sind klinische Depressionen sowie ängstlich-vermeidende Persönlichkeitsstörungen. Experten sagen, dass SAS-Patienten wahrscheinlich eine klinische Depression entwickeln, weil ihnen persönliche Beziehungen fehlen und sie die meiste Zeit für sich bleiben. Eine Veröffentlichung des Nationalen Zentrums für Biotechnologie-Informationen ergab, dass Menschen mit SAS 1,49 bis 3,5-mal häufiger an einer klinischen Depression leiden.

Alkohol- und Drogenmissbrauch

Da Depressionen und Angstzustände für Menschen mit SAS oft nicht mehr zu ertragen sind, wollen sich die Betroffenen oftmals selbst behandeln, um ihre Lage zu verbessern. Hier kommen Alkohol- und Drogenmissbrauch ins Spiel. Statistiken zufolge sind 20 % der Menschen mit SAS alkoholabhängig.

Und wie entwickeln sich die SAS dieser Menschen, wenn sie zudem damit beginnen, Alkohol und Drogen zu konsumieren? Sie werden noch schlimmer. Es wurde festgestellt, dass Menschen mit SAS, die alkohol- oder drogenabhängig sind, seltener gruppenbasierte Behandlungen ausprobieren.

Die wichtigste Erkenntnis

Einige Menschen mit SAS sind sich dessen bewusst, dass ihre Angststörungen nicht gut für sie sind. Sie wissen, dass diese ihnen schaden. Manchmal fragen sie sich sogar selbst, warum sie sich von einem so winzigen Problem so sehr stören lassen. Doch ihre Angstgefühle bleiben weiterhin bestehen und werden noch schlimmer. Es ist zwar noch nicht die Lösung, doch zumindest ein guter Schritt in die richtige Richtung, wenn Sie sich eingestehen, dass Sie an einer sozialen Angststörung leiden. Sie müssen nach einer echten Lösung suchen, wie sie in diesem Buch beschrieben wird, um sich zu befreien. Egal wie chronisch Ihre sozialen Angststörungen sind, sie sind heilbar und es gibt Hoffnung für Sie.

Was soziale Angststörungen nicht sind

Eine soziale Angststörung bzw. Sozialphobie wird oft mit anderen Dingen verwechselt. Im Folgenden werden wir einige dieser Dinge betrachten (die uns glauben machen könnten, dass wir unter einer Sozialphobie leiden), um ein besseres Verständnis dafür zu bekommen, was eine Sozialphobie tatsächlich ist.

- Lampenfieber ist keine soziale Angststörung

Wir alle wissen, dass Lampenfieber ein sehr häufiges Phänomen bei Menschen ist. Die meisten Personen sind nervös, wenn sie vor einer Menschenmenge stehen und sprechen müssen. Wenn Sie sich so fühlen, ist das normal. Sie bekommen dieses Gefühl, weil Sie nicht an die Menschenmenge gewöhnt sind. Sie können versuchen, sich zu einem Rhetorikkurs anzumelden und üben, vor einer Gruppe von Personen zu sprechen.

Außerdem können sich viele Menschen etwas nervös fühlen, wenn sie an einer gesellschaftlichen Veranstaltung oder an einem Wettbewerb teilnehmen. Lampenfieber wird jedoch nicht als soziale Angststörung eingestuft. Nur wenn Sie bei alltäglichen gesellschaftlichen Ereignissen übermäßige Angst und Furcht verspüren, leiden Sie an einer SAS. Sie fühlen sich beschämt, auch wenn es nichts gibt, wofür Sie sich schämen sollten.

Eine Person, die unter Lampenfieber leidet, fühlt sich bei alltäglichen Dingen wie beim Essen in einem Restaurant oder beim Ausfüllen von Formularen in Gegenwart von Menschen wohl. Es könnte jedoch sein, dass Sie an einer SAS leiden, wenn diese trivialen Dinge Angst in Ihnen auslösen.

- Eine Panikstörung ist keine soziale Angststörung

Aufgrund ihrer Natur neigen wir dazu, soziale Angststörungen mit Panikstörungen zu verwechseln. Obwohl sie beide zu den fünf Hauptangststörungen gehören, die im DSM-5 aufgeführt sind, unterscheiden sie sich dennoch in vielerlei Hinsicht.

Der Unterschied besteht darin, dass Menschen mit SAS keine Panikattacken erleben. Was sie jedoch erleben können, sind Angstattacken. Menschen mit einer Panikstörung erkennen möglicherweise nicht, dass es Panik ist, die sie fühlen. Doch Menschen mit einer sozialen Angststörung verstehen, dass das, was sie erleben, Angst und Furcht ist. Eine Person mit einer Panikstörung muss nach einer Panikattacke möglicherweise sogar das Krankenhaus aufsuchen, weil sie denkt, dass mit ihr etwas körperlich nicht stimmt, doch dies gilt nicht für Menschen mit sozialer Angststörung.

Diagnose

Manchmal kann es schwierig sein, sicher zu sagen, ob das, was Sie verspüren, eine SAS ist oder nicht. Am besten erkundigen Sie sich bei einem Arzt oder einer medizinischen Fachkraft. Sie können eine körperliche Untersuchung und eine psychiatrische Grunduntersuchung durchführen lassen. Während der körperlichen Untersuchung versucht der Arzt herauszufinden, ob es andere körperliche Ursachen für Ihre Gefühle gibt. Wenn er feststellt, dass es keine physische Erklärung für Ihren Zustand gibt, empfiehlt er Ihnen möglicherweise eine psychiatrische Untersuchung. Ein Psychiater oder Psychologe wird Sie nach den Symptomen fragen, die Sie erlebt haben, wann Sie sie erlebt haben, wie oft Sie sie erlebt haben und wie lange Sie die Symptome bereits haben. Bei einigen Symptomen müssen Sie einen Fragebogen ausfüllen, damit Ihre Diagnose leichter erstellt werden kann.

Bei einer SAS möchte Ihr Psychiater bzw. Psychologe immer herausfinden, ob die Angst, die Sie empfinden, so stark ist, dass sie Ihr tägliches Leben beeinträchtigen kann. Denn wie gesagt kann es normal sein, wenn Sie eine leichte Angst verspüren. Er wird prüfen, ob Ihre Angst Ihre Karriere, Ihre Beziehungen oder andere soziale Konzepte beeinträchtigen kann.

Ihr Psychiater oder Psychologe wird die Diagnose einer SAS nicht vorschnell stellen. Diese muss einen ordnungsgemäßen Prozess durchlaufen. In den USA und einigen anderen Ländern müssen die von Ihnen beschriebenen Symptome mit den im Diagnose- und Statistikhandbuch (DSM) für soziale Angstzustände angegebenen Kriterien übereinstimmen.

Im Gegensatz zu anderen Erkrankungen können psychische Erkrankungen nicht mit einem Labortest überprüft werden. Eine SAS wird also anhand einiger vorgegebener Kriterien beurteilt. Die Kriterien für eine SAS sind in einem Handbuch veröffentlicht, das als diagnostisches und statistisches Handbuch für psychische Störungen bekannt ist. Es wird von der American Psychiatric Association (APA) herausgegeben.

Diagnosekriterien für SAS

Schauen wir uns nun die Kriterien an, die im diagnostischen und statistischen Handbuch für psychische Störungen aufgeführt sind:

- Der Patient fürchtet sich vor jeder sozialen Situation, bei der er im Mittelpunkt der Aufmerksamkeit stehen könnte, wie z. B.

Sprechen vor Publikum, Essen im Freien oder das Kennenlernen fremder Personen.
- Der Patient hat eine ausgeprägte Angst, sich zu blamieren oder in Verlegenheit zu bringen oder von anderen Menschen aufgrund seiner Handlungen oder seiner Angstsymptome abgelehnt zu werden.
- Der Patient verspürt Angst oder Unruhe, die nicht proportional zur Bedrohung ist.
- Der Patient erlebt diesen Zustand seit sechs Monaten oder länger.
- Aufgrund seiner Angst leidet der Patient in bestimmten Bereichen seines Lebens unter erheblichen Belastungen oder Beeinträchtigungen, wie zum Beispiel am Arbeitsplatz, in der Schule oder im Privatleben.
- Die Angst oder Unruhe, die der Patient empfindet, ist nicht auf die Wirkung anderer Medikamente oder Rausch- bzw. Genussmittel zurückzuführen. Die Angstzustände werden nicht durch andere geistige oder körperliche Erkrankungen verursacht.
- Und wenn der Patient diese Ängste nur dann verspürt, wenn er vor Menschen auftreten muss, dann leidet er nicht an einer generalisierten SAS, sondern an einer „Nur auftrittsbezogenen SAS".

Kann eine SAS geheilt werden?

Diese Erkrankung kann mit Hilfe von Psychotherapie und Medikamenten geheilt werden. Schauen wir uns nun die Optionen an, die Ihnen zur Verfügung stehen.

1. Psychotherapie

Wir haben festgestellt, dass die Furcht, die Sie empfinden, wenn diese Ängste auftreten, nicht real ist. Aber so werden Sie das niemals sehen. Mögen andere Leute Sie wirklich nicht? Die Wahrheit ist, dass die Leute Sie mögen. Diese falschen Annahmen, die Sie über sich selbst haben, sind nicht zutreffend. Um Ihnen zu helfen, diese Dinge so zu sehen, wie sie sind, verwendet die Psychotherapie etablierte

Techniken, die die Wahrheit über Ihre Probleme enthüllen. Dies wird nicht plötzlich passieren, sondern es wird ein schrittweiser Prozess sein. Doch wenn Sie diesen Prozess abgeschlossen haben, werden Sie in der Lage sein, mit diesen Symptomen umzugehen und sie schließlich zu überwinden.

Eine sehr wichtige Therapie, die sich gegen soziale Angststörungen als sehr wirksam erwiesen hat, ist die kognitive Verhaltenstherapie (KVT). Ich werde Ihnen später in diesem Buch zeigen, wie Sie diese Therapie anwenden können, um soziale Ängste zu überwinden. Andere Therapien wie die interpersonelle Therapie und die Familientherapie können ebenfalls zum Umgang mit sozialen Angststörungen eingesetzt werden.

Die KVT ist besonders hilfreich, da sie Ihnen dabei hilft, Ihre Gedankenmuster zu analysieren, die für Ihre Symptome verantwortlich sind. Die KVT lenkt die Aufmerksamkeit von dem, was andere über Sie denken, auf das, was Sie über sich selbst denken. Dies ist wichtig, weil die Art und Weise, wie Sie über sich selbst denken, die Symptome auslöst, die Sie fühlen. Mit Hilfe der KVT lernen Sie, die negativen Gedanken zu identifizieren und zu modifizieren, die Sie schon lange in Ihrem Leben beeinträchtigen.

2. Medikamente

In schweren Fällen von SAS können auch Medikamente eingesetzt werden. Dafür gibt es mehrere Medikamente, doch die häufigsten sind die selektiven Serotonin-Wiederaufnahmehemmer (SSRIs). Sie sind weit verbreitet, weil sie als die sichersten und effektivsten Medikamente gelten.

Beispiele für Medikamente, die auf selektiven Serotonin-Wiederaufnahmehemmern basieren, sind:

- Paroxetin (Paxil, Paxil CR)
- Fluvoxamin (Luvox, Luvox CR)
- Sertralin (Zoloft)
- Fluoxetin (Prozac, Sarafem)

Diese Medikamente können bei manchen Menschen einige Nebenwirkungen haben. Die häufigsten Nebenwirkungen sind:

- Kopfschmerzen
- Übelkeit
- Schlafstörungen
- Sexuelle Funktionsstörungen

Neben selektiven Serotonin-Wiederaufnahmehemmern können auch Benzodiazepine und Betablocker eingesetzt werden.

3. Benzodiazepine

Dies sind in erster Linie Medikamente gegen Angstzustände. Übliche Beispiele sind Alprazolam (Xanax) und Clonazepam (Klonopin). Aufgrund der Suchtgefahr dieser Medikamente werden die Einnahmeperioden jedoch normalerweise kurz gehalten, um Abhängigkeiten zu vermeiden.

Die Nebenwirkungen von Benzodiazepinen können sein:

- Verwirrungszustände
- Gleichgewichtsverlust
- Benommenheit
- Schläfrigkeit
- Gedächtnisschwund

4. Betablocker

Wir wissen, wie Adrenalin uns dabei hilft, mit einem Notfall umzugehen. Bei Menschen mit sozialen Angststörungen kann Adrenalin zu unangemessenen Angstzuständen führen, selbst wenn kein Notfall vorliegt. Betablocker betäuben die stimulierende Wirkung von Adrenalin. Diese Behandlung ist jedoch nicht kontinuierlich. Sie wird nur für bestimmte Situationen angewendet, z. B. wenn Sie eine Präsentation halten möchten.

Die Vorschläge, die ich hier gemacht habe, dienen nur zu Informationszwecken und ersetzen keine professionelle medizinische Beratung und Behandlung. Lassen Sie sich stets von einem Therapeuten oder Ihrem Arzt beraten, ob das jeweilige Medikament verwendet werden kann. Verzögern oder vermeiden Sie niemals die Kontaktaufnahme mit einen medizinischen Experten aufgrund der Informationen, die ich Ihnen hier bereitgestellt habe.

Nachdem wir untersucht haben, was soziale Angststörungen tatsächlich sind, besteht der nächste Schritt darin herauszufinden, warum Menschen SAS entwickeln. Wenn wir die Hauptursache kennen, können wir entsprechend damit umgehen.

In diesem Kapitel haben Sie gelernt, was SAS sind, welche Typen und Kriterien es für die Diagnose gibt und welche möglichen Behandlungen existieren. Mein Ziel war es, Ihnen das Konzept der sozialen Angststörung vorzustellen. Im nächsten Kapitel werde ich näher erläutern, warum Menschen eine SAS bekommen und was die Ursachen dafür sind.

KAPITEL 2:

Warum entwickeln Menschen eine soziale Angststörung?

Im ersten Kapitel dieses Buches haben wir uns allgemein mit dem Thema befasst, was eine soziale Angststörung ist. In diesem Kapitel konzentrieren wir uns darauf, wie, wann und warum Sie davon betroffen sein können. Ich werde einige der häufigsten Fragen beantworten, die Sie möglicherweise zum Thema SAS haben. Die meisten Fragen, die Sie sich stellen könnten, werden in diesem Kapitel beantwortet, für den Fall, dass Sie sich nicht sicher sind, ob Sie an einer sozialen Angststörung leiden. Ich werde tief ins Detail gehen und aus der Fülle meiner Erfahrungen und meines Wissens schöpfen. Wollen wir loslegen?

Wann tritt eine SAS auf?

Menschen mit sozialen Angststörungen verspüren Angst auf unterschiedliche Weise und es gibt bestimmte Situationen, die SAS vermehrt auslösen. Die folgenden Situationen fürchten Menschen mit dieser Störung am meisten. Und ja, Ihre Vermutung ist richtig, alle diese Situationen finden in der Öffentlichkeit statt. Diese Situationen sind:

- Sprechen vor Publikum
- Sich mit fremden Personen unterhalten
- Zu Verabredungen gehen
- Augenkontakt mit anderen Menschen herstellen und aufrechterhalten
- Überfüllte Räume betreten und darin verweilen
- Toiletten außerhalb der eigenen Zuhauses benutzen
- Sich mit wichtigen Menschen treffen
- Bei Bewerbungsgesprächen Fragen beantworten

- Feiern und Freundschaften pflegen
- Essen in Gegenwart anderer Menschen
- Fremden vorgestellt werden
- Geärgert werden
- Kritisiert werden
- Zu öffentlichen Orten wie Schule und Arbeit gehen
- Während der Ausführung einer Aufgabe beobachtet werden
- Gespräche mit Menschen beginnen
- Bitten anderer Menschen ablehnen
- Lautes Lesen
- Versenden von Textnachrichten

Wie fühlen sich soziale Angststörungen an?

Nachdem wir einige der häufigsten Auslöser kennen, schauen wir uns nun die häufigsten Arten an, wie sich SAS manifestieren.

1. Sich isoliert fühlen

Schauen Sie sich diese Aussage eines anonymen Patienten mit einer Sozialphobie an:

„[Meine sozialen Angststörungen] geben mir das Gefühl, als wäre ich der einzige Mensch auf dieser Welt, der sich so fühlt, und dass alle anderen gerne ausgehen und zusammen Spaß haben. Ich habe das Gefühl, dass niemand mich mag, weswegen würden sich also andere Menschen mit mir unterhalten wollen? Wenn andere Menschen mit mir sprechen, dann habe ich immer das Gefühl, dass sie eine Ausrede suchen, um von mir wegzukommen und sich mit jemand anderem zu unterhalten."

Anhand dieser Aussage können wir ein Gefühl der Isolation erahnen. Dieses Gefühl sagt Ihnen, dass niemand Sie mag und niemand Ihr Freund sein will. Sie haben das Gefühl, dass die Leute Sie nicht mögen und Sie meiden.

2. Falsche Überzeugungen

Wir können beobachten, dass diese Erkrankung Sie anlügt. Diese Erkrankung gaukelt Ihnen vor, dass das Leben anderer Menschen ein Zuckerschlecken ist und dass nur Sie nichts zu lachen haben. In Wirklichkeit hat jeder Mensch seine eigenen Lebensprobleme zu bewältigen. Aber Sie werden dies vermutlich nicht so sehen. Stattdessen denken Sie, dass Sie vom Pech verfolgt sind.

3. Verhinderung des logisches Denkens

Ein anderer Patient spricht so über seine Erfahrungen:

„Zu meinen inneren Gefühlen gehört, dass meine Stimme zittert und dass ich so etwas wie einen Klumpen im Gehirn habe, der mich daran hindert, klar zu denken. Zu meinen körperlichen Gefühlen gehört, dass ich Probleme mit meinem Magen und keinen Appetit mehr habe, dass meine Hände schwitzen und dass meine Muskulatur versteift ist."

Diese Aussage beschreibt die häufigsten Symptome, die bei SAS-Betroffenen auftreten, insbesondere wenn sie sich inmitten von anderen Menschen befinden.

Welche Auswirkungen haben die SAS auf Sie?

1. Isolation und Depression

Das Leben macht mehr Spaß und ist erfüllender, wenn man es mit Freunden, der Familie und sogar mit Fremden verbringt. Aber wenn Ihnen Ihre sozialen Ängste dies vorenthalten, kann es sein, dass Sie eine Depression entwickeln. Wenn Sie ein Problem haben, werden Sie dieses als unverhältnismäßig groß empfinden, da Sie es niemals mit einer anderen Person teilen, die Ihnen dabei helfen könnte, es anders zu sehen.

2. Schwierigkeiten mit Arbeit und Schule

Menschen mit dieser Störung versuchen stets, einen Weg zu wählen, der ihnen dabei hilft, so viele Menschen wie möglich zu vermeiden. Das Ergebnis ist ein drastischer Rückgang der Möglichkeiten, die Ihnen zur

Verfügung stehen. Ihr Intelligenzniveau mag so hoch sein, dass Sie in Berufen wie Medizin, Ingenieurwesen oder Recht erfolgreich sein könnten, aber da Sie sich vor Interaktionen mit anderen Menschen fürchten, schöpfen Sie Ihr wahres Potenzial nicht aus.

3. Einfallstor für andere Krankheiten

Vielleicht wissen Sie es noch nicht, weil Sie womöglich diese Phase noch nicht erreicht haben, doch soziale Ängste können das Einfallstor für weitere Erkrankungen wie Drogenmissbrauch oder andere Beeinträchtigungen des Lebens sein. Denn sobald Sie in eine Depression geraten und keine Möglichkeit mehr haben, um Kontakte zu knüpfen, kann das zu Drogenmissbrauch, extremem Pornokonsum, Masturbation oder Spielsucht führen. Das Ergebnis ist eine lebenslange Beeinträchtigung.

4. Beziehungsprobleme und familiäre Schwierigkeiten

Das Problem dabei ist, dass Menschen mit SAS sich selbst davon überzeugen, dass niemand sie mag und dass sie jede Person aus ihrem Leben verbannen, die sich um sie kümmert. Dies kann das Ende ihrer sozialen Beziehungen bedeuten. SAS-Betroffene fürchten und meiden persönliche Beziehungen.

5. Geringes Selbstwertgefühl

Menschen mit sozialen Ängsten sind normalerweise in dem Gefühl gefangen, nicht gut genug zu sein. Dieses Gedankenmuster kann destabilisierende Auswirkungen haben, da es die Produktivität der betroffenen Person bei allem, was sie tut, beeinträchtigt. Eine solche Person verurteilt sich selbst und glaubt, ein Mensch zweiter Klasse zu sein, was sich in jedem Aspekt des Lebens zeigen wird.

6. Erhöhte Sensibilität für Kritik

Menschen mit sozialen Angststörungen interpretieren Situationen sehr leicht falsch, was dazu führt, dass sie schnell beleidigt sind. Sie interpretieren konstruktive Kritik, die zu ihrem eigenen Wohl bestimmt ist, als etwas Beleidigendes.

Warum bekommen Menschen eine soziale Angststörung?

Der Grund Ihrer sozialen Angststörung könnte in einem Schlüsselerlebnis aus der Vergangenheit liegen. Wenn Sie zum Beispiel Ihre Angst aufgrund Ihrer missglückten ersten Rolle in einer Schulaufführung entwickelt haben, dann ist es sehr wahrscheinlich, dass Sie später ebenfalls Angst bekommen, wenn Sie im Mittelpunkt der Aufmerksamkeit stehen.

Dies bedeutet, dass zwei Menschen mit sozialen Angststörungen unterschiedliche Gründe dafür haben könnten, warum sie eine ähnliche Situation vermeiden. Die häufigsten Gründe fallen jedoch in die folgenden Kategorien:

- In sozialen Situationen von anderen Menschen beurteilt werden
- Sich verlegen fühlen oder Angst davor haben, gedemütigt zu werden
- Jemanden versehentlich beleidigen
- Im Mittelpunkt der Aufmerksamkeit stehen müssen

Was vermeiden Sie?

Menschen mit sozialer Angststörung haben das Verhaltensproblem, angstauslösende Situationen zu vermeiden. Wenn Sie also als betroffene Person vorhaben, zu einem gesellschaftlichen Ereignis oder einer Party zu gehen, bekommen Sie vermutlich Angst und entscheiden sich dazu, nicht zu gehen. Unmittelbar nachdem Sie sich dazu entschieden haben, nicht zu gehen, spüren Sie, wie Ihre Angst nachlässt und wie Sie sich wohler fühlen.

Das Wohlgefühl, das Sie durch die Verringerung der Angst empfinden, nachdem Sie sich dazu entschieden haben, nicht auszugehen, wird Ihre Vermeidungshaltung nur weiter verstärken. Jetzt ist Ihre Belohnung für das Vermeiden das kurzfristige Wohlgefühl, das Sie verspüren. Dieses Wohlgefühl wird Ihre Angst vor negativen sozialen Situationen aufrechterhalten, auch wenn Sie keine Beschämung verspüren. Nehmen wir zum Beispiel einmal an, dass Sie sich verlaufen haben und versuchen, wieder den richtigen Weg zu finden. Plötzlich sehen Sie eine Person, die sich Ihnen nähert. Sie bekommen solche Angst davor, diese Person anzusprechen, dass Sie beschließen, dies nicht zu tun. Sofort sinkt Ihre Angst. Mit der Angst ist eine Lernerfahrung verbunden. Sie reden nicht mehr mit anderen Menschen und fragen sie nicht mehr um Hilfe, um sich weniger ängstlich zu fühlen. Aber wie lange wird diese Vermeidungshaltung andauern?

Ein entscheidendes Element der kognitiven Verhaltenstherapie (KVT) besteht darin, einem Menschen mit einer sozialen Angststörung dabei zu helfen, nachhaltige soziale Situationen zu schaffen und lange genug in ihnen zu verweilen, um zu lernen, dass nichts Schlimmes passieren wird, wenn er mit einer fremden Person spricht oder um Hilfe bitten muss. Sobald dieser Mensch das erkennt, wird seine Angst nachlassen. Betroffene Menschen lernen im Rahmen der KVT also, dass sie in sozialen Situationen erfolgreich bestehen können. Auf diese Weise wächst ihre Bereitschaft, sich ihren Ängsten zu stellen. Nach dieser Erkenntnis werden sich Betroffene endlich wieder als die Art von Person sehen, die praktisch alles kann.

Was sind die wahrscheinlichen Ursachen für eine soziale Angststörung?

Laut Experten lassen sich soziale Angststörungen sowohl auf genetische als auch auf umweltbedingte Ursachen zurückführen. Es gibt keine allgemeingültige Antwort für alle im Folgenden diskutierten Ursachen, da die Forscher unterschiedliche Ansichten dazu haben.

1. Genetische Ursachen

Es wurde beobachtet, dass soziale Angststörungen innerhalb von Familien auftreten können. Aufgrund dessen glauben einige Forscher, dass genetische Verbindungen eine Ursache für soziale Angststörungen sein könnten, obwohl dies noch erforscht wird. Diese Forscher versuchen auch festzustellen, welcher Anteil erblich ist und welcher Anteil individuell erworben wird.

Wenn Ihre Eltern oder Geschwister an einer sozialen Angststörung leiden, dann haben Sie ein höheres Risiko. Ich sage Ihnen diese Information deshalb, damit Sie bei Ihren Kindern auf Anzeichen für Sozialphobien achten können. Bei frühzeitiger Erkennung sind Sozialphobien einfacher zu handhaben und zu heilen. Wenn einer Ihrer Verwandten ersten Grades an einer SAS leidet, dann ist die Wahrscheinlichkeit, dass Sie ebenfalls an der Störung leiden, zwei- bis sechsmal höher (Cuncic 2019).

Mehrere Studien ergaben unterschiedliche Heritabilitätsraten für SAS, doch alle scheinen sich darin einig zu sein, dass sie zwischen 30 und 40 % liegen. Aus dieser Statistik können wir schließen, dass einer von drei SAS-Fällen auf die Genetik zurückgeführt werden kann (Concic 2019).

Die Wissenschaftler konnten jedoch nicht das spezifische Erbgut benennen, das SAS verursacht. Doch sie haben die Chromosomen gefunden, die mit anderen Angststörungen wie Panikattacken und Agoraphobie verbunden sind.

2. Bestimmte chemische Stoffe im Körper

Aufgrund der Entdeckung, dass falsche Konzentrationen an Serotonin, einem chemischen Botenstoff im Gehirn, bei einem Individuum möglicherweise zu einer erhöhten Empfindlichkeit führen können, versuchen Wissenschaftler nun herauszufinden, ob sich im Körper chemische Stoffe befinden, die die Wahrscheinlichkeit einer sozialen Angststörung (SAS) erhöhen können.

3. Neurotransmitter

Neurotransmitter sind die chemischen Botenstoffe, über die Ihr Gehirn Signale von einer Zelle zur anderen überträgt. Wenn die Konzentration dieser Botenstoffe unausgewogen ist, kann dies zu einer sozialen Angststörung führen.

Die häufigsten Neurotransmitter, die mit Angst in Verbindung gebracht werden konnten, sind:

- Noradrenalin

- Dopamin
- Serotonin
- Aminobuttersäure (GABA)

Psychologen haben Menschen mit einer sozialen Angststörung getestet und festgestellt, dass die meisten von ihnen Ungleichgewichte in den Neurotransmitterspiegeln aufweisen. Wenn wir verstehen, wie diese chemischen Botenstoffe zusammenwirken und Angstzustände hervorrufen, kann uns dies bei der Entscheidung in Bezug auf das beste Medikament helfen, um diese Störung zu heilen.

4. Gehirnstruktur

Andererseits sind einige Forscher der Meinung, dass die Amygdala unsere Angstreaktion beeinflussen und in einigen Fällen zu übermäßigen Reaktionen führen kann.

Medizinische Forscher verwenden eine als Neuroimaging bekannte Technik, um ein Bild des Gehirns zu entwickeln, ähnlich wie Röntgenstrahlen ein Bild des Inneren unseres Körpers erzeugen. Sie verwenden diese Technik, um den Blutfluss in verschiedenen Arealen des Gehirns zu vergleichen, die an Angstzuständen beteiligt sind. Während eines solchen Tests werden sowohl Phobiker als auch gesunde Menschen untersucht, während sie mit einer Gruppe von Menschen sprechen.

Vier Bereiche des Gehirns sind aktiv an Angstzuständen beteiligt:

1. Der Hirnstamm: Dieser Teil des Gehirns steuert Herzfrequenz und Atmung. Sie wissen, wie unterschiedlich dies bei sozial ängstlichen Menschen sein kann.

2. Das limbische System: Dieser Teil des Gehirns steuert die Stimmung und die Angstzustände. Wenn das limbische System also nicht richtig funktioniert, können Stimmungsschwankungen und hohe Angstzustände auftreten.

3. Der präfrontale Kortex: Dieser Teil des Gehirns ist dafür verantwortlich, eine Bedrohung zu bewerten und dem Gehirn eine Rückmeldung darüber zu geben. Wenn dieses Gehirnareal

wahrgenommene Bedrohungen überproportional interpretiert, kann es sein, dass Sie mit Angst reagieren.

4. Der motorische Kortex: Dieser Teil des Gehirns ist für die Kontrolle Ihrer Muskeln verantwortlich.

Mit Hilfe der oben diskutierten Neuroimaging-Technik untersuchten die Wissenschaftler die Durchblutung im Gehirn und stellten einige Unterschiede in der Phobiegruppe fest, wenn sich diese an eine Menschenmenge wandten. Es gibt auch eine Studie, bei der die Positronenemissionstomographie (PET) verwendet wurde, eine Form von Neuroimaging-Technik. In dieser Studie wurde nachgewiesen, dass die Amygdala, die Teil des limbischen Systems ist, das die Angst kontrolliert, bei Menschen mit SAS stärker durchblutet wurde, wenn sich die Betroffenen an eine Menschenmenge wandten (Tillfors et al., 2001).

Als dieselbe Studie bei Menschen ohne SAS durchgeführt wurde, konnte man feststellen, dass die Hirnrinde, die mit dem Denken assoziiert wird, eine höhere Durchblutung aufwies.

5. Wetter und Demografie

Einige Forscher glauben, dass auch der Wohnort die Wahrscheinlichkeit für eine SAS erhöhen kann. Diese Forscher sagen, dass Menschen in den Mittelmeerländern im Vergleich zu Menschen in skandinavischen Ländern weniger häufig an sozialer Angststörung leiden. Sie sagen, dass wärmeres Wetter und eine höhere Bevölkerungsdichte die Vermeidung sozialer Zusammenkünfte verringern. Und wenn man oft ausgeht und mit Menschen interagiert, ist die Wahrscheinlichkeit, an SAS zu leiden, stark verringert.

6. Kulturelle oder gesellschaftliche Faktoren

Es gibt einige Forscher, die glauben, dass kulturelle Faktoren eine Rolle bei der Reduzierung von SAS spielen. Wenn zum Beispiel jemand aus einer Kultur stammt, die das Zusammenleben fördert, wie in traditionellen afrikanischen Kulturen, dann besteht eine geringere Chance, unter sozialen Angststörungen zu leiden.

Wenn Sie jedoch im Gegensatz dazu in einer Gesellschaft aufgewachsen sind, die eine kollektivistische Orientierung betont, wie zum Beispiel Korea und Japan, dann haben Sie eine höhere Wahrscheinlichkeit, eine soziale Angststörung zu entwickeln. In diesen beiden Kulturen gibt es beispielsweise ein Syndrom, das als Taijin Kyofusho bekannt ist. Unter diesem Syndrom versteht man die Angst, anderen Menschen in seiner Umgebung Unbehagen zu bereiten (Nagakami et al., 2019).

Wenn Sie Angst davor haben, Menschen Unbehagen zu bereiten, dann kann dies zu einer Sozialphobie führen. In diesen asiatischen Kulturen ist es zudem auch wichtig, dass sich das Individuum anpasst.

Risikofaktoren

Risikofaktoren sind jene Dinge, die die Wahrscheinlichkeit erhöhen können, eine soziale Angststörung zu bekommen. In den meisten Fällen beginnt diese Störung zwischen dem frühen und mittleren Teenageralter, kann jedoch auch früher auftreten. Zu diesem Zeitpunkt können einige Auslöser das Risiko einer Erkrankung erhöhen.

Dies sind einige dieser Faktoren:

Geschlecht: Es wurde festgestellt, dass Angststörungen bei der weiblichen Bevölkerung häufiger auftreten als bei der männlichen.

Erziehung: Man nimmt zudem auch an, dass Sie diese Störung entwickeln könnten, wenn Sie in einem Umfeld aufgewachsen sind, in dem Sie mit Betroffenen in Kontakt kamen. Wenn Ihre Eltern soziale Zusammenkünfte vermieden haben und zu beschützerisch mit Ihnen umgingen, dann kann es sein, dass auch Sie eine Sozialphobie entwickeln.

Psychologen glauben, dass sozial ängstliche Eltern sowohl verbale als auch nonverbale Hinweise übertragen können, die soziale Angst auslösen können. Wenn Ihre Mutter ein Mensch ist, der sich zu sehr darum kümmert, was die Leute über sie oder Sie sagen, dann bekommen Sie möglicherweise soziale Angststörungen in Bezug auf das, was andere Leute über Sie denken.

Wenn Sie als Kind nicht sehr oft nach draußen gehen und Kontakte knüpfen durften, dann ist es oftmals der Fall, dass Sie aufwuchsen, ohne entsprechende soziale Fähigkeiten zu entwickeln. Und wenn Ihre Eltern besonders kritisch, übervorsichtig oder ablehnend waren, können Sie ebenfalls eine soziale Angststörung bekommen.

Verletzende Kindheitserfahrungen: Wenn Sie als Kind Mobbing und Ablehnung durch Menschen in Ihrer Umgebung erlitten haben, sind Sie womöglich mit dem Gedanken aufgewachsen, nicht gut genug zu sein, und deshalb wurden Sie gehänselt. Wenn Sie diese verletzenden Kindheitserfahrungen nicht verarbeiten, kann es passieren, dass Sie mit dieser Einstellung aufwachsen und Menschen im Allgemeinen meiden. Andere extreme Erfahrungen wie eine Vergewaltigung und Konflikte mit den Eltern können ebenfalls die Wahrscheinlichkeit erhöhen, dass ein Kind eine SAS bekommt.

Persönlichkeit: Manche Menschen sind von Natur aus verschlossen und schüchtern. Diese Menschen sind im Vergleich zu ihren mutigen und aufgeschlossenen Mitmenschen anfälliger für soziale Angststörungen.

Eine wichtige Prüfung als Schlüsselerlebnis: Wenn Sie beispielsweise davon träumen, Schauspieler zu werden, und an Ihrem ersten Tag auf der Bühne sehr schlecht abschnitten und vom Publikum ausgebuht wurden, kann es passieren, dass Sie befürchten, diese Erfahrung erneut zu machen, und keine öffentlichen Auftritte mehr wahrnehmen.

Eine Eigenschaft, die Aufmerksamkeit erregt: Dies ist eine der häufigsten Ursachen für soziale Angststörungen. Häufige Beispiele sind Gesichtsentstellungen, Sprachbehinderungen wie Stottern und Erkrankungen wie Parkinson. Solche Merkmale können ein höheres Maß an innerer Unsicherheit auslösen. Eine solche innere Unsicherheit kann zu sozialen Angststörungen führen, insbesondere wenn die betroffene Person wegen ihrer besonderen Eigenschaft gehänselt wird.

Wie Sie also gesehen haben, gibt es keine besondere Ursache für SAS. Es sind vielmehr eine Reihe von Faktoren, die in Kombination zu einer

SAS führen könnten. Wenn wir uns später in diesem Buch mit den möglichen Lösungen befassen, werden wir untersuchen, warum es wichtig ist, die Grundursache für SAS während der Behandlung herauszufinden.

Welche körperlichen Symptome treten auf?

Menschen mit SAS sind sich der Einschätzungen anderer Menschen zu bewusst und glauben oftmals, dass diese Einschätzung negativ ist. Die folgenden körperlichen Symptome treten häufig auf. Wenn Sie zum Beispiel eine Rede halten und nur ein einziges Mal stottern, dann denken Sie vielleicht, dass alle im Raum dies bemerkt haben. Es ist jedoch weitaus wahrscheinlicher, dass niemand Ihr Stottern bemerkt hat. Sie selbst werden sich jedoch sagen, dass Sie ein schrecklicher Redner sind und dass alle Menschen dies wissen. Diese Gedanken führen dazu, dass Sie nur noch mehr stottern, schwitzen oder zittern.

Die häufigsten körperlichen Symptome sind:

- Erröten
- Schwierigkeiten beim Sprechen
- Stammeln
- Schütteln oder Zittern
- Erhöhte Herzfrequenz
- Schnelles Atemtempo
- Schwitzen
- Blackout
- Benommenheit
- Konzentrationsschwierigkeiten
- Drang, auf die Toilette zu gehen
- Schwindelgefühl
- Muskelverspannungen
- Erbrechen
- Übelkeit oder Magenverstimmung
- Drang zu fliehen oder zu gehen

- Stolpern und fallen, wenn man an einer Gruppe von Menschen vorbeigeht. Dies passiert, wenn Sie sich Sorgen über die Art und Weise machen, wie Sie gehen.
- Weinen
- Trockener Mund und Hals
- Feuchte und kalte Hände
- Durchfall
- Herzrasen
- Gefühle der Unwirklichkeit (Derealisierung)
- Gefühle der Loslösung von sich selbst (Depersonalisierung)
- Parästhesien (Kribbeln)
- Rotes Gesicht
- Gefühl von Hitzewallungen
- Kurzatmigkeit

Welche Verhaltenssymptome treten auf?

In Bezug auf das Verhalten ist ein Mensch mit sozialen Angststörungen mehr als nur schüchtern und zudem davon überzeugt, dass er nicht gut genug ist. Um sich nicht für seine wahrgenommenen Mängel zu schämen, vermeidet er Situationen vollständig.

Die häufigsten Verhaltenssymptome sind:

- Soziale Situationen insgesamt vermeiden
- Ähnliche Arten von Situationen vermeiden
- Vorzeitiges Verlassen
- Sich auf sich selbst konzentrieren
- Versuche, andere Menschen nicht auf sich aufmerksam zu machen
- Schweigen
- Andere Leute nicht ansehen

Welche emotionalen Symptome treten auf?

Die vorherrschenden emotionalen Symptome von Menschen mit sozialen Angststörungen sind:

- Angst und Nervosität
- Starke, unerklärliche Furcht
- Automatische negative emotionale Zyklen
- In einigen schweren, jedoch seltenen Fällen können Menschen sogar Dysmorphien für Körperstellen (hauptsächlich für das Gesicht) entwickeln und damit beginnen, sich selbst irrational und negativ zu sehen.

Von allen oben genannten emotionalen Symptomen ist unaufhörliche und intensive Angst bzw. Furcht am weitesten verbreitet.

Negative Überzeugungen können soziale Angststörungen erhöhen

Menschen mit einer Sozialphobie haben einige negative Überzeugungen. Diese negativen Überzeugungen sind immer dann ausgeprägter, wenn eine soziale Situation oder ein Ereignis bevorsteht. Diese Überzeugungen bzw. Gedanken sollen die Betroffenen vor den verschiedenen Bedrohungen schützen, die sie wahrnehmen. Die Psychologen Asta Klimaite, John Clarke und Kathryn Smerling berichteten über einige dieser Gedankenmuster wie folgt:

„Ich werde mich wahrscheinlich blamieren."
„Ich kann mich nicht mit anderen Menschen unterhalten."
„Niemand wird mich mögen."
„Die Leute dort werden mich hassen."
„Ich könnte sogar ohnmächtig werden."
„Meine Nervosität wird sich zeigen und die Leute werden es bemerken."
„Ich werde nichts sagen können, weil ich nicht weiß, was ich sagen soll."
„Ich werde nichts anbieten können."
„Die Leute möchten sich nicht gerne mit mir anfreunden."
„Ich könnte sogar etwas Dummes sagen."
„Ich habe Probleme."

Allen obigen Aussagen ist gemeinsam, dass sie mit einem geringen Selbstwertgefühl zu tun haben. Diese Aussagen entstehen aus einem inneren Mangel an Selbstvertrauen. Wenn Sie sich unwürdig fühlen, werden Sie wahrscheinlich auch das Gefühl haben, nichts zu bieten zu haben. Sie werden sich dann sagen, dass Sie, da Sie nichts zu bieten haben, nicht sympathisch sind, und das bedeutet, dass Sie keine soziale Interaktion wie alle anderen Menschen verdienen.

Um sicherzugehen, dass die obigen Aussagen nicht wie vorhergesagt ablaufen, wird eine Person in dieser Situation das gesellschaftliche Ereignis also meiden. Auf diese Weise ergeben sich unmittelbare Vorteile, da dies es den Betroffenen ermöglicht, den Symptomen zu entkommen, die sie so sehr fürchten. Doch was ist mit den langfristigen Nachteilen? Die Nachteile bestehen darin, Ihr Leben nicht in vollen Zügen zu leben und sich selbst einzuschränken.

In diesem Kapitel haben Sie erfahren, warum Menschen in sozialen Situationen ängstlich werden, welche Ursachen dieses Angstgefühl hat und welche Angstsymptome (sowohl körperliche als auch Verhaltensstörungen) auftreten können. Im nächsten Kapitel werde ich Ihnen Tipps zum Umgang mit SAS geben. Die Tipps sollen Ihnen dabei helfen, ein besseres Leben zu führen.

KAPITEL 3:

Tipps zum Umgang mit sozialen Angststörungen

Zu diesem Zeitpunkt sollten Sie eine gute Vorstellung davon haben, ob Sie an einer sozialen Angststörung leiden. Sich zu ängstlich und gehemmt zu fühlen, wenn man andere Menschen trifft, vor Publikum spricht, öffentliche Toiletten oder Umkleideräume benutzt und in der Öffentlichkeit isst, sind einige der häufigsten Anzeichen sozialer Angststörungen.

Viele Menschen mit diesem Problem entscheiden sich dafür, die Anzeichen zu ignorieren und soziale Situationen zu vermeiden, anstatt sich den Tatsachen zu stellen und Hilfe zu suchen. Wie ich bereits erwähnt habe, ist es sogar möglich, dass sich die Betroffenen dafür entscheiden, Drogen und Alkohol zur Selbstmedikation zu verwenden. Selbstmedikation ist jedoch kein Ausweg, da dies zu einem erhöhten Risiko für Depressionen, Alkoholmissbrauch und Einsamkeit führen kann.

In gewissem Maße sind viele Menschen von sozialen Angststörungen betroffen und die gute Nachricht hier ist, dass man etwas dagegen tun kann. In diesem Kapitel werde ich Ihnen einige Tipps geben, wie Sie mit Ihrer Angst umgehen und Ihr Leben einfacher, glücklicher und erfüllender gestalten können. Schauen wir uns einige dieser hilfreichen Tipps an:

Lernen Sie, Ihren Ängsten zu begegnen

Es ist eine für uns Menschen natürliche Verhaltensweise, angsteinflößende Emotionen zu vermeiden. Niemand möchte blind in eine schmerzhafte Erfahrung hineingeraten. In der Regel geht es darum, dass Sie sich vor möglichen Herausforderungen verstecken, die zu Ihrer Freude und Ihrer Weiterentwicklung beitragen. Sie können sich nicht immer vor dieser Angst verstecken. Sie wird stets zurückschlagen, egal wie sehr Sie auch versuchen, sie zu unterdrücken. Es ist sogar wahrscheinlich, dass die Angst dann zurückschlägt, wenn Sie emotionale Gelassenheit am dringendsten brauchen.

Wenn Sie lernen, mit Ihren Ängsten umzugehen, haben Sie eine bessere Kontrolle über Ihre Entscheidungen und Ihr Leben. Eine effektive Methode, um zu lernen, wie Sie Ihren Ängsten begegnen können, besteht darin, sich den sozialen Situationen zu stellen, vor denen Sie Angst haben. Viele Menschen mit sozialen Angststörungen vermeiden solche Situationen, doch eine Vermeidung wird deren Sozialphobie nur weiter befeuern.

Wenn Sie einige nervenaufreibende Situationen vermeiden, fühlen Sie sich natürlich besser, doch das ist alles kurzfristig. Auf lange Sicht wird Ihre Sozialphobie Sie daran hindern, sich in sozialen Situationen wohl zu fühlen, und Sie werden immer noch nicht wissen, wie Sie damit umgehen sollen. Je mehr Sie Ihren Ängsten aus dem Weg gehen, desto größer und beängstigender werden diese Ängste.

Wenn Sie Ihre Ängste unterdrücken, kann Sie dies ebenfalls daran hindern, die Ziele zu erreichen, die Sie sich selbst gesetzt haben, und die Dinge zu tun, die Sie gerne lieben. Wenn Sie zum Beispiel Angst davor haben, vor einer Gruppe von Menschen zu sprechen, dann behalten Sie Ihre tollen Ideen lieber für sich. Weil Sie Angst haben, neue Freunde zu finden, sind Sie lieber ruhig und verlieren somit Menschen, die Ihnen dabei geholfen hätten, aus einer bestimmten Situation herauszukommen. Es gibt so viele Beispiele, in denen Ihre Angst Ihnen Dinge wegnimmt, die Sie hätten gewinnen können.

Obwohl es Ihnen unmöglich erscheinen mag, Ihre Angst vor sozialen Situationen zu überwinden, so gibt es dennoch Hoffnung. Sie müssen mit den Situationen beginnen, die Sie bewältigen können und sich dann langsam zu den anspruchsvolleren hocharbeiten. In kürzester Zeit werden Sie einige Bewältigungsfähigkeiten erwerben und Ihr Selbstvertrauen stärken, während Sie allmählich Ihre Angst in den Griff bekommen.

Nehmen wir als Beispiel ein geselliges Beisammensein mit anderen Menschen. Wenn Sie sich in einer solchen Situation sehr unwohl fühlen, dann können Sie Ihren Ängsten allmählich begegnen, indem Sie mit einem engen Freund an einer Party teilnehmen bzw. mit jemandem, den Sie bereits sehr gut kennen. Sie werden sich auf dieser Party nicht allein oder unwohl fühlen, da Sie einen engen Freund an Ihrer Seite haben. Im Laufe der Zeit werden Sie sich in solchen Situationen wohl fühlen und können dann als Nächstes versuchen, sich einer fremden Person vorzustellen, die Sie auf der Party treffen.

Viele Menschen greifen auch auf die Möglichkeit zurück, ihre Ängste zu vermeiden, indem sie stets auf ihr Smartphone schauen. Wir leben in einer Welt, in der immer alles (und jeder) miteinander verbunden ist. Wenn wir also Angst vor sozialen Situationen haben, nutzen wir unsere Smartphones und verstecken uns dahinter. Wir wissen, was gerade im Leben anderer Menschen geschieht, ohne sie persönlich zu fragen, und wir finden im Internet neue Freunde, nur um soziale Interaktionen zu vermeiden. Dies kann Ihnen trotz kurzfristiger Zufriedenheit nur mehr schaden als nützen.

Laut einer Studie von 2016 über junge Erwachsene und Smartphones gab es „signifikante positive Korrelationen" zwischen der übermäßigen Nutzung von Smartphones und dem Auftreten sozialer Ängste.

Eine weitere Studie aus dem Jahr 2017 ergab, dass von 182 jungen Erwachsenen, die Smartphones nutzten, viele davon technikabhängig waren und soziale Angststörungen, ein geringes Selbstwertgefühl und Isolation aufwiesen.

Die neuesten technologischen Entwicklungen haben dazu geführt, dass Smartphones uns ein Gefühl der Zusammengehörigkeit vermitteln. Laut Isaac Vaghefi, einem Assistenzprofessor für Managementinformationssysteme an der Binghamton University in New York, sind Smartphones ein Werkzeug, das uns eine schnelle, sofortige und kurze Befriedigung verschafft und das uns fast schon süchtig machen kann.

Am Ende werden Sie feststellen, dass das Verstecken hinter Ihrem Smartphone Ihren Entwicklungsprozess nur verzögert, wenn Sie Ihre

Angst vor sozialen Situationen angehen möchten. Zuerst werden Sie zwar feststellen, dass Sie sich überwinden müssen, sich Ihren Ängsten zu stellen, aber wenn Sie dies schrittweise tun, sind Sie bereits auf dem besten Weg.

Laut Forschern ist ein entscheidender Ansatz bei der Behandlung von sozialen Angststörungen die absichtliche Exposition gegenüber sozialen Situationen. Ziel ist es, die vermeintlichen Standards und sozialen Normen der Person absichtlich zu stören, um den Kreislauf der weiteren Anwendung von Vermeidungsstrategien und ängstlichen Erwartungen zu durchbrechen.

Infolgedessen sind die Menschen gezwungen, die wahrgenommene Bedrohung durch eine soziale Situation neu zu bewerten, nachdem sie erkannt haben, dass diese sozialen Situationen normalerweise nicht zu den befürchteten irreparablen, lang anhaltenden und unerwünschten Folgen führen. Um es einfach auszudrücken: Wenn Sie sich absichtlich sozialen Situationen aussetzen, werden Sie feststellen, dass eine kleine Anzahl von Ausrutschern nicht zu Ausgrenzung und Ablehnung durch andere Menschen führen wird. Wir sind alle Menschen und machen gelegentlich auch Fehler. Niemand ist perfekt.

Probieren Sie die folgenden Tipps aus, damit Sie sich effektiv in Bezug auf Ihre sozialen Angststörungen weiterentwickeln können:

- Machen Sie einen Schritt nach dem anderen und stellen Sie sich nicht sofort Ihrer größten Angst. Es ist nie eine gute Idee, sich zu schnell Situationen auszusetzen, für die Sie noch nicht bereit sind, da Sie sich schämen und dazu entscheiden könnten, sich wieder zu isolieren. Gehen Sie es stattdessen langsam an, erzwingen Sie nichts und nehmen Sie sich nicht zu viel vor, da dies ein schrittweiser Prozess ist.
- Geduld üben. Um soziale Ängste vollständig zu überwinden, müssen Sie geduldig sein, da es genügend Übung und Zeit erfordert, um Ihre Emotionen zu beherrschen. Sie sollten nach ein oder zwei Versuchen nicht aufgeben und sagen, dass Sie Ihr Bestes gegeben haben. Die Ergebnisse sind zu diesem Zeitpunkt

möglicherweise nicht sichtbar, werden sich später jedoch definitiv zeigen.
- Lernen Sie, mit Ihren neu erworbenen Fähigkeiten ruhig zu bleiben. Sie können ruhig bleiben, indem Sie sich auf Ihre Atmung konzentrieren, tief durchatmen und jede Form von negativen Normen ablehnen.

Vermeiden Sie negative Bewältigungsstrategien

Einige psychische Symptome sind auf die negativen mentalen und emotionalen Zustände zurückzuführen, die mit einer Sozialphobie verbunden sind. Dies kann Ihre sozialen Ängste verschlimmern und Sie fühlen sich noch isolierter. Manchmal ist es so verlockend, Drogen zu nehmen oder Alkohol zu trinken, damit Sie sich wohl fühlen. Doch um ehrlich zu sein, können solche Substanzen Ihre Angst nur erhöhen.

Untersuchungen ergaben, dass soziale Angststörungen nicht nur auf innere Gefühle wie Zittern in der Stimme oder Blackouts beschränkt sind, sondern auch körperliche Gefühle wie Appetitlosigkeit, Magenverstimmungen, Muskelsteifheit, verschwitzte Hände und ein Gefühl der Mattheit auslösen können. Wenn sich von SAS betroffene Menschen in gesellschaftlichen Situationen befinden, die sie nicht vermeiden können, wie zum Beispiel eine Schulveranstaltung, an der viele Menschen teilnehmen, versuchen sie, die Symptome ihrer sozialen Angst durch negative Bewältigungsstrategien zu dämpfen. Sie rauchen dann zum Beispiel Zigaretten oder trinken Alkohol.

Sie fühlen sich zwar nach ein paar Zügen gut und vielleicht sogar weniger besorgt, doch zu viel Rauchen wird höchstwahrscheinlich die Angst verschlimmern. Dasselbe gilt für den Alkoholkonsum. Wenn Sie zu viel Alkohol trinken, erhöht sich Ihre Angst. Zu viel Alkoholkonsum kann zu schlechter Laune, erhöhter Angst und Schlafstörungen führen.

Die Anxiety and Depression Association of America (ADAA) berichtete, dass etwa 20 % der Menschen mit sozialen Angststörungen auch an Alkoholmissbrauch leiden. Es konnte ebenfalls nachgewiesen werden, dass der Faktor Alkoholmissbrauch mit Erwachsenen und

Jugendlichen in Verbindung gebracht werden konnte, die mit sozialen Angststörungen zu kämpfen haben.

Ein hilfreicher Tipp, der Ihre Angst in Schach hält und verhindert, dass sich Ihre Angstsymptome verschlechtern, besteht darin, negative Strategien zu vermeiden, die Sie sich angeeignet haben. Vermeiden Sie es, Alkohol zu trinken, egal wie vielversprechend die anfängliche Entspannung ist. Alkohol mag sich beruhigend anfühlen, wird Ihnen jedoch auf lange Sicht definitiv schaden.

Auf der anderen Seite können ein gesunder Lebensstil, gutes Essen, regelmäßiges Training und das Vermeiden von Alkohol Ihnen dabei helfen, mit Ihren sozialen Ängsten umzugehen.

Wechseln Sie die Perspektive

Das Ändern Ihrer Perspektive ist ein weiterer guter Tipp, der Ihnen dabei hilft, mit Ihren sozialen Ängsten umzugehen. Wenn Sie Ihr Verständnis für den Stress ändern, den Sie durchmachen, können Sie besser mit Angst umgehen.

Das Hauptproblem, das ich bei Menschen mit SAS sehe, besteht darin, dass sie jede Form von Stress als schlecht und schädlich ansehen. Sie fürchten, in soziale Situationen zu kommen, und allein der Gedanke daran löst Stress in ihnen aus. Wenn diese Menschen ihre Perspektiven ändern und die Dinge aus einem anderen Blickwinkel betrachten könnten, würden sie Stress nicht als schädlich ansehen. Im Jahr 2013 führte Jeremy Jamieson, Assistenzprofessor für Psychologie an der Universität von Rochester, New York, mit seinen Kollegen eine Studie durch. In dieser Studie wurde festgestellt, dass eine Person – egal ob sie unter sozialer Angst leidet oder nicht – die weiß, wie ihr Körper auf verschiedene Stressfaktoren reagiert (z. B. eine öffentliche Rede), in unangenehmen sozialen Situationen ein wenig gestresst sein wird. Das heißt, dass man sich nicht aufgrund einer sozialen Situation per se gestresst fühlen muss.

Wenn wir davon hören, wie schädlich Stress ist, rasen unsere Gedanken und wir stellen uns vor, gestresst zu sein. Das bedeutet, dass sich unser Körper gerade darauf vorbereitet, eine anspruchsvolle Situation zu bewältigen. Er stellt die notwendigen Ressourcen bereit, liefert Sauerstoff an das Gehirn und pumpt Blut zu den Hauptmuskelgruppen. Wenn wir verstehen, dass es keinen Grund zur Beunruhigung gibt, fühlen wir uns wohler. Untersuchungen haben gezeigt, dass ein Bewältigungsinstrument, das bei negativen Gedanken und Sorgen hilft, die „Ja, aber-Technik" sein kann. Bei dieser Technik geht es darum, dass Sie Ihre negativen Gedanken herausfordern und durch positive Gedanken ersetzen.

Wenn Sie zum Beispiel über eine gesellschaftliche Situation nachdenken und beginnen, Angst zu verspüren, sagen Sie sich „Ja, ich werde heute an einem gesellschaftlichen Treffen teilnehmen, an dem viele Menschen teilnehmen werden" und fügen dann hinzu: „Aber ich bin auch ein toller Mensch mit großartigen Eigenschaften. Es wird so viel zu erzählen geben, wenn ich Leute treffe."

Um den negativen Gedanken zu begegnen, muss man seiner Angst mit positiven Gedanken und positiver Bestätigung gegenübertreten. Dies wird Ihnen dabei helfen, sich selbst zu bestätigen und zu wissen, dass Sie die richtige Entscheidung treffen. Wie ich bereits sagte, müssen Sie sich Ihrer Angst stellen, um mit Ihrer Sozialphobie umzugehen, und positive Bestätigungen helfen Ihnen dabei.

Treten Sie selbstbewusst auf

Selbstvertrauen ist etwas so Magisches, dass es Ihnen Türen öffnet, wenn Sie es im Überfluss haben. Selbstvertrauen ist etwas, für das viele Menschen viel Geld ausgeben würden, obwohl wir alle Selbstvertrauen entwickeln können. Viele Erwachsene sind durch ihre Schüchternheit und durch ihre soziale Phobien eingeschränkt. Ihnen fehlt das Selbstvertrauen, sich anderen Menschen zu stellen oder gehört und gesehen zu werden.

Selbstvertrauen ist etwas, das man lernen kann, genau wie man Fahrradfahren lernen oder sich eine Fertigkeit aneignen kann: Mit viel Übung wird man besser darin. Versuchen Sie, selbstsicher in Bezug auf

Ihr Äußeres, Ihre Art zu sprechen und Ihre Art zu handeln zu sein, und Sie werden sehen, wie positiv die Menschen reagieren werden. Ich sage nicht, dass Sie sich lächerlich machen, ein Clown sein oder ein Spektakel aus sich machen sollten, nur um als selbstbewusst angesehen zu werden. Ich meine damit, selbstsicherer in allem zu werden, was Sie tun. Zuerst wird sich dies vielleicht furchterregend anfühlen und Sie möchten vielleicht Abstand davon nehmen. Das sollten Sie jedoch nicht tun, da Sie jedes Mal besser werden. Übung macht den Meister!

Selbstvertrauen zu gewinnen geschieht nicht über Nacht, sondern erfordert eine bewusste Anstrengung von Ihnen, genauso wie die Entwicklung anderer Fähigkeiten ebenfalls Anstrengung erfordert. Wenn Sie soziale Interaktionen vermeiden, bleibt Ihre Sozialphobie unverändert, doch wenn Sie sich dazu entscheiden, sich Ihren Ängsten zu stellen und sie nicht mehr zu vermeiden, werden Sie dazu bereit sein, Ihre sozialen Ängste zu bekämpfen.

Tun Sie etwas Nettes für eine andere Person

Etwas Nettes für jemanden zu tun ist eine gute Möglichkeit, um gesellschaftliche Situationen unter Kontrolle zu halten, und hilft Ihnen dabei, sich von Bedenken oder negativen Gedanken abzulenken, die Sie haben. Wenn ich sage, dass Sie etwas Nettes für einen anderen Menschen tun sollten, müssen Sie kein extravagantes Geschenk kaufen oder mehr Geld ausgeben, als Sie sich leisten können. Ein einfacher Akt der Freundlichkeit reicht bereits aus, um Ihrer sozialen Angst entgegenzuwirken.

Untersuchungen haben gezeigt, dass sich Freundlichkeit positiv auf die Stimmungslage auswirken kann. Eine Studie aus dem Jahr 2017 ergab, dass jener Bereich im Gehirn aktiviert wird, der mit der Motivation und dem Belohnungszyklus verbunden ist, wenn man etwas Nettes für einen anderen Menschen tut (Cohut, 2017).

Eine weitere Studie aus dem Jahr 2015, die in der Zeitschrift *Motivation and Emotion* veröffentlicht wurde, wies darauf hin, dass selbstloses Handeln Menschen mit sozialen Ängsten helfen kann, sich in sozialen Situationen wohler zu fühlen. In dieser Studie hatten Menschen, die freundlich zu anderen Menschen waren, nicht mehr so stark das Bedürfnis, soziale Situationen zu vermeiden. Akte der Freundlichkeit können darin bestehen, einer fremden Person dabei zu helfen, die Straße zu überqueren, oder einem Nachbarn dabei zu helfen, seinen Rasen zu mähen (Trew & Alden, 2015).

Laut Jennifer Trew, einer der Autoren der Studie der Simon Fraser University in Burnaby in Kanada, hilft es Ihnen, diesen negativen sozialen Erwartungen entgegenzuwirken, indem Sie die positiven Erwartungen und Wahrnehmungen des eigenen sozialen Umfelds fördern. Freundlichkeit kann das Ausmaß Ihrer Sozialphobie verringern und dazu führen, dass Sie sich seltener von sozialen Situationen fernhalten.

Ein im August 2019 veröffentlichter Bericht von Medical News Today zeigte, wie wichtig es ist, negative Gedanken durch positive zu ersetzen, um soziale Ängste abzubauen, zum Beispiel, indem man schlechte Erfahrungen durch gute ersetzt. Um dies zu tun, wurden einige Leute interviewt und ein Studienteilnehmer hatte Folgendes zu sagen:

„Die betroffenen Personen haben ein negatives Narrativ in ihren Köpfen. Dieses negative Narrativ stammt von peinlichen oder unangenehmen Momenten, die alles andere überschreiben. Wenn die betroffenen Personen jedoch eine gute Interaktion erleben, können sie diese Dynamik nutzen, um wieder und wieder gute Interaktionen zu erleben. Zum Schluss haben sie eine ganze Bibliothek an positiven Referenzen und empfinden es ganz natürlich, dass negative Selbstgespräche nicht gut sind."

Am Ende läuft alles auf einen besseren mentalen Zustand hinaus.

Atmen Sie tief durch

Viele Veränderungen finden statt, wenn Ihr Körper Angst hat. Einige der körperlichen Symptome, die mit Angst verbunden sind, sind Schwindel, eine pochende Brust, erhöhte Herzfrequenz und Muskelverspannungen. Wenn Sie sich eine Minute Zeit nehmen, um innezuhalten, kann Ihr Atem Ihnen dabei helfen, die Kontrolle über Ihren Körper wiederzuerlangen.

Es gibt einige Atemtechniken, die Ihnen dabei helfen, Ihren Körper zu beruhigen und zu entspannen. Ich werde später in diesem Buch mehr auf die Zwerchfellatmung als Entspannungstechnik eingehen.

Im Moment konzentrieren wir uns darauf, wie man tief ein- und ausatmet. Sie können beginnen, indem Sie sich setzen und versuchen, einen tiefen Atemzug zu nehmen und Ihren Atem anzuhalten. Zählen Sie von 1 bis 4, atmen Sie dann langsam aus und drücken Sie so viel Luft wie möglich heraus. Atmen Sie erneut tief ein, indem Sie Ihren Bauch mit Luft füllen, und fahren Sie fort, bis Sie feststellen, dass Ihr Atem langsamer wird.

Um mit sozialen Ängsten effektiv umgehen zu können, müssen Sie die Situationen identifizieren, die Sie vermeiden. Erstellen Sie zunächst eine Liste dieser Arten von Situationen bzw. der Situationen, in denen Sie sich ängstlich fühlen, wenn Sie nur daran denken, beispielsweise in einem Restaurant zu essen. Sie befürchten, dass die Leute Sie dabei beobachten, wie Sie essen oder sich entspannen und beschließen, solche Situationen zu vermeiden. Dasselbe gilt, wenn Sie vor einer Gruppe oder mit einer fremden Person sprechen müssen.

Fragen Sie sich also, welche Situationen Ihre Angst hervorrufen und welche Situationen Sie vermeiden. Machen Sie eine Liste dieser Situationen, damit Sie Bescheid wissen, womit Sie es zu tun haben. Im nächsten Kapitel werde ich detaillierter auf dieses Thema eingehen, indem ich Ihnen Wege zeige, wie Sie Ihre Ängste überwinden können.

In diesem Kapitel präsentierte ich Ihnen einige nützliche Tipps, die Ihnen bei Ihrer SAS helfen können. Um die Tipps zu verwenden, müssen Sie einige Änderungen in Ihrem Leben vornehmen. Im nächsten Kapitel werde ich Ihnen erklären, was es bedeutet, seine Ängste zu überwinden, und auf welche unterschiedliche Art und Weise dies erfolgen kann.

KAPITEL 4:

Eine Sozialphobie überwinden

Ihre Handflächen sind verschwitzt, Ihre Gedanken rasen und es fällt Ihnen so schwer, Worte zu formulieren, egal wie sehr Sie es versuchen … Wir alle haben dieses Gefühl schon einmal erlebt, doch einige Menschen erleben es schlimmer und öfter als andere – alle diese Anzeichen deuten auf eine Sozialphobie hin.

Niemand will sich in der Gegenwart von Menschen blamieren oder dumm dastehen, doch das Extrem dieses Denkens führt dazu, dass Menschen soziale Situationen vermeiden, nur um „sozial sicher" zu sein. Haben Sie sich jedoch schon einmal gefragt, warum Sie soziale Situationen so sehr vermeiden? Ihr Leben steht nicht auf dem Spiel und Sie werden nichts verlieren. Trotzdem vermeiden Sie solche Situationen immer wieder.

Ich kann mich gut an dasselbe Unbehagen erinnern, das Sie empfinden, wenn Sie in der Öffentlichkeit sind. Umgekehrt kann es schwirig sein, sich an körperliche Schmerzen zu erinnern, wenn Sie sich beispielsweise vor einigen Tagen Ihr Bein stark an einem Tisch angeschlagen haben. Es ist von daher keine Überraschung, dass Untersuchungen ergeben haben, dass Menschen soziale Schmerzen viel intensiver empfinden können als körperliche Schmerzen und dass soziale Schmerzen immer wieder neu erlebt werden können.

In einem Artikel im Rahmen des deutschen sozio-ökonomischen Panels (SOEP) mit dem Titel „Wahrgenommene Arbeitsplatzunsicherheit und Wohlbefinden: Auf dem Weg zu konzeptioneller Klarheit" wurde nachgewiesen, dass die Angst vor dem Verlust des Arbeitsplatzes schmerzhafter ist als die Angst, wenn man tatsächlich seine Arbeit verloren hat.

Die meisten Ratschläge zur Überwindung sozialer Ängste sind in der Regel eine Sackgasse. Man bekommt lediglich zu hören, dass wir „diese Gefühle unterdrücken sollen", wenn sie auftauchen. Doch was passiert, wenn diese Gefühle unterdrückt werden? Und was machen wir, wenn die negativen Gefühle wieder auftauchen?

Ich habe einige der besten Strategien von antiken Stoikern, Achtsamkeitsexperten und Neurowissenschaftlern zusammengefasst, um Menschen dabei zu helfen, mit ihren negativen Gefühlen im Zusammenhang mit ihrer Angststörung umzugehen. Die gute Nachricht ist, dass dies nicht so schwer ist. Sie müssen lediglich üben, um besser zu werden. Kommen wir nun dazu, wie Sie Ihre sozialen Ängste überwinden können:

Fordern Sie Ihre negativen Gedanken heraus

Manchmal scheint es unmöglich, eine dauerhafte Lösung für Ihre Sozialphobie zu finden. Es gibt jedoch viele Dinge, die Ihnen dabei helfen können. Zuerst müssen Sie Ihre negativen Gedanken herausfordern. Wenn Sie unter einer Sozialphobie leiden, sollten Sie mit einigen negativen Überzeugungen und Gedanken vertraut sein, die normalerweise Ihre Angst und Furcht hervorrufen. Einige dieser negativen Gedanken können sein:

- „Ich könnte mich selbst durcheinander bringen."
- „Ich möchte nicht als Dummkopf angesehen werden."
- „Ich werde vielleicht sprachlos sein und weiß dann nicht, was ich sagen soll."
- „Meine Hände könnten anfangen zu zittern und ich werde mich am Ende selbst in Verlegenheit bringen."

Wenn Sie diesen negativen Gedanken folgen, indem Sie sich entscheiden, die Situation zu vermeiden, können Sie nur kurzfristige Erleichterung erfahren, aber Sie lassen weiterhin zu, dass die soziale Angst die Kontrolle über Sie besitzt. Aber wenn Sie sich entscheiden, diese Gedanken herauszufordern, kämpfen Sie darum, die Kontrolle über Ihr

Leben zurückzugewinnen, und Ihre Angstsymptome werden in kürzester Zeit nachlassen.

Befolgen Sie die folgenden Tipps, um Ihre negativen Gedanken effektiv herauszufordern:

- Identifizieren Sie die negativen Gedanken, die Ihre Angst schüren. Wenn Sie beispielsweise in der Schule im Unterricht sind und Angst haben, dass Sie von Ihrem Lehrer aufgerufen werden, kann der zugrundeliegende negative Gedanke lauten: „Wenn ich aufgerufen werde, werde ich mich blamieren und alle werden mich auslachen."
- Bewerten und hinterfragen Sie negative Gedanken. Sie können beginnen, indem Sie sich Fragen stellen. Fragen wie „Warum denke ich, dass ich mich blamieren werde?" oder „Selbst wenn ich die Frage nicht beantworte, bin ich nicht in der Schule, um zu lernen?". Indem Sie Ihre negativen Gedanken logisch bewerten, können Sie diese jetzt durch positivere Gedanken und durch realistischere Sichtweisen auf soziale Situationen ersetzen, die normalerweise Angst in Ihnen auslösen.

Wenn Sie darüber nachdenken, warum Sie so denken und fühlen, wie Sie es tun, kann Ihnen dies zunächst unangenehm sein. Wenn Sie jedoch die Gründe verstehen, die Ihre Angst und Unruhe verursachen, reduzieren Sie die Wahrscheinlichkeit, dass Angst und Furcht Ihr Leben weiterhin beeinträchtigen.

Es gibt einige Denkweisen, die nicht hilfreich sind, die Sie jedoch womöglich bei sich selbst feststellen. Diese werden Ihnen nichts nützen, sondern Ihre Angst weiter schüren. Im Folgenden sind einige der nicht hilfreichen Denkweisen aufgeführt. Schauen Sie sich diese Denkmuster an und analysieren Sie ehrlich, ob Sie eins dieser Denkmuster haben. Wenn ja, dann ist jetzt ein guter Zeitpunkt, um dieses Verhalten abzulegen.

- Personalisierung: Dies ist der Fall, wenn Sie davon ausgehen, dass andere Menschen negativ auf Sie reagieren werden.

- Gedankenlesen: Sie gehen davon aus, dass die Leute wissen, was Sie denken, und dass sie Sie genauso sehen, wie Sie sich selbst sehen (negativ).
- Katastrophisieren: Betroffene Menschen neigen dazu, die Dinge extrem zu dramatisieren. Sie sind der Meinung, dass es etwas Schreckliches ist, wenn andere Menschen Ihre Nervosität sehen.
- Die Zukunft vorhersagen: Sie beginnen, die Zukunft vorherzusagen, indem Sie davon ausgehen, dass Ihnen das Schlimmste passieren wird oder dass alles ein schreckliches Ende nehmen wird. Solche Gedanken werden lediglich Angst in Ihnen erzeugen.

Konzentrieren Sie sich weniger auf sich selbst und mehr auf andere Menschen

Es ist ziemlich schwierig, den unzähligen Gedanken Einhalt zu gebieten, die Ihnen durch den Kopf gehen, wenn Sie sich in Situationen befinden, die Sie besonders ängstlich machen. Bei sozialen Angststörungen ist es einfacher, sich zu verschließen und sich auf sich selbst und die Sichtweise anderer Menschen zu konzentrieren, während man ständig denkt, dass diese Dinge definitiv negativ sein werden. Dieselbe Denkweise haben Sie, wenn Sie davon überzeugt sind, dass alle Sie ansehen werden, wenn Sie im Unterricht eine Frage beantworten müssen. Doch das muss nicht immer der Fall sein. Sie müssen damit aufhören, sich auf sich selbst und auf das zu konzentrieren, was andere über Sie denken. Konzentrieren Sie sich stattdessen auf Menschen, seien Sie achtsam und arbeiten Sie daran, echte Beziehungen zu anderen Menschen aufzubauen.

In sozialen Situationen, die Sie nervös machen, passiert es leicht, dass Sie angsterfüllte Gedanken bekommen. Sie sind bereits davon überzeugt, dass alle Augen auf Sie gerichtet sind und dass alle Menschen Sie beurteilen, während Sie sich auf Ihre körperlichen Empfindungen konzentrieren. Sie könnten womöglich denken, dass Sie eine bessere Kontrolle über Ihren Körper haben, je stärker Sie auf Ihre körperlichen Reaktionen achten.

Wenn Sie sich jedoch stärker auf Ihre körperlichen Reaktionen konzentrieren, dann wird Ihr Bewusstsein für Ihre Nervosität weiter erhöht, was wiederum dazu führt, dass Sie noch mehr Angst bekommen. Zudem werden Sie daran gehindert, sich voll und ganz auf die Gespräche um Sie herum und Ihre Leistung zu konzentrieren.

Wenn Sie jedoch zu einem externen Fokus anstatt zu einem internen Fokus wechseln, wird dies einen großen Unterschied bei der Reduzierung Ihrer sozialen Ängste machen. Wie Sie mir sicher zustimmen werden, kann der Versuch, zwei Dingen gleichzeitig die volle Aufmerksamkeit zu widmen, sehr ablenkend sein. Ein besserer Ansatz besteht darin, sich auf die Dinge zu konzentrieren, die um Sie herum geschehen, anstatt zu versuchen, sich auf zwei Dinge gleichzeitig zu fokussieren.

Gewöhnen Sie sich an die Denkweise, dass Menschen keine negativen Dinge über Sie denken, auch wenn sie bemerken, dass Sie etwas nervös sind. Wir Menschen sind nicht perfekt! Leben Sie also im Moment und hören Sie zu, was Ihr Gegenüber Ihnen sagt.

In einer Studie wurden drei Kandidaten für denselben Job befragt. Am Ende wurde der Befragte ausgewählt, der Kaffee auf sein Hemd schüttete und eine hohe Punktzahl erzielte. Der ideale Kandidat, der wenig bis gar keinen Fehler machte, erhielt den Job nicht. Der Grund, den der Personalchef dafür angab, war der, dass der ideale Kandidat nicht ausgewählt wurde, da er zu perfekt wirkte (Barker, 2018).

Die Studie legte nahe, dass es Konsequenzen haben kann, wenn man zu perfekt ist. Warum sind Sie also nicht Sie selbst und erlauben es Ihren Mitmenschen, Sie so zu akzeptieren, wie Sie sind?

Eine andere Forschungsstudie fand heraus, dass Menschen, die zum ersten Mal eine fremde Person treffen, das Treffen bewerten, indem sie sich ansehen, wie gut sie abschneiden, anstatt sich auf das Gesprächsthema zu konzentrieren. Versuchen Sie, ein guter Zuhörer zu sein und auf das zu achten, was Ihr Gegenüber sagt. Dies sind Eigenschaften, die in Gesprächen gutgeheißen werden.

Wenn dies für Sie nicht selbstverständlich ist, befolgen Sie einfach die folgenden Tipps, um zu lernen, wie Sie sich leichter auf andere Menschen konzentrieren können:

- Konzentrieren Sie Ihre Aufmerksamkeit auf andere Menschen, jedoch nicht auf das, was sie über Sie denken. Versuchen Sie, mit diesen Menschen eine echte Beziehung aufzubauen.
- Denken Sie immer daran, dass Angst nicht so stark sichtbar ist. Wenn jemand bemerkt, dass Sie nervös sind, sollten Sie nicht zu dem Schluss kommen, dass er schlecht über Sie denkt. Es besteht eine hohe Wahrscheinlichkeit, dass die andere Person ebenso nervös ist wie Sie oder in der Vergangenheit nervös war, bevor sie ihre Nervosität überwunden hat.
- Hören Sie mehr auf das, was tatsächlich gesagt wird und weniger auf Ihre negativen Gedanken. Die negativen Gedanken werden nur Ihre Angst nähren.
- Leben Sie in der Gegenwart. Versuchen Sie, sich auf den gegenwärtigen Moment zu konzentrieren, anstatt sich zu viele Gedanken darüber zu machen, was Sie als Nächstes sagen werden, oder sich selbst für einen Fehler fertig zu machen, der bereits in der Vergangenheit liegt.
- Setzen Sie sich nicht selbst unter Druck, perfekt zu sein. Versuchen Sie vielmehr, so zu sein, wie Sie sind, und auf die Eigenschaften zu achten, die andere Menschen schätzen.

Seien Sie geselliger

Eine weitere Möglichkeit, um Ihre Ängste herauszufordern und diese zu überwinden, besteht darin, sich unterstützende soziale Umgebungen zu suchen. Versuchen Sie, aus Ihren vier Wänden herauszukommen und mehr Kontakt mit anderen Menschen zu haben, anstatt sich drinnen einzuigeln. Sie können die folgenden Vorschläge ausprobieren:

- Melden Sie sich bei einer Selbstvertrauensschulung oder bei einem Kurs für soziale Kompetenzen an. Solche Kurse werden normalerweise an Volkshochschulen oder an örtlichen

Erwachsenenbildungszentren angeboten. Schauen Sie sich also um, welche dieser Schulungen für Sie geeignet sind.
- Arbeiten Sie auf ehrenamtlicher Basis. Ehrenamtlich zu arbeiten kann sehr viel Spaß machen, wenn Sie einen Bereich wählen, in dem Sie sich wohl fühlen. Sie können wählen, ob Sie lieber bei einer Kampagne helfen oder in Ihrer Gemeinde Müll beseitigen wollen. Tun Sie einfach alles, worauf Sie sich konzentrieren können, und lernen Sie dabei gleichzeitig neue Leute kennen.
- Entwickeln Sie Ihre Kommunikationsfähigkeiten weiter. Der Aufbau guter Beziehungen wird durch die Kommunikationsfähigkeit, eine Form der emotionalen Intelligenz, beeinflusst. Wenn es für Sie schwierig ist, mit Menschen zu kommunizieren, sollten Sie die grundlegenden Fähigkeiten der emotionalen Intelligenz erlernen.

Entwickeln Sie einen Lebensstil ohne Angst

Ihr Körper und Geist sind auf natürliche Weise miteinander verbunden. Untersuchungen haben ergeben, dass die Art und Weise, wie Sie Ihren Körper behandeln, sich auf Ihr Angstlevel auswirkt und darauf, wie Sie mit Ihren Angstsymptomen umgehen. Auch wenn Änderungen des Lebensstils allein nicht ausreichen, um Ihre Ängste zu überwinden, so kann dies die anderen Tipps zur Behandlung von Angststörungen dennoch unterstützen. Werfen wir einen Blick auf einige Tipps zum Thema Lebensstil, die Ihnen dabei helfen, Ihre Angstsymptome in Schach zu halten, und Sie bei der Überwindung Ihrer Angststörungen zu unterstützen.

- Seien Sie aktiv. Sie müssen körperliche Aktivitäten priorisieren. Sie können beginnen, indem Sie täglich 30 Minuten Ihrer Zeit für das Training einplanen. Wenn Sie kein Fan von Sport sind, können Sie das Training mit einer Aktivität kombinieren, die Ihnen Spaß macht. Sie können zum Beispiel zu Ihren Lieblingsliedern tanzen oder jeden Tag zur Bushaltestelle joggen.
- Begrenzen oder vermeiden Sie Ihre Koffeinaufnahme. Tee, Kaffee, Energydrinks und Limonaden wirken als Stimulanzien, die

Ihre Angstsymptome verstärken können. Sie sollten in Betracht ziehen, Ihren Koffeinkonsum auf den Morgen zu beschränken oder ganz zu vermeiden.
- Integrieren Sie mehr Omega-3-Fettsäuren in Ihre Ernährung. Die Rolle von Omega-3-Fettsäuren besteht darin, Ihr Gehirn zu unterstützen, Ihre Stimmungslage zu verbessern und Ihre Fähigkeit zu stärken, mit Angstsymptomen umzugehen. Um Omega-3-Fettsäuren zu erhalten, sollten Sie fettigen Fisch wie Hering, Lachs, Sardinen, Sardellen und Makrelen essen. Andere geeignete Lebensmittel sind Walnüsse, Leinsamen und Algen.
- Hören Sie mit dem Rauchen auf. Zigaretten enthalten Nikotin, ein starkes Stimulans. Einige Menschen rauchen, damit sie sich besser fühlen. Rauchen erhöht jedoch nur Ihre Angst, verringert sie jedoch nicht. Wenn Sie süchtig nach Nikotin sind, dann müssen Sie die Gewohnheit zügeln, um sich besser zu fühlen.
- Trinken Sie Alkohol in Maßen. In einer gesellschaftlichen Situation könnten Sie versucht sein, Alkohol zu trinken, weil Sie hoffen, dass es Ihre Nerven beruhigt. Zu viel Alkohol erhöht jedoch nur das Risiko einer Angstattacke.
- Achten Sie auf eine gute Schlafqualität. Schlafentzug führt dazu, dass Sie Ihrer Angst schutzlos ausgeliefert sind. Versuchen Sie, genügend Schlaf zu bekommen, damit Sie in stressigen Situationen ruhig bleiben.

Legen Sie objektive Ziele fest

Wenn Sie sich ängstlich fühlen, dann achten Sie normalerweise nicht auf die positiven Dinge. Wer weiß? Vielleicht schneiden Sie in einer bestimmten Situation tatsächlich großartig ab, doch wegen Ihrer Angst finden Sie dies niemals heraus. Stattdessen entscheiden Sie sich dafür, Ihre Leistung als schrecklich einzustufen. Aus diesem Grund fordern Therapeuten Ihre Patienten auf, objektive Verhaltensziele festzulegen. Diese Verhaltensziele sind das, was die Menschen in Ihrem Umfeld sehen und beobachten. Wie Sie sich fühlen (Angst) oder was Sie tun (Schwitzen, Zittern oder Erröten), spielt keine Rolle, zumal Sie in einer sozialen Situation keine Kontrolle darüber haben.

Wenn Sie also in einem Team arbeiten, sollte Ihr objektives Verhalten darin bestehen, Ihre Meinung zu äußern. Dies wird Ihnen dabei helfen, Ihren Fortschritt zu messen. Zudem konzentrieren Sie sich nicht auf sich selbst und darauf, ob Sie nervös sind. Stattdessen konzentrieren Sie sich darauf, ob Sie Ihr Ziel erreicht haben.

Sie sollten ebenfalls vermeiden, sich auf die Reaktionen der Menschen zu konzentrieren. Wie Ihre Teamkollegen Ihre Idee während des Meetings aufgenommen haben, sollte Sie nicht stören, da am wichtigsten ist, dass Sie diesen ersten mutigen Schritt unternommen haben, um sich zu äußern. Es spielt keine Rolle, ob jemand Ihre Anfrage abgelehnt hat. Zumindest haben Sie gefragt. Es spielt keine Rolle, ob Sie der Meinung einer anderen Person nicht immer zustimmen können. Ihre Meinung ist ebenfalls wichtig. Schließlich haben Sie getan, was nötig war, und Sie können die Handlungen der Menschen nicht kontrollieren.

Seien Sie achtsam

Wenn Sie Achtsamkeitsmeditation praktizieren und in Ihrer Umgebung und Ihren Gedanken präsent sind, werden Sie sich Ihrer Gefühle und Gedanken auf eine positive und nicht wertende Art und Weise bewusst.

Laut einer in der Zeitschrift Social Cognitive and Affective Neuroscience veröffentlichten Studie fanden Forscher heraus, welchen Einfluss Meditation auf Aktivitäten hat, insbesondere für das Gehirn. Die Teilnehmer mit einem normalen Angstlevel hatten an vier zwanzigminütigen Achtsamkeitsmeditationskursen teilgenommen. In der Studie stellte man fest, dass die Angstzustände der Teilnehmer nach der Teilnahme am Achtsamkeitstraining um 39 % abnahmen.

Mehrere andere Studien wiesen ebenfalls die Vorteile der Achtsamkeitsmeditation für den Körper nach. Die Achtsamkeitsmeditation reduziert nicht nur das Angstniveau, sondern lindert auch Depressionen. Untersuchungen der Universität Amsterdam haben ergeben, dass das Achtsamkeitstraining eine zugänglichere, kostengünstigere und effektivere Methode zur Behandlung einer sozialen Angststörung darstellt (Bögels, 2014).

Während des Achtsamkeitstrainings wird den Patienten beigebracht, wie sie ihre Aufmerksamkeit besser kontrollieren und ihre Fähigkeit, durch Meditationstechniken präsent zu sein, stärken können.

Erstellen Sie eine Expositionshierarchie Ihrer sozialen Angst

Die Expositionshierarchie ist eine Liste, mit Hilfe derer Sie die Situationen, die Ihre Angst auslösen, chronologisch aufschreiben, je nachdem, wie ernst die jeweilige Situation ist. Nachdem Sie die Situationen aufgeschrieben haben, testen Sie sich selbst aus, beginnend mit der einfachsten Situation, und fahren fort, bis Sie alle aufgelisteten Situationen abgeschlossen haben.

Sie können zunächst feststellen und bewerten, wie ängstlich Sie sich in einer bestimmten sozialen Situation fühlen. Zum Beispiel steht die Zahl „0" für keine Angst, während „10" die größte Angst ist, die Sie jemals gefühlt haben. Machen Sie jetzt eine Liste, wie Sie sich in jeder Situation fühlen würden – angefangen beim Bitten einer fremden Person um Hilfe bis hin zur Präsentation vor einer Gruppe. Schreiben Sie auch Ihre Vorhersagen auf, damit es für Sie nicht neu ist, wenn es Zeit ist, diese Situationen zu erleben.

Testen Sie Ihre Vorhersagen, schreiben Sie Ihre sozialen Situationen auf und auch, wie Sie sich gefühlt haben. Nachdem Sie dies ein paar Mal gemacht haben, stellen Sie möglicherweise fest, dass das Gespräch mit einer fremden Person jetzt eine „4" anstelle der von Ihnen zuerst vorhergesagten „9" ist. Dieses Aufschreiben hilft Ihnen dabei, Ihre Fortschritte zu verfolgen, was normalerweise ermutigend und motivierend ist.

Lernen Sie, sich zu unterhalten

Wenn Sie versuchen, Ihre Schüchternheit und Ihre sozialen Ängste zu überwinden, werden Sie hoffentlich lernen, selbstbewusster zu sein, wenn Sie mit anderen Menschen sprechen. Ich weiß, wie schwierig es sein kann, mit anderen Menschen zu sprechen. Schon der Gedanke daran, was man sagen soll, kann Ängste auslösen. Eine unangenehme Stille kann sich endlos lang anfühlen und es kann peinlich sein, wenn man nicht weiß, was man als Nächstes sagen soll. Sie können jedoch klein anfangen, indem Sie nach und nach mit Menschen sprechen. Dies hilft Ihnen dabei, sich bei jedem Versuch weniger ängstlich zu fühlen.

Sie können einige Konversationstechniken anwenden, die Ihnen den Einstieg erleichtern. Stellen Sie offene Fragen und lassen Sie die andere Person den größten Teil des Gesprächs führen. Stellen Sie Fragen, die nicht nur eine Ja- oder Nein-Antwort erfordern, sondern stellen Sie persönliche Fragen in der Hoffnung, das Gespräch auf eine tiefere Ebene zu bringen. Auf diese Weise lernen Sie die andere Person besser kennen. Sobald Sie sich wohl und sicher fühlen, können Sie einige Ihrer persönlichen Informationen verraten. Dies ist wie eine Einladung an die Person, Ihnen ebenfalls tiefgründigere Fragen zu stellen.

Seien Sie nett zu sich selbst

Wir Menschen sind nicht perfekt. Jeder macht hin und wieder einen Fehler und fühlt sich deswegen schlecht. Ich möchte, dass Sie wissen, dass es nicht so einfach ist, Ihre Ängste zu überwinden, und dass Sie dies nicht an einem Tag schaffen können. Also geben Sie sich ein wenig Zeit!

Es gibt Zeiten, in denen Sie anfangen, negativ zu denken, Ihre Motivation zu verlieren und vielleicht sogar wieder in Ihre schlechten Gewohnheiten zurückzufallen. Wenn Sie sich müde oder gestresst fühlen, fühlen Sie sich möglicherweise ängstlicher. Denken Sie jedoch nie, dass Sie versagt haben. Sie müssen sich lediglich eine Minute Zeit nehmen und freundlich zu sich selbst zu sein. Sie brauchen Geduld und Selbstmitgefühl, um erfolgreich zu sein. Das sind Ihre Schlüssel zur Freiheit. Wenn Sie einen schlechten Tag haben, dann geben Sie nicht auf. Seien Sie einfach nett zu sich selbst und stehen Sie wieder auf.

Die Anxiety and Depression Association of America (ADAA) schätzt, dass ein Drittel der Menschen, die an einer sozialen Angststörung leiden, etwa zehn Jahre lang wartet, bevor sie sich an einen Fachmann wenden. Angststörungen haben negative Auswirkungen auf viele verschiedene Aspekte des Lebens – von Ihren persönlichen Beziehungen bis zu Ihren Beziehungen am Arbeitsplatz.

In diesem Kapitel habe ich Ihnen einige großartige Möglichkeiten an die Hand gegeben, um Ihnen dabei zu helfen, Ihre sozialen Ängste zu überwinden. Auch wenn es nach einer entmutigenden Aufgabe aussieht, so lohnt es sich dennoch, diese Möglichkeiten auszuprobieren, damit Sie Ihr bestes Leben führen können. Egal wie nervös Sie sich in sozialen Situationen fühlen: Lernen Sie, Ihre selbstkritischen Gedanken zum Schweigen zu bringen und selbstsicherer im Umgang mit anderen Menschen zu sein. Indem Sie die Informationen beherzigen, die ich Ihnen in diesem Kapitel verraten habe, werden Sie lernen, Ihre Ängste zu überwinden und großartige und lohnende Beziehungen zu Ihren Mitmenschen aufzubauen.

Die Überwindung sozialer Ängste ist ein schrittweiser Prozess, der Zeit benötigt, um neue neuronale Verbindungen für soziale Interaktionen zu bilden. Wenn Ihre soziale Angst und Ihr tägliches Leben nach Befolgung aller von mir gegebenen Tipps dennoch nicht besser wird, dann zögern Sie nicht, sich professionelle Hilfe zu suchen.

Was kommt nun als Nächstes, nachdem Sie eine Vorstellung davon erhalten haben, wie Sie Angst überwinden können? Im nächsten Kapitel werde ich einige Entspannungstechniken vorstellen, die Sie anwenden können, und erläutern, wie diese funktionieren und wie Sie sie üben.

KAPITEL 5:

Entspannungstechniken

Was meinen wir im alltäglichen Kontext, wenn wir sagen, dass wir entspannt sind? Wenn wir sagen, dass wir entspannt sind, meinen wir damit meistens einfach, dass wir frei von Spannungen sind. Im Rahmen von sozialen Angststörungen erkennen wir, warum Entspannung so wichtig ist. Wenn Sie durch Ihre Sozialphobie angespannt sind, dann sollten Entspannungstechniken dazu in der Lage sein, Sie von diesen Spannungen zu befreien.

Entspannung ist eng mit Achtsamkeit und Meditation verbunden, es gibt jedoch einige Unterschiede. Betrachten Sie Entspannung als das finale Ziel, während Achtsamkeit und Meditation die Mittel sind, um dorthin zu gelangen. Wenn Sie beispielsweise Yoga oder andere mentale Übungen praktizieren, kontrollieren Sie Ihren Atem und Ihre Gedanken, bis Sie Ihren ganzen Körper in einen entspannten Modus versetzt haben. Sie haben also gerade eine Achtsamkeitstechnik verwendet, um Entspannung zu erreichen. Es liegt also nahe, dass bestimmte Erkrankungen wie Angstzustände, die die Ruhe des Körpers destabilisieren können, durch bestimmte Entspannungstechniken behandelt werden können.

Verschiedene Entspannungstechniken haben sich als sehr wirksam gegen Angststörungen erwiesen, auch bei Sozialphobien. Diese Entspannungstechniken werden mit anderen Behandlungen kombiniert, um bessere Ergebnisse zu erzielen, insbesondere in sehr schweren Fällen. Entspannungstechniken können aber auch allein verwendet werden, um vielen Symptomen sozialer Angststörungen entgegenzuwirken. Zum Beispiel können Entspannungstechniken wie Tiefenatmungs- und Muskelentspannungstechniken die Nerven während einer Rede beruhigen.

Gibt es Beweise dafür, dass es funktioniert?

Es wurden mehrere Studien durchgeführt, um festzustellen, ob Entspannungstechniken bei sozialen Angststörungen wirksam sind. Eine derartige Studie ist eine Metaanalyse von fünfzig Studien mit 2.801 Patienten. Diese Studie verglich die Ergebnisse der Behandlung von Patienten mit Entspannungstechniken mit denen von kognitiven und verhaltensbezogenen Therapien. Die Forscher fanden heraus, dass es keinen deutlichen Unterschied zwischen den Ergebnissen gab. Vergessen Sie nicht, dass die kognitive Verhaltenstherapie als die wichtigste psychologische Behandlung für soziale Angststörungen gilt. Wenn Entspannungstechniken also genauso gut funktionieren, sind sie ebenfalls gegen soziale Ängste wirksam.

Eine weitere Metaanalyse-Studie, die 2018 durchgeführt wurde, zeigte, dass Entspannungstechniken bei Menschen mit sozialen Angststörungen dazu beitrugen, negative Emotionen wie Depressionen, Sorgen und Phobien zu reduzieren.

Nachdem wir nun den Beweis haben, dass sie funktionieren, lassen Sie uns nun einige Entspannungstechniken betrachten, die Sie verwenden können.

Entspannungstechniken gegen soziale Angst

Zwerchfellatmung

Die Zwerchfellatmung, auch als Tiefenatmung bezeichnet, ist ein Atemmuster, bei dem Sie Ihr Zwerchfell so erweitern, dass Ihre Brust sich nicht bewegt, sondern dass nur Ihr Bauch sich auf und ab bewegt. Auf diese Weise atmen Sie tiefer ein und aus, was Ihre Symptome lindert. Die Atmung ist sehr wichtig für uns, da unser Körper und unsere Organe auf diese Weise mit lebenswichtigem Sauerstoff versorgt werden. Wenn Ihre Atmung nicht gut ist, wird der Austausch von Sauerstoff und Kohlendioxid gestört, was zu Angstzuständen führen kann.

Im Idealfall müssen Sie nicht warten, bis Sie einen Angstanfall haben, bevor Sie versuchen, die Zwerchfellatmung anzuwenden. Sie sollten die

Zwerchfellatmung auch dann üben, wenn Sie entspannt sind, damit sie Ihnen leicht fällt, wenn es an der Zeit ist, sie anzuwenden. Andernfalls kann es schwierig sein, die Atmung anzuwenden, wenn Ihre Angst bereits Besitz von Ihnen ergriffen hat. Ein weiterer Grund, warum Sie die Tiefenatmungsübung praktizieren sollten, besteht darin, dass andere Entspannungstechniken darauf basieren, was diese zu einer wichtigen Technik macht, die Sie beherrschen müssen.

Wie wichtig ist die Zwerchfellatmung?

Wenn Sie angespannt sind, wechselt Ihr Körper in den sogenannten „Kampf oder Flucht"-Modus. In diesem Modus ist Ihr Körper in Alarmbereitschaft, ähnlich wie während eines Kampfes. Wenn Sie zum Beispiel kämpfen, wechselt Ihr Körper in diesen Modus, weil er möchte, dass Sie so viele physische Angriffe wie möglich bemerken und vermeiden. Die meisten körperlichen Prozesse laufen während eines Kampfes sehr schnell ab. Um diese schnelleren körperlichen Prozesse zu ermöglichen, schlägt Ihr Herz schneller, damit genügend Blut zirkulieren kann. Dies kann normal sein, wenn Sie gesund sind und sich in einem Notfall befinden. Wenn Sie jedoch unter einer sozialen Angststörungen leiden und sich gar nicht wirklich in einem Notfall befinden, kann diese Situation schnell zu einem Angstanfall ausarten.

In diesem Fall hilft Ihnen die Tiefenatmungstechnik, um sich der Veränderungen in Ihrem Körper bewusst zu werden und die Herzfrequenz zu verlangsamen, indem Sie das Tempo und die Tiefe Ihrer Atmung bestimmen. Auf diese Weise erkennt Ihr Körper, dass es keinen Notfall gibt, sondern nur eine harmlose soziale Situation. Dadurch wird die Wahrscheinlichkeit, einen Angstanfall zu erleiden, erheblich verringert.

Wie kann ich die Zwerchfellatmung üben?

Ich habe bereits erwähnt, dass es gut ist, Ihren Körper an dieses Atemmuster zu gewöhnen, damit Sie es bei Bedarf problemlos anwenden können. Lassen Sie mich Ihnen jetzt zeigen, wie Sie die Zwerchfellatmung üben können, auch wenn Sie allein und bereits entspannt sind.

Sehen Sie sich die Schritte an, die Sie unternehmen können, um die Tiefenatmungstechnik zu üben:

1. Finden Sie einen Ort, der frei von Ablenkung ist. Wenn Sie damit beginnen, sollten Sie Ablenkungen vermeiden, damit Sie sich auf Ihren Atem konzentrieren können. Deshalb ist ein ruhiger Ort ohne Ablenkungen von entscheidender Bedeutung. Sie müssen auch eine Position finden, die Ihnen genügend Entspannung ermöglicht. Legen Sie sich zum Beispiel auf den Rücken oder setzen Sie sich auf einen Stuhl. Entspannen Sie alle Ihre Muskeln. Sie müssen sich zudem frei fühlen. Gegenstände wie Brillen, Uhren oder enge Kleidung sind also möglicherweise nicht ideal.

2. Um sicherzustellen, dass Sie richtig atmen, muss sich Ihr Bauch beim Ein- und Ausatmen auf und ab bewegen. Legen Sie eine Hand auf Ihre Brust und die andere auf Ihren Bauch, um sicherzustellen, dass sich Ihre Brust während der Übung nicht bewegt. Atmen Sie nun tief ein und aus und zählen Sie langsam bis drei, um sicherzustellen, dass Ihr Atem wirklich tief genug ist.

3. Halten Sie den Atem für eine kurze Zeit an und atmen Sie anschließend langsam aus, während Sie wieder bis drei zählen. Achten Sie darauf, dass sich Ihr Bauch bewegt und nicht Ihre Brust.

4. Wiederholen Sie die Übung fünf bis zehn Minuten lang, bis Ihr Körper entspannt ist.

Machen Sie diese Übung einige Tage lang weiter, bis Sie sie beherrschen. Wenn Sie Probleme haben, sich diese Technik anzueignen, können Sie an einem Yoga-Kurs oder einem Achtsamkeitsmeditationskurs teilnehmen. In diesen Kursen lernen Sie einige andere Techniken kennen, bei denen ebenfalls die Tiefenatmung verwendet wird.

Autogenes Training

Haben Sie schon einmal den Satz „Im Wort liegt die Kraft" gehört? Dieser Satz ist die Grundlage des autogenen Trainings. Beim autogenen Training erzählen Sie sich wiederholt Dinge, die Sie entspannen, wie zum Beispiel: „Ich bin jetzt entspannt." Man nimmt an, dass Sie, wenn Sie diese Aussagen für sich selbst wiederholen, die Funktionsweise Ihres autonomen Nervensystems beeinflussen können. Das autonome Nervensystem steuert nämlich die Herzfrequenz.

Eine im Jahre 2008 durchgeführte Metaanalyse von Stretter und Kupper zeigte, dass das autogene Training tatsächlich bei der Behandlung von Angstzuständen wirksam ist. Wenn autogenes Training Ihre Angstzustände behandeln kann, können Sie diese Technik auch verwenden, um sich zu beruhigen, wenn Sie sich in einer gesellschaftlichen Situation befinden.

Wie praktizieren Sie also diese Technik?

Die Vorbereitung auf autogenes Training ähnelt den Schritten für die Zwerchfellatmung. Stellen Sie sicher, dass Sie sich an einem Ort befinden, der frei von Ablenkungen ist und stellen Sie sicher, dass Sie sich ebenfalls frei fühlen, indem Sie eng anliegende oder unbequeme Kleidung vermeiden. Legen Sie sich flach auf den Boden oder setzen Sie sich auf einen Stuhl.

Machen Sie nun Folgendes:

- Üben Sie zunächst einige Minuten lang die Zwerchfellatmung. Sagen Sie sich danach sanft die Worte: „Ich bin ruhig."
- Als Nächstes konzentrieren Sie Ihre Aufmerksamkeit auf Ihre Arme. Dann sagen Sie sich: „Meine Arme sind schwer." Wiederholen Sie diese Aussage noch weitere sechs Mal. Dann sagen Sie sich: „Ich bin ruhig."
- Konzentrieren Sie Ihre Aufmerksamkeit wieder auf Ihre Arme. Diesmal sagen Sie sich leise: „Meine Arme sind warm."

- Wiederholen Sie diese Aussage noch weitere sechs Mal. Dann sagen Sie sich: „Ich bin ruhig."
- Lenken Sie Ihre Aufmerksamkeit nun auf Ihre Beine und sagen Sie sich leise: „Meine Beine sind schwer." Wiederholen Sie diese Aussage noch weitere sechs Mal. Dann sagen Sie sich: „Ich bin ruhig."
- Achten Sie wieder auf Ihre Beine. Machen Sie dasselbe, indem Sie sich sagen: „Meine Beine sind warm." Machen Sie das noch weitere sechs Mal. Dann sagen Sie sich: „Ich bin ruhig."
- Gehen Sie weiter zu Ihrem Herzschlag. Konzentrieren Sie Ihre Aufmerksamkeit darauf und wiederholen Sie ruhig: „Mein Herz schlägt ruhig und regelmäßig." Dann sagen Sie sich: „Ich bin ruhig."
- Konzentrieren Sie sich auf Ihren Atem. Sagen Sie sich: „Meine Atmung ist ruhig und regelmäßig." Dann sagen Sie sich: „Ich bin ruhig."
- Konzentrieren Sie Ihre Aufmerksamkeit auf Ihren Bauch und sagen Sie sich leise: „Mein Bauch ist warm." Tun Sie dies noch sechs Mal und sagen Sie sich dann: „Ich bin ruhig."
- Als Nächstes kommt Ihre Stirn an die Reihe. Wiederholen Sie leise: „Meine Stirn ist angenehm kühl." Tun Sie dies noch sechs Mal und sagen Sie sich dann: „Ich bin ruhig."
- Beobachten Sie, wie sich Ihr Körper entspannt, und genießen Sie das damit verbundene Gefühl. Dann sagen Sie sich ruhig und leise: „Meine Arme sind fest, ich atme tief ein und aus und meine Augen sind offen."

Progressive Muskelentspannung

Menschen, die an einer sozialen Angststörung leiden, leiden häufig unter angespannten Muskeln. Diese Muskelspannungen entstehen, weil sie sich unwohl fühlen und nervös sind. Deshalb ist progressive Muskelentspannung für Menschen mit Sozialphobien und Angstzuständen sehr effektiv. Die progressive Muskelentspannung ist eine Technik zur Verringerung von Angstzuständen, die darauf abzielt, Verspannungen in den Hauptmuskelgruppen zu beseitigen und diese durch

Entspannung zu ersetzen. Sie wurde erstmals 1930 vom amerikanischen Arzt Edmund Jacobson eingeführt.

Diese Technik ist so effektiv gegen Angstzustände und Verspannungen, dass Sie bei richtiger Anwendung sogar einschlafen können. Wenn Sie diese Technik beherrschen, werden Sie vom Unterschied zwischen einem angespannten und einem entspannten Muskel begeistert sein. Letzteres ist von unschätzbarem Wert. Sie sollten sich darauf freuen, diesen Zustand zu erreichen.

Genau wie andere Entspannungstechniken kann sie für sich allein verwendet oder mit anderen kombiniert werden, um eine stärkere Wirkung zu erzielen. Die progressive Muskelentspannung erfordert ebenfalls ein wenig Übung, um sich daran zu gewöhnen. Üben Sie diese Technik also auch, wenn Sie entspannt sind, sodass Sie sie, wenn Sie es nicht sind, leichter anwenden können.

Im Folgenden finden Sie die Schritte zum Üben der progressiven Muskelentspannung. Beginnen Sie wieder damit, einen ruhigen Ort zu finden, an dem Sie nicht abgelenkt werden. Beginnen Sie in einer sehr entspannten Haltung. Legen Sie sich zum Beispiel flach auf den Boden oder setzen Sie sich auf einen bequemen Stuhl. Versuchen Sie, keine eng anliegende Kleidung zu tragen und entfernen Sie Gegenstände, die Sie möglicherweise stören könnten, wie z. B. Kopfhörer, Brillen, Uhren oder Armbänder. Wenn Sie bereit sind, nehmen Sie sich die ersten sechs bis sieben Minuten lang Zeit, um die Tiefenatmung zu praktizieren.

Führen Sie danach die folgenden Schritte aus, während Sie sich weiterhin entspannen:

- Beginnen Sie mit Ihrer Stirn. Spannen Sie die Muskeln in Ihrer Stirn sanft an und halten Sie diese Spannung etwa fünfzehn Sekunden lang aufrecht. Sie werden spüren, wie sich die Muskeln anspannen. Entspannen Sie sie dann wieder vorsichtig, während Sie bis dreißig zählen. Sie sollten nun ein Gefühl der Entspannung in Ihrer Stirn bemerken. Um optimale Ergebnisse zu erzielen, atmen Sie langsam und gleichmäßig ein.

- Als Nächstes konzentrieren Sie sich auf Ihren Kiefer. Spannen Sie Ihre Kiefermuskeln etwa fünfzehn Sekunden lang an und lösen Sie dann die Spannung, während Sie bis dreißig zählen. Achten Sie dabei auf die Entspannung Ihrer Kiefermuskeln. Stellen Sie außerdem sicher, dass Sie langsam und tief atmen.
- Gehen Sie weiter zu Ihrem Nacken und Ihren Schultern. Spannen Sie die Muskeln in diesem Bereich an, indem Sie die Schultern anheben und etwa fünfzehn Sekunden lang in dieser Position halten. Lösen Sie dann vorsichtig die Spannung, während Sie von dreißig herunterzählen.
- Ballen Sie Ihre Hände vorsichtig zu Fäusten. Ziehen Sie Ihre Fäuste in Richtung Brust und halten Sie sie fünfzehn Sekunden lang fest. Drücken Sie die Fäuste fest zusammen und halten Sie sie sehr nah an Ihre Brust. Entspannen Sie Ihre Muskeln wie bei den vorherigen Übungen wieder, während Sie von dreißig herunterzählen, und spüren Sie die Entspannung.
- Dann gehen Sie weiter zu Ihrem Gesäß. Halten Sie die Muskelspannung in Ihrem Gesäß für ca. fünfzehn Sekunden lang aufrecht. Lassen Sie nach fünfzehn Sekunden die Spannung allmählich los, während Sie von dreißig herunterzählen. Atmen Sie langsam und beobachten Sie, wie die Entspannung die Anspannung ersetzt.
- Spannen Sie als Nächstes Ihren Waden und Ihren Quadrizeps an. Spannen Sie die Muskulatur für ca. fünfzehn Sekunden in diesem Bereich an und lösen Sie die Spannung innerhalb von dreißig Sekunden wieder.
- Erhöhen Sie schließlich langsam und ruhig die Spannung in Ihren Füßen und Zehen, soweit dies möglich ist. Lösen Sie die Spannung, während Sie von dreißig herunterzählen. Atmen Sie langsam und beobachten Sie, wie die Spannung in den Muskeln schwindet.

Mit dieser letzten Übung sollte die Entspannung in Ihren Körper zurückkehren. Genießen Sie das Gefühl, das nun eintritt, und atmen Sie gleichmäßig und langsam weiter.

Katathym Imaginative Psychotherapie (KIP)

Würden Sie gerne eine Technik kennen, mit der Sie Ihren Geist und Körper innerhalb von Sekunden beruhigen und die Sie dennoch einfach ausführen können? Dann ist diese Methode großartig für Sie! Die Katathym Imaginative Psychotherapie ist sehr effektiv, um Stress abzubauen und ein dickes Fell zu bekommen. Es handelt sich hierbei auch um eine der Entspannungstechniken, die sich bei der Behandlung von sozialen Angststörungen als wirksam erwiesen haben.

Ich bin mir sicher, dass Sie diese Technik unbedingt ausprobieren möchten. Lassen Sie mich erklären, wie sie funktioniert, damit Sie gleich mit dem Üben beginnen können! Bevor wir jedoch loslegen, gibt es verschiedene Möglichkeiten, dies zu tun. Erstens können Sie diese Übung in einem Kurs zusammen mit einem Lehrer praktizieren, der Sie anleitet. Sie können auch eine Aufzeichnung verwenden, die Sie durch die Übung führt. Sie können sogar Ihre eigenen Audioaufnahmen erstellen und verwenden. Schließlich können Sie sich auf Ihre innere unbewusste Stimme verlassen, die Ihnen sagt, was zu tun ist. Bei allen Optionen müssen Sie sich jedoch stets von etwas leiten lassen. Nachdem Sie nun mit dem Konzept vertraut sind, erkläre ich Ihnen mit dem nachfolgenden Leitfaden, wie Sie diese Technik einsetzen können:

- Machen Sie es sich bequem:

Sie brauchen einen ruhigen Ort und eine entspannte Position. Sie können sich auf einen Stuhl setzen oder sich in den Schneidersitz begeben.

- Führen Sie die Zwerchfellatmung aus:

Atmen Sie mit Hilfe Ihres Zwerchfells, während Sie die Augen schließen und sich auf Ihren Atem konzentrieren, wie weiter oben in diesem Kapitel beschrieben. Stellen Sie sich dabei vor, dass Sie ruhig Ihren Stress ausatmen. Achten Sie darauf, dass sich Ihre Brust und Schultern beim Atmen nicht bewegen und dass nur Ihr Bauch sich bewegt.

- Wählen Sie eine entspannte Szene, die zu Ihnen passt, und stellen Sie sich diese Szene anschaulich vor:

Für verschiedene Menschen können dies unterschiedliche Dinge sein. Manche Menschen stellen sich vor, im Lotto zu gewinnen, manche stellen sich vor, dass sie eine Garage voller schneller Autos haben, andere Menschen stellen sich vor, Zeit mit geliebten Menschen verbringen. Was auch immer Sie an einen entspannten Zustand erinnert, stellen Sie sich diese Dinge lebhaft vor. Vielleicht können Sie sich an die Details einer sehr angenehmen Erfahrung aus vergangenen Jahren erinnern oder sich eine Szene aus einem Film oder Buch vorstellen, das Sie lieben. Die Quintessenz hier ist, dass die Erinnerung, die Sie aufrufen, Ihnen gefällt.

- Tauchen Sie ein in die sensorischen Details dieser Szene:

Jetzt, da Sie sich Ihre perfekte Szene vorstellen, müssen Sie in den Moment eintauchen. Versuchen Sie, alle Ihre Sinne in die Vorstellung einzubeziehen. Stellen Sie sich vor, wie diese Situation riecht, wie sie sich anfühlt und welche anderen Details es gibt, wie zum Beispiel das Geräusch von Regen auf dem Dach oder ein knisterndes Feuer im Kamin.

- Entspannen Sie sich:

Jetzt, da Sie ein detailliertes Bild mit allen Sinnen im Kopf haben, ist es Zeit, sich zu entspannen. Achten Sie darauf, dass Sie sich ganz in Ihrer Vorstellung befinden und alles darin genießen. Bleiben Sie so lange in dieser Situation, wie es Ihnen gefällt. Während Sie sich entspannen, lösen Sie sich von jeglichem Stress und jeder Angst. Wenn Sie entscheiden, dass es an der Zeit ist, um in die Realität zurückzukehren, zählen Sie einfach von zwanzig herunter und behalten Sie das Gefühl der Gelassenheit bei, wenn Sie Ihren Countdown beendet haben.

Achtsamkeitstechniken, um in sozialen Situationen präsent zu bleiben

Wir haben gesehen, wie soziale Ängste Ihr Leben beeinflussen können. Doch wir haben ebenfalls festgestellt, dass das nicht sein muss. Sie können sich dagegen wehren und Ihr Leben zurückerobern. Und eine der Waffen in Ihrem Arsenal ist die Achtsamkeit. Achtsamkeit hat eine immense Kraft, mit der Sie soziale Ängste lindern können. Kein Wunder, dass traditionelle Buddhisten so sehr daran glauben. Viele Gesundheitsexperten nutzen aktiv die Kraft der Entspannung, Achtsamkeit und Meditation, um verschiedene Erkrankungen wie Angstzustände, Depressionen, Schmerzen, Schlaflosigkeit und sogar posttraumatische Belastungsstörungen zu behandeln.

Auch Sportler wenden die Prinzipien der Entspannung an, um ihre Leistungen zu verbessern. Dasselbe gilt für CEOs großer Unternehmen, die Entspannungsprinzipien nutzen, um in der chaotischen Geschäftswelt cool zu bleiben. Entspannungstechniken wie Achtsamkeit und Meditation finden heutzutage sogar Eingang in die Schullehrpläne, da Schülern und Lehrern gezeigt wird, wie sie damit ihre Emotionen kontrollieren und ihre Konzentration verbessern können.

Was ist Achtsamkeit? Stellen Sie sich die Achtsamkeit so vor: Waren Sie schon einmal in einer sehr lauten Umgebung und haben es irgendwie geschafft, all den Lärm auszuschalten und sich auf das zu konzentrieren, was für Sie wichtig war, vielleicht ein Buch, das Sie gerade lasen? Wenn ja, dann war das die Kraft der Achtsamkeit. Sie fokussierten einfach Ihren Geist, um auf das zu achten, was für Sie am wichtigsten war.

Um Achtsamkeit zur Behandlung von Sozialphobien einzusetzen, müssen Sie jedoch ein wenig anders vorgehen. Wenn Sie jemals versucht haben, einen negativen Gedanken zu vermeiden, wissen Sie, wie schwierig das sein kann. Es ist schwierig, denn während Sie versuchen, solche Gedanken zu blockieren, geht das Gehirn davon aus, dass dieser Gedanke sehr wichtig ist, und hält daran fest. Wenn wir also Achtsamkeit gegen soziale Ängste einsetzen, versuchen wir nicht, diese unangenehmen Gedanken wie „Ich bin nicht gut genug" oder „Sie mögen mich nicht" oder „Ich werde mich in Verlegenheit bringen" auszublenden. Stattdessen versuchen wir, die Existenz dieser Gedanken anzuerkennen und uns dennoch davon zu überzeugen, dass sie für uns nicht hilfreich sind – weil sie es tatsächlich nicht sind! Anstatt uns auf diese negativen Gedanken zu konzentrieren, behandeln wir sie wie das Hintergrundrauschen im oben genannten Beispiel und konzentrieren uns auf das Gespräch bzw. die anstehende Aufgabe.

Sprechen wir über die Definition von Achtsamkeit. Achtsamkeit ist die Fähigkeit, Ihre Gedanken auch in einer sozialen Situation innerhalb der Gegenwart zu sammeln. Es handelt sich um die Fähigkeit, seine Gedanken und Gefühle zu bemerken und sich darauf zu konzentrieren, ohne sie zu beurteilen. Was bedeutet das für Sie? Es bedeutet, dass Sie Ihre Gedanken loslassen, egal ob Sie gut sind oder nicht, und sich ohne Ablenkung auf die Gegenwart konzentrieren.

Im Folgenden finden Sie einige Achtsamkeitstechniken, mit denen Sie Symptome sozialer Angst lindern können:

1. Werden Sie sich der Tatsache bewusst, dass Sie ängstlich sind

Wie sollen Sie Maßnahmen ergreifen, um Ihre Angst zu lindern, wenn Sie sich nicht bewusst sind, dass Sie ängstlich sind? Der Schlüssel ist, dieses Gefühl zu erkennen. Zum Glück haben wir uns im zweiten Kapitel dieses Buches die Symptome sozialer Angst angesehen. Sie können diese Liste durchgehen und die Symptome identifizieren, die auf Sie zutreffen, damit Sie besser verstehen, wann Sie sich ängstlich fühlen. Wenn Sie diese Symptome erkennen, können Sie diese Tricks anwenden, um Ihre soziale Angst zu lindern.

2. Geben Sie der Angst die Schuld, nicht sich selbst

Wenn Sie feststellen, dass Sie unter einer Sozialphobie leiden, machen Sie sich keine Vorwürfe. Schieben Sie stattdessen die Schuld auf die eigentliche Ursache Ihres Zustands – die soziale Angststörung. Versuchen Sie dann, die Kontrolle zurückzugewinnen. Versuchen Sie, die Angststörung als ein fremdes Element zu betrachten, das Sie stört und bauen Sie Ihre Abwehr auf. Erinnern Sie sich daran, dass Sie und nur Sie allein entscheiden können, wie Sie sich fühlen. Dann greifen Sie auf eine der Techniken zurück, die wir bisher besprochen haben.

3. Konzentrieren Sie sich auf Ihre Sinne mit Hilfe der „Remember the Five"-Technik

Diese Technik ist eine Achtsamkeitsstrategie, die Ihnen dabei helfen kann, mit Angstzuständen, Ablenkungen und überwältigenden Gedanken umzugehen. Wann immer Sie überfordert sind, verwenden Sie diese Technik, um Ihren Geist in die Gegenwart zu bringen.

Was heißt das konkret? Diese Übung zielt darauf ab, Ihre Sinne an Ihre aktuelle Situation oder Umgebung zu binden.

Hören Sie mit der Sache auf, die Sie gerade tun, schließen Sie die Augen und atmen Sie tief durch. Versuchen Sie dann mit geschlossenen Augen, sich an fünf Gegenstände in Ihrer unmittelbaren Umgebung zu erinnern. Versuchen Sie, sich nicht nur an die Gegenstände zu erinnern, sondern auch an ihre Form, ihre Größe, ihre Materialen sowie an andere Dinge, an die Sie sich erinnern können. Damit haben Sie sich um Ihren Sehsinn gekümmert.

Machen Sie nun mit Ihrem Hörvermögen weiter. Versuchen Sie, fünf verschiedene Geräusche zu unterscheiden, die Sie gerade hören. Hören Sie Autos auf der Straße oder vielleicht Kinder, die draußen spielen, oder Musik? Seien Sie genau und präzise – um welche Art von Musik handelt es sich? Wie hören sich die Autos beim Vorbeifahren an?

Setzen Sie Ihren Tastsinn ein, indem Sie versuchen, fünf Dinge zu fühlen, wie Ihre Kleidung, Ihre Hände auf Ihrem Schoß oder Ihre Füße auf dem Boden.

Verweilen Sie mit Ihren aktivierten Sinnen im Moment. Mit dem Abschluss dieser Übung haben Sie hoffentlich Ihren Geist befreit und einige Spannungen gelöst.

4. Konzentrieren Sie Ihre Aufmerksamkeit nach außen

Sind Sie sich der Tatsache bewusst, dass Sie normalerweise Ihre ganze Aufmerksamkeit auf sich selbst richten, wenn Sie sich in einem sozialen Umfeld befinden? Das ist nicht gut für Ihre Angst. Anstatt sich Gedanken darüber zu machen, was andere über Sie denken oder wie Sie sich in Verlegenheit bringen werden, sollten Sie Ihre Aufmerksamkeit nach außen lenken. Sie könnten sich dazu entscheiden, die Musik im Flur zu hören oder auf die schönen Dekorationen um Sie herum oder noch besser auf die Menschen zu achten, die Sie sehen. Auf diese Weise werden Sie sich Ihrer Umgebung bewusster und achten weniger auf den Druck, den Sie auf sich selbst ausüben. Anfangs mag dies nicht einfach sein, doch mit etwas Übung werden Sie eine Verbesserung feststellen.

Verstehen Sie mich nicht falsch! Ich sage nicht, dass Ihre Angst auf zauberhafte Weise verschwinden wird. Ihre Gefühle der Angst werden immer noch da sein, doch sie werden weniger stark sein, weil Sie sie als Hintergrundgeräusche klassifizieren können. Auch wenn Sie anerkennen, dass diese Angstgefühle noch da sind, werden Sie ihnen keine Aufmerksamkeit schenken.

Wenn Sie Schwierigkeiten damit haben, in Ihrer Umgebung präsent und aktiv zu sein, lassen Sie sich einen Trick einfallen, um sich aus Ihren Gedanken zu befreien. Wenn Sie beispielsweise eine neue Person kennenlernen und Ihre Angst beginnt, sich aufzubauen, lösen Sie sich, indem Sie sich „Fokus" oder ein anderes Wort Ihrer Wahl sagen, das Sie daran erinnert, präsent zu bleiben.

In diesem Kapitel habe ich die verschiedenen Entspannungstechniken besprochen, mit denen Sie Angstzuständen in sozialen Situationen vorbeugen können. Im nächsten Kapitel werde ich über Menschen sprechen, die unbedingt anderen Menschen gefallen möchten, wie sich diese Gefallsucht auf Sie auswirken kann und wie Sie damit aufhören können.

KAPITEL 6:

Nicht mehr anderen Menschen gefallen wollen

Die sogenannte Gefallsucht kommt so häufig vor, dass man sie sogar mit Höflichkeit verwechseln könnte. Es kann sein, dass Sie sich denken: „Ich bin doch nur nett." Doch auf diese Weise werden Sie immer „Ja" sagen, wenn Sie eigentlich „Nein" meinen.

Ich kenne dieses Gefühl, weil ich diese Erfahrungen auch schon einmal gemacht habe, und glauben Sie mir, dies ist nicht schön. Wenn Sie es anderen Menschen unbedingt recht machen müssen, dann wissen Sie, dass diese Gefallsucht Ihnen Ihren Seelenfrieden rauben und auch zu Depressionen und Angstzuständen beitragen kann.

Wenn Sie gefallsüchtig sind, dann kommt Ihnen die obige Beschreibung sicherlich bekannt vor. Es gibt jedoch noch viele andere Anzeichen für Gefallsucht. Schauen wir uns einige davon an.

Leide ich an der Sucht, anderen gefallen zu wollen?

Ich weiß, dass dies die Frage ist, die Sie sich gerade stellen. Die nächsten Sätze werden diese Frage für Sie beantworten. Es könnte sein, dass Sie an Gefallsucht leiden und es gar nicht wissen. Wie ich bereits erwähnt habe, könnten Sie Ihre Gefallsucht mit Freundlichkeit oder Höflichkeit verwechseln.

Hier sind einige allgemeine Gewohnheiten, die darauf hindeuten, dass Sie an Gefallsucht leiden:

- Es fällt Ihnen schwer, „Nein" zu sagen.

- Es fällt Ihnen schwer, Ihre Meinung zu äußern und sich zu behaupten.
- Sie reagieren sehr empfindlich auf die wahrgenommene Ablehnung durch andere, auch wenn diese nicht vorhanden ist.
- Sie haben Angst vor negativen Emotionen.
- Sie sind übertrieben altruistisch oder philanthropisch.
- Sie lassen zu, dass Sie zugunsten anderer leiden.
- Ihnen fehlen persönliche Grenzen.
- Beziehungen machen Sie emotional abhängig.
- Sie leben von der Zustimmung anderer Menschen und wollen diese immerzu haben.
- Sie wollen unbedingt von allen gemocht werden.
- Sie hassen Kritik, und wenn Sie kritisiert werden, geht es Ihnen tagelang schlecht.
- Sie haben ein geringes Selbstwertgefühl und ein geringes Selbstvertrauen.
- Sie sind sich immerzu bewusst, was andere Menschen über Sie denken, und Sie lassen zu, dass dies Ihre Handlungen beeinflusst.
- Sie können sich leicht in missliche Lagen anderer Menschen hineinversetzen und fühlen sich dann oftmals selbst schlecht.
- Sie möchten immer glauben, dass andere Menschen fair sind, auch wenn klar ist, dass sie Sie ausnutzen.
- Sie befürchten, Sie könnten die Kontrolle über sich selbst verlieren.
- Sie helfen allen Menschen, denen Sie begegnen, auch wenn Sie sie nicht mögen.
- Sie bitten kaum um Hilfe bzw. nehmen kaum Hilfe von anderen Menschen in Anspruch.
- Sie entschuldigen sich ständig, auch wenn Sie nichts falsch gemacht haben.
- Sie ziehen leicht Menschen an, die Trost brauchen.
- Sie haben ständig Angst, die Gefühle anderer Menschen zu verletzen.
- Sie loben sich selbst für nichts.

- Sie glauben, dass Sie weniger wert sind als andere Menschen.
- Sie stimmen anderen Menschen zu, auch wenn das, was sie sagen, gegen Ihre persönlichen Überzeugungen verstößt.
- Sie vermeiden es, anderen zu sagen, dass sie Ihre Gefühle verletzt haben.

Was ist der Grund dafür?

Es gibt keine einzige eindeutige Ursache für Gefallsucht. Der Zustand beruht auf einer Kombination mehrerer Faktoren, wie z. B.:

- Vergangene Traumata:

Wenn Sie zuvor ein Trauma erlitten haben, können Sie bestimmte Ängste im Zusammenhang mit diesem Trauma haben. Als Reaktion auf dieses Trauma könnte die Gefallsucht entstehen. Menschen, die Opfer von Missbrauch geworden sind, können aufgrund dieser Erfahrung ihr Selbstwertgefühl oder ihre Grenzen verlieren.

- Ein geringes Selbstwertgefühl:

Die Botschaften, die Sie von Menschen in Ihrer Umgebung erhalten haben, als Sie aufgewachsen sind, können Ihr Selbstwertgefühl stark beeinträchtigen. Wenn Ihr Selbstwertgefühl gering ist, bitten Sie ständig um Zustimmung und könnten während dieses Prozesses zu einem gefallsüchtigen Menschen werden.

- Angst vor Ablehnung:

Wenn Sie in der Vergangenheit von anderen Menschen abgelehnt wurden, haben Sie möglicherweise das Gefühl, dass Sie nicht gut genug sind, und denken, dass andere Personen Sie wahrscheinlich auch ablehnen werden. Auf diese Weise können Sie eine Gefallsucht entwickeln, um eine erneute Ablehnung zu vermeiden.

Wie wirkt sich die Gefallsucht auf Sie aus?

Sie sagen sich vielleicht: „Ich bin doch nur nett, ... vielleicht ein bisschen zu viel, aber wie sollte sich das negativ auf mich auswirken?" In vielerlei Hinsicht. Lassen Sie mich diese Aussage weiter erläutern.

1. Sie unterdrücken Ihre Gefühle

Wenn Sie die Zustimmung der Menschen in Ihrer Umgebung suchen, werden Sie nichts sagen, was Ihre Chancen auf Zustimmung ruinieren könnte, sodass Sie möglicherweise Ihre wahren Gefühle verheimlichen. Diese verheimlichten Emotionen können negative Gefühle wie Wut, Bitterkeit, Trauer und Angst auslösen. Wenn Sie weiterhin Ihre Emotionen unterdrücken, stehen Sie entweder vor einem physischen oder psychischen Zusammenbruch oder sogar vor einer Kombination aus beidem.

2. Sie üben extremen Druck auf sich selbst aus

Sobald Sie mit dieser Verhaltensweise begonnen haben, müssen Sie sie fortsetzen. Dies bezeichnet man als „den Schein wahren". Als Sie bei bestimmten Anfrage nicht mit „Nein" antworten konnten (auch wenn es Ihnen bereits zu viel war), dachten Sie immer noch, dass Sie lediglich nett gewesen waren. Doch jetzt können Sie immer noch nicht „Nein" sagen, was dazu führt, dass Sie unter einem immensen Druck leiden, weil Sie das perfekte Bild, das Sie von sich selbst erschaffen haben, beibehalten möchten.

Was bekommen Sie, wenn Sie Schwierigkeiten damit haben, den Schein zu wahren? Stress, Stress und noch mehr Stress. Sie denken vielleicht, dass Sie sich dadurch gut fühlen werden, weil Sie anderen Menschen einen Gefallen tun, doch dies geht zu Lasten Ihres Wohlbefindens. Es ist, als würde man zu lange eine Maske tragen, um die Zustimmung anderer zu erhalten, selbst wenn diese Maske einen erstickt.

3. Andere Menschen werden Sie ausnutzen

Sie wissen es vielleicht noch nicht, doch es gibt viele schlechte Leute auf der Welt, die sich unter Ihren Freunden, Familienangehörigen und

Bekannten verstecken. Wir bezeichnen solche Menschen als Narzissten, Mobber, Neinsager, Energievampire etc. Wenn Sie anderen Menschen gefallen wollen, dann sind Sie ein leichtes Opfer für diese. Sie sind deswegen ein leichtes Opfer, weil Ihre Natur es Ihnen schwer macht, persönliche Grenzen zu setzen, und weil Sie einen unstillbaren Wunsch haben, es anderen recht zu machen. Solche Menschen kennen ebenfalls keine Grenzen dabei, Sie auszunutzen. Es ist sehr schwierig für Sie, aus einer solchen Situation herauszukommen, weil Ihr Leben von der Zustimmung anderer Menschen abhängt. Der toxische Kreislauf geht also einfach weiter.

4. Niemand kennt Ihre wahre Natur

Auf den ersten Blick mag dies als etwas Positives erscheinen: „Oh, das ist großartig, ich werde mysteriös und unbesiegbar sein." Bevor Sie sich aber darüber freuen, dass Sie mysteriös und unbesiegbar sein werden, wenn niemand Ihr wahres Ich kennt, sollten Sie Eines bedenken: Wenn niemand wirklich weiß, wer Sie sind, dann sind Sie einsam und allein. Vertrauen Sie mir. Das ist keine gute Sache, besonders dann nicht, wenn Sie unter einer Sozialphobie leiden.

Dies ist genau das, was Ihre Gefallsucht mit Ihnen macht. Als gefallsüchtiger Mensch werden Sie immer eine Rolle spielen und diese Rolle ist nicht Ihr wahres Ich. Ihre ursprüngliche Absicht für diese Rolle besteht darin, von anderen Menschen akzeptiert zu werden, doch schlussendlich distanzieren Sie sich lediglich von Ihren Mitmenschen. Und was ist das Endergebnis?

5. Sie können keine schönen Beziehungen zu anderen Menschen pflegen

In Beziehungen dreht sich alles um Geben und Nehmen. Aber bei gefallsüchtigen Menschen könnte man einige ihrer Beziehungen besser als „Geben und Geben" bezeichnen. Die Menschen, mit denen Sie in einer Beziehung stehen, sind nur aufgrund dessen, was Sie ihnen anbieten, in Ihrem Leben. Wie um alles in der Welt wollen Sie eine solche Beziehung genießen? Da Sie ein gefallsüchtiger Mensch sind, werden

Sie alles still erleiden und lächeln, weil Sie die Zustimmung anderer Menschen wollen.

6. Ihre Freunde und Partner werden Sie als frustrierend empfinden

Menschen, die Ihnen nahe stehen, wie z. B. Ihr Ehepartner, bemerken möglicherweise, wie Sie unerklärliche Dinge tun, wie beispielsweise sich unablässig zu entschuldigen, und da sie Sie wirklich lieben, kann es sein, dass sie dieses Verhalten an Ihnen stört. Sie könnten zudem in die häufige Falle tappen, Ihre Zeit zu opfern, die eigentlich in Ihre Beziehungen fließen sollte, nur um anderen zu gefallen. In einigen Fällen können Sie auch die Menschen anlügen, die Sie lieben, nur weil Sie ihre Gefühle nicht verletzen möchten, was Ihre Mitmenschen irgendwann einmal herausfinden. Und so etwas endet normalerweise nicht gut.

Verschiedene Möglichkeiten, um Ihre Gefallsucht abzulegen

Ich kann fast schon hören, wie Sie sagen: „Ich habe schon genug gelesen. Zeigen Sie mir, wie ich meiner Gefallsucht ein Ende bereiten kann!"

1. Suchen Sie eine interne Validierung

Eine Person, die gefallsüchtig ist, sucht nach äußerlicher Zustimmung und Bestätigung. Wenn Sie das ändern können, indem Sie eine interne Validierung suchen, haben Sie die halbe Miete. Doch wie können Sie sich intern validieren? Indem Sie darauf aufbauen, was Sie glücklich macht. Wenn Sie selbst glücklich sind, müssen Sie sich dafür nicht mehr an andere Menschen wenden. Um Ihre Gefallsucht zu bekämpfen, investieren Sie Ihre Zeit lieber in die Dinge, die Sie mögen. Wenn Sie sich bereits gut fühlen, brauchen Sie dann noch andere Menschen, damit Sie sich gut fühlen? Nehmen Sie an Aktivitäten teil, bei denen Sie sich großartig fühlen. Wenn Sie gerne feiern, besuchen Sie auf jeden Fall oft Partys. Wenn Sie Gartenarbeit lieben, legen Sie einen Garten an und kümmern sich um Ihre Pflanzen. Tun Sie einfach die Dinge, die Ihnen ein gutes Gefühl geben. Wann immer Sie sich nach externer

Validierung sehnen, sollten Sie sich daran erinnern, dass Sie selbst auch viel zu bieten haben.

2. Beginnen Sie mit kleinen Schritten

Als Sie noch klein waren, standen Sie auch nicht eines Tages auf und rannten durch das Wohnzimmer, oder? Sie haben auch mit Ihren ersten ein oder zwei Schritten begonnen. Dasselbe gilt, wenn Sie Ihre Gefallsucht überwinden wollen. Versuchen Sie nicht, auf die Bremse zu treten und gleich am ersten Tag alles über Bord zu werfen. Wenn Sie dies tun, werden Sie sich viele Feinde machen. Versuchen Sie also, anstatt plötzlich alle Bitten und Anfragen abzulehnen (bei denen Sie zuvor immer „Ja" gesagt haben), immer noch „Ja" zu sagen, jedoch nicht mehr bei allen Anfragen. Wenn zum Beispiel ein Freund Sie gerade zu einem sehr ungünstigen Zeitpunkt zu einer Party eingeladen hat, können Sie auf diese Party gehen, ein paar Minuten bleiben und dann wieder nach Hause gehen.

3. Geben Sie sich Zeit

Bisher war Ihre übliche Antwort auf Anfragen ein impulsives „Ja", über das Sie nicht viel nachgedacht haben. Versuchen Sie, das zu ändern, indem Sie sich Zeit lassen. Anstatt Anfragen sofort zu beantworten, sagen Sie einen Satz, der Ihnen ein wenig Zeit verschafft, um darüber nachzudenken, und entscheiden Sie dann, ob Sie dieser Anfrage nachkommen können. Sie können sich eine Standardantwort zurechtlegen, wie zum Beispiel: „Ich sage dir später Bescheid" oder „Ich schaue in meinen Kalender" oder „Ich möchte vorher kurz mit meiner Frau sprechen". Suchen Sie nach einiger Zeit nach einer Möglichkeit, um höflich „Nein" zu solchen Anfragen zu sagen, denen Sie nicht nachkommen möchten. Wenn es Ihnen schwer fällt, Ihrem Gegenüber persönlich abzusagen, dann können Sie dies auch per E-Mail oder SMS tun.

Zwei Erkenntnisse, die Ihnen dabei helfen können, ohne ein schlechtes Gewissen „Nein" zu sagen, sind:

- Sie sind nicht verantwortlich für das Glück und die Annehmlichkeiten der Menschen in Ihrem Umfeld. Diese sind selbst

verantwortlich für ihr Leben und Sie sind verantwortlich für Ihres.
- Von Ihnen wird erwartet, dass Sie sich zuerst um sich selbst kümmern, bevor Sie sich um andere kümmern. Wenn Sie also etwas tun sollen, das auf Ihre Kosten geht, dann ist das nicht in Ordnung.

4. Kennen Sie Ihre Prinzipien, Prioritäten und Grenzen und stehen Sie dazu

Ein Mensch ohne Prinzipien, Prioritäten und Grenzen ist ein leichtes Opfer. Eine solche Person wird alles machen, was man ihr sagt, weil sie keine eigenen Prinzipien hat. Und wenn Ihnen Grenzen fehlen, kann es passieren, dass andere Menschen Sie ausnutzen. Stellen Sie sicher, dass Sie Ihre Prinzipien, Prioritäten und Grenzen kennen, und stellen Sie vor allem sicher, dass die Menschen um Sie herum diese Prinzipien und Grenzen ebenfalls kennen.

5. Entfernen Sie giftige Personen aus Ihrem Leben

Umgeben Sie sich mit Menschen, die Ihnen ein gutes Gefühl geben, auch ohne etwas von Ihnen zu wollen. Ich weiß, wie schwierig es ist, toxische Menschen aus Ihrem Leben zu entfernen. Die meisten von ihnen sind eng mit Ihrer Familie, Ihrem Freundeskreis oder Ihrer Karriere verbunden. In diesen Fällen wird es schwieriger, solche toxischen Menschen aus Ihrem Leben zu verbannen, doch Sie können dies mit Hilfe der folgenden Schritte schaffen:

- Erwarten Sie zunächst nicht, dass diese Menschen sich ändern. Toxische Menschen haben komplexe eigene Probleme und Wünsche. Toxische Menschen glauben oft, dass sie Recht haben und dass andere sich irren. Werden Sie sich also dessen bewusst, dass Sie sich zwar wünschen können, solche Menschen zu verändern, aber Ihr Wunsch allein wird dies nicht bewirken können. Auch Ihre Bemühungen können solche Menschen nicht verändern. Sie können sich selbst verlieren, während Sie versuchen, solche Menschen vor sich selbst zu retten.

- Nachdem Sie erkannt haben, dass sich solche Menschen nicht ändern werden, ist es an der Zeit, einige Grenzen zu setzen, die Sie beibehalten müssen. Wenn Sie keine Grenzen setzen, werden Sie von toxischen Menschen extrem ausgenutzt werden. Nehmen Sie sich dazu ein wenig Zeit und denken Sie darüber nach, was Sie von Ihren Freunden, Kollegen, Familienangehörigen und Bekannten erwarten. Behalten Sie diese Gedanken im Hinterkopf oder notieren Sie sich diese Dinge bei Bedarf. Wenn Sie zu irgendeinem Zeitpunkt in Ihrer Interaktion mit toxischen Menschen das Gefühl haben, dass etwas nicht stimmt, überprüfen Sie Ihre Grenzen und seien Sie bereit dazu, Ihre Grenzen durchzusetzen, wenn sie verletzt werden.
- Lassen Sie sich nicht in Krisen verwickeln, die toxische Menschen absichtlich verursachen. Toxische Menschen können Krisen auslösen, damit sie Ihr Mitgefühl und Ihre Aufmerksamkeit erhalten. Sie mögen zwar das Gefühl bekommen, ein barmherziger Samariter zu sein, doch Sie erlauben es sich auch, toxische Energie aufzunehmen. Wenn toxische Menschen Theater machen und erwarten, dass Sie sich einmischen, obwohl es kein echter Notfall ist, dann bedenken Sie dies stets.
- Kennen Sie Ihre Schwächen und Komplexe, damit toxische Menschen diese nicht gegen Sie einsetzen können. Toxische Menschen suchen nach Schwächen und nutzen sie aus. Zum Beispiel könnte es sein, dass ein toxischer Mensch bemerkt, dass Sie jemand sind, der andere Menschen nicht leiden sehen kann. Aus diesem Grund tun sie so, als würden sie fast sterben, wenn Sie ihnen einen Gefallen tun sollen. Doch wenn Sie erkannt haben, dass dies Ihr Schwachpunkt ist, werden Sie leicht bemerken, wenn Leute versuchen, Sie auszunutzen.
- Seien Sie sich der Tatsache bewusst, dass toxische Menschen hartnäckig sein können, um ihre Taktik durchzusetzen. Wenn Sie schon einmal eine toxische Person in Ihrem Leben hatten, wissen Sie, dass diese leicht Wutanfälle bekommen kann, wenn sie sich ignoriert fühlt. Wenn ein solcher Mensch spürt, dass Sie eine Widerstandsfähigkeit gegenüber seiner Taktik entwickeln, kann er seine Anstrengungen verstärken und Sie könnten

versucht sein, nachzugeben. Seien Sie sich stattdessen bewusst, dass es normal ist, dass sich solche Menschen so verhalten. Fahren Sie mit Ihrer Abwehrtaktik fort und wenn die toxische Person sieht, dass sie Sie nicht mehr kontrollieren kann, verschwindet sie aus Ihrem Leben und sucht sich jemand anderen, den sie ausnutzen kann. Jetzt können Sie sich selbst gratulieren und sich darüber freuen, dass diese toxische Person nicht mehr in Ihrem Leben ist.

6. Hören Sie auf, sich zu entschuldigen

Es ist nicht schlecht, sich zu entschuldigen, wenn Sie im Unrecht sind. Es ist jedoch schlecht, wenn es zu Ihrer zweiten Natur wird, sich ständig zu entschuldigen, auch wenn Sie nicht im Unrecht sind.

Wenn Sie für etwas verantwortlich sind und sich dafür ehrlich entschuldigen, ist daran nichts auszusetzen. Doch wenn Sie sich dennoch stets entschuldigen, auch wenn klar ist, dass Sie keine Schuld tragen, dann ist das falsch und Sie müssen damit aufhören, sobald Sie mit dem Lesen dieses Buches fertig sind.

Lassen Sie mich Ihnen eine Geschichte erzählen. Ich habe mich früher ebenfalls ziemlich oft entschuldigt, auch wenn ich keine Schuld hatte. Vor einiger Zeit bat mich mein Chef darum, eine Bestellung für das Mittagessen in der Firma aufzugeben. Ich tat es sofort und hielt mich an seine Anweisung, dass das Essen „glutenfrei" sein sollte. Doch als die Bestellung kam, stellte sich heraus, dass das Restaurant einen Fehler gemacht hatte. Dies war nicht meine Schuld, weil ich mir sicher war, was ich bestellt hatte, und meine korrekte Bestellung sogar deutlich auf der Quittung vermerkt war. Ich fühlte mich dennoch schlecht, weil einige Kollegen ihr Mittagessen nicht essen konnten. Am Ende entschuldigte ich mich bei jedem einzelnen Kollegen, als ob ich daran Schuld gehabt hätte.

Sie können nun entgegnen: „Sie haben sich entschuldigt, was ist so schlimm daran?" Die Wahrheit ist, dass Sie, wenn Sie sich für etwas entschuldigen, indirekt die Schuld akzeptieren und Druck auf sich selbst ausüben. Irgendwo tief in Ihrem Inneren wird Ihre Stimmung von etwas beeinflusst, an dem Sie unschuldig sind.

Szenarien wie diese zeigen, wie zerbrechlich gefallsüchtige Menschen sein können. Doch ich habe dies schon lange hinter mir gelassen und weiß, dass Sie ebenfalls bereit dazu sein werden, diese Verhaltensweise abzulegen, wenn Sie dieses Kapitel abgeschlossen haben.

Hier sind nützliche Tipps, die Ihnen dabei helfen können, sich nur dann zu entschuldigen, wenn es wirklich notwendig ist:

Bewerten Sie die Situation und entschuldigen Sie sich nicht vorschnell. Nehmen Sie sich kurz Zeit, um die Situation zu bewerten und einzuschätzen. Fragen Sie sich: „Bin ich dafür verantwortlich?" oder „Gibt es etwas, das ich anders hätte machen können, um dies zu vermeiden?" Wenn Ihre Antwort auf diese beiden Fragen ein klares „Nein" ist, nehmen Sie bitte nicht die Schuld auf sich und entschuldigen Sie sich nicht.

Abschließend ist es auch wichtig, dass ich Ihnen Folgendes sage: Auch wenn Sie versuchen, es anderen Menschen nicht mehr recht machen zu wollen, so heißt das nicht, dass Sie sich in ein kaltherziges Monster verwandeln sollten. Wir brauchen hier und da noch einen Hauch von Menschlichkeit. Sie sollten wissen, wo der Unterschied zwischen nett und gefallsüchtig liegt.

Wenn Sie es anderen Menschen recht machen wollen, nur um sich anerkannt zu fühlen oder um Ihre Meinung nicht äußern zu müssen, schaden Sie nur Ihrem Selbstwertgefühl, was dazu führt, dass Sie in sozialen Situationen ängstlicher sind. In diesem Kapitel habe ich Ihnen erklärt, was es bedeutet, anderen Menschen gefallen zu wollen, wie diese Verhaltensweise Ihr Leben beeinflusst und wie Sie damit aufhören können, gefallsüchtig zu sein. Im nächsten Kapitel werde ich über das Thema Schüchternheit sprechen. Warum sind Menschen schüchtern, wie kann Ihre Schüchternheit Sie beeinflussen und wie können Sie Ihre Schüchternheit überwinden?

KAPITEL 7:

Wie Sie Ihre Schüchternheit überwinden

Wir alle sind hin und wieder einmal schüchtern. Das ist ganz normal. Wenn Sie trotz Ihrer Schüchternheit immer noch Sie selbst sein können, dann ist das kein Problem. Bei bestimmten Personen ist dies jedoch nicht der Fall. Diese Menschen mit extremen Schüchternheitsproblemen sind aufgrund der großen Besorgnis, die sie empfinden, wenn sie in der Nähe von Menschen sind, stets handlungsunfähig. Sie können nicht inmitten von Menschen sein, ohne sich sehr unwohl zu fühlen. Man nimmt an, dass ein geringes Selbstwertgefühls der Grund dafür ist. Ihre Schüchternheit wird durch Ihre Angst vor dem, was andere über Sie denken, angeheizt. Da Sie sich zu viele Sorgen darum machen, was die Leute über Sie denken, haben Sie Angst davor, gedemütigt, abgelehnt oder kritisiert zu werden. Um die Möglichkeit eines solchen Ereignisses zu vermeiden, vermeiden schüchterne Menschen sämtliche soziale Situationen.

Ein solches Verhalten kann bei Menschen mit einer sozialen Angststörung noch stärker ausgeprägt sein. Diese extreme Schüchternheit löst alle Symptome aus, die wir weiter oben in diesem Buch besprochen haben. Wir Menschen sind Herdentiere, was bedeutet, dass wir nur in der Gegenwart anderer Menschen überleben können. Wenn Sie also zulassen, dass Sie aufgrund Ihrer Schüchternheit Menschen aus dem Weg gehen, müssen Sie etwas dagegen tun.

Einige Fakten zur Schüchternheit

- **Schüchternheit hängt vom Alter ab**, was bedeutet, dass Sie als Kind schüchtern sein können. Aber wenn Sie erwachsen werden und neue Dinge erleben, wachsen Sie über Ihre Schüchternheit hinaus.

- **Schüchternheit kann kommen und gehen.** Sie können mal mehr und mal weniger schüchtern sein, je nachdem, was zu dieser Zeit in Ihrem Leben vor sich geht. Wenn Sie sich in einer Phase Ihres Lebens befinden, in der Sie Probleme mit Ihrem Selbstvertrauen haben, dann sind Sie wahrscheinlich schüchterner. Wenn Sie jedoch Ihr Selbstvertrauen zurückgewinnen, legen Sie auch Ihre Schüchternheit wieder ab.

- **Schüchternheit ist eng mit dem Selbstbewusstsein verbunden.** Menschen mit geringerem Selbstbewusstsein sind eher schüchtern. Schüchternheit ist auch eng mit Angst verbunden. Menschen, die in ihrer Kindheit Angst hatten, werden eher schüchterne Erwachsene.

Was verursacht Schüchternheit?

Genauso wie bei der Gefallsucht gibt es auch nicht nur einen Grund für Schüchternheit. Schüchternheit wird vielmehr durch eine Kombination verschiedener Faktoren verursacht.

Eine Tatsache, die wir sicher wissen, ist die, dass es kein Gen für Schüchternheit gibt. Schüchternheit ist nicht erblich bedingt, Sie haben es weder von Ihren Eltern noch von jemandem in Ihrer Familie. Die Einflussfaktoren, die bestimmen, ob Sie schüchtern werden oder nicht, liegen also in der Umwelt. Wenn Sie als Kind zu streng behandelt wurden, wenn Sie sich selbst falsch wahrnehmen oder wenn Sie Phasen in Ihrem Leben überstehen müssen, die für Sie schwierig zu bewältigen sind, z. B. wenn Sie einen neuen Job annehmen, auf eine neue Schule kommen oder sich scheiden lassen, dann kann es sein, dass Sie eine ausgeprägte Schüchternheit entwickeln.

Schauen wir uns einige Faktoren an, die zur Schüchternheit beitragen können:

Bevor Sie Schüchternheit effektiv heilen können, müssen Sie den Ursprung verstehen. Zum Beispiel könnte etwas in Ihrer Vergangenheit passiert sein, das Ihr Selbstbild verletzt und dazu geführt hat, dass Sie schüchtern wurden. Ein weiterer Grund könnte eine schädliche persönliche Überzeugung sein, die Sie über sich selbst haben. Wenn es Ihnen gelingt, die Ursache zu identifizieren, ist das schon die halbe Miete.

Nehmen wir uns deshalb etwas Zeit, um die mögliche Ursache Ihrer Schüchternheit zu untersuchen. Diese könnten sein:

- **Mangel an Selbstvertrauen:** Wenn Ihr Selbstwertgefühl gering ist, stehen Sie sich selbst übermäßig kritisch gegenüber und glauben daher, dass die Menschen Sie so sehen, wie Sie sich selbst sehen. Um sich vor ihrer negativen Bewertung zu schützen, werden Sie schüchtern.

- **Minderwertigkeitskomplexe:** Wenn Sie sich als die minderwertigste Person im Raum fühlen, werden Sie sich nur sehr ungern äußern oder ausdrücken, weil Sie sich eingeredet haben, dass Sie nichts zu bieten haben.

- **Perfektionismus:** Wenn Sie ein extremer Perfektionist sind, werden Sie immer perfekte Dinge sagen und tun wollen. Und weil Sie überhaupt keine Fehler machen wollen, werden Sie sich einfach dafür entscheiden, allein zu bleiben, wodurch Sie schüchtern werden.

- **Mangel an sozialen Fähigkeiten:** Wir haben das Thema soziale Fähigkeiten im Rahmen der schulischen Ausbildung bereits beleuchtet. Viele Menschen durchlaufen ihre Schulzeit, ohne diese sozialen Fähigkeiten zu erlernen. Wenn Ihnen soziale Fähigkeiten fehlen, sind Sie gehemmt. Und da Sie nicht wissen, wie Sie mit anderen Menschen in Kontakt treten sollen, werden Sie am Ende für sich bleiben und schüchtern sein.

- **Fehlerhaftes Selbstbild:** Wenn Sie erniedrigende Gedanken in Bezug auf sich selbst haben, werden Sie schüchtern, weil ein schlechtes Selbstbild zur Selbsthemmung führt.

- **Übermäßige Angst vor Menschen:** Wenn Sie missbraucht wurden oder aus einer dysfunktionalen Familie stammen, haben Sie möglicherweise Angst vor Menschen, was Sie schüchtern machen kann.

Auswirkungen von Schüchternheit

1. Ihre Schüchternheit kann Ihre Lernfortschritte im akademischen Umfeld verlangsamen

Wenn Sie Student sind oder waren, dann wissen Sie, dass eine wichtige Voraussetzung für den Erfolg an Universitäten darin besteht, mit anderen Menschen zu interagieren und an Gruppenaufgaben teilzunehmen. Ihre Schüchternheit kann diese Fähigkeit behindern und Ihre Leistungsfähigkeit und Ihre Noten verschlechtern. Dies kann sogar Ihr Selbstvertrauen beeinträchtigen und dazu führen, dass Sie schlechtere Leistungen erbringen als sonst.

2. Ihre Schüchternheit beeinträchtigt Ihre Karriere

Der Arbeitsmarkt ist heutzutage sehr umkämpft und nur die Starken überleben. Wenn Sie schüchtern sind, können Sie möglicherweise keinen guten Job finden, weil Sie sich im Vorstellungsgespräch zurückhalten und kein Unternehmen danach strebt, seine Belegschaft zu schwächen. Nehmen wir an, Sie werden dennoch angenommen. Durch Ihre Schüchternheit werden Sie keine guten Präsentationen halten können, die Ihnen die Zustimmung Ihres Chefs einbringen. Sie werden nicht dazu in der Lage sein, sich in Besprechungen zu äußern, und Sie werden es nicht schaffen, Ihrem Chef zu zeigen, dass Sie eine Beförderung verdient haben.

3. Schwierigkeiten beim Aufbau von Beziehungen

Extreme Schüchternheit kann Sie zu einem Einzelgänger machen. Da Sie meistens dann schüchtern sind, wenn Sie mit anderen Menschen zusammen sind, möchten Sie vielleicht lieber allein sein. Auf diese Weise werden Sie keine guten Freunde finden, mit denen Sie Dinge teilen können.

Möglichkeiten, Schüchternheit zu überwinden

Ich denke, dass Sie nun genügend Gründe erfahren haben, warum Sie Ihre Schüchternheit überwinden sollten. Wenn nicht, lassen Sie es mich noch einmal zusammenfassen. Kurz gesagt, Ihre Schüchternheit kann Sie davon abhalten, Dinge zu tun, die für Sie von Vorteil sein können. Schüchternheit kann auch Stress und Ängste auslösen, besonders wenn Sie mit anderen Menschen interagieren müssen.

Doch ich habe gute Nachrichten für Sie. Die erste gute Nachricht ist die, dass Sie nicht allein sind. Von zehn Menschen sagen vier, dass sie schüchtern sind.

Die zweite gute Nachricht, die ich für Sie habe, besteht darin, dass Sie Ihre Schüchternheit überwinden können, und zwar unabhängig davon, für wie schüchtern Sie sich selbst halten. Sie benötigen lediglich ein wenig Zeit und Mühe und schon werden Sie sehen, wie Sie sich aus dem Griff der Schüchternheit befreien können.

Ich habe einige Techniken für Sie zusammengestellt, die Sie im Kampf gegen Ihre Schüchternheit anwenden können. Dies sind Techniken, die sich bei unzähligen Menschen vor Ihnen als wirksam erwiesen haben. Wenn Sie diese Techniken diszipliniert und genau befolgen, werden Sie in kürzester Zeit Ergebnisse sehen.

- Planen Sie voraus:

Sie können planen, indem Sie zuerst die Auslöser für Ihre Schüchternheit identifizieren. Sie sollten die Situationen kennen, in denen Sie schüchtern werden. Erstellen Sie für genau diese Situationen Pläne, indem Sie sie vorausahnen. Entscheiden Sie, was zu tun ist, wenn sich die Situation ergibt. Wenn möglich, schreiben Sie Ihre Schritte auf. Die meisten Menschen sind schüchtern, wenn sie eine Rede vor Publikum halten müssen, während andere Menschen andere spezifischere Auslöser für ihre Schüchternheit haben, wie z. B. eine andere Person, ein Lied oder einen Veranstaltungsort. Stellen Sie sicher, dass Sie Ihre Auslöser kennen, und planen Sie sie ein.

- Seien Sie neugierig und informieren Sie sich:

Wenn Sie eine bevorstehende Veranstaltung haben, bei der Sie wahrscheinlich neue Leute kennenlernen werden, sollten Sie sich mit einigen Gesprächsthemen ausrüsten. Merken Sie sich, was gerade in der Technologie, in der Politik, in der Wirtschaft oder in der Welt der

Unterhaltung passiert. Suchen Sie in den sozialen Medien nach den Trendthemen und merken Sie sich einige dieser aktuellen Trends. Auf diese Weise haben Sie etwas zu sagen. Und wenn Sie etwas sagen, das Hand und Fuß hat und das die Leute toll finden, werden Sie sich gut dabei fühlen, wenn Sie sich weiter mit anderen Menschen unterhalten. Denken Sie daran, cool zu bleiben. Andere Menschen wissen nicht, dass Sie schüchtern sind, und Sie müssen sie es nicht wissen lassen. Denken Sie dabei daran, dass Sie sie nicht mit dem, was Sie wissen, beeindrucken sollen. Sie mischen sich einfach unter die Menge und führen gute Gespräche.

- Seien Sie nett zu sich selbst:

Die meisten mentalen Herausforderungen wie Schüchternheit kann man nicht einfach so im Handumdrehen loswerden. Es erfordert viel Zeit und Mühe, damit diese mentalen Herausforderungen verschwinden. Wenn Sie an Ihrer Schüchternheit arbeiten und keine drastischen Verbesserungen feststellen, dann sollten Sie nett zu sich selbst sein. Wichtig ist, dass Sie sich anstrengen und Fortschritte machen, auch wenn Sie diese vielleicht noch nicht bemerken. Konzentrieren Sie sich nicht zu sehr auf Ihre Geschwindigkeit, sondern konzentrieren Sie sich nur auf Ihre Anstrengungen, egal wie geringfügig diese auch sein mögen.

- Seien Sie zuversichtlich und handeln Sie zuversichtlich:

Immer wenn wir uns einer neuen Aufgabe widmen, ist unser Selbstvertrauen zunächst gering, doch je mehr wir üben, desto stärker wird unser Selbstvertrauen. Es ist so, als würden Sie lernen, wie man Auto oder Fahrrad fährt. Dasselbe gilt für Ihre Beziehungen zu anderen Menschen. Sie sind schüchtern, weil Ihnen das Selbstvertrauen fehlt. Aber was wäre, wenn Sie lernen können, selbstbewusst zu sein ... indem Sie selbstbewusst sind? Wenn Sie damit beginnen, selbstbewusst zu sprechen und selbstbewusst zu handeln, werden Sie feststellen, dass es sich gut anfühlt und Sie werden im Laufe der Zeit immer selbstbewusster. Wenn Sie schüchtern und ängstlich sind, ist die Angst nicht das Problem. Das eigentliche Problem ist, dass Sie soziale Interaktionen vermeiden.

Wenn Sie selbstsicher genug sein können, um diese sozialen Situationen nicht mehr zu vermeiden, dann wird Ihre Angst verschwinden.

- Engagieren Sie sich stärker:

Denken Sie daran, dass Sie umso schüchterner sind, je mehr Menschen sich in Ihrer Nähe befinden. Sie können sich zwar mit einer einzigen Person unterhalten, doch Sie würden niemals mit einer ganzen Gruppe sprechen. Warum also nicht mit kleineren Gesprächen anfangen und sich dann steigern? Initiieren Sie dazu kleine Gespräche und führen Sie zufällige Unterhaltungen mit Fremden im Fitnessstudio, im Lebensmittelgeschäft, in der U-Bahn oder bei Gottesdiensten. Reden Sie einfach. Wenn Sie dies öfter tun, wächst Ihr Selbstvertrauen. Um noch mehr Verbesserungen zu erzielen, sprechen Sie mit Menschen, die Sie attraktiv finden, und fragen Sie sie nach einem Date. Wenn jemand „Ja" zu Ihnen sagt, dann wird das Bild, das Sie von sich selbst haben, neu ausgerichtet. Wenn Sie ein „Nein" hören, dann schenken Sie diesem keine Aufmerksamkeit und machen weiter. Von den acht Milliarden Menschen auf der Erde wird nicht jeder Sie mögen. Doch mehr als die Hälfte schon. Verschwenden Sie also keine Energie. Gehen Sie einfach mehr aus und lernen Sie neue Leute kennen.

- Probieren Sie neue Dinge aus, auch wenn Sie damit noch nicht vertraut sind:

Vereine, Sportmannschaften und Kurse sind gute Orte, die Sie in Betracht ziehen können. Auf diese Weise können Sie neue Leute kennenlernen und mehr Kontakte knüpfen. Sie können auch in Betracht ziehen, Projekte zu starten, die Sie schon immer einmal machen wollten. Sie können sich entscheiden, eine neue Fertigkeit zu erlernen oder ein schwieriges Projekt durchzuführen. Verlassen Sie auf jeden Fall Ihre Komfortzone und gehen Sie unter Leute.

Sie fragen sich vielleicht, warum schwierige Aufgaben Ihre Schüchternheit lindern können. Wenn Sie eine schwierige Aufgabe annehmen und diese erfolgreich abschließen, dann fühlen Sie sich besser und Ihr Selbstvertrauen steigt. Um Ihre Schüchternheit zu beseitigen, müssen Sie Selbstvertrauen in den verschiedenen Aspekten Ihres Lebens entwickeln.

Wenn Sie neue Aktivitäten ausprobieren, probieren Sie unbekannte Dinge aus. Damit besiegen Sie Ihre Angst, weil wir Menschen immer Angst vor dem Unbekannten haben.

- Kommen Sie mit anderen Menschen ins Gespräch:

Nach meiner Erfahrung ist die Angst, die wir als schüchterne Menschen empfinden, normalerweise dann am größten, wenn wir vor einer Gruppe von Menschen stehen und eine Rede halten müssen. Dies bezeichnen wir als „Lampenfieber", es ist aber eigentlich nur Schüchternheit in einem anderen Gewand. Um Ihrer Schüchternheit zu begegnen, empfehle ich, einen Rhetorikkurs zu besuchen. Nehmen Sie dort Ihre Reden und Präsentationen auf. Tun Sie das unbedingt, auch wenn Ihr Geist und Ihr Körper dagegen sind. Wenn Sie die Gelegenheit bekommen, vor einer Menschenmenge zu sprechen, dann nehmen Sie sie an! Haben Sie keine Angst davor, eine schlechte Leistung abzuliefern. Es könnte sein, dass Sie zu Beginn nicht sehr gut sind, doch im Laufe der Zeit wird Ihr Selbstvertrauen wachsen und Sie werden diese Herkulesaufgabe lösen. Auch wenn Sie mit Ihren Freunden und Kollegen zusammen sind, sollten Sie Ihre Meinung häufig äußern, sich in das Gespräch einmischen und versuchen, mehr zu sprechen. Als schüchterne Person kann das, was Sie als gesprächig betrachten, normal sein.

Ein Merkmal von selbstbewussten Menschen ist, dass es ihnen egal ist, ob die Menschen gutheißen, was sie zu sagen haben. Sie sagen es trotzdem, weil ihnen die Verbindung zu anderen Menschen wichtiger ist. Und oft stehen selbstbewusste Menschen zu dem, was sie zu sagen haben. Sie können diese Verhaltensweise nachahmen.

Zusätzlicher Hinweis zur Schüchternheit: Einige von Ihnen, die dieses Buch lesen, sind möglicherweise Eltern. Sie können Ihren Kindern dabei helfen, ihre Schüchternheit frühzeitig zu überwinden. Es gibt Hinweise darauf, dass Schüchternheit bereits zu einem frühen Zeitpunkt im Leben korrigiert werden kann. Leider hat dies weder zuhause noch in Schulen die höchste Priorität. Zuhause sind viele Eltern übervorsichtig und versuchen, ihre Kinder von sozialen Situationen fernzuhalten. In den Schulen hingegen konzentrieren sich die Lehrer mehr auf das Lesen und Schreiben und vergessen, den Kindern dabei zu helfen, die notwendigen sozialen Fähigkeiten zu entwickeln, um im Erwachsenenalter bessere Menschen zu sein. Bestimmte Kinder zeigen frühzeitig Anzeichen von Schüchternheit. Wenn Lehrer und Eltern solchen Kindern mehr Aufmerksamkeit schenken, ihre sozialen Fähigkeiten ausbilden und sie dazu ermutigen können, sich stärker auszudrücken und mehr mit anderen Kindern zu interagieren, dann können sie die drohende Schüchternheit verhindern.

Um Schüchternheit bei Ihren Kindern zu vermeiden, können Sie ihnen dabei helfen, die lebenswichtigen Fähigkeiten zu entwickeln, um sich in der Nähe von gleichaltrigen Kindern wohler zu fühlen. Diese Fähigkeiten umfassen:

- Ihren Kindern zeigen, wie man mit Veränderungen umgeht.
- Ihnen beibringen, wie sie mit ihrem Ärger umgehen können.
- Ihnen mit viel Humor und Mitgefühl begegnen.
- Ihnen beibringen, durchsetzungsfähig zu sein und eine eigene Stimme zu haben.
- Ihnen beibringen, wie man freundlich ist und anderen Menschen hilft.
- Ihnen beibringen, wie man Geheimnisse bewahrt, wenn es angebracht ist.

In diesem Kapitel habe ich Ihnen erklärt, wie Sie Ihre Schüchternheit überwinden und lernen können, mit anderen Menschen zu interagieren. Im nächsten Kapitel werde ich über soziales Selbstvertrauen, die Vorteile eines guten sozialen Selbstvertrauens sowie darüber sprechen, wie Sie Ihr soziales Selbstvertrauen aufbauen können.

KAPITEL 8:

So bauen Sie soziales Selbstvertrauen auf

Wir haben im Verlauf dieses Buches bereits viele Themen behandelt. Und nun fügen wir alle unsere Erkenntnisse zusammen. Wir haben über soziale Ängste gesprochen und wie Sie sich davon befreien können. Wir haben uns auch mit dem Thema Schüchternheit befasst und wie Sie diese überwinden können. Wir haben uns das Thema Gefallsucht angesehen und wie man sich davon löst, es allen Menschen recht machen zu wollen. Alle diese Themen zielen darauf ab, Ihnen dabei zu helfen, Ihre Schüchternheit und Ihre Ängste zu überwinden, die Sie erleben, wenn Sie sich in einem sozialen Umfeld befinden. Kurz gesagt haben wir versucht, Ihr soziales Selbstvertrauen aufzubauen, damit Sie nicht ängstlich, schüchtern oder angespannt sind, wenn Sie mit Ihren Mitmenschen interagieren.

Die Themen, die wir bisher besprochen haben, werden Ihr Sozialleben verbessern, indem Sie Ihr soziales Selbstvertrauen verbessern. In diesem Kapitel möchte ich Ihnen praktische Tipps geben, mit denen Sie weiter an Ihrem sozialen Selbstvertrauen arbeiten können.

Bevor ich Ihnen zeige, wie Sie Ihr soziales Selbstvertrauen aufbauen können, möchte ich Sie dazu motivieren, indem ich Ihnen zeige, was Sie gewinnen können.

Die Vorteile eines guten sozialen Selbstvertrauens

- Mehr Freunde, mehr Spaß:

Sozial eingeschränkte Menschen glauben manchmal gerne, dass nichts besser ist als der Komfort unseres Bettes, unseres Computers oder unserer Couch. Dieser Eindruck entspricht jedoch in keiner Weise den Tatsachen. Das Leben beginnt dort, wo die soziale Angst endet. Wenn

Sie nicht nach draußen gehen, dann lernen Sie keine Menschen kennen und das ist traurig, weil Menschen das Leben lustiger und lebenswerter machen. Durch unsere Familien, Freunde und Kollegen macht das Leben mehr Spaß. Es erwartet Sie so viel Spaß, wenn Sie endlich Ihr soziales Selbstvertrauen zurückgewinnen.

- Erfolg in der Schule und im Beruf:

Schulen und Arbeitsumgebungen sind ebenfalls soziale Situationen. Und wenn Sie in anderen sozialen Situationen nicht sehr gut funktionieren können, wie können Sie dann im beruflichen oder schulischen Umfeld gute Leistungen erbringen? Die offensichtliche Antwort ist, dass Sie es nicht können. Um wirklich Fortschritte in der Schule oder in Ihrem Beruf zu machen, brauchen Sie ein gutes soziales Selbstvertrauen.

- Kontrolle über Ihre Schüchternheit:

Denken Sie an die letzte Party, an der Sie teilgenommen haben. Die Party, bei der Sie allein in der Ecke gesessen und gehofft haben, dass jemand vorbeikommt und „Hallo" sagt ... Warum ist das passiert? Ist es so, dass Sie diesen bestimmten Ort gerade als gemütlich empfunden haben oder hatten Sie einen bestimmten Grund, um auf der Party allein zu sein? Ich glaube, dass ich weiß, warum Sie sich für die von Ihnen gewählte Option entschieden haben. Sie fühlten sich einfach nicht selbstsicher genug, um Kontakte zu knüpfen. Wenn Sie ein gutes soziales Selbstvertrauen haben, wären Sie vielleicht der Mittelpunkt dieser Party gewesen. Ein Mangel an sozialem Selbstvertrauen ist gleichbedeutend mit Schüchternheit und Sie haben gesehen, welche negativen Auswirkungen Schüchternheit auf Sie haben kann.

- Sie müssen anderen Menschen nicht mehr unbedingt gefallen:

Wir haben in diesem Buch über das Thema Gefallsucht gesprochen und ich glaube, dass Sie verstanden haben, welche schwächenden Auswirkungen diese auf Sie haben kann. Ich habe Ihnen erklärt, dass Ihre Gefallsucht von Ihrem inneren Wunsch herrührt, Bestätigung von anderen Menschen zu erhalten, und dass Sie diese Bestätigung oft suchen, weil Sie sich nicht selbstsicher fühlen. Doch wenn Sie soziales Selbstvertrauen entwickelt haben, ändert sich das alles. Sie müssen sich nicht mehr um die Bestätigung anderer Menschen bemühen.

Die obigen Punkte sind nur einige Beispiele dafür, was soziales Selbstvertrauen für Sie tun kann. Lassen Sie uns nun herausfinden, wie Sie diese wichtige Eigenschaft von Grund auf aufbauen können. Unabhängig davon, wie niedrig Ihr soziales Selbstvertrauen zuvor war, können die folgenden Schritte Ihnen den Einstieg erleichtern.

Möglichkeiten, um soziales Selbstvertrauen aufzubauen

Um ein gutes soziales Selbstvertrauen aufzubauen, müssen Sie verschiedene Aspekte Ihres Lebens ändern. Sie müssen selbstbewusst auftreten, Sie müssen Ihr Selbstvertrauen und Ihre sozialen Fähigkeiten verbessern und Sie müssen Selbstsicherheit und Selbstvertrauen praktizieren.

Wir teilen dieses Kapitel nun in diese drei Teile ein:

Selbstbewusst auftreten

1. Sich so akzeptieren, wie Sie sind

Zunächst einmal müssen Sie Ihre introvertierte Natur akzeptieren und lieben. Sich so zu akzeptieren, wie Sie sind, ist gut für Ihr Selbstbild. Ungeachtet dessen, wie schön gesellige Runden sein können, ist eine ruhige und entspannte Zeit für sich selbst dennoch von unschätzbarem Wert. Anstatt plötzlich zu hassen, wer Sie sind, und zu versuchen, ein anderer Mensch zu werden, sollten Sie lernen, die Person zu lieben, die Sie sind. Wenn Sie versuchen, diesen abrupten Wechsel vorzunehmen, kann dies zu noch mehr Stress und Angst führen. Ein besserer Weg, um den Übergang zu schaffen, besteht darin, sich auf die sozialen Situationen zu konzentrieren, mit denen Sie bereits vertraut sind. Konzentrieren Sie sich darauf, die Qualität der sozialen Interaktionen zu verbessern, die Sie haben. Wenn Sie gerne Brettspiele mit einer Gruppe enger Freunde spielen, konzentrieren Sie sich darauf, die Qualität der dort stattfindenden Konversation und Interaktion zu verbessern. Üben

Sie in solchen Umgebungen, bevor Sie sich größeren Herausforderungen widmen.

2. Beseitigen Sie negative Überzeugungen und Gedanken

Sie sollten auch Gedankenmuster vermeiden, die Ihre Bemühungen zunichtemachen können. Vermeiden Sie Gedanken wie „Ich bin langweilig" oder „Ich gehöre nicht dazu" oder „Ich kann einfach keine Kontakte knüpfen". Diese Gedankenmuster, die tief in Ihrem Unterbewusstsein vergraben sind, werden Ihre Realität erschaffen. Stellen Sie sich zum Beispiel vor, Sie haben ein Date und sind so beschäftigt, sich selbst zu sagen, dass Sie langweilig sind und niemand Sie mag. Was passiert wohl als Nächstes? Sie sind tatsächlich langweilig. Sobald Sie glauben, dass Sie wirklich langweilig sind, werden Sie Ihr Date mit Sicherheit zu Tode langweilen.

Sobald Sie akzeptiert haben, dass Sie langweilig sind, werden Sie nach Beweisen suchen, die Ihre Überzeugung bestätigen. Selbst wenn diese Beweisstücke bedeutungslose Zufälle sind, werden Sie sie als klare Bestätigung Ihres Verdachts betrachten. Das Ergebnis? Noch mehr Druck, der auf Ihnen lastet. Versuchen Sie also immer, Ihren Geist vor solchen negativen Gedanken zu schützen.

3. Haben Sie realistische Erwartungen

Sie wissen das vielleicht schon, aber lassen Sie es mich noch einmal sagen. Nicht jeder wird Sie mögen und es kann passieren, dass Sie sich mit einigen Leuten nicht verstehen. Machen Sie sich also keinen Kopf, wenn Sie versucht haben, mit einer oder zwei Personen eine Beziehung zu knüpfen, und es nicht funktioniert hat. Sagen Sie sich, dass es eben nicht geklappt hat und dass das völlig normal ist. Wenn Sie also versuchen, ein Gespräch mit einem Fremden zu beginnen und dieser Sie ignoriert, dann liegt es nicht an Ihnen, sondern an Ihrem Gegenüber. Vergessen Sie die ganze Sache einfach. Pech für Ihr Gegenüber!

Um selbstbewusst zu wirken, müssen Sie nett zu sich selbst sein. Lassen Sie mich Ihnen ein paar Tricks zeigen, wie Sie das schaffen können.

✔ Nehmen Sie sich selbst nicht allzu ernst:

Einer der Hauptgründe für ein geringes soziales Selbstvertrauen ist zu viel Aufmerksamkeit auf unwichtige Dinge. Wenn Sie sich zu sehr darum kümmern, wie Sie aussehen, wie Sie sich anziehen oder wie Sie gehen, dann ist dies ein Hinweis darauf, dass Sie sich selbst zu ernst nehmen, und das endet meistens nicht gut. Wenn Sie ein Mensch sind, der sich zu sehr um die Meinungen anderer Menschen kümmert, dann sollten Sie sich einfach entspannen und erkennen, dass die Menschen ihre Meinung haben und dass Sie keine Kontrolle darüber haben.

Hören Sie auf, so streng mit sich selbst zu sein. Wir haben bereits festgestellt, dass man soziale Angststörungen entwickeln und schüchtern werden kann, wenn man zu streng zu sich selbst ist. Dies kann sich zudem negativ auf Ihr soziales Selbstvertrauen auswirken. Seien Sie nicht zu streng zu sich selbst und lassen Sie ein wenig locker. Wenn Sie beispielsweise feststellen, dass Sie stets beurteilen, was Sie sagen, dann versuchen Sie Folgendes: Hören Sie auf damit, Ihre Wörter zu filtern, und reden Sie einfach. Oftmals haben Sie viele wichtige Dinge zu sagen und sprechen diese nicht aus, weil Sie einfach zu vorsichtig sind.

- ✔ Kümmern Sie sich nicht um unwichtige Dinge:

Versuchen Sie, sich nicht allzu sehr um Dinge zu kümmern, die irrelevant sind. Wenden Sie die Prinzipien an, über die wir im Kapitel über Gefallsucht gesprochen haben. Setzen Sie Ihre Prioritäten und halten Sie sie ein.

Verbesserung Ihres Selbstvertrauens und Ihrer sozialen Fähigkeiten

Wir haben zwei Segmente in diesem Abschnitt. Das erste Segment verbessert jeden Bereich Ihres Lebens und das andere verbessert Ihre sozialen Fähigkeiten.

Es ist ziemlich einfach, jeden Bereich Ihres Lebens zu verbessern. Seien Sie einfach die beste Version Ihrer selbst. Wenn Sie schon immer Ihren Bauch loswerden und einen durchtrainierten Körper bekommen wollten, dann gehen Sie ins Fitnessstudio und machen Sie sich an die Arbeit. Wenn Sie schon immer bei einer Ballettaufführung mitmachen und zu einer wunderschönen Symphonie tanzen wollten, melden Sie sich an und lernen Sie, wie man tanzt. Was auch immer Ihr Leben schöner macht, machen Sie es einfach. Die Idee ist, dass sich Ihr Selbstvertrauen auf natürliche Art und Weise verbessert, wenn Sie die beste Version von sich selbst geworden sind.

Schauen wir uns nun den anderen Aspekt an und verbessern Ihre sozialen Fähigkeiten.

Ich kann nicht genug betonen, dass Sie Ihre sozialen Fähigkeiten verbessern müssen. Freuen Sie sich nicht nur auf Interaktionen mit anderen Menschen, sondern nehmen Sie sich auch die Zeit, um sich darauf vorzubereiten. Einige soziale Fähigkeiten, die Sie entwickeln können, sind:

1. Wissen, wie man Interesse an Menschen zeigt

Wenn Sie die Fähigkeit beherrschen, Menschen das Gefühl zu geben, geliebt, geschätzt und gewollt zu sein, werden sie sich auf natürliche Art und Weise zu Ihnen hingezogen fühlen. Dies bezeichnet man als soziale Kompetenz, die ebenfalls Teil des sozialen Selbstvertrauens ist. Es gibt subtile nonverbale Signale, mit denen Sie Menschen das Gefühl geben können, wertgeschätzt zu sein. Einige dieser nonverbalen Signale sind:

- ✔ Augenkontakt halten und den richtigen Gesichtsausdruck haben.

- ✔ Aufrecht und mit breiter Brust stehen.

- ✔ Stets lächeln, um Ihren Mitmenschen zu zeigen, dass sie willkommen sind.

- ✔ Eine ruhige Körperhaltung einnehmen. Stellen Sie sicher, dass Sie nicht herumzappeln.

- ✔ Ihr Händedruck sollte fest sein.

2. Sprechen Sie klar und in einem angemessenen Tempo

Murmeln Sie nicht und sprechen Sie nicht allzu schnell. Seien Sie ruhig und versuchen Sie, mit einer Geschwindigkeit zu sprechen, die die Leute leicht verstehen können. Dies führt nicht nur zu einer effektiveren Kommunikation, sondern strahlt auch Selbstvertrauen aus. Wenn Sie zu irgendeinem Zeitpunkt in Ihrem Gespräch bemerken, dass Sie murmeln oder zu schnell sprechen, dann atmen Sie tief ein und versuchen es erneut. Zeigen Sie jedoch Ihren Mitmenschen nicht, dass Sie sich gerade selbst korrigiert haben.

3. Seien Sie ein guter Zuhörer

Menschen fühlen sich auf natürliche Weise zu solchen Personen hingezogen, die ihnen zuhören und sie verstehen können. Sie sind strategisch gut positioniert und finden viele Freunde, wenn Sie die Kunst des effektiven Zuhörens beherrschen. Hören Sie nicht nur zu, sondern hören Sie effektiv zu. Sie sollten versuchen, die bestmögliche Antwort zu finden. Um dies zu tun, müssen Sie Ihre Aufmerksamkeit auf Ihr Gegenüber lenken. Wenn Sie Ihre Aufmerksamkeit auf Ihr Gegenüber richten, passieren zwei Dinge: Erstens werden Sie entspannter und zweitens werden andere Menschen Sie mögen, weil sie merken, dass sie Ihnen wichtig sind.

Selbstsicherheit und soziales Selbstvertrauen üben

Es reicht nicht nur aus, die Theorien zur Verbesserung des sozialen Selbstvertrauens zu kennen, sondern Sie müssen sich selbst disziplinieren, um diese Theorien in Ihrem täglichen Leben anzuwenden. Schauen wir uns einige Schritte an, die Sie unternehmen können, um soziales Selbstvertrauen zu üben:

- Setzen Sie sich echten sozialen Situationen aus:

Unabhängig von der Anzahl der Tipps, die ich Ihnen gebe, um Ihr soziales Selbstvertrauen zu verbessern, kann sich Ihr Selbstvertrauen nur dann verbessern, wenn Sie es üben. Sie können dies tun, indem Sie sich realen sozialen Situationen aussetzen. Wenn Sie es versuchen, werden Sie selbstbewusster. Mit diesem zunehmenden Selbstvertrauen wird sich Ihre Angst verringern.

- Rollenspiele:

Wenn es für Sie schwierig ist, in sozialen Situationen zu agieren, können Sie mit einem Rollenspiel beginnen. Lassen Sie einen Freund die Rolle einer fremden Person übernehmen. Üben Sie mit ihm Ihre sozialen Fähigkeiten. Konzentrieren Sie sich darauf, zu lernen, wie Sie sich vorstellen, ein Gespräch beginnen und dieses Gespräch eine Weile lang aufrechterhalten.

- Kontakte knüpfen mit Hilfe eines Freundes:

Wenn Sie an Ihrer sozialen Selbstsicherheit arbeiten, dann sollten Sie in Betracht ziehen, mit einem Freund oder Verwandten auszugehen, mit dem Sie sich sehr wohl fühlen. Die Anwesenheit eines guten Freundes oder Verwandten kann Ihnen helfen, weil Sie dann nicht nur in Gesellschaft fremder Personen sind. Sie sind mit Ihrem guten Kumpel da, der Ihnen jederzeit den Rücken stärken wird.

Und das waren sie, die verschiedenen Schritte, die Sie unternehmen können, um Ihr soziales Vertrauen auf ein Niveau zu bringen, das Sie nie für möglich gehalten hätten.

In diesem Kapitel habe ich Ihnen verschiedene Tipps gegeben, mit denen Sie Ihr soziales Selbstvertrauen stärken können. Im nächsten Kapitel werden wir das Gelernte auf die nächste Stufe bringen, indem ich Ihnen zeige, wie Sie Ihr Selbstwertgefühl verbessern können.

KAPITEL 9:

Ihr Selbstbewusstsein verbessern

Es gibt nichts Wichtigeres als das, wie wir in Bezug auf uns selbst denken und fühlen. Eines der Dinge, die die meisten Menschen in unserer Gesellschaft nicht haben, ist eine hohe Meinung von sich selbst, das heißt, wer wir sind, was wir tun und wie sehr wir uns selbst lieben.

Mit anderen Worten: Das Selbstwertgefühl ist unsere Meinung in Bezug auf uns selbst und unsere Fähigkeiten. Diese Meinung kann niedrig, hoch oder irgendwo dazwischen sein. Ein geringes Selbstwertgefühl kann schädlich sein und dazu führen, dass Sie sich unmotiviert und unsicher fühlen. Die Gründe für Ihr geringes Selbstwertgefühl können variieren. Möglicherweise können Sie einige spezifische Dinge nennen, die sich auf Ihr Selbstbild auswirken (z. B. Mobbing), oder aber Sie wissen den Grund dafür nicht.

Ein geringes Selbstwertgefühl kann eine unglückliche, sich selbst erfüllende Prophezeiung sein, denn wenn man sich schlechter fühlt bei dem, was man tut und wer man ist, ist man auch weniger motiviert, das zu tun, was nötig ist, um sein Selbstwertgefühl zu stärken. Nun passiert es schnell, dass man in den Kreislauf des negativen Denkens gerät. Dieser Kreislauf führt zu weiteren schädlichen, fehlgeleiteten und falschen Überzeugungen, die nicht ideal sind, insbesondere wenn Sie an einer sozialen Angststörung leiden.

Es gibt jedoch Dinge, die Sie tun können, um Ihr Selbstwertgefühl zu verbessern. Die Verbesserung Ihres Selbstwertgefühls ist ein Prozess, der nicht über Nacht stattfindet. Es gibt jedoch einige Dinge, die Sie tun können, um loszulegen und den Prozess zu beschleunigen.

Tipps zur Verbesserung Ihres Selbstwertgefühls

Im Folgenden finden Sie einige hilfreiche und effektive Tipps, mit denen Sie Ihr Selbstwertgefühl verbessern können.

1. Erlernen Sie eine neue Fertigkeit

Wir Menschen befinden uns nahezu ständig in einem Lernprozess und da sich die Welt immer weiterentwickelt, bleibt uns keine andere Wahl, als uns an diese Veränderungen anzupassen. Das Erlernen einer neuen Fertigkeit kann Ihnen dabei helfen, insbesondere im Arbeits- und Schulumfeld.

Aufgrund des Lernprozesses, der mit dem Erwerb einer neuen Fertigkeit verbunden ist, haben Sie diese nicht nur erworben, sondern haben auch das Privileg, bei Bedarf neue Aufgaben zu übernehmen, wodurch Sie Ihr Kompetenzgefühl steigern. Sie werden proaktiver und können über Themen sprechen, über die Sie vorher keine Ahnung hatten. Insgesamt ändert sich dadurch Ihr Selbstbild und Sie schätzen sich selbst im Laufe der Zeit viel mehr.

2. Seien Sie nett zu sich selbst

Es ist typisch für uns Menschen, unser Selbstwertgefühl weiter zu schädigen, indem wir selbstkritisch sind. Das sollte nicht der Fall sein. Wir müssen lernen, nett zu uns selbst zu sein. Diese Stimme in Ihrem Kopf, die Ihnen immer wieder sagt, dass Sie ein Verlierer sind, ist mächtiger als Sie denken. Diese Stimme kann die Kontrolle über Ihr Leben übernehmen. Seien Sie stattdessen freundlich zu sich selbst und fordern Sie negative Gedanken heraus.

Eine gute Möglichkeit, diese innere Stimme in Schach zu halten, besteht darin, sich selbst so zu behandeln, wie Sie andere behandeln. Wenn Sie sehr respektvoll sind und sich anhören, was andere zu sagen haben, lernen Sie, wie Sie dasselbe auch für sich selbst tun können. Sprechen Sie mit sich selbst so, wie Sie mit Ihren Freunden sprechen würden. Das mag sich zunächst als schwierig erweisen, doch nach ein wenig Übung werden Sie immer besser und schließlich beherrschen Sie es, nett zu sich selbst zu sein.

3. Seien Sie so, wie Sie sind

Wissen Sie, wer Sie sind? Tritt Ihr wahres Ich zutage? Seit unserer Kindheit sind wir darauf konditioniert, auf eine bestimmte Art und Weise zu handeln. Sobald Sie herausgefunden haben, wer Sie sind, und gelernt haben, Sie selbst zu sein, werden Sie definitiv ein glücklicherer Mensch sein.

Versuchen Sie niemals, anderen zu gefallen. Dies kann anfangs zwar schön sein, doch Sie müssen Ihre Grenzen kennen. Wenn Sie anfangen, sich mit anderen zu vergleichen, werden Sie sich minderwertig fühlen und es wird Ihnen schwer fallen, Sie selbst zu sein. Versuchen Sie stattdessen, sich mehr auf Ihre Erfolge und Ziele zu konzentrieren und sie nicht mit denen anderer Menschen zu messen. Diese Art von Druck ist für niemanden gesund und Sie brauchen ihn in Ihrem Leben nicht. Seien Sie einfach Sie selbst!

4. Mehr bewegen (Sport treiben)

Laut einer Studie aus dem Jahr 2016 besteht ein Zusammenhang zwischen Bewegung und einem höheren Selbstwertgefühl sowie einer verbesserten psychischen Gesundheit (Sani, Fathirezaie & Talepasand, 2016).

Debbie Mandel, die Autorin von *Addicted to Stress*, ist der Meinung, dass Sie bei körperlicher Aktivität sowohl geistig als auch körperlich entspannen können, insbesondere beim Krafttraining.

Sport hilft Ihnen dabei, Ihren Tag so zu organisieren, dass Sie gut zu sich selbst sind. Finden Sie eine Möglichkeit, um sich zu entspannen oder um etwas zu tun, das Ihnen Spaß macht. Sie werden sehen, wie gut sich das anfühlt. Sie können gut zu sich selbst sein, indem Sie ausreichend schlafen, sich richtig ernähren und sich ab und zu etwas Gutes tun.

5. Denken Sie daran, dass niemand perfekt ist

Niemand ist perfekt in allem, was er tut, und Sie sollten das unbedingt wissen. Wir alle haben unsere Stärken und Schwächen. Einige von uns sind kreativ, andere nicht. Andere sind detailorientiert, einige von uns sind es nicht. Egal wie sehr Sie es auch versuchen, Sie können nicht perfekt sein.

Zu glauben, dass es perfekte Menschen gibt, kann Ihr tägliches Leben zerstören. Unterlassen Sie solche Gedanken. Eine solche Denkweise kann Sie daran hindern, die erforderlichen Maßnahmen zu ergreifen, da Sie zu viel Angst haben, einem bestimmten Standard nicht gerecht zu werden. Am Ende werden Sie zögerlich agieren und nicht die gewünschten Ergebnisse erzielen. Dies kann Ihr Selbstwertgefühl beeinträchtigen.

Manchmal führen bestimmte Maßnahmen, die Sie ergreifen, nicht zum gewünschten Ziel. Am Ende sind Sie nicht zufrieden mit Ihren Leistungen bzw. mit Ihrem Erfolg. Auf diese Weise werden Sie weiterhin negativ über sich selbst denken und Ihnen wird die Motivation fehlen, um Maßnahmen zu ergreifen.

Dies sind ein paar Dinge, die mir dabei geholfen haben, mein wahres Selbst zu erkennen und mir dessen bewusst zu werden, dass niemand perfekt ist:

- Nach dem streben, was gut genug ist. Wenn Sie versuchen, sich selbst zu perfektionieren, weil Sie der Meinung sind, dass es perfekte Menschen gibt, dann setzen Sie sich selbst unter Druck und es wird Ihnen schwerfallen, eine Aufgabe zu erledigen. Entscheiden Sie sich stattdessen für eine simple Gut-genug-Mentalität. Diese Mentalität sollte keine Entschuldigung für Sie sein, um nachlässig zu werden. Sie sollten einfach nur feststellen, dass es einen Zustand gibt, der als „gut genug" bezeichnet wird, und wenn Sie diesen Zustand erreicht haben, dann haben Sie Ihre Aufgabe erledigt.
- Denken Sie daran, dass Sie sich und die Menschen in Ihrem Leben nur selbst verletzen, wenn Sie davon überzeugt sind, dass es perfekte Menschen gibt. Mit Hilfe dieses Leitspruches sollten Sie dazu in der Lage sein, das Leben als das zu sehen, was es ist und was es nicht ist. Das Leben ist nicht immer so, wie es in Liedern, Büchern, Filmen oder sozialen Medien dargestellt wird. Führen Sie eine Realitätsprüfung durch, falls Sie die

Vorstellung entwickeln, dass Sie perfekt sein müssen. Eine falsche Wahrnehmung kann Ihnen schaden und möglicherweise dazu führen, dass Sie potenzielle Projekte, Verträge, Jobs und sogar Beziehungen verlieren.

- Niemand ist frei von Fehlern. Irren ist menschlich und wir dürfen Fehler machen, um Dinge zu lernen und zu wachsen. Wenn Sie also einen Fehler machen, machen Sie sich nicht deswegen fertig, sondern lernen Sie daraus und versuchen Sie es erneut. Sie haben definitiv ein oder zwei Dinge durch die Fehler gelernt, die Sie gemacht haben, und beim nächsten Versuch werden Sie besser sein.

6. Konzentrieren Sie sich auf die Dinge, die Sie ändern können

In den Worten des Bestsellerautors und Redners Steve Maraboli:

„Eine unglaubliche Veränderung geschieht in Ihrem Leben, wenn Sie sich dazu entscheiden, die Kontrolle über das zu übernehmen, worüber Sie Macht haben, anstatt sich nach Kontrolle über die Dinge zu sehnen, über die Sie keine Macht haben."

Sie müssen den Unterschied zwischen den Dingen, die Sie kontrollieren können, und denen, die Sie nicht kontrollieren können, kennen. Es passiert leicht, sich mit Dingen zu beschäftigen, die völlig außerhalb Ihrer Kontrolle liegen, und dies verhindert, dass Sie Ihre Ziele erreichen. Konzentrieren Sie Ihre Energie stattdessen auf die Dinge, von denen Sie wissen, dass sie innerhalb Ihrer Kontrolle liegen, und finden Sie heraus, was Sie dagegen tun können.

Wenn Sie sich auf die Dinge konzentrieren, die Sie ändern können, machen Sie sich weniger Sorgen, weil Sie wissen, dass Sie so viel wie möglich tun, um gesund und glücklich zu sein. Dies befreit Sie nicht nur von Ihrer Angst, sondern verleiht Ihnen auch ein Gefühl von tiefem Selbstvertrauen, das Ihr Selbstwertgefühl stärkt.

7. Machen Sie das, was Sie glücklich macht

Wenn Sie sich dafür entscheiden, die Dinge zu tun, die Sie glücklich machen, verbessern Sie sofort Ihr Selbstwertgefühl. Auf diese Weise werden Sie nicht mehr unsicher sein, da Ihr Glück und Ihre Freude alles übertrumpft. Menschen haben ein geringes Selbstwertgefühl, weil sie glauben, was andere Menschen über sie sagen, ohne zu wissen, dass der Weg zum Glück darin besteht, nicht auf diese Worte zu hören.

Wenn Sie mehr Zeit damit verbringen, die Dinge zu tun, die Sie lieben und genießen, werden Sie wahrscheinlich positiv denken und positives Denken kann ansteckend sein. Ich habe noch nie von jemandem gehört, der es bereut hat, die Dinge getan zu haben, die ihn glücklich machen. Auch wenn es nicht so läuft, wie Sie es sich vorgestellt haben, so werden Sie dennoch weniger Reue verspüren, wenn Sie sich dazu entschlossen haben, die Dinge zu tun, die Sie glücklich machen.

Sie können versuchen, jeden Tag ein wenig Zeit für sich selbst einzuplanen. Egal ob Sie kochen, auf der Couch liegen, sich einen Film ansehen oder ein Buch lesen: Machen Sie einfach etwas, das Ihnen Spaß macht. Wenn es Sie glücklich macht, dann ist es das wert.

8. Feiern Sie kleine Siege

Unsere heutige Gesellschaft hat uns so konditioniert, dass wir uns nur darauf konzentrieren, große Siege zu feiern. Auch wenn es unbedeutend erscheint, kleine Siege zu feiern, wie z. B. dass Sie sich Ihr Lieblingsessen gekocht haben, dass Sie morgens aufgewacht sind, dass Sie ein neues Projekt begonnen haben, dass Sie schuldenfrei sind oder dass Sie einen langen Spaziergang gemacht haben, so sollten diese kleinen Siege dennoch gefeiert werden.

Das Zelebrieren Ihrer kleinen Siege ist eine großartige Möglichkeit, um Ihr Selbstwertgefühl zu steigern. Erkennen Sie, dass das Leben nicht nur aus großen, sondern aus kleinen Momenten besteht. Also fangen Sie an zu feiern!

9. Seien Sie hilfsbereit und rücksichtsvoll gegenüber anderen Menschen

Anderen Menschen zu helfen hat sich auf so vielen Ebenen als vorteilhaft erwiesen. Sie erhalten nicht nur die Befriedigung, dass Sie jemandem in Not geholfen haben, sondern auch ein gesteigertes Gefühl der

Sinnhaftigkeit, das Ihr Selbstwertgefühl verbessert. Wenn Sie hilfsbereit und rücksichtsvoll sind, können Sie die Beziehungen an Ihrem Arbeitsplatz verbessern und zu einer wertvollen Person werden, die Ihr Unternehmen nicht verlieren möchte. Versuchen Sie also, sich darauf zu konzentrieren, Rücksicht auf die Menschen in Ihrem täglichen Leben zu nehmen. Sie können Folgendes versuchen:

- Lassen Sie jemanden bei Ihrer nächsten Autofahrt in Ihre Fahrspur einfädeln, anstatt ihn zu blockieren.
- Wenn jemand versucht, bei Ihnen Dampf abzulassen, dann seien Sie einfach für diese Person da und hören Sie sich an, was sie zu sagen hat.
- Helfen Sie einer anderen Person, auch wenn es nur für ein paar Minuten ist.
- Halten Sie die Tür für jemanden auf.
- Sie könnten ein Motivator für einen Freund oder ein Familienmitglied sein, der sich niedergeschlagen und unmotiviert fühlt.

10. Definieren Sie, was Erfolg für Sie bedeutet

Wir alle wollen erfolgreich sein. Wir streben nach Ruhm, Geld, Macht, Beziehungen und Bildung, um Erfolg zu haben. Haben Sie jemals innegehalten und sich gefragt, was Erfolg für Sie bedeutet? Nur wenige Leute halten inne und finden heraus, was Erfolg für sie bedeutet. Wenn Sie Ihren eigenen Lebensplan nicht definieren, dann besteht eine hohe Wahrscheinlichkeit, dass Sie den Lebensplan einer anderen Person kopieren, der vielleicht nicht gut für Sie ist.

Wenn Sie Erfolg nicht für sich selbst definieren, eifern Sie vielleicht einer anderen Person nach. Dies wird Ihnen erst klar werden, wenn Sie auf dem „falschen Gipfel" angekommen sind.

Um Ihren eigenen Erfolg zu definieren, müssen Sie Ihre Ziele und Wege basierend auf Ihren Wünschen und nicht auf den Wünschen anderer Personen festlegen. Manchen Menschen macht es Freude, anderen zu helfen. Erfolg bedeutet für solche Menschen, anderen etwas zurückzugeben. Versuchen Sie herauszufinden, was Erfolg für Sie bedeutet.

Um eine Sache erfolgreich zu tun, müssen Sie das Selbstwertgefühl in sich selbst finden, das Sie dorthin bringt.

11. Umgeben Sie sich mit unterstützenden und positiven Menschen

Positive Menschen sind authentisch und nicht egozentrisch. Sie kümmern sich nicht nur um sich selbst, sondern auch um andere. Auf Positivität folgt Authentizität, und Sie lernen Menschen kennen, die um Ihr Wohlergehen bemüht sind.

Versuchen Sie stets, sich mit positiven Menschen zu umgeben, die Ihnen dabei helfen, Ihr volles Potenzial auszuschöpfen und die beste Version Ihrer selbst zu sein. Verzichten Sie auf toxische Personen, die Sie nicht unterstützen, und konzentrieren Sie sich mehr auf positive Menschen in Ihrem Leben.

Sie sollten wissen, wer Sie schlecht behandelt bzw. nicht hinter Ihnen steht und Sie nicht aufbaut. Trotzdem fällt es Ihnen möglicherweise schwer, die toxischen Menschen in Ihrem Leben zu ignorieren, weil Sie das Gefühl haben, dass Sie nicht auf diese Menschen verzichten können oder dass Sie sie schon so lange kennen. Aber was wäre, wenn es Ihnen mehr schadet als nützt, wenn diese Menschen in Ihrem Leben verbleiben?

Es wird schwierig werden, Ihr Selbstwertgefühl zu verbessern, wenn solche toxischen Menschen Ihr Leben immer wieder negativ beeinflussen. Tun Sie Folgendes, um die notwendigen Änderungen vorzunehmen und die gewünschten Ergebnisse zu erzielen:

- Verbringen Sie weniger Zeit mit Menschen, die Ihnen gegenüber nicht freundlich sind, Sie nicht unterstützen oder perfektionistisch sind. Diese Menschen werden niemals etwas Gutes zu Ihren Träumen oder Zielen beitragen.
- Verbringen Sie mehr Zeit mit Menschen, die Sie motivieren und unterstützen und die positiv sind. Diese Menschen haben eine menschlichere, freundlichere und bessere Denkweise in Bezug auf die Welt.

- Denken Sie über die Dinge nach, die Sie sich ansehen, durchlesen und anhören. Nutzen Sie die Zeit, die Sie sonst in einem Internetforum verbringen, stattdessen dafür, andere Dinge zu tun, wenn Sie das Gefühl haben, dass Sie durch solche Internetforen daran zweifeln, wer Sie sind, und sich dadurch schlecht fühlen.
- Verbringen Sie Zeit damit, Podcasts anzuhören, Bücher, Webseiten und Blogs zu lesen, die Ihnen helfen, sich besser zu fühlen.
- Vermeiden Sie Menschen, die Sie dazu bringen, ängstlich zu werden oder in negative Gedankenmuster zu verfallen, und finden Sie Menschen, bei denen Sie sich gut fühlen.

Schließlich werden wir alle mit demselben Wert und unendlich viel Potenzial geboren. Der Glaube, dass Sie weniger wert sind als andere Menschen, ist falsch und ich möchte, dass Sie diesen Gedanken sofort vergessen. Indem Sie harte Arbeit leisten und nett zu sich selbst sind, können Sie die selbstzerstörerischen Gedanken, die Ihr Selbstwertgefühl oft daran hindern zu wachsen, hinter sich lassen. Sie müssen nur das befolgen, was ich oben skizziert habe, und Ihr Selbstwertgefühl wird steigen. Jeder hat es in sich. Sie brauchen nur den richtigen Impuls, um dies zu erkennen.

In diesem Kapitel haben Sie gelernt, was Selbstwertgefühl bedeutet und wie Sie Ihr Selbstwertgefühl auf unterschiedliche Weise verbessern können. Als Nächstes werden wir uns mit dem Heilungsprozess (Therapie) beschäftigen. Sobald Ihre Angst außer Kontrolle gerät, sollten Sie sich in eine Therapie begeben.

KAPITEL 10:

Therapie für soziale Angststörungen

Die soziale Angststörung (SAS) ist eine häufig vorkommende psychiatrische Störung. Eine SAS wird oft als Schüchternheit missverstanden, kann aber lähmende Ängste hervorrufen, die sich auf Ihre Arbeitsleistungen, Schulleistungen, Ihr soziales Umfeld und Ihre Beziehungen auswirken. Bis zu 12 % der Amerikaner sind einmal in ihrem Leben von einer SAS betroffen.

Die Diagnose einer sozialen Angststörung kann schwierig sein, zumal sie oftmals mit normalen Angstzuständen und Schüchternheit verwechselt wird. Aus diesem Grund suchen sich viele Menschen keine Hilfe. Um die ganze Sache zu vereinfachen, hat die 4. Auflage des *Diagnostic and Statistical Manual of Mental Disorders* die Kriterien aufgelistet, anhand derer eine soziale Angststörung diagnostiziert werden kann. In diesem Handbuch wird auch beschrieben, wie sich die Störung bei Kindern und Erwachsenen zeigt.

Fast die Hälfte der Menschen mit sozialer Angststörung leidet in bestimmten Situationen unter Angstzuständen, insbesondere in Situationen, die das Auftreten und das Sprechen vor Publikum erfordern, während andere Menschen eine allgemeine Form von Angst verspüren, die sie in fast allen Arten von sozialen Situationen Angst empfinden lässt.

Obwohl die meisten Menschen nervös werden, wenn sie vor mehreren Menschen sprechen müssen, unterscheidet sich eine soziale Angststörung von einer normalen Angststörung durch das Ausmaß der Belastung und des Schadens, den sie verursacht. Untersuchungen haben beispielsweise ergeben, dass Erwachsene mit einer sozialen Angststörung häufiger in der Arbeit fehlen, während Jugendliche mit dieser Störung häufiger die Schule abbrechen. In der Tat können auch romantische

Beziehungen davon betroffen sein, was ein Hauptgrund dafür ist, dass Menschen mit einer sozialen Angststörung weniger häufig früh heiraten.

Da die Symptome einer sozialen Angststörung häufig als geringfügig angesehen werden, sucht sich nur die Hälfte der Menschen Hilfe oder lässt sich behandeln. Wie ich bereits erwähnt habe, leiden sie in der Regel mindestens zehn Jahre lang an den Symptomen der SAS, bevor sie sich Hilfe suchen. Das ist bedauerlich, denn es gibt viele Behandlungen, die helfen können, die Angstsymptome zu lindern.

Wann Sie sich in eine Therapie für soziale Angststörungen begeben sollten

Vermeiden Sie seit einigen Monaten bestimmte soziale Situationen? Sind Sie deswegen sehr gestresst? Wenn ja, dann ist es jetzt an der Zeit, sich Hilfe zu suchen. Wenn Sie an Veranstaltungen aufgrund Ihrer Ängstlichkeit nicht teilnehmen, obwohl Sie daran interessiert wären, dann ist es an der Zeit, sich Hilfe zu suchen.

Dies gilt auch dann, wenn Sie sich selbst vormachen, dass Sie wegen des unangenehmen Gefühls, das damit einhergeht, nicht an diesen Dingen interessiert sind. Sie wissen sehr gut, dass Sie vielleicht Spaß an einer Aktivität haben werden, doch Sie streiten es ab und verstecken sich hinter Ihrem Zynismus.

Wenn es Ihnen schwer fällt, neue Freunde zu finden, weil es für Sie beängstigend ist, sich in einem neuen Umfeld zurechtzufinden, oder wenn Sie bemerken, dass Sie allein sind, während sich alle anderen unterhalten, oder wenn jemand versucht, Sie nach einem Date zu fragen und Sie eine Million Ausreden haben, dann haben Sie vielleicht eine SAS. Sie unterdrücken das Gefühl der Einsamkeit stets und sagen sich, dass Sie eben ein solches Leben führen müssen.

Untersuchungen haben gezeigt, dass bei sozialen Angststörungen umweltbedingte und genetische Faktoren zusammenwirken. Um Ihre sozialen Ängste zu behandeln, ist es von Vorteil, sich darauf zu konzentrieren, was Ihre Angst auslöst, und diese Faktoren mit Hilfe der kognitiven Verhaltenstherapie (KVT) anzugehen, anstatt sich darauf zu konzentrieren, warum Sie ein Problem haben. Mehrere Forschungsstudien legen nahe, dass die kognitive Verhaltenstherapie ein wirksames Mittel zur Behandlung von Angststörungen, insbesondere von sozialen Angststörungen, ist. Alles in allem kann die soziale Angststörung am besten durch eine kognitive Verhaltenstherapie oder Medikamente behandelt werden. Lassen Sie uns zunächst analysieren, worum es bei der KVT geht.

Die kognitive Verhaltenstherapie

Die kognitive Verhaltenstherapie ist eine gängige Therapieform, die in den 1980er und 1990er Jahren zur Behandlung von Angststörungen populär wurde. Die KVT ist eine Therapieform, die Patienten konsequent dabei geholfen hat, ihre klinischen Angststörungen zu überwinden.

Die kognitive Verhaltenstherapie ist nicht nur eine eindimensionale Methode, sondern eine Kombination verschiedener Techniken, die von der jeweiligen Art der Angststörung abhängen. Beispielsweise unterscheidet sich die zur Behandlung von sozialen Angststörungen verwendete KVT von jener KVT, die zur Behandlung von Depressionen und anderen Arten von Angststörungen verwendet wird.

Da es so viele verschiedene Techniken der KVT gibt, müssen Sie einen Therapeuten finden, der erfahren ist und die besonderen und effektivsten Techniken zur Behandlung von sozialen Angststörungen kennt.

Die KVT zielt darauf ab, Patienten Techniken und Praktiken zur Verfügung zu stellen, sodass sie neue Denk- und Verhaltensweisen in Situationen anwenden können, die ihnen beängstigend erscheinen. Die Therapie kann in einer Einzel- oder in einer Gruppentherapie erfolgen.

Bei der Expositionstherapie werden die Patienten der Situation ausgesetzt und es werden ihnen Möglichkeiten aufgezeigt, wie sie mit ihrer Angst umgehen können. Wenn sich beispielsweise der Gedanke an den bevorstehenden Abschlussball der Schule oder die bevorstehende Büroparty bereits schrecklich anfühlt, kann eine Möglichkeit zur

Überwindung der Angst darin bestehen, sich ein erreichbares Ziel zu setzen, wie zum Beispiel, dass die Patienten ein Gespräch mit einer oder zwei Personen auf der Party beginnen. Bei einer anderen Variante der KVT üben und erlernen die Patienten Entspannungstechniken und soziale Fähigkeiten, um mit ihren Angstzuständen umzugehen. Diese Variante ist jedoch nicht so gut untersucht wie die Expositionstherapie.

Die kognitive Verhaltenstherapie besteht normalerweise aus etwa zwölf bis sechzehn wöchentlichen Sitzungen, die sechzig bis neunzig Minuten dauern. Studien haben gezeigt, dass Patienten mit einer Angststörung sechs bis zwölf Wochen eine KVT durchlaufen müssen, bevor eine sichtbare Verbesserung erkennbar ist.

Was die KVT für soziale Angststörungen bedeutet

- Sie stellen sich allmählich sozialen Situationen, die Ihnen Angst machen, anstatt sie völlig zu vermeiden.
- Sie lernen, die mit der Angst verbundenen körperlichen Symptome mithilfe von Atemübungen und Entspannungstechniken zu kontrollieren.
- Sie stellen sich negativen Gedanken entgegen, die Ihre Angst auslösen und schüren. Sie erhalten eine ausgeglichenere Perspektive.
- Sie können Atemübungen und Entspannungstechniken selbst erlernen, können jedoch auch von der Anleitung und zusätzlichen Unterstützung profitieren, die Ihnen ein Therapeut bietet.

Ziele der KVT bei sozialen Angststörungen

Das Hauptziel der KVT besteht darin, Ihre irrationalen Gedanken und Überzeugungen zu identifizieren und durch realistischere Ansichten zu ersetzen. Im KVT-Prozess müssen Sie an einigen Bereichen arbeiten. Diese sind:

- Ihre Durchsetzungsfähigkeit
- Wut, Schuldgefühle und Verlegenheit in Bezug auf die Vergangenheit

- Falsche Überzeugungen in Bezug auf Ihr Selbstwertgefühl und Ihre Fähigkeiten
- Überwindung der Vermeidungstaktiken, die mit sozialen Angststörungen zusammenhängen
- Realistischer sein und sich seinem Perfektionismus stellen

Ihre KVT-Therapie kann sich wie eine Schüler-Lehrer-Beziehung anfühlen, wobei der Therapeut die Rolle eines Lehrers spielt. Ihr Therapeut skizziert das Therapiekonzept und wird Ihnen auf Ihrem Weg zur Veränderung und Selbstfindung helfen. Außerdem erhalten Sie Hausaufgaben, die für Ihren Fortschritt entscheidend sind.

Schlüssel zum Erfolg bei der KVT

Forschungen zufolge gibt es bei der KVT verschiedene Schlüssel zum Erfolg bei sozialen Angststörungen. Die Wahrscheinlichkeit, dass die KVT Ihnen helfen kann, hängt stark von Ihrer Erfolgserwartung, Ihrer Fähigkeit, unangenehmen Gedanken zu begegnen, und Ihrer Bereitschaft ab, Ihre Hausaufgaben zu erledigen.

Patienten, die hart an sich arbeiten wollen und sich sicher sind, dass die KVT ihnen Hilfe bietet, haben eine höhere Erfolgschance. Die KVT ist jedoch eine intensive Therapie, an der der Betroffene aktiv teilnehmen muss. Am Ende wird die Verbesserung von langer Dauer sein und die harte Arbeit wert sein.

KVT-Methoden

Die kognitive Verhaltenstherapie besteht aus verschiedenen Techniken, von denen sich viele auf problematische Denkmuster konzentrieren. Die kognitiven Methoden helfen den Patienten dabei, ihre Angst zu verringern, die sie in zwischenmenschlichen Beziehungen und in sozialen Situationen empfinden. Die KVT verspricht, Patienten mit sozialen Angststörungen ein Gefühl der Kontrolle darüber zu geben, wie sie sich in sozialen Situationen fühlen.

Das grundlegende Ziel der KVT besteht darin, Ihre Grundüberzeugungen zu ändern, die die Art und Weise beeinflussen, wie Sie Ihre

Umgebung interpretieren. Die Veränderung dieser Grundüberzeugungen führt zu einer dauerhaften Verbesserung Ihrer sozialen Angstsymptome.

Ein entscheidendes Problem, auf das sich die KVT konzentriert, sind die automatischen negativen Gedanken, die Patienten mit einer sozialen Angststörung haben. Diese automatischen negativen Denkweisen verstärken Ihre Angst und verringern Ihre Problembewältigungsfähigkeit. Diese Gedanken finden automatisch statt, wenn Sie an eine angstauslösende Situation denken.

Zum Beispiel haben Menschen, denen es schwerfällt, neue Freunde zu finden, jedes Mal, wenn sie daran denken, Versagensängste. Ziel der KVT ist es, solche kognitiven Verzerrungen durch eine realistischere Sichtweise zu ersetzen.

Sie haben sicherlich schon einmal gehört, dass Sie in Situationen, die Angst in Ihnen auslösen, immer positiv denken sollen. Leider ist das nicht so einfach. Wenn es so wäre, hätten viele Menschen ihr Angstproblem längst gelöst! Da Ihr Gehirn im Laufe der Zeit gelernt hat, ängstliche und negative Gedanken zu haben, wird es eine Zeitlang dauern, bis Sie es wieder neu programmiert haben. Es wird nicht funktionieren, wenn Sie sich einfach nur sagen: „Ich werde besser mit der Situation umgehen und weniger ängstlich sein."

Um Ihre automatische negative Denkweise langfristig zu ändern, müssen Sie mehrere Monate lang jeden Tag üben. Zunächst werden Sie im Rahmen der Therapie dazu aufgefordert, Ihre negativen Gedanken zu erfassen und logisch in etwas Neutrales zu verwandeln. Dies wird später einfacher, wenn Sie an Ihren realistischen Gedanken arbeiten. Dann wird Ihnen dies in Fleisch und Blut übergehen.

Nach einer Weile werden Ihre Gedächtnisprozesse beeinflusst und die Nervenbahnen in Ihrem Gehirn werden verändert. Sie beginnen damit, anders zu denken, zu handeln und sich anders zu fühlen, und mit Geduld, Übung und Beharrlichkeit werden Sie Fortschritte erzielen. Anfangs ist dies ein bewusster Prozess, doch mit ständiger Übung und Wiederholung wird dieser Prozess automatisch ablaufen.

Verhaltensmethoden

Die systematische Desensibilisierung ist eine der häufig verwendeten Verhaltenstechniken zur Behandlung von sozialen Angststörungen. Es handelt sich hierbei um eine Art des Expositionstrainings, bei dem Sie angstauslösenden Situationen ausgesetzt sind, damit Sie im Laufe der Zeit weniger Angst haben.

Das Expositionstraining für SAS ist immer ein schrittweiser Prozess. Jedes Expositionstraining ohne einen schrittweisen Prozess verursacht nur mehr Schaden als Nutzen. Ihre Angst wird schlimmer, da Sie sich in einem Teufelskreis befinden, der schließlich zu Depressionen führt.

Mit Hilfe eines KVT-Therapeuten setzen Sie sich allmählich sozialen Situationen aus, die Ihnen Angst machen. Zunächst können Sie dies auf imaginäre Art und Weise üben, indem Sie Rollenspiele verwenden, um für ein Vorstellungsgespräch zu üben, eine Rede zu halten oder sich einem Fremden vorzustellen. Sobald Sie diese imaginären Situationen gemeistert haben, können Sie sich an Situationen im richtigen Leben heranwagen. Ein zu schnelles Expositionstraining, oder wenn die Situationen zu anspruchsvoll sind, kann schief gehen.

Internet-KVT bei SAS

Kognitive Verhaltenstherapien über das Internet (i-KVT) werden immer beliebter und zunehmend häufiger angeboten. Einige Forschungsergebnisse unterstützen diesen Ansatz, insbesondere wenn sie von einem Fachmann für psychische Gesundheit durchgeführt werden.

Da die KVT einem streng strukturierten Format folgt, eignet sie sich gut für Online-Anwendungen, die aus therapieunterstützten Interventionen oder Selbsthilfe bestehen. Für Patienten mit schweren Angststörungen, denen es schwerfällt, ihr Zuhause zu verlassen und persönlich an Therapieterminen teilzunehmen, ist diese Form der KVT ebenfalls hilfreich.

Wir müssen alle uns zur Verfügung stehenden kognitiven Strategien anwenden, unsere Entschlossenheit stärken, bei Therapien beharrlich und konsequent zu sein, und alle Formen experimenteller oder verhaltensbezogener Aktivitäten nutzen, die uns bei der Bewältigung unserer sozialen Angststörungen helfen.

Genau wie bei der kognitiven Therapie müssen die Verhaltensaktivitäten detailliert und umfassend sein. Der Therapeut muss über eine Liste verschiedener Verhaltensaktivitäten verfügen, die dem Patienten Vertrauen und Zuversicht geben, wenn er an diesen Aktivitäten arbeitet.

Schließlich muss für eine wirksame und erfolgreiche Behandlung von Angstzuständen die Verhaltens- und kognitive Therapie gründlich und umfassend erfolgen. Die Therapie muss ein kontinuierlicher Prozess sein und der Patient muss motiviert genug sein, um sich an die 30-minütige tägliche Übungsroutine zu halten.

Die KVT ist nicht unbedingt der Weg des geringsten Widerstands, weder für den Patienten noch für den Therapeuten. Es handelt sich jedoch um den effektivsten Weg, um soziale Angststörungen zu überwinden. Die Mehrheit der Menschen mit einer sozialen Angststörung wird sich bereit erklären, hart zu arbeiten und ihre Therapie fleißig durchzuziehen. Diese Menschen werden sagen, dass sie hoch motiviert, bereit und willens sind, da die Dinge, an denen sie arbeiten müssen, weniger schlimm sind als die täglichen Albträume, die mit ihren sozialen Angststörungen verbunden sind.

Es ist niemals einfach, an einer SAS zu leiden. Es ist ein alltäglicher Kampf und viele Menschen leugnen, dass sie an einer SAS leiden. Wenn Sie sich Hilfe suchen, dann sind Sie bereit dazu, Fortschritte zu erzielen und sich von den Fesseln Ihrer Angst zu lösen. Ihre Hoffnung, Fortschritte zu machen und schließlich Erfolg zu haben, verleiht Ihnen die Motivation, um Ihr Ziel zu erreichen – Freiheit!

ABSCHLIEẞENDE WORTE

Soziale Ängste und all die anderen damit verbundenen Probleme können schwierig zu bewältigen sein. Doch ich bin fest davon überzeugt, dass Sie nun verstanden haben, woher Ihre Angst kommt und wie Sie sie im Keim ersticken können. Die Tatsache, dass Sie dieses Buch gelesen haben, zeigt, wie entschlossen Sie sind, Ihre sozialen Ängste zu überwinden und soziales Selbstvertrauen zu erreichen. Das ist eine gute Sache, aber es reicht nicht, nur über diese Dinge zu lesen.

Lesen Sie dieses Buch nicht einfach und verstecken Sie sich dann weiterhin in Ihrer Komfortzone. Der beste Weg, um soziale Ängste zu überwinden, besteht darin, sich in einem sozialen Umfeld zu befinden. Unabhängig von der Anzahl der Bücher oder Kurse, die Sie besuchen, hängt es immer noch von Ihrer Anstrengung und Ihrer Disziplin ab, das Gelesene in die Praxis umzusetzen. In jedem Abschnitt dieses Buches habe ich Ihnen gut recherchierte Lösungen an die Hand gegeben, die für mich und unzählige andere Menschen wahre Wunder bewirkt haben. Es ist mein aufrichtiger Wunsch, dass Sie das gleiche Ergebnis erzielen.

Um die Schlüsselkonzepte in diesem Buch aufzufrischen, gehen wir nochmals die Kapitel durch, die wir besprochen haben. Wir haben mit der Definition des Begriffs „soziale Angststörungen" begonnen. Ich habe Ihnen die verschiedenen Typen sowie die wahrscheinlichen Ursachen erklärt und Ihnen verraten, wie Sie herausfinden können, ob Sie an einer SAS leiden. Der Zweck bestand darin, Ihnen dabei zu helfen, alles über Ihr Problem zu erfahren, da Sie es auf keinen Fall bekämpfen können, ohne vollständig darüber Bescheid zu wissen.

Anschließend wurden wir ein etwas spezifischer. Wir haben uns angesehen, wann SAS auftreten, wie sie sich anfühlen und welche Trigger SAS auslösen. Wir haben uns auch die körperlichen, verhaltensbezogenen und emotionalen Symptome angesehen, die dabei auftreten können. Ich habe dieses Kapitel so abgefasst, damit Sie genau verstehen, was Sie und unzählige andere Menschen, die an SAS leiden, durchmachen.

Sie sind damit nicht allein. Die meisten betroffenen Menschen konnten ihre SAS überwinden und die Symptome hinter sich lassen, um das Leben zu führen, das sie verdienen.

Danach haben wir das Thema Sozialphobie behandelt. Ich habe Ihnen einige Tipps gegeben, die Sie im Kampf gegen Ihre Sozialphobie anwenden können. In diesem Kapitel habe ich klargestellt, dass das Vermeiden sozialer Situationen nicht die Lösung ist. Die Lösung besteht darin, sich Ihren Ängsten zu stellen und an ihnen zu arbeiten. Ich habe Ihnen Tipps gegeben, die Sie anwenden können. Dazu gehört die Änderung Ihrer Sichtweise auf das Problem, die Vermeidung negativer Bewältigungsstrategien sowie die Strategie, sich für die Menschen in Ihrem Umfeld zu interessieren. Lassen Sie mich betonen, dass ich keinen dieser Tipps gedankenlos in dieses Buch aufgenommen habe. All diese Tipps werden auch von Psychologen angewandt und haben sich allesamt als wirksam gegenüber sozialen Angststörungen erwiesen. Seien Sie nett zu sich selbst und wenden Sie diese Tipps an.

Anschließend haben wir uns angesehen, wie Sie mit Ihren sozialen Angststörungen umgehen können, um sie zu überwinden. Wir haben herausgefunden, dass Sie als Erstes die Ängste und Gedanken identifizieren sollten, die Ihre Sozialphobie befeuern. Ich habe einige Ängste, wie zum Beispiel „Andere Menschen mögen mich nicht" oder „Ich werde mich wahrscheinlich blamieren", identifiziert. Ich habe Ihnen gezeigt, wie Sie damit anfangen können, diese Ängste zu analysieren und herauszufordern. Vertrauen Sie mir, diese Befürchtungen sind oft unbegründet und durch eine logische Bewertung dieser Gedanken werden Sie dies selbst erkennen. In diesem Kapitel haben wir einige Gedankenmuster identifiziert, die Ihre Sozialphobie noch weiter verstärken. Beispiele hierfür sind das Katastrophisieren oder das Personalisieren. Anstatt Ihre Zeit und Energie für diese destabilisierenden Gedankenmuster aufzuwenden, sollten Sie sich stattdessen auf positive Gedanken konzentrieren. Ich habe Ihnen gezeigt, wie Sie damit beginnen können, einen prosozialen Lebensstil anzunehmen, um Ihre sozialen Angststörungen zu überwinden.

Manchmal kann Ihre Sozialphobie so viel Druck auf Sie ausüben, dass Sie, wenn Sie keine Behandlung erhalten, eine Angstattacke erleiden können. Ich habe einige Entspannungstechniken aufgelistet, die Ihnen dabei helfen können, Ihre Nerven zu beruhigen, wenn Sie spüren, wie Ihr Herz wild gegen Ihre Brust schlägt. Wir haben über Techniken wie die Zwerchfellatmung, autogenes Training, progressive Muskelentspannung und die Katathym Imaginative Psychotherapie gesprochen. Ich habe Sie darüber informiert, wie wichtig es ist, diese Entspannungstechniken zu üben, auch wenn Sie bereits entspannt sind, damit Sie diese auch dann problemlos ausführen können, wenn Sie Angst haben.

Im darauffolgenden Kapitel haben wir uns mit einem weiteren Problem befasst, das viele Menschen mit SAS betrifft, nämlich mit der Gefallsucht. Ich habe Ihnen zunächst die Anzeichen verraten, um herauszufinden, ob Sie an Gefallsucht leiden, damit Sie dieses Verhalten nicht mit Freundlichkeit verwechseln. Danach habe ich Ihnen einige Tipps verraten, mit denen Sie Ihre Gefallsucht überwinden können, wie z. B. klein anzufangen, sich Zeit zu nehmen, sich selbst zu akzeptieren und zu lieben.

Schließlich haben wir uns dem Thema Schüchternheit gewidmet sowie den Auswirkungen von Schüchternheit und wie man diese überwindet. Wir haben auch untersucht, wie Sie ein gutes soziales Selbstvertrauen aufbauen und Ihr Selbstwertgefühl verbessern können. Ich habe diese Aspekte in dieses Buch integriert, weil sie mit den Ursachen von sozialen Angststörungen verbunden sein können. Wir haben uns angesehen, wie wir soziale Ängste beseitigen können, indem wir unser soziales Selbstvertrauen und unser Selbstwertgefühl stärken.

Schließlich haben wir das Buch mit der Diskussion über den Einsatz von Therapien zur Behandlung von SAS abgeschlossen. Wir haben die Anzeichen dafür untersucht, ob eine Therapie notwendig sein könnte, sowie Schlüsseltherapien wie die kognitive Verhaltenstherapie und Rollenspiele analysiert.

Eine Erkenntnis, die Sie aus der Lektüre dieses Buchs mitnehmen sollten, ist, dass soziale Angststörungen, Schüchternheit, Gefallsucht und mangelndes soziales Vertrauen dazu führen, dass Sie nicht glücklich sind und kein glückliches Leben führen – doch Sie können etwas dagegen tun. Sie haben bereits damit begonnen, indem Sie dieses Buch gekauft und gelesen haben. Ich hoffe, dass Sie Ihre Reise abschließen werden. Legen Sie dieses Buch nicht einfach beiseite. Lesen Sie es gründlich und ergreifen Sie die darin präsentierten Maßnahmen.

Wir sehen uns im gesellschaftlichen Teil des Lebens, in dem Bereich, in dem alles passiert ... Viel Erfolg!

VERWEISE

ADAA. (2019). *Social Anxiety Disorder*. Abgerufen von Anxiety and Depression Association of America: https://adaa.org/understanding-anxiety/social-anxiety-disorder

Albono, A. M. (2014, August 12). *When young people suffer social anxiety disorder: what parents can do.* Abgerufen von CareForYourMind: http://careforyourmind.org/when-young-people-suffer-social-anxiety-disorder-what-parents-can-do/

Bhandari, S. (2019, May 20). *What Is Social Anxiety Disorder?* Abgerufen von WebMD: https://www.webmd.com/anxiety-panic/guide/mental-health-social-anxiety-disorder#2

Cohut, M. (2019, August 30). *4 top tips for coping with social anxiety.* Abgerufen von https://www.medicalnewstoday.com/articles/326211.php#1

Cuncic, A. (2019, November 26). *How to Practice Progressive Muscle Relaxation.* Abgerufen von Verywellmind: https://www.verywellmind.com/how-do-i-practice-progressive-muscle-relaxation-3024400

Daskal, L. (2017) *9 Simple Ways to Boost Your Self-Esteem Quickly.* Abgerufen von https://www.inc.com/lolly-daskal/19-simple-ways-to-boost-your-self-esteem-quickly.html

Felman, A. (2018, February 5). *What's to know about social anxiety disorder?* Abgerufen von MedicalNewsToday: https://www.medicalnewstoday.com/articles/176891.php#what-is-social-anxiety-disorder

Griffin, T. (2019, October 6). *How to Be Socially Confident.* Abgerufen von WikiHow: https://www.wikihow.com/Be-Socially-Confident

Lo, M. (2019). *5 Ways to Start Building Social Confidence Today.* Abgerufen von Lifehack: https://www.lifehack.org/372358/5-ways-start-building-social-confidence-today

Luna, A. (2020, January). *People-Pleasing: The Hidden Dangers of Always Being "Too Nice".* Abgerufen von Lonerwolf: https://lonerwolf.com/people-pleasing/

Project, G. (2019, October 20). *5 Necessary Tips to Building Social Confidence*. Abgerufen von ThriveGlobal: https://thriveglobal.com/stories/5-necessary-tips-to-building-social-confidence-2/

Rube, T. (2020, January 20). *How to Tell if you are a people pleaser*. Abgerufen von WikiHow: https://www.wikihow.com/Tell-if-You-Are-a-People-Pleaser

Sani, S. Fathirezaie, Z. & Talepasand S. (2016) *Physical activity and self-esteem: testing direct and indirect relationships associated with psychological and physical mechanisms*. Abgerufen von https://www.ncbi.nlm.nih.gov/pmc/articles/PMC5068479/#!po=63.0435

Shanley, D. (2019). *7 Ways to Overcome Shyness and Social Anxiety*. Abgerufen von PsychCentral: https://psychcentral.com/blog/7-ways-to-overcome-shyness-and-social-anxiety/

Smith, M. M. Segal, and Shubin, J. (2019) *Social Anxiety Disorder*. Abgerufen von https://www.helpguide.org/articles/anxiety/social-anxiety-disorder.htm

Tartakovsky, M. (2018) *6 Ways to Overcome Social Anxiety*. Abgerufen von https://psychcentral.com/lib/6-ways-to-overcome-social-anxiety/

ThisWayUp (n. d.) *How do you feel shy*. Abgerufen von https://thiswayup.org.au/how-do-you-feel/shy/

Reachout.com (n. d.) *10 tips for improving your self-esteem*. Abgerufen von https://au.reachout.com/articles/10-tips-for-improving-your-self-esteem

STRESS ABBAUEN - RESILIENZ AUFBAUEN

Mit diesen bewährten Techniken der Stressbewältigung bleiben Sie im Alltag gelassen. Mehr Lebensfreude - weniger Sorgen

DERICK HOWELL

INHALTSVERZEICHNIS

Einführung 515

Kapitel 1: Stress 101: Die Grundlagen von Stress 519

Kapitel 2: Stress reduzieren und bewältigen 533

Kapitel 3: Die Stressoren in Ihrem Leben identifizieren 545

Kapitel 4: Vier Säulen der Stressbewältigung 557

Kapitel 5: Wie man sich weniger Sorgen macht und das Leben mehr genießt 567

Kapitel 6: Wie entwickelt man emotionale Belastbarkeit? 579

Kapitel 7: Wirksame Wege zum Aufbau mentaler Stärke 591

Kapitel 8: Entspannungstechniken 603

Kapitel 9: Achtsamkeitstechniken - akuten Stress abbauen 615

Kapitel 10: Umgang mit Stress bei der Arbeit 625

Fazit 635

Verweise 639

EINFÜHRUNG

Nehmen wir mal an, Sie sitzen in Ihrem Lieblingscafé, lesen dieses Buch, und während Sie einen Schluck Ihres köstlichen Kaffees zu sich nehmen, schauen Sie hoch und bemerken Menschen, die in der Warteschlange stehen. Ihre Aufmerksamkeit wandert zu der Frau im schwarzen Kleid, die hinter drei Personen an der Theke steht. Schauen Sie sich diese Frau nun einmal wirklich genau an. Damit meine ich nicht nur, ihr einen einfachen Blick zuzuwerfen. Nehmen Sie sich wirklich Zeit, sie anzuschauen. Ihr fehlen wahrscheinlich keine Finger, sie scheint keine Narben zu haben oder gar kränklich auszusehen. Sie scheint völlig gesund zu sein. Sie könnte jedoch an einer Krankheit leiden, die Sie nicht sehen können, wie z. B. ein hoher Cholesterinspiegel, Bluthochdruck oder eine andere Krankheit. Die Krankheiten, die wir heute bekommen, unterscheiden sich von denen, die früher unsere Eltern oder Großeltern hatten. Zudem haben die Arten der heutigen Krankheiten auch andere Ursachen und Folgen.

Wenn ein Höhlenmensch versehentlich verseuchtes Fleisch aß, waren die Folgen klar - er würde ein paar Tage später daran sterben. Wenn es heute nun um eine schlechte Ernährung geht, sind die Folgen nicht so klar definiert. Die Folge einer schlechten Ernährung könnte mit einer Vielzahl von Erkrankungen enden, wie z. B. mit Herz-Kreislauf-Problemen, Fettleibigkeit, oder Diabetes, die Ihre Lebensqualität beeinträchtigen. Aber dieses Ergebnis hängt von vielen Faktoren ab, u. a. von Ihrer genetischen Veranlagung, der Art der ungesunden Fertigkost (welche Sie ständig gegessen haben, wie viel Sie davon gegessen haben), Ihrer Persönlichkeit und Ihrem Stresslevel.

Stress ist überall und es gibt keine Möglichkeit, ihn gänzlich zu vermeiden. Ob Sie nun im Stau stehen, zu spät zur Arbeit kommen, eine bevorstehende Deadline, Beziehungsprobleme oder Traumata haben - wir alle waren schon einmal in Stresssituationen.

Haben Sie schon mal bemerkt, wie Ihre Atmung schneller wird, Ihr Puls ansteigt und sich Ihre Muskeln anspannen, wenn etwas Stressiges passiert? Vielleicht bekommen Sie sogar einen Energieschub und sind bereit, alles auf sich zu nehmen, was auf Sie zukommt. Das mag zwar toll sein, wenn Sie in Gefahr sind, aber es funktioniert nicht, wenn der Auslöser Ihres Stresses Ihr dreijähriger Sohn oder Ihr anspruchsvoller Chef ist. Was tun Sie dann? Wie gehen Sie mit diesem Stress um?

Das Leben hat viele Anforderungen und jeden Tag kommen neue hinzu. Diese Anforderungen können entweder guten oder schlechten Stress verursachen. Ich vermute, Sie wussten nicht einmal, dass nicht jeder Stress schlecht ist. Beispielsweise kann es stressig sein, zu heiraten oder in ein größeres Haus zu ziehen. Aber die meisten Menschen sehen es nicht als schlechten Stress an, weil dies gute Dinge in ihrem Leben sind. Sie stehen kurz davor, die Liebe Ihres Lebens zu heiraten, aber die Planung der Hochzeit hat Sie stark belastet. Ein Umzug erfordert, dass Sie alles einpacken, auspacken und neu arrangieren, damit sich Ihr neues Haus wirklich wie Ihr neues Zuhause anfühlt. Haben Sie jedoch die Zeit, all dies zu erledigen?

Viele von uns sind sich dessen bewusst, dass wir unter Stress leiden, aber leider haben wir oft das Gefühl, ihn nicht unter Kontrolle zu haben. Zudem haben wir in der Regel nicht die Mittel oder Fähigkeiten, die Auswirkungen zu mindern und mit unserem allgemeinen Stresslevel zurechtzukommen. Wie viele von uns sind auch Sie vielleicht auf der Suche nach wirksamen Methoden und Fähigkeiten, mit denen Sie Ihren Stress verringern können.

Wenn Sie sich dessen bewusst sind, dass Sie gestresst sind, oder wenn Sie vermuten, dass Sie es sein könnten, dann ist dieses Buch genau das richtige für Sie. Es enthält eine Vielzahl von detaillierten Techniken und Tipps, die Ihnen helfen sollen, Ihren Stress zu bewältigen, Ihre Arbeitsweise und Konzentration zu verbessern und gleichzeitig Ihre Lebensqualität zu steigern. Diese Techniken dienen nicht nur dem Stressabbau - sie sollen Ihnen beibringen, wie Sie mit Stress umgehen und gleichzeitig eine Widerstandsfähigkeit gegen Stress und seine Auswirkungen aufbauen können. Dieses Buch enthält eine praktische Anleitung, die Sie sofort anwenden können, um Stress zu beseitigen. Des Weiteren hilft Ihnen dieses Buch dabei, den physischen und psychischen

Druck, den Stress verursacht, dauerhaft abzubauen, um die Kontrolle wiederzuerlangen und Ihre Reaktion auf Stress zu verändern.

Sie könnten sich nun fragen, wie ich mir des Erfolges dieser Techniken so sicher sein kann. Welchen Beweis gibt es dafür, dass diese Übungen Stress wirklich abbauen? Nun, schon mehr als 10 Jahre lang unterrichte ich schon die unterschiedlichsten Menschen zum Thema Stress, worin dessen Ursachen liegen und wie man effektiv mit ihm umgeht. Dabei werden meine unterschiedlichen Ansätze, Tipps und Tricks durch Forschungsarbeiten, umfangreiche Langzeitstudien und durch persönliche Erfahrungen gestützt.

Menschen auf der ganzen Welt, mich eingeschlossen, haben sich diese Techniken zu eigen gemacht und erleben dadurch viele Vorteile. Sie machen sich weniger Sorgen, haben weniger Stimmungsschwankungen und emotionale Ausbrüche und bleiben auch unter Druck ruhig, weil sie mentale und emotionale Belastbarkeit aufgebaut haben - aber es gibt noch weitere Vorteile. Wenn Sie lernen, Ihren Stress abzubauen und zu bewältigen, ist das gut für Sie, sowohl mental als auch körperlich. Es steigert Ihr Glück und Ihr Wohlbefinden und hilft Ihnen, einige der Auswirkungen von Stress, wie z. B. einen hohen Cortisol- und Adrenalinspiegel, ins Positive umzukehren.

Ich wende täglich Achtsamkeit, Atemtechniken und Meditation an. Ich muss viel unter einen Hut bringen, dabei helfen mir diese Fähigkeiten, geistig gesund und auf dem richtigen Weg zu bleiben. Die Lektüre dieses Buches wird nicht nur Ihre Sichtweise auf Stress verändern, sondern Ihnen auch zeigen, dass es einfach ist, mit Stress umzugehen - man muss nur aufmerksam sein. Diese Techniken werden Ihnen helfen, Ihre Emotionen, wie z. B. Wut, Zorn oder Hilflosigkeit, besser zu kontrollieren. Sie werden Ihre Denkweise sowie Ihre Verhaltensweisen, Gewohnheiten und Handlungen verändern und Ihnen neue Wege zeigen, wie Sie mit schwierigen Situationen besser umgehen können.

Bleiben Sie während des Lesens dieses Buches offen und erlauben Sie mir, Ihnen zu helfen, wie Sie sich mit den Hilfsmitteln und Fähigkeiten ausstatten, die für die Stressbewältigung notwendig sind. Nehmen Sie sich ein Heft und einen Stift zur Hand und notieren Sie sich die wichtigsten Konzepte, die in diesem Buch besprochen werden. Sie werden verstehen, dass Sie dem Stress nicht mehr hilflos gegenüberstehen - Sie können jetzt die Kontrolle übernehmen! Niemand will sein Leben gestresst bestreiten, und auch wenn Sie den Stress nicht gänzlich eliminieren können, so sind Sie auf jeden Fall imstande, zu lernen, wie Sie ihn kontrollieren können. Der erste Schritt ist die Lektüre dieses Buches.

Viel Spaß beim Lesen!

KAPITEL 1:

Stress 101: Die Grundlagen von Stress

Denken Sie darüber nach:

Was ist das Erste, was Ihnen in den Sinn kommt, wenn jemand das Wort „Stress" sagt? Vielleicht denken Sie an Ihren strengen Chef und Ihren nervenaufreibenden Job, Ihre unsicheren Finanzen, Ihre zerbrochene Ehe oder an ein schreckliches Ereignis, das Ihnen vor Jahren passiert ist, Sie aber immer noch verfolgt. Was auch immer Ihre Definition sein mag, Fakt ist, dass die meisten von uns nicht wirklich wissen, was Stress bedeutet. Wir erleben ihn von Zeit zu Zeit, aber wenn man uns fragt, Stress genau zu definieren, fehlt uns meistens die Erklärung. Tatsächlich merken wir meistens erst dann, dass wir gestresst sind, wenn wir kurz vor dem Zusammenbruch stehen. Was genau ist also Stress?

Was ist Stress?

Zu definieren, was Stress bedeutet, kann schwierig sein, da es sich um eine recht subjektive Wahrnehmung handelt. Laut dem *American Institute of Stress* lässt sich der Begriff Stress jedoch definieren als die unspezifische Reaktion des Körpers auf alle Forderungen nach Veränderung. Hans Selye konzipierte diese Definition von Stress im Jahr 1936. Er war ein ungarisch-kanadischer Endokrinologe, der die hypothetische nichtwissenschaftliche Reaktion von Organismen auf Stressfaktoren erforschte. Er stellte fest, dass Stress belastend ist, unabhängig davon, ob man gute oder schlechte Nachrichten erhält oder ob der Impuls negativ oder positiv ist. Hans Selyes Forschungen über Stress begannen, nachdem er beobachtet hatte, dass Patienten mit chronischen Krankheiten ähnliche Symptome zeigten, die er später dem Stress zugeordnet hat. Er beobachtete dasselbe Phänomen auch, wenn

Laborratten Kälte, Medikamenten oder chirurgischen Eingriffen ausgesetzt waren. Sie zeigten eine gemeinsame Reihe von Reaktionen, die er das *Allgemeine Anpassungssyndrom* nannte. Dieses Syndrom verlief in drei Phasen - zuerst die anfängliche *Alarmphase*, gefolgt von einer *Widerstands-* oder *Anpassungsphase* und schließlich *Erschöpfung und Tod*.

Nach Angaben der Mayo-Klinik bezieht sich die Alarmphase auf die oben genannten Symptome im Körper, wenn er unter Stress steht. Diese Kampf-oder-Flucht-Reaktion bereitet Sie darauf vor, in schlechten Situationen entweder zu fliehen oder sich zu schützen. In dieser Phase erhöht sich Ihre Herzfrequenz, Cortisol wird freigesetzt, was Ihren Energiepegel erhöht, Ihre Muskeln spannen sich an und bereiten sich darauf vor, was passieren könnte. Die zweite Phase, die Widerstandsphase, kommt nach der Kampf-oder-Flucht-Reaktion, wenn der Körper beginnt, sich selbst zu erholen. Der Cortisolspiegel sinkt und Ihre Pulsfrequenz und Ihr Blutdruck beginnen wieder, sich auf ihr normales Niveau zu senken. Die alarmierende Phase des Stresses besagt jedoch, dass Ihr Körper, obwohl er in die Erholungsphase eingetreten ist, immer noch in hoher Alarmbereitschaft ist. Wenn Sie Ihre Stresssituation bewältigt haben und diese kein Problem mehr darstellt, beginnt Ihr Körper, sich zu erholen und Ihren Hormonspiegel, den Blutdruck und den Herzschlag zu regulieren.

Wenn der Stress jedoch fortbesteht, bleibt Ihr Körper in diesem erhöhten Zustand der Wachsamkeit und wird sich schließlich an ein Leben mit einem höheren Stressniveau anpassen. Ihr Körper wird sich dann Veränderungen unterziehen, die Ihnen vielleicht nicht bewusst sind. Ihr Körper schüttet weiterhin Cortisol und andere Hormone aus und sowohl Ihre Herzfrequenz als auch Ihr Blutdruck bleiben erhöht. Sie können auch Reizbarkeit, Frustration und Konzentrationsprobleme aufweisen. Wenn das Widerstandsstadium zu lange ohne Pause oder Unterbrechung andauert, kann es zum Stadium der Erschöpfung übergehen.

Das Erschöpfungsstadium entsteht als Folge von lang anhaltendem oder chronischem Stress. Es tritt auf, wenn Sie zu lange mit Stress gekämpft haben, Sie körperlich, geistig und emotional ausgelaugt sind und Sie schlichtweg nicht mehr die Kraft haben, den Stress zu bekämpfen. An diesem Punkt ist es normal, sich hilflos und müde zu fühlen oder das Gefühl zu haben, dass die eigene Situation hoffnungslos ist. In diesem Stadium können Sie zudem Burnout, Depressionen oder Angstzustände erleben, zusammen mit einer verminderten Toleranz für bestehenden oder neuen Stress. Weiterhin ist Ihr Immunsystem zu diesem Zeitpunkt ziemlich geschwächt, sodass Sie anfälliger für stressbedingte Krankheiten sind.

Diese Theorie über Stress und dessen Verlauf wurde aus einem Experiment abgeleitet, bei dem Laborratten verschiedene Organextrakte injiziert wurden. Zuerst glaubte man, auf diesem Weg ein neues Hormon entdeckt zu haben. Jedoch widerlegten die Forscher diese Theorie schnell, nachdem sie das gleiche Ergebnis erhalten hatten, unabhängig davon, wo sie die Substanzen injizierten. Die Nebennierenrinde ist angeschwollen und es kam zu einer Funktionseinschränkung der Thymus-, Magen- und Zwölffingerdarmgeschwüre. Diese Ergebnisse, kombiniert mit den früheren Beobachtungen, die bei Patienten mit verschiedenen Krankheiten gemacht wurden, welche die gleichen Symptome zeigten, führten zu seiner Beschreibung von Stress. Diese Theorie war auch die erste, welche das Stressbewältigungssystem des Körpers, das Hypothalamus-Hypophysen-Nebennieren-Achse-System (HPA-Achse), beschrieb, über das wir später sprechen werden.

Felman, der für *Medical News Today* schreibt, sagt, dass Ihr Körper immer dann, wenn Sie sich bedroht fühlen, chemische Stoffe freisetzt, die es Ihnen ermöglichen, sich vor Verletzungen zu schützen. Diese chemischen Stoffe, wie Cortisol, Adrenalin und Noradrenalin, können Ihre Herzfrequenz erhöhen, Ihren Blutdruck ansteigen lassen und Sie wacher machen. Wie ich bereits erwähnt habe, wird diese Reaktion als Ihre *Kampf-oder-Flucht-Reaktion* bezeichnet und ist überlebenswichtig. Dieser erhöhte Zustand treibt Sie an, die Bedrohung zu bewältigen, und verbessert Ihre Fähigkeit, mit der gefährlichen oder herausfordernden Situation umzugehen. Faktoren, die zu Stress führen können, werden als Stressfaktoren bezeichnet, erklärt das *American Institute of Stress*. Diese Stressfaktoren können u. a. Lärm, beängstigende

Momente, Ihren ersten Arbeitstag, Streit mit Ihrem Partner und ein zu schnelles Auto umfassen. Je mehr Stressfaktoren wir ausgesetzt sind, desto mehr sind wir gestresst.

Diese Stressreaktion kann jedoch manchmal zu leicht ausgelöst werden, z. B. wenn wir zu vielen Stressfaktoren auf einmal ausgesetzt sind, wie es im Alltag oftmals der Fall ist. Sobald die Bedrohung oder Veränderung vorüber ist, sollte Ihr Körper in seinen normalen, entspannten Zustand zurückkehren. Leider führen jedoch die ständigen, ununterbrochenen Anforderungen und Komplikationen des modernen Alltagslebens dazu, dass bei manchen Menschen die internen Alarmsysteme nie abgeschaltet werden.

Stress kann für verschiedene Menschen verschiedene Dinge bedeuten. Was für Sie Stress bedeutet, kann für eine andere Person kaum von Bedeutung sein. Wir sind gestresst, wenn die Anforderungen des Lebens zu viel werden und wir uns zu sehr bemühen müssen, mit ihnen zurechtzukommen. Diese Anforderungen können alles sein - von Familie und Finanzen bis hin zu Ihrer Karriere, Ihren Beziehungen oder jeder anderen Situation, die eine echte oder vermeintliche Herausforderung oder Bedrohung für Ihr Wohlbefinden darstellen könnte.

Jeder Mensch geht auch anders mit Stress um. Einige Menschen sind in der Lage, sich mit Druck bestens zu arrangieren, während sich andere wiederum äußerst schnell dem Druck beugen. Wenn wir mit herausfordernden Situationen konfrontiert werden, ist es die Art und Weise, wie wir darauf reagieren, die bestimmt, wie viel Stress wir haben werden und welche Auswirkungen er auf unsere Gesundheit haben wird. Wenn Sie das Gefühl haben, dass Ihnen möglicherweise die Ressourcen fehlen, die zur Lösung Ihrer Stresssituation erforderlich sind, reagieren Sie vielleicht stärker auf Stress, der schließlich Gesundheitsprobleme auslösen kann, sagt Felman. Haben Sie hingegen das Gefühl, dass Sie über die richtigen Ressourcen verfügen, um mit der Situation umzugehen, ist Ihr Stressniveau wahrscheinlich geringer und Sie haben weniger gesundheitliche Probleme.

Stress muss nicht unbedingt von schlechten Erfahrungen oder Umständen stammen. Wie ich bereits erwähnt habe, können auch positive

Erfahrungen, wie die Geburt eines Babys, ein Ausflug mit der Familie, der Umzug in ein größeres, schöneres Haus oder sogar eine Beförderung, Stress verursachen. Das liegt daran, dass es sich um eine große Veränderung handelt, dass zusätzliche Anstrengungen erforderlich sind oder dass ein Ereignis mit neuer Verantwortung einhergeht und eine entsprechende Anpassung erforderlich ist. Sich auf ein unbekanntes Terrain begeben zu müssen und sich zu fragen, wie man damit umgehen soll, kann stressig sein.

Wie ich bereits erwähnt habe, ist nicht jeder Stress schlecht - manchmal ist Stress sogar von Vorteil und kann dazu beitragen, Ihr Leben zu retten oder Ihnen zu besseren Leistungen zu verhelfen. Es ist die anhaltend negative Reaktion auf einen Stressfaktor, die zu Gesundheitsproblemen führt und Ihr Glück beeinträchtigen kann. Wenn Sie sich jedoch Ihrer Stressfaktoren bewusst sind und wissen, wie Sie auf diese reagieren sollten, kann dies dazu beitragen, die negativen Auswirkungen und eventuell auftretende negative Gefühle zu verringern. An dieser Stelle knüpft die Stressbewältigung an. Stressmanagement gibt Ihnen die Hilfsmittel an die Hand, die Sie brauchen, um Ihr internes Alarmsystem zurückzusetzen. Es versetzt Ihren Geist und Ihren Körper in die Lage, sich langfristig an Stressfaktoren anzupassen und widerstandsfähiger gegen deren Auswirkungen zu werden. Ohne diese Hilfsmittel wird Ihr Körper immer in höchster Alarmbereitschaft sein und allmählich Langzeitstress entwickeln, der zu ernsthaften Gesundheitsproblemen führen kann.

Ursachen von Stress

Stress wird zum Teil durch zwei Dinge verursacht, nämlich Stressfaktoren und Ihre Wahrnehmung. Ihre Stressfaktoren zu kennen, hilft Ihnen, Ihren Stress leicht bewältigen zu können. Faktoren oder Situationen, die zu Stress führen, werden als Stressoren bezeichnet, und viele von uns neigen dazu, Stressoren als negativ zu empfinden, wie z. B. ein hektischer Arbeitsplan oder eine problematische Beziehung. Ein Stressfaktor kann jedoch alles sein, was viel von Ihnen verlangt, einschließlich positiver Ereignisse.

Aber nicht alle Stressoren gehen auf äußere Ereignisse zurück. Manchmal kann Stress auch selbst erzeugt werden, z. B. wenn Sie sich über etwas Sorgen machen, bei dem die Wahrscheinlichkeit, dass es passiert oder nicht passiert, 50:50 beträgt - wenn Sie das Unbekannte fürchten, wenn Ihre Überzeugungen infrage gestellt werden oder wenn Sie irrationale, selbstzerstörerische Gedanken über das Leben haben. Dazu kommt die Sorge, dass Sie nie gut genug, nie hübsch genug noch klug genug sein werden etc.

Auch Ihre Wahrnehmung eines Stressfaktors kann zu Stress führen. Wie bereits erwähnt, nehmen Menschen Stress unterschiedlich wahr. Was für Sie ein Stressfaktor darstellt ist für jemand anderen kein Stressor. Beispielsweise macht das Reden in der Öffentlichkeit den meisten von uns Angst, während sich andere nach dem Rampenlicht sehnen. Eine Person könnte unter Druck aufblühen und eine andere könnte zusammenbrechen. Diese verschiedenen Reaktionen sind auf unsere unterschiedliche Wahrnehmung der Situationen zurückzuführen. Andere externe Faktoren, die alles verschlimmern, sind größere Veränderungen in Ihrem Leben oder Ihrer Umgebung, z. B. am Arbeitsplatz, in Ihrem sozialen Umfeld, der Verlust eines geliebten Menschen, Krankheit, familiäre Probleme, Geld- oder Zeitmangel, Probleme bei der Arbeit, Fahren im dichten Verkehr, Unsicherheit oder das Warten auf Ergebnisse usw.

Wie Ihr Körper auf Stress reagiert

Jetzt wissen wir also, dass Stress positiv oder negativ sein kann. Positiver Stress hilft uns, wachsam zu bleiben und Gefahren zu vermeiden. Wenn man aber längerem Stress ausgesetzt ist, kann er sich negativ auswirken. Am Ende ist man überlastet und stressbedingte Spannungen bauen sich im Körper auf. Der Körper verfügt über ein automatisches Stressbewältigungssystem, das einsetzt und physiologische Veränderungen bewirkt, die den Körper in die Lage versetzen, mit Stresssituationen umzugehen. Dieses System wird als Hypothalamus-Hypophysen-Nebennieren-Achsen-System (HPA-Achse) bezeichnet. Dieses HPA-Achsensystem besteht aus einer Reihe komplexer direkter Einflüsse und Rückkopplungsschleifen zwischen Hypothalamus, Hypophyse und Nebennieren.

DeMorrow erläutert in seinem *International Journal of Molecular Sciences 2018*, dass diese drei Organe ein bedeutendes neuroendokrines System bilden, das die Reaktion des Körpers auf Stress kontrolliert, indem es viele der Körperfunktionen reguliert. Dazu gehören die Verdauung, das Immunsystem, die Stimmungen und Emotionen, der Sexualtrieb, die Energiespeicherung und der Energieverbrauch. Es ist der grundlegende Mechanismus für die Interaktionen zwischen Ihren Drüsen, Hormonen und einem Teil Ihres Mittelhirns.

Unser Körper ist dafür gemacht, Stress zu erfahren und darauf zu reagieren. Während einer Stressreaktion erfährt Ihr Körper verschiedene Veränderungen, die alle auf die freigesetzten Chemikalien zurückzuführen sind. Wenn Ihr Körper kurz davor steht, sich etwas Herausforderndem zu stellen oder damit umzugehen, sind einige Ihrer Körperfunktionen, wie die Verdauung oder Ihr Immunsystem, verlangsamt, da sie im Moment nicht sehr nützlich sind. Der ganze Fokus liegt darauf, Ihre Sauerstoffaufnahme und die Durchblutung Ihrer Muskeln, Ihres Gehirnes und der notwendigen Körperteile zu erhöhen und sicherzustellen, dass Ihre Muskeln im Einsatz sind. So atmen Sie schneller, Ihr Blutdruck und Ihre Herzfrequenz sind höher, Ihre Muskeln verkrampfen und Sie geraten in einen Zustand der überdeutlichen Wahrnehmung.

Wenn Sie für längere Zeit unter Stress stehen, kommen Sie in einen Zustand, der als *Notlage* bezeichnet wird. Dieser Begriff beschreibt den Zustand, in welchem Sie sich befinden, sobald Sie eine negative Reaktion auf Stress aufweisen. Stress kann sich auf die inneren Systeme des Körpers auswirken und zu Problemen, wie z. B. zu Kopfschmerzen, Geschwüren, Magenverstimmungen, Bluthochdruck, Verlust des Sexualtriebes, Brustschmerzen und sogar zu Schlafstörungen führen. Dieser negative Stress kann auch ein vorzeitiges Ergrauen der Haare verursachen. Weiterhin kann er zu emotionalen Problemen führen, zu denen Wutausbrüche, Angst, Depressionen, Reizbarkeit, Panikattacken, Unruhe und Traurigkeit gehören.

Sie können auch ein Burnout, ein allgemeines Gefühl des Unbehagens, Konzentrationsprobleme, Müdigkeit, Vergesslichkeit und schlechte Gewohnheiten erleben - manche Menschen kauen an ihren Nägeln, um zu versuchen, die innere Unruhe zu lindern. Stress kann auch zu Verhaltensänderungen hinsichtlich der Nahrungsaufnahme führen, wie z. B. zu Heißhunger, zu viel oder zu wenig zu essen oder den Appetit ganz zu verlieren. Menschen, die unter Stress stehen, neigen auch zum Drogen- und Alkoholmissbrauch, da sie versuchen, einen Ausweg zu finden. Sie neigen dazu, sich sozial zurückzuziehen, für sich zu sein und sich nicht mit der Familie oder den Freunden zu beschäftigen, was sich zu Lasten ihrer Beziehungen auswirken könnte.

Die Forschung hat auch gezeigt, dass Stress bestimmte Krankheiten, wie Herzkrankheiten, Leberzirrhose, Lungenkrankheiten und sogar Selbstmord, hervorrufen oder verschlimmern kann. Diese Erkrankungen können durch die verschiedenen ungesunden Methoden hervorgerufen werden, mit denen wir versuchen, Stress zu bekämpfen, wie z. B. durch den Missbrauch von Alkohol und anderen Drogen. Anstatt den Körper von Stress zu befreien und ihn in einen entspannten Zustand zurückzuführen, bieten diese Substanzen eine vorübergehende Linderung - dennoch bleibt der Körper in einem alarmierten Zustand, was weitere gesundheitliche Probleme verursacht. Dieser Zustand versetzt die Menschen in einen Teufelskreis, der zum Tod führen kann, wenn er nicht gestoppt wird.

Verschiedene Arten von Stress

Unser Körper reagiert auf Stress, je nachdem, ob es sich um neuen oder kurzfristigen Stress (= *akuter Stress*) handelt oder ob er schon länger andauert (= *chronischer Stress).* Dies sind die beiden Hauptarten von Stress, denen viele von uns ausgesetzt sind. Nachfolgend betrachten wir diese zwei Arten von Stress etwas genauer.

Akuter Stress

Die Website der Mayo-Klinik definiert akuten Stress als vorübergehenden Stress, der schnell verschwindet, und es ist die häufigste Art und

Weise, wie jeder Mensch Stress erlebt. Er wird dadurch verursacht, dass man über den Druck von Dingen und Ereignissen nachdenkt, die kürzlich geschehen sind oder die bald geschehen werden. Er wird auch als *Kampf-oder-Flucht-Reaktion* bezeichnet und ist die unmittelbare Reaktion Ihres Körpers auf Stressoren, sei es eine wahrgenommene oder reale Bedrohung, eine Herausforderung oder Angst. Es handelt sich um eine unmittelbare, intensive Reaktion, die manchmal, aufgrund der Freisetzung von Adrenalin, sogar aufregend sein kann. Dies hilft Ihnen, gefährliche oder aufregende Situationen zu bewältigen. Es ist das, was Sie fühlen, wenn Sie auf die Bremse treten, um einen Unfall zu vermeiden oder wenn Sie eine baldige Frist haben. Diese Art von Stress reduziert sich oder endet vollständig, sobald der Stressor aufgelöst ist.

Ein einziger Fall von akutem Stress ist nicht gesundheitsschädlich - er kann sogar vorteilhaft sein und verursacht nicht den gleichen Schaden wie Langzeitstress. Er kann jedoch Verspannungen, Kopfschmerzen, Magenprobleme, Bluthochdruck und andere milde Gesundheitsprobleme verursachen. Wiederholte Fälle von akutem Stress oder schwerem akuten Stress können psychische Gesundheitsprobleme, wie die *Akute Belastungsstörung* (*Acute Stress Disorder, ASD*), verursachen und schließlich zu chronischem Stress führen. Sie können eine akute Belastungsstörung entwickeln, nachdem Sie einem oder mehreren traumatischen Ereignissen ausgesetzt waren. Ein Beispiel für eine lang anhaltende akute Belastungsstörung ist die *Posttraumatische Belastungsstörung (PTSD)*. Symptome der ASD können sich entwickeln, nachdem man traumatische oder beunruhigende Erlebnisse, wie den Tod oder schwere Verletzungen, aus eigener Erfahrung erlebt hat. Diese Symptome können nach dem traumatischen Ereignis beginnen oder sich verschlimmern und zwischen drei Tagen und einem Monat andauern.

Beispiele für Personen, die an ASD leiden könnten, sind Opfer von Autounfällen, Opfer von Überfällen oder Soldaten, die Kriegserfahrungen gemacht haben. Manchmal kann sich daraus sogar ein *Posttraumatisches Stresssyndrom* entwickeln, das länger als das ASD anhält. Es gibt eine andere Form von akutem Stress, die als *Episodischer Akuter*

Stress bekannt ist und Menschen betrifft, deren Stressauslöser häufig vorkommen. Wenn Sie beispielsweise zu viele Verpflichtungen und schlechte organisatorische Fähigkeiten haben, kann es vorkommen, dass Sie unter Episodischem Akuten Stress leiden.

Umgang mit akutem Stress

Wenn die Stressreaktion Ihres Körpers durch akuten Stress ausgelöst wird, können Sie die Auswirkungen durch schnelle Entspannungstechniken verringern oder umleiten. Diese Techniken sollen Ihnen helfen, sich schneller zu entspannen, sich weniger gestresst zu fühlen und sich schneller von akutem Stress zu erholen, sodass Sie mit Ihren täglichen Aktivitäten fortfahren können.

Um Ihren akuten Stress zu bewältigen, können Sie Folgendes versuchen:

- Atemübungen, die dazu beitragen, Ihre Herzfrequenz zu senken und Ihre Atmung zu verlangsamen
- Kognitive Umstrukturierungstechniken, die Ihnen helfen, Ihre Sichtweise auf Stresssituationen zu ändern, wie z. B. die kognitive Verhaltenstherapie
- Progressive Muskelentspannungsmethoden, wie das Anspannen und Entspannen verschiedener Muskeln, um Verspannungen zu lösen
- Mini-Meditationen, die Sie beruhigen, zentrieren und Ihnen helfen, sich auf den gegenwärtigen Moment zu konzentrieren

Chronischer Stress

Chronischer Stress ist Stress, der über längere Zeit hinweg auftritt. Er wird als die schädlichste Art von Stress angesehen, weil er uns körperlich, geistig und emotional zermürbt und wir ihn erst dann bemerken, wenn es zu spät ist. Er kann ein Burnout verursachen, wenn er nicht wirksam behandelt wird, da die Stressreaktion ständig ausgelöst wird und Ihr Körper keine Zeit hat, sich zu erholen und zu reparieren, bevor er einer weiteren Stresssituation ausgesetzt wird. Laut den Mitarbeitern der Mayo-Klinik bedeutet das, dass Ihre Stressreaktion auf unbestimmte

Zeit ausgelöst wird, sodass Sie sich jederzeit in einem Alarmzustand befinden.

Diese Art von Stress tritt täglich auf, z. B. indem man sich stresst wegen der Finanzen, einer unglücklichen Ehe, einer gestörten Familie oder wegen Problemen am Arbeitsplatz. All diese Stressoren können Ihnen täglich Ärger bereiten, weil Sie kein Ende und keine Flucht vor diesen Stressoren sehen. Irgendwann hören Sie auf, nach Lösungen für diese Probleme zu suchen und akzeptieren Ihr Schicksal.

Chronischer Stress kann weiterhin unbemerkt bleiben, da wir uns an die neuen Emotionen und diesen erhöhten Zustand gewöhnen - im Gegensatz zu akutem Stress, der neu ist und oft eine sofortige Lösung erfordert. Dieser Zustand chronischen Stresses kann Teil Ihrer Persönlichkeit werden, weil Sie sich nie damit auseinandersetzen, wodurch Sie anfälliger für die Auswirkungen von Stress werden, unabhängig von den Situationen, mit denen Sie konfrontiert werden. Menschen mit chronischem Stress brechen mit größerer Wahrscheinlichkeit zusammen und begehen sogar Selbstmord oder Gewalttaten, um zu versuchen, ihren Stress zu bewältigen.

Langfristiger Stress kann Gesundheitsprobleme verursachen, wie Herzkrankheiten, Magen-Darm-Probleme, Panikattacken, Angstzustände, Depressionen und andere medizinische Probleme. Deshalb ist die Bewältigung von chronischem Stress von entscheidender Bedeutung, und es bedarf oft einer Kombination von Kurz- und Langzeittechniken, um diese Art von Stress abzubauen.

Umgang mit chronischem Stress

Im Gegensatz zu akutem Stress verlängert sich die Stressreaktion des Körpers bei chronischem Stress. Daher müssen die Methoden, mit denen er behandelt wird, die Belastung des Körpers verringern und ihm Zeit geben, sich selbst zu heilen, bevor er sich mit mehr Stress auseinandersetzt.

Bei chronischem Stress sollten Sie Folgendes tun:

- Regelmäßig Sport treiben, um Körper und Geist gesund zu halten und auch Wohlfühlhormone zur Bekämpfung der Stresshormone freizusetzen. Sie könnten Yoga, Aerobic, Tai Chi und andere Formen der Bewegung ausprobieren.
- Achten Sie auf eine ausgewogene und gesunde Ernährung, die nicht nur Ihrem Körper Energie zuführt, sondern auch dazu beiträgt, Ihr Immunsystem zu stärken und Ihr allgemeines Stressniveau zu senken, damit Sie besser funktionieren können.
- Pflegen Sie gesunde Beziehungen zwischen Familie und Freunden, damit Sie Unterstützung bekommen, wann immer Sie welche brauchen.
- Meditieren Sie regelmäßig, um Ihre Widerstandsfähigkeit gegen Stress aufzubauen und auch akuten Stress abzubauen.
- Zudem können Sie auch Musik hören, weil sie die Seele beruhigt, oder mit Ihrem Haustier spielen und es streicheln - das hilft, Wohlfühlhormone freizusetzen und Ihre Stimmung zu verbessern.
- Üben Sie Achtsamkeit und positive Selbstgespräche, um negative, selbstzerstörerische Gedanken und Emotionen fernzuhalten.

Emotionaler Stress ist eine Art von chronischem Stress, der Sie härter treffen kann als andere Arten von Stress. Denken Sie z. B. an den Stress, der entsteht, wenn Sie mit einem geliebten Menschen streiten. Er führt in der Regel zu einer stärkeren körperlichen Reaktion und einem tieferen Gefühl der Bedrängnis als akuter Stress. Er führt oft zu Angst, Ärger, Grübeln und anderen starken emotionalen Reaktionen, die Ihren Körper ziemlich stark belasten können. Um damit umgehen zu können, müssen Sie eine Kombination von Techniken anwenden, die Ihnen helfen, diese emotionalen Stressfaktoren zu verarbeiten und eine emotionale Belastbarkeit gegenüber diesen emotionalen Stressoren zu erlangen.

Um mit emotionalem Stress umzugehen, können Sie es mit Tagebüchern versuchen. Ein Tagebuch ist ein Buch, in dem Sie Ihre Gedanken und Gefühle zu Ereignissen in Ihrem Leben aufschreiben können. Als Stressbewältigungsinstrument sollte es konsequent geführt werden, wobei der Schwerpunkt auf der emotionalen Verarbeitung und der Dankbarkeit liegen sollte. Sie können detailliert über Ereignisse in Ihrem Leben, Ihre Gedanken, Gefühle und Emotionen schreiben und versuchen Lösungen für das, was Sie bedrückt, zu finden. Für welche Art des Schreibens Sie sich letztlich entscheiden, hängt davon ab, welche Persönlichkeit, wie viel Zeit Sie haben und davon, was Sie für richtig halten.

Diese Strategien helfen Ihnen bei der Bewältigung von chronischem Stress ebenso wie einige der kurzfristigen Stressbewältigungstechniken, die bei akutem Stress eingesetzt werden. Wenn Sie heute damit beginnen, Stressbewältigungstechniken zu praktizieren, werden Ihre Gesundheit, Ihre Beziehungen und Ihre Lebensqualität weniger unter Stress leiden müssen.

KAPITEL 2:

Stress reduzieren und bewältigen

Jetzt, da Sie wissen, was Stress ist, was ihn verursacht, welche Stadien Ihr Körper durchläuft, während er unter Stress steht, und Sie die verschiedenen Arten von Stress kennen, können Sie nun damit beginnen, Wege zu finden, um die verschiedenen Arten von Stress zu reduzieren oder zu bewältigen. Der erste Schritt besteht darin, zu wissen, was die Auslöser sind. Sobald Sie diese identifiziert haben, können Sie leicht feststellen, was Sie kontrollieren können und von dort aus beginnen. Wenn Sie beispielsweise aufgrund von Stress Schlafprobleme haben, versuchen Sie, Ihren Kaffeekonsum zu reduzieren und alle elektronischen Geräte aus Ihrem Schlafzimmer zu entfernen. Dies kann Ihnen helfen, sich vor dem Schlafengehen zu entspannen. Manchmal kann Stress durch die Arbeit oder die Anforderungen eines kranken Angehörigen verursacht werden. In diesen Fällen können Sie Ihre Reaktion auf die Situation ändern.

Methoden zur Stressbewältigung

Laut Scott kann Stress dazu führen, dass Sie in einem schlechten Kreislauf stecken bleiben und die entsprechenden Nervenbahnen in Ihrem Gehirn stärker werden. Dies wiederum macht Sie für Stressoren empfindlich und überschwemmt Ihren Körper mit Cortisol, Adrenalin und anderen Stresshormonen, die er nicht schnell genug verstoffwechseln kann. Was als gelegentliche Stressreaktion gedacht war, entwickelt sich schnell zu einer täglichen Erscheinung und versetzt Ihren Körper in eines der drei zuvor besprochenen Stadien der Stressentwicklung. Diese längere Stressphase kann gravierend nachteilige Auswirkungen auf Ihre körperliche und Ihre geistige Gesundheit haben - wenn keine geeigneten Maßnahmen zur Verringerung der Auswirkungen getroffen werden, kann Stress im schlimmsten Fall sogar zum Tod führen.

Verwendung schneller Stresslöser

Scott berichtet in seinem Artikel „Ein Überblick über die Stressbewältigung" darüber, dass viele verschiedene Methoden eingesetzt werden können, um unterschiedliche Arten von Stress abzubauen. Schauen wir uns einige schnelle Stresslöser an. Diese Methoden oder Techniken werden verwendet, um Stress schnell abzubauen und wirken innerhalb von Minuten. Wenn Ihre Stressreaktion nicht aktiviert wird, können Sie mit Problemen oder Situationen vernünftiger und proaktiver umgehen und es ist unwahrscheinlicher, dass Sie Ihre Beherrschung verlieren. Das kann sich großartig auf Ihre Beziehungen und Interaktionen mit Menschen generell auswirken. Ein schneller Umgang mit Stress kann dazu beitragen, dass seine Auswirkungen verringert werden und verhindert, dass er sich in Langzeitstress verwandelt. Diese Maßnahmen zum schnellen Abbau von Stress stärken vielleicht nicht Ihre Widerstandskraft gegen zukünftigen Stress, aber sie können den Stress, dem Sie jetzt ausgesetzt sind, minimieren und dazu beitragen, Ihren Körper zu beruhigen, nachdem er die Stressreaktion ausgelöst hat.

1. Atmungsübungen

Eine einfache und schnelle Möglichkeit, Ihre Herzfrequenz zu senken und sich zu entspannen, besteht darin, sich auf Ihre Atmung zu konzentrieren. Sobald die Stressreaktion einsetzt, werden in Ihrem Körper Adrenalin und Cortisol freigesetzt, wodurch Sie schneller atmen. Wenn Sie sich jedoch komplett auf Ihre Atmung konzentrieren, kann dies einen großen Unterschied machen und dazu beitragen, Ihr Stressniveau zu senken. Die Zufuhr von Sauerstoff kann dazu beitragen, Ihren Körper und Ihren Geist in sehr kurzer Zeit zu beruhigen.

Atmen Sie tief durch die Nase ein und füllen Sie Ihren Bauch mit Luft. Während Sie einatmen, zählen Sie langsam bis fünf, halten Sie dann den Atem für etwa zwei Sekunden an und atmen Sie langsam durch die Nase oder den Mund aus, während Sie wieder bis fünf zählen. Stellen Sie sich beim Einatmen vor, dass Sie frische, energiereiche Luft einatmen, die sich in Ihrem Körper ausbreitet und die Spannung sowie den

Stress beseitigt. Stellen Sie sich beim Ausatmen vor, dass Sie den Stress und die Anspannung ausatmen, die durch die neue, friedliche Luft, die Sie eingeatmet haben, herausgetrieben wurden.

2. Machen Sie einen Spaziergang

Bewegung ist ein weiteres großartiges Mittel zum Stressabbau, das ebenfalls schnell wirken kann. Wenn Sie einen Spaziergang machen, können Sie die Landschaft genießen, den Kopf frei bekommen und zusätzlich von den Vorteilen der Bewegung selbst profitieren. Sie müssen keinen langen Spaziergang machen - selbst kurze Spaziergänge können helfen, Stress abzubauen. Wenn Sie sich also von der Arbeit frustriert fühlen, machen Sie in der Pause einen kurzen Spaziergang im Park, um Geist und Körper zu regenerieren.

3. Progressive Muskelrelaxation (PMR)

Die PMR ist eine wirksame Technik, die hilft, die Spannung des Körpers sowie den psychischen Stress zu reduzieren. Bei dieser Methode werden die verschiedenen Muskeln in Ihrem Körper gruppenweise angespannt und entspannt. Auf diese Weise lösen Sie sowohl physische als auch psychische Spannungen. Die Forschung hat gezeigt, dass diese Methode Ihre Stressreaktivität und Ihre Chancen, chronischen Stress zu erleben, verringert. Sie eignet sich auch hervorragend, um emotionalen Stress zu minimieren und Widerstandskraft gegen Stress aufzubauen.

Wie wird PMR durchgeführt?

- Nehmen Sie sich etwas Zeit und stellen Sie den Alarm so ein, dass Sie sich völlig entspannen können und sich keine Sorgen machen müssen, die Zeit aus den Augen zu verlieren. Suchen Sie sich einen stillen Ort, an dem Sie es bequemer haben, egal ob Sie sitzen, stehen oder liegen wollen. Wenn Sie sich für das Liegen entscheiden, strecken Sie sich aus und lassen Sie Ihrem Körper genügend Freiraum, um die Zirkulation zu erleichtern.

- Beginnen Sie damit, tief einzuatmen und alle Muskeln in Ihrem Gesicht anzuspannen. Versuchen Sie, eine Grimasse zu ziehen, schließen Sie die Augen, beißen Sie die Zähne zusammen und halten Sie diese Position etwa fünf bis zehn Sekunden lang, während Sie tief einatmen.

- Atmen Sie nun aus und entspannen Sie Ihre Gesichtsmuskulatur. Während Sie dies tun, werden Sie spüren, wie die gesamte Spannung aus Ihren Gesichtsmuskeln herausfließt. Nehmen Sie sich etwas Zeit, um das Gefühl zu genießen, bevor Sie zum nächsten Schritt übergehen.

- Nun gehen Sie zu Ihrem Nacken über. Fahren Sie so fort, bis Sie zu Ihren Zehen gelangen, und wiederholen Sie dies, wenn nötig, bis Sie das Gefühl haben, dass alle Verspannungen verschwunden sind. Wenn Sie fertig sind, sollten Sie pure Entspannung in Ihrem Körper verspüren. Während Sie Ihre verschiedenen Muskeln anspannen und entspannen können, ist es auch möglich, direkt Ihren ganzen Körper anzuspannen, wodurch er sich insgesamt schnell entspannt. Mit etwas Übung können Sie erkennen, wo in Ihren Muskeln Verspannungen oder Spannungen vorhanden sind, sich darauf konzentrieren und sich mehr entspannen. Dies kann dann zu Ihrer Methode werden, um Stresssituationen, insbesondere solche, die mit körperlicher Anspannung verbunden sind, zu bewältigen.

4. Imaginative Psychotherapie

Imaginative Psychotherapie ist eine Methode zum Stressabbau, bei der Sie sich selbst an Ihrem glücklichsten Ort vorstellen - sei es am Strand, in einem Spa, wo Sie verwöhnt werden, oder in Ihrem Lieblingsrestaurant. Diese Bilder ermöglichen es Ihnen, sich mit all Ihren Emotionen und Gedanken in einen lebhaften Tagtraum zu versetzen. Was imaginative Psychotherapie zu einer großartigen Technik macht, ist die Tatsache, dass sie überall durchgeführt werden kann - sie ist kostenlos, man braucht sehr wenig, um sie zu beherrschen, und sie bietet sofortige Erleichterung.

Es gibt verschiedene Möglichkeiten, wie Sie mit Imaginativer Psychotherapie Stress abbauen können. Sie können sich von einem Trainer durch Audio- oder Videoaufnahmen führen lassen, oder Sie erstellen Ihre eigenen visuellen Aufnahmen und lassen sich von Ihrer inneren Stimme leiten. Imaginative Psychotherapie bietet Entspannung, Einblicke in Ihr Unterbewusstsein und unterstützt Sie dabei, stressfrei zu sein und eine positive Denkweise zu haben. Sie kann eine nützliche Methode sein, um wiederkehrende Denkmuster zu unterbrechen und Ihre Stressresistenz aufzubauen.

5. Aromatherapie

Die Aromatherapie wurde im Laufe der Jahre als eine Form der Stressminderung eingesetzt. Das Einatmen therapeutischer Aromen kann Ihnen helfen, Energie zu gewinnen, zu entspannen und sich zu zentrieren. Es hat sich auch gezeigt, dass sie die Hirnströme verändern, sodass Sie in tiefere Entspannungszustände eintreten und gleichzeitig Stresshormone im Körper abbauen. Die Aromatherapie wird in Spas und anderen Orten der Entspannung eingesetzt, weil sie den Körper beruhigt und hilft, Spannungen abzubauen.

6. Eine Umarmung

Körperliche Berührung durch einen geliebten Menschen kann helfen, Stress schnell abzubauen. Eine Umarmung ist ein einfacher Weg, um die Produktion von Oxytocin, dem Kuschelhormon, freizusetzen, das die Produktion des Stresshormones Noradrenalin unterdrückt, den Blutdruck senkt und dafür sorgt, dass Sie sich gut fühlen. Oxytocin führt zu einem höheren Glücksempfinden und fördert den Stressabbau.

7. Weniger Koffein

Koffein ist ein Genussmittel, das in Kaffee, Tee, Schokolade und Energiegetränken enthalten ist. In niedriger Dosierung kann es zur Stimulierung des Körpers und zur Steigerung der Wachsamkeit verwendet werden. In höheren Mengen kann es jedoch zu Schlaflosigkeit und Angstzuständen führen. Jeder Mensch hat eine andere Koffein-Toleranzschwelle. Wenn Sie feststellen, dass Sie nervös werden, wenn Sie koffeinhaltige Getränke trinken, sollten Sie in Betracht ziehen, diese zu reduzieren. Wenn Sie Schlafprobleme haben, sollten Sie nachmittags keine koffeinhaltigen Getränke zu sich nehmen, damit das Koffein, das Sie Ihrem Körper zuvor zugeführt haben, bis zum Schlafengehen vollständig wieder ausgeschieden ist.

8. Lachen

„Der Arzt sagte, ich solle mich mehr bewegen, um meinen Stress abzubauen, also beschloss ich, mit dem Laufen anzufangen. Ich bin jetzt irgendwo in Chile und brauche eine Mitfahrgelegenheit nach Hause." Ein gutes herzhaftes Lachen baut nicht nur Stress ab, sondern hilft auch, Spannungen im Körper lösen und andere körperliche und emotionale Veränderungen freizusetzen. Es stärkt Ihr Immunsystem, lindert Schmerzen, hebt Ihre Stimmung und schützt Sie vor den schädlichen Auswirkungen von Stress. Lachen bringt Ihren Geist in den gegenwärtigen Moment zurück und lenkt Sie von belastenden Gedanken ab. Humor kann Ihnen helfen, sich mit anderen zu verbinden, konzentriert zu bleiben, Ärger und Angst loszulassen und wachsam zu bleiben. Lachen lässt Sie zugänglicher erscheinen und fördert so Ihre emotionalen Beziehungen, was Ihre emotionale Gesundheit unterstützt.

Diese Techniken funktionieren großartig, besonders wenn Sie sich mitten in einer stressigen Situation befinden und schnelle Linderung brauchen.

Stressmindernde Gewohnheiten entwickeln

Zwar sind einfache Techniken zur Entlastung von Stress manchmal nützlich, aber sie können im Umgang mit Stress, insbesondere bei langfristiger Belastung, nicht ausreichend behilflich sein. Da Stress ein Gemütszustand ist, der durch äußere oder innere Faktoren verursacht wird, ist es sehr wichtig, dass Sie langfristig gesunde Gewohnheiten entwickeln, die Stress bekämpfen und Ihnen helfen, Widerstandsfähigkeit gegenüber Stressfaktoren im Alltag aufzubauen. Da Sie nicht allen Stressfaktoren in Ihrem Leben ausweichen können, müssen Sie lernen, wie Sie Ihre Reaktion auf sie verändern können.

1. **Meditation**

Meditation ist ein großartiges Mittel zum Stressabbau. Sie funktioniert sowohl bei kurz- als auch bei langfristigem Stress und es gibt viele wirksame Arten von Meditationstechniken. Sie können ein Mantra entwickeln oder einen Satz, den Sie in Gedanken oder laut wiederholen, wann immer Sie tiefe, entspannende Atemzüge brauchen. Achtsame Meditation kann sich auch als hilfreich erweisen, wenn man sowohl mit akutem als auch mit chronischem Stress zu kämpfen hat. Dazu gehört, sich Zeit zu nehmen, um im Hier und Jetzt zu sein, Ihre Gedanken zu erkennen und sie nicht zu verurteilen, sowie darauf zu achten, was Sie sehen, hören, riechen, schmecken und berühren. Wenn Sie sich auf die Gegenwart konzentrieren, werden Sie nicht mehr in der Lage sein, sich Sorgen zu machen oder über Dinge nachzudenken, die bereits geschehen sind oder geschehen könnten.

Meditation und Achtsamkeit erfordern Übung, um sie zu meistern. Sie können sich sehr positiv auf Ihr allgemeines Stressniveau auswirken. Viele Menschen versuchen jedoch nicht zu meditieren, weil sie denken, dass es schwer ist oder dass Sie lange Sitzungen brauchen, damit es effektiv ist. Das ist aber nicht richtig. Sie können für eine beliebige Dauer meditieren und trotzdem die stressmindernden Vorteile der Meditation nutzen.

Für eine schnelle Meditation können Sie eine Zeit festlegen, sodass Sie sich entspannen können, ohne sich Sorgen machen zu müssen, dass Sie zu lange meditieren und Termine verpassen. Entspannen Sie sich, schließen Sie die Augen und atmen Sie ein paar Mal tief ein, füllen Sie Ihren Bauch mit Luft und atmen Sie aus, um die Anspannung zu lösen. Befreien Sie Ihren Geist von allen Gedanken und Gefühlen und konzentrieren Sie sich darauf, über nichts nachzudenken, oder konzentrieren Sie sich darauf, einfach nur zu sein. Wenn Ihnen zufällige Gedanken in den Sinn kommen, nehmen Sie diese an, lassen Sie sie los und kehren Sie zu Ihrem gegenwärtigen Zustand zurück. Diese Neuausrichtung des Geistes und seine Rückführung in den gegenwärtigen Augenblick ist es, worauf es bei der Meditation ankommt. Fahren Sie für die von Ihnen festgelegte Dauer fort, ob es nun fünf, zehn oder sogar zwanzig Minuten sind, und Sie werden erfrischt und entspannt in Ihren Alltag zurückkehren.

- Während der Meditation sollten Sie ein paar Tipps beachten. Achten Sie darauf, dass Sie sich wohlfühlen, denn kleine Unannehmlichkeiten können Sie von Ihrer Meditation ablenken.

- Versteifen Sie sich nicht zu sehr darauf, es richtig zu machen, da dies Ihre Meditation noch anstrengender machen kann. Lassen Sie stattdessen Ihre Gedanken in Ihren Geist eindringen, aber konzentrieren Sie sich darauf, Ihre Aufmerksamkeit auf den gegenwärtigen Moment umzulenken, anstatt auf diesen Gedanken zu verweilen.

- Sie können beruhigende Musik abspielen oder Aromatherapie anwenden, um Ihre Meditation zu verbessern. Dies ist jedoch optional. Sie brauchen keine Hilfsmittel - Stille funktioniert genauso gut.

- Versuchen Sie abwechselnd kurze und lange Meditationssitzungen. Sie können jeden Tag etwa zehn bis zwanzig Minuten und einige Male pro Woche in längeren Sitzungen meditieren, die dreißig Minuten oder länger dauern. Das wird Ihnen helfen, Ihre Meditationstechniken zu verbessern und Ihre Widerstandsfähigkeit gegen Stress zu erhöhen.

2. Achtsamkeit üben

Achtsamkeit wird definiert als die Praxis, sich seiner Gedanken, Gefühle und Umgebung im gegenwärtigen Moment bewusster zu sein. Sie nehmen alles wahr, ohne Ihre Gedanken, Gefühle oder das, was in Ihrer Umgebung vor sich geht, zu beurteilen. Sie sind präsent, nicht in der Vergangenheit, und machen sich auch keine Gedanken über die Zukunft. Dazu gehört, dass Sie sich Ihrer Sinne bewusst werden, Ihren Atem wahrnehmen, die verschiedenen Empfindungen in Ihrem Körper spüren und im gegenwärtigen Moment präsent sind.

Sie können Achtsamkeit durch Meditation gewinnen und sie in Ihrem täglichen Leben praktizieren. Die Vorteile der Entwicklung von Achtsamkeit sind denen der Meditation ähnlich und es hat sich gezeigt, dass sie bei Erkrankungen, wie Angstzuständen und Depressionen, wirksam ist. Achtsamkeit reduziert Stress, indem das Überdenken gestoppt wird. Sie hält Menschen davon ab, sich mit negativen oder selbstzerstörerischen Gedanken aufzuhalten. In Kombination mit kognitiven Therapietechniken hat sich Achtsamkeit bei der Reduzierung und Bewältigung von Stress, Schlafstörungen, Panikattacken und sogar Belastungsstörungen als vorteilhaft erwiesen.

3. Regelmäßige Bewegung

Die Vorteile regelmäßiger Bewegung sind allgemein bekannt. Die psychologischen Vorteile werden jedoch oft übersehen. Körperliche Betätigung ist ein großartiger Stimmungsaufheller und stärkt zugleich das Selbstbewusstsein. Bewegung ermöglicht es Ihnen, sich sozialer zu verhalten, während es Ihnen gleichzeitig positive Ablenkung bietet, vor allem für Ihren Geist. Bewegung kann Depressionssymptome, Müdigkeit, Anspannung, Wut und Antriebslosigkeit lindern. Zudem ist Bewegung eine großartige Möglichkeit, angestaute Energie freizusetzen sowie Sorgen und Angst zu vermindern. Sie reduziert die Reaktion Ihres Körpers auf Angst sowie die Häufigkeit und Intensität von Panikattacken. Das liegt daran, dass sie den Stresshormonspiegel senkt und stattdessen Wohlfühlhormone freisetzt. Es gibt verschiedene Arten von Übungen, die Ihnen helfen können, mit Stress umzugehen, wie z. B. Yoga, Aerobic, Tai Chi, Boxen usw.

4. Gesunde Ernährung

Die Beibehaltung einer gesunden Ernährung hat viel mehr Vorteile, als nur Ihren Körper mit Energie zu versorgen. Eine gute Ernährung kann Ihnen helfen, Ihr Immunsystem aufrechtzuerhalten, Krankheiten vorzubeugen, Ihnen einen Energieschub zu geben und sie kann sogar dazu beitragen, Ihre Stimmung zu heben. Wenn wir gestresst sind, neigen wir dazu, Mahlzeiten auszulassen, kompensieren dies durch ungesunde Snacks und nehmen im Allgemeinen schlechte Essgewohnheiten an, da Stress auch Ihren Appetit beeinträchtigen kann. Essen kann auch als Bewältigungsmechanismus gegen Stress genutzt werden und eine Gewichtszunahme auslösen, die wiederum zu anderen Problemen führen kann. Indem Sie sich mithilfe eines Ernährungsplanes gesund ernähren, geben Sie Ihrem Körper die Energie, die er braucht, um Stress zu bekämpfen. Achten Sie darauf, dass Sie frühstücken, gesunde Snacks zu sich nehmen, falls Sie Hunger haben und Ihre Koffeinzufuhr reduzieren, da Koffein Ihr Schlafverhalten stören kann. Entfernen Sie zudem alle schlechten, ungesunden Nahrungsmittel aus Ihrem Haushalt.

5. Unterstützende Beziehungen

Ein starkes Unterstützungssystem ist ein wichtiger Stressbewältigungsmechanismus. Wann immer Sie sich überfordert fühlen, kann Ihnen das Gespräch mit jemandem, entweder mit einem Familienmitglied oder einem vertrauten Freund, helfen, mit Ihrem Stress besser umzugehen. Diese Unterstützungssysteme bieten verschiedene Arten von sozialer Unterstützung, wie z. B. emotionale Unterstützung, die durch Umarmungen, Zuhören und Einfühlungsvermögen zum Ausdruck kommt. Wertschätzung oder moralische Unterstützung wird durch den Ausdruck von Ermutigung und Vertrauen gezeigt. Beispielsweise kann Ihre Selbsthilfegruppe auf Ihre Qualitäten und Stärken hinweisen und Sie wissen lassen, dass deren Mitglieder an Sie glauben. Das stärkt Ihr Selbstvertrauen, weil Sie letztlich mehr an sich selbst glauben.

Eine andere Art der sozialen Unterstützung, die Sie erhalten können, ist die Informationsunterstützung, bei der Sie Ratschläge erhalten und Informationen austauschen können. Diese helfen Ihnen, zu verstehen, welche Schritte Sie im Umgang mit einer bestimmten Art von Stress unternehmen müssen. Sie können auch konkrete Unterstützung erhalten, bei der jemand anderes Ihre Verantwortung übernimmt, damit Sie Ihr Problem lösen können. Sie kann auch dadurch gezeigt werden, dass jemand eine unterstützende Haltung zu Ihnen einnimmt und Ihnen aktiv bei der Bewältigung Ihrer Probleme hilft. Ein Beispiel für eine konkrete Unterstützung wäre, dass Ihnen jemand ein Mittag- oder Abendessen bringt, wenn Sie krank sind.

6. Nehmen Sie sich eine Auszeit

Wenn Sie sich eine Auszeit nehmen, trennen Sie sich auch von der Technik. Auch wenn eine vollständige Trennung von der Technik vielleicht nicht möglich ist, versuchen Sie doch, tagsüber und eine Stunde vor dem Schlafengehen eine Auszeit von Ihren elektronischen Geräten zu nehmen. Den ganzen Tag auf die Bildschirme zu schauen, kann Ihren Tagesrhythmus durcheinander bringen und Ihnen den Schlaf erschweren. Dieses gestörte Schlafmuster kann die Stresssymptome und deren Auswirkungen verschlimmern.

7. Beseitigung von Stressoren

Stressoren sind überall, sowohl innerlich als auch äußerlich, und obwohl es unmöglich ist, sie vollständig zu eliminieren, können Sie die größten Stressoren in Ihrem Leben beseitigen. Wenn Sie sich beispielsweise aus einer schlechten Ehe oder Beziehung herauslösen können, kann dies Ihren allgemeinen Stress verringern und Ihnen helfen, mit anderen Bereichen in Ihrem Leben, die Sie möglicherweise belasten, wie z. B. der Arbeit, effektiv umzugehen. In Bereichen, in denen Sie den Stressfaktor nicht beseitigen können, versuchen Sie, ihn auf ein überschaubares Maß zu reduzieren. Wenn Ihre Arbeit vielleicht sehr anspruchsvoll ist und dies ein stressiges Umfeld für Sie schafft, versuchen Sie, einen Teil der Arbeitsbelastung zu delegieren oder sich für eine andere, weniger anspruchsvolle Position zu bewerben. Auf diese Weise können Sie Ihren Stress reduzieren, weil Sie nicht so überfordert oder überlastet sind.

8. Versuchen Sie eine kognitive Verhaltenstherapie

Laut *Psychcentral* ist die kognitive Verhaltenstherapie (*Cognitive Behavioral Therapy, CBT*) eine Art der psychotherapeutischen Behandlung, die darauf abzielt, Ihre Reaktionen, Denkmuster, Emotionen, Verhaltensweisen und Gewohnheiten gegenüber Stressoren zu verändern. Es handelt sich um eine kurzfristige Therapieform, die auf aktuelle Themen, wie z. B. Stress, ausgerichtet ist und auf der Ansicht beruht, dass die Art und Weise, wie eine Person denkt und fühlt, ihr Verhalten beeinflusst. Das Ziel der CBT ist es, Probleme, wie z. B. ASD, zu lösen, indem die Denkweise und die Gefühle verändert werden, sodass die Art und Weise der Reaktion verändert wird. Die kognitive Verhaltenstherapie soll nicht nur helfen, die Symptome von akutem Stress zu lindern, sondern sie kann auch verhindern, dass Sie eine PTBS entwickeln.

Während der CBT-Sitzungen lernen Sie, wie Sie die schmerzhaften oder beunruhigenden Gedanken identifizieren können, die Ihre Stressreaktion auslösen, und wie Sie bestimmen, ob diese realistisch sind oder nicht. Wenn sie als unrealistisch erachtet werden, werden Ihnen Techniken beigebracht, die Ihnen helfen sollen, Ihre Denk- und Gefühlsmuster zu ändern, damit Sie logischer denken und auf eine Situation besser reagieren können.

Zu den weiteren Gewohnheiten, die Sie sich aneignen können, gehören Musik hören, lernen, „Nein!" zu sagen, Tagebücher zu führen, guter Schlaf, das Beste aus Ihrer Freizeit zu machen und vieles mehr.

Sie müssen verstehen, dass es unmöglich ist, Stress vollständig aus Ihrem Leben zu entfernen. Durch kontinuierliche Stressbewältigung und die Beachtung von Stressoren in Ihrem Leben können Sie jedoch einigen der negativen Auswirkungen von Stress entgegenwirken und Ihre Fähigkeit zur Bewältigung von eventuell auftretenden Herausforderungen verbessern. Es gibt kein allgemeingültiges Konzept, um Stress abzubauen. Welcher Ansatz für Sie funktioniert, funktioniert vielleicht bei jemand anderem nicht. Nehmen Sie sich also Zeit, um die richtige Kombination von Methoden zu finden, die für Sie passend ist.

KAPITEL 3:

Die Stressoren in Ihrem Leben identifizieren

Ein effektiver Umgang mit Stress beginnt damit, dass Sie zunächst einmal herausfinden, was Sie stresst und anschließend Strategien entwickeln, um damit umzugehen. Die Mayo-Klinik erklärt, dass das Wissen, was Ihren Stress verursacht, der erste Schritt zu einem gesünderen, weniger stressigen Leben ist. Stressoren oder stressauslösende Faktoren sind die Dinge, die Ihre Stressreaktion auslösen. Sie zu identifizieren klingt ziemlich einfach, aber manchmal ist es schwieriger, als es sich anhört. Bei akutem Stress ist es leicht, Stressfaktoren, wie z. B. ein Vorstellungsgespräch, eine Scheidung oder einen der vielen Gründe zu identifizieren, die kurzfristigen Stress verursachen. Bei chronischem Stress kann es jedoch sehr viel komplizierter werden. Anfangs ist es manchmal schwierig, zu sagen, dass Sie möglicherweise chronischen Stress haben, bis es vielleicht zu spät ist und Sie bereits unter den negativen Auswirkungen leiden. Wir übersehen auch leicht unsere Gedanken, Emotionen, Verhaltensweisen und Gewohnheiten, die zu unserem allgemeinen Stressniveau beitragen.

In manchen Fällen sind Sie sich sicherlich der Dinge bewusst, über die Sie sich Sorgen machen, wenn Sie z. B. Arbeits- oder Abgabefristen haben. Vielleicht ist es aber Ihre Gewohnheit, Dinge hinauszuzögern, die Ihren Stress tatsächlich verursacht - und nicht die Anforderungen der Arbeit selbst. Um Ihre Stressoren wirklich zu identifizieren, müssen Sie Ihre Gedanken, Gewohnheiten, Einstellungen und Verhaltensweisen gründlich untersuchen.

- Finden Sie, dass Sie sich Ihren Stress gar nicht eingestehen wollen? Können Sie sich daran erinnern, wann Sie sich das letzte

Mal entspannt haben? „Ich habe im Moment einfach so viel Arbeit zu erledigen."
- Beschreiben Sie Stress als einen wesentlichen Bestandteil Ihres Privat- oder Arbeitslebens? „Bei der Arbeit geht es immer hektisch zu." Oder definieren Sie mit Stress Ihre Persönlichkeit? „Ich habe zu viel Energie. Ich bin so aufgedreht, das ist alles."
- Sind Umstände oder andere Menschen für Ihren Stress verantwortlich? „Mein Chef überanstrengt mich." Oder betrachten Sie es als ein normales Ereignis? „Das ist nichts Neues - die Arbeit hier ist ziemlich anstrengend, aber ich bin daran gewöhnt."
- Kommt Ihnen irgendwas davon bekannt vor? Solange Sie die Rolle, die Sie bei der Schaffung und Aufrechterhaltung Ihres Stressniveaus spielen, nicht akzeptieren, wird es immer außerhalb Ihrer Kontrolle liegen.

Olpin und Hesson erklären in ihrem Buch „Stressbewältigung in Ihrem Leben", dass Stressoren in zwei große Gruppen eingeteilt werden können, nämlich in externe und interne Stressoren. Externe Stressoren sind Ereignisse oder Dinge, die Ihnen widerfahren, wie z. B. traumatische Ereignisse, Stress am Arbeitsplatz, Umweltfaktoren usw. Interne Stressfaktoren hingegen sind die Stressoren, die selbst verursacht werden. Dazu gehören Gedanken und Gefühle, die Ihnen in den Sinn kommen und Ihnen Sorgen bereiten. Zu diesen internen Stressoren können Ihre Ängste, Besorgnis und mangelnde Kontrolle gehören. Wir können die Stressoren auch in kleinere Gruppen aufteilen, was dazu beitragen kann, die stressauslösenden Faktoren in Ihrem Leben einzugrenzen.

1. Emotionale Stressoren

Diese Stressauslöser können auch als interne Stressoren bezeichnet werden, da sie selbst induziert sind. Sie können Ängste und Befürchtungen über unbekannte Situationen beinhalten, wie z. B. die Sorge, welchen Eindruck Sie an Ihrem ersten Arbeitstag oder bei ihrer Verabredung machen werden, oder bestimmte Persönlichkeitsmerkmale, die Sie möglicherweise haben, wie Perfektionismus, Pessimismus, Hoffnungslosigkeit, Misstrauen oder Paranoia gegenüber Menschen usw. Diese internen Stressfaktoren können Ihre Denkweise, Ihre Selbstwahrnehmung und die Wahrnehmung, die Sie von anderen haben, beeinflussen. Diese Stressfaktoren sind sehr individualistisch und auch die Art und Weise, wie sie sich auf Menschen auswirken, ist von Mensch zu Mensch unterschiedlich.

2. Stressoren in der Familie

Zu diesen Stressoren gehören Veränderungen, die in Ihrem Familienleben auftreten, wie z. B. eine Veränderung Ihres Beziehungsstatus, ein Streit mit einem Familienmitglied oder Kind, die Geburt eines Kindes, die Heirat, das „Empty-Nest-Syndrom" (das auftritt, wenn Ihre Kinder erwachsen werden und aus dem Haus ausziehen), finanzielle Probleme usw.

3. Soziale Stressoren

Diese Stressoren treten immer dann auf, wenn Sie mit anderen interagieren. Sie können nervös sein wegen einer bevorstehenden Verabredung, der Teilnahme an einer Party oder an einem geselligen Beisammensein oder der öffentlichen Ansprache von Menschen. Ähnlich wie emotionale Stressoren sind auch soziale Stressoren individualisiert. Sie lieben es möglicherweise, in der Öffentlichkeit zu sprechen, aber der bloße Gedanke, Menschen anzusprechen, kann bei Ihrem Klassenkameraden dazu führen, dass er erstarrt oder einen Hautausschlag bekommt.

4. Stressoren durch Veränderung

Das sind die belastenden Gefühle, die Sie bekommen, wenn es darum geht, mit wichtigen Veränderungen in Ihrem Leben umzugehen. Die Veränderungen können entweder positiv sein, wie z. B. zu heiraten, in ein größeres Haus umzuziehen oder ein Kind zu bekommen, oder negativ, wie z. B. der Tod eines Familienmitgliedes, eine Trennung, eine Scheidung oder entlassen zu werden.

5. Stressoren am Arbeitsplatz

Diese Auslöser werden durch die Anforderungen Ihres Arbeitsplatzes, ob zu Hause oder im Büro, oder durch Ihre Karriere verursacht. Diese umfassen u. a. das Einhalten von Terminen, einen unberechenbaren

Chef oder, wenn Sie von zu Hause aus arbeiten, große familiäre Anforderungen, die Ihre Arbeit unterbrechen.

6. Chemische Stressoren

Dazu gehören alle Drogen, wie Alkohol, Koffein, Nikotin oder Pillen, die Sie möglicherweise in übermäßigen Mengen einnehmen, um Ihren chronischen Stress bewältigen zu können. In den meisten Fällen verschlechtern diese chemischen Stressoren die Stressreaktion.

7. Physische Stressoren

Dazu gehören alle Aktivitäten, die Ihren Körper überanstrengen oder belasten könnten, wie z. B. Schlaflosigkeit, mangelnde oder ungesunde Ernährung, zu langes Stehen oder in einer unbequemen Position zu verharren, zu viel Bewegung, Schwangerschaft, Krankheit etc.

8. Entscheidungs- und Phobie-Stressoren

Entscheidungs-Stressfaktoren sind alle Entscheidungsinstanzen, die Stress verursachen könnten, wie z. B. die Wahl des Lebenspartners, die Entscheidung für ein Kind, die Berufswahl usw. Zu den Phobie-Stressoren gehören alle Situationen, in die Sie sich selbst bringen könnten und vor denen Sie sich sehr fürchten, z. B. zu fliegen, sich in engen Räumen aufzuhalten, sich schmutzig zu machen usw.

Andere Stressor-Kategorien umfassen Krankheitsstressoren, Schmerzstressoren und Umweltstressoren. Wie Sie sehen, gibt es verschiedene Arten von Stressoren, die bei Ihnen eine Stressreaktion auslösen könnten. Führen Sie anhand dieser Liste von Stressor-Kategorien alle Stressoren in Ihrem Leben auf und notieren Sie, wo Ihre Haupt-Stressoren liegen. Vielleicht stellen Sie fest, dass einige Ihrer Stressoren in mehrere Kategorien fallen.

Schauen Sie sich diese Liste genau an und entscheiden Sie, welche Stressoren Sie kontrollieren können und welche nicht. Wenn es Ihre Freizeit beeinträchtigt, an Ihrem freien Tag Ihre ganze Wohnung putzen zu müssen, sollten Sie es in Erwägung ziehen, etwas Geld zu sparen, um einen Reinigungsdienst zu beauftragen. Wenn das Bügeln Ihrer Kleidung dazu führt, dass Sie zu spät ins Bett gehen, sollten Sie darüber nachdenken, Ihre Kleidung in die Reinigung zu bringen oder knitterfreie Kleidung zu kaufen. Wenn Ihnen diese Lösungen etwas kostspielig erscheinen, versuchen Sie, Ihr monatliches Budget umzugestalten und Geld für diese Dienstleistungen bereitzustellen, damit Sie mehr Zeit zum Ausruhen haben, denn auch Ihre Zeit ist wertvoll.

Wie ich bereits gesagt habe, können Sie Stressoren nicht vollständig eliminieren, sondern nur ihre Stärke oder Intensität verringern. Wenn Ihr Arbeitsplatz vielleicht zu laut ist, besorgen Sie sich Ohrstöpsel, um die Lautstärke zu reduzieren und Ihre Konzentration zu verbessern. Wenn Sie zwei Stunden im Stau zur Arbeit fahren müssen, sollten Sie Fahrgemeinschaften bilden, die Nutzung öffentlicher Verkehrsmittel in Betracht ziehen oder ein Buch oder etwas Musik für den Weg zur Arbeit mitnehmen.

Beginnen Sie mit dem Führen von Tagebüchern

Ich habe bereits ein wenig über das Führen von Tagebüchern gesprochen. Ein Tagebuch ist eine einfache Art und Weise, eine Beziehung mit Ihrem Verstand aufzubauen. Zum Protokollieren muss die linke Seite des Gehirnes benutzt werden, die die analytische und rationale Seite ist. Während Ihre linke Seite damit beschäftigt ist, aufzuschreiben, was passiert ist, kann sich Ihre rechte Seite, die auch Ihre kreative Seite ist, frei entfalten. Indem Sie Ihrer kreativen Seite erlauben, sich zu entfalten, können Sie Wege finden, mit Ihren Themen umzugehen, was Ihr tägliches Wohlbefinden verbessert.

Das Führen eines Tagebuches kann Ihnen dabei helfen, die Stressoren in Ihrem Leben zu identifizieren und letztlich auch dabei, Ihren Stress zu bewältigen. Indem Sie Ihre Wahrnehmungen und Emotionen aufschreiben, können Sie erkennen, wann Sie sich durch etwas überfordert oder gestresst fühlen. Zudem kann Ihnen das Führen eines Tagebuches auch helfen, versteckte oder potenzielle Stressoren zu erkennen, die Sie vielleicht übersehen und die zu Ihrem chronischen Stress beitragen. Es gibt die Theorie, dass das Schreiben die psychische Gesundheit fördert, indem es uns dazu bewegt, mit gehemmten Emotionen umzugehen und so Stress abzubauen. Es hilft uns, schwierige

Situationen und Ereignisse zu verarbeiten und eine zusammenhängende Geschichte über das Geschehene zu verfassen, z. B. über einen Unfall oder andere traumatische Ereignisse. Wir sind in der Lage, traumatische Erinnerungen besser zu verarbeiten, indem wir sie wiederholt hervorrufen. Sobald wir uns dieser bewusst sind, können wir beginnen, an ihrer Beseitigung zu arbeiten.

Das Führen von Tagebüchern hat enorme Vorteile. Für einige ist es eine Möglichkeit, die Nahrungsaufnahme zu kontrollieren, wenn man Gewicht verlieren möchte. Andere verwenden sie als historische Darstellung oder Aufzeichnung ihres Lebens, die sie mit anderen teilen können. Andere wiederum verwenden sie als Mittel zur Bewältigung ihrer depressiven Stimmungen. Neben dem Aufzeichnen aus verschiedenen Gründen, reduziert das Schreiben Ihren Stress erheblich. Es organisiert Ihre Gedanken, sobald Sie diese niederschreiben, und ermöglicht es Ihnen, mit verborgenen Gefühlen umzugehen, von denen Sie sich nicht einmal bewusst waren, dass Sie sie hatten.

Das Führen von Tagebüchern befreit Ihren Geist von Gedanken, die Sie möglicherweise bedrücken oder überwältigen. Wenn Sie Ihre Gedanken aufschreiben, erlösen Sie Ihren Geist im Wesentlichen von all dem Durcheinander, das Sie in Ihrem Gehirn gespeichert haben. Sie können filtern, was wichtig ist und was Sie ignorieren und nicht mehr beachten werden. Das Schreiben hilft Ihnen auch, die negativen, selbstzerstörerischen Gedanken loszuwerden, die Sie haben. Studien im *Psychological Science Journal* haben gezeigt, dass das Aufschreiben Ihrer Gedanken und das Wegwerfen des Papieres, auf das Sie sie geschrieben haben, ein wirksames Mittel ist, den Kopf frei zu bekommen. Diese Theorie wurde an einigen Studenten getestet, die unter einem negativen Selbstbild litten. Es wurde festgestellt, dass sich die Studierenden, die ihre Gedanken aufgeschrieben und das Papier weggeworfen haben, von diesen negativen Gedanken lösen konnten. Der physische Akt des Wegwerfens des Papieres, das die Gedanken enthielt, war ein symbolischer Akt, diese schlechten Gedanken zu missachten und so ihren Kopf von ihnen zu befreien. Das kann auch bei Ihnen funktionieren und Ihnen helfen, sich besser zu fühlen und mit Ihren Problemen umzugehen, sobald Ihr Verstand klarer wird.

Das Führen von Tagebüchern erleichtert die Problemlösung. Da es dazu beiträgt, Ihren Geist zu klären, können Sie jedes Problem, mit dem Sie konfrontiert sind, mit einem klaren, ausgeglichenen Geist angehen. Indem Sie Ihre Probleme, oder was auch immer Sie belastet, aufschreiben, können Sie sich von Ihren Gefühlen lösen und effektiv darüber nachdenken. Diese Reflexion der Gedanken kann Ideen auslösen, wie Sie besser mit dem umgehen können, was Sie belastet, und schließlich zu möglichen Lösungen führen.

Es kann auch Ihre körperliche Gesundheit verbessern. Im Jahr 2006 wurde eine Studie durchgeführt, die gezeigt hat, dass Patienten mit chronischen Krankheiten, die über belastende Situationen Tagebuch geführt haben, weniger körperliche Symptome hatten als Patienten, die keine Tagebücher geführt hatten. Forscher untersuchten 112 Patienten, die an Asthma und Arthritis litten und baten sie, drei Tage lang täglich für etwa 20 Minuten über jedes emotional belastende Ereignis in ihrem Leben oder über ihre Tagespläne zu berichten. Diejenigen, die darüber berichteten, zeigten nach etwa vier Monaten eine 50-prozentige Verbesserung ihres Zustandes.

Das Führen von Tagebüchern trägt auch zur Verbesserung Ihres Arbeitsgedächtnisses bei. Wenn Sie die Einzelheiten Ihres Tages, eines traumatischen Erlebnisses oder einer belastenden Situation aufschreiben, erleben Sie sie im Wesentlichen noch einmal. Indem Sie aufschreiben, was passiert ist, können Sie viele Details des Geschehenen festhalten. Dies ist besonders nützlich im Umgang mit traumatischen Stressoren. Indem Sie Ihr Trauma oder die Ereignisse, die zu diesem Trauma geführt haben, zurückverfolgen, können Sie herausfinden, was Ihre aktuelle Stressreaktion ausgelöst haben könnte. Sie werden sich Ihrer selbst bewusster, und Sie können leicht ungesunde Gedankenmuster, Emotionen und Verhaltensweisen erkennen. Jetzt können Sie die Kontrolle über Ihr Leben zurückgewinnen und von einer negativen zu einer positiveren Denkweise wechseln, indem Sie effektiv mit den stressauslösenden Faktoren in Ihrem Leben umgehen.

Wenn es um das Führen von Tagebüchern geht, gibt es keine endgültigen Regeln, wie Sie vorgehen sollten. Wichtig ist, dass Sie Ihren Rhythmus finden, indem Sie das tun, was für Sie funktioniert - sei es täglich, wöchentlich oder monatlich. Damit diese Methode funktioniert, müssen Sie jedoch konsequent sein. Wenn Sie anfangen, müssen Sie vielleicht öfter Tagebuchaufzeichnungen machen, um Ihren Stressfaktor zu erkennen, mit Ihren Emotionen umzugehen und Ihren Stress wirksam zu reduzieren. Im weiteren Verlauf können Sie die Häufigkeit auf einmal pro Woche reduzieren, da Sie bereits wissen, was Ihren Stress verursacht, und Sie Maßnahmen zur Minderung dieses wiederkehrenden Stresses ergriffen haben. Sie können Ihr Tagebuch mit sich führen, um Fälle von akutem Stress in Kombination mit anderen schnellen Stresssituationen zu bewältigen.

Wann auch immer Sie spüren, dass Sie bedrückt oder gestresst sind, schreiben Sie dies in Ihr Tagebuch. Schreiben Sie auf:

- was passiert ist
- was Ihrer Meinung nach Ihren Stress verursacht hat (Wenn Sie es nicht wissen, versuchen Sie, eine Vermutung aufzustellen.)
- wie Sie das Ereignis empfunden haben (Wenn Sie es nicht wissen, versuchen Sie, zu raten.)
- was Sie erlebt haben, sowohl physisch als auch emotional
- wie Sie auf das Geschehene reagiert haben
- was Sie danach getan haben, um sich zu beruhigen und besser zu fühlen

Dieses Protokoll wird Ihnen helfen, Muster und wiederkehrende Themen in Bezug auf die Ursachen Ihres Stresses zu erkennen.

Während Sie alles aufschreiben, kann sich alles gut anfühlen. Doch um die Vorteile des Schreibens wirklich zu nutzen und um Stress abzubauen und andere psychische Gesundheitsprobleme zu reduzieren, müssen Sie konstruktiv Protokoll führen. Nachfolgend sind einige Tipps aufgeführt, die Ihnen dabei helfen können.

- Suchen Sie, wann immer Sie können, einen privaten, persönlichen Raum auf, der frei von Ablenkungen ist.

- Wie ich bereits erwähnt habe, beginnen Sie damit, mindestens drei- bis fünfmal pro Woche Tagebuch zu führen und versuchen Sie, konsequent zu sein.
- Nehmen Sie sich genügend Zeit, um über das, was Sie geschrieben haben, nachzudenken und zu reflektieren. Nehmen Sie sich diese Zeit, um eine Balance zu finden, indem Sie Ihre Emotionen kontrollieren.
- Wenn Sie über ein traumatisches Ereignis Protokoll führen, fühlen Sie sich nicht unter Druck gesetzt, das Ereignis im Detail zu erzählen. Sie können einfach darüber schreiben, wie Sie sich dabei gefühlt haben und wie Sie sich jetzt fühlen.
- Strukturieren Sie Ihr Schreiben, wie Sie wollen. Sie können die Vergangenheits- oder Gegenwartsform benutzen, Notizen und Aufzählungen verwenden oder einfach drauf losschreiben.
- Führen Sie Ihr Tagebuch nur für sich. Es ist nur für Ihre Augen bestimmt, nicht für Ihren Ehepartner, Ihre Eltern oder Freunde. Nicht einmal Ihr Therapeut sollte Ihr Tagebuch lesen, aber Sie können in Ihren Therapiesitzungen über Ihre Erfahrungen sprechen.

Wenn Sie ratlos sind und nicht wissen, wo Sie anfangen sollen, finden Sie nachfolgend einige Themenvorschläge, die Ihnen den Einstieg erleichtern sollen.

- Eine unvergessliche Zeit in Ihrem Leben, die gut oder schlecht sein kann
- Wenn Sie drei Wünsche frei hätten, was würden Sie sich wünschen?
- Was ist Ihr Lebensziel?
- Schreiben Sie über eine Kindheitserinnerung und wie Sie sich dabei gefühlt haben.
- Denken Sie darüber nach, wo Sie sich in zwei oder fünf Jahren sehen.
- Was sind Ihre Träume, Hoffnungen oder Ängste?

- Was dachten Sie vor fünf Jahren, wo Sie heute sein werden? Was war damals wichtig für Sie? Ist es heute immer noch wichtig für Sie?
- Wofür sind Sie dankbar? Fangen Sie mit einer einzigen Sache an, ob groß oder klein, und machen Sie von da aus weiter.
- Welche(r) Aspekt(e) Ihres Lebens müssen verändert oder beseitigt werden?
- Wie fühlen Sie sich geistig, körperlich und emotional?
- Mit welchen Herausforderungen beschäftigen Sie sich jetzt?
- Denken Sie an das beste und schlimmste Szenario, das Ihnen jetzt passieren könnte. Wie würden Sie reagieren?

Sie können diese einfachen Richtlinien auch als Starthilfe für Ihre Gedanken verwenden. Denken Sie an das Akronym *W.R.I.T.E.*, wann immer Sie mit Ihrem Tagebuch beginnen möchten.

- W: Worüber möchten Sie schreiben? Denken Sie an Ihre Gedanken, Emotionen, wo Sie gerade im Leben stehen, an aktuelle Ereignisse oder an Dinge, die Sie anstreben oder vermeiden wollen. Sie können einige der Themen verwenden, die ich bereits erwähnt habe.
- R: Revision dessen, was Sie geschrieben haben. Nehmen Sie sich Zeit und gehen Sie das, was Sie geschrieben haben, noch einmal durch, während Sie sich mithilfe von tiefen Atemzügen oder einer Meditation beruhigen. Versuchen Sie, Ihre Gedanken in der Gegenwart zu halten, indem Sie Aussagen, wie z. B. „Ich fühle [...]", „Heute [...]" oder „Hier [...]", verwenden.
- I: Inquirieren und erforschen Sie Ihre Gedanken und Gefühle durch Ihr Schreiben. Hören Sie nicht auf zu schreiben, auch wenn Ihnen nichts mehr einfällt. Wenn Ihre Gedanken abschweifen, nehmen Sie sich Zeit, um sich zu konzentrieren und gehen Sie das, was Sie geschrieben haben, durch. Fahren Sie dann fort.
- T: Timen Sie Ihr Schreiben. Nehmen Sie sich Zeit, um sicherzustellen, dass Sie so lange schreiben, wie Sie es sich zum Ziel gesetzt haben.

- E: Enden Sie mit einer Strategie und Selbstbeobachtung. Gehen Sie durch, was Sie geschrieben haben, denken Sie darüber nach und fassen Sie es in ein paar Worten zusammen, wie z. B. „Während ich dies lese, stelle ich fest, dass […]." Abschließend können Sie alle Maßnahmen notieren, die Sie eventuell ergreifen möchten.

Sobald Sie Ihre Stressoren identifiziert und organisiert haben, wird es viel einfacher, mit ihnen umzugehen.

KAPITEL 4:

Vier Säulen der Stressbewältigung

Zu viel Stress in Ihrem Leben ist nicht gut. Wenn Sie zu viel Stress empfinden, müssen Sie einen Weg finden, ihn zu beseitigen oder zu bewältigen. Bewältigungsmechanismen geben Ihnen die Möglichkeit, sich selbst wieder in den Normalzustand zu versetzen. Wenn Sie mit vorhersehbaren Stressoren zu tun haben, können Sie auf zwei Arten reagieren: Entweder Sie ändern die Situation, in der Sie sich befinden oder Sie ändern, wie Sie auf die Situation reagieren. Um herauszufinden, wie Sie auf diese Stressoren reagieren sollen, hilft es, an die vier Säulen der Stressbewältigung zu denken. In seinem Buch „Der achtsame Weg durch Stress" beschreibt Shamash Alidina die vier Säulen des Stresses: Ausweichen, Ändern, Akzeptieren und Anpassen. Diese werden auch als die *4 As des Stressmanagements* bezeichnet und sollen Ihnen helfen, zu entscheiden, welche Option Sie in einem bestimmten Szenario wählen sollen. Schauen wir uns nun näher an, was jede dieser vier Säulen beinhaltet.

Ausweichen

Auch wenn es nicht möglich ist, jede Stresssituation in Ihrem Leben zu vermeiden, sind Sie vielleicht überrascht, wieviel Stress Sie einfach dadurch vermeiden können, wenn Sie unnötige Stressoren in Ihrem Leben beseitigen oder ihnen aus dem Weg gehen würden. Sie können Ihre psychische Gesundheit erheblich beeinflussen, wenn Sie diese einfache Fähigkeit anwenden. Es gibt verschiedene Möglichkeiten, wie Sie Stressoren vermeiden und dabei Ihre Lebensqualität verbessern können.

- Lernen Sie, „Nein!" zu sagen - Das erste, was Sie tun müssen, ist, Ihre Grenzen zu kennen und zu lernen, sich an diese zu halten. Sie müssen wissen, wie viel Sie auf sich nehmen können, bevor Sie sich überfordert fühlen oder der Druck zu groß wird. Das betrifft Ihr berufliches und Ihr persönliches Leben. Wenn Sie mehr auf sich nehmen, als Sie verkraften können, werden Sie ausgelaugt, müde und überfordert sein, was wiederum zu Stress führt. Sie müssen in Ihrem Leben zwischen dem „Soll" und dem „Muss" unterscheiden, damit Sie wissen, wann Sie „Nein!" sagen sollten, um nicht zu viel auf sich zu nehmen.

Wenn Ihr Chef Sie beispielsweise oft zu Überstunden auffordert und Sie nie Zeit mit Ihrer Familie verbringen können, kann das eine Belastung für Sie und Ihre Familie darstellen. Sie können diese potenziell belastende Situation vermeiden, indem Sie „Nein!" zu Überstunden sagen. Wenn Sie zu einem bestimmten Zeitpunkt keine zusätzliche Arbeit übernehmen können, weil Sie bereits beschäftigt sind, kann ein Nein dazu beitragen, dass Sie genug Zeit haben, Ihre bereits vorhandene Arbeit zu erledigen. Sie können auch jede zusätzliche Arbeit, die auf Sie zukommt, einfach nicht ausführen, sie delegieren oder auch aufschieben und sich zu gegebener Zeit damit beschäftigen.

- Vermeiden Sie Menschen, die in Ihrem Leben Stress verursachen - inzwischen kennen Sie bereits die verschiedenen Möglichkeiten, wie Sie potenzielle Stressoren in Ihrem Leben erkennen können. Diese Stressoren können manchmal Menschen sein, und der Umgang mit menschlichen Stressoren ist die größte Herausforderung, der wir bei der Beseitigung von Stress gegenüberstehen. Wenn Sie bestimmte Personen in Ihrem Leben als Stressoren identifizieren, sollten Sie daran arbeiten, Ihre Zeit um sie herum oder mit ihnen zu begrenzen. Die Beendigung der Beziehung ist eine weitere Option, die Sie ebenfalls in Betracht ziehen sollten. Wenn Sie z. B. in einer negativen Beziehung oder Ehe leben, sollten Sie erwägen, Ihren Partner/Ihre Partnerin zu verlassen, wenn Sie unter Stress und anderen stressbedingten Krankheiten leiden.
- Übernehmen Sie mehr Kontrolle über Ihr Umfeld - Ihre Umgebung nimmt einen großen Ihres Lebens ein. Viele Umweltfaktoren können für Ihren langfristigen Stress verantwortlich sein.

Zu diesen Faktoren gehören u. a. Nachrichten schauen, starker Verkehr, Verspätung bei der Arbeit und Überstunden im Büro. Wenn Sie sich von diesen Stressfaktoren fernhalten, können Sie vermeiden, dass Ihre Stressreaktion ausgelöst wird. Wenn die Nachrichten zu deprimierend sind, können Sie sich dafür entscheiden, sie nicht zu schauen, wenn Sie wegen des Verkehrs immer zu spät kommen, können Sie andere Verkehrsmittel oder Fahrgemeinschaften usw. benutzen.

- Gehen Sie Ihre To-do-Liste durch und reduzieren Sie Ihr Arbeitspensum. Schauen Sie sich die Dinge, Aufgaben und Verantwortlichkeiten, die Sie haben, genau an. Wenn Sie versuchen, zu viel zu erledigen, werden Sie überfordert sein. Also überlegen Sie, was Sie priorisieren sollten und arbeiten Sie zunächst daran. Die anderen Aufgaben können Sie zu gegebener Zeit erledigen. Ein Großteil des Stresses, den wir empfinden, kommt nicht daher, dass wir zu viel zu tun haben, sondern dass wir das, was wir angefangen haben, nicht zu Ende bringen. Achten Sie darauf, Dinge nicht zu verschieben, denn das wird Ihre Situation nur verschlimmern und Ihnen eine riesige Liste von Dingen hinterlassen, die noch zu erledigen sind.

Ändern

Wenn Sie einen Stressfaktor oder eine belastende Situation nicht vermeiden können, können Sie versuchen, sie zu verändern. Das bedeutet, dass Sie entweder die Art und Weise ändern müssen, wie Sie kommunizieren oder in Ihrem täglichen Leben handeln. In stressigen Zeiten sollten Sie Veränderungen vornehmen, die sich positiv auf Ihr Stressniveau auswirken. Nachfolgend sind einige Möglichkeiten aufgeführt, wie Sie laut Alidina die Stresssituation verändern können, in der Sie sich befinden.

- Vermitteln Sie Ihre Gefühle, anstatt sie zu verbergen - Wenn Sie sich damit befassen, wie Sie sich fühlen, wenn Dinge geschehen, kann dies viel dazu beitragen, Ihr gesamtes Stressniveau zu reduzieren. Wenn Sie von jemandem oder etwas beunruhigt werden, seien Sie durchsetzungsfähiger und vermitteln Sie Ihre

Ideen in einer ruhigen, offenen und respektvollen Weise. Kommunizieren Sie mit „Ich"-Aussagen, wenn Sie andere Menschen auffordern, ihr Verhalten zu ändern, wie z. B. „Ich bin wütend über das, was Sie getan haben." oder „Können Sie mir helfen, mit dieser Situation umzugehen?" Wenn Sie eine bevorstehende Deadline oder ein hohes Arbeitspensum haben und Ihr Kollege plaudert mit Ihnen, lassen Sie ihn wissen, dass Sie nur noch wenig Zeit zum Reden haben, und dann müssen Sie wieder an die Arbeit gehen. Versuchen Sie, wann immer möglich, Aufgaben und andere Verantwortlichkeiten zu delegieren. Wenn Sie es versäumen, Ihre Gefühle auszudrücken und sie verheimlichen, werden Sie Frust aufbauen. Das wird Ihren Stress nur noch verstärken.

- Bitten Sie andere respektvoll, ihr Verhalten zu ändern - Sie sollten auch bereit sein, das Gleiche zu tun. Auf diese Weise können Sie vermeiden, dass kleine Probleme zu großen werden, wenn sie nicht gelöst werden. Wenn Sie es beispielsweise leid sind, im Büro die Witzvorlage Ihrer Kollegen zu sein, bitten Sie sie, damit aufzuhören, damit auch Sie ihre Witze mehr genießen können.

- Kompromiss - Wenn Sie jemanden bitten, sich zu ändern, sollten Sie auch bereit sein, das Gleiche zu tun. Wenn Sie einander auf halbem Weg entgegenkommen können, dann besteht eine gute Chance, dass Sie alles in Ordnung bringen und einen glücklichen Mittelweg finden werden. Wenn Sie z. B. von der Arbeit und den Hausarbeiten zu Hause überfordert sind, sprechen Sie mit Ihrem Partner darüber, dass er Ihnen hilft, Ihre Arbeitsbelastung zu verringern. Dazu kann auch gehören, die Kinder von der Schule abzuholen oder das Abendessen vorzubereiten, wenn Sie zu spät kommen. Wenn etwas nicht so erledigt wird, wie Sie es gerne hätten, versuchen Sie, anstatt es selbst zu erledigen, mit dem Verantwortlichen zu sprechen und zu sehen, wie Sie die Dinge besser machen können. Nehmen wir an, Sie renovieren Ihr Schlafzimmer und Sie möchten es in einem bestimmten Stil machen, Ihr Partner möchte es jedoch in einem anderen Stil. Anstatt sich darüber zu streiten, wessen Stil besser ist, sollten Sie Wege finden, Aspekte beider Stile in den Raum zu integrieren. Das wird zeigen, dass Sie die Entscheidungen des Gegenübers respektieren und trotzdem das bekommen, was Sie wollen - und am Ende sind alle glücklich.

- Bringen Sie Ihren Zeitplan ins Gleichgewicht - wenn Sie sich zu sehr auf die Arbeit konzentrieren und keine Zeit für die Familie oder zum Ausruhen und Entspannen haben, werden Sie bald ein Burnout erleiden. Deshalb ist es wichtig, dass Sie ein Gleichgewicht finden in Ihrem Berufs- und Familienleben, zwischen dem Alleinsein und sozialen Aktivitäten und zwischen Ihren täglichen Verpflichtungen und Ihrer Freizeit usw. Die Konzentration auf einen Bereich kann dazu führen, dass Sie den Rest vernachlässigen. Das kann zu Spannungen, Frustration und schließlich zu Stress führen. Wenn Sie beispielsweise viel arbeiten und nie Zeit für Ihre Familie oder Ihren Partner haben, kann dies dahin führen, dass diese sich frustriert, verärgert und verlassen fühlen. Das kann zu Streitigkeiten führen und Ihr Zuhause eher zu einer feindseligen Umgebung machen als zu einem Ort, an dem Sie sich entspannen können. Zu viel zu arbeiten kann Sie auch überfordern, da Sie nie Zeit zum Ausruhen haben - auch hier sollten Sie sich vor einem Burnout vorsehen. Achten Sie immer darauf, dass Sie genügend Zeit für alle Aspekte Ihres Lebens, Ihrer Familie, Ihrer Arbeit, Ihres gesellschaftlichen Lebens, Ihrer Hobbys usw. einplanen.

Anpassen

Wenn Sie den Stressor nicht vermeiden oder ändern können, passen Sie sich ihm an. Das bedeutet, dass Sie sich selbst hinsichtlich dessen ändern müssen, wie Sie reagieren und welche Erwartungen und Einstellungen Sie haben. Wenn Sie das tun, können Sie eine gewisse Kontrolle darüber (zurück-)gewinnen, was Sie stresst. Sie können sich auf verschiedene Arten an einen Stressor anpassen:

- Ändern Sie Ihre Sichtweise - stellen Sie Ihre Probleme neu dar, indem Sie diese aus einer anderen, positiveren Perspektive betrachten. Sie können sogar versuchen, die Situation aus den

Augen einer anderen Person zu betrachten. Das kann Ihnen helfen, Wege zu finden, mit diesen Problemen umzugehen oder sie zu lösen. Nehmen Sie beispielsweise an, dass Sie im Stau stehen. Anstatt frustriert und verärgert zu sein, weil Sie zu spät kommen, sehen Sie es als eine Gelegenheit für Ihre persönliche „Ich"-Zeit. Sie können diese Zeit nutzen, um Ihre Gedanken neu zu orientieren, Ihre Lieblings-Musikliste oder Ihren Lieblings-Radiosender zu hören und diese Zeit des Alleinseins wirklich zu genießen. Wenn sich jemand ständig über Sie lustig macht und Ihnen das auf die Nerven geht, sollten Sie, anstatt sich zu ärgern und sich ständig zu fragen, warum diese Person immer wieder Sie auswählt, versuchen, mit ihr zu reden, um die Ursache des Problems wirklich zu verstehen. Es könnte ihre Art sein, Zuneigung zu zeigen oder sie merkt vielleicht gar nicht, wie Sie sich dabei fühlen. Indem Sie mit der Person sprechen, versetzen Sie sich im Wesentlichen in ihre Lage. So können Sie die Gründe für ihr Verhalten besser verstehen und anders reagieren.

- Alles ist relativ - das bedeutet, dass Sie das Gesamtbild betrachten müssen. Fragen Sie sich, ob das, worauf Sie jetzt Wert legen, auch in einigen Monaten oder Jahren noch eine Rolle spielen wird. Ist es all die Mühe, den Schmerz oder die Schmerzen, die Sie durchmachen, wert? Wenn die Antwort nein lautet, dann sollten Sie Ihre Zeit und Energie auf Dinge konzentrieren, die von Bedeutung sind. Bewerten Sie Situationen, indem Sie ihre langfristigen Auswirkungen betrachten. Fragen Sie sich z. B., ob Ihre Arbeit wichtiger ist als Ihre Familie.
- Ändern Sie Ihre Standards - ändern Sie Ihren Wunsch nach Perfektion, damit Sie mit weniger Frustration und Stress arbeiten können. Setzen Sie vernünftige Standards für sich selbst und andere und seien Sie mit guter, qualitativ hochwertiger Arbeit zufrieden. Sie stellen sich selbst ein Bein und sind nur frustriert, wenn Sie versuchen, alles perfekt zu machen. Worauf Sie sich konzentrieren sollten, ist der Fortschritt, nicht die Perfektion. Anstatt sich darüber zu ärgern, dass eine bestimmte Aufgabe nicht so erledigt wurde, wie Sie es sich gewünscht haben,

sollten Sie lieber nachschauen, ob sie die Ziele für die Aufgabe erreicht haben und ob die Ergebnisse akzeptabel sind.
- Stoppen Sie negative Gedanken, sobald sie auftreten - wann immer Sie negative, selbstzerstörerische Gedanken haben, ignorieren Sie diese, sobald sie auftreten, anstatt sich darüber aufzuregen. Durch das Anhalten der Gedanken können Sie Ängste, Depressionen, ein geringes Selbstwertgefühl und andere negative Gefühle überwinden, die auch in grundsätzlich nicht stressigen Situationen Stress verursachen können. Durch Achtsamkeit können Sie lernen, sich selbst und Ihre Umgebung in der Gegenwart bewusster wahrzunehmen, und Sie werden leicht erkennen können, wann sich negative Gedanken einschleichen. Konzentrieren Sie sich in einem solchen Fall auf das Positive und verwandeln Sie diese negativen Gedanken in positive um. Anstatt sich darauf zu konzentrieren, wie jemand anderes etwas besser kann als Sie, schauen Sie sich Ihre guten Qualitäten an und was Sie daraus lernen können, um Ihre Fähigkeiten zu verbessern.
- Seien Sie dankbar - wann immer Sie unter Stress stehen, nehmen Sie sich etwas Zeit, um über all die guten Dinge in Ihrem Leben nachzudenken. Dazu gehören auch Ihre Talente und Ihre positiven Eigenschaften. Dieses Argument ist mit dem vorhergehenden verknüpft, denn Dankbarkeit ist eine Möglichkeit, negative Gedanken zu stoppen. Wenn Sie über alles nachdenken, wofür Sie dankbar sind, werden Sie glücklicher und Ihr Körper setzt Wohlfühlhormone frei, die den Stresshormonspiegel in Ihrem Körper senken. Zudem hilft es Ihnen, die Dinge nüchtern zu betrachten.

Akzeptieren Sie es

Manche Stressoren lassen sich nicht verhindern oder verändern. Sie sind unvermeidlich, wie z. B. der Tod eines geliebten Menschen, das Leiden an einer schweren Krankheit oder finanzielle Probleme aufgrund einer nationalen Rezession. In solchen Fällen ist es am besten, das Geschehen zu akzeptieren und Wege zu finden, mit dem daraus resultierenden Stress umzugehen. Akzeptieren kann in manchen Fällen schwierig sein, aber auf lange Sicht ist es einfacher, als sich der Situation, mit der man konfrontiert ist, zu widersetzen, sie zu leugnen oder nicht damit umzugehen. Im Folgenden finden Sie einige Tipps, die Ihnen helfen können, die Dinge zu akzeptieren, die Sie nicht ändern können:

- Versuchen Sie nicht, alles zu kontrollieren - viele Dinge im Leben liegen außerhalb Ihrer Kontrolle, wie z. B. das Verhalten anderer Menschen, die Zeit, der Tod usw., und es ist sinnlos, sich deswegen zu stressen. Konzentrieren Sie sich stattdessen auf das, was Sie kontrollieren können, d. h. auf die Art und Weise, wie Sie auf diese Dinge reagieren. In einem Fall, in dem Sie einen geliebten Menschen verloren haben, trauern Sie nicht um seinen Tod, sondern feiern Sie sein Leben und konzentrieren Sie sich auf die guten Zeiten und Erinnerungen, die Sie mit ihm geteilt haben.

- Sprechen Sie mit jemandem über das, was Sie durchmachen - es kann ein Familienmitglied, ein Freund, ein Berater oder ein Therapeut sein. Die Tatsache, dass Sie dieses Problem nicht ändern oder vermeiden können, bedeutet nicht, dass Ihre Gefühle verschwinden. Im Gegenteil, es ist normal, dass Sie sich niedergeschlagen oder hilflos fühlen, wenn Sie einem solchen Stressor gegenüberstehen. Das Gespräch mit jemandem kann Ihnen jedoch helfen, Ihre Gefühle zu verarbeiten und mit allem zurechtzukommen. Nachdem Sie mit jemandem gesprochen haben, werden Sie sich besser fühlen, da Sie eine Last von sich genommen haben.

- Lernen Sie, sich selbst und anderen zu verzeihen - wütend, verletzt oder verärgert zu sein, kostet viel Energie. Wir leben in einer Welt, die nicht perfekt ist und Fehler sind vorprogrammiert. Lernen Sie, loszulassen und verstehen Sie, dass Vergeben etwas Übung erfordert, aber indem Sie es tun, befreien Sie sich von diesen negativen Emotionen. Viele Gelegenheiten und Erinnerungen könnten an Ihnen vorbeigehen, weil Sie sich verschlossen haben und an diesen Emotionen festhalten. Warum an diesen Emotionen festhalten, die Sie nur traurig machen und Ihnen ein schlechtes Gefühl geben, wenn Sie sie doch loslassen und frei sein könnten?

- Lernen Sie aus Ihren Fehlern - es ist sehr wertvoll, lehrreiche Momente zu erkennen. Zwar kann man die Ereignisse, die zu diesem bestimmten Moment führen, nicht ändern, aber man kann aus ihnen lernen. Wenn z. B. Ihre Gewohnheit, alles zu verschieben, dazu geführt hat, dass Sie eine Frist versäumt haben und dies Ihre Leistung beeinträchtigt hat, können Sie das Ergebnis vielleicht nicht ändern, aber Sie können daraus lernen. Verinnerlichen Sie das Gefühl des Bedauerns und der Enttäuschung, das Sie in diesem Moment empfinden und nutzen Sie es, um sich daran zu erinnern, genügend Zeit einzuplanen, um die Arbeit rechtzeitig zu erledigen. Wenn Sie Fehler gemacht haben, die Sie in eine stressige Situation gebracht haben, seien Sie nicht zu hart zu sich selbst. Denken Sie nicht übermäßig über die Ereignisse nach, die Sie hierher geführt haben, sondern lernen Sie aus ihnen.

- Sehen Sie immer alles positiv und üben Sie positive Selbstgespräche - der Verlust einer objektiven Wahrnehmung kann sehr leicht passieren, besonders wenn Sie gestresst sind. Wann immer Sie in Ihrem Leben vor großen Herausforderungen stehen, betrachten Sie sie nicht als das Ende, sondern als eine Gelegenheit für persönliches Wachstum. Ein einziger negativer Gedanke kann einen anderen auslösen, und schon bald ist Ihr Kopf voll von selbstzerstörerischen Gedanken. Diese negative mentale Lawine kann es Ihnen schwer machen, sich auf Dinge zu konzentrieren und sie zu erledigen, was Ihr derzeitiges Stressniveau nur noch verschlimmern wird. Seien Sie positiv. Anstatt zu sagen „Ich bin schlecht im Umgang mit Geld, und ich werde meine finanzielle Situation nicht ändern können", versuchen Sie, zu sagen „Ich weiß, dass ich finanzielle Fehler gemacht habe, aber ich weiß, dass ich widerstandsfähig bin und dass ich diese harten Zeiten durchstehen werde."

In der Welt, in der wir leben, ist es unmöglich, Stress wirklich zu beseitigen, aber wenn man lernt, mit Stress umzugehen und die Frustration, die er verursacht, abzubauen, kann man ein besseres Leben führen. Wenn Sie die 4 As des Stressmanagements beherrschen, werden Sie Ihr Spektrum an Hilfsmitteln zur Stressbewältigung erweitern. Diese Hilfsmittel können dazu beitragen, die Stressoren, die auf Sie einwirken, auszugleichen, und Ihre Fähigkeit zur Stressbewältigung zu verbessern. Die Wahl der richtigen Technik ist ein weiterer wichtiger Teil der Anwendung dieser Fähigkeiten. Sie müssen wissen, welche Stressoren Sie vermeiden, verändern, akzeptieren oder an welche Sie sich anpassen können. Auf diese Weise wissen Sie, wie Sie mit ihnen umgehen können, wann immer sie auftauchen, und Sie können weiterhin ein relativ stressfreies Leben führen.

KAPITEL 5:

Wie man sich weniger Sorgen macht und das Leben mehr genießt

Wir alle machen uns Sorgen um die Arbeit, die Schule, das Geld, die Familie, Beziehungen und das Leben im Allgemeinen. Das ist es, was die meisten von uns nachts wach hält und uns langsam zermürbt - ob wir bei der Arbeit, zu Hause oder sogar beim Entspannen sind. Die Sorge kann als ständige Angst und Furcht definiert werden und sie kann sowohl körperlich als auch geistig anstrengend und belastend sein. Diese ständige Besorgnis kann Stress, Angst und Beunruhigung verursachen und Sie daran hindern, Ihr Leben wirklich zu genießen und es in vollen Zügen zu leben. Für die meisten von uns ist es eher zur Gewohnheit geworden, sich zu sorgen. Das ist etwas, das wir automatisch tun. Wir klammern uns daran, weil es uns vertraut ist, auch wenn es keinen Mehrwert für unser Leben bringt. Zum Glück kann es jedoch, genau wie alle anderen Gewohnheiten, geändert werden.

Es ist leicht zu sagen, dass wir aufhören sollten, uns Sorgen zu machen, und einfach unser Leben genießen sollten. Jeder Mensch ist anders, und jeder hat seine eigenen Probleme. Wir alle wollen uns jedoch mehr auf unsere Ziele konzentrieren und ein angenehmes, erfülltes Leben führen können. Hier sind einige Möglichkeiten, wie Sie genau das tun können:

Finden Sie heraus, was Ihre Sorgen verursacht

Der erste Schritt ist die Bestimmung der Quelle Ihrer Sorgen. Können Sie nicht schlafen, weil sie ständig an die Zukunft denken? Oder sind sie gestresst? Oder können Sie nicht sagen, was Ihnen Sorgen bereitet? Vielleicht ist es körperlich und wenn Sie wissen, was es ist, können Sie es benennen. Bevor Sie Ihre Sorgen loswerden können, müssen Sie jedoch erst einmal herausfinden, was sie verursacht. In Kapitel 3 haben wir uns mit den verschiedenen Möglichkeiten befasst, wie Sie einen Stressor identifizieren können. Dieselben Prinzipien können angewendet werden, wenn Sie versuchen, zu bestimmen, worüber Sie sich Sorgen machen. Wenn Sie aufschreiben, was Sie beunruhigt, erkennen Sie die Ursache an. Dadurch wird die Angst beseitigt, dass Sie zwar wissen, dass Sie etwas beunruhigt, Sie aber nicht in der Lage sind, die Ursache zu benennen. Das macht es weniger beängstigend.

Feststellen, ob die Besorgnis zur Gewohnheit geworden ist

Nicht jeder leidet unter ständiger Besorgnis, viele Menschen jedoch schon. Nachdem Sie die Ursachen Ihrer Sorgen ermittelt haben, fragen Sie sich, ob diese Sorgen für Sie zur Gewohnheit geworden sind? Vielleicht haben Sie sie entwickelt, nachdem Sie in Ihrer Jugend etwas Traumatisches oder Gefährliches erlebt haben. Wenn Sie dies feststellen, können Sie Ihre Sorge vielleicht als eine Charaktereigenschaft betrachten, die Sie entwickelt haben. Jetzt, da Sie wissen, dass es eine Gewohnheit ist, können Sie sie ändern oder brechen.

Verändern Sie Ihre Denkweise über Sorgen

Oft können wir Lösungen für Probleme finden, indem wir die Art und Weise ändern, wie wir sie sehen oder wie wir über sie denken. Dasselbe Prinzip kann auch im Umgang mit Sorgen angewandt werden. Jonathan Alpert, Autor des Artikels „6 mächtige Schritte, um sich keine Sorgen mehr zu machen und endlich zu leben", schlägt vor, dass Sie sich Folgendes fragen: „Was ist der Zweck meiner Sorgen? Verursachen, verhindern oder verschlimmern sie mein Problem?" Wenn Sie diese Fragen beantworten, können Sie Ihre Sorgen etwas besser verstehen.

Nehmen Sie sich etwas Zeit, um über Ihre Sorgen nachzudenken

Ich weiß, dass dies kontraproduktiv erscheinen mag, aber bleiben Sie aufgeschlossen. Alpert stellt fest, dass viele chronische Sorgenträger das Gefühl haben, keine Kontrolle darüber zu haben, was sie beunruhigt. Oft hören Sie Leute sagen „Mach dir keine Sorgen" oder „Denk einfach nicht daran." Dieser Ansatz funktioniert jedoch selten, weil er negativ formuliert ist und wir nie positiv auf negative Stimuli reagieren. Wir neigen dazu, solche negativen Äußerungen nicht gut zu verarbeiten und das zwingt uns dazu, über das nachzudenken, worüber wir nicht nachdenken sollen.

Nehmen Sie beispielsweise an, jemand sagt zu Ihnen „Denken Sie nicht an eine grüne Katze mit langen Ohren." Damit Sie nicht über eine solche Katze nachdenken, müssten Sie sich erst einmal vorstellen, wie sie aussieht. Sie würden darüber nachdenken, wie grün diese Katze ist. Sind ihre Schnurrhaare auch grün? Wie lang sind ihre Ohren? Wie Sie sehen können, denken Sie jetzt über Details nach und versuchen herauszufinden, wie diese Katze aussieht, anstatt nicht über sie nachzudenken. Sie denken an eine grüne Katze mit langen Ohren, obwohl man Ihnen gesagt hat, dass Sie das nicht tun sollen.

Wenn Ihnen also jemand sagen würde, dass Sie sich über etwas keine Sorgen machen sollen, wie z. B. über Geld oder eine bestimmte Situation, würde dasselbe passieren. Sie müssten eben genau an das denken, was auch immer es ist, um nicht daran zu denken. Aus diesem Grund müssen Sie eine gewisse Zeit einplanen, um sich aktiv Sorgen zu machen. Sie können sich täglich zwanzig Minuten Zeit nehmen und wirklich über das nachdenken, was Ihnen Sorgen bereitet. Wählen Sie eine Zeit während des Tages, in der Sie entspannt sind und wirklich über Ihre Sorgen nachdenken können. Wenn es Ihnen möglich ist, machen Sie sich intensiver Sorgen als zu jeder anderen Zeit. Aber denken Sie daran, dass Sie diese Zeit, in der Sie sich intensiv sorgen sollen, nie vor dem Schlafengehen nehmen, da sie Ihren Schlaf stören kann.

Diese Übung wird eine paradoxe Wirkung auf Sie haben, denn jetzt, da Sie wirklich darüber nachgedacht haben, was Sie beunruhigt, haben Sie es definiert und anerkannt. Auf diese Weise haben Sie die Kontrolle über dieses unbekannte Etwas wiedererlangt. Achten Sie jedoch darauf, nicht den ganzen Tag darüber nachzudenken.

Stellen Sie fest, ob es Fakt oder Fiktion ist

Nachdem Sie über Ihre Sorgen nachgedacht haben, werden Sie eine ziemlich gute Vorstellung davon haben, was deren Ursachen sind und Sie können feststellen, ob es sich dabei um reale oder fiktionale Umstände handelt. Das ist wichtig, denn es macht keinen Sinn, über Dinge nachzudenken, die vielleicht nie geschehen werden. Das trübt nur Ihren Verstand, macht es Ihnen schwer, sich auf die wichtigen Dinge zu konzentrieren, und raubt Ihnen Energie.

Nehmen Sie ein Blatt Papier und zeichnen Sie vier Spalten. In die erste Spalte schreiben Sie eine Sorge auf, die Sie haben. Stellen Sie dann in der nächsten Spalte fest, ob es sich um eine Tatsache oder eine Fiktion handelt und ob Sie Beweise haben, die Ihre Theorie bestätigen. Schreiben Sie in der dritten Spalte auf, wie Sie das, was Sie beunruhigt, auf andere Weise betrachten können. In der letzten Spalte notieren Sie, ob das, was Sie beunruhigt hat, Ihrer Meinung nach hilfreich war oder nicht.

Um diese Übung zu veranschaulichen, nehmen wir ein Beispiel von jemandem, der am Samstag eine Verabredung hat, aber besorgt ist, dass er sie absagen muss, wenn er krank wird.

Spalte 1: „Ich mache mir Sorgen, dass ich meine Verabredung am Samstag absagen muss, wenn ich krank werde."

Spalte 2: „Ich bin jetzt nicht krank. Ich fühle mich großartig." Dieser Gedanke ist also nicht real, er ist Fiktion.

Spalte 3: „Ich werde mich gesund ernähren, mich ausreichend ausruhen und dafür sorgen, dass ich für meine Verabredung am Samstag fit bin."

Spalte 4: „Ich bin nicht krank geworden und hatte ein wunderbares Date. Meine Sorgen waren unbegründet und unnötig und hatten keine Auswirkungen auf meine Gesundheit."

Fragen Sie sich, ob Sie die Kontrolle haben

Wir haben selten die Kontrolle über alles, was uns Sorgen macht. Darüber nachzudenken, bereitet uns nur Kummer. Deshalb ist es wichtig, einen Schritt zurückzutreten und sich zu fragen, ob Sie die Kontrolle über das haben, worüber Sie sich Sorgen machen. Ein Beispiel ist der Tod - er ist unvermeidlich und wir können nur wenig dagegen tun, außer Vorbereitungen zu treffen, um die Trauer über den Verlust eines Menschen zu lindern.

Sorgen infrage stellen

Chronische Sorgenträger neigen dazu, die Welt auf eine Weise zu betrachten, die sie bedrohlicher erscheinen lässt, als sie in Wahrheit ist. Sie denken beispielsweise, dass die Dinge ständig schiefgehen werden und sie denken jedes Mal, dass der schlimmste Fall eintreten wird. Nach Robinson und Smith kann diese Art von Gedanken, die als *kognitive Verzerrungen* bezeichnet werden, auch Folgendes beinhalten:

- Gedanken nach dem Alles-oder-nichts-Prinzip: Die Dinge sind entweder schwarz oder weiß. Es gibt keinen Mittelweg. Diese Art des Denkens ist vor allem bei Perfektionisten geläufig. Die Dinge, die nicht so laufen, wie sie sollen, oder die nicht ihren Standards entsprechen, werden als Fehlschläge betrachtet, die sie zum Scheitern bringen.
- Verallgemeinerung: Damit ist gemeint, dass eine negative Erfahrung, die man gemacht hat, auch ein zweites Mal geschehen wird, wie z. B. „Mein letztes Date ist schlecht gelaufen. Ich werde nie eine Beziehung haben."
- Nur das Schlechte sehen: Das ist der Moment, in welchem man nur das sieht, was schiefgelaufen ist, und nicht, was gut gelaufen ist, wie z. B. „Ich habe die letzte Frage falsch beantwortet. Ich bin so ein Idiot."
- Wege finden, die eigenen positiven Augenblicke so herunterzuspielen, als wären sie nichts Besonderes: Oft spielt man seine Erfolge herunter, indem man sagt, es war pures Glück oder man hat weniger versagt als andere.

- In dem Glauben sein, dass Ihre Gefühle die Realität widerspiegeln: „Ich habe bei meiner Präsentation einen Fehler gemacht. Jeder muss denken, dass ich ein Idiot bin."
- Negative Gedanken ohne jeglichen Beweis dafür: „Ich weiß, dass etwas schiefgehen wird." Sie tun so, als wüssten Sie, was passieren wird, oder als könnten Sie Gedanken lesen: „Ich weiß, dass sie mich hassen werden."
- Sich selbst definieren aufgrund Ihrer Fehler oder eines wahrgenommenen Mangels an Fähigkeiten
- Verantwortung für Dinge übernehmen, über die Sie keine Kontrolle haben: „Es ist meine Schuld, dass mein Mann einen Unfall hatte. Ich hätte etwas tun sollen, um ihn zu warnen."

Um diese negativen Gedanken anzuzweifeln, können Sie die nachfolgend aufgeführten Schritte befolgen.

- Nehmen Sie sich Zeit, um sich aktiv Sorgen zu machen.
- Stellen Sie fest, ob Ihre Sorge Tatsache oder Fiktion ist.
- Können Sie es positiver sehen?
- Ist der Gedanke hilfreich? Wie wird mir die Besorgnis helfen, eine Lösung zu finden?
- Fragen Sie sich, ob Sie die Kontrolle darüber haben.
- Wenn jemand, der Ihnen nahe steht, diese Sorge hätte, was würden Sie ihm sagen?

Sprechen Sie mit jemandem darüber, was Sie beunruhigt

Wenn Sie mit einem vertrauenswürdigen Freund oder Familienmitglied über Ihre Gefühle oder das, was Sie bedrückt, sprechen, können Sie einige der Sorgen und Ängste, die Sie vielleicht empfinden, abbauen. Wie das Sprichwort besagt: Geteiltes Leid ist halbes Leid. Finden Sie also jemanden, dem Sie sich anvertrauen können, und erzählen Sie ihm von Ihren Sorgen. Sie können mit einem Berater oder Therapeuten sprechen, wenn Sie nicht mit jemandem reden wollen, der Ihnen nahe steht.

Es gibt Gründe, warum Sie vielleicht zögern, sich anderen zu öffnen, z. B. weil Sie Ihre Nahestehenden nicht beunruhigen, Ihre Sorgen vertraulich behandeln wollen oder weil das Mitteilen der Sorgen Sie schwach erscheinen lassen könnte. Vielleicht fehlt Ihnen auch die Zeit, sich mit jemandem zu treffen, weil Sie zu beschäftigt sind. Was auch immer der Grund dafür sein mag, sich jemandem anzuvertrauen kann sowohl für Ihre körperliche als auch für Ihre geistige Gesundheit von Vorteil sein.

An der Universität von Südkalifornien wurde ein Experiment durchgeführt, um die Vorteile eines Gespräches über Ihre Sorgen mit jemand anderem zu messen. Die Teilnehmer wurden in zwei Gruppen aufgeteilt, wobei eine Gruppe ihre Sorgen über das Halten einer Rede, die aufgezeichnet wurde, teilte. Die anderen Teilnehmer hatten diese Möglichkeit nicht. Bei denjenigen, die über ihre Sorgen sprachen, wurde festgestellt, dass sie deutlich weniger Cortisol im Körper hatten als diejenigen, die nicht über ihre Sorgen sprachen. Die Forscher fanden zudem heraus, dass diejenigen, die ihre Sorgen mit anderen Teilnehmern teilten, die niedrigsten Cortisolwerte aufwiesen.

Laut Andrews deutet dies darauf hin, dass das Teilen Ihrer Sorgen mit jemand anderem den Stresshormonspiegel in Ihrem Körper erheblich senkt und das Teilen mit jemandem, der sich in einer ähnlichen Situation befand oder befindet, die besten Ergebnisse liefert. Wenn Sie also Beziehungsprobleme haben, können Sie diese lindern, indem Sie mit jemandem sprechen, der diese Sorgen oder etwas Ähnliches durchgemacht hat.

Akzeptieren Sie Unsicherheit

Die Autorin Susan Jeffers, die Selbsthilfe thematisiert, stellt in ihrem Buch „Embracing Uncertainty" fest, dass alles im Leben zufällig passiert und man nie wissen kann, wie sich die Dinge entwickeln werden. Sich also darüber Sorgen zu machen, bringt nichts. Viele von uns denken, dass Unsicherheit etwas Gefährliches ist und dass es unverantwortlich ist, nichts dagegen zu unternehmen. Deshalb machen wir uns Sorgen und versuchen, Wege zu finden, wie wir diese Unsicherheit beseitigen können. Sich über das Unbekannte Sorgen zu machen, ist jedoch nur dann hilfreich, wenn es Ihnen hilft, Wege zu finden, wie Sie damit umgehen können. Das ist selten der Fall, denn während Sie über das Unbekannte nachdenken, kommen Ihnen nur noch mehr schlechte Gedanken in den Sinn. Am Ende befinden Sie sich in einem Teufelskreis, weil Ihnen immer mehr Probleme einfallen, während Sie versuchen, Lösungen für andere zu finden. Diese Gedanken führen letztlich dazu, dass Sie sich schlechter fühlen, wenn Sie sich sorgen.

Wenn an Ihrem Arbeitsplatz ein neuer Vorgesetzter eingestellt wird, sind Sie möglicherweise unsicher über Ihre Zukunft im Unternehmen und machen sich Sorgen, Ihren Arbeitsplatz zu verlieren. Sorgen machen Sie jedoch nur noch ängstlicher und weniger produktiv bei der Arbeit, wodurch Sie dann möglicherweise entlassen werden könnten.

Sie haben ein Muttermal auf dem Rücken und denken, es könnte krebsartig sein, also lassen Sie es untersuchen und gehen zum Arzt, der Ihnen versichert, dass es nicht krebsartig ist. Aber Sie machen sich immer wieder Gedanken darüber und überzeugen sich, dass Sie eine zweite Meinung brauchen, weil Ärzte sich irren können. Was am Ende passiert, ist, dass Sie Ihre Zeit und Ihr Geld verschwenden, um eine Krankheit zu behandeln, die Sie nicht haben. Ihre Unfähigkeit, mit Unsicherheiten umzugehen, hat dazu geführt, dass Sie sich auf der Suche nach Antworten nur noch mehr Sorgen gemacht haben.

Um Ihnen zu helfen, mit Unsicherheit umzugehen, müssen Sie die Vorteile erkennen, welche Ihnen die Akzeptanz der Unsicherheit bieten. Der erste Vorteil ist, dass Sie sich viel weniger sorgen. Sie können Ihren Ängsten selbstbewusster entgegentreten, und so Ihr Leben mehr genießen. Sie könnten auch denken, dass ein Nachteil des Akzeptierens von Ungewissheit darin besteht, dass Sie von einem schlechten Ergebnis überrascht werden, weil Sie etwas übersehen haben, sodass es zu einer Katastrophe kommen könnte. Aber mit ziemlich großer Wahrscheinlichkeit wird das nie geschehen.

Der zweite Vorteil ist, dass es überall Unsicherheiten gibt. Welche Unsicherheiten sind Sie bereit zu akzeptieren? Erkennen Sie an, dass es in allem Ungewissheit gibt. Wenn Sie beispielsweise Auto fahren, woanders hinfahren, jemanden zum ersten Mal treffen, ein neues Projekt beginnen usw., gibt es immer Ungewissheit. Wir akzeptieren bereits einige Ungewissheiten im Leben, weil wir nicht kontrollieren oder wissen können, was passieren wird. Warum also akzeptieren wir nicht einfach alle Unsicherheiten?

Darüber hinaus, haben Sie jemals jemanden getroffen, der absolute Gewissheit über alles im Leben hat? Die Antwort darauf wird wahrscheinlich nein sein, da wir uns der Zukunft nie sicher sein können. Sie müssen sich daran erinnern, dass Ihr Leben leichter sein wird, wenn Sie die Ungewissheit akzeptieren, da sie unvermeidlich ist.

Indem Sie diese Fragen beantworten, können Sie die Kontrolle zurückgewinnen, weil Sie Ihre Unsicherheiten identifiziert haben.

Lernen Sie die akzeptanzbasierte Achtsamkeitsmeditation kennen

Üblicherweise bedeutet Achtsamkeitsmeditation, sich selbst und seiner Umgebung bewusst zu werden. Es geht darum, absichtlich, gegenwärtig und ohne zu urteilen, auf eine bestimmte Art und Weise aufmerksam zu sein. Die häufigste Art, die Achtsamkeitsmeditation zu praktizieren, besteht darin, still zu sitzen und sich auf den Atem zu konzentrieren. Dies ist eine einfache Möglichkeit, Ihre Aufmerksamkeit zu trainieren. Es gibt jedoch noch einen anderen Weg, bei dem es darum geht, ruhig zu akzeptieren, was in Ihnen vorgeht, um so die Auswirkungen der Gedanken zu verringern. Diese Art der Meditation ist als *Akzeptanzbasierte Achtsamkeitsmeditation* bekannt.

Eine im Jahr 2017 durchgeführte Studie verglich die Auswirkungen der *Akzeptanzbasierten Achtsamkeitsmeditation* mit der *Aufmerksamkeitsbasierten Achtsamkeitsmeditation* hinsichtlich der Verringerung kurzfristiger Sorgen. Alle Teilnehmer wandten progressive Techniken zur Muskelentspannung an. Die aufmerksamkeitsbasierte Gruppe arbeitete daran, ihren Atem zu beobachten und ihre Aufmerksamkeit wieder darauf zu richten, wann immer sie merkten, dass ihre Gedanken abschweifen. Im Gegensatz dazu konzentrierte sich die akzeptanzbasierte

Gruppe darauf, die inneren Erfahrungen, wie Gedanken, Gefühle oder körperliche Empfindungen, einfach nur wahrzunehmen, zuzulassen und vielleicht zu benennen.

Es stellte sich heraus, dass das Lenken der Aufmerksamkeit nach innen, das Wahrnehmen und Anerkennen der beunruhigenden Gedanken und Gefühle dazu beigetragen hat, ihre Häufigkeit zu verringern. Die Gedanken und Gefühle einfach zu beobachten und nicht über sie zu urteilen oder auf sie zu reagieren, trägt dazu bei, ihre Wirkung auf Sie zu verringern, so Robinson und Smith in ihrem Artikel „How to Stop Worrying".

Seien Sie kein Perfektionist

Wenn Sie wollen, dass alles auf Ihre Art und Weise und perfekt gemacht wird, kann das zu übermäßiger Besorgnis führen. Untersuchungen haben gezeigt, dass Menschen, die sich mehr Sorgen machen, eher Perfektionisten sind, und dieser Teufelskreis verschlechtert beide Bedingungen. Werden Sie sich Ihres perfektionistischen Wesens oder Ihrer übermäßig verantwortungsbewussten Überzeugungen und ihrer Auswirkungen auf Ihr Leben und die Menschen um Sie herum bewusster. Sobald Sie dies anerkennen, wird es leichter, es zu überwinden. Lernen Sie, die Dinge zu akzeptieren, wenn sie gut genug sind und ärgern Sie sich nicht über Kleinigkeiten. Setzen Sie auch niedrigere Maßstäbe, um den Druck auf sich selbst und die Menschen um Sie herum zu verringern, da Sie sich keine Sorgen um das Erreichen von Perfektion machen müssen.

Verlassen Sie Ihre Gedanken und bewegen Sie sich

Körperlich aktiv zu sein kann Ihnen helfen, beunruhigende Gedanken und den dadurch verursachten Stress und die Angst zu unterbrechen. Bewegung ist eine natürliche und wirksame Art und Weise, mit Angst umzugehen. Das dabei freigesetzte Hormon hilft, Stress und Anspannung abzubauen, Ihr Wohlbefinden zu steigern und Ihre Energie zu erhöhen. Laut Robinson und Smith werden Sie aufhören, sich auf beunruhigende Gedanken zu konzentrieren, wenn Sie auf die vielen Empfindungen achten, die Ihr Körper während des Trainings erfährt. Dabei kann Ihnen Folgendes helfen:

- Nehmen Sie eine Yogastunde - Yoga und Tai Chi sind großartige Hilfsmittel, um Ihren Geist neu auszurichten, indem sie Ihre Aufmerksamkeit auf Ihre Bewegung lenken und Ihnen helfen, sich zu entspannen.
- Meditieren - Sie können andere Formen der Meditation ausprobieren und sie mit Ihrer akzeptanzbasierten Achtsamkeitsmeditation kombinieren.
- Sie können auch andere stresslösende Techniken ausprobieren, die Ihnen helfen, sich zu beruhigen, wenn Sie das Gefühl haben, dass Ihnen die Sorgen zu viel werden.

Zusammenfassend können wir Folgendes festhalten:

- Das Meiste, worüber Sie sich Sorgen machen, wird niemals geschehen.
- Bewahren Sie sich davor, sich in vagen Ängsten zu verlieren. Das bedeutet, dass Sie sich leicht in Ihrem Verstand verlieren können, wenn Ihre Sorgen und Ängste übertrieben werden. Stellen Sie fest, ob sie real sind oder nicht.
- Sie sind kein Gedankenleser, also hören Sie auf zu raten, was jemand anderes denkt. Finden Sie stattdessen einen Weg, es zu hinterfragen.
- Vermeiden Sie es, Dinge zu tun, wenn Sie geistig erschöpft sind. Wann immer Sie das Gefühl haben, dass Sie an Ihre Grenzen stoßen oder erschöpft sind, vermeiden Sie es, neue Aufgaben zu übernehmen. Beenden Sie lieber das, woran Sie arbeiten und machen Sie eine Pause.
- Sprechen Sie darüber, was Sie beunruhigt.
- Bewegen Sie sich.
- Seien Sie sich des gegenwärtigen Momentes bewusster, indem Sie sich in Achtsamkeit üben.

Wenn Sie versuchen, Ihre Sorgen zu ignorieren oder zu verdrängen, verursacht das nur mehr Stress. Wenn Sie aber diese Tipps anwenden, können Sie Ihre beunruhigenden Gedanken zähmen und Ihre Angst,

Sorgen und Stress abbauen. Da Sorgen jedoch eine Gewohnheit sind, wird es einiges an Arbeit erfordern, sie zu ändern, und das wird nicht über Nacht geschehen. Aber mit diesen Tipps können Sie Ihre Gewohnheit, sich Sorgen zu machen, ablegen und sie durch eine neue, positive Gewohnheit ersetzen.

KAPITEL 6:

Wie entwickelt man emotionale Belastbarkeit?

Haben Sie sich schon einmal gefragt, wie Sie sich nach einem stressigen Ereignis wieder aufraffen können? Oder wie Sie mit schwierigen Ereignissen in Ihrem Leben umgehen können, wie z. B. dem Tod eines geliebten Menschen, einer schweren Krankheit, einem Terroranschlag und anderen traumatisierenden Ereignissen? Das sind Beispiele für extrem herausfordernde Situationen, die auftreten können, und als Folge davon werden wir von Emotionen, Sorgen, Stress und Unsicherheit über diese möglichen Ereignisse überflutet. Doch im Laufe der Zeit haben sich die Menschen an diese lebensverändernden Situationen und die sie begleitenden Emotionen angepasst. Wie waren sie dazu in der Lage? Indem sie emotionale Belastbarkeit entwickelten.

Was ist emotionale Belastbarkeit?

Der *American Psychological Association* zufolge kann emotionale Belastbarkeit definiert werden als der *Prozess der Anpassung an Widrigkeiten, traumatische Erfahrungen, Tragödien oder andere Stressfaktoren*. Die Schritte, die wir unternehmen, um für unser Wohlbefinden zu sorgen, helfen uns, mit dem Druck umzugehen und die Auswirkungen von Stress auf unser Leben zu verringern. Dies wird als Entwicklung emotionaler Belastbarkeit bezeichnet. Es handelt sich um die Entwicklung Ihrer Fähigkeit, sich von herausfordernden Situationen zu erholen und sich an diese Situationen anzupassen. Da es unmöglich ist, sich vor den Höhen und Tiefen des Lebens zu schützen, müssen wir emotionale Belastbarkeit entwickeln. Das ist kein Persönlichkeitsmerkmal, sondern eher eine Gewohnheit, die Sie entfalten können.

Wenn Sie die notwendigen Schritte unternehmen, können Sie dies erreichen.

Belastbarkeit bedeutet nicht, dass man keine Schwierigkeiten oder Ängste hat, denn Traurigkeit und emotionaler Schmerz sind eine gemeinsame Eigenschaft aller, die Widrigkeiten oder Traumata erlebt haben. Sie können jedoch besser mit den Niederlagen umgehen und haben es leichter, mit Stress umzugehen, egal ob es sich um akuten oder chronischen Stress handelt. Bei der Entwicklung emotionaler Belastbarkeit geht es nicht darum, einen Kampf zu gewinnen, sondern darum, sich selbst zu stärken, damit Sie die Situation überstehen und in Zukunft besser damit umgehen können. Betrachten Sie das metaphorisch und nicht als eine Eigenschaft, bei der man sich beugt, aber nicht bricht. Akzeptieren Sie lieber, dass Sie vielleicht gebrochen, aber eben genau deswegen stärker geworden sind.

Das heutige Leben verlangt, dass wir uns an Veränderungen anpassen, die es vorher nicht gab und es ist nur natürlich, dass wir uns von Zeit zu Zeit emotional niedergeschlagen fühlen. Wenn wir emotional belastbar werden, sind wir in der Lage, uns selbst zu befähigen, das, was wir durchmachen, als vorübergehend zu sehen und den Schmerz und das Leid durchzustehen. Wir gewinnen auch Einsicht darin, wie wir Handlungen vermeiden können, die uns in Stresssituationen führen könnten.

Betrachten Sie zum Beispiel folgendes Szenario: John ist ein Lehrer, ein liebevoller, treuer Ehemann und ein zuverlässiger Arbeiter. Er kommt pünktlich zur Arbeit und ist immer konzentriert, will aus seinen Fehlern lernen und schafft es immer, Dinge zu erledigen, weil er versucht, die Dinge nicht aufzuschieben, wie viele seiner Freunde. Er ist glücklich mit seinem Leben und dem, was er erreichen konnte.

Untersuchungen haben gezeigt, dass Menschen, die leichter mit kleineren Stressfaktoren umgehen können, auch mit größeren Stressfaktoren umgehen können. Dies ist einer der Vorteile der Belastbarkeit. Sie kommt Ihrem täglichen Leben zugute, aber auch während eines stressigen Ereignisses.

Komponenten der emotionalen Belastbarkeit

In ihrem Artikel „Was ist emotionale Belastbarkeit und wie baut man sie auf?" erklärt Chowdhury, dass die Entwicklung emotionaler Belastbarkeit auf den drei nachfolgenden Säulen beruht:

- **Körperliche Elemente**: Dazu gehört die Verbesserung der körperlichen Kraft und des Wohlbefindens, des Energieniveaus und der Vitalität.

- **Mentale Elemente**: Hierbei handelt es sich um die Arbeit an Aspekten, wie z. B. an Ihrem Fokus, Ihrer Aufmerksamkeit, Ihres Selbstwertgefühles, Ihres Selbstausdruckes, Ihrer Anpassungsfähigkeit, Ihres emotionalen Bewusstseins, Ihres Denkens, Ihrer Schlussfolgerungen, Ihres Selbstvertrauens etc.

- **Soziale Elemente**: Dies bezieht sich auf die Arbeit an Ihren zwischenmenschlichen Beziehungen zu Ihrer Familie, Ihren Mitarbeitern, Kindern, Ihrer Gemeinschaft und anderen, einschließlich Ihrer Kommunikation, Sympathie, Gruppenkonformität und Kooperation. Die Entwicklung Ihrer sozialen Fähigkeiten kann definiert werden als die erfolgreiche Interaktion zwischen Ihnen und der Umgebung, in der Sie sich befinden. Durch Kommunikation, Kontakt und Kooperation können wir mit anderen Menschen in unserer Gemeinschaft koexistieren. Indem wir die Art und Weise verbessern, wie wir mit anderen Menschen interagieren, uns an ihre Gewohnheiten anpassen oder ihre Probleme wahrnehmen, können wir Belastbarkeit entwickeln und negativen Emotionen und Ergebnissen positiver begegnen. Sie können dies erreichen, indem Sie Ihre Fähigkeit entwickeln, sich in andere Menschen einzufühlen, soziale Hinweise - verbal oder nonverbal - zu lesen, Ihre sozialen Ängste und andere Phobien bewältigen und die Kraft des Selbstausdruckes zu nutzen.

Merkmale der emotionalen Belastbarkeit, die Sie entwickeln können

Scott, ein Autor von *verywellmind.com*, stellt fest, dass die Entwicklung emotionaler Belastbarkeit dazu beiträgt, Ihr Leben zu verbessern:

1. Selbsterkenntnis

Das ist die Fähigkeit, mit seinen Gefühlen, Wahrnehmungen und inneren Konflikten im Einklang zu sein. Sie verstehen, was Sie fühlen und warum Sie sich so fühlen. Selbsterkenntnis hilft Ihnen, ein tieferes Verständnis dafür zu gewinnen, welche Rolle Ihre Gefühle bei Ihren Handlungen spielen. Anstatt äußerlich nach Hilfe zu suchen oder der Welt die Schuld für Ihr Leid zuzuschieben, gibt Ihnen die Selbsterfahrung den Mut, nach innen zu schauen und nach den Antworten zu suchen. Es hilft Ihnen, bewusster zu werden. Mit dieser Fähigkeit gewinnen Sie auch ein besseres Verständnis dafür, wie andere sich fühlen, weil Sie mit Ihren eigenen Gefühlen im Einklang sind.

2. Ausdauer

Das bedeutet, dass Sie daran arbeiten müssen, Ihre Konsequenz und Ihr Engagement zu verbessern, um kontinuierlich besser zu werden. Es hält Ihre Motivation aufrecht, wenn Sie mit internen oder externen Stressoren umgehen. Sie werden handlungsorientierter und können angesichts von Stress auf den Prozess vertrauen und darauf vertrauen, dass alles in Ordnung sein wird.

3. Kontrolle über Ihre Emotionen

Das bedeutet, dass Sie Ihre Emotionen beherrschen und sich nicht von ihnen beherrschen oder überwältigen lassen dürfen. Wenn Sie Ihre Emotionen kontrollieren, haben Sie mehr Selbstbeherrschung und können sich leichter wieder konzentrieren. Es ist weniger wahrscheinlich, dass Sie von Stress überwältigt werden oder dass Sie sich von diesen Emotionen beeinflussen lassen, indem Sie Vermutungen anstellen oder Schlussfolgerungen ziehen, ohne dass es dafür Beweise gibt.

4. Flexibles Denken und Perspektive

Dies ist ein wichtiger Aspekt der psychischen Gesundheit, der positives Denken, Logik und Rationalität einbezieht und dabei optimistisch und anpassungsfähig bleibt. Sie können diese Art des Denkens verbessern, indem Sie:

- sich erlauben, starke Emotionen zu empfinden, anstatt sie zu vermeiden oder herunterzuschlucken. Erkennen Sie auch, wie wichtig es ist, zu wissen, wann man sie vermeiden sollte.
- proaktiv mit Ihren Problemen umgehen und auch eine Pause einlegen, um sich auszuruhen.
- lernen, wann man Zeit mit geliebten Menschen verbringt und wann man Zeit für sich selbst hat.
- lernen, wann man sich auf sich selbst verlassen kann und wann man Hilfe annehmen sollte.

Wenn Sie über diese Fähigkeiten verfügen, ist die Wahrscheinlichkeit größer, dass Sie ein ausgeglichenes Leben führen. Belastbare Menschen akzeptieren und lernen aus ihren Fehlern und Misserfolgen, anstatt sie zu leugnen. Ziehen Sie Stärke daraus, dass Sie in diesen Herausforderungen einen Sinn sehen und sich nicht als Opfer betrachten.

5. Ihre Beziehungen und Unterstützungssysteme

Damit Sie emotional belastbar sind, müssen Sie gute persönliche Beziehungen haben. Das ist sowohl eine Voraussetzung als auch ein Nebenprodukt der Belastbarkeit. Die Fähigkeit, stärkere zwischenmenschliche Bindungen zu erzeugen, zeigt, dass Sie bereits einen Schritt in Richtung Belastbarkeit gemacht haben. Diese Beziehungen tragen dazu bei, unseren Blickwinkel darauf zu erweitern, wie wir unsere Probleme, uns selbst und die Welt sehen. Menschen sind soziale Wesen, und wenn wir mit Menschen, die uns unterstützen, zusammen sind, haben wir den Mut und die Kraft, uns mit unseren Problemen auseinanderzusetzen, sie zu ertragen und aus ihnen zu lernen. Um Ihre Widerstandsfähigkeit auf lange Sicht zu entwickeln, müssen Sie die Fähigkeit erlangen, Ihre Beziehungen zu verbessern und bereit sein, neue Beziehungen einzugehen und aufzubauen. Erkennen Sie auch den Wert, sich mit Freunden und geliebten Menschen zu umgeben.

6. Ihr interner Kontrollpunkt

Hierbei geht es vor allem darum, sich Ihnen selbst verständlich zu machen, dass Sie die Kontrolle über Ihr Leben haben und nicht von außen kommende Kräfte. Es wird darauf abgezielt, Ihnen zu einer realistischeren Weltsicht zu verhelfen, mit der Sie besser mit den vagen Ängsten und Sorgen umzugehen wissen, die Sie vielleicht haben. Indem Sie proaktiv mit Stressoren in Ihrem Leben umgehen, werden Sie lösungsorientierter und neigen weniger dazu, sich in diesen negativen Gedanken zu verlieren. Sie haben auch ein größeres Gefühl der Kontrolle, weil Sie etwas gegen Ihre Stresssituationen tun können, anstatt sich hilflos zu fühlen. Dieses Gefühl kann dazu beitragen, Ihr allgemeines Stressniveau zu reduzieren.

7. Ihr Optimismus

Optimismus hilft Ihnen, in jeder Situation die positiven Seiten zu sehen. Wenn Sie mit Widrigkeiten konfrontiert werden, sehen Sie die Vorteile, anstatt eine Niederlage zu akzeptieren oder sich von diesen Situationen zu Fall bringen zu lassen. Glauben Sie an sich selbst und daran, dass Sie die Kraft haben, sich durchzusetzen. Das verändert die Art und Weise, wie Sie mit Ihren Problemen umgehen, weil Sie sich von einer Opferhaltung zu einem Problemlöser gewandelt haben. Weil Sie aufgeschlossener sind, sehen Sie mehr Optionen, die Ihnen verschlossen blieben, wenn Sie nicht daran glauben würden, dass am Ende alles klappen wird.

8. Ihr Sinn für Humor

Dies beinhaltet die Entwicklung der Fähigkeit, über Ihre Sorgen zu lachen. Es handelt sich um eine sehr hilfreiche Fähigkeit, da sie Ihre Sichtweise auf Stressoren verändert und deren Auswirkungen abschwächt. Lachen ist eine gute Möglichkeit, Wohlfühlhormone freizusetzen, die Sie beruhigen können und es Ihnen ermöglichen, Ihre Stresssituation aus einer anderen Perspektive zu betrachten. Es verändert, wie der Körper auf eine Stresssituation reagiert. Anstatt die

Stressreaktion auszulösen und den Körper mit Cortisol und Adrenalin zu überschwemmen, setzt der Körper Endorphine frei, um dem Stress entgegenzuwirken.

Wie man emotionale Belastbarkeit entwickelt

Die Fähigkeit, mit Widrigkeiten umzugehen, kann durch den Einsatz des richtigen Wissens, der richtigen Ausbildung und Motivation entwickelt werden. Unabhängig davon, ob Sie Probleme am Arbeitsplatz oder zu Hause haben, können Sie mit der Situation effektiv umgehen und sich vor emotionalen Traumata schützen. Der Grund, warum manche Menschen besser mit Stress umgehen können, ist ihre Belastbarkeit. Wenn man negativen Situationen, wie z. B. einem Burnout ausgesetzt ist, kann das intensive Gefühle hervorrufen, und wir setzen oft unsere Bewältigungsmechanismen ein, um damit umzugehen. Emotional belastbare Menschen machen schnell Gebrauch von diesen Fähigkeiten, während weniger belastbare Menschen die Bewältigung als schwieriger empfinden. Zwar sind einige Menschen von Geburt an belastbarer und emotional ausgeglichener als andere. Jedoch können wir uns alle mit den richtigen Fähigkeiten selbst verbessern und unsere emotionale Belastbarkeit entwickeln.

Ein großer Teil des Aufbaus emotionaler Belastbarkeit besteht darin, zu akzeptieren, dass sie mit anderen Teilen Ihres Lebens verbunden ist. Beispielsweise kann Ihnen der Aufbau von Belastbarkeit zu Hause auch bei der Arbeit helfen (und umgekehrt). Indem Sie ändern, wie Sie die denken (Kognition), wie Sie Dinge untersuchen und bewerten (Wahrnehmung) und wie Sie auf Dinge reagieren (Handlung), können Sie Ihre Art zu fühlen, zu denken und sich zu verhalten erheblich verbessern. Ganz gleich, auf welchen Gesichtspunkt das Training ausgerichtet ist, werden sich seine Auswirkungen in anderen Aspekten Ihres Lebens widerspiegeln.

Über die Theorie der Belastbarkeit gibt es reichlich Forschung. Nachfolgend sind einige dieser Erkenntnisse aufgeführt:

Professor Michael Rutter stellte die Theorie auf, dass Belastbarkeit ein interaktiver Prozess ist, bei dem man Stressoren ausgesetzt ist, die letztlich ein positives Ergebnis für die Person haben. Er fand auch heraus, dass eine kurze Auseinandersetzung mit wichtigen Stressoren, wie z. B. einer Entlassung, einer Katastrophe oder der Trennung von einem geliebten Menschen, die eigene Belastbarkeit triggern und beeinflussen kann. Seine Ergebnisse unterstützten die Wahrscheinlichkeit, dass die Genetik eine Rolle dabei spielt, wie stark die Belastbarkeit ist, mit der man geboren wird.

Norman Garmezy fand heraus, dass unsere Unterschiede als Individuen eine wichtige Rolle bei der Bestimmung des Belastbarkeitsniveaus einer Person spielen. Die Familie, die Gemeinschaft und das soziale Umfeld können Ihre temperamentvollen Fähigkeiten beeinflussen, sowie Ihre Sichtweise und Reaktion auf Stress. Schließlich stellte er die Theorie auf, dass Interventionen zur Entwicklung oder Stärkung der Belastbarkeit alle individuellen und umgebungsbedingten Faktoren umfassen müssen, da die Auseinandersetzung mit einer Person nicht dazu beiträgt, die Belastbarkeit insgesamt aufzubauen.

Dr. Emmy Werner war die erste Person, die entdeckte, dass die Belastbarkeit eine Variable ist, die sich im Laufe der Zeit verändert und sich je nach Alter und Geschlecht unterscheidet. Sie stellte fest, dass wir je nach unserem Alter oder Geschlecht unterschiedlich stark auf unterschiedliche Stressoren reagieren werden.

Dr. Michael Ungar entwickelte das Konzept der „7 Spannungen", die unsere emotionale Belastbarkeit testen. Er stellte fest, dass sie in allen Kulturen vorhanden sind, aber die Art und Weise, wie wir auf sie reagieren, wird von unseren kulturellen Überzeugungen beeinflusst. Bei diesen 7 Spannungen handelt es sich um materielle Ressourcen, Ihre Identität, kulturelle Konformität, Ihre Beziehungen, soziale Gerechtigkeit, Zusammenhalt und schließlich um Autonomie und Kontrolle.

Diese Theorien haben sich darauf ausgewirkt, wie wir die emotionale Belastbarkeit betrachten. Sie spielen auch eine Rolle bei der Art und Weise, wie wir an ihrer Entwicklung arbeiten.

Buddha sagte einmal, dass das Geheimnis der geistigen und körperlichen Gesundheit nicht darin besteht, der Vergangenheit nachzutrauern, sich um das Kommende zu sorgen oder Problemen vorzugreifen, sondern ernsthaft und weise im gegenwärtigen Augenblick zu leben. Dazu müssen Sie Folgendes tun:

- Fördern Sie Ihre Selbstakzeptanz.
- Verbessern Sie Ihre Fähigkeiten zur Stressbewältigung.
- Bauen Sie Ihr Selbstwertgefühl auf.
- Seien Sie achtsam, konzentriert und in der Gegenwart präsent.
- Seien Sie weise, wenn Sie Emotionen ausdrücken.
- Reagieren Sie auf Stress in einer Weise, die weder Sie noch die Menschen um Sie herum beeinträchtigt.

Nachfolgend sind einige Übungen aufgeführt, mit denen Sie Ihre emotionale Belastbarkeit entwickeln können:

1. Die Kraft des positiven Denkens

Nehmen Sie sich etwas Zeit und schreiben Sie ein paar Gedanken auf, die Sie beunruhigen. Außerdem schlägt Chowdhury vor, einen positiven Gedanken aufzuschreiben, um den beunruhigenden Gedanken zu ersetzen. So kann z. B. „Ich habe Probleme mit meinen Finanzen" ersetzt werden durch „Ich sollte mich von Freunden, Familie oder einem Experten finanziell beraten lassen." Oder „Ich werde das nicht schaffen" kann ersetzt werden durch „Lass es mich versuchen, was ist das Schlimmste, was passieren kann?" Dies ist eine einfache Methode, um zu zeigen, wie leicht Sie Ihre Sicht der Dinge ändern können.

2. Mehr Dankbarkeit zeigen

Dankbarkeit ist eine ziemlich starke Emotion, die entsteht, wenn wir lernen, das zu schätzen, was wir haben, anstatt uns über das zu beschweren und uns darüber aufzuregen, was wir nicht besitzen oder verloren haben. Ein Mangel an Dankbarkeit hält uns davon ab, voranzukommen und vermindert unsere Fähigkeit, uns zu erholen. Versuchen

Sie, ein Dankbarkeitstagebuch zu führen, in dem Sie alles auflisten, wofür Sie dankbar sind, auch in stressigen Zeiten. Wenn Sie das Tagebuch füllen, werden Sie daran erinnert, dass es gute Dinge im Leben gibt, für die es sich zu leben lohnt. Sie können beispielsweise damit beginnen, Ziele aufzuschreiben, die Sie in dieser Woche erreicht haben oder was Sie vielleicht haben, das anderen fehlt oder Gründe, warum Sie Ihrer Familie dankbar sind, oder zehn gute Dinge, die Ihnen widerfahren sind, usw.

3. Selbsterkenntnis gewinnen und sich selbst einschätzen
Selbsterkenntnis bedeutet, zu wissen, wie unser Verstand funktioniert, indem wir ein tieferes Verständnis dafür bekommen, was zu einer bestimmten Situation geführt hat, wie wir uns entscheiden, darauf zu reagieren, und welche Folgen unsere Reaktionen und die von ihnen hervorgerufenen Emotionen haben. Machen Sie eine Liste mit vier Spalten, wobei die erste Spalte den Stressor, die zweite seine Ursache, die dritte Ihre Reaktion und die vierte die Folgen aufzeigt. Wenn Sie diesen Prozess erkennen und sich mit ihm vertraut machen, können Sie die Kraft gewinnen, mit Problemen effektiver umzugehen. Suchen Sie nach Gelegenheiten, etwas über sich selbst herauszufinden. Vielleicht überrascht es Sie, dass Sie durch die Bewältigung bestimmter Herausforderungen in gewisser Weise gewachsen sind. Dazu können u. a. bessere Beziehungen, ein stärkeres Selbstwertgefühl, eine größere Wertschätzung für das Leben und auch Stärke infolge von Widrigkeiten gehören.

4. Einsatz von Techniken zur Stressbewältigung
Wir sind mit den verschiedenen Möglichkeiten, wie wir mit unserem Stress umgehen und ihn bewältigen können, recht vertraut, aber wir nutzen sie nur selten. Dabei lassen wir uns offen, dem Stress und seinen Auswirkungen zu erliegen. Auf Ihrem Weg zur Entwicklung Ihrer emotionalen Belastbarkeit müssen Sie diese verschiedenen Bewältigungsmechanismen nutzen. Dazu gehören u. a. Meditation, Achtsamkeit, tiefes Atmen, Lachen und Gespräche mit anderen.

5. Beziehungen mit anderen pflegen und ein Unterstützungssystem aufbauen

Wie ich bereits sagte, ist es wichtig, gute Beziehungen zu Familienmitgliedern, Freunden und allen, die Ihnen wichtig sind, zu pflegen. Hilfe und Unterstützung von ihnen anzunehmen, kann dazu beitragen, Ihre emotionale Belastbarkeit zu stärken. Manche Menschen haben die Erfahrung gemacht, dass es auch Vorteile für den Helfer selbst hat, indem man sich z. B. glücklich fühlt, weil man jemand anderem helfen kann. Sie können sich Gruppen anschließen, wie z. B. religiösen Gruppen, Bürgerinitiativen oder jeder örtlichen Selbsthilfegruppe, die Ihnen das Gefühl geben, Teil von etwas zu sein.

6. Sich selbst eine Pause gönnen

Seien Sie freundlicher zu sich selbst, da es Ihnen helfen kann, den Druck zu verringern, den Sie in stressigen Situationen verspüren. Sie können dies erreichen, indem Sie verschiedene Dinge tun, z.B. sich selbst für Ihre Leistungen belohnen, egal wie klein sie sind, eine Pause einlegen und vielleicht in den Urlaub fahren oder sich verwöhnen lassen. Sie sollten Konflikte lösen, anstatt sich von ihnen quälen zu lassen. Machen Sie einen Tapetenwechsel, der Ihnen hilft, sich neu zu orientieren und lernen Sie, sich für Ihre Fehler und Mängel zu entschuldigen.

Auch das sollten Sie beachten:

- Ihre Gedanken beeinflussen Ihr Handeln.
- Es ist wichtig, Stress anzuerkennen und bereit zu sein, wirksam mit ihm umzugehen.
- Seien Sie Veränderungen gegenüber aufgeschlossen und flexibel, wenn Sie sich an ungewohnte Situationen anpassen.
- Lernen Sie, die Wahrheit zu akzeptieren, indem Sie Ihre Reaktion auf Stress verändern.
- Fördern Sie Ihr Einfühlungsvermögen, damit Sie Ihr inneres Ich stärken.
- Akzeptieren Sie Ihre Fehler und lernen Sie aus ihnen.

Die Entwicklung von Belastbarkeit hilft Ihnen, Ihr Selbstwertgefühl, Ihre Achtsamkeit, Ihre Beziehungen, Ihre Flexibilität, Ihre spirituelle

Freiheit und Ihre Perspektive zu verbessern. Belastbarkeit kann Ihnen auch dabei helfen, einen aufgeschlossenen Geist zu erhalten, Ihre Emotionen besser zu bewältigen und einige positive Stressbewältigungstechniken zu erlernen.

KAPITEL 7:

Wirksame Wege zum Aufbau mentaler Stärke

Mentale Stärke spielt eine entscheidende Rolle bei der Entwicklung von Belastbarkeit. Es ist entscheidend, Ihre mentale Willenskraft zu stärken, damit Sie das Beste aus Ihrem Leben machen können. Doch was ist mentale Stärke und wie können Sie sie entwickeln? Lassen Sie uns einen tieferen Blick auf die mentale Belastbarkeit und die Möglichkeiten werfen, wie Sie diese aufbauen können.

Was ist mentale Belastbarkeit?

„Wie man geistig stark wird: 14 Strategien zum Aufbau von Belastbarkeit" von Ribeiro definiert mentale Stärke als die Fähigkeit eines Menschen, mit Stressfaktoren, Druck und Herausforderungen effektiv umzugehen. Es ist auch die Fähigkeit, durchzuhalten und das Beste aus sich herauszuholen, unabhängig von der Situation, in der man sich befindet. Es ist jedoch schwierig, die mentale Stärke exakter zu beschreiben, da mentale Gewohnheiten im Vergleich zu Kognition, Einstellung und den Ergebnissen, die mit der mentalen Stärke verbunden sind, direkter beobachtet werden.

Mentale Stärke ist förderlich für ein optimales Leben. Ähnlich wie wir körperliche Stärke durch Training entwickeln, können wir unsere mentale Stärke aufbauen, indem wir Hilfsmittel und Methoden anwenden, die darauf abzielen, unsere mentale Kapazität zu schärfen. Eine optimale psychische Gesundheit ermöglicht es uns, das Leben in vollen Zügen zu genießen, sinnvolle Beziehungen und Verbindungen zu knüpfen und gleichzeitig ein positives Selbstwertgefühl zu gewinnen. Sie hilft uns, die Angst und Furcht zu reduzieren, die uns daran hindern könnten, Neues auszuprobieren, Risiken einzugehen und mit Unsicherheit und schwierigen Situationen umzugehen. Hier ist ein Beispiel dafür, wie mentale Stärke jemandem geholfen hat, eine schwierige Situation zu überstehen.

Als Danelle Ballengee ihre übliche Joggingrunde in der Nähe von Moab startete, sollte es eigentlich nur ein gewöhnlicher Lauf werden. Doch an diesem Dienstagmorgen würde die zweifache Weltmeisterin im Extreme Adventure Racing einen der schwierigsten Momente in ihrem Leben erleben. Sie lief mit ihrem Hund Taz, der es liebte, mitzumachen. Auf halber Strecke rutschte Danelle auf einer Eisfläche aus und stürzte eine steile Felswand hinunter, wobei sie auf dem Weg nach unten auf mehrere Felsvorsprünge stieß. Schließlich landete sie etwa 25 Meter unterhalb der Strecke. Der Aufprall des Sturzes zertrümmerte ihr Becken, verursachte innere Blutungen und sie war voller Schnitt- und Schürfwunden.

Sie versuchte, sich in Sicherheit zu begeben, aber sie hatte so starke Schmerzen, dass sie nur 500 Meter in fünf Stunden schaffte. Ihr Hund Taz leistete ihr Gesellschaft, während sie Hilfe suchte. Dank ihres Hundes wurde sie knapp drei Tage später gefunden. Sie wurde sofort ins Krankenhaus gebracht und am Becken operiert, da es an vier Stellen gebrochen war. Danach musste sie monatelang eine schmerzhafte Rehabilitation machen. Schwere Emotionen plagten Sie, wie z. B. die Frage, ob sie jemals wieder laufen könnte.

Nach monatelanger Therapie war sie jedoch wieder in der Lage, zu gehen und zu laufen, und sie belegte den fünften Platz in einem 100 km Abenteuerrennen, welches Radfahren in den Bergen, Kajak fahren, einen Seilgarten laufen und vieles mehr beinhaltete. Da sie mental belastbar war, konnte Danelle ihr Trauma und die schwierigen Emotionen, die sie während der Physiotherapie erlebt hatte, rational verarbeiten, indem sie sich auf ihre Ziele der Genesung und des Comebacks im Wettkampf konzentrierte. Bevor sie gerettet wurde, gab ihr Hund ihr die emotionale Unterstützung, die sie brauchte, um nicht aufzugeben.

Mentale Belastbarkeit bedeutet, tägliche Gewohnheiten und Verhaltensweisen zu entwickeln, die Ihnen helfen, Ihre Belastbarkeit aufzubauen und auch die negativen Gewohnheiten und Verhaltensweisen abzulegen, die Sie bremsen. Um Ihre mentale Belastbarkeit aufzubauen, müssen Sie sich dafür entscheiden, Ihre persönliche Entwicklung zur Priorität zu machen. Die Schritte, die Sie unternehmen, um sich zu verbessern, wie z. B. indem Sie Achtsamkeit und Dankbarkeit üben, können ebenfalls dazu beitragen, Ihre mentale Stärke zu entwickeln. Zudem müssen Sie schlechte Gewohnheiten aufgeben, wie Selbstmitleid, Überheblichkeit, Perfektionismus usw. Sobald Sie diese Hilfsmittel zur mentalen Stärkung anwenden, besteht der Schlüssel zur wirklichen Stärkung Ihres mentalen Muskels darin, ihn zu trainieren.

Während Stressoren manche Menschen sehr stark belasten, nehmen geistig starke Menschen diese aufgrund Ihres Optimismus selbstbewusst an. Sie betrachten Stressfaktoren eher als eine Möglichkeit und nicht als eine Bedrohung. Wenn Sie mentale Stärke entwickeln, ist es unerlässlich, dass Sie verstehen, was es bedeutet, mental stark zu sein. Belastbarkeit wird dadurch entwickelt, dass man subjektiv empfundenen Stress durchmacht und in der Lage ist, diesem mehr Aufmerksamkeit zu schenken und sich Raum zu schaffen, damit Sie, in Übereinstimmung mit Ihren Grundwerten, überlegt handeln können. Es ist vergleichbar mit der Entwicklung psychologischer Flexibilität, d. h. der Fähigkeit einer Person, bewusste Entscheidungen zu treffen, die auf den Umständen basieren und die es dieser Person erlauben, ihr Verhalten gemäß den gewählten Werten zu ändern oder beizubehalten.

Einfach gesagt bedeutet es, dass man seine Gedanken und Gefühle weniger ernst nimmt und auf langfristige Werte und Ziele hinarbeitet, anstatt auf kurzfristige Gedanken, Impulse und Gefühle. Stellen Sie sich psychologische Flexibilität so vor, dass Sie lernen, eher nachdenklich als impulsiv auf Stress zu reagieren. Sie ist ein integraler Bestandteil der psychischen Gesundheit und Leistungsfähigkeit.

Dr. Archer und Collins beschreiben die psychologische Flexibilität in ihrem Artikel „Was ist psychologische Flexibilität?" als einen Maßstab dafür, wie wir uns an die Anforderungen von Situationen anpassen, wie wir unsere psychischen Ressourcen neu konfigurieren und unsere Perspektive ändern. Des Weiteren misst psychologische Flexibilität, wie aufgeschlossen wir gegenüber Verhaltensweisen sind, die mit unseren Grundwerten übereinstimmen, und wie wir ein Gleichgewicht zwischen Wünschen, Bedürfnissen und anderen Teilen unseres Lebens herstellen. Es ist entscheidend zu verstehen, was psychologische Flexibilität ist, denn unsere Gedanken und Gefühle neigen dazu, unvorhersehbare Indikatoren von langfristigem Wert zu sein. Wenn wir auf ihrer Grundlage handeln, neigen wir dazu, wichtigere nachhaltige Muster zu übersehen, die unserem Leben Sinn, Vitalität und Reichtum verleihen.

Früher wurden positive Emotionen, Gedanken und die Befriedigung psychologischer Bedürfnisse, wie Autonomie, Zugehörigkeit, Kompetenz usw., als Grundlage für den Aufbau psychologischer Gesundheit angesehen. Studien haben jedoch gezeigt, dass diese Faktoren, obwohl sie für die psychische Gesundheit wichtig sind, viele der sich verändernden, widersprüchlichen Kräfte nicht abdecken, die entstehen, wenn Menschen sich in ihrer Umgebung und sozialen Welt bewegen. Wenn Sie also Ihre psychologische Flexibilität aufbauen, können Sie Ihre psychische Gesundheit und Belastbarkeit verbessern.

Wie man mentale Stärke entwickelt

Ich habe bereits die Vorteile des Aufbaus einer mentalen Stärke erwähnt, einschließlich der Verringerung von Angst und Stress und der Stärkung des Selbstvertrauens und der Wertschätzung. Gleichzeitig wird man mit den Fähigkeiten ausgestattet, die man braucht, um schwierige Situationen zu meistern. Jeffrey erläutert in seinen „7 Schritten zur Entdeckung Ihrer persönlichen Grundwerte", wie Ihnen Widerstandsfähigkeit beim Überleben hilft, während mentale Stärke Ihnen nützt, angesichts dieser Widrigkeiten zu gedeihen. Das beginnt damit, dass man sich bewusst macht, was einem durch den Kopf geht, ohne diese Gedanken oder Gefühle zu verurteilen, und dann den Antrieb findet, der nötig ist, um positive Gedanken über die Situation, in der man sich befindet, zu entwickeln. Um Ihnen zu helfen, Ihre mentale Stärke zu entfalten, befolgen Sie die unten aufgeführten Tipps.

Identifizieren Sie Ihre Grundwerte

Wir erfahren größere Erfüllung, wenn wir nach unseren Werten leben. Sie sind ein Teil von uns und zeigen, wofür wir stehen - im Grunde repräsentieren sie unser individuelles Wesen. Sie kontrollieren, wie wir uns verhalten, indem sie einen persönlichen Verhaltenskodex vorgeben. Wenn wir sie nicht ehren, geraten wir in emotionale, mentale und manchmal auch physische Unruhen. Für einige geht es dabei um die Gesundheit, für andere um finanzielle Stabilität, berufliche Entwicklung, Familie usw.

Leider wissen nicht viele Menschen, was ihre Werte sind und wir verstehen selten, was uns wirklich wichtig ist. Stattdessen konzentrieren wir uns auf unsere sozialen, medialen und kulturellen Werte. Können Sie sich fünf Dinge vorstellen, die Sie am meisten schätzen, seien es Prinzipien, nach denen Sie leben, oder Aspekte Ihres inneren Ichs? Ohne diesen Selbstfindungsprozess kann es schwierig sein, zu wissen, was Ihre wahren Werte sind, und Sie können am Ende nur darüber theoretisieren, was Sie schätzen sollten. Sie sollten verstehen, dass dies eine herausfordernde Aufgabe ist, die von Ihnen Ehrlichkeit, Entschlossenheit und Geduld abverlangt.

Sie können diese Schritte befolgen, um Ihre Grundwerte zu bestimmen:

a) Machen Sie Ihren Kopf frei und nehmen Sie die Denkweise eines Anfängers an - jemand, der keine vorgefassten Vorstellungen darüber hat, wie die Grundwerte aussehen sollten. Das wird Ihnen den Zugang zu Ihren innersten Gedanken ermöglichen und Sie in den richtigen mentalen und emotionalen Zustand bringen.

b) Listen Sie Ihre persönlichen Werte auf. Die Erstellung dieser Liste kann eine entmutigende Aufgabe sein, aber es wird Ihnen helfen, Ihre Werte zu entdecken. Wenn Sie Schwierigkeiten haben, Ihre Werte zu bestimmen, können Sie Ihre Höhepunkte noch einmal Revue passieren lassen. Denken Sie an Ihre schönsten Momente und überlegen Sie, warum Sie sie schätzen. Tun Sie jetzt das genaue Gegenteil und denken Sie an eine Zeit, in der Sie verärgert oder wütend waren und fragen Sie sich, was passiert ist, wie Sie sich gefühlt haben und welcher Ihrer Werte nicht geehrt wurde und Sie zu dieser Reaktion veranlasst hat. Letztlich denken Sie an Ihren eigenen Verhaltenskodex. Was halten Sie außer Ihren Grundbedürfnissen noch für wichtig? Ist es Ihre Kreativität? Oder Ihre Gesundheit? Die Lösung dieser Fragen wird Ihnen helfen, Ihre Werte zu erkennen.

c) Gruppieren Sie Ihre persönlichen Werte in ähnliche Kategorien. Nehmen Sie die Liste, die Sie im vorherigen Schritt erstellt haben, und gruppieren Sie alle Werte, die miteinander in Beziehung stehen könnten. Werte, wie Rechtzeitigkeit und Verantwortung, stehen in Beziehung zueinander, ebenso wie Zugehörigkeit und Intimität usw.

d) Identifizieren Sie das wiederkehrende Thema in jeder Gruppe. Wenn zu einer Wertgruppe beispielsweise Ehrlichkeit, Integrität, Geradlinigkeit und Wahrheit gehören, wählen Sie ein Wort, das all diese Werte zusammenfasst. In diesem Fall wäre es Integrität, weil es in diesen Werten ein wiederkehrendes Thema ist. Tun Sie dies für all Ihre Gruppen, bis Sie eine kürzere Liste als die vorherige haben.

e) Bestimmen Sie Ihre wichtigsten Grundwerte, denn Ihre Liste könnte auch nach dem vorherigen Schritt noch recht lang sein. Fragen Sie sich, welche Werte für Ihr Leben lebenswichtig sind. Welche repräsentieren Ihre Art und Weise am besten? Welche sind entscheidend für die Unterstützung Ihres inneren Selbst? Die Beantwortung dieser Fragen wird Ihnen helfen, die Liste weiter zu filtern und Ihre Grundwerte herauszuarbeiten. Ordnen Sie sie nach ihrer Wichtigkeit, aber machen Sie diesen Schritt nicht in einer Sitzung. Nachdem Sie eine Runde abgeschlossen haben, schlafen Sie darüber und kommen Sie am nächsten Tag wieder darauf zurück, um ganz sicher zu sein, dass die Einstufung Ihrer Werte richtig ist. Nun sollten Sie eine Liste Ihrer Grundwerte haben.

Wenden Sie die vier Grundprinzipien der mentalen Stärke an

Die Techniken der mentalen Belastbarkeit drehen sich um diese Themen:

- Ängste kontrollieren
- Visualisierung
- Positiv denken
- Ziele setzen
- Aufmerksamkeit kontrollieren

In einem Artikel in *Positive Psychology* von Ribeiro heißt es, dass die vier Grundprinzipien der mentalen Stärke vier geistige Eigenschaften beschreiben, die man besitzen kann, um seine mentale Stärke zu erhöhen. Das Erlangen einer oder mehrerer dieser Eigenschaften ist der Schlüssel zum Erfolg. Diese Eigenschaften werden nachfolgend näher erläutert:

- Engagement: Hier geht es um das Ausmaß Ihrer persönlichen Konzentration und Zuverlässigkeit. Ein hohes Maß an Engagement bedeutet, dass Sie sich effektiv und konsequent Ziele setzen können, ohne den Fokus zu verlieren. Es zeigt, dass Sie gut darin sind, Routinen und Gewohnheiten zu schaffen und diese beizubehalten. Ein niedriges Maß bedeutet, dass Sie Schwierigkeiten haben, Routinen zu schaffen, Ziele zu priorisieren oder sich an neue Gewohnheiten anzupassen. Sie lassen sich auch leicht von Ihren Gefühlen, anderen Menschen oder konkurrierenden Aufgaben ablenken.

- Kontrolle: Dies beinhaltet, das Ausmaß Ihrer Kontrolle in Ihrem Leben zu analysieren, einschließlich Ihrer Gedanken, Emotionen und Ihrem Lebenssinn. Diese Komponente ist mit Selbstachtung und Selbstvertrauen verbunden. Wenn Sie ein hohes Maß an Kontrolle haben, fühlen Sie sich unabhängig von den Umständen wohl und Sie haben Selbstvertrauen. Sie sind auch in der Lage, Ihre Emotionen zu kontrollieren und es ist weniger wahrscheinlich, dass Sie aus einem Impuls heraus oder aufgrund einer emotionalen Reaktion handeln. Es zeigt, dass Sie mehr mentale Stärke haben als jemand mit weniger Kontrolle, der leicht von seinen Gedanken, Emotionen und Umständen beeinflusst wird.

Diese beiden Komponenten repräsentieren den belastbaren Teil des Aufbaus geistiger Stabilität. Denn die Fähigkeit, sich von Widrigkeiten zu erholen, bedeutet, zu wissen, dass Sie die Kontrolle haben und Ihre Situation ändern können. Sie erfordert auch, dass Sie sich konzentrieren, neue Gewohnheiten annehmen und diese beibehalten.

- Vertrauen: Im Mittelpunkt steht hier Ihr Glaube an Ihre Fähigkeiten, produktiv und fähig zu sein. Dies wird bezeichnet als Ihr Selbstvertrauen und Ihre Fähigkeit, andere zu beeinflussen. Am oberen Ende dieser Skala zu stehen, bedeutet, dass Sie zuversichtlich sind, dass Sie Aufgaben bewältigen, Rückschläge gut verkraften, dabei Ihre normale Routine beibehalten und an all dem wachsen können. Am unteren Ende der Skala zu stehen, bedeutet, dass es Ihnen an Selbstvertrauen fehlt.

- Herausforderung: Hier geht es um Ihre Tatkraft und Anpassungsfähigkeit. In der Lage zu sein, ein hohes Maß an Herausforderung anzunehmen, bedeutet, dass Sie angetrieben werden, Ihre Ziele zu erreichen und dass Sie Herausforderungen, Rückschläge und Misserfolge als Lektionen und Möglichkeiten zur Verbesserung betrachten. Sie sind geistig flexibel und beweglich. Auf der anderen Seite zu sein bedeutet, dass Sie von Herausforderungen bedroht sind und Risiken vermeiden, weil Sie Angst haben, zu versagen.

Setzen Sie Ihre geistige Energie sorgfältig ein und lernen Sie, mentale Ausdauer zu entwickeln

Sie können Ihre geistige Energie schnell erschöpfen, indem Sie sich mit dem beschäftigen, was Sie nicht kontrollieren können. Wenn Sie sich beispielsweise über das Wetter Sorgen machen, wird sich daran nichts ändern und Sie können es nicht verhindern, aber Sie können sich darauf vorbereiten. Bewahren Sie Ihre geistige Energie für produktivere

Aufgaben auf, zu denen das Setzen von Zielen oder das Lösen von Problemen gehören kann. Lernen Sie, geistig energieraubende Menschen und Umstände zu erkennen und sie zu vermeiden, wann immer Sie können. Indem Sie regelmäßig üben, wie Sie Ihre geistige Ausdauer entwickeln und Ihre geistige Energie sorgfältiger einsetzen, können Sie dies zur Gewohnheit werden lassen.

Üben Sie Positivität, indem Sie negative Gedanken durch produktive ersetzen

Durch Achtsamkeit können Sie sich Ihrer Gedanken bewusst werden und Ihre mentale Stärke und Widerstandskraft verbessern. Selbstzerstörerische Gedanken, wie z. B. zu sagen, dass Sie etwas nicht tun können oder zu denken, dass Sie nicht gut genug sind, können Sie davon abhalten, Ihr Leben in vollen Zügen zu genießen. Diese Gedanken können außer Kontrolle geraten und auch Ihr Verhalten beeinflussen. Entwickeln Sie Ihren geistigen Muskel, indem Sie negative Gedanken erkennen und durch positive, produktive Gedanken ersetzen. Die Gedanken müssen nicht übermäßig positiv sein, aber sie sollten realistisch sein. Sie können beispielsweise Ihre Schwächen anerkennen, aber im gleichen Atemzug einräumen, dass Sie auch Stärken haben.

Denken Sie über Ihre Fortschritte nach

Finden Sie Zeit, um über die Fortschritte, die Sie bei der Entwicklung Ihres geistigen Muskels machen, nachzudenken und diese zu beobachten. Finden Sie heraus, was Sie über sich selbst, Ihre Gedanken, Gefühle und Verhaltensweisen gelernt haben. Denken Sie dabei daran, dass die Entwicklung geistiger Belastbarkeit ein Prozess ist. Nehmen Sie sich also die Zeit, um zu schätzen, was Sie erreicht haben und wie weit Sie gekommen sind.

Lernen Sie, mit Schmerzen umzugehen

Schmerz verlangt danach, gefühlt zu werden. Erst wenn wir uns entscheiden, ihn zu bekämpfen, zu vermeiden oder zu unterdrücken, verwandelt er sich in Leiden. Anstatt den Schmerz zu verbergen oder zu vermeiden, mit ihm umzugehen, sollten Sie sich dafür entscheiden, ihn zu erfahren. Eine Möglichkeit, dies zu tun, ist Achtsamkeit und Meditation. Diese beiden Praktiken lehren Sie, bewusster zu sein, und wenn Sie dieses Bewusstsein erlangen, können Sie Ihren Schmerz akzeptieren. Das hilft, die Auswirkungen, die der Schmerz auf Sie hat, zu verringern. Es hat sich gezeigt, dass Individuen durch Meditation die Auswirkungen einer schmerzhaften Erfahrung lindern und die Fähigkeit entwickeln können, anders auf Schmerzen zu reagieren. Anstatt auf den Schmerz zu reagieren und die Stressreaktion des Körpers auszulösen, erkennen sie den Schmerz an, spüren ihn und lassen ihn dann los.

Ein Mantra entwickeln

Die Zeitschrift *Brain and Behavior* veröffentlichte die Ergebnisse einer Studie aus dem Jahr 2015, die zeigte, dass das Rezitieren eines Mantras, egal ob es sich dabei um einen Satz oder ein einzelnes Wort handelt, dazu beiträgt, das Gehirn beschäftigt zu halten und so unnötiges Überdenken zu verhindern. Dies wird als *Mantra-Effekt* bezeichnet. Ein Mantra ist eine längere, wiederholte Äußerung und gehört zu den vielen mentalen Praktiken, die zum Abbau von Ängsten und Stress eingesetzt werden. Laut Stulberg, dem Autor von „Wie Sie durch Mantras mentale Stärke gewinnen", haben sich wiederholende, meditative Praktiken als wirksam erwiesen, insbesondere auf intrinsische, selbstbezogene mentale und emotionale Prozesse. Es hat sich gezeigt, dass wiederholte Sprechübungen eine signifikante Verringerung obsessiver Denkprozesse bewirken und bei Personen, die Mantra-Meditationen praktizieren, eine lang anhaltende beruhigende psychologische Wirkung erzeugen.

Die Vorteile mentaler Stärke

i. Sie gewinnen emotionale Stabilität, die es Ihnen ermöglicht, unter Druck bessere Entscheidungen zu treffen. Es hilft Ihnen, Ihre Fähigkeit zu bewahren, objektiv zu bleiben und trotz Ihrer Gefühle so zu handeln, wie Sie es normalerweise tun würden.

ii. Es hilft Ihnen, eine andere Perspektive zu gewinnen und schwierige Situationen durchzustehen. Es hilft Ihnen, auch in schwierigen Situationen den Blick für das Wesentliche zu bewahren.

iii. Mit mentaler Stärke nehmen Sie Veränderungen bereitwillig an, weil Sie verstehen, dass sie unvermeidlich sind. Während Sie Ihre mentale Stärke aufbauen, entwickeln Sie auch Anpassungsfähigkeit und Flexibilität in Ihrer Denkweise.

iv. Geistige Stärke ermöglicht es Ihnen, sich von einer Situation zu lösen und zu verstehen, dass es nicht um Sie geht. Anstatt Zeit damit zu verschwenden, darüber nachzudenken, warum das alles mit Ihnen geschieht, können Sie diese Zeit nutzen, um sich auf das zu konzentrieren, was Sie kontrollieren können, z. B. wie Sie reagieren.

v. Sie hilft Ihnen, eine Widerstandsfähigkeit zu entwickeln, die Sie stärkt und Ihnen hilft, besser mit Stress, Angst und Furcht umzugehen. Sie bereitet Sie auch auf Herausforderungen und Widrigkeiten vor, indem sie Ihnen hilft, Emotionen zu akzeptieren und die Kontrolle über sie zu behalten. Sie sind in der Lage, Ihren Fokus beizubehalten und die richtige Einstellung gegenüber Hindernissen und Unsicherheiten zu entwickeln.

vi. Sie können sich darauf konzentrieren, das zu tun, was für Sie am besten ist, weil Sie sich nicht darum sorgen, anderen zu gefallen. Dieses Gefühl des Selbstvertrauens und der Selbstsicherheit gewinnen Sie, wenn Sie geistig stark sind.

vii. Sie üben sich in Ihren Handlungen mit mehr Geduld und handeln nicht aus einem Impuls heraus. Wann immer unsere Emotionen erhöht sind, neigen wir dazu, vorschnelle Entscheidungen zu treffen. Während Sie Ihre geistigen Fähigkeiten ausbauen, beginnen Sie, zu verstehen, dass alles, was sich lohnt, Zeit braucht und dass Sie daran arbeiten müssen. Das bezieht sich darauf, zu akzeptieren, dass man sich in einem Prozess befindet und dass das in Ordnung ist.

Daskal stellt in ihrem Artikel „18 kraftvolle Wege zum Aufbau Ihrer mentalen Stärke" fest, dass Sie durch die Anwendung dieser Tipps Ihre mentale Stärke aufbauen und der Kontrolle über Ihren Stress einen Schritt näherkommen können.

KAPITEL 8:

Entspannungstechniken

Entspannung bedeutet für die meisten Menschen, sich nach einem langen Tag vor den Fernseher zu begeben, auf der Couch zu liegen und sich auszuruhen. Diese Art der Entspannung trägt jedoch nur sehr wenig dazu bei, die Auswirkungen des Stresses, unter dem Sie den ganzen Tag über standen, zu verringern. Anstatt die Entspannungsreaktion Ihres Körpers zu aktivieren, lenkt sie Sie lediglich vom Umgang mit dem Stress ab. Stress kann Ihrem Körper viel Schaden zufügen, wenn er unkontrolliert bleibt. Deshalb müssen Sie Wege finden, mit Ihren Stressoren umzugehen und Ihren Stress zu bewältigen. Es gibt verschiedene Möglichkeiten, mit Stress umzugehen. Eine davon sind Techniken, die darauf abzielen, die Entspannungsreaktion Ihres Körpers auszulösen.

Denken Sie daran, dass keine einzelne Entspannungstechnik für alle funktioniert, weil wir alle unterschiedlich sind. Deshalb müssen Sie die für Sie richtige Methode finden. Es sollte etwas sein, das zu Ihrer Lebensweise passt und Ihren Geist die Entspannungsreaktion auslösen lässt. Um die richtige Entspannungstechnik zu finden, müssen Sie vielleicht einige ausprobieren, aber Sie werden die für Sie beste Methode oder Kombination von Methoden finden. Wenn Sie sie gefunden haben, können Sie sie anwenden, um mit Ihrem Stress und Ihrer Angst umzugehen, Ihre Stimmung und Ihr Energieniveau zu heben und Ihre Gesundheit im Allgemeinen zu verbessern. Wenn Sie diese Entspannungsmethoden praktizieren, und sei es auch nur für ein paar Minuten am Tag, können diese Sie beruhigen und dazu beitragen, Ihren Stress abzubauen.

Die Entspannungsreaktion

Die Entspannungsreaktion ist ein Begriff, der von Dr. Herbert Benson, einem Kardiologen, Autor, Professor und Gründer des *Harvard Mind/Body Medical Institute*, geprägt wurde. Er definierte diese Reaktion als die Fähigkeit einer Person, ihren Körper dazu zu bringen, Gehirnsignale auszulösen und Chemikalien freizusetzen, die ihre Organe und Muskeln verlangsamen und gleichzeitig den Blutfluss zum Gehirn erhöhen. Sie ist das Gegenteil der *Kampf-oder-Flucht-Reaktion*, unseres Überlebensmechanismus, der ausgelöst wird, wenn wir uns überwältigt, ängstlich oder gestresst fühlen.

In Kapitel eins haben wir darüber gesprochen, was passiert, wenn unser Körper in den Kampf- oder Fluchtmodus übergeht. Unsere Herzfrequenz und unser Blutdruck steigen, und Cortisol, Adrenalin und andere Stress-Chemikalien werden freigesetzt. Diese Chemikalien erhöhen unsere Energie und führen dazu, dass sich unsere Muskeln anspannen, um auf das, was passieren könnte, vorbereitet zu sein. Wenn dieser erhöhte Zustand jedoch anhält, kann er schädliche Auswirkungen auf den Körper haben. Deshalb müssen wir ihn mildern, indem wir die Entspannungsreaktion auslösen.

In dem Artikel „Das Anwenden der Entspannungsreaktion zum Stressabbau" stellt MacDonald fest, dass die Entspannungsreaktion eintritt, wenn unser Körper nicht mehr in Gefahr ist und sich unsere Körperfunktionen wieder normalisieren - d. h. Puls und Blutdruck sinken, die Atmung verlangsamt sich und unsere Muskeln entspannen sich. Während der Entspannungsreaktion geht Ihr Körper von einem physiologisch erregten oder aufmerksamen in einen ruhigeren Zustand über. Diese Ruhe wird erreicht, indem das, was die Stressreaktion ausgelöst hat, rückgängig gemacht wird.

- Ihre Herzfrequenz und Ihr Blutdruck werden gesenkt.
- Ihre Verdauungsfunktionen und Ihr Immunsystem werden wieder normalisiert.
- Der Blutfluss zu Ihren Gliedmaßen ist wieder erhöht.
- Cortisol, Adrenalin und andere Stresshormone werden nicht mehr ausgeschüttet.

Die Entspannungsreaktion auslösen

In der Antike half uns unsere Stressreaktion dabei, zu überleben. Sie wurde immer dann ausgelöst, wenn wir durch Bedrohungen, wie z. B. durch Raubtiere, in Gefahr waren. Heutzutage wird sie jedoch viel öfter ausgelöst, sogar mehrmals am Tag, und wir haben nie die Möglichkeit, uns zu beruhigen und zu erholen. Gerade in solchen Zeiten kann das Auslösen der Entspannungsreaktion zur Beruhigung von Körper und Geist beitragen. Nach Scott, dem Autor von *Entspannungsreaktion bei der Umkehrung von Stress*, kann dies besonders bei chronischem Stress hilfreich sein. Der Körper befindet sich in einem kontinuierlichen Zustand der physiologischen Erregung und der Körper hat keine Zeit, sich zu entspannen, bevor der nächste Stressor zuschlägt. Dies kann zu einem schwachen Immunsystem und negativen emotionalen Folgen, wie Angstzuständen, Wutausbrüchen und Burnout, führen.

Entspannungstechniken sind eine gute Möglichkeit, diese Entspannungsreaktion auszulösen und Ihnen zu helfen, Ihren Stress zu bewältigen. Diese Strategien helfen Ihrem Körper, Entspannung zu erfahren, wann und wo auch immer Sie sich befinden. Sie helfen Ihnen auch, alle schädlichen Auswirkungen von Stress zu reduzieren.

Tipps, wie Sie Ihre Entspannungspraxis beginnen können

1. Bevor Sie mit Ihrer Entspannungspraxis beginnen, ist es empfehlenswert, zunächst mit einem Arzt zu sprechen, insbesondere wenn Sie schwere oder chronische Symptome haben. Ihre Symptome könnten ein Zeichen dafür sein, dass Sie eine Grunderkrankung haben, derer Sie sich nicht bewusst waren. Daher ist es am besten, vor Beginn eine vollständige Diagnose Ihres Gesundheitszustandes zu erhalten. Wenn Ihre Angst beispielsweise fortbesteht, hilft Ihnen die Suche nach ärztlicher Hilfe bei der Feststellung, ob sie akut/chronisch oder ob sie ein Symptom einer anderen Erkrankung ist, wie z. B. für chronischen Stress oder eine Angststörung. Wenn Sie dies erfahren, können Sie Ihre Entspannungstechnik gezielt auf die zugrunde liegende

Erkrankung anwenden, anstatt nur die Symptome zu behandeln.
2. Die Anwendung dieser Techniken erfordert Übung und Geduld. Mit Methoden, wie Meditation oder Achtsamkeit, ist es schwierig, beim ersten Mal alles richtig zu machen. Um wirklich von diesen Entspannungsmethoden zu profitieren, muss Ihre Praxis zudem konsequent sein.
3. Wann immer es möglich ist, suchen Sie sich einen verlassenen, ruhigen Ort, an dem Sie Ihre Entspannungstechniken praktizieren können. Er sollte auch frei von allem sein, was Sie oder Ihre Aufmerksamkeit ablenken könnte. Es gibt Ausnahmen, z. B. bei akutem Stress. In diesem Fall brauchen Sie keinen ruhigen Raum zu finden, um in der Stresssituation einige tiefe Atemübungen zu machen.
4. Versuchen Sie, Ihre Entspannungstechnik täglich zur gleichen Zeit und am gleichen Ort zu praktizieren. Diese Wiederholung wird Ihnen helfen, Ihren Geist daran zu gewöhnen und eine neue Gewohnheit zu entwickeln.
5. Finden Sie eine bequeme Position. Sie können mit überkreuzten oder ausgestreckten Beinen sitzen, stehen oder liegen. Welche Position Sie auch immer wählen, achten Sie darauf, dass Sie sich wohlfühlen, denn eine Entspannungssitzung kann zwischen fünf Minuten und über einer Stunde oder sogar länger dauern. Sich unbequem zu fühlen kann Sie leicht ablenken und Ihre Entspannung beeinträchtigen, deshalb sollten Sie dies unbedingt verhindern. Tragen Sie auch bequeme Kleidung, ziehen Sie Ihre Schuhe, Schmuck und alles andere aus, was Ihnen Unbehagen bereiten könnte. Um Ihre Entspannungsreaktion auszulösen, müssen Sie sich in einen entspannten Zustand versetzen - sich wohlfühlen ist essentiell dafür.
6. Sie haben die Wahl, Ihre Augen zu schließen oder sich auf einen einzigen Punkt zu konzentrieren, um zu verhindern, dass Ihre Augen im Raum umherwandern.
7. Leeren Sie Ihren Geist und konzentrieren Sie sich auf die Entspannungsmethode, die Sie gerade anwenden. Wenn Sie Atemübungen machen, können Sie sich auf Ihren Atem

konzentrieren, wenn Sie eine progressive Muskelentspannung anwenden, konzentrieren Sie sich auf Ihren Atem und die Empfindungen in Ihrem Körper. Suchen Sie nach angespannten Bereichen und arbeiten Sie daran, diese Anspannung zu lösen.

8. Denken Sie daran, dass Entspannung nicht gleich bedeuten muss, dass Sie still sein oder still dasitzen müssen - sie schließt alles ein, was Ihnen hilft, sich zu entspannen, sogar Sport.

9. Führen Sie ein Tagebuch, um Ihre Gedanken, Gefühle und Beobachtungen über Ihre Übung aufzuzeichnen. Es kann Ihnen unschätzbar wertvolle Einblicke geben und Ihnen helfen, die ideale Entspannungsübung zu erschaffen.

10. Seien Sie konsequent, auch wenn Sie vielleicht nicht jeden Tag üben, versuchen Sie es und üben Sie oft.

Betrachten wir nun einige dieser Entspannungstechniken.

Entspannungstechniken

Entspannungsmethoden oder -techniken sind Praktiken, deren Ziel es ist, den Körper zu entspannen, indem die Entspannungsreaktion induziert wird. Einige dieser Methoden umfassen geführte Bild- oder Visualisierungstechniken, Tiefenatmung, Biofeedback und viele andere. Diese Entspannungstechniken bewirken eine entspannte Atmung, einen niedrigeren Puls und Blutdruck sowie ein verbessertes Wohlbefinden.

Es wurde viel über die verschiedenen Entspannungsmethoden geforscht und es wurde festgestellt, dass sie bei der Bewältigung verschiedener Gesundheitszustände, einschließlich Stress, sehr hilfreich sein können. Es wurde auch bestätigt, dass sie für alle gesunden Menschen sicher anzuwenden sind, obwohl Sie vor der Anwendung dieser Methoden immer einen Fachmann des Gesundheitswesens konsultieren sollten. Dieser kann Ihnen mehr Einblicke geben, wie Sie diese Methoden am besten anwenden sollten. Er gibt Ihnen auch andere Tipps und Tricks, mit denen Sie Ihre Entspannungsübungen verbessern können.

i. Atemübungen

Auf *verywellmind.com* beschreibt Scott, wie wirksam tiefes Atmen zum Stressabbau und zur Entspannung ist. Atemübungen sind sehr empfehlenswert, da sie überall und jederzeit angewendet werden können, auch inmitten von Stresssituationen. Sich seines Atems bewusst zu werden, kann Ihnen helfen, mit Ihrem Körper und seiner Stressreaktion besser im Einklang zu sein. Sie merken dann auch, wann Sie Ihren Atem entspannen müssen. Atemübungen sind extrem einfach, bequem und effektiv. In Kapitel zwei haben wir uns mit der Durchführung von Atemübungen im Allgemeinen befasst, aber es gibt verschiedene Arten von Atemübungen, die Sie ausprobieren können. Schauen wir uns einige davon an:

- Atmung durch die Lippen: Bei dieser Methode verlangsamen Sie Ihre Atmung, indem Sie sich jedes Mal, wenn Sie atmen, bewusst anstrengen. Entspannen Sie dazu Ihre Schultern und halten Sie den Mund geschlossen, während Sie zwei Sekunden lang langsam durch die Nase einatmen. Spitzen Sie die Lippen, als wollten Sie pfeifen, und atmen Sie dann vier Sekunden lang langsam durch den Mund aus. Wiederholen Sie diese Methode vier bis fünf Mal am Tag.

- Achtsame Zwerchfellatmung: Diese Methode hilft Ihnen, Ihr Zwerchfell richtig einzusetzen und dadurch tiefer zu atmen. Am Anfang wird es Ihnen vielleicht schwer fallen, aber es wird leichter, je weiter Sie voranschreiten. Legen Sie sich flach auf den Rücken und winkeln Sie Ihre Knie leicht an. Sie können ein Kissen unter Ihre Knie legen, wenn Sie etwas Unterstützung brauchen. Legen Sie Ihre rechte Hand auf den oberen Brustkorb und die andere unter den Brustkorb. So können Sie spüren, wie sich Ihr Zwerchfell beim Atmen bewegt. Atmen Sie langsam ein und fühlen Sie, wie Ihr Bauch in Ihre Hand drückt. Während Sie die andere Hand so ruhig wie möglich halten, atmen Sie langsam durch die Lippen aus, während Sie Ihre Bauchmuskeln zusammendrücken, um so viel Luft wie möglich auszustoßen.

Sie können ein Buch auf Ihren Bauch legen oder die Hand von jemand anderem auf Ihren Bauch legen lassen, um diese Übung zu erschweren. Wenn Sie einmal gelernt haben, wie man diese Übung im Liegen durchführt, können Sie die Bauchatmung sitzend auf einem Stuhl ausprobieren und sie sogar bei der Ausführung anderer Tätigkeiten durchführen.

- Visualisierungsatmung: Hier werden Bilder oder Wörter verwendet, um Ihre Atmung zu lenken. Nehmen Sie eine bequeme Position ein, genau wie bei der Zwerchfellatmung, und stellen Sie sich beim Einatmen vor, dass Ihr Bauch ein Ballon ist, der sich mit Luft füllt. Während Sie ausatmen, stellen Sie sich vor, dass die Luft langsam aus dem Ballon entweicht. Sie müssen sie nicht einmal mit Gewalt herausdrücken - sie entweicht von selbst. Alternativ dazu können Sie sich beim Einatmen auch vorstellen, wie sich all der Stress und die Anspannung, die Sie spüren, von Ihrem Körper in Ihre Brust bewegen. Wenn Sie ausatmen, können Sie sehen, wie der Stress Ihren Körper durch Ihren Atem verlässt und sich die Spannung auflöst. Während Sie ein- und ausatmen können Sie auch Sätze verwenden, wie „Ich atme ruhig ein" oder „Ich lasse meinen Stress los." Sie können mit einer 10-minütigen Sitzung pro Tag beginnen und die Dauer Ihrer Sitzungen allmählich verlängern.

Andere Atemtechniken umfassen u. a. die Methode der *gezählten Atmung*, die auch als *4-7-8-Methode* bekannt ist, oder auch die *Atmung aus den Nasenlöchern, gleichmäßige Atmung, kohärente Atmung* usw. Die meisten dieser Atemübungen können sofort ausgeführt werden. Viel Spaß beim Experimentieren mit diesen verschiedenen Techniken.

Tipps zur Tiefenatmung

- Lassen Sie Ihren Unterleib sich ausdehnen und zusammenziehen und bewegen Sie dabei Ihre Schultern nicht. Diese Art von Atmung ist tiefer und natürlicher, da sie der Atmung von Babys ähnelt. Im Gegensatz zur flachen Atmung, die wir normalerweise durchführen, ermöglicht diese Art von Atmung eine höhere Lungenkapazität.

- Beschleunigen oder verlangsamen Sie Ihre Atmung nicht zu sehr - atmen Sie so, wie Sie normalerweise atmen würden, nur tiefer.
- Beginnen Sie damit, dass Sie täglich etwa fünf bis zehn Minuten lang atmen, und steigern Sie die Dauer, je mehr Sie sich an die Technik gewöhnen. Sie können mit zwei Minuten beginnen, wenn Ihnen fünf zu lang erscheinen.
- Wenn Ihre Gedanken abschweifen, machen Sie sich keine Sorgen, dass Sie es falsch machen. Achten Sie vielmehr darauf, dass Sie sich wieder auf Ihren Atem konzentrieren.

ii. *Meditation*

Wenn es darum geht, Stress abzubauen, ist Meditation eine kraftvolle Fähigkeit, denn sie wirkt beruhigend auf Geist und Körper und hilft Ihnen gleichzeitig, Widerstandskraft aufzubauen. Meditation ist sowohl für die Bewältigung von akutem als auch von chronischem Stress eine hilfreiche Fähigkeit, die man beherrschen sollte. Diese uralte Praxis gibt es in vielen Varianten, wie z. B. die *Spirituelle Meditation*, *Achtsamkeitsmeditation*, *Fokussierte Meditation*, *Bewegungsmeditation*, *Mantra-Meditation* und *Transzendentale Meditation*.

1. Achtsamkeitsmeditation

Die Achtsamkeitsmeditation ist eine Art der Meditation, die darauf abzielt, Ihnen den gegenwärtigen Augenblick bewusster zu machen. Indem Sie Ihren Fokus auf das richten, was gerade geschieht, können Sie sich voll und ganz darauf konzentrieren, was Sie gerade tun. Sie richten Ihre Aufmerksamkeit auf Ihre Gedanken, wenn sie durch Ihren Verstand gehen, aber Sie beschäftigen sich nicht mit ihnen und urteilen nicht über sie. Sie sind nur ein Beobachter, der alle Muster, die sich ergeben könnten, zur Kenntnis nimmt. Achtsamkeit verbindet Konzentration mit Bewusstheit. Während Sie dies üben, werden Sie vielleicht feststellen, dass Ihnen der Fokus auf ein Objekt oder auf Ihren Atem hilft, sich auf Ihre Gedanken, Empfindungen oder Emotionen zu konzentrieren. Die Achtsamkeitsmeditation verwendet Meditationstechniken, um Achtsamkeit zu üben und Stress, Ängste und andere Zustände abzubauen. Sie hilft auch, Belastbarkeit aufzubauen, wie im

Artikel „Entspannungstechniken zum Stressabbau" von *HelpGuide.org* erwähnt wird. Sie können sie mit anderen Aktivitäten kombinieren, wie z. B. mit dem Spazierengehen oder auch mit dem Sport.

Wie man Achtsamkeitsmeditation praktiziert

Wenn Sie Ihre Meditation beginnen, suchen Sie sich einen ruhigen Platz, der frei von Ablenkungen ist und achten Sie darauf, dass Sie bequem mit geradem Rücken sitzen. Schließen Sie die Augen und wählen Sie etwas aus, auf das Sie sich konzentrieren - das kann Ihr Atem oder ein Mantra sein, das Sie während der Meditation wiederholen können. Machen Sie sich keine Sorgen über irgendwelche ablenkenden Gedanken, die Ihnen durch den Kopf gehen könnten, oder darüber, wie es Ihnen geht. Wenn Sie das tun, wird der Zweck dieser Entspannungstechnik negiert. Anstatt sie zu bekämpfen, lassen Sie sie auf sich zukommen und richten Sie Ihre Aufmerksamkeit wieder auf Ihren Mittelpunkt.

2. Körperscan-Meditation

Diese Meditationstechnik lenkt Ihre Aufmerksamkeit auf verschiedene Teile Ihres Körpers. Ähnlich wie bei der progressiven Muskelentspannung fangen Sie bei Ihren Füßen an und arbeiten sich bis an die Spitze Ihres Körpers vor. Anstatt Ihre verschiedenen Muskeln anzuspannen und wieder zu entspannen, konzentrieren Sie sich jedoch darauf, wie sich jeder Teil Ihres Körpers anfühlt, ohne das Gefühl als gut oder schlecht zu definieren.

Wie man die Körperscan-Meditation praktiziert

    a. Legen Sie sich mit ausgestreckten Beinen auf den Rücken und legen Sie die Hände an den Seiten ab. Sie haben die Wahl, die Augen zu schließen oder sie offen zu lassen und einen Punkt zu finden, auf den Sie sich konzentrieren können. Konzentrieren Sie sich mit Ihrer bevorzugten Atemtechnik etwa drei Minuten lang auf Ihre Atmung oder bis Sie spüren, dass Sie anfangen, sich zu entspannen.

    b. Richten Sie nun Ihre Aufmerksamkeit auf die Zehen Ihres rechten Fußes. Achten Sie auf alle Empfindungen, die Sie fühlen, während Sie auch Ihrer Atmung Aufmerksamkeit schenken. Stellen Sie sich vor, dass jeder tiefe Atemzug zu Ihren Zehen fließt, und bleiben Sie etwa fünf bis zehn Sekunden lang auf sie konzentriert.

c. Richten Sie Ihre Aufmerksamkeit auf einen anderen Teil Ihres Fußes, z. B. auf die Fußsohle, und wiederholen Sie den obigen Schritt. Gehen Sie nach etwa zwei Minuten zu Knöchel, Wade, Knie, Oberschenkel und Hüfte über und machen Sie dasselbe für Ihr linkes Bein. Danach können Sie sich an andere Körperteile begeben und alle Schmerzen oder Beschwerden zur Kenntnis nehmen.

d. Wenn Sie mit dem ganzen Körper fertig sind, bleiben Sie liegen und entspannen Sie sich ein wenig in Stille, während Sie wahrnehmen, wie sich Ihr Körper jetzt anfühlt. Öffnen Sie nach etwa fünf Minuten die Augen und strecken Sie Ihren Körper.

Es braucht Zeit und viele Versuche und Missgeschicke, um mit jeder Meditationstechnik zurechtzukommen und nicht alle Arten von Meditation sind für jeden geeignet, da sie unterschiedliche Fähigkeiten und Denkweisen erfordern. Wenn Sie also zu Beginn Ihrer Meditationspraxis realistische Erwartungen haben, kann Ihnen das helfen, die richtige Technik für Sie zu finden.

iii. *Visualisierung*

Diese Methode wird auch als *Imaginative Psychotherapie* bezeichnet. Es handelt sich um eine Form der Meditation, bei der Sie sich ein Szenario in Ihrem Verstand vorstellen, in dem Sie sicher, frei und in Frieden sind - ein Ort, an dem Sie all Ihre Anspannung, Ihren Stress, Ihre Angst und Besorgnis loslassen können. Wie bereits erwähnt, können Sie die Visualisierung entweder selbst üben oder eine App bzw. Ton- oder Bildaufnahmen verwenden, um sich davon inspirieren zu lassen. Sie können auch beruhigende Musik oder Geräusche hinzufügen, um das Bild realistischer zu gestalten.

Um die Visualisierung zu üben, wie im Artikel „Visualisierung und geführte Bildtechniken zum Stressabbau" erläutert wird, müssen Sie Ihre Augen schließen und sich selbst an Ihrem erholsamen Ort vorstellen.

Versuchen Sie, es sich so lebhaft wie möglich vorzustellen. Denken Sie an alles, was Sie sehen, hören, schmecken, riechen oder sogar fühlen können. Wenn Sie so viele Ihrer Sinne wie möglich in Ihre Visualisierung mit einbeziehen, wird diese noch effektiver. Wenn Sie beispielsweise an einen tropischen Strand denken, führen Sie sich vor Augen, wie die Sonne über dem Wasser aufgeht, die Vögel singen, wie Sie die salzige Meeresluft riechen und schmecken und die warmen Wellen an Ihren Füßen spüren.

Lassen Sie sich von dieser Empfindung überwältigen und lassen Sie Ihre Sorgen weg, während Sie Ihre tropische Insel erkunden. Wenn Sie sich völlig entspannt fühlen, öffnen Sie Ihre Augen und kehren Sie zum gegenwärtigen Augenblick zurück. Machen Sie sich keine Sorgen, wenn Sie sich zurückziehen oder vergessen, wo Sie sich während Ihrer Sitzung befinden - das ist absolut normal. Vielleicht fühlen Sie auch etwas Schwere in Ihren Gliedern, Zucken in Ihren Muskeln oder sind sogar müde. Auch hier ist es normal, diese Reaktionen zu haben, wenn Sie tiefenentspannt sind.

Andere Entspannungsmethoden, die Sie ausprobieren können, sind rhythmische Bewegungen, wie Tanzen, Spazierengehen, Schwimmen oder Laufen. Sie können sich auch eine Massage gönnen, um Verspannungen in Ihrem Körper zu lösen. Es ist wichtig, diese Entspannungsmethoden zu einem Teil Ihres normalen Lebens zu machen. Je regelmäßiger Sie diese praktizieren, desto geschickter wird Ihr Körper im Umgang mit ihnen. Es hilft Ihnen auch dabei den Stress abzubauen und entspannter in den Alltag zurückzukehren.

KAPITEL 9:

Achtsamkeitstechniken - akuten Stress abbauen

Inzwischen haben Sie wahrscheinlich bemerkt, dass ich die Achtsamkeit in diesem Buch immer wieder erwähne. Achtsamkeit ist definiert als die Fähigkeit, präsent zu sein und sich unserer Handlungen und unseres Standortes voll bewusst zu sein und nicht von den Geschehnissen in unserer Umgebung überwältigt zu werden. Obwohl dies eine Fähigkeit ist, die wir alle von Natur aus besitzen, kommt unsere Fähigkeit, sie bereitwillig zu nutzen, daher, dass wir sie jeden Tag praktizieren. Achtsamkeit zielt darauf ab, die inneren Abläufe unserer physischen, mentalen und emotionalen Prozesse zu wecken. Daher kann sie dazu beitragen, Stress abzubauen, da Stress diese Prozesse stören kann. Diese Methoden werden als Achtsamkeitstechniken bezeichnet. Lassen Sie uns einen tieferen Blick auf sie werfen.

Was ist achtsamkeitsbasierte Stressreduktion (MBSR)?

MBSR kann als ein Programm beschrieben werden, das den Teilnehmern helfen soll, Achtsamkeit zu erlangen und so ihren Umgang mit Stress zu verändern und seine Auswirkungen zu reduzieren. Dieses Programm wurde im Jahr 1979 von Jon Kabat-Zinn ins Leben gerufen, um bei der Behandlung von Menschen zu helfen, die unter Stress, Depressionen, Angstzuständen und anderen psychischen Zuständen leiden. Er stellte die Theorie auf, dass es den Patienten helfen würde, die Fähigkeit zu entwickeln, ihre Schmerzen objektiver zu betrachten und auch zu lernen, anders mit ihnen umzugehen und so weniger unter ihnen zu leiden, wenn sie in einer Gruppe mit den Achtsamkeitsübungen arbeiten würden.

Folgendes Zitat des Psychiaters Viktor Frankl erläutert, wie es funktioniert: „Es gibt einen Raum zwischen dem Reiz und der Reaktion. Dieser Raum enthält unsere Macht, zu entscheiden, wie wir reagieren, und unser Wachstum und unsere Freiheit liegen in unserer Reaktion." Einfach ausgedrückt: Es gibt einen Moment, in dem wir wählen können, wie wir auf Stressoren oder Schmerzen reagieren, bevor wir tatsächlich auf sie reagieren. Viele von uns sind sich dieses Raumes jedoch nicht bewusst, weil wir in unseren gewohnten Mustern und Reaktionen gefangen sind.

Wenn Ihnen jemand auf der Autobahn den Weg abschneidet, denken Sie vielleicht „Was ist los mit dieser Person?" Ihr Herz schlägt bereits schneller und Sie greifen fest das Lenkrad. Sie werden wütend, und diese Wut nährt Ihre Gedanken - jetzt denken Sie, dass diese Person eine Lektion verdient hat. Also rasen Sie neben ihr her und tauschen sogar hitzige Worte aus, um sie wissen zu lassen, was sie getan hat.

Die oben geschilderte Situation ist ein Beispiel für eine stressige Situation, die durch eine ständige, unbewusste Interaktion zwischen unseren Gewohnheiten, Emotionen und Gedanken angeheizt wird. Man könnte argumentieren, dass Sie in der Situation keine große Wahl hatten, weil Sie sich Ihrer Stressreaktion vielleicht nicht bewusst waren, aber der Raum, den wir vorhin erwähnt haben, war zwischen dem Moment, als Sie abgeschnitten wurden, und Ihrer Reaktion. In seinem Artikel „Achtsamkeitsbasierter Stressabbau: Was ist das und wie kann er helfen?" stellt Baum fest, dass MBSR uns hilft, uns unserer gewohnten Reaktionen bewusster zu werden und uns auf eine gewisse Weise auf uns selbst zu beziehen, um diesen Kreislauf zu unterbrechen und uns mehr Wahlmöglichkeiten zu geben. Nach dieser Überlegung stellen Sie vielleicht fest, dass die Reaktion auf den Mann, der Ihnen auf der Autobahn den Weg abgeschnitten hat, Ihren Stress nur verschlimmert und ihn vielleicht nicht so beeinflusst hat, wie Sie, oder vielleicht haben Sie ihn noch wütender gemacht, was die Situation eskalieren lassen hat.

Wenn in Zukunft während der Autofahrt etwas passiert und Sie merken, dass Sie das Lenkrad fester greifen, Ihr Puls schneller wird oder

Sie schneller atmen, versuchen Sie, den Moment zu nutzen, um zu erkennen, dass Ihr Körper Sie darauf aufmerksam macht, dass eine Stressreaktion stattfindet. Jetzt befinden Sie sich in dem Raum zwischen Reiz und Reaktion, wo Sie sich entscheiden können, tief ein- und auszuatmen, sich zu beruhigen und Ihre Schultern und Hände zu entspannen. Sie könnten sogar an den schlechten Zustand denken, in dem sich der andere Fahrer befinden muss, um so zu fahren. Sie könnten ihn bemitleiden, denn wenn er in einem guten Zustand wäre, würde er nicht so fahren. Indem Sie die in der MBSR gelehrten Techniken übernehmen, erkennen Sie, dass Sie die lang gehegten Ängste ändern können, die Sie möglicherweise blockiert haben.

MBSR ist ein anpassbarer und anpassungsfähiger Ansatz zum Abbau von Stress. Er besteht aus drei Hauptkomponenten, nämlich der *Achtsamkeitsmeditation*, dem *Körperscanning* und *Yoga*. Anstatt den für die Praxis vorgeschriebenen Schritten zu folgen, praktizieren Sie die Methode vorzugsweise so, wie es Ihnen am besten passt. Das bedeutet, dass die MBSR für jeden anders ist, auch wenn sie auf den gleichen Prinzipien beruht.

Das *Zentrum für Achtsamkeit* gibt die folgenden Notwendigkeiten für die Praxis von MBSR vor:

- Verwandeln Sie die Erfahrung in eine Herausforderung, anstatt in eine lästige Pflicht. Dadurch ändert sich die Perspektive Ihres Lebens - von etwas, das Sie tun müssen, um gesund zu sein, zu etwas, auf das Sie sich freuen: zu einem Abenteuer.
- Legen Sie Ihren Schwerpunkt auf die Beständigkeit in Ihrer Praxis und die Bedeutung von individueller Anstrengung und Motivation. Das bedeutet, auch an einem Tag zu üben, an dem Sie keine Lust haben.
- Sobald Sie mit dem Programm beginnen, ist eine Änderung des Lebensstiles erforderlich, da es einen erheblichen Zeitaufwand erfordert. Das Programm dauert acht Wochen, und die Teilnehmer müssen etwa sechs Tage pro Woche 45 Minuten täglich üben und auch an wöchentlichen Sitzungen teilnehmen, die über zwei Stunden dauern. Möglicherweise müssen Sie sich

auch einen Tag lang zurückziehen und eine siebenstündige Achtsamkeitssitzung abhalten.

Um MBSR zu praktizieren, gibt Kabat-Zinn die folgenden Grundhaltungen vor, die für die Praxis unerlässlich sind:

- Eine nicht wertende Haltung
- Geduld
- Vertrauen
- Der Verstand eines Anfängers
- Akzeptanz
- Loslassen lernen und nicht danach streben, perfekt zu sein

MBSR kann alleine oder in Kombination mit anderen Methoden eingesetzt werden, um Stress und andere Zustände abzubauen, die Stress effektiv induzieren könnten. Es gibt jedoch einige Dinge, die Sie vor Beginn Ihrer Achtsamkeitspraxis beachten sollten:

1. Wenn Sie anfangen, werden Sie feststellen, dass es anders ist, als Sie erwartet haben. Deshalb ist es wichtig, realistische Erwartungen aufrechtzuerhalten. Sie könnten am Ende angenehm überrascht sein, aber bleiben Sie offen und verstehen Sie, dass Achtsamkeit zwar eine wunderbare Technik, aber kein Allheilmittel ist.

2. Bei Achtsamkeit geht es nicht darum, Sie zu heilen, sondern vielmehr darum, Ihre Gedanken, Handlungen, Gewohnheiten und Gefühle wahrzunehmen.

3. Es geht auch nicht darum, Ihre Gedanken aufzuhalten, sondern darum, Ihnen zu helfen, sich ihrer bewusst zu werden und sie in bessere, gesündere Gedanken, Emotionen, Handlungen und Gewohnheiten umzuwandeln.

4. Manche Menschen sind misstrauisch, Achtsamkeit auszuprobieren, weil sie denken, sie zu praktizieren bedeutet, dass sie zu einer anderen Religion konvertieren müssen. Das ist aber nicht der Fall. Auch wenn MBSR auf buddhistischen Prinzipien beruht, ist sie nicht Teil einer Religion.

5. Die MBSR ist auch kein Weg, der eigenen Realität zu entfliehen, sondern vielmehr, sie zu verändern.

6. Die MBSR reduziert nicht nur Ihren Stress - sie kann Ihrem Körper helfen, sich zu entfalten und Ihre Kreativität zu fördern.

7. Achtsamkeit kann auch Ihre neuronalen Verbindungen fördern, Ihnen helfen, neue neuronale Schaltkreise aufzubauen und Ihre Konzentration, Ihr Bewusstsein und Ihre Flexibilität zu steigern.

Techniken und Übungen zur Achtsamkeit

Wie zu erwarten, macht Achtsamkeit einen großen Teil der meisten MBSR-Techniken aus und es ist leicht, sie als eine Gemütsverfassung zu betrachten. Diese Übungen sollen Ihnen helfen, achtsamer zu werden, indem verschiedene Bereiche betont werden. Wenn Sie an einer Achtsamkeitsmeditation interessiert sind, aber nicht wissen, wo Sie anfangen sollen, dann probieren Sie doch einige dieser Achtsamkeitsübungen aus. Einige von ihnen können sogar in weniger als fünf Minuten durchgeführt werden.

Techniken

- **Fokussierte Achtsamkeit**: Ein wichtiger Aspekt der Achtsamkeit ist die Fähigkeit, den Geist zu beruhigen und zu fokussieren. Fokussierte Achtsamkeit betont daher, sich auf das zu konzentrieren, was innerlich geschieht, und den eigenen Geist zu beobachten. Sie kann damit verglichen werden, die Augen auf einen Punkt zu richten, indem man sich auf ein bestimmtes Ereignis konzentriert. Sie können wählen, ob Sie sich auf Ihren Atem, auf körperliche Empfindungen oder auf ein Objekt konzentrieren wollen, das Sie im gegenwärtigen Augenblick erdet.

- **Achtsamkeit der Wahrnehmung** oder **Achtsamkeit des Bewusstseins**: Im Gegensatz zur fokussierten Achtsamkeit wird bei dieser Technik der Blick nach außen, anstatt nach innen, betont. Sie beinhaltet die Betrachtung Ihres Geistes aus einer Außenperspektive. Wenn Sie den Ansatz der Achtsamkeit ausprobieren, sehen Sie Ihre geistige Aktivität so, als gehöre sie jemand anderem. Anders ausgedrückt kann man es so beschreiben, dass Sie Ihre Gedanken und Emotionen von außerhalb Ihres gewohnten egozentrischen Blickwinkels beobachten. Sie betrachten Ihren Verstand als einen Bewusstseinsstrom, ohne ihn zu beurteilen.

Sie können auch zwischen diesen beiden Techniken wechseln. Um dies zu tun, nehmen Sie Ihr Bewusstsein rational wahr und wählen Sie etwas aus, auf das Sie sich konzentrieren können oder dessen Sie sich bewusst werden möchten.

Übungen

Dieser Abschnitt skizziert einige der Übungen, mit denen Sie Ihre Achtsamkeit entwickeln können.

1. **Atemübungen**: Diese Übungen fördern die Achtsamkeit, indem sie Ihnen helfen, sich auf Ihren Atem zu konzentrieren. Im vorherigen Kapitel haben wir uns eingehend mit der Tiefenatmung befasst und es wurden einige Atemtechniken vorgestellt, die Ihnen helfen können, Ihre Achtsamkeit zu entwickeln.
2. **Körperscan-Meditation**: Bei dieser Übung geht es darum, sich der Empfindungen in Ihrem Körper bewusst zu werden. Die Körperscan-Meditation ermöglicht es Ihnen, Ihre Achtsamkeit auf Ihren ganzen Körper zu übertragen, indem Sie sich jeweils nur auf ein Körperteil konzentrieren. Wenn Sie einen besonders verspannten oder wunden Bereich finden, verwenden Sie Ihren Atem und konzentrieren Sie sich auf diesen Bereich, bis Sie sich entspannen. Sie können dies sogar mit einer heilenden Visualisierung kombinieren, z. B. mit einer Kugel aus warmem Licht, die den Schmerz wegschmelzen lässt. Wir haben uns in Kapitel acht auch mit der Praxis der Körperscan-Meditation befasst. Sie können sich also auch hier auf diese Technik beziehen.
3. **Objekt-Meditation**: Dabei richten Sie Ihre Aufmerksamkeit auf ein Objekt. Sie können etwas Besonderes für sich verwenden, wenn es Ihnen hilft, sich mehr zu konzentrieren. Halten Sie es in Ihrer

Hand und lassen Sie es im Mittelpunkt Ihrer Aufmerksamkeit stehen. Lenken Sie all Ihre Sinne darauf und nehmen Sie die Empfindungen wahr, die Sie beobachten. Dazu können die Farbe des Objektes, sein Geschmack, sein Geruch, seine Form, seine Beschaffenheit, seine Größe oder sogar das Geräusch gehören, das es macht, wenn Sie es anfassen.

4. **Geh-Meditation**: Dazu gehört die Entwicklung von Achtsamkeit, während Sie einen gemütlichen meditativen Spaziergang machen. Halten Sie bei Ihrem Spaziergang ein ruhiges Tempo ein und achten Sie darauf, wie Sie gehen. Ist Ihr Rücken gerade? Schwingen Sie Ihre Hände? Oder schwingen Sie Ihre Hüften ein wenig? Konzentrieren Sie sich auch auf die Empfindungen, die Sie beim Gehen spüren. Fühlen sich Ihre Schultern verspannt oder locker an? Wie berühren Ihre Füße den Boden? Drehen Sie sich am Ende des Weges um und gehen Sie weiter, während Sie sich dieser Empfindungen bewusst werden.

5. **Achtsames Essen**: Diese Übung fordert Sie auf, darauf zu achten, was Sie essen. Achten Sie darauf, was Sie in der Hand halten, wie es sich in Ihrer Hand anfühlt, wie schwer es sich anfühlt, welche Farbe, welchen Geruch es hat usw. Essen Sie dann weiter, aber tun Sie dies langsam, während Sie den Geschmack, die Konsistenz auf der Zunge und den Geruch genießen. Diese Übung kann Ihnen helfen, neue Empfindungen zu entdecken, indem Sie vertraute Lebensmittel verwenden.

Ein großartiges Beispiel für achtsames Essen ist die Rosinenübung. Sie ist eine hervorragende Einführungsübung für diejenigen, die Achtsamkeit ausprobieren möchten. Sie können jedes Lebensmittel verwenden, das Sie wollen, solange es einen ungewöhnlichen Geruch und/oder Geschmack hat oder sich ungewöhnlich anfühlt. Nehmen Sie eine Rosine und stellen Sie sich vor, dass Sie noch nie eine gesehen haben. Achten Sie darauf, wie sie aussieht, sich anfühlt, riecht und wie sich die Haut bewegt, wenn Sie sie berühren. Dann essen Sie sie. Während sie in Ihrem Mund ist, kosten Sie aus, wie sie schmeckt, wie sich die Haut auf Ihrer Zunge anfühlt und wie sich der Geschmack verändert, wenn Sie auf ihr kauen. Verweilen Sie etwas und schlucken Sie sie dann.

Wenn Sie sich auf die Rosine oder das Essen konzentrieren, das Sie achtsam essen, verbringen Sie weniger Zeit oder verschwenden keine Energie und Aufmerksamkeit damit, sich Gedanken darüber zu machen, was Sie gestresst hat. Diese Übung hilft Ihnen, das wahrzunehmen, was vor Ihnen liegt, und lenkt Ihre Aufmerksamkeit darauf. Selbst wenn Ihre Gedanken umherwandern, können Sie sie zu dieser Übung zurückführen.

6. **Gähnen**: Nehmen Sie sich jede Stunde zehn Sekunden Zeit, um zu gähnen und sich zu strecken. Gähnen Sie, auch wenn Sie es nicht tun müssen - es wird ein echtes Gähnen auslösen. Atmen Sie tief ein und aus und sagen Sie „Ahh." Achten Sie darauf, wie Ihr Gähnen Ihre Gedanken unterbricht und Ihre Konzentration auf die Gegenwart zentriert. Strecken Sie sich nun langsam für einige weitere Sekunden. Beachten Sie die angespannten Bereiche Ihres Körpers wertfrei und sagen Sie zu ihnen „Entspannen!" Machen Sie das etwa 20 bis 30 Sekunden lang und setzen Sie dann das fort, was Sie gerade getan haben.

7. **Achtsames Dehnen**: Sie können die Anwendung von Achtsamkeit bei allen gewünschten Dehnungsübungen trainieren, aber wenn Sie nach einer bewährten Methode suchen, dann versuchen Sie es mit Yoga. Für die angeleitete Yogapraxis können viele Videos verwendet werden, und sobald Sie sich an sie gewöhnt haben und die Positionen kennen, können Sie zu Audioaufnahmen übergehen oder ohne Anleitung üben.

8. **STOP**: Dieses Akronym bedeutet *Stehen bleiben, Tief durchatmen, Obacht geben und Planmäßig fortfahren.* Jon Kabat Zinn, der Pionier dieser Meditationstechnik, schlägt vor:
Stehen Sie zunächst auf und atmen Sie tief durch. So können Sie Ihre Verbindung zum Boden spüren.

Daraufhin stimmen Sie sich auf Ihren Körper ein. Betrachten Sie sich selbst und scannen Sie Ihren Körper, wobei Sie all Ihre Empfindungen, Gedanken und Emotionen wahrnehmen. Benutzen Sie

Ihren Atem, um negative Gedanken, Emotionen und Empfindungen loszulassen, wie z. B. Verspannungen, und beschäftigen Sie Ihren Geist beim Einatmen mit angenehmen Empfindungen.

Als nächsten Schritt beobachten Sie. Betrachten Sie Ihre Umgebung und nehmen Sie sie wahr. Schauen Sie auf etwas Schönes und seien Sie dankbar dafür.

Denken Sie schließlich an die Möglichkeit. Erforschen Sie Ihre Möglichkeiten, indem Sie fragen, was neu ist, welche Schritte Sie auf Ihrem Weg nach vorn unternehmen können oder was möglich ist.

Wenn Sie auf einen dieser Schritte reagieren, halten Sie inne und atmen Sie ein paar Mal tief durch. Sie können auch die folgenden Sätze wiederholen: „Beruhige dich" oder „Bewahre einen klaren Kopf" - atmen Sie noch tiefer ein und wiederholen Sie „entspannen" und andere beruhigende Worte.

9. **Liebevolle-Güte-Meditation**: Bei dieser Übung wiederholen Sie Sätze, die gute Eigenschaften an Ihnen selbst und an anderen hervorheben. Mit anderen Worten, seien Sie freundlich zu sich selbst und zu anderen. Sie können damit beginnen, sich an Ihrer Herzlichkeit zu erfreuen. Denken Sie an die Taten, die Sie aus der Güte Ihres Herzens heraus vollbracht haben, erfreuen Sie sich an Ihrer Erinnerung und feiern Sie Ihr Potenzial für Gutes. Wiederholen Sie nun leise Sätze, die idealisieren, was Sie sich am meisten wünschen würden.
Wiederholen Sie beispielsweise die folgenden Sätze: „Möge ich körperlich, geistig und emotional gesund sein", „Möge ich verzeihen", „Möge ich mit Leichtigkeit leben" usw. Wiederholen Sie diese Worte in einem Muster, das Ihnen gefällt und achten Sie dabei jeweils nur auf einen Satz. Wenn Ihre Gedanken abschweifen, ist das in Ordnung. Konzentrieren Sie sich einfach erneut. Stellen Sie sich nun vor, Sie befinden sich inmitten derer, die freundlich zu Ihnen waren oder deren Freundlichkeit Sie inspiriert hat. Sehen Sie sich als den Empfänger ihrer Liebe und Freundlichkeit, während Sie die Sätze immer wieder wiederholen. Stellen Sie die Visualisierung am

Ende Ihrer Sitzung ein, wiederholen Sie die Worte jedoch noch etwas länger. Auf diese Weise verwandeln Sie die verletzende Beziehung, die Sie zu sich selbst hatten, und können sich nun auf eine freundliche Zukunft mit Ihnen selbst freuen.

Es gibt nur sehr wenige Dinge, die Sie davon abhalten können, MBSR zu praktizieren, denn wenn Sie einen Verstand haben, können Sie Achtsamkeit üben, und wenn Ihr Körper in der Lage ist, sich zu bewegen, können Sie Yoga machen. Durch Achtsamkeitsmeditationen können wir aktuelle Stressfaktoren angehen und uns auch dabei helfen, unsere Widerstandsfähigkeit gegenüber zukünftigen Stressfaktoren zu entwickeln. Sie kann uns helfen, gesünder zu werden und gleichzeitig ein tieferes, dauerhaftes Gefühl des Friedens zu erlangen.

KAPITEL 10:

Umgang mit Stress bei der Arbeit

Wenn Sie jemals einen Arbeitsplatz hatten, haben Sie wahrscheinlich irgendwann einmal arbeitsbedingten Stress erlebt. Selbst wenn es etwas ist, das Sie lieben, hat jeder Job seine stressigen Elemente. Die jährlichen Evaluationen der *American Psychological Association* zum Thema Stress haben durchweg gezeigt, dass die Arbeit für viele Menschen ein bedeutender Stressfaktor ist. Beispiele für kurzfristigen Stress am Arbeitsplatz sind der Druck, eine Frist einzuhalten oder einen Weg zu finden, eine anspruchsvolle Aufgabe zu erledigen. Wenn dieser Stress jedoch chronisch wird, weil Sie einen schwierigen Chef oder Mitarbeiter haben, und das bei ständig wachsender Arbeitsbelastung, kann er Sie leicht überfordern und Sie sowohl körperlich als auch geistig nachteilig beeinflussen und sogar Ihre Leistung beeinträchtigen.

Sie können Arbeitsstress nicht immer vermeiden, aber Sie können Maßnahmen ergreifen, um ihn zu bewältigen und seine schädlichen Auswirkungen zu verringern.

Bewältigung von Stress am Arbeitsplatz

Im Durchschnitt haben die Menschen am Arbeitsplatz zwischen 30 und 100 Projekte oder Aufgaben zu bearbeiten. An einem Tag wird der Arbeitnehmer heutzutage etwa zehn Mal pro Stunde unterbrochen und kann bis zu zwei Stunden pro Tag abgelenkt werden. Selbst wenn man die Zeit, die man mit der Familie verbringt und die Zeit, die man entweder mit Schlafen, im Verkehr oder mit anderen Aktivitäten verbringt, weglässt, bleibt einem nicht genug Zeit, um sich angemessen mit diesen Projekten zu beschäftigen. In großen Unternehmen erleben vier von zehn Arbeitnehmern eine Unternehmensumstrukturierung und sind mit großer Unsicherheit über ihre Zukunft in diesen Unternehmen konfrontiert. Vielleicht stecken Sie mitten in einem Projekt, wenn Ihnen Ihr Chef ein anderes, dringendes Projekt auf den Tisch legt oder Ihr Kollege ein Gruppenprojekt durcheinander bringt. All diese Szenarien können am Arbeitsplatz auftreten und Stress auslösen.

Nach Angaben des *American Institute of Stress* gaben 40 Prozent der Menschen mit einem Arbeitsplatz (sowohl Arbeitgeber als auch Arbeitnehmer) an, dass ihr Arbeitsplatz ihr größter Stressfaktor sei. 80 Prozent der Arbeitnehmer sind der Meinung, dass sie Hilfe benötigen, um zu lernen, wie sie mit ihrem Stress umgehen können, während sie feststellen, dass etwa 42 Prozent ihrer Kollegen ebenfalls eine solche Hilfe benötigen. Hinzu kommt noch, dass die meisten Erwachsenen nachts wach lagen, weil sie von den stressigen Ereignissen geplagt wurden, die an diesem Tag stattfanden. Und obwohl viele Studien die am meisten und am wenigsten belastenden Berufe aufführen, müssen wir verstehen, dass nicht der Job, sondern die Anpassung der Person an die Umgebung wichtig ist. Beispielsweise arbeiten einige Menschen gut unter Druck, während andere es nicht tun. Andere mögen es, Dinge zu tun, die für die meisten von uns zu viel wären, solange sie das Gefühl haben, die Kontrolle zu haben. Andere ziehen es vor, Verantwortung zu meiden und bei der Ausführung von Aufgaben nur das Nötigste zu tun. Dies ist ein wichtiger Aspekt von Stress am Arbeitsplatz, den wir verstehen müssen, da er großen Einfluss darauf hat, wie Sie mit arbeitsbedingtem Stress umgehen werden.

Selbst in identischen Situationen können zwei Menschen ein unterschiedliches Maß an Stress erfahren. Wenn Sie versuchen, herauszufinden, wie Sie am besten mit arbeitsbedingtem Stress umgehen, müssen Sie daran denken, dass es sich um eine sehr persönliche Erfahrung handelt, die selbst in identischen Situationen aus verschiedenen Gründen variiert.

Hier sind einige der Faktoren aufgeführt, die arbeitsbedingten Stress verursachen können:

- Niedriges Gehalt

- Zunehmende unbezahlte Überstunden und übermäßige Arbeitsbelastung durch Personalabbau
- Angst vor dem Verlust des Arbeitsplatzes
- Wenig Gelegenheiten für Wachstum oder Aufstieg in der Karriere
- Der Druck, immer optimal zu arbeiten
- Die Arbeit ist geistig nicht ansprechend oder herausfordernd.
- Der Druck, bessere Leistungen zu erbringen, um die steigenden Erwartungen zu erfüllen, aber keine Steigerung der Arbeitszufriedenheit
- Fehlende soziale Unterstützung
- Nicht genügend Kontrolle über arbeitsbezogene Entscheidungen; keine Kontrolle darüber, wie Sie Ihre Arbeit tun
- Widersprüchliche Anforderungen oder unklare Leistungserwartungen; unklar, wie bestimmte Aufgaben zu handhaben sind; enttäuscht sein von einem Kollegen, weil er nicht die von Ihnen gewünschte Leistung erbracht hat

Einige der Warnzeichen für arbeitsbedingten Stress sind:

- Erhöhte Ängstlichkeit, Reizbarkeit oder sogar Depressionen
- Gleichgültigkeit und Verlust des Interesses an Ihrer Arbeit
- Unfähigkeit zu schlafen; man dreht sich ständig hin und her
- Müdigkeit, auch nach dem Aufstehen am Morgen
- Schwierigkeiten, sich auf etwas zu konzentrieren
- Muskelverspannungen oder Kopfschmerzen
- Probleme mit dem Magen
- Sozialer Rückzug
- Verlust des Sexualtriebes
- Alkohol- und Drogenmissbrauch, um die Gedanken zu beruhigen und/oder um mit ihnen umzugehen

Dean arbeitete an einem Ort, den er für seinen idealen Arbeitsplatz hielt. Er hatte hart gearbeitet, um dorthin zu gelangen, war lange im Büro geblieben, arbeitete zu Hause und sogar an den Wochenenden und verbrachte viel Zeit fernab von seiner Familie und seinen Freunden. All seine harte Arbeit blieb nicht unbemerkt und bald erhielt er ein Angebot von einem anderen Unternehmen. Sie boten ihm eine leitende Position an, bei der er eine kleine Gruppe leiten sollte. Dean war begeistert. Kurz nachdem er seine neue Stelle angetreten hatte, merkte er, dass der Leistungsdruck immer da war. Er hatte Anforderungen vom oberen Management und auch Druck durch die Leitung eines Teams und dessen verschiedene Bedürfnisse. Sein Leben zu Hause war ebenfalls chaotisch, da er und seine Frau gerade ein kleines Mädchen bekommen hatten, das nicht gut schlief, was bedeutete, dass die beiden ebenfalls nicht gut schliefen. Dies verursachte viele Spannungen zu Hause.

Sein Team war für eine sehr wichtige Werbekampagne verantwortlich, und es wurde viel Wert darauf gelegt, den Kunden eine gute Präsentation zu bieten. Dean war bereits nervös, da er nicht so gut schlief, nicht essen konnte und seine Gedanken rasten. Er hatte das Gefühl, keine Zeit mehr für irgendetwas zu haben und seine Konzentration ließ nach. Er konnte Probleme, auf die er aufmerksam gemacht wurde, nicht mehr durchdenken, und ihm wurde auch oft schlecht. Jetzt musste er dieses große Projekt beaufsichtigen - das verstärkte den Druck, den er fühlte, nur noch mehr.

Am Tag der Präsentation verschüttete Jamie, einer von Deans Praktikanten, Kaffee auf seinen Schreibtisch, wobei er einige seiner Notizen für die Präsentation beschädigte, gerade dann, als er zur Sitzung gehen wollte. Dean rastete aus. Er fing an, Jamie anzuschreien, was eine Szene auslöste, in der sich alle fragten, warum der nette Dean den armen Jamie so anschrie. Aber dann passierte etwas. Während seines Ausbruches umklammerte Dean plötzlich seine Brust und brach zusammen. Er wurde in die Notaufnahme gebracht, wo die Ärzte feststellten, dass er einen Herzinfarkt erlitten hatte.

Als er das Bewusstsein wiedererlangte, erzählte ihm der Arzt, was passiert war und er sagte Dean, dass das, was ihn wirklich beeinträchtigte, der Stress und Druck war, unter dem er stand. Das hat den Herzinfarkt verursacht. Dies war ein Weckruf für Dean, dass er sich ändern müsse. Als er entlassen wurde, suchte er also einen Berater auf, der ihm half, seine Stressoren zu identifizieren und ihm verschiedene Möglichkeiten beibrachte, wie er mit Stress umgehen konnte, sei es zu Hause oder am Arbeitsplatz. Er lernte, seine Prioritäten zu setzen und nur das zu übernehmen, womit er umgehen konnte. Er machte wieder Sport, etwas, das er liebte, und achtete darauf, was er aß. Diese wenigen Veränderungen machten mit der Zeit einen großen Unterschied und halfen ihm, ein besseres Leben zu führen und ein neues Maß an Arbeitszufriedenheit zu erreichen.

Wenn Sie das Gefühl haben, dass Ihnen Ihre Arbeit zu viel wird und Sie keine Kontrolle darüber haben, laufen Sie Gefahr, Krankheiten, wie Herzkrankheiten oder Bluthochdruck, zu bekommen. Der Schweregrad Ihres beruflichen Stresses hängt von seinen Anforderungen, Ihrem Kontrollgefühl und der Entscheidungslage ab, in der Sie sich befinden, wenn Sie mit den Anforderungen umgehen. Können Sie einige von Deans Stressoren identifizieren? Schauen wir uns die verschiedenen Möglichkeiten an, wie Sie mit Ihrem Stress umgehen können, und sehen wir, ob Sie einige identifizieren können, die Dean hätten helfen können.

Wege, wie Sie mit Stress an Ihrem Arbeitsplatz umgehen können

Arbeitsbedingter Stress verschwindet nicht einfach, sobald Sie nach Hause kommen. Er kann andauern und Ihrer Gesundheit und Ihrem Wohlbefinden schaden. Unkontrollierter Stress kann zu Kopfschmerzen, Magenverstimmung, Schlaflosigkeit und Konzentrationsschwierigkeiten führen. Wenn er andauert, kann er zu Angstzuständen, Depressionen, Schlafstörungen, Magenproblemen, Herz-Kreislauf-Problemen und, da das Immunsystem geschwächt ist, zu opportunistischen Infektionen führen. Die Art und Weise, wie Sie mit Ihrem Stress umgehen, kann Ihren Zustand verschlimmern, z. B. durch übermäßiges Essen, viel Junkfood oder Alkohol- und Drogenmissbrauch.

Während Stress bei der Arbeit erwartet wird, kann übermäßiger Stress Ihre Produktivität und Leistung beeinträchtigen. Was auch immer Ihre Arbeit von Ihnen verlangt, laut der *American Psychological Association* gibt es Techniken, Fertigkeiten und Maßnahmen, die Sie ergreifen können, um sich vor den schädlichen Auswirkungen von Stress zu schützen, Ihr Wohlbefinden zu steigern und Ihnen mehr Arbeitszufriedenheit innerhalb und außerhalb Ihres Arbeitsplatzes zu verschaffen. Sehen wir uns einige dieser Techniken an.

1. Beobachten Sie Ihre Stressoren

Achten Sie auf Dinge, die an Ihrem Arbeitsplatz Stress auslösen könnten. Indem Sie Ihre Stressoren identifizieren, können Sie leicht Wege finden, sie abzubauen oder zu vermeiden. Sie können etwa eine Woche lang ein Tagebuch führen und alle Situationen identifizieren, die Stress verursacht haben und auch notieren, wie Sie darauf reagiert haben. Halten Sie Ihre Gedanken, Gefühle und alle Informationen über die Situation fest und notieren Sie auch die beteiligten Personen und Umstände. Denken Sie darüber nach, wie Sie reagiert haben: Haben Sie Ihre Stimme erhoben? Haben Sie ans Essen gedacht? Oder sind Sie spazieren gegangen? Wenn Sie diese Reaktionen zur Kenntnis nehmen, können sie dazu beitragen, die zugrunde liegenden Muster unter Ihren Stressoren zu erkennen und herauszufinden, wie Sie gewöhnlich darauf reagieren.

2. Haben Sie gesunde Reaktionen

Lehnen Sie sich zurück und denken Sie darüber nach, wie Sie auf Stressoren reagieren. Wenn Sie sich bei der Arbeit in einer Stresssituation befinden, haben Sie einen Wutausbruch, verdrängen Sie Ihre Gefühle, gehen Sie weg oder versuchen Sie, Ihre Gefühle „wegzuessen" oder „wegzutrinken"? Oder konfrontieren Sie denjenigen, die Ihnen Probleme bereiten? Anstatt diese negativen Methoden zur Stressbekämpfung zu nutzen, sollten Sie lieber versuchen, gesünder zu reagieren. Es gibt viele Dinge, die Sie tun können, um Stress abzubauen, wie z. B. Bewegung, Yoga, Meditation, gesunde Ernährung oder tiefes Atmen.

Sie können sich auch Zeit für Ihre Hobbys und andere Lieblingsbeschäftigungen nehmen, wie z. B. ein Buch lesen, in ein Konzert gehen, Spiele spielen usw. Wenn Sie sich diese Zeit für etwas reservieren, das Sie gerne tun, oder für Menschen, die Sie lieben, können Sie Ihren

Stresspegel erheblich reduzieren. Indem Sie gesunde Möglichkeiten entwickeln, auf Stress zu reagieren, verringern Sie seine negativen Auswirkungen auf Ihren Körper und die Belastung, die er Ihnen und anderen auferlegt.

3. Grenzen setzen

In der heutigen Welt ist es leicht, Druck zu spüren, weil wir rund um die Uhr verbunden sind. Daher ist es wichtig, eine gewisse Work-Life-Balance zu entwickeln, indem man sich selbst einige Grenzen setzt. Das könnte bedeuten, dass Sie Ihre Arbeit nicht mit nach Hause nehmen, Ihre E-Mails oder Ihr Telefon während der Familienzeit nicht checken oder Anrufe von der Arbeit nicht von zu Hause aus beantworten. Jeder Mensch hat andere Präferenzen, wenn es darum geht, wie sehr er seine Arbeit oder sein Privatleben schätzt. Aber die Schaffung sehr klarer Grenzen zwischen diesen beiden Welten verringert die Wahrscheinlichkeit von Konflikten und dem daraus resultierenden Stress.

4. Prioritäten setzen und organisieren

Sie müssen nicht alles alleine machen. Lernen Sie, Prioritäten zu setzen, Aufgaben zu organisieren und zu delegieren, um Ihre Arbeitsbelastung zu verringern. Erledigen Sie Aufgaben mit hoher Priorität zuerst und teilen Sie sie auf, um sie leichter bewältigen zu können. Delegieren Sie Verantwortlichkeiten und seien Sie entgegenkommend. Erstellen Sie einen ausgewogenen Zeitplan und nehmen Sie sich genügend Zeit für Ihre Familie, soziale Aktivitäten, andere Verantwortlichkeiten und Auszeiten, um einem Burnout vorzubeugen. Lernen Sie, früher zu gehen, planen Sie regelmäßige Pausen ein und legen Sie gesunde Grenzen fest. Setzen Sie sich auch nicht zu sehr für eine Aufgabe ein. Es ist in Ordnung, zu sagen, dass Sie vielleicht nicht in der Lage sind und nicht das Gefühl haben, Menschen im Stich zu lassen. Verstehen Sie, was Sie tun sollten und was Sie tun müssen und lassen Sie unnötige Aufgaben weg.

5. Brechen Sie schlechte Gewohnheiten ab

Wenn man darüber nachdenkt, sind es unsere negativen Gedanken und Verhaltensweisen, die den Stress am Arbeitsplatz für uns oft noch schlimmer machen. Wenn Sie sie ändern können, können Sie Ihren Stress verringern und Ihre Arbeitsbedingungen verbessern. Widerstehen Sie dem Drang nach Perfektionismus in allem, was Sie tun, weil Sie sich sonst nur auf Frustration einstellen können. Setzen Sie sich stattdessen realistische Ziele und Erwartungen, geben Sie Ihr Bestes und seien Sie mit einer qualitativ hochwertigen Arbeit zufrieden. Sie können nicht alles kontrollieren, also versuchen Sie es auch nicht. Lernen Sie, damit zurechtzukommen. Wenn Ihnen die Motivation oder die Energie fehlt, die Sie zur Arbeit brauchen, versuchen Sie, zu ändern, wie Sie über Ihre Arbeit denken. Seien Sie positiver, halten Sie sich von negativen Kollegen fern, und schätzen Sie immer die kleinen Leistungen, die Sie erbringen, auch wenn es sonst niemand tut.

6. Nehmen Sie sich Zeit zum Entspannen

Nehmen Sie sich eine Auszeit und entspannen Sie sich. Das kann helfen, ein Burnout zu vermeiden und Sie motiviert und energisch zu halten. Ihr Körper braucht Zeit, um sich zu erholen, also nehmen Sie sich Zeit, in der Sie sich nicht an arbeitsbezogenen Aktivitäten beteiligen oder indem Sie gar nicht an die Arbeit denken. Nutzen Sie Ihre Urlaubstage und gehen Sie irgendwohin, wo Sie sich entspannen können. Diese Abkoppelung ist entscheidend, um Ihnen zu helfen, sich zu entspannen.

7. Schlafen Sie gut

Sie müssen eine gute Nachtruhe haben. Zu wenig Schlaf beeinträchtigt Ihre Produktivität, Kreativität und Ihre Fähigkeit, Probleme zu lösen und sich zu konzentrieren. Wenn Sie ausgeruht sind, sind Sie besser in der Lage, Ihren beruflichen Verpflichtungen nachzukommen und Stress zu bewältigen. Finden Sie Wege, um die Qualität Ihres Schlafes zu verbessern. Es geht nicht um die Anzahl der Stunden, die Sie schlafen, sondern um die Qualität des Schlafes. Versuchen Sie, jeden Tag, auch am Wochenende, zur gleichen Zeit zu schlafen und aufzustehen. Vermeiden Sie koffeinhaltige Getränke einige Stunden vor dem Schlafengehen und verändern Sie Ihr Schlafzimmer, um es schlaffördernder zu gestalten.

Versuchen Sie, etwa acht Stunden Schlaf zu bekommen. Dies ist die für die meisten Erwachsenen empfohlene Menge. Schalten Sie Fernseher, Telefone, Computer und andere elektronische Geräte aus, die die Melatoninproduktion Ihres Körpers unterdrücken und Ihren zirkadianen (Schlaf-/Wach-)Rhythmus beeinträchtigen können. Beschäftigen Sie sich vor dem Schlafengehen mit beruhigenden, besänftigenden Aktivitäten, wie Lesen, Musik hören oder Meditation, anstatt zu versuchen, vor dem Schlafengehen Arbeit nachzuholen.

8. Suchen Sie sich Hilfe

Ziehen Sie in Erwägung, sich Unterstützung zu holen, indem Sie Hilfe von Freunden, Familienmitgliedern und sogar Kollegen annehmen, denen Sie vertrauen, um Ihre Belastbarkeit und Ihre Fähigkeit zur Bewältigung von arbeitsbedingtem Stress zu entwickeln. Wenn Sie sich jedoch weiterhin überfordert fühlen, sollten Sie in Erwägung ziehen, mit einem Psychologen zu sprechen, der Ihnen helfen kann, das Urproblem herauszufinden, Ihr selbstzerstörerisches Verhalten zu ändern und Ihren Stress zu bewältigen.

9. Gehen Sie bei Ihrer Arbeit proaktiv vor

Eine gewisse Kontrolle über Ihren Job oder Ihre Karriere zurückzugewinnen, kann Ihnen helfen, Ihren Stress zu bewältigen. Sprechen Sie mit Ihrem Vorgesetzten über die Stressoren an Ihrem Arbeitsplatz. Da sich viele Unternehmen der nachteiligen Auswirkungen bewusst sind, die Stress auf ihre Mitarbeiter haben kann, bekämpfen sie ihn proaktiv.

Bitten Sie um eine klare Beschreibung dessen, was Ihre Arbeit, Ihre Verantwortlichkeiten und Pflichten mit sich bringt. Auf diese Weise wird Ihnen nicht etwas zugewiesen, das außerhalb der Parameter Ihres Arbeitsplatzes liegt. Sie können auch eine Versetzung beantragen, um einer negativen Umgebung zu entgehen. Wenn Sie der Meinung sind, dass Ihre derzeitige Stelle Ihnen keine Möglichkeit bietet, in Ihrer Karriere voranzukommen, warum fragen Sie nicht nach neuen Aufgaben? Suchen Sie nach Arbeitszufriedenheit und finden Sie Sinn in Ihrer Arbeit. Dies könnte einen Wechsel von Verantwortlichkeiten bedeuten, wie z. B. die Arbeit in einer anderen Abteilung.

10. Lernen Sie, sich zu entspannen

Erfahren Sie mehr über die verschiedenen Techniken, mit denen Sie Stress abbauen und bewältigen können, wie Meditation, Atemübungen und Achtsamkeit. Schauen Sie sich die vorherigen Kapitel an, um die vielen verschiedenen Techniken zu sehen, die Sie zum Umgang mit Ihrem Stress einsetzen können, und wie Sie sie praktizieren können.

Hätte Dean einige dieser Techniken angewandt, wie z. B. Bewegung, Wege zur Lösung seines Schlafproblems zu finden, mit seinem Vorgesetzten über Hilfe beim Projekt zu sprechen, gesünder zu essen und besser auf sich zu achten, wäre er vielleicht in der Lage gewesen, mit dieser Situation und seinem allgemeinen Stress viel besser umzugehen.

Einfache Tipps, die helfen können, Ihren arbeitsbedingten Stress zu reduzieren:

- Beginnen Sie den Tag richtig, am besten mit etwas Meditation, um Sie in die richtige Denkweise zu bringen.
- Haben Sie eine klare Liste der Anforderungen für Ihre Arbeit und der Aufgaben, die Sie an andere delegieren.
- Vermeiden Sie Konflikte.
- Halten Sie sich organisiert, räumen Sie alle Unordnung auf Ihrem Schreibtisch auf und planen Sie, was Sie zu tun haben.
- Versuchen Sie nicht, zu viele Dinge auf einmal zu tun.
- Machen Sie während Ihres Mittagessens einen Spaziergang in der Natur und nehmen Sie gedanklich an der Geh-Meditation teil.
- Seien Sie kein Perfektionist.
- Hören Sie Musik zur Beruhigung.

FAZIT

In unserer technologisch fortgeschrittenen Welt sind wir mit Bedrohungen und Anforderungen konfrontiert, die unsere Stressreaktion und die daraus resultierende Kaskade ungesunder biologischer Reaktionen auslösen können, die zu Stress führen. Wie ich bereits sagte, kann dies in einer Reihe von stressbedingten Krankheiten resultieren, zu denen Herz-Kreislauf-Erkrankungen, Angststörungen, Depressionen, Fettleibigkeit und eine Vielzahl anderer Erkrankungen gehören, die durch ein geringes Immunsystem und gestörte Verdauungsprozesse ausgelöst werden. In diesem Buch erfahren Sie, wie Sie Ihren Stress und seine Auswirkungen auf verschiedene Weise lindern und kontrollieren können.

Es könnte schwierig sein, eine Sammlung von Techniken zur Stressreduzierung und -bewältigung zu finden, wie sie in diesem Buch zusammengefasst sind. Es handelt sich dabei um eine Kombination von Techniken zur Beruhigung von Körper und Geist, die darauf abzielen, Ihnen beizubringen, wie Sie auf Stress auf verschiedene Weise reagieren können. Sie sind wissenschaftlich fundiert und auch praktisch, geschrieben in einem ansprechenden, leicht zu lesenden Format, das es Ihnen erlaubt, genau das zu finden, wonach Sie suchen. Wenn Sie schnelle Wege zum Stressabbau benötigen, springen Sie einfach zu Kapitel zwei oder Sie probieren einige der Entspannungstechniken in Kapitel acht aus. Dieses Buch lehrt auch psychologische Praktiken, wie Meditation und Achtsamkeit, die Ihnen helfen können, ungesunde Reaktionen auf Stress zu bekämpfen und gleichzeitig Ihre Widerstandskraft zu stärken.

Ich habe in diesem Buch viel behandelt, aber lassen Sie uns einige der wichtigsten Punkte noch einmal zusammenfassen:

Im ersten Kapitel geht es um die Grundlagen von Stress. Was ist Stress? Wie reagiert unser Körper auf Stress? Was ist die Stressreaktion? Was findet während einer Stressreaktion statt? Und was sind einige der Ursachen von Stress? Wir haben Stress definiert, wie wir auf die Anforderungen von Veränderungen in unserer Umwelt reagieren und besprochen, dass Stress gut oder schlecht sein kann. Wir untersuchten die verschiedenen Arten von Stress - akuten Stress und chronischen Stress. Akuter Stress wird auch als kurzfristiger Stress bezeichnet und ist das, was wir spüren, wenn wir uns in einer Stresssituation befinden. Diese Art von Stress verschwindet aber auch schnell wieder. Chronischer Stress hingegen nicht. Vielleicht ist Ihnen gar nicht bewusst, dass Sie unter chronischem Stress leiden - möglicherweise denken Sie, dass die Situation, in der Sie sich befinden, normal ist. Nach dem Lesen dieses Buches sollte Ihnen jedoch klar sein, dass der ständige Druck, den Sie spüren, nicht gut für Sie ist und dass etwas dagegen getan werden sollte.

Kapitel zwei gibt einen Überblick über einige der wenigen Stressbewältigungstechniken, die Sie anwenden können. Es enthält eine Aufschlüsselung der schnellen Stresslöser und anderer langfristiger Techniken, die Ihnen helfen, Ihre Widerstandsfähigkeit gegen Stress zu stärken. Das dritte Kapitel zeigt Ihnen, wie Sie Stressoren identifizieren können. Das sind die Faktoren, die zu Ihrem Stress beitragen. Indem Sie die bekannten Stressoren durchgehen, die ich aufgelistet habe, oder indem Sie ein Tagebuch führen, können Sie herausfinden, was Ihren Stress hervorruft. Kapitel vier befasst sich mit den vier Säulen des Stressmanagements. Wenn Sie verstehen, was jede dieser Säulen mit sich bringt, können Sie lernen, wann es am besten ist, einen Stressfaktor zu vermeiden, ihn zu verändern, sich an ihn anzupassen oder ihn zu akzeptieren.

In den folgenden Kapiteln beschäftigten wir uns mit der Frage, wie Sie sich weniger Sorgen machen und Ihr Leben mehr genießen können, was Sie beunruhigen könnte und wie Sie damit umgehen können. Wir untersuchten auch, was emotionale Belastbarkeit und mentale Stärke sind und wie Sie diese aufbauen können, um Stress zu bekämpfen. Wenn Sie emotionale Belastbarkeit und mentale Stärke entwickeln, sind Sie besser in der Lage, alles zu bewältigen, was auf Sie zukommt und sind nicht so leicht davon betroffen. Wir befassten uns auch mit verschiedenen Entspannungstechniken und wie Sie diese einsetzen können, um Ihre emotionale und mentale Belastbarkeit zu stärken. Wir schauten uns an, wie Achtsamkeit bei den Techniken angewendet werden kann, die wir zum Abbau von Stress einsetzen. Schließlich beschäftigten wir uns mit arbeitsbedingtem Stress und wie Sie damit umgehen können.

Alle in diesem Buch erwähnten Techniken helfen Ihnen, mit Ihrem Stress besser umzugehen. Ich habe Ihnen gezeigt, wie Sie Techniken, wie Achtsamkeit, Meditation und Entspannungsmethoden, einsetzen können, um Ihre Belastbarkeit zu stärken und unter Druck ruhig zu bleiben. Auf diese Weise können Sie die Situation eher objektiv als subjektiv betrachten und dabei eine andere Perspektive einnehmen. Sie können dann neue Wege finden, wie Sie mit Ihrer Situation umgehen können.

Anstatt am Schreibtisch zu sitzen und sich Sorgen darüber zu machen, wie viel Arbeit Sie zu erledigen haben, sollten Sie Ihre Aufgaben nach Wichtigkeit ordnen und sich zuerst auf diese konzentrieren. Wenn Sie die Arbeit delegieren können, ist das sogar noch besser. Sie müssen jedoch bedenken, dass wir alle unterschiedliche Maßstäbe haben, also erwarten Sie nicht, dass jeder Ihren Ansprüchen gerecht wird. Was für mich perfekt ist, braucht nach Ihrer Meinung vielleicht noch etwas Arbeit. Aber fragen Sie sich, ob die Bedingungen der von Ihnen gestellten Aufgabe erfüllt wurden. Wenn die Antwort ja lautet und die Arbeit gut genug ist, akzeptieren Sie sie. Das Loslassen des Perfektionismus nimmt Ihnen viel unnötigen Stress, den Sie sich selbst und anderen auferlegen.

Die wertvollste Erkenntnis dieses Buches ist, dass Sie nicht unter Ihrem Stress leiden müssen. Durch die Anwendung der Techniken in diesem Buch können Sie die Kontrolle über Ihr Arbeits- und Privatleben zurückgewinnen und deren Qualität verbessern. Ergreifen Sie jetzt Maßnahmen gegen Stress und beginnen Sie, Ihr Leben in vollen Zügen zu genießen.

VERWEISE

The American Institute of Stress. (n. d.).
https://www.stress.org/what-is-stress

Mayo Clinic Staff. (31. März 2017). Stress management. Abgerufen von https://www.mayoclinic.org/healthy-lifestyle/stress-management/basics/stress-basics/hlv-20049495

Alarm Stage of Stress: Definition & Explanation. (16. Juni 2015). Abgerufen von https://study.com/academy/lesson/alarm-stage-of-stress-definition-lesson-quiz.html

Higuera, V. (n. d.). What Is General Adaptation Syndrome? Abgerufen am 1. Mai 2017, von https://www.healthline.com/health/general-adaptation-syndrome#definition

Felman, A. (28. November 2017). Why stress happens and how to manage it. Abgerufen von https://www.medicalnewstoday.com/articles/145855.php#what_is_stress

DeMorrow S. (26. März 2018). Role of the Hypothalamic-Pituitary-Adrenal Axis in Health and Disease. International journal of molecular sciences, 19(4), 986. doi:10.3390/ijms19040986

Mayo Clinic Staff. (28. März 2019). Stress management. Abgerufen von https://www.mayoclinic.org/healthy-lifestyle/stress-management/in-depth/stress-management/art-20044151

Scott, E. (11. September 2019). 5 Ways to Calm Down Quickly When You're Feeling Overwhelmed. Abgerufen von https://www.verywellmind.com/ways-to-calm-down-quickly-when-overwhelmed-3145197

Scott, E. (8. Oktober 2019). An Overview of Stress Management. Abgerufen von https://www.verywellmind.com/stress-management-4157211

Moore, C. (28. Juni 2019). What Is Mindfulness? Definition + Benefits (Incl. Psychology). Abgerufen von https://positivepsychology.com/what-is-mindfulness/

Martin, B. (19. Juni 2019). In-Depth: Cognitive Behavioral Therapy. Abgerufen von https://psychcentral.com/lib/in-depth-cognitive-behavioral-therapy/

Olpin, M., & Hesson, M. (2012). Stress Management for Life: A Research-Based Experiential Approach. Boston: Cengage Learning.

Alidina, S. (2015). The Mindful Way Through Stress: The Proven 8-Week Path to Health, Happiness, and Well-Being. New York City: Guilford Publications.

Alpert, J. (8. Juni 2014). 6 Powerful Steps to Stop Worrying and Start Living. Abgerufen von https://www.huffpost.com/entry/6-powerful-steps-to-stop-_b_5265123

Robinson, L., Smith, M., & Segal, J. (Oktober 2019). How to Stop Worrying. Abgerufen von https://www.helpguide.org/articles/anxiety/how-to-stop-worrying.htm

American Psychological Association. (n. d.). The Road to Resilience. Abgerufen von https://www.apa.org/helpcenter/road-resilience

Chowdhury, M. R. (4. Juli 2019). What is Emotional Resilience and How to Build It? Abgerufen von https://positivepsychology.com/emotional-resilience/

Scott, E. (6. Oktober 2019). Why Emotional Resilience Is a Trait You Can Develop. Abgerufen von https://www.verywellmind.com/emotional-resilience-is-a-trait-you-can-develop-3145235

Daskal, L. (13. Juli 2015). 18 Powerful Ways to Build Your Mental Toughness. Abgerufen von https://www.inc.com/lolly-daskal/18-powerful-ways-to-build-your-mental-strength.html

Stulberg, B. (9. September 2019). How to Develop Mental Toughness. Abgerufen von https://www.outsideonline.com/2401678/mental-toughness-tips

Collis, R., & Archer, R. (n. d.). WHAT IS PSYCHOLOGICAL FLEXIBILITY? Abgerufen von https://workingwithact.com/what-is-act/what-is-psychological-flexibility/

Ribeiro, M. (5. Dezember 2019). How to Become Mentally Strong: 14 Strategies for Building Resilience. Abgerufen von https://positivepsychology.com/mentally-strong/

Jeffrey, S. (n. d.). 7 Steps to Discover Your Personal Core Values. Abgerufen von https://scottjeffrey.com/personal-core-values/

MacDonald, A. (10. November 2015). Using the relaxation response to reduce stress. Abgerufen von https://www.health.harvard.edu/blog/using-the-relaxation-response-to-reduce-stress-201011110780

Scott, E. (11. Oktober 2019b). Relaxation Response for Reversing Stress. Abgerufen von https://www.verywellmind.com/what-is-the-relaxation-response-3145145

Robinson, L., Segal, R., Segal, J., & Smith, M. (Oktober 2019). Relaxation Techniques for Stress Relief. Abgerufen von https://www.helpguide.org/articles/stress/relaxation-techniques-for-stress-relief.htm

Scott, E. (15. August 2019a). How to Reduce Stress With Breathing Exercises. Abgerufen von https://www.verywellmind.com/how-to-reduce-stress-with-breathing-exercises-3144508

American Psychological Association. (n. d.-a). Coping With Stress at Work. Abgerufen von https://www.apa.org/helpcenter/work-stress

Visualization and Guided Imagery Techniques for Stress Reduction. (n. d.). Abgerufen von https://www.mentalhelp.net/stress/visualization-and-guided-imagery-techniques-for-stress-reduction/

BONUSHEFT

Als Beilage zu diesem Buch erhalten Sie ein kostenloses E-Book zum Thema „14 Tage Achtsamkeit".

In diesem Bonusheft entdecken Sie bewährte Achtsamkeitstechniken, die Sie in Ihrem Alltag problemlos anwenden können, um mehr im gegenwärtigen Moment zu leben. Sie werden damit täglich mehr Ruhe und Frieden in Ihr Leben bringen.

Sie können das Bonusheft folgendermaßen erhalten:

Öffnen Sie ein Browserfenster auf Ihrem Computer oder Smartphone und geben Sie Folgendes ein:

de.derickhowell.com

Sie werden dann automatisch auf die Download-Seite geleitet.

Bitte beachten Sie, dass dieses Bonusheft nur für eine begrenzte Zeit zum Download verfügbar ist.

www.ingramcontent.com/pod-product-compliance
Lightning Source LLC
Chambersburg PA
CBHW071327080526
44587CB00017B/2753